陝西師範大學國際長安學研究院

長安學研究

第二輯

黃留珠　賈二强　主编

科学出版社
北京

内 容 簡 介

本書圍繞“長安學”這一主題，分“長安學與長安學者”“《史記》研究”“歷史文化專題探討”“關中・西安歷史與考古”四個欄目進行探討，共收録國内外學者論文24篇，對於促進“長安學”學術探索與發展具有重要意義。

本書可供中國史、考古學、古代文化研究等領域的學者及本科生、研究生閱讀與參考。

圖書在版編目（CIP）數據

長安學研究. 第二輯 / 黄留珠，賈二强主編. —北京：科學出版社，2017.1
ISBN 978-7-03-051680-0

Ⅰ. ①長… Ⅱ. ①黄… ②賈… Ⅲ. ①長安（歷史地名）-文化史-文集
Ⅳ. ①K294.11-53

中國版本圖書館 CIP 數據核字（2017）第 022478 號

責任編輯：陳 亮 范鵬偉 / 責任校對：劉亞琦
責任印製：張 倩 / 封面設計：黄華斌
聯繫電話：010-64011837
電子郵箱：fanpengwei@mail.sciencep.com

科學出版社 出版
北京東黄城根北街 16 號
郵政編碼：100717
http://www.sciencep.com

中國科學院印刷廠 印刷

科學出版社發行 各地新華書店經銷

*

2017 年 1 月第 一 版 开本：720×1000 1/16
2017 年 1 月第一次印刷 印張：25 1/4
字數：400 000

定價：92.00 元

（如有印裝質量問題，我社負責調换）

目 录

長安學與長安學者

《史記》研究

歷史文化專題探討

關中・西安歷史與考古

長安學與長安學者

“長安學”概念的首次提出

——長安學學術史的一則重要資料

何　夫*

一般説來，學界樹起“長安學”的旗幟是2009年的事。該年，北京大學《唐研究》第15卷推出《長安學研究專號》，陝西省文史研究館成立“長安學研究中心”並出版首批8册《長安學叢書》。以這兩件事爲標志，“長安學”的旗號，堂而皇之地被推出。由此很自然地使人認爲，“長安學”概念的提出似乎也應該始自該年。其實，這是一個極大的錯覺。今可考見的資料告訴我們，早在2000年“長安學”的概念已經被提出來了。這年4月，在陝西《人文雜志》舉行的座談會上，西北大學黄留珠教授曾有一個書面發言，其中便明確地談到了“長安學”的問題。這是我們迄今能夠見到的“長安學”概念首次被提出的確切記録。近期，筆者有幸獲得這一書面發言的複印件，經黄教授同意，兹將原件全文轉發如下。

《人文雜志》座談會書面發言

（2000年4月25日）

黄留珠

各位專家，各位領導，女士們，先生們：

首先衷心感謝《人文雜志》編輯部盛情邀請我參加這次座談會，給我一個很

---

* 作者簡介：何夫，男，自由撰稿人。

好的學習機會。同時我也要向大家表示深深的歉意！由於臨時接到通知，需要到省教委參加一個會，而其在時間上又恰好與我們的座談會相衝突。無奈之下，只好請我的學生陳博博士與會代我宣讀一個書面發言，算是《人文雜志》一位老作者所盡的一點微薄心意。不恭之處，尚祈鑒諒！

《人文雜志》在省級學術刊物中，辦得較好，影響十分廣泛。特別是自1999年改版之後，正如評論已經指出的那樣：大氣、深沉、明晰、清新。《人文雜志》全體同志的辛勤勞動，結出了豐碩之果！當然，我這麽講並不意味著《人文雜志》就已經十全十美了。實際上，十全十美的事情在世界上是不存在的。今天我們之所以舉行這個座談會，也就是要在總結已有成績的基礎上，找出不足之處，確定今後努力的方向，探討進一步改進的措施，以求把《人文雜志》辦得好上加好。爲達此目的，這裏我談幾點希望，謹供參考。

一、希望《人文雜志》在西部大開發中爲人民立新功

西部大開發是中央做出的偉大戰略部署，其深遠的意義，大家都很清楚。面對轟轟烈烈舉世矚目的西部大開發，我們的《人文雜志》自然也必須把工作的重心轉移到這方面來。事實上，從理論學術的層次，爲西部大開發提供精神產品，是大有可爲的。就拿史學來説，歷代王朝經營治理西部的成功經驗及失敗教訓，便是一個很值得深入研究的課題。再如20世紀三四十年代國民党政府開發西北的歷史，也非常值得我們做出科學的總結。還有歷史上以陝西關中地區爲核心的周秦漢唐文明與當代西部大開發的承續關係，更是需要認真研究的大課題。至於其他的經濟學、法學、教育學以及哲學等，有關西部大開發的課題同樣也相當多。希望《人文雜志》能夠緊緊圍繞西部大開發這個主題，積極引導相關課題的研究，有目的、有計劃地組稿，把雜志辦成一個研究西部大開發的理論學術中心，讓我們的雜志在西部大開發中爲人民立新功。當然，這裏需要注意分寸的把握。由於我們的雜志畢竟是理論學術性的刊物，所以我們討論的問題，必須限定理論學術的範圍之内。一些政治方面的事，特別是某些政策性很强的問題，應該放在與之相適應的場合去討論研究。作爲學術性刊物，不宜涉及。這方面，我們省曾有過教訓，需引以爲戒。

二、希望《人文雜志》爲樹立陝西的學科形象作出貢獻

陝西是歷史上十多個王朝的建都之地，特别是周秦漢唐這幾個最令中國人感到驕傲的朝代，都以陝西爲其政治、軍事、經濟、文化中心，所以陝西的歷史文

物資源，雄居全國之冠。這也是我們陝西同志時時引以爲自豪的事。然而，令人不無遺憾的是，我們陝西却缺少必要的學科形象。就拿我們的鄰居甘肅省爲例來説，他們至少有兩個在全國乃至世界都叫得響的學科——敦煌學和簡牘學。尤其是敦煌學，不僅設有博士點，而且取得了全國首批設立的文科科研基地。真是令人嘆羡不已！據我所知，目前各地差不多都在努力尋求、樹立自己的學科形象。如安徽省就充分利用自己地域文化的優勢搞了一個“徽學”，也居然獲得了全國首批的文科科研基地。我們陝西作爲堂堂的歷史文化大省，自然應該有也必須有自己的學科形象。按我愚拙的想法，當前陝西相對比較成熟的的學科，至少已有兩個：一是以周秦漢唐文明研究爲依托的“長安學”；再是以世界第八大奇跡研究爲依托的“秦俑學”。特別是後者，在秦俑館同志們的努力下，已經召開了多次的學術研討會，建立了秦俑學研究會，出版了多種有關專著，在國内外産生了積極影響。只是可惜我們陝西人不太善於推銷自己，所以迄今這個早已存在的學科還沒有列入國務院學位辦所認定的學科分類名單。這對於我們陝西學術事業發展，顯然是很不利的。有鑒於此，我覺得作爲陝西省權威性學術刊物的《人文雜志》，有責任也有義務爲樹立陝西的學科形象儘量多做工作。希望通過《人文雜志》這個陣地，把我們的長安學、秦俑學等學科影響，進一步擴大。其實，我們陝西有很多事情，總是自己視而不見，結果造成遺憾。像已故的西北大學陳直教授，國外早就有人提出要建立“陳直學”，以彰顯其巨大的學術成就。相反，我們自己對此倒淡然處之，使一筆巨大的學術遺産未能充分發揮其應有的作用。今年是陳直先生逝世 20 周年暨誕辰 100 周年，我們擬借紀念之機，正式對陳直學做出理論闡釋，以把這位學人的業績學科化，使之上升到一個更高的層次。當然，學科建設完全不同於商品推銷，僅憑强大的廣告宣傳即可達到一定的目的。這裏需要的是扎扎實實的研究，需要的是高水平的成果。我們衷心希望在《人文雜志》上，看到更多的有助於樹立陝西學科形象的好作品。

三、希望進一步積極提高從業人員的學術素質與學歷層次

這是一個本不應該由我提出的問題。但大家知道，一個學術刊物質量的好壞、水平高低，與從業人員的學術素質有著直接的關係。因此我斗膽借這次座談會的機會，坦率地談一點自己的感受。如果説錯了，懇請同志們給以批評指正！去年我有幸參加了省社科系統的職稱評審工作。由於近 10 年來我一直擔任省高教系統職稱評審的評委，因此便很自然有一個比較。結果我非常吃驚地發現：社科

系統中低學歷所占比例出奇地多，而博士、碩士學歷所占的比例却出奇地少。當時參加評審工作的同志幾乎一致認爲，我省專業社科研究隊伍的學歷狀况，同其所肩負的科研任務是不相稱的。當然，無可否認，現實中確有學歷很高而學術水平一般化的實例，但總體來看，學歷高低與學術水平高低還是成正比的。否則，國家花那麼多錢搞那麼多碩士點、博士點做什麼！由此我想到，要進一步提高刊物的水平和質量，必須對從業人員的學歷層次與學術素質有所提高。這是一個帶有根本性的問題。大家知道，世界上的不少國家，對其公務員都有嚴格的學歷要求，像英國還要求必須是名校牛津、劍橋畢業生。想來，這是有其科學道理的。我這麼提出問題，絶不是説現在《人文雜志》的同志學術水平差，或者是學歷低，而只是希望你們百尺竿頭更進一步，希望雜志社的領導盡可能給大家提供和創造繼續學習的條件，同時也希望每個人要積極尋找學習的機會和自我創造學習的條件，從而保證我們從業人員的整體素質，能夠與《人文雜志》在新世紀所承擔的偉大任務相適應。

謝謝大家！

從以上黄教授的書面發言，我們可以清楚看到首次提出長安學概念的時代背景和黄教授提出問題的視角與初衷。值得注意的是，在黄教授看來，長安學的研究在當時就已經存在了，而且相當“成熟”，眼下的問題是要爲其“正名”而已。應該説，這是長安學學術史的一則極爲重要也極爲寶貴的資料，值得重視。

據説，黄教授的書面發言在座談會上引起了强烈的反響，特别是所提第二個問題，與會者甚感興趣，大家展開了熱烈的討論。令人不無遺憾的是，當時《人文雜志》的領導似乎對“長安學”的提法不太看好，倒是認爲討論中提出的“秦學”值得進一步探討，於是在座談會後不久，與陝西省史學會聯合，召開了專門的“秦學”研討會，並在《人文雜志》刊發了一批討論文章。也可能因爲“秦學”這個概念太大和過於空泛，所以關於秦學的討論未能持續進行下去，而日後也再没人提及此事。相反，長安學的提法在以後的幾年内，先後却被北京、陝西兩地學界、文化界重新提起，並演繹出一番轟轟烈烈的大場面。這也許正是長安學强大生命力的反映。

2016年12月20日

《長安學研究文獻匯刊·考古編·金石卷》前言

李向菲　賈二强*

金石文獻上古時即已出現，指以青銅器爲主的金屬器具以及石磚陶器作爲載體的文字、辭句或篇章，是除了竹木簡牘、絲帛、紙質載體形態文獻之外，中國古代文獻的另一重要淵藪，其包涵的歷史文化信息，具有其他形態不可替代的作用，因此受到歷來學者們的高度重視。作爲一個系統並有著自身學理的學科——金石學，其興始於北宋，劉敞《先秦古器記》、歐陽修《集古録》、趙明誠《金石録》，確立了據金石保存文獻、考訂史籍的學術傳統；至南宋時期獲得巨大發展，出現專録漢碑的洪适《隸釋》、備録全國石刻目録的王象之《輿地碑目》、陳思《寶刻叢編》，偏於記録書家石刻的佚名《寶刻類編》，專録古器物的王黼《宣和博古圖》、王俅《嘯堂集古録》和主要著録商周青銅器銘文的薛尚功《歷代鐘鼎彝器款識法帖》等，諸體大致齊備，表明是時金石之學已基本成熟。

元明兩朝，受空談心性、不務實學的學術風氣影響，加之金石器物出土較少之故，經歷了一個相對沉寂的時期。其間雖仍時有金石學者與著作，如元代之吾丘衍《周秦刻石釋音》、楊鈞《增廣鐘鼎篆韻》、潘昂霄《金石例》，明楊慎《石鼓文音釋》、盛時泰《蒼潤軒碑跋》、都穆《金薤琳琅》、趙崡《石墨鐫華》等，或訂石刻之音訓，或采石刻古文奇字，或述碑碣之製作義例，間有考訂經史者，然多疏漏舛謬，罕有新見。

---

* 作者簡介：李向菲（1979—），女，陝西西安人，西安文理學院文學院講師；賈二强（1954—），陝西西安人，陝西師範大學歷史文化學院教授。

明末清初金石學再度勃興。清代前期中期，經過顧炎武、朱彝尊、錢大昕、畢沅、孫星衍、王昶、阮元等著名學者的宣導，到嘉慶、道光間金石學成爲顯學。有清一代，搜討、收藏、鑒賞、研究金石的風氣盛行不衰，有關金石的著述層出不窮，研究成果蔚爲大觀，重要著述達1000多部。其研究方法雖難出宋人窠臼，研究範圍却已全面擴大，體例亦更臻完善，既有存目、録文、摹圖、摹字等環節的材料整理，又有通過題跋方式從内容上進行經史、小學、義例等方面的考訂闡發；既有專門研究，又有通論；既有地域研究之分，又有全面總括。

在金石學研究中，“陜西”是一個特殊區域。關中作爲周秦漢唐故都之所在，碑碣吉金文字之富甲於海内，商周青銅器，秦漢瓦當，唐代昭陵、宋代碑林碑石，匯集了一大批寶貴的金石文獻。加之歷代不時有新的金石出土，因此自北宋以來，陜西一直是金石學家青睞的一方寶地，如吉金之學的開山之作北宋劉敞《先秦古器記》，就是作者根據他在陜西任職期間所獲古器而作；而第一部專記一地金石的北宋田概《京兆金石録》，則是記録長安古碑所在的著作。明末清初以來，更是形成了長久不衰的訪古求碑熱潮。

前代金石著録雖詳於古，直到清代中葉，元明以下金石都不大受到學者關注，然陜西正是漢唐碑石的集中之地，以此在歷代金石著作中，對陜西金石的研究占有很大比重。以清人名家著作爲例，顧炎武《金石文字記》有一半左右的篇幅記録秦地金石，朱彝尊《曝書亭金石文字跋尾》、錢大昕《潛研堂金石文跋尾》、王昶《金石萃編》等也分别有三分之一左右的内容爲陜西金石。又有多種專以秦地金石爲研究對象的著作，如朱楓《雍州金石記》、畢沅《關中金石記》、毛鳳枝《關中金石存逸考》等等，約有數十種之多。

陜西金石學在整個金石學研究中占有極其重要的地位，自宋至清也經歷了幾個不同的發展階段，呈現不同的特色。

金石文字，可資正經訂史，可評其文之優劣，亦可賞其書體之美。然自劉敞《先秦古器記自序》中提出古器研究有明其制度、正其文字、次其世謚三法，歐陽修在《集古録目序》中指出金石“可與史傳正其闕謬”，趙明誠《金石録序》稱“蓋史牒出於後人之手，不能無失，而刻詞當時所立，可信不疑”，以《集古録》“是正訛謬，有功於後學甚大”，之後論金石者多以“正經補史”爲研究宗旨，爲清代金石考據學的繁榮奠定了基礎。

元明學風空疏，然就陜西地區而言，由於受關學影響，研究風氣稍有不同。明代關中大儒吕柟繼承北宋張載理學傳統，以“文必載道，行必顧言”爲號召，高揚“關學”的旗幟，使“關中自古稱理學之邦”不僅引爲鄉里之榮，也成爲天下公論。關學一向講求經世尚用，强調實踐功夫，影響及於金石之學，形成一種重實地考察，注重金石文獻可靠性的研究風氣。被錢謙益譽爲“關中汲古二士”的趙崡與郭宗昌是其中的典型代表，其金石著作《石墨鐫華》、《金石史》，發論雖然未脱明人空疏積習，但因有著親身實地訪碑著録的研究基礎，所以多能糾正宋人因僅據拓本或輾轉傳抄而導致的文本和考訂失誤。

清初顧炎武、黄宗羲等前明遺老治學以返孔孟真淳爲要旨，大力提倡“經世致用”之學，金石作爲“實學”之一類，重新受到學人關注。顧炎武首開風氣，提倡金石考訂的學術觀念，正與關學的學術風氣相契合。他多次前往關中，晚年定居於陝，整理刊刻了其一系列金石著作，揭示金石可資考證的意義，一開清代金石考據學的先聲，因此可以説，清初金石學的復興實與陝西的學術同氣相求，密切關聯。這一時期關中本土學者，如王弘撰等人的研究興趣却多在金石書法，他們倡導漢碑，其尊碑抑帖的主張對後來的碑學有很大影響，於清代金石學重考據的主流研究之外别開生面。

乾嘉時期漢學發展至高峰，陝西的金石研究在這一時期也發生至關重要的一大變局，對於整個金石學的發展産生很大影響。畢沅是乾嘉學派的領軍人物之一，乾隆三十六年至五十年（1771—1785），其蒞陝爲官，位至封疆大吏，且究心於金石之學，將政治權力廣施於學術研究，故群賢畢至，少長咸集，一時蔚爲大觀，也成就了陝西金石學之高峰。畢沅對於陝西金石的研究成就，主要有三：一是有組織地、大規模地搜訪金石，修護金石文物。這一方面促使了金石器物在這個時期的大量出土，同時也使很多金石文物，如碑林、昭陵等得到了很好地修繕保護。二是組織幕府學者編撰方志金石志。宋代方志中金石的相關内容多收録在藝文、碑記或其他相近門類之下，直到明末《吴興備志》，“金石”方首次作爲一級類目出現在方志中，然而這種做法仍屬偶然，到清初此種局面未有太大改觀，設立金石類目的方志屈指可數。而畢沅在陝共編纂方志 28 種，設有“金石”門類者达 13 種，且其中 11 種爲一級類目，這種爲金石立志的做法大大提升了金石的學術地位，對於乾嘉時期金石學科格局的確立有奠基之功。三是這類金石專書和金石志，十分純熟地運用金石文字以考經訂史，使得這一宋人提出、在清初由顧炎武倡導的金石考據的學術方法，在此時演變成爲金石之學的主流，同時也使之廣泛推及文字學、音韻學等研究領域，取得了多方面的卓越成就。此外，畢沅陝西幕府中培養出一大批金石學者，如嚴長明、孫星衍、錢坫等，均在金石學研究上取得了不凡的成績。

道光以降，漢學高潮漸至消歇，風光不再，陝西金石學也後繼乏力，故其學漸入低谷。然篳路藍縷，遺風尚存，學人仍孜孜以求，其學術風貌雖蹈其舊，然拾遺補闕，求全求真，精化深化，亦成一時之特色。其中傳統金石考據方面，集大成者則屬毛鳳枝無疑。毛氏長期居陝，遍搜關中金石文字，著成《關中金石文字存逸考》、《金石萃編補遺》、《古誌石華續編》、《關中金石文字古逸考》及《關中金石文字古存考》諸書，以傳統金石考據的方法，對關中遺留金石文獻做了精深考證，堪稱清末陝西金石學的代表。然因其生涯寥落，《關中金石文字古逸考》、《關中金石文字古存考》兩種不知存世與否，其《關中金石文字存逸考》、《金石萃編補遺》、《古誌石華續編》三書，幸得其門生顧家相、顧燮光父子前後歷數十年之功，在毛氏身後梓行於世。

陝西擁有深厚的金石學傳統，充分利用這類豐富的學術資源，對於長安學、地方史、學術史乃至中國古代歷史文化的研究，具有無可替代的價值。由於成書時代綿長，各類文獻性質各異，保存狀況複雜，利用這些材料存在種種不便。有鑒於此，本編意在將歷代陝西金石文獻匯爲一編，俾其爲當今社會文化發展發揮應有的作用。

本編所收宋至清末民初陝西金石文獻 120 餘種，基本涵蓋傳統金石之學的目録、録文、題跋考訂、義例、摹圖、方志相關金石部分等主要類别，賞鑒品評書法藝術之帖學類前代即爲别途，近世之影印則多入現代學術，因而未予收録。各書如有不同版本則以文本完足文字精審可以信據爲主要准的，而前代所謂珍罕秘本，則非主要考慮因素。

編輯過程中，國家圖書館、陝西師範大學圖書館慨允提供資料，俾全書得以成編，謹致衷心感謝。

時間匆迫，思慮未周，所在差謬，尚乞學人讀者指正。

二〇一六年十月

魂歸天一閣

——寫在《陳登原全集》出版之際

黄留珠*

前不久，獲得國家出版基金資助、列爲“十二五”國家重點圖書出版規劃項目的《陳登原全集》(下簡稱《全集》)，由浙江古籍出版社出版行世。這是我國文化界、學術界的一件大事，值得拍手稱賀。

陳登原（1900—1975），我國現當代著名歷史學家，與王國維、陳寅恪、錢穆等學術大家齊名，民國時即被並稱爲近世史學宗師之一。早年，曾先後任金陵、之江、中山等大學歷史系教授。新中國成立後，應西北大學校長、著名歷史學家侯外廬的邀請赴古都西安，自1950年起，執教於西大歷史系，任教授；另還擔任圖書館館長、校務委員會委員等職。在這裏，他一幹就是25個春秋，把自己的一生最成熟的年華獻給了祖國大西北的文教事業。從這種角度來看，陳先生雖非長安籍人，但却是一位道地的長安學者。而他的《全集》出版，無疑爲長安學研究增添了新亮點。

陳先生治學，以其深厚的文獻學功底爲基礎，於廣征博引、綜合梳理中顯現深邃的見解，樹一代史家之風範。早在1926年，他便出版了第一部著作，而該年上半年他還是東南大學學生。此後漫漫的半個世紀中，他始終筆耕不輟，著作等身。今16卷《全集》收録的專著24部、論文集1部、詩集1部，向我們全面展示了這位大師級學者的學術面貌。其中可謂篇篇均精品，部部皆佳作。例如《古今典籍聚散考》，爲我國

* 作者簡介：黄留珠（1941—），陝西西安人，西北大學歷史學院教授。

第一部全面研究典籍聚散問題的專著，在陳氏以前還没人系統、全面探討過這一問題。再如《中國文化史》，與其師柳詒徵同名專著被譽爲“文化史雙璧”，在國内外均有著廣泛的影響。特别是他自39歲開始寫作、直到20年後纔得以陸續付梓的200萬字巨著《國史舊聞》，乃國内第一部筆記體的中國通史，更是蜚聲海内外，深受學界的推崇。另如他1933年編著的《高中本國史》教材，第一次列有“四大發明”的條目，把古代科技成就的弘揚宣傳提升到一個新高度。這樣一部《全集》，學術價值高，學術意義大。其對於存續學脉、承繼學統，可謂功莫大焉！同時也爲世人的研究、後學的學習提供了極大的方便，亦堪稱功德無量也！

尤其需要一提的是，陳先生不僅學問好，而且爲人率直，從不隱瞞自己的看法，具有正直知識分子的傳統特點。多家報刊曾登載的陳登原争稿費的故事，便是一個很典型的例子。大家知道，在極左思想影響下，相當一段時間内對知識分子勞動價值估計偏低。1958年三聯書店出版《國史舊聞》第一分册時，擬定的稿費爲千字12元，陳先生認爲不合適，提出千字15元的要求。在當時的政治形勢下，如此争稿費，是需要有相當的勇氣和冒很大風險的。儘管此事後來的發展確實給先生帶來可怕的政治麻煩並使之吃盡了苦頭，但他“敢争”的精神却是值得肯定的。對此，《全集》最後所附《陳登原先生年譜》有詳細的記述。所以《全集》於全面展現先生的學問之外，也反映了他的爲人，並使我們得以窺見那樣一個特殊時期的異樣政治生態。

對於一個學者來説，作品就是他的靈魂。當一個學者逝世多年之後，他的作品如果能在自己家鄉得以出版，無疑是極大的幸事，頗符合“魂歸來兮”的古義。陳先生，浙江余姚人。其出生地周巷鎮，今屬慈溪。現陳先生《全集》由浙江古籍出版社出版發行，應該説是實現了“魂歸故里”之願望的。

不過，事情的因緣似乎到此還不算完結。離余姚、慈溪不遠的寧波天一閣，爲我國現存最早的私家藏書樓，也是亞洲現存最古老的圖書館和世界最早的三大家族圖書館之一。對於這樣一處文化聖地，陳先生自然也有著讀書人普遍心存的崇仰之情和研究興趣。凑巧的是，1928—1930年陳先生在寧波女子中學及寧波商業學校任教，於是特地造訪天一閣，並撰成《天一閣藏書考》，於1932年9月由南京金陵大學中國文化研究所印行。

此著被論者譽爲全面研究天一閣藏書史的第一部著作。全書分爲9章：三百年前浙東藏書之勝、天一閣主人、天一閣收藏之來源、天一閣之組織及管理、天一閣與四庫全書、天一閣書目及其内容、菁華小記、天一閣之散佚、天一閣之善後問題。另有附録4篇：書天一閣書目後、天一閣始末記、重編天一閣藏書目録序、重編寧波范氏天一閣圖書目録。令人不無慨歎的是，如此一部天一閣藏書研究的開山之作的出版，却遭遇日本侵略者的戰火蹂躪，書稿被毁。陳先生記其經過云：

> 兹稿成於二十年春（此指中華民國紀年，下同），即付上海商務印書館印刷。工事未竟，滬變忽興，覆瓿之物，亦遭國難。傷哉！嗣後追事補綴，半載始成。哀邦家之艱難，痛典籍之飄零。撫物感時，又豈僅一人一書之厄而已哉。
>
> 登原又識。二十一年九月。

儘管如今天下大變，當年的“艱難”“飄零”已經不復存在。但讀先生這一小記，昔日的國難似仍然歷歷在目，使人唏嘘不已、没齒難忘也。

也許因爲如上這段特有的天一閣往事的緣故，所以當陳先生逝世35年後，其子女將他的遺著與手稿共54種、172册，捐贈給天一閣博物館。而慧眼識珠的浙江古籍出版社不失時機地主動與天一閣博物館合作，以陳先生子女捐贈的全部手稿爲基礎，又廣泛搜集已出版、發表過的著作和論文，梳理編輯成《陳登原全集》出版。

綜觀陳先生《全集》成書及出版過程，似乎總感到冥冥中有一種機緣的力量在推動它的前進。先生從浙江一個小鎮走出，歷經大半個中國而落脚於古都西安，終其不尋常的一生。但最後他的著作却集中回到家鄉，出版爲《全集》，演繹了一段學者“魂歸故里”的佳話。而這當中，天一閣無疑是連結的關鍵。如果説當年先生撰著《天一閣藏書考》，是帶有某種偶然性的行爲的話，那麼本世紀初先生家人捐贈手稿、遺著給天一閣，則明顯是一種帶有必然性的結果了。是的，像陳先生這樣一位關注天一閣、研究天一閣的學者，其學術成果即其靈魂的最後歸宿，自然非天一閣莫屬。從這種角度來看，《全集》演繹的“魂歸故里”的佳話，更確切地説應該叫作“魂歸天一閣”纔最爲妥帖。

2016年10月25日草訖於西安望山居

附録：《陳登原全集》1—16卷目録

1卷

《荀子哲學》

《顔習齋哲學思想述》

《國名疏故》

2卷

《中國文化史》(上)

3卷

《中國文化史》(下)

4卷

《古今典籍聚散考》

《古今書話》

《天一閣藏書考》

5卷

《甸南讀書志》

《太白讀書記》

6卷

《國史舊聞》(一)

7卷

《國史舊聞》(二)

8卷

《國史舊聞》(三)

9卷

《國史舊聞》(四)

10卷

《中國土地制度史》

《中國田制叢考》

11卷

《中國田賦史》

《地賦叢鈔》

12卷

《歷史人物評考》

《論文》

13卷

《明史蒙拾》

《無據集》

14 卷

《國史學習導論》

《歷史之重演》

《中俄關係述略》

15 卷

《高中本國史》

《世界史教本》

16 卷

《詞林佳話》

《宋詞話選注》

《唐人故事詩》

《三水小牘》

《舊詩姑存録》

《陳登原先生年譜》(陳宜張編)

編者按

2015年適逢黃永年先生90誕辰，陝西師範大學聯合北京師範大學，中國社會科學院歷史研究所、香港理工大學的專家學者在陝西師範大學隆重舉行“紀念黃永年先生九十誕辰暨第六屆中國古文獻與傳統文化國際學術研討會”。於此謹選刊部分會議論文，以抒慎思追遠之懷。

黄永年先生傳略

賈二强*

黄永年先生，江蘇江陰人，出生於1925年10月24日，2007年1月16日辭世，享年82歲。

黄先生的少年時代在常州度過，1944年畢業於蘇州中學常州分校，同年考入中央大學南京部歷史系，後退學並於1946年重新考入復旦大學史地系（後改歷史系），1950年畢業。同年分配至上海交通大學擔任助教，1956年任講師，同年隨交通大學遷校來到西安。1957年在“反右”運動中被錯劃成右派，下放勞動一段時期後，安排在西安交通大學圖書館工作。1978年調入陝西師範大學，1979年右派問題正式改正，恢復講師職稱，1982年晋升教授。先後在學校圖書館、歷史系、唐史研究所、古籍整理研究所工作，1983年任陝西師範大學古籍整理研究所副所長，1987年任所長。2001年退休。主要社會兼職有全國古籍整理出版規劃領導小組成員、國家文物鑒定委員會委員、教育部全國高等院校古籍整理研究工作委員會委員、中國唐史學會顧問、北京大學中國古文獻研究中心兼職教授、復旦大學古文獻研究中心兼職教授、《中國史研究》編輯委員會委員等。

黄先生學識廣博，視野開闊，尤以深厚的文獻功力享譽學界。他幾十年潛心精研，著述等身，在歷史學、中國古代文學和古文獻學等諸多研究領域均有精深造詣和巨大建樹，不僅是中國古代史尤其是北朝隋唐史及唐代文學、古典詩詞小説的著名研究專家，更在版本學、目録學、碑刻學、古籍整理等領域内做出了開拓性的貢獻，是

* 作者簡介：賈二强（1954—），陝西西安人，陝西師範大學歷史文化學院教授。

古文獻學學科享有盛名的一代宗師。

黄先生終身從事教職，在退休後仍然堅持爲研究生授課，直至辭世前一年，由於體衰無力，方戀戀不捨地告别近六十年的教學生涯。他是“文革”結束恢復研究生教育後陝西師範大學最早招生的研究生導師之一，也是陝西師範大學歷史文獻學的創建人，自 1979 年起他先後招收中國古代史、歷史文獻學兩個專業的研究生，得其親傳的及門弟子近百人。專業建立之始，研究生各門課程均由他親自開設，先後爲研究生、本科生講授史學概論、目録學、版本學、碑刻學、唐史史料學、唐史專題研究、文史專題研究、《舊唐書》研究、韓愈文研究、吴偉業詩研究、《太平廣記》研究、文史工具書等十多門課程，教材也都由他親自撰寫。他授課内容豐富，貫通古今，揮灑縱横，深入淺出，具有極大的啓發性。他堪稱教書育人的楷模，所培養的學生，多人已成爲學界翹楚、國家棟樑，他所傳授的各門學問薪火傳承有緒，他所倡導的謹嚴治學的優良傳統和樸實學風惠及幾代門人。

黄先生從小喜愛讀書，《春秋左傳》《資治通鑒》《太平廣記》等古代典籍多在中學時即已通讀，由此對史學産生濃厚興趣。他先後師從史學大師吕思勉先生、童書業先生、顧頡剛先生，受業名門，傳承有自，學有淵源，根柢深厚。他早在大學學習期間發表的論文就引起學界關注，受到著名史家陳寅恪先生的嘉許。近六十年的學術生涯裏，他筆耕不輟，即使在錯劃右派期間，仍未放棄學術追求，其間撰寫有關唐代經濟和碑刻書法的文章，直到“文革”以後方得以陸續刊布。20 世紀 80 年代到 90 年代初，他主要從事唐史研究，兼及古典詩詞和小説。90 年代中後期又上溯北齊、北周和楊隋，探討這一時期的史事。黄先生的諸多研究成果以史料扎實、考證細密、見解精卓而引起學術界的廣泛矚目和推重，他的學術論文多收在已結集出版的《唐代史事考釋》《文史探微》《文史存稿》《樹新義室筆談》《學苑零拾》《學苑與書林》《長安學叢書・黄永年卷》《黄永年文集・黄永年文史論文集》等著作中。

黄先生對古代文史知識的普及工作十分盡力，主持完成國家教育部古籍整理重點項目《二十四史全譯》中的《舊唐書全譯》與《新唐書全譯》；並爲《祖國叢書》撰寫《舊唐書與新唐書》《唐太宗李世民》；還承擔了《古代文史名著選譯叢書》内《舊唐書》等六種選譯，成爲該類讀物具有典範性的佳作。

黄永年先生學術興趣廣泛，其筆觸所及，涉獵多個領域。在史學方面，其研究重點上起南北朝，下迄唐代中後期。尤其是凝聚他數十年心血研究中古史的力作《六至九世紀中國政治史》，以歷史上北朝至中晚唐一系列影響深遠的事件和制度爲重點，進行了系統考察，他以敏鋭的歷史洞察能力，全面深厚的文獻功底，縝密嫺熟的考據方法，不僅厘清了諸多千古疑案，大大擴展了對這一時期某些重大史實的深入認識，填補了北朝及隋唐史研究的空白，而且以歷史發展的宏觀視野，提出若干獨具創見的新觀點，代表著對這一時期政治史研究的最高水準，充分展現了一代史學大家的風範。長久以來，人們多已習慣政治史以王朝爲限的研究方法，黄先生却打破了人們習見的傳統政治史格局，獨闢蹊徑，選取北朝至中唐作爲中國政治史上相對完整的一個時期予以考察。這絶非一時心血來潮，别出心裁，而是對這一時期的中國歷史精心鑽研後深思熟慮的結果。他認爲，發生在北齊、北周和隋的若干重大史事及其創建之制度，如“關中本位政策”及關隴集團的存在，北魏遷都以後漢化政策的影響，齊、周間的文化差異及特點，文武合一和文武分途及與門閥士族之關係，等等，皆對入唐以後的政治發展影響甚深。依照他的看法，唐朝後期尤其是黄巢攻入長安，伴隨安史亂後唐廷長期賴以維持的主要軍事力量神策軍的解體，標志著歷史開始轉入地方藩鎮相争的階段，而這一階段實應與五代十國的動亂割據視爲一體。這些見解，可謂發前人之所未發，不唯令人耳目一新，更是頗具灼見的論斷。

黄先生中國古代史尤其是唐史研究成就卓著，在這一領域享有崇高的學術聲望，是學界公認的唐史研究一代大師。

黄先生在古文獻學領域造詣精深，卓然成家。他參與了古文獻學學科體系的創立和建設，撰寫了《古籍整理概論》《古籍版本學》《古文獻學四講》《史部要籍概述》《子部要籍概述》和《唐史史料學》等多部著作，享有很高聲譽，被國内多所著名大學選作教材，爲文獻學人才的培養，發揮了重要作用。黄先生還積極從事古籍整理事業的實踐，精心標點校勘《類編長安志》《雍録》《西遊證道書》等多種古代典籍，均以品質精良而被視作權威性的版本。

黄先生治學貫通文史，精於考辨，蓋源自冰凍三尺的文獻積累，他於古書版本目録之學的造詣，當世少有其匹。但非如一般藏家往往精鑒賞而疏學術，黄先生的文獻修養則體現在其治學中，可謂幾無所不在，這一點尤其難能可貴，令人往往生望塵莫及之歎。黄先生博雅廣聞，學富五車，研治古代文學同樣重視實證，所見多不同凡響，於古代文化諸多方面亦常有不凡見地。

黄先生一生襟懷坦蕩，爲人耿直，剛正不阿，嫉惡如仇，雖身歷坎坷而志向彌堅。尤其在學術問題上，更以一絲不苟率直敢言而著稱學界，甚至不惜遭人誤解爲過於嚴苛。他從不迷信權威，他對史學大師陳寅恪極爲敬重，但在學術著述中就時有就陳寅恪先生的一些見解的商榷和修訂，黄先生辭世後，國内某大學發來挽聯就此評價道:“書傳天下高名萬古，此老能匡陳義寧”。(“義寧”爲陳寅恪先生鄉貫)他平生唯以學術和育人是尚，誠如己言:“科研是要多出成果爲學術大厦添磚加瓦，爲自己的國家争光彩；教學是培養青年使後繼有人，且能超越前人。至於其他得失榮辱，就都是身外之物了。”他以終身不渝的實踐很好地完成了一己的追求。

黄永年先生與全國高校古委會

楊　忠*

黄永年先生名滿天下，史學研究是他的本行，成就卓著，古典文學研究成果絲毫不遜色於當今名家，此外，他的古文獻學研究論著影響深廣，目録版本之學自成一家，書法篆刻之學既專且精，諸子百家之學亦博而深。治學範圍之廣、學問鑽研之深、學術成果之豐，當今學人能望其項背者少，可與比肩者幾希，這些，在座諸公當多有論述。但黄先生還是教育部任命的全國高校古籍整理研究工作委員會委員，又擔任陝西師範大學古籍研究所所長，常參與高校古委會的各種工作，和古委會實有不解之緣，也是古委會秘書處人員公認的良師益友。我作爲古委會秘書處工作人員，在和黄先生的交往中，有許多事令我感動，黄先生在古委會的一些工作和他對古委會工作的大力支持，也是他對我國古籍整理研究和人才培養工作的傑出貢獻。

我粗略回憶，黄先生對高校古委會工作的貢獻集中表現在三個方面，一是大力支持普及讀物《古代文史名著選譯叢書》的編纂和審定工作，二是積極參與古文獻學學科建設和中國古文獻學獎學金評議工作，三是全力以赴編纂古文獻學教材——《古文獻學基礎知識叢書》。

全國高校古委會自 1983 年建立之後，制定古籍整理研究規劃，陸續組織了一些大型整理項目，如《全宋詩》《全宋文》《全元戲曲》《全明詩》《李白全集》《杜甫全集》《柳宗元集》等。20 世紀 80 年代中後期，古委會主任周林同志提議編纂一套著眼於普及中國傳統文化精華的中型古籍讀物，定名爲《古代文史名著選譯叢書》，從精典古籍

---

*　作者簡介：楊忠（1941—），北京大學中國古文獻研究中心教授。

名著中挑選適當篇幅，簡注精譯，使中等文化程度的人能讀懂受益，並委托章培恒、安平秋、馬樟根三位先生主持。三位主編於1986年5月正式啓動該項目，成立編委會，確定選目和承擔人。黄永年先生是該《叢書》的常務編委，在確定選目和編纂凡例方面做出過重要貢獻。《叢書》最終確定譯注134種古代名著，以古代文史典籍爲主，實際包羅了經、史、子、集四部，承擔譯注工作的共有164位學者，分布在20餘所高校。《叢書》雖有統一的撰稿要求，但譯注者各自的領會不一，收集來的稿件品質不一，審稿便成爲最重要而又煩難的工作，也是保證《叢書》質量的關鍵環節。在三位主編主持下，編委會召開過十幾次審稿會議，以常務編委爲主的十幾位先生承擔了審稿工作，聽安平秋先生説，黄先生審稿最多，且承擔的譯注工作也最多。有一些書稿質量不高，編委會决議换人重做，但這就意味著新承擔人撰寫書稿的時間將非常迫促，這時，大家都把目光投向黄先生，因爲他向來文思敏捷，黄先生也往往不辭辛苦，承擔了許多額外的工作。最近我統計了黄先生在《古代文史名著選譯叢書》中的工作量，發現在134種譯注中，黄先生居然撰寫了6種，即《顔氏家訓選譯》《北齊書選譯》《周書選譯》《韓愈詩文選譯》《舊唐書選譯》《吴偉業詩選譯》，其中《吴偉業詩選譯》爲他與馬雪芹老師合撰，其餘5種由他獨立完成。黄先生完成了6部，其餘162人完成128部，黄先生的工作量是其餘譯注者的七八倍。黄先生還審改了14部書稿，審稿量是其餘審稿人的2倍。《古代文史名著選譯叢書》是古委會重點規劃項目，自1986年經始，至20世紀90年代前期由巴蜀書社全部出版完成，前後近十年，應了“十年磨一劍”的舊話。出版之後，得到學術界好評，獲第一屆古籍整理成果獎，臺灣的出版社後來出了繁體字本，前幾年鳳凰出版社又出了修訂本，可見得到社會的承認和好評。黄先生無疑是這套叢書中撰稿、審稿出力最多的人。

黄先生還爲古委會的人才培養工作做出過重大貢獻。古委會成立之後，經過一段時間的工作，秘書處感到除日常工作之外，有一些關係到高校古籍整理整體工作的大事需要組織一些專家共同工作，以利於集思廣益、做好規劃。於是在20世紀80年代中後期相繼成立了科研項目評議小組、學科建設與人才培養工作小組、對外學術交流工作小組。古委會學科建設與人才培養工作小組從成立伊始，便聘請黄永年先生爲小組成員，黄先生也在小組内作出過傑出貢獻。學科建設與人才培養工作小組主要做了兩件工作：一是做好古文獻學的學科建設工作，小組成員與古委會秘書處人員一起去古委會直接聯繫的北京大學、杭州大學（現浙江大學）、南京師範大學、上海師範大學等四個古典文獻專業作調研，了解課程設置和教學計劃、聽老師上課、與師生座談。並舉行過幾次教學觀摩活動，由四個古文獻專業負責人及教師代表輪流去四個學校聽課、座談，相互學習取長補短。經過若干年的努力，到 20 世紀 90 年代中期，四個古典文獻專業的課程設置和教學計劃逐步完善，古文獻學學科建設有了較好的基礎和一定的成績，黄先生以他豐富的教學經驗和高遠的學術眼光，爲古委會的這一工作貢獻過不少切實可行的意見。

學科建設和人才培養小組的第二件工作是評議中國古文獻學獎學金。這也是這個小組的成員和古委會秘書處人員經過幾次調查之後，向古委會領導建議，經批准而采取的措施。這個小組的成員兼任中國古文獻學獎學金評議員。獎學金分博士生、碩士生、本科生三檔，分别設一、二、三等獎，一等獎零至一名，二等獎、三等獎各若干名，每兩年評議一次。獎學金評議非常嚴格，評委認真審讀申請者的論著，經充分議論、無記名投票决定。特别是博士生的一等獎，有時寧願空缺，也不降格以求。獲得過該獎一等獎的博士生後來幾乎都成了活躍在學術一綫的著名學者。黄先生在評議中堅持原則，不和稀泥，不太在乎各校得獎名額是否平衡，在小組内以嚴格著稱。後來在評議條例中特别寫明評議以論著水準爲依歸而不考慮學校之間的平衡。記得有一年評議中，黄先生指出某生論文中的諸多問題，該生未能獲獎，事後該生所在學校評委無意中洩漏了黄先生的一些意見，該生居然寫信給黄先生，出言不遜，黄先生一笑置之，並未和那位評委理論。在後來的評議中，仍然堅持標準，毫不馬虎。黄先生的舉動給大家留下了深刻印象，也獲得評委的一致好評。至今我每當回憶起獎學金評議事，黄先生的風采依然如在目前。

黄先生在古文獻學教材編纂工作中的突出貢獻，也令人難忘。古委會直接聯繫的四個古文獻專業的學科基礎和課程設置互有差異，具體的教學内容亦不盡相同，在教學實踐中，大家認識到，儘管四個古文獻專業的具體情况不同，但基礎課程的設置應大體統一，而爲了保證教學品質，課程内容應該有一定規範，並且要有一套質量較高的教材作爲教學的保障。鑒於各古籍研究所招收的研究生中也有不少人本科出身於非古文獻學專業，他們在本科學習階段很少接觸古文獻學課程，古文獻學基礎知識不夠扎實，爲了提高研究生的質量，也需要有一套古文獻學基礎知識叢書用作他們學習時的參考書。

爲此，1995 年在當時的古委會常務副主任兼秘書長安平秋先生（現任古委會主任）主持下，成立了《古文獻學基礎知識叢書》編委會，由裘錫圭先生和我任主編，規劃《叢書》的編寫工作，黄先生爲編委之一。在裘先生主持下，編委會經過幾次討論，明確了編撰宗旨，即這套《叢書》既能作爲古文獻專業本科生的教材或主要教學參考書，也能作爲古文獻學科研究生及古代文學、古代歷史、古代哲學和宗教等學科研究生的參考書，還可以作爲廣大文史工作者和愛好者的參考讀物。黄先生在幾次編委會討論《叢書》子目時，都發表了很好的意見，如《叢書》不設《目録學概論》，而將有關内容入《古籍版本學》，便是黄先生的意見。《叢書》最後完成了十一種，即音韻學概論、訓詁學概論、古籍版本學、校勘學概論、文史工具書概述、古代文化知識、文獻學文選、經部要籍概述、史部要籍概述、子部要籍概述、集部要籍概述。其中的版本學和史部要籍概述大家自然希望由黄先生承擔，黄先生也毅然接受了任務。但子部要籍概述却一下子找不到合適的撰稿人，裘先生找我商量，經反復斟酌，我們二人都覺得黄先生是最合適的人，但他已承擔了兩部著作的撰寫任務了，我們實在不忍心也不好意思找他商量了。又過了一段時間，子部要籍概述仍没有找到合適的承擔人，我們只好試探黄先生的意見，他略一沉吟，却爽快地答應了，只要求稍緩一點交稿時間。這樣，這套《古文獻學基礎知識叢書》所包含的 11 種著作，竟然有 3 種是黄先生完成的，而且是如期交稿並出版了。黄先生的淵博和快捷，他樂於爲人解决困難的精神，大家都十分敬佩。這套叢書是古委會的重點規劃專案，也是國家高校“十一五”和“十二五”國家級規劃教材，黄先生對這套叢書的貢獻是我們永遠不會忘懷的。

我第一次見黄先生是 1987 年在華中師大古籍所承辦的古委會會議上，我是臨時到會的，對黄先生印象不深。第二年古委會在西安開會，實際上是《文史名著選譯叢書》審稿會和古委會委員會兩個會連著開的，先在華清池，後來移到芷園。黄先生作爲承辦會務的古籍所所長，大小事務都集中到他那兒，忙碌是可想而知的。當時火車卧鋪票非常難買，返程票更是無法預購的，與會者中教授多、老人多，要買到足夠的車票實在困難，我們古委會秘書處與會人員和陝西師大古籍所許多老師清晨即去車站排隊，没想到黄先生也來了，當時他已經 63 歲了，望著他的身影，真令人感動。黄先生支持幫助古委會做了許多工作，對古委會唯一的要求只是每次離京時要給他買火車行進方向的軟卧下鋪，逆向而坐令他頭暈，他又從不乘飛機。因此我們買到逆向票便退掉重買，有時買兩張票，然後將逆向票退掉。黄先生的這個習慣，在古委會内部非常有名，他到各古籍所講學，大家也儘量想法買到合適的火車票。

黄先生離開我們已經八年了，我常想起他的音容笑貌，想起他在古委會各種會議上的發言，想起他在和我們閑談時講起的那些學界掌故，想起他的歡樂，也想起他的憤怒。他和古委會系統的各研究所所長以及古委會秘書處人員關係都很融洽，也常在學術上給晚輩學人指點迷津……我想我們大家都會記住黄先生的好，他一生歷經榮辱，熱愛國家民族之心不變，學術求真求新之志不移，培養晚輩人才之願不倦。現在我們專門開會來紀念他，我謹以這些片斷的記憶來表達對黄永年先生的敬意和懷念。

只今耆舊貞元盡

——黄永年先生誕辰九十周年追思

曹旅寧*

鄧廣銘先生《稼軒詞編年箋注》篇末收辛棄疾《感皇恩聞朱晦公即世》:“案上數編書，非《莊》即《老》，會説忘言始知道。萬言千句，不自能忘堪笑。今朝梅雨霽，青天好。一壑一丘，輕衫短帽。白髮多時故人少。子雲何在？應有《玄經》遺草。江河流日夜，何時了。”鄧先生箋注，引辛棄疾祭文:“孰謂公死，凜凜猶生。所不朽者，垂萬古名。”

一

我最早見到並聽黄永年先生關於玄武門、《長恨歌》的學術講座，還是 1984 年 10 月間的事。離現在不知不覺已有三十餘年。當時覺得老先生一口江南口音，内容也不能全部聽得懂，但老先生聲音宏亮，底氣十足，却給人留下了十分深刻的印象。等到第二年夏，我有幸考取老先生的歷史文獻學碩士研究生，這纔開始了有系統的學習生活。當時蘭州大學趙儷生先生的公子趙絪，在青海與我同時報考却没有録取，我聽説後頗感驕傲。

黄先生早年受教於吕思勉、童書業、顧頡剛諸先生。黄先生所記《吕思勉文史四

* 作者簡介：曹旅寧（1965—），男，華南師範大學法學院教授。

講》已經出版，只是聽壽成兄說，筆記原稿多有按語，尚未印出。葛兆光先生曾在2006年3月2日閱讀童先生著作時的讀書劄記中這樣寫道："童書業是黄永年先生的岳父。記得當年黄先生在復旦小樓與我同住，常常徹夜閑聊，多次談起他這位岳翁，對他與吕思勉先生俱極崇敬。回憶及此景，已經二十年前舊事了。"當年黄先生卧室兼書房中，張掛有吕先生的一副對聯，還有童先生一幅小畫。而我早已讀過《新華文摘》上轉載黄先生紀念吕、童二師的文章。最近讀到曹道衡先生的回憶録，談到童先生在無錫國專滬校時對他的學術訓練，具體翔實，真可以同黄先生的文章對讀。

我們入校時，黄先生就站在陝西師大老西門迎接新生，對大家説一些勖勉的話。記得有"我會把你們當作子侄輩看待的，要取得學習、身體的雙豐收！""苦就苦三年，三年以後，同夫人小姐公子同享榮華富貴"。迎新晚會上，黄先生讓大家自報家門，並表揚了龔祖培同學撰寫的《内言外言發覆》一文。此文是與北大周祖謨先生展開對話的，發表在《中華文史論》上。這無形中也爲大家樹立了學術標杆。

當時黄先生剛六十歲。入校不久，同學們在黄先生上課時爲他祝壽，送了一個黑色陶瓷奔馬臺燈做禮物，李心純同學還送了一首格律詩，中間用了劉禹錫"二十二年棄置身"的句子，因爲黄先生從57年困厄直至79年改正，恰好同此年數。黄先生答辭中有"本來要請大家到家裹吃一碗長生面的，但人太多，實在没有辦法"的話語。黄先生1950年復旦大學畢業，被分配至上海交大教政治課，實際上已經脱離了本行學術界。但值得慶幸的是，先生避過了一次次學術批判的"洗澡"，也没有經歷學生批判老師的心理煎熬，也没有撰寫大批判應景文章的懊惱，保存了自己的學術元氣。1957年的困厄只是終結了先生的紅色仕途之夢，却爲中國學術界保留了一顆讀書種子。用先生自己的話説，"不許阿Q革命，就弄學問吧！""人活著，總得有點寄托，總得幹點有益的事情！"

黄先生當時的科研工作、社會工作十分繁重，時常還要外出講學。但對學生還是十分關心。記得黄先生曾帶我到校醫院找他相熟的一位女大夫看過一次病，這位葛大夫當時還誤以爲我是先生的兒子。當然，黄先生也不是苦行僧式的學者，衣著整齊，皮鞋錚亮。北大教授們來校參加答辯時，會吸煙的，先生敬上的是牡丹煙；不會吸煙的，先生拿出的是巧克力。

我們受教的主要場合是在課堂。黄先生上課時喜歡漫談，也喜歡講學術掌故，但最後總要回到主題。這在無意中拓寬了學生的學術視野。當時聽講的學生人數衆多，文史專業的研究生俱在，先生講得神采飛揚。十五年後我在廣州見到黄先生，老先生竟然吟起了“憶昔開元全盛日”。我後來發現，黃先生所講，除了許多自己的學術創見發現，如曹植七步詩的問題；也不乏前人的學術精華，如說《漢書》顏師古注名氣大，其實水準並不高。後來我在王念孫《讀書雜誌》中看到王氏讀《漢書》劄記中對顏注的尖銳批評。

受教的另一個場合，是黃先生的位於陝西師大辦公大樓“白宮”的辦公室。入校不久，有一次大家晚飯後散步，看到先生的房子還亮著燈，就上樓去見先生。先生要大家購買中華書局影印的《四庫全書總目提要》就在此次。當時先生正在燈下翻看《中國版刻圖録》，大概是正在撰寫相關文字。受教還有一個場合，便是先生家裏。同學們開學來校，總要去家裏看望先生。先生有時也會留坐長談，談論學術、臧否人物。

黃先生指導學生作文的次數並不太多。第一次作文時，先生總是叫學生單獨面談。記得我所寫是一篇關於會昌滅佛的劄記，列舉了兩《唐書》及《通鑒》等不同史料記載的歧異。先生先是鼓勵，後又具體指出不足。後來我撰寫畢業論文《〈入唐求法巡禮記〉疏證》時，將其擴張寫成其中的一節，並改題爲《論會昌滅佛與李德裕之關係——讀〈隋唐佛教史稿〉劄記》發表。記得黃先生還在課堂上說，選題最好不要選什麼民族政策、農民起義的題目作文。

黃先生開闊學生視野的另一辦法，就是辦資料室買書。先生曾爲唐史所、古籍所買了許多書，其中還特別爲古籍所購置了史語所遷臺後所出的集刊。多年後我在中大同一位先生談起此事，這位先生說，過去的老大學生給圖書館買書都是懂行的。開闊學生視野的另一個辦法，就是請名家來校講座。周紹良、徐永年、裘錫圭、嚴紹璗、章培恒、汪榮祖先生等。記得汪榮祖先生站在講壇上，看到這麼多學文史的研究生濟濟一堂，嚇了一跳說，臺大歷史系早已招不到幾個男生了。1988 年畢業的時候，一位同門改行去了稅務局，黃先生還大爲光火。不過等到 2005 年，我在西安看望黃先生時，老先生也有如此感歎：“如今學術衰微了，聰明人不願意學，都想發大財!”“如今年輕人寫的文章，像一杯淡茶，味道總不夠濃!”如今不覺又是十年，在商品大潮的衝擊下，學術似乎已走進“嚴冬”了。

二

黃先生著述宏富，但我以爲最能代表黃先生學術的，還是他的論文集，填補空白、探微發覆、同前賢特別是同陳寅恪先生對話，是其著述顯著的特點。這在八年前黄先生逝世時召開的同門追思會上我已講過。黄先生同陳先生對話商榷立異同曾引起北京某所高校師生的議論。2008 年在山西大同舉行的一次學術會議上，有一位學術界前輩在得知我是黄先生弟子時，還當面對我講，黄先生不應該同陳先生立異同。

黄先生《唐代史事考釋》初版於 1998 年 1 月，由臺灣聯經出版公司印行。共收入先生的唐史專題論文三十三篇。我手頭這本是 2005 年 4 月初版第二次印刷，是我本人在臺北誠品書店買到的，實價新臺幣 650 元，按當時的匯率，相當於人民幣 120 多塊。但此書印製得確實精美，大有當年商務印製《胡適論學近著》的氣勢，書品寬大，643 面木漿紙，厚厚一册。藕色雲龍紋封面，紅色簽條，墨書“唐代史事考釋”五字雖不署書者名，確爲黄先生親筆，虚和流美，不脱前唐褚、虞兩家行楷的衣鉢。在我書架上黄先生著述的各種印本中，確實是最引人注目的。

《唐代史事考釋》分上編、下編。從著述體式上來看，頗受吕思勉四部斷代通史的影響，這幾部巨著以紀傳體史爲主，兼取《通鑒》，考核異同，尋求真相，對許多重大歷史事件提出精辟的看法，遠非司馬光等舊史家之所能及。而且上半部爲政治史、下半部爲經濟文化史。《唐代史事考釋》上編大都爲唐代政治史，主要是黄先生與司馬温公及陳寅恪先生的學術對話，可視爲新的袁樞《通鑒紀事本末》（陳寅恪《唐代政治史述論稿》手稿本自序中語）。下編主要爲經濟史、文化史研究的結集，如《唐天寶宣城郡丁課銀鋌考釋》一文，對唐長孺先生相關考述進行補充發明，據黄先生親口告訴我，是他復出後公開發表的第一篇論文。還有，《唐代史事考釋》由黄先生手定，從學術傳承上來説，後學可據其體式探究其學術思想的轉移流變。

從方法論看來，《唐代史事考釋》顯然是乾嘉盛流與“五四”以來新學術接軌的最佳結晶。西方科學的進步，便主要表現在正反兩方的反復詰駁質問對話的過程當中，真理最終得到發揚。黄先生與司馬温公的對話，特别體現在上編諸篇中仿《通鑒考異》形式而寫成的注釋中。黄先生與陳寅恪先生的對話，主要體現在觀點與材料的不同認識上。如陳先生强調玄武門之變是李世民勾結禁軍將領常何後發動的一次政變，因當時禁軍司令部在玄武門，故其位置十分重要，故要搶先占領。黄先生認爲李世民並未掌握禁軍，之所以在玄武門内設伏，是由於太子建成、齊王元吉入宫聽候唐高祖對己有利的“公斷”時必經玄武門，這是東宫入宫最近的路綫。玄武門之變的關鍵不在於掌控禁軍，而在於襲殺建成、元吉，進行肉體消滅並控制李淵上。玄武門之變史實後來多遭篡改。故南宋朱熹在《朱子語類》中曾批評唐太宗篡改史實。説哪裏有三個兒子要拼命，李淵尚在湖上泛舟之事。黄先生也分析了統治階級内部矛盾和權力之争時父子之别，身爲皇帝的父親對兒子處理起來，猶反覆無定，徘徊困惑，至於兒子對父親則往往連這點感情也拋至九霄雲外，所以歷史上弑父之事比比皆是。至於近來有人主張玄武門之變發生在玄武門之外，更屬皮相之談。

再如陳先生强調西胡種在安史之亂中的作用。黄先生則指出奚、契丹爲安史叛軍的主力。陳述在《曳落河考釋及其相關諸問題》(《歷史語言研究所集刊》七本第四本）中就有這樣的話語："陳先生具告《安禄山事迹》，'其中契丹委任尤重，一國之柄，十得二三，行軍用兵，皆在掌握。'"可見，以陳先生的淹博，焉能未注意到此等材料。黄先生與陳先生立異，主要是出於二人立論角度的不同。陳先生先入爲主，過於强調西胡在安史之亂中的影響。

陳先生曾撰寫《桃花源記旁證》一文，主要闡釋當時戰亂北方人民避亂自守的實況。唐長孺先生則撰文質疑，認爲桃花源記主要來自南方土著的傳説。其實，20 世紀 20 年代河南尚有軍民如樊鐘秀國民軍爲避難遁入深山的史事，何况千百年以前呢？詳見《顧頡剛讀書筆記》。吕思勉先生也曾針對《桃花源記》曰："此篇所叙，蓋本諸當時事實。永嘉喪亂之後，北方人民多亡匿山谷，以其與胡人雜處，亦稱山胡，亦山越之類。近代尚有此事，觀《經世文編》中《招墾里記》可知。"黄先生晚年整理吕先生授課筆記時特别標示出此點。

再如陳寅恪先生《秦婦吟校箋》《長恨歌箋證》以詩證史。黄先生始治《長恨歌》，以其非詩史。續治《秦婦吟》亦持這樣的看法。黄先生《長恨歌新解》認爲《長恨歌》爲風情之作，三大情節與十大細節與史實不符。筆者孤陋寡聞，僅清人龔自珍有類似見解。龔自珍評白居易"真千古惡詩之祖"，"長恨歌'回眸一笑百媚生'乃形容勾欄妓女之詞，豈貴妃風度耶？"三大情節之一的馬嵬坡之變，黄先生從情理上推論出："玄宗此時高齡已届七十二，貴妃亦已三十八，久已不屬青年人徒知沉溺男女之情的年歲，區區床笫之愛何如自身安全之重要，玩弄封建政治幾及半個世紀、老於謀算的玄宗自能了然於心。當此不能兩全之時，寧從高力士和陳玄禮而捨棄楊國忠和貴妃，正是玄宗必然作出的抉擇。"

美籍華人學者陸揚先生 2006 年 5 月 8 日以"雲中君"爲名在往復論壇上發表《陳寅恪與竹林七賢》一文，引起學界熱烈討論，討論結果彙集爲《從"竹林七賢"説到岑仲勉與黄永年》一文，其中有云：

黄先生是我相當佩服的學者，我覺得他基本和唐長孺很相似。借用唐自己很貼切的形容，他們二人和陳的學術的關係是所謂的"教外别傳"型。也就是説他們是因爲他們對中古歷史的認識到了一個相當高的程度後受陳的影響或和陳的論點發生論争。他們有他們自己的一套看法，不大會因陳而轉移。這當然在唐先生身上更明顯些。黄永年唐史方面的著作雖不是很多，但往往重要。比如他講“涇師之變”的文章，我認爲是中國學者寫中晚唐政治史中極少數精粹的文字之一。而且我相信是陳寅恪寫不出來的。這不是能力問題，而是從陳對唐代政治的認識框架下很難推出該文中的種種綫索來，而且該文對歷史過程的涵蓋很周全。黄的文字在其他方面也有此特點。有時他雖然是在講文獻，但時刻注意到史料的歷史内涵。比如他在《唐史史料學》裏，就常常指出某種史料中體現的歷史層面。他對唐長孺的欣賞是很顯然的。幾年前他在臺灣《新史學》上一篇講門閥的短文裏，就直接説這方面最重要的文章是唐講大族升降的四篇論文。這本身是高明的見解。其他文字中引唐的見解也很多。所以黄永年的文章表面看來常像是對陳的翻案文章，其實不是。此外他説話也很有勇氣，讓我印象深刻的是他在講古文獻時提到中華書局大唐西域記的校注本，認爲序寫得不好。我想這大概在國内没有任何其他學者敢提出這種批評。我很想瞭解他的這種批評的具體依據，因爲我也有類似的看法。當然黄永年先生在唐史方面涵蓋的面不如唐長孺在魏晋南北朝方面寬廣。這很大程度上因爲黄很長時間生活在一個無法做研究的環境下。同時再有學識天分的人，也不能獨學而無侣。而我覺得在八十年代前，唐史界和魏晋南北朝學界的區别正在於後者有一批水準很高的學者，可以互相呼應，雖然學術環境普遍不佳，終究可以造成風氣。而前者雖有大師陳寅恪，却没有這種呼應，以至於陳氏的見解的影響也一度沉寂。所以我猜想對黄而言，陳不是要追隨或打倒的對象，而是棋逢對手（worthy opponent）式的對話人。

上述評論十分中肯，但也有需要補充之處。確實陳寅恪先生某弟子曾寫過題爲《論唐朔方軍》一文，主要論證該軍爲鐵勒人爲主力的部落制軍隊，對該軍與中晚唐政治的重大關聯則著墨不多。至於是否“黄很長時間生活在一個無法做研究的環境下。同時再有學識天分的人，也不能獨學而無侣”尚可讨论，因爲黄先生的論文《〈秦婦吟〉與〈浣花集〉》《唐代兩税法雜考》以及黄先生的武則天研究無一不是時代學術風潮激蕩下的産物。1949 年以後，農民起義是史學研究的主流，所謂“五朵金花”之一是也。均田制與兩税法更是 20 世紀五六十年代史學研究經濟史的重中之重。至於武則天研究更是郭沫若在 20 世紀 60 年代初宣導，在《光明日報》上連篇累牘討論的熱點問題。參加者有郭沫若、羅元貞、陳振、胡守爲、董家遵等人，後來饒宗頤也主郭説。黄先生雖然1957年後陷入厄運，被剥奪了論文發表權，但仍然積極參與上述每一場對話，都有學術研討上的對手。在關於武則天出生地的討論中，黄先生並給郭沫若去函指出，根據《册府元龜》，武則天不可能出生在四川廣元。1979年黄先生復出後撰寫了三篇武則天與唐代政治史的論文，其中兩篇《説永徽六年廢立皇后事真相》《開元天寶時所謂武氏政治勢力的剖析》收入《唐代史事考釋》。黄先生晚年又發表《武則天真相》及《李商隱〈利州潭記〉究竟在説什麽》爲這場延續三十年的討論畫上句號，所持結論爲蓋棺定論（參見姚崇新《巴蜀佛教石窟寺初步研究》中有關武則天與廣元石窟寺的論述，中華書局2011年。姚崇新且認爲《李商隱〈利州潭記〉究竟在説什麽》是對此詩最詳盡、最確切的解説）。由此可見，學人不能脱離時代，學問同樣也不能脱離時代。

禪宗形容天才領悟的話語有“從門入者，不是家珍!”時下美國有些成功人士，總結自己的要訣，在於“另類思維”。黄先生一生，雖然有令人豔羡的師承，但實際上很大程度上是一個自學探索者。所謂“路漫漫其修遠兮，吾將上下而求索”是也。黄先生十分尊重陳先生，視爲自己在唐史研究領域的領路人，但却不盲從，不迷信，在肯定陳先生學説中超越前賢之處的同時，也發現了不夠妥帖之處。

黄先生嘗説，陳先生的弟子總是在陳先生的圈子裏打轉轉，跳不出陳先生的手心。我曾在舊書店購得1963年版周一良先生《魏晋南北朝史論集》。其引言有云：“這些文章的立場觀點方法都存在許多問題。現在重印出來，只是希望在馬克思主義歷史科學的建設中，這些資料考訂的‘一孔之見’能作爲幾樣零件，起個小小螺絲釘的作用。”時間爲1962年7月，與此前發表的《雷鋒日記》中的論調何其相似，反映出書作者與時代的關係。周先生受知於陳寅恪先生，該書第13、53、94頁三引陳先生説，後二説且爲陳先生未發表之説。由此可見當時周先生受知於陳先生之深且往還之密。在周先生看來，陳先生爲自己服膺者，而非對話者。這就决定了陳門弟子爲什麽後來無法超越陳先生。關鍵在於缺乏另類思維，這是一個主要的原因。

唐長孺先生是公認的魏晋南北朝史研究權威大家，唐先生的學術高峰《魏晋南北朝史論叢》，印數大，讀者多，包括非本行的。其《魏晋南北朝史論拾遺》水準也極高，發揚吕思勉先生、陳寅恪先生的觀點。一方面是開拓者與繼承者的關係；另一方面也是對話者與商権者的關係，從而取得了輝煌的成就。唐先生、黄先生俱出吕先生門下。我曾聽武漢大學的朋友講，唐先生案頭有一部吕先生著《兩晋南北朝史》開明書店精裝本，被唐先生翻閲的“韋編三絶”。我也曾讀到過黄先生致唐先生一封信劄，是唐先生公子唐剛卯兄提供的，信的内容除感謝唐先生惠贈《魏晋南北朝史論拾遺》一書外，主要探討了門閥士族自南北朝至隋唐的盛衰，就唐代士族真實的歷史地位發表了自己的看法。這封信也可視爲是一次高層次的學術對話，可爲陸揚先生前面的論述作一個注脚。

黄先生是陳氏功臣。黄先生同陳先生對話，既有商榷，也有認同。中華書局2000年版黄先生《文史探微》所收《論北齊的文化》不僅支援陳寅恪先生之説，而且得到近年考古發現的證實。有一次我在書店無意中讀到謝稚柳先生的《鑒餘雜稿》，收了一篇討論北齊婁睿墓壁畫的文章《北齊婁睿墓壁畫與莫高窟隋唐之際畫風》（原載《文物》1985年第7期）指出，敦煌莫高窟的北魏、東魏壁畫，過去認爲代表整個北朝的水準。北齊婁睿墓壁畫出土，却揭示了魏與北齊之間畫派出人意料的不同，魏與北齊，時期是銜接的，北齊的水準一下子就高出了一大截子。敦煌莫高窟盛唐壁畫，顯然來源於北齊。爲黄先生之説補充了有力的考古新證據。

前面陸揚先生還指出："此外他説話也很有勇氣，讓我印象深刻的是他在講古文獻時提到中華書局大唐西域記的校注本，認爲序寫得不好。我想這大概在國内没有任何其他學者敢提出這種批評。我很想瞭解他的這種批評的具體依據，因爲我也有類似的看法。"黄先生認爲中華書局《大唐西域記校注》前言寫作枝蔓，其中第50頁論唐均田制，注釋未引原始文獻，而是轉引范文瀾《中國通史簡編》。我本人也發現：其第39頁："李唐統治者的血統也不是没有問題的。李唐統治者從父系來講，實際上是李初古拔的後裔，並不是漢族。從母系來看，什麼獨孤氏，什麼竇氏，什麼長孫氏，都不是漢族，所以李唐的血統，在當時看來並不高貴。"並注引自陳寅恪《唐代政治史述論稿》。其實，陳先生的結論在《述論稿》中本已講得很清楚："據可信之材料，依常識之判斷，李唐先世若非趙郡李氏之'破落户'，即是趙郡李氏之'假冒牌'"。"李唐血統其初本是華夏，其與胡夷混雜，乃一較晚之事實也"。中華書局版《仰望陳寅恪》中同此説，認爲李唐父系、母系均爲胡人而非漢族，恐襲自季説。此外，序言中没有寫清楚寺院經濟爲宗教瑪律克公社性質，而是照搬唐代貴族地主與中小地主鬥争説；也未説清均田制真實含義及作用；當然對於《大唐西域記》的版本校勘也語焉不詳。

當然，黄先生也不排除、不反對而且很贊同學術研究中按常理推論解決問題。這裏所舉黄先生《古籍版本學》"書册制度"有關"旋風裝"的論述，便是一個顯著例子。2012年11月9日我在中山大學"中文古籍整理與版本目録學"國際研討會上得聞國家圖書館程友慶先生宣讀《古書旋風裝形制贅言》一文，程先生列舉五種異説：①旋風裝即蝴蝶裝。②旋風裝即龍鱗裝。③旋風裝即經折裝。④旋風裝即類龍鱗裝。

⑤旋風裝即包背式經折裝。程主第5説，並以黄先生《版本學》中的論點爲出發點，認爲黄先生的解釋認爲旋風裝即包背式經折裝比較符合實際。因爲黄先生反對旋風裝即龍鱗裝，提出據常理認爲龍鱗式最多只能節省點卷子的長度，怎麼能旋得起風呢。這句話也正是許多人心中的疑問。這個常理上的推斷在此次會議上得到印證。會議上根據顧廷龍女弟子，曾供職於上海圖書館的裝裱師周美娣女士發言："1964年在北京講習班學習，師傅説，龍鱗裝與經折裝完全不同，經折裝、旋風裝亦有區别，如經折裝前後包一張書皮，念經時，用木魚棒倒著翻，可以無限翻，故稱旋風裝。"潘女士並做了現場旋風演示，讓大家大開眼界。就這樣，確定旋風裝即包背式經折裝，這樣旋風裝真義始得大白於天下。

《唐代史事考釋》中有不少篇章如《讀陳寅恪先生〈胡臭與狐臭〉——兼論狐與胡的關係》《〈纂異記〉和盧仝的生卒年》《〈秦婦吟〉與〈浣花集〉》都充分利用了《太平廣記》中的材料。我聽黄永年先生講授這門《太平廣記》課是研究生第一學年上學期，時間是1985年9月至1986年1月。黄先生爲北京大學中文系古典文獻專業講授此課大概也在此前後。這門課讓同學們領略了清代樸學的劄記功夫；懂得了什麽纔是真正讀書以及"做學問，除了讀書，作劄記，别無他途"的道理。黄先生2005年2月在周曉薇同學《四遊記叢考》序文中就説："二十五年前我重登大學講壇指導唐史研究生，就曾指出如今通行的哲學史思想史，只是講彼時高級知識分子的哲學的思想，這並不能代表一般人——從平民百姓乃至帝王統治者的思想。一般人的思想正史裏固也涉及，看先師吕誠之（思勉）先生的《吕著中國通史》和《先秦史》等四部詳博的斷代史可知道，但更多的還在史書所不及備采的雜記小説之中。我在1985年應北京大學中文系之邀，除講授版本學和《舊唐書》研究之外，還開了一門《太平廣記》研究，即在這方面做了試探。"黄先生晚年在他八十壽辰慶祝會上所散發《對指導研究生的自我評估》中就提到此門課程的創新性。後來學術界流傳著這樣的一段佳話，凡是喜好在自己的論著中徵引《太平廣記》的，都可能是黄先生的學生。黄先生後來不僅讓研究生撰寫了《〈孟子節文〉研究》，自己還撰寫了《讀〈全明文〉看朱元璋》《從三峰鐘板的恢復説清高宗對世宗時事的翻案》探討了朱元璋、乾隆帝等統治者的思想及陰暗面，也頗爲引人注目。

黄先生首次研讀的《太平廣記》是從吕思勉先生處借來的三讓睦記本，那时他還是一個二十歲出頭、風華正茂的年輕人。我們注意到，吕思勉先生另一位大弟子唐長孺先生，也熟讀《太平廣記》，對其中的材料信手拈來，堪稱以小見大的典型。如《三至六世紀江南大土地所有制》“後論”中説明莊園土地效率不高，引《太平廣記》卷一二七“還冤記”中劉宋永康人吕慶祖在别墅督促奴婢耕種時，被奴教子殺死之事；再如論述夏國赫連勃勃使用俘虜補充工匠。引《太平廣記》卷一百十“南宫子敖”條説子敖在新平城被破時被“狒狒虜兒（勃勃）長樂公”所俘，全城數千人盡被屠殺，他却因自稱能做馬鞍而免於一死。這段故事如果與蒙古入侵時的情況相比較，可以説明落後部落對手工業者的需要。因此，陳寅恪先生指出：“《太平廣記》爲小説體裁，小説亦可作參考，因其雖無個性的真實，却有通性的真實。”

最後再談一談《唐代史事考釋》與中國文史傳統中“老年結集”故事。過去老一輩的學人大都相信老年結集的説法，以顯示治學之謹慎。黄先生也不例外，這本於學術上的認真態度。從撰述時間上看，這部論文集結集的時間跨度從 20 世紀 40 年代後期至 90 年代，前後接近五十年。偶讀余英時先生懷念錢穆的《猶記風吹水上麟》一文，余先生曾這樣歸納先師錢穆先生的學術：“他是開放型的學人。他相信，各種觀點都可以用之於中國史的研究。然而學術價值的高下仍有客觀標準，也不完全是時人的評價即能决定，時間老人最終還是公平的。他總是强調學者不能急於自售，致爲時代風氣卷去，變成了吸塵器中的灰塵。但是他承認三十年代的中國學術界已經醖釀出一種客觀的標準，可惜爲戰争所毁，至今未能恢復。”這段話對於黄先生及《唐代史事考釋》也是適用的，因爲 20 世纪 30 年代的中國學術界醖釀出的客觀標準，正是吸收清代學術精華與域外新知而來，而黄先生本人探微發覆的學術歷程正是由這個路數迤邐而來。至於錢穆先生所説“學者不能急於自售，致爲時代風氣卷去”，有一位學術前輩素來爲我景仰，他有一本論文集，我在三十年前閲讀時，篇篇佩服！三十年後的今天，却只認爲集子的最末一篇可以傳世，堪稱壓軸之作。以我淺陋的學力，尚有此等眼光，更何況，在歷史的激流中，更是要大浪淘沙呢！

至於本文的篇題“只今耆舊貞元盡”，本是黄先生的詩句。先生舊詩有云：“寒柳高文日月光，韋郎卷子亦評量。只今耆舊貞元盡，還拈遺篇説李唐。”如今老宿凋零，學術衰微，撰寫此文，不覺有前塵夢影之感！

黄永年先生的學術品格

郝潤華[*]

在我國，“做學問”曾經是一個雖讓人感覺到清貧但却不乏榮耀的字眼。因爲學問本身就需要追求真實，這種價值取向注定了研究學問就是要對“真理”負責，對“真理”不熱愛的人也難以做好真正的學問。在傳統中國知識分子身上，學術精神賦予了學者對學問的渴求與執著，這一點始終没有改變過。因此，對於一個真正的學者來説，最重要的收獲不是在專業知識方面，而是他們可貴的學術品格。這一點，業師黄永年先生即給予了我們很大的啓示與觸動。

一、畢生追求學術，視學術爲生命

先秦儒家提倡的“立言”思想與司馬遷“究天人之際，通古今之變，成一家之言”的至高目標，成爲中國傳統知識分子畢生追求的學術精神，他們爲此而將學術研究當作生命。

處於對傳統觀念的繼承及對學術研究的高度興趣，黄先生畢生追求學術，將學術研究當作生命。先生從二十一歲撰寫第一篇論文《今本左氏傳成書考索》，到他去世前，一生都没有停止過研究學問，即使是在被打成“右派”的日子裏，也没有放棄。據黄先生自己回憶説，當時在夜深人静的時候他偷偷將書籍上的封條揭下，在昏暗的燈光下閲讀與研究。有一些論文的初稿正是在那個年代完成的。20 世紀 80 年代被摘

---

* 作者簡介：郝潤華（1964—），女，甘肅武威人，西北大學文學院教授。

掉“右派”帽子，自那時起黄先生的學術生涯真正開始，至他去世時只有二十多年的時間，在這短暫的時間裏，他撰寫了一百余篇文章，出版了二十多種著作，無論在數量上還是品質上都很可觀。他的研究涉及文、史、文獻、藝術等多個領域，尤其在古文獻學與唐代文史的研究方面成就最高，如他對目録學、版本學、古籍整理學學科體系的建構，如他對唐代關隴集團的實質、是否存在“永貞革新”、府兵和均田的關係、奚契丹與河北藩鎮的關係、兩税法的根源等問題的見解，在學術界都處於絶對領先的研究地位，得到了國内外學術界的認可甚至贊賞。如業師周勛初先生就曾指出：

> 以往唐史專家大都把注意力放在西北邊境的軍事設施上，因爲唐王朝與吐蕃、回紇等族關係密切，衝突不斷。人們印象中奚與契丹只是邊防小患，對於唐王朝爲什麽要把最大的一股兵力放在東北？安史之亂何以在東部發生？後來的河北藩鎮到底應該怎麽看？總覺得有些講不清楚。讀了黄先生這篇文章後，這些問題都可豁然了。五代、宋代爲什麽屢受遼、金威脅，也可得到合理的解釋。[①]

這些成就的取得都是黄先生不懈努力、勤奮治學的結果。衆所周知，黄先生一生没有任何業餘愛好，從不運動，也不參加任何娱樂活動，他將除了吃飯、睡覺之外的所有時間都用於工作，在我們當時看來都覺得不可思議，現在從黄先生的治學經歷來看，孟子所謂“天將降大任於斯人”與“勞其筋骨”“空乏其身”之類原來如此不可分離。

黄先生治學態度十分嚴謹，其論著中，既有理論研究，又有文獻考證，甚至還有古籍整理研究，無論成果形式如何，他研究學問的態度却是一貫認真、細緻、嚴肅的。如，黄先生在《古籍整理概論》中講古籍標點、注釋時，一再强調不能僅憑字典、詞典，一定要掌握基本的文史知識，要博覽群書，要勤於查考。他舉例中引用了大量當時校點本《藝風堂友朋書劄》中的範例來講解古籍標點的重要性，如，上册董康第四劄：“《慶元條法》已刻數册，《新正兵變》原書失去。”看來好像没錯。其實“新正”是新年歲首，原劄是説在新正兵變中把《慶元條法事類》的原書丢失了，標點者没有讀懂而把“新正兵變”錯當成書名。又如，上册王懿榮第六三劄：“海源閣書，舊本未出國朝，精印本售與人矣。”案楊氏海源閣藏宋元刻舊本書最多，爲清後期四大藏書家之一，怎麽能説所藏“舊本未出國朝”呢？應點作“海源閣書，舊本未出，國朝精印本售與人矣”。所謂“舊本未出”者，是宋元舊本没有賣掉的意思。諸如此類，

---

① 周勛初、余歷雄：《師門問學録》，南京：鳳凰出版社，2004年，第38頁。

均是黄先生嚴謹治學的例證，對於從事古籍整理的學者來説閱讀此書會獲益良多。許多筆者認識的學者均坦言初入門便是以黄先生的《古籍整理概論》爲啓蒙讀物的，都是此書的受益者。黄先生不僅在理論上强調學問的嚴謹性，即使是他整理的如《類編長安志》《西遊記》等著作，也是既規範又精審，獲得學術界的一致好評。因爲自己的學問謹嚴而細緻，因此，對於出版的古籍整理著作中的一些失誤，黄先生就不能不聞不問，如臺灣學者王夢鷗爲唐傳奇《東陽夜怪録》所作的箋注，黄先生憑藉其文獻學功底對此一一作糾謬。如“引領修行”條下，王注曰：“此皆作明駝千里足，昂首遠行之意。”黄先生訂正曰：“‘引領’止是昂首，别無‘千里足’‘遠行’諸義。”[①]再如，指出汪向榮校注《唐大和上東征傳》中存在的問題，“注釋没有儘量徵引文獻原文，考證上也欠精博，如傳中有‘將輕貨往福州買船’的話，‘輕貨’見《舊唐書》卷四八《食貨志》，日本安藤更生譯本解釋爲絹帛金銀，還是可以的，汪氏却認爲‘不類’，在‘輕貨’下注‘不詳’”[②]。還如，黄先生在其《古籍整理概論》中批評吕澂先生早年所校《大慈恩寺三藏法師傳》，一是未能將“房州刺史”勘正爲“坊州刺史”，另一是把“豳州”誤爲“幽州”，並説：“校勘者雖是佛學專家但對唐代史地尚欠熟悉。”[③]黄先生《治學淺談》中對於如何治學，有精闢的總結，如“做學問，除了讀書，作劄記，别無他途”[④]。“研究古代文史必須讀古書”[⑤]。只有多讀古書纔不至於出現“硬傷”。

如黄先生所説，古籍校點、注釋是一門嚴肅的學問，從事古籍整理的人需要認真、細緻、審慎的態度，而當前坊間的一些古籍新整理本却存在著很多問題，諸如斷句標點不當、校勘記不規範、妄改底本文字等問題，顯得有些隨意，品質堪憂。有學者甚至認爲古籍整理並非學問，似乎任何人都可以從事這項工作。如此一來，便産出了一些粗製濫造的出版物，不僅浪費了人力與物力，而且在社會上造成不良影響。學問深厚如黄永年、王利器等先生者，在從事古籍整理時都不敢大意，而一般學者就更應嚴肅對待這一工作，絶不可敷衍塞責，馬虎行事。有些人或許覺得對於這樣的餖飣問題，根本不需要大動干戈地去追究，似乎認爲他們過於認真。其實真正做學問的人都是從這些瑣碎的小問題開始的，乾嘉時代的考據學家如此，王國維、陳寅恪也是如此，黄永年先生更是如此。

---

① 黄永年：《文史探微——黄永年自選集》，北京：中華書局，2000年，第468頁。
② 黄永年：《唐史史料學》，“地理類”，上海：上海書店出版社，2002年，第113頁。
③ 黄永年：《古籍整理概論》，上海：上海書店出版社，2001年，第89頁。
④ 黄永年：《太平廣記講義》，載《黄永年文史五講》北京：中華書局，2011年，第109頁。
⑤ 黄永年：《治學淺談》，載《黄永年文史五講》，北京：中華書局，2011年，第158頁。

當今社會處於轉型時期，人們的價值觀多元化，學者們做學問的目的也各有其因：在有些人眼裏，學問可以用來爲“稻粱謀”，是獲取物質享受的手段；在另一些奉行“學而優則仕”觀念的人看來，學問是做官的前奏，是進入仕途的敲門磚，甚至是交換名利的工具。而對於像黄先生這樣的真正的學者看來，學問是學人追求的純潔目標，甚至是終極目標。老一輩學者身上都有這樣的優秀品質，他們這種“視學術爲生命”的態度與可貴精神永遠值得當下的學者們敬仰與學習。

二、敢於説真話，力行“學術之真”

處於對學術真理的執著追求以及文人本該秉持的“學術良心”，黄先生善於糾錯，在國内學術界是有名的富有高度批判精神的學者，是一個真性情的學者。黄先生不僅僅是在授課時，即使是在文章中也經常直言不諱地指責某些所謂學者的學術不端行爲以及一些研究中的不確之論。對於不可靠的學術觀點，不管作者名位多高，黄先生都會提出質疑，並與之商榷。據同門曹旅寧《黄永年先生編年事輯》及黄先生自己的著作記載，黄先生指出過不少學者的研究失誤。如：

> 匡亞明的《孔子評傳》不知怎樣，但批評他的某人却是不學無術的，在復旦人很討厭，老了一部書還像書嗎？[①]

又如：

> 楊伯峻《春秋左傳注》挖除古人的注，我實在不懂有啥好處。[②]

黄先生的這一直率性格，在當今學術界是比較有名的，張旭東也説：

> 黄永年先生月旦人物，口無遮攔，於來新夏、胡厚宣、郭沫若、王永興、謝國楨、范祥雍諸名人，皆有不足之語。譏岑仲勉爲高級資料員。《事輯》作者亦有春秋筆法，如“一九八四年四月”條：“史念海在西安主持召開了《中國通史》隋

① 曹旅寧：《黄永年先生編年事輯》，北京：中華書局，2013年，第167頁。
② 曹旅寧：《黄永年先生編年事輯》，北京：中華書局，2013年，第170頁。

唐史卷的具體編纂研討會。總主編白壽彝親來主持，分卷主編史念海與陳光崇及部分編寫人員參加了會議。先生因故未參加編寫工作。”在頁下作注云：“周勛初説：‘上海人民出版社陸續出版了全二十二册的《中國通史》。這部分大概是目前篇幅分量最大的中國歷史著作。因編纂人員太多，又分散編寫，體例較難統一，水準參差不齊。主編白壽彝也是顧頡剛的學生。因係回族，少數民族學者不多，身份較突出。與國内同行專家相比，他的研究成果不能算是最高的。’”（第145頁）讀後令人莞爾，黄永年先生“未參加編寫”之原因不言而言之[①]。

曹旅寧《黄永年編年事輯》“閑談”記録了黄先生的一些批評語録：

來先生學問平平。胡先生精於甲骨，惜其範圍太窄，爲人乃是所謂君子……韓先生跳不出教科書的框框，所爲也多教科書一類，學生超過他，如楊際平。岑先生，小考證，大了便出錯，如對兩税法的研究就錯得一塌糊塗。[②]

又如：

謝先生人很好，但他的學問有其先師梁任公的遺風，不深。周先生的文言文做得不純，《魏晋南北朝史劄記》。賀先生的考證，童先生講是不行的……。[③]

諸如此類無非是些有趣的《世説新語》式的評論，不能視作出語刻薄。先生《茭蒲青果集》中不僅有就其岳文童書業先生的補證之作，更有對錢穆、陳寅恪、徐中舒、羅振玉等諸大家的辯駁之文，考訂細密，啓人思路。

學界還有人説黄先生喜與陳寅恪先生商榷，對於這一點其實黄先生有自己的説法：

由於我這一段的研究和陳寅恪先生異同處甚多，引起了北京某大學研究生們的議論。大意是：“黄永年先生的文章邏輯性極强，……大凡陳寅恪先生寫什麽，黄先生必有相同文章，題目都一樣，而内容正相反，不知陳先生要建立的是整個

① 張旭東：《黄永年的脾氣》，載《東方早報》2014年5月11日。
② 曹旅寧：《黄永年先生編年事輯》，北京：中華書局，2013年，第185頁。
③ 曹旅寧：《黄永年先生編年事輯》，北京：中華書局，2013年，第186頁。

文化體系，又何必拘於細處！”這説得自有些過頭，並非寅恪先生有什麼文章我必寫相同文章與之立異，而且有的文章還很支持寅恪先生之説，如《論北齊的文化》。”[①]

黄先生與陳先生的商榷，始於20世紀40年代。黄先生在復旦大學讀書時所寫《讀陳寅恪先生〈狐臭與胡臭〉兼論狐與胡之關係》，發表於上海《東南日報》。黄先生將剪報寄給寅恪先生，寅恪先生因患眼疾，請夫人代筆給黄先生回信。黄先生回憶説：“頭一封他就回了，我一看，是他夫人寫的，字比他寫得好。按現在做法，他本來可以置之不理，但是他回信，還送給我他在《清華學報》上發表的《長恨歌箋證》。”可見，黄先生的研究也得到陳寅恪先生的賞識。

學術乃天下之公器，學術問題愈辨愈明，黄先生與學術前輩的商榷只能説明他對待學問的認真與嚴謹的態度。筆者是黄先生1985級文獻學專業的研究生，甫一入校，先生就命我們閱讀陳寅恪先生的論著，我書櫃裏的一套《陳寅恪文集》就是在那時所購買，也陸續做了細緻閱讀，從中獲益頗豐。黄先生對寅恪先生的爲人與學問其實是很佩服的，並且“先生的唐史研究深受陳寅恪先生著作的啓發。如果説唐長孺先生、田余慶先生在魏晋南北朝史發展了陳先生的學説。先生則在北朝齊周楊隋史事、唐代史事研究上推進了陳先生的論點”[②]。應該説黄先生的研究有功於寅恪先生。汪榮祖先生在《唐代史事考釋》“前言”之“黄永年及其唐史研究”陳述更爲詳細貼切：

1979年以後，黄永年先生發表了一系列有關唐史的論文，考釋細密，饒有見解，引起了國内外學者的注目。永年先生告訴我，他研究唐史頗得陳寅恪先生著作的啓發……但他並不迷信學術權威，他受陳先生的啓發之後，也看出陳先生論點未盡妥適之處，並爲文商榷。據永年先生説，有些師友因而有所誤會。此令我感到，不敢或不願碰學術權威與“文革”時一筆抹殺學術權威，同樣是一種極端，並不足取。黄先生亦因此經常鼓勵他的研究生儘量提出異議，他認爲學生一定要能超過老師，纔能後來居上，學術纔有進步。我讀黄氏與陳氏商榷的文章，絲毫覺察不到有不尊敬的地方，大都是對陳氏説法的補充與修正，可説是陳氏的

① 黄永年：《我和唐史以及齊周隋史》（代序），載《文史探微》，北京：中華書局，2000年，第13頁。
② 曹旅寧：《記我的老師黄永年先生》，載《黄永年文史五講》卷首，北京：中華書局，2011年，第6頁。

功臣。如果陳氏地下有知，必會欣賞這位受他啓發的後學及其所作的貢獻。[1]

汪榮祖先生是海外學術界公認的史學名家，他的看法應該是有代表性的。學界似乎一提起黄先生就説此先生喜罵人，其實這完全是片面的、以訛傳訛的看法。“正常的學術評論”，本來就包括“贊賞”與“批評”兩個層面，黄先生的批評實屬正常的學術評論，且“黄先生評論學術對事不對人”[2]，他當然也不會無緣無故批評人，有時感到某些學者在社會上名氣很大，但盛名之下，其實難副，因此在寫文章時有針對性地加以批評；有時感到受不良社會風氣的影響，學界實質存在著虚假、空泛的學術研究，他處於知識人的良知，對此提出自己的意見，稍加糾謬；有時是看到前輩學者的著述中偶有失誤與硬傷，便加以糾正。這樣做的目的是為指導青年學者治學時少走彎路，告訴我們治學不僅要態度嚴肅認真，而且要有獨特的學術眼光與良好的學術修養，不要一不小心被人當成反面教材。更何況黄先生對一些學者學術水準的看法現在看來還較準確。正如辛德勇先生所説：

> 先生對學術的嚴厲，形諸文字，有目共睹。這裏有對欺世盗名者的斥責，有對不良學風的批判，有對不同學術觀點的商榷，也有對他人學術論著瑕疵的匡正，性質並不相同，目的却只有一個，這就是切實推進學術研究。先生是以學術爲天下公器，其間不摻有絲毫個人意氣，一切都出自對學術的真摯追求。

黄先生這種“較真”的、富有使命感的學術批判精神，力求還原學術“本真”的執著態度，在逐步建立學術規範、擯棄虚假學術、推動學術良性發展的今天，是十分值得珍惜與借鑒的，並且有必要大加提倡並發揚光大。

其實，黄先生也有贊賞他人學術的時候，對於學問扎實的學者及其論著，黄先生肯定是不吝口舌地加以贊揚。如，黄先生對陳垣《元西域人華化考》一書，就贊不絶口，認爲此書是“成名作，也是一部名著，無論搞不搞元史，都要讀一過”[3]。再如《周勛初文集》出版的時候，黄先生還爲此撰寫書評《讀〈周勛初文集〉》，認爲此書體現了作者深厚的文史功底。黄先生指出：“勛初兄最初治先秦文史，《韓非子劄記》一出便馳譽中外，其後廣及漢魏六朝唐宋，所校證《唐語林》一一考得出處，尤爲我久

---

① 黄永年：《唐代史事考釋》，臺北：聯經出版事業公司，1998年，第2—3頁。

② 曹旅寧：《也談黄永年的脾氣》，載《東方早報》2014年6月1日。

③ 曹旅寧：《黄永年先生編年事輯》，北京：中華書局，2013年，第169頁。

思試作而未敢措手者,《唐人筆記小說考索》《唐代筆記小說叙録》亦是傳世之作。”[①] 有學者也注意到此點:

> 黄永年先生才高學博，一些學者難入其法眼，是情理中事，况且私下裏一時興到之語，亦不必吹求，雖然在我看來，他的評斷常常是切中要害的。不過，我們須注意一點：他對學者的稱許其實也並不少，比如優劣並舉的：“周祖謨《洛陽伽藍記校釋》是處理對校的範例。同時有人作了一册《洛陽伽藍記校注》就不如了。”（第 169 頁）後者指范祥雍先生。又如在致學生龔祖培的信中提到：“前得華東師大劉永翔君寄贈所撰《清波雜志校注》，中華書局版，即極精彩。”（第 246 頁）可謂盛贊。《清波雜志校注》的水準在學界也的確是有口皆碑的[②]。

從黄先生對周祖謨《洛陽伽藍記校釋》、劉永翔《清波雜志校注》的盛贊可以説明黄先生的學術評價態度是公正的。對自己的學生，黄先生很注意培養方法，態度更不會“刻薄”，就連張旭東也説：“黄永年爲學生改文章，删掉開頭兩段，不忘説‘當然，這只是我個人的看法，最後定稿，當然由您自己酌定’（316 頁），又挺客氣。”

當下很多學者提倡“回歸學術之真”，發揚求實的學術精神。學術風氣的澄凈，學術品格的高潔，必然要來自知識分子堅守“學術之真”的信念。其實黄先生已經給我們做出了很好的榜樣。當然當今學術界具有批判精神的學者還不止黄先生一人，周勛初先生《師門問學録》中對學界不正之風也有批評，説明學術批判精神是值得提倡的，這對於凈化學術風氣、樹立良好的學術規範具有積極意義。

三、學術興趣廣泛，學術視野宏闊

黄先生治學興趣廣泛，他不僅研究傳統文史學問，也研究版本、碑刻、書法、篆刻等“旁門左道”的學問。他既具有知識分子的良好學術修養，學問深厚，且學術視野開闊，同時又具備傳統中國文人的人文素養，十分擅長鑒定版本，精通書法、篆刻，書法與篆刻作品享譽海内。另外，黄先生不僅研究古代的詩、詞、文、小説，而且他的舊體詩也寫得很好，雅致古樸，頗有清詩的味道。可見其身上濃厚的文人

① 黄永年:《讀〈周勛初文集〉》，載《中國詩學》第九輯，北京：人民文學出版社，2004 年，第 206 頁。
② 劉錚:《黄永年先生月旦人物》，載《南方都市報》，2013 年 9 月 15 日。

氣質。

考察宋代以來文人學者，凡是學術影響力較大的人必然是在多個領域博通的學者。黄先生一生不斷開拓研究領域，成果豐碩，據統計，出版著作20餘種，主要有：《古籍整理概論》（陝西人民出版社1985年）、《文獻學四講》（鷺江出版社2003年出版，再版時改爲《古文獻學講義》，中西書局2014年出版）、《古籍版本學》（江蘇教育出版社2005年、2009年版）、《唐史史料學》（上海書店出版社2002年第二版，中華書局2015年第三版）、《文史探微》（中華書局2000年）、《六至九世紀中國政治史》（上海書店出版社2004年）、《學苑零拾》（華東師範大學出版社2001年）、《唐史十二講》（中華書局2007年）、《黄永年古籍序跋述論集》（中華書局2007年）、《史部要籍概述》（江蘇教育出版社2008年）、《茭蒲青果集》（中華書局2012年）等。尚有許多文獻校點整理的成果，如《北齊書選譯》、《周書選譯》、《顔氏家訓選譯》、《韓愈詩文選譯》、《吴偉業詩選譯》（五書均爲巴蜀書社1991年初版、鳳凰出版社2011年再版）、《天妃娘媽傳》校點（上海古籍出版社1990年）、（巴蜀書社1990年）、《西遊記——黄周星定本西遊證道書》校點（中華書局1993年）、《類編長安志》校點（中華書局1990年）等，體現了黄先生廣闊的學術研究視域。黄先生從沒有把自己限制在一個狹小的專業圈子裏，畫地爲牢。他説："環顧當世，治學者往往從事專門而忽略通博，如治文學者不甚談史，治史者又多講斷代而於先後因革轉欠通貫。"[①]因此，黄先生力圖以其博學打通文史界限，打通時代界限，其研究泛涉文獻學、歷史學、文學、碑刻學、書法學等諸多領域，且能進行綜合研究，而且卓有成就。這一點僅讀其學術隨筆《學苑零拾》與《茭蒲青果集》，就能有所感受，其中内容就已涉及先秦史、六朝史、唐宋史、明清史、古代文學、文獻版本、目録學、校勘學、書法、碑刻、文物等領域。

學界有人稱黄先生是唐史專家，其實他在唐代文學、民俗學、清代文史方面也有創獲。唐史研究是黄先生的"自得之學"，主要集中在《六至九世紀中國政治史》一書中，此外，黄先生《唐史史料學》中有對唐人總集、别集的專門敘録，《韓愈詩文選譯》《吴梅村詩選譯》通過對唐代文學家韓愈、明末清初詩人吴偉業詩歌的選録與注譯，説明唐代與清代的文學發展與歷史環境，對王安石《唐百家詩選》的校點整理，對四大名著之一《西遊記》的校注，對白居易詩《長恨歌》的新解，從韋莊的《秦婦吟》《浣花集》入手，對韋莊行跡的研究，對王國維《頤和園詞》的箋證以糾正鄧雲鄉

① 黄永年：《讀〈周勛初文集〉》，載《中國詩學》第九輯，北京：人民文學出版社，2004年，第206頁。

的研究錯誤，對元刻《新編紅白蜘蛛小説》殘頁的研究，等等，這些都是黄先生以文史互證方法研究文學問題的很好例證[①]。黄先生在古典文學研究方面還有《釋〈天問〉——兼及戰國時楚人的歷史觀念》[②]、《〈吴梅村詩集箋注〉前言》[③]、《〈西昆酬唱集〉前言》[④]、《説陶淵明的愛酒》[⑤]、《李商隱的〈利州江潭作〉究竟在説什麼》（載《學苑零拾》）、《説〈醉翁談録〉及其撰人金盈之》（載《學苑零拾》）等論文，可見其學術興趣之廣泛，學術視野之宏闊，研究範圍之博大。

在民俗學與古代民間信仰研究方面，黄先生則有對《太平廣記》的深入探究。同門曹旅寧的《黄永年文史五講》中"《太平廣記》講義"記録最詳，計分"導言""道教與佛教""神——五嶽中祀""泰山府君與閻羅之興替""唐以前（含唐）人心目中的鬼""狐與胡的關係"六部分。黄先生另撰有《佛教爲什麽會戰勝道教——讀〈太平廣記〉的一點心得》（載《文史知識》）一文，通過對《太平廣記》中佛教與道教故事的綜合分析，指出中古時期民間對佛教的信仰要超過道教，原因何在？黄先生認爲與二者本身的教義與信仰形式有關。這個研究爲後來《西遊記》中崇佛抑道情形作了很好的注脚。受到黄先生學術研究的啓發，同門中後來以《太平廣記》爲文獻依據研究唐五代民間信仰以及狐狸、動物故事者不絶如縷，至今學界對於《太平廣記》與神仙道教、佛教、民間信仰的研究，仍然是受到黄先生的影響，從這一點來説黄先生無疑是開學術先河之人。

因爲有《古文獻學四講》《古籍版本學》《古籍整理概論》等著作的影響力，學界又普遍認爲黄先生是版本學家，其實黄先生在目録學、碑刻學，古代文史理論方面同樣有研究發明。筆者以前撰寫過《求真探微——黄永年先生的文史研究》《黄永年先生的古典文學研究》兩篇文章[⑥]，已經專門探討過黄先生融通文史的研究方法。此處再略作贅述。

黄先生的目録學研究成果，除《文獻學四講》中對目録學方法與理論的總結探討外[⑦]，還有《唐史史料學》《清代版刻圖録》《陝西師範大學圖書館古籍善本書目》（該書 1978 年由陝西師範大學圖書館内部印行，啓功題簽）三部目録著作。《唐史史料

① 有關黄先生的文學研究，可參看郝潤華、楊旭東：《黄永年先生的古典文學研究》，載《社會科學評論》2009 年第 4 期。

② 陝西師範大學古籍整理研究所編：《古代文獻研究集林》第一輯，西安：陝西師範大學出版社，1989 年 。

③ 載《吴梅村詩集箋注》卷首，上海：上海古籍出版社，1983 年影印本。

④ 載《西昆酬唱集》卷首，上海：上海古籍出版社，1985 年影印本。

⑤ 載《學苑零拾》，上海：華東師範大學出版社，2001 年。

⑥ 二文分别刊載《文史知識》2007 年第 9 期、《社會科學評論》2009 年第 4 期

⑦ 關於黄先生的目録學研究，筆者有《文獻學架構的新探索——讀《古文獻學四講》,《中國典籍與文化》2004 年第 4 期。

學》著録研治唐史的各類著作247種，並每書撰有較詳細的解題，内容包括書名、篇目、作者、内容、存佚、版本、學術評價及利用價值。版本部分，以常見版本和與研究相關的版本介紹爲主，並指明版本優劣。每類之前有類序，介紹該類内容及相關知識，並指出其中提供唐史史料的文獻，如“紀傳類”指出“認真閱讀紀傳史，打好研究歷史的堅實基礎，這是過去我國史學家的老傳統”，最後説明該類中提供唐史史料的主要是“二十四史”中的《舊唐書》和《新唐書》，《隋書》《舊五代史》《新五代史》等也包含部分唐史史料，後人對《兩唐書》的箋注、校勘、考訂、補缺等也有參考價值。《唐史史料學》作爲一部專科性質的目録著作，更多的是從研究方法方面爲讀者提供史料信息，對於研究唐代文史具有極其重要的參考價值，是研治唐代文史者的必讀書目。《清代版刻圖録》（與賈二强先生合作）著録清代版本圖録350種。不僅只注重善本、孤本，也著録常見通行的甚至是坊刻版本，基本上達到反映清代版本全貌的目的。所收各圖還撰有簡要的説明文字。此書集中了清代各個時期各種樣式的版本代表，是研究清刻本與清代版本史的重要版本目録[①]。《陝西師範大學圖書館古籍善本書目》雖未署名，其實也是黄先生所編，是他對館藏善本書目的貢獻。

在碑刻學方面，黄先生獨樹一幟，《文獻學四講》中就專設一章“碑刻學”，内容包括對碑刻形式與内容的介紹説明，碑刻的文學、史學及書法價值的探討總結等。此種知識非常專業，一般的文獻學著作中絶不講，但黄先生認爲它對於文史研究具有不言而喻的重要性，因此，對此作了詳細講解。如書中介紹古今重要的碑志目録，一一介紹其中特點，尤其是揭示其利用價值，如《金石萃編》《八瓊室金石補正》之於研治唐代文史的價值，如勞經原《唐折衝府考》利用墓志解决唐代職官問題，等等，從方法論方面給予讀者大量啓示。另外，在一一介紹古代重要碑志的基礎上，舉例説明墓志的史料價值。雖然内容仍分“緒論”、“分類”、“拓片”（影印本、裝潢、藏印題跋）、“史料”、“書法”五個部分，但是筆者感覺黄先生爲我們當年開設的“碑刻學”課程較其《文獻學四講》中的“碑刻學”内容要豐富一些[②]。黄先生不僅研究碑刻學，而且在研究中也充分利用墓志解决了許多學界尚有争議的學術問題，如《〈全唐文〉楊妃碑記僞證》《敦煌寫本常和墓碑和唐前期宫廷政變中的玄武門》《記話雨樓舊藏馬天祥造像記》《讀〈唐劉濬墓志〉》《迷信釀成的悲劇——讀〈曹輔墓志〉》等，都是這一研究方法的結晶。

---

① 黄先生三部目録情况，請參閲郝潤華、侯富芳：《二十世紀以來中國古籍目録提要》，上海：華東師範大學出版社，2012年。

② 參閲曹旅寧記：《黄永年文史五講》，北京：中華書局，2011年。

黄先生不僅學問深厚，而且其書法、篆刻造詣也很高。《黄永年印存》（中華書局2001年版）一書早已飲譽海内外。中華書局2014年又出版《黄永年談藝録》，收入其《書法源流雜論》《唐人楷書述論》《篆刻藝術》以及《碑刻學》等相關著述，集中體現了黄先生在碑刻學以及書法、篆刻方面的綜合研究成就。

古人治學講究“文史不分家”，許多學者甚至身兼數科，如宋代的歐陽修、蘇軾、黄庭堅等，都既是大文學家、史學家，同時又精通書法，反映了古代文人的綜合人文素養。其實各門學科之間本就有著必然的聯繫，作爲研究人文學科的學者，打通文、史、哲、藝，本應該是最基本的要求。但是近代以來，受到外國學術研究方法與思路的影響，學科分類越來越細密，學者所從事的研究越來越專。其實，就文史研究而言，長時間（或終身）從事“不知有漢、無論魏晋式”的一段、一時、一人的研究，看似很專，其實容易固步自封，不知不覺將自己限於一個狹小的研究視野，既不能拓展，也不能融通，更難以創新，難以産生豐碩成果。近現代學者王國維、陳寅恪、顧頡剛等具有極高學養的大師們在學問之路上不斷開拓、相互融通的研究方法，已經爲我們積累了寶貴的經驗，黄先生是在他們之後的爲數不多的繼承這一優秀傳統而又有所超越的學者之一。黄先生治學，“主業”的傳統文史之學與“副業”的版本、碑刻、書法其實是相輔相成的，他能將二者有機地結合在一起，並能融通、匯通、博通地解決問題，因此，纔達到了“合則雙美”的效果。從這一點來説，黄先生是真正的學術“通人”，是我等弟子們永遠學習的榜樣。

從黄永年先生的篆刻看當代學人印

張偉然*

一、學人印與文人印

本文所謂學人，特指那些以學術研究爲業，而且其主業也不是書畫藝術研究的學者。與之相對而言的概念是文人。

以往印學研究比較少對文人、學人這兩種作者群體著意區分。一般是將元明以降士大夫的印章作品統稱爲文人印，以與之前不著作者名姓的工人印相對[①]。1973 年，沙孟海先生在《蠲戲齋印存題辭》中稱："學人治印，昉自襄陽。"提出了一個"學人印"的概念。但他在叙述"八百年來，斯風寖盛"時，列舉一些代表人物，説："趙子昂、王元章、文壽承、程穆倩、黄仲則、趙撝叔，皆文苑之選也。桂冬卉、程易疇，儒林之儔也。吾子行、丁敬身、黄大易、張文魚，則金石之彦也。若乃一代閎博，文質相宣，講貫餘閑，托興鐵書，晚得紹興馬先生，其藝海之珠光乎。"[②] 可見其"學人"包括文苑、儒林兩界人物，以及金石考古學者，大抵與其他印史論著所謂"文

---

* 作者簡介：張偉然（1965—），男，湖南安仁人，復旦大學歷史地理研究中心教授，西泠印社社員。

① 黄惇先生在《論元代文人印章發展的三個階段》一文中指出："自清以降，因賴古堂主周亮工《印人傳》問世，文人篆刻史溯源，大抵以文彭爲開山鼻祖。"他認爲，"真正將實用的印章轉化爲一門文人藝術的，不能不歸功於元人"。該文原刊於《西泠藝叢》1991 年第 1 期，又見中國書法家協會主編：《當代中國書法論文選・印學卷》，榮寶齋，2010 年，第 271—291 頁。

② 夏宗禹編：《馬一浮篆刻》，北京：華夏出版社，1990 年，卷首。又見：《沙孟海論書叢稿》，上海：上海書畫出版社，1987 年，第 129 頁；《沙孟海論書文集》，上海：上海書畫出版社，1997 年，第 420—421 頁。

人”差不多[①]。

中國傳統文化講究博通，士大夫文人與學者之間並不存在清楚的界限。沙先生勾稽傳統印學體系，將上述各種人物相容並包，且名之曰“學人”（以與“工人”相對），並無不妥。晚清以降，受到西學東漸的影響，中國現代學術體系漸次建立；學者成爲一種職業，出現了許多與文人相區分的身份特徵。當然這中間有個過程。民國去古未遠，知識群體中風雅猶存，學者而文人的現象還大有人在。管繼平先生在《梅花知己——民國文人印章》一書中，就 31 位人物展開論述，其中包括羅振玉、馬衡、馬一浮、喬大壯、容庚、董作賓、聞一多、魏建功、商承祚、臺静農等多位學者[②]。不言而喻，這些人兼具文人與學者雙重身份。

1949 年以後，受到計劃經濟體制的影響，學者與文人之間的分流空前明顯。1979 年以來，雖然經濟上已經開放搞活，擇業的自由化程度也大幅度提高，但學術專門化的程度有增無減。作爲一種趨勢，可以肯定，民國以前那種學者和文人合流的局面不可能再出現。

劉紹剛先生在《蔣維崧印存》的《編後記》中提出：

> 張宗祥的《書法源流論》，將文人字依作者身份分爲“經生”、“詞章家”、“畫家”、“金石家”諸類。其實近代印人之中，亦有金石家（專職印人）印、畫家印、學者印的區别。學者印，多以含蓄、典雅的風格——即所謂“書卷氣”和博取金石文字入印見稱，蔣維崧先生的篆刻，就是學者印的一個典型代表。[③]

這段話中，將以往均質化視之的文人印分析爲金石家印、畫家印、學者印種種，特别是將學者印單列一類，可謂先得我心。不過，把蔣維崧先生的篆刻當作學者印的一個典型代表，恐怕不見得最合適。蔣先生誠然是一個學者，他的印確實可以反映學人印的取向，但他的身份，與其稱爲學者，還不如説是一個生活在學術體制内的藝術家更貼切。劉先生在上揭文中説：“解放後，蔣先生淡出了印壇，將精力轉移到教學與學術研究上。”[④]事實上，蔣先生 1955 年纔調到山東大學中文系工作（此前工作與學術無

① 沙先生此所謂“學”，主要指“印學”。他在《印學史》第十七章“印學的形成”中説：“今天論印學的形成，可以溯源到米芾。”（西泠印社，1987 年，第 89 頁）顯然與前引“學人治印，昉自襄陽”同義。

② 管繼平：《梅花知己——民國文人印章》，上海：上海辭書出版社，2014 年，第 1、40、61、87、100、113、140、147、155、169 頁。

③ 劉紹剛、周冰編：《中國印譜全書·蔣維崧印存》，北京：人民美術出版社，2013 年，第 293 頁。

④ 劉紹剛、周冰編：《中國印譜全書·蔣維崧印存》，北京：人民美術出版社，2013 年，第 294 頁。

關），1956年參與籌建山東大學書畫研究會，1980年出任山東書法篆刻研究會副會長，1981年成爲中國書法家協會理事；1983年，沙孟海先生推薦他與徐無聞先生同時加入西泠印社，爲名譽社員。1986年以後在山東大學招收碩、博士研究生，專攻文字、書法方向[①]。可以説，書法篆刻一直是蔣先生生活中的主旋律，而且他在印人群體中一直有影響，很難説他曾經“淡出了印壇”。

相比之下，本文更關注這樣一些印人：以學術研究爲主業，純粹將篆刻當作業餘愛好（亦即古人所謂余事）。從這一角度出發，可以更方便地觀察作者的學術素養對其篆刻創作活動的影響。著名文獻學家、歷史學家黄永年先生正是這樣一個案例。接下來先分析黄先生的篆刻藝術，然後再結合其他學人印作，稍談幾點個人認識。

二、黄永年先生的篆刻經歷

黄永年先生（1925—2007）是江蘇江陰人，1950年自復旦大學歷史系畢業分配到上海交大；1956年隨校遷往西安，次年被打成“右派”，1962年摘帽後安排在西安交大圖書館；1978年調入陝西師範大學，先後任職於該校圖書館、歷史系、唐史所、古籍所。曾任中國古籍整理出版規劃領導小組成員、國家文物鑒定委員會委員、教育部全國高校古籍整理研究工作委員會委員，以及北大、復旦文獻學專業兼職教授。

黄先生自中學開始就有志於文史之學。初中時購讀吕思勉先生的《經子解題》，高中時聽吕先生親自講授國學概論、中國文化史等四門課；大學裏又師從顧頡剛、童書業先生，並被童先生招爲東床。他從大學開始發表學術論文，受到陳寅恪先生嘉許。著述約40種，主要有《古籍整理概論》[②]、《唐史史料學》[③]、《文史探微》[④]、《古文獻學四講》[⑤]、《文史存稿》[⑥]、《六至九世紀中國政治史》[⑦]等，身後又由門生爲其編訂出版《黄永年古籍序跋述論集》《茭蒲青果集》《黄永年談藝録》[⑧]等。

也許是作爲學問家的黄先生聲名太盛，世人對他作爲篆刻家的成就知之不多。他

① 周冰、劉紹剛編：《蔣維崧年表》，見《中國印譜全書·蔣維崧印存》，北京：人民美術出版社，2013年，第275—292頁。

② 此書有陝西人民出版社1985年版、世紀出版集團2001年版、上海書店2006年版。

③ 此書有陝西師範大學1989年版、上海書店出版社2002年版、中華書局2015年版。

④ 中華書局2000年版。

⑤ 鷺江出版社2003年版。

⑥ 三秦出版社2004年版。

⑦ 上海書店2004年版。

⑧ 由中華書局分別於2007年、2012年、2014年出版。

的作品除參加過第一届全國書法篆刻展覽（1980）之外，只參加過第一、二届全國篆刻藝術展覽（1988、1991）等有數的幾次展覽。直到 80 歲纔出版《黄永年印存》，這也是目前他唯一公開發行的印譜。馬國權先生輯《近代印人傳》，在“郭楓谷”條末提及“荷郭先生印弟子黄永年教授致函提供資料”[①]。王家葵先生《近代印壇點將録》，僅於徐永年（無聞）條下“順便提到黄永年”，謂其“亦能刻印，從學於篆刻家郭楓谷，篆刻謹嚴”[②]。倒是去取甚嚴的《中國新文藝大系 1976—1982 書法集》的篆刻部分收録有黄先生的兩方印[③]。《書法》雜志也在黄先生身後介紹了他的部分作品[④]。至於對黄先生篆刻的評述，《20 世紀陝西書法簡史》第四章有一篇《黄永年的清婉秀潤》[⑤]；近年又出現兩篇相關的文章[⑥]。

黄先生在他《印存》的《前言》中説：

> 刻印初非我的專業，只是業餘的一項愛好。記得十三歲時開始購讀綫裝古書，看到書上蓋有人家的收藏印記，很羡慕，自己也買了石質印材刻起來。當然祇是看猫畫虎式地亂來一通，到二十歲遇見郭則豫先生纔真開始入門。郭先生字組南，號楓谷，所刻追蹤黄牧甫，是一位真正的篆刻大師，與時下某些以斯道自詡者不可同日而語。我在他薰陶下購置了黄牧甫、趙撝叔以及時人王福庵等的正經印譜，以後應人之索偶爾學著刻點姓名小印章。[⑦]

此中所謂遇見郭則豫先生，時在 1944 年。該年秋天黄先生考入南京中央大學歷史系，其時郭先生在該校中文系任教，因而得以相過從。

這段交往持續了僅一年。抗戰勝利後，南京中央大學師生風流雲散；黄先生回常州家中自學，郭先生亦返回福州。不久郭先生移寓滬上，直至新中國成立初去世[⑧]；黄先生也於隔年來到上海，1956 年纔移居西安；但此時黄先生已對古籍和文史研究産生濃厚興趣，對篆刻方面用功不多。儘管他們之間仍時有交往，郭先生且爲黄先生刻過

---

① 馬國權：《近代印人傳》，上海：上海書畫出版社，1998 年，第 253 頁。
② 王家葵：《近代印壇點將録》，濟南：山東畫報出版社，2008 年，第 383 頁。
③ 沙孟海主編：《中國新文藝大系 1976—1982 書法集》，北京：中國文聯出版公司，1987 年，第 284 頁。
④ 朱琪：《印海拾貝——黄永年》，《書法》2012 年第 7 期，第 72—73 頁。
⑤ 倪文東編著：《20 世紀陝西書法簡史》，西安：陝西人民美術出版社，2000 年，第 186 頁。
⑥ 曹旅寧：《黄永年先生篆刻藝術趣聞》，《收藏・拍賣》2014 年第 4 期，第 76—81 頁；陸三强：《老師教我刻印章》，見裴亞莉主編：《腰間掛著詩篇的師大》，西安：未來出版社，2014 年，第 11—19 頁。
⑦ 黄永年：《黄永年印存》，北京：中華書局，2004 年，第 1—2 頁。
⑧ 馬國權：《近代印人傳》，上海：上海書畫出版社，1998 年，第 251—252 頁。

好幾方印[①]。可以説，郭先生之於黃先生，主要是起到了一個領進門的作用。

黃先生對篆刻真正開始用功，已經是到了"文革"後期。他在上揭《前言》中述及，當時"除上班外總想幹點稍有意義且尚喜愛的事情"，由於學術文章無從公開發表，"可與同好交流的只有刻印這件事情了"。那段時間他不僅自己給人家刻，也請一些名家給自己刻。錢君匋、方介堪、韓登安諸位先生都給他刻過，刻好後郵寄給他[②]。

1979年，黃先生與西安一些印友發起成立終南印社（後長期擔任顧問）。1980年代以後，學界步入正軌；作爲學者的黃先生聲譽日隆，既要承擔繁重的教學任務（他指導過的研究生多達百餘人），其他學術活動也日益煩多，大大限制了他在篆刻方面的精力投入。進入20世紀90年代後，加上年齡因素，他就刻得很少了。

三、黃先生篆刻的藝術特點

《黃永年印存》是經過黃先生親自審訂而編成的，收印章180方（其中連珠印6方）。儘管還有部分作品未予收録，但選入的這些基本上已可反映黃先生篆刻藝術的概貌。

上引《近代印壇點將録》曾以黃先生的兩方印作，評爲"能恪守秦漢風格，不染時流"[③]。這一評價不可謂低，然而以之作爲黃先生印藝的基調，則不著邊際。《20世紀陝西書法簡史》認爲，黃先生"治印尊法傳統，以秦漢印璽及黃牧甫、喬大壯爲宗，追求工穩圓潤、秀麗端莊之韻味"[④]。這一認知頗有見地，却失之籠統。上述《書法》雜志的介紹文章簡析道，黃先生"所作由趙之謙、黃士陵、王福庵入手，以整飭精美爲尚，印章結字善取圓勢圓筆，自有其獨到之處"[⑤]。這一論斷，後半謂黃先生印作有其獨到之處，允稱精當；而前半認定黃先生由趙、黃、王三家入手，其實不盡然。

由於黃先生《印存》中所有作品均未繫年，現在已很難考訂其篆刻風格的形成過程。上引黃先生在前言中自述，他受到郭楓谷先生薫陶，曾購置黃、趙、王三家印譜。但《印存》的作品中，滿眼是黃牧甫的風聲氣息。考慮到郭楓谷先生的風格

---

① 承黃先生哲嗣壽成兄（陝西師大歷史文化學院教授）告知，2015年6月16日。
② 黃永年:《黃永年印存》，北京：中華書局，2004年，第2頁。
③ 王家葵:《近代印壇點將録》，濟南：山東畫報出版社，2008年，第383頁。
④ 倪文東編著:《20世紀陝西書法簡史》，西安：陝西人民美術出版社，2000年，第186頁。
⑤ 朱琪:《印海拾貝——黃永年》,《書法》2012年第7期，第72頁。

是“追蹤黄牧甫”，黄先生自己教學生時也説“先學黄士陵要比趙之謙好”①，同時他對王福庵的印評價並不很高②；由此可見，黄先生在篆刻上起步，主要是學黄牧甫。

這裏面值得玩味的是“追蹤”二字。他用以描述郭楓谷先生，其實也是他夫子自道。他深知取法乎上的重要性。當年黄牧甫學趙之謙，曾經在“取法上以趙之謙爲榜樣”③。他學黄牧甫，豈有拘守一家之理。因此他向黄牧甫吸收的，不僅有黄牧甫本人的獨門暗器，更重要的還有黄牧甫的修習途徑。他追溯到黄牧甫的成長環境中去直接吸收營養。師其跡，復師其心，這纔是所謂“追蹤”的正解。

黄先生的白文印，基本表現爲中正平和的漢印風格。尤喜作滿白文印。布局停匀，結字平正，字畫方圓并用，而喜取比較圓渾的筆勢。因而他的白文印樸素淵雅，寬徐大方。綫條不像牧甫印那樣勁挺，却安閑内斂，自有一種斯文氣象（圖 1、圖 2）。

圖 1

圖 2

從表面看，黄先生的白文印似乎較少受到黄牧甫的影響。然而，他《印存》中却有個别吴讓之風格的印（圖 3、圖 4），也就是他給學生講課時分析的“横道粗，竪道細”的那種“很特别”的印④。考慮到黄牧甫在其藝術風格形成過程中曾有過一個“遠師鄧石如、專注吴熙載”的階段，在這一階段其“印風從雜亂中走向了以吴熙載爲基礎的統一”⑤；黄先生偶爾借鑒吴讓之的風格，恐怕正是受黄牧甫的影響。而黄先生的白文印，只要筆劃稍微方正，黄牧甫的意味就呼之欲出（圖 5、圖 6）。

① 曹旅寧：《黄永年先生編年事輯》，北京：中華書局，2013 年，第 162 頁。

② 黄先生《篆刻藝術》文中云：“王禔，學趙之謙而天分不及，細朱文排比均匀則非他人所能及，但絶無變化，我戲稱之爲篆刻中的‘館閣體’，白文仿漢更平板一些。”這一評價偏於消極；儘管後文又云：“初學學這一路最好，因爲既容易學，又不會發生狂怪的流弊。”（《黄永年印存》，第 96 頁）但黄先生作品中典型的王福庵風格幾乎見不到，顯然王福庵對他所起的只是借鑒而不是師法的作用。

③ 唐存才：《黄士陵》，上海：上海書店出版社，2007 年，第 21 頁。

④ 曹旅寧：《黄永年先生編年事輯》，北京：中華書局，2013 年，第 162 頁。

⑤ 李剛田：《黄牧甫的篆刻藝術及其流派》，見李剛田主編：《黄牧甫流派印風》，重慶：重慶出版社，2011 年，第 3 頁。

圖 3

圖 4

圖 5

圖 6

由於風格質樸平實，不溫不火，黃先生的白文印雖然有其自身特點，但終歸不算很突出。相對而言，其朱文印表現出了鮮明得多的個人面目。

黃先生的《印存》中，朱文印占比約三分之二。可見他對朱文印的重視。朱文印中，超過四分之一的印面直接表現出了明顯的黃牧甫風格（圖 7、圖 8）。當然，黃先生學黃牧甫並不是一味地死學，他學出了自己的個性。他既保留牧甫朱文印的部分結字與綫畫特徵[1]，使印面形成方圓對比的美術趣味，同時又通過借鑒戰國古璽的布局方式，大膽留白，使印面顯得空靈而生動。

圖 7

圖 8

與牧甫相比，黃先生的這類朱文印結字更多采用小篆，只是在印化過程中作一些牧甫式的處理，因而他的印面中圓筆更多。圓筆在他的印面中不止是一種點睛、醒目的作用，完全成了一種對比的手段。而爲了增加朱白對比，黃先生大量使用寬邊。在他《印存》的朱文印中，寬邊比例超過三分之二。這樣的印面，讓人一眼就覺得它來源於牧甫，又不同於牧甫。

更多情況下，黃先生的朱文印喜歡直接采用古璽形式。戰國文字，寬邊，筆劃流麗，結體自然，布局常留出較大空白，并經常形成一個朱釘以結聚神氣（圖 9、圖 10）。這類印在黃先生的朱文印中占比達近半之多。這些印綫條光潔，氣息清新，絕無常見古璽的蒼茫之象。不少字畫的排列方式帶有較明顯的牧甫意味（圖 11）。顯然，這也是"追蹤"牧甫的結果。

---

① 參傅舟：《黃牧甫經典印作技法解析》第二章，重慶：重慶出版社，2006 年。

圖 9

圖 10

圖 11

但黄先生追蹤牧甫而學古璽與牧甫本人的法古之作，存在著非常顯著的區别。牧甫法古，往往只是取古代文字入印，章法布局則大多采用自己的法度。此所謂“形近而意古”①。而黄先生的此類印則不僅用古代文字，還直接取法古璽的布局，只是綫條、格局生機盎然，可謂形古而意蘊、氣象俱新。

在此可以作一個具體的對比。黄牧甫有一方朱文印“永保”（圖 12），用的是戰國文字，布局也參考了古璽。但綫條剛勁，棱角外露，兩個字各有三筆連接薄邊，細看其實是牧甫的家法。而黄先生有一方“保平”（圖 13），大小相彷，用的却是寬邊，筆劃圓轉而骨力内斂。整個印面顯得空靈、古雅許多。兩個人同工而異曲，其效果大抵如是。

圖 12

圖 13

黄先生朱文印的第三種類型是鐵綫篆，這類印仅占四分之一。大多用圓轉的小篆，作細朱文，薄邊。其顯例如前人已多次介紹的“家住吴門久作長安旅”（圖 14）。黄先生的這類印大多作均衡布局，因每個字筆劃多寡而形成一些自然的空白。寓巧於拙，饒古璽分朱布白之趣。筆劃粗細統一，方圓並用而多取圓勢。其中有黄牧甫的影子，而更多的似乎是吸收了趙之謙的法乳（圖 15）。

圖 14

圖 15

① 李剛田:《黄牧甫的篆刻藝術及其流派》，見李剛田主編:《黄牧甫流派印風》，重慶：重慶出版社，2011 年，第 6 頁。

相對於前兩類，筆者認爲黃先生的這類朱文印成就不算很高。其中一個很大問題是對邊框的處理。據説他刻印“從不做作的有意擊邊”[①]，然而他的朱文細邊大多破碎，交待很不清爽，與印文缺乏有機聯繫。特别是一些筆劃較粗的朱文印。邊框不僅很少相得益彰，相反還往往影響整體效果。上述兩例已未免此弊，其餘自毋庸枚舉。順便指出，他的朱文寬邊有時也存在距印文過於逼仄之嫌。

上述三類之外，黃先生還有一類粗朱文印。結體用小篆，筆劃方直，轉角分明，參以圓筆或斜勢（圖 16、圖 17），形成强烈的視覺衝擊。粗看似美術設計，細審却是字畫停匀、書法功力深厚的貌新意古之作，非學養豐贍者不能辦。這類印的文字印化方式明顯采用了牧甫家法，而牧甫及其傳人的印作中均未見此類面目。可謂是黄先生與古爲新的創格。只是黄先生此類作品爲數極少。大概是覺得此類印作形貌實在去古甚遠，偶一爲之權當遊戲，以爲常制則有所不可吧。

圖 16

圖 17

四、黄先生關於篆刻的見解

黄先生關於篆刻的著述不多，只有一篇 1983 年爲授課而寫的講稿《篆刻藝術》，約 7000 字。該文 2004 年發表[②]，又收入其《印存》作爲附録，後成爲《黄永年談藝録》第二章。2013 年，他之前的研究生曹旅寧將 1985 年秋聽他講授“如何治印”課的筆記整理出來，編入《黄永年先生編年事輯》[③]。這篇筆記較前述講稿簡略，但内容略有溢出。在此就其中一些要點稍加討論。爲避免煩冗，以下自出黄先生《印存》的引文僅括注頁碼。

首先在黄先生概念中，篆刻本是一門實用的藝術。他認爲：“姓名印、收藏印、官印，都是爲了用，非實用的閑章是少數。”（第 91 頁）作爲一個歷史、文獻學者，具

① 陸三强：《老師教我刻印章》，見裴亞莉主編：《腰間挂著詩篇的師大》，西安：未來出版社，2014 年，第 16 頁。
② 黄永年：《篆刻藝術六論》，《中國書畫》2004 年第 7 期，第 28—33 頁。
③ 曹旅寧：《黄永年先生編年事輯》，北京：中華書局，2013 年，第 161—164 頁。

有這樣的觀念很正常。受此觀念影響，他《印存》中絕大多數是實用章，閑章僅寥寥 12 方。

關於這門藝術的審美標準，黄先生認爲，“篆刻之可繼承者，前爲秦漢，後爲明清以來尤其是近現代”（第 92 頁）。其中，秦漢主要是漢白文印和寬邊朱文的戰國璽[①]。至於明清以來的發展，他覺得文人治印雖始於明代文彭、何震，但直到清代鄧石如都不夠成熟，“可取之處甚少”。他説：“文人治印之成熟的，我認爲始於吴熙載（讓之），大成於趙之謙（撝叔），其後黄士陵（牧甫）别開生面，吴俊（俊卿、昌碩）、王禔（福庵）、喬曾劬（大壯）、陳巨來均有可取。”（第 95 頁）

雖然列舉了這麽多人可取，但黄先生對篆刻藝術的風格取向仍表現出相當强烈的個人偏好。沙孟海先生曾在《沙邨印話》對吴昌碩的風格喻爲“太陽”[②]。黄先生對這一路印風很不接受。他説：

> 吴俊，早年學西泠八家，平平，晚年自出新意，白文收藏印之多字者學吴熙載而更見茂密，朱文則差一些，朱文之故作狂怪如“破荷亭”之類更不足取。（第 95—96 頁）

這不能不説是一種極富個性的看法。至於受過吴影響而後自成面目，人稱印風“猛利”的齊白石，黄先生的評價更等而下之：

> 齊璜（白石），此人本不擅篆刻，中年仿西泠八家，極平庸，後來借畫名來賣印，用單刀亂刻，甚至篆法都有錯誤，初學學之即萬劫不復。（第 96 頁）

如果説，上引對吴昌碩的看法還屬於風格不相容，這裏對齊白石的評價恐怕只能説包含一些偏見在裏面了。齊白石的個人經歷十分獨特。他出身貧寒，27 歲始習藝事，32 歲纔學篆刻，花甲以後“衰年變法”，到 80 歲纔形成個人獨特風格[③]，是一個典型的生長期很長、大器晚成的藝術家。説他“本不擅篆刻”，這是拿常人的成材規律來要求他。而白石本是個非常之人。説他“中年仿西泠八家，極平庸”，也不盡符合事實。白石從浙派入手，中年以後改學趙之謙，到後來取法《祀三公碑》，纔自辟一片天地。至

① 曹旅寧：《黄永年先生編年事輯》，北京：中華書局，2013 年，第 162 頁。
② 沙孟海：《沙孟海論書文集》，上海：上海书画出版社，1997 年，第 354 頁。
③ 羅隨祖：《齊白石的篆刻》，《齊白石全集》第 8 卷，長沙：湖南美術出版社，1996 年，第 3 頁。

於説他“借畫名來賣印”，在市場環境中，容或有之；而説他“用單刀亂刻”，則完全是一隅之見。

這裏面，與黃先生對刀法的理解有關。本來，學人治印，由於訓練量的關係，用刀熟練程度往往與職業印人無法相比。黃先生作爲從大學起就不斷受到前輩獎掖的學者，花在篆刻上的時間更是有限。據他在《印存》前言所述，“文革”後期他“致力”於篆刻，“所刻的印章就多起來，毛估一下，大約有一百幾十方”；20 世紀 80 年代後主要精力用來做學問，“仍零零星星刻了近百方”（第 2 頁）。就是説，他前後總共只刻了 300 來方印。以這麼少的練習量，能達到這麼高的藝術水準，不能不説他天分過人。但平心而論，他對刀的掌握尚未達到使刀如筆的程度，也是客觀事實。筆者見過他一些未入《印存》的習作，有些用刀確實是比較生澀的。

正因爲如此，他對於齊白石的單刀法根本就不相信。他在勸學生“不要學齊璜的什麼單刀法”時説：“也不要相信人家吹一刀下去就行，不用再來第二刀。這又不是寫字，寫字不能描，刻印章儘管修。”（第 100 頁）這不能不説是受了他個人實踐經驗的限制。

不過話説回來，他對齊白石的批評也不是一點道理都没有。“篆法都有錯誤”，這無論如何是應該避免的。而“初學學之即萬劫不復”，可以説明白石一路創新難度之高。白石之後，追隨他的印人很少能卓然成家，這也是一個勿庸諱忌的事實。

對猛利印風無好感，而對於工穩一路，黃先生也頗有一些不滿意：

> 陳巨來，以刻圓朱文著稱，極精工，但千篇一律，且有習氣，刻收藏印好，刻名印即不相宜，白文仿漢尤平平。（第 96 頁）

這一評價，尺度似有過高之嫌。但不能不説，黃先生抓問題確實是很准的。“千篇一律”“有習氣”，非胸羅萬卷、氣雄萬夫者不能道。

作爲一個竟日呼吸古典氣息的學者，不欣賞粗頭亂服的印面很正常。而黃先生的眼光就表現在，他也不認爲一味的“精工”就是好。即使對素所心折的喬大壯，黃先生也有類似遺憾：

> 喬曾劬，學黃士陵，人極聰明，所治印能變化，缺點是太精工，少黃之樸拙氣。（第 96 頁）

在課堂上他還對學生解釋，喬大壯的缺點是“太巧”；作爲一門藝術，“要適當的拙一點”[①]。

在黄先生看來，篆刻的巔峰人物是趙之謙。他將其形容爲“印中老杜”，點評道：

> 趙之謙，集秦漢印之大成，又參以泉貨、瓦當文字，變化萬千，其《二金蜨堂印譜》中精美可法者多至百之九十以上，至今尚無人能企及，更無人能超越。（第95頁）

可能正因爲覺得趙之謙“無人能超越”，黄先生將自己的取法物件鎖定爲“别開生面”的黄士陵。對黄牧甫的印，黄先生的認知是：

> 黄士陵，早年學吴、趙，中年後自出新意，朱文參漢金文，多用方筆，是一大創新，白文仿漢，也得渾穆拙樸的神韻，且變化多，可謂僅次於趙之謙。（第95頁）

這裏面，值得注意的有兩點：一是關於牧甫朱文印的來源，以往論者都注意到參用金文，但多認爲是三代吉金文字；而黄先生則認爲是取法漢代的金文。這一點，他在課堂上也强調説是“漢代的金文”[②]。二是他雖然認識到牧甫的印“多用方筆”，而他自己在篆刻實踐中，却喜歡參用圓勢。這顯然是他不甘亦步亦趨而有意爲之的結果。

令人歎惋的是，黄先生始終未將篆刻當成自己的主業。要是他再多花一點時間，即使不奏刀創作，只將他的見識記録下來，記得更周全、更細緻一些，也會增益後學神智不少。現在大體就只有這些了。其餘多是一些具體技法方面的心得，相對較瑣碎，在此且略過不提。

最後還須指出，上述黄先生關於篆刻藝術的見解，有些受到了乃師郭楓谷先生的影響。例如，郭先生認爲：“悲庵刻印本於學書，使刀直如使氣，錯綜變化，不可方物，真大匠也！”其成就“獨有千古”，而“同光之間，黟人黄牧父異軍突起，振其墜緒，刻印幾伯仲益甫，可稱皖派新脉；變而不漓於古，雅而見賞於俗，一代長雄，與吴缶廬各樹一幟。”[③] 這一看法，顯然爲黄先生所本，當然也有所變化。至於這中間具

① 曹旅寧：《黄永年先生編年事輯》，北京：中華書局，2013年，第163頁。
② 曹旅寧：《黄永年先生編年事輯》，北京：中華書局，2013年，第162頁。
③ 郭組南：《楓谷語印》，《學海》第1卷第3期，1944年，第64—74頁。

體哪些是黃先生的創見，哪些得自前人傳授，黃先生又如何吸收轉化，尚待以後慢慢研究。

五、與其他一些學人印的比較

這一工作頗有難度。因爲 1949 年以後，與黃先生情況類似的以學問爲主業的印人數量不多。有些學者情況與他類似，而篆刻活動年代不同。有些與他篆刻創作時代相同的，情況又與他稍有差異。

與黃先生身份最相似的有鄧之誠（1887—1960）、宿白（1922—）兩位先生。鄧先生字文如，南京人，1921 年任北京大學歷史系教授，後兼任多校，1928—1952 年專任燕京大學歷史系教授，爲著名歷史學家。其篆刻作品曾自訂《五石齋印存》《五石齋印存二集》《雙穩樓印存》。現存主要見於《鄧之誠印譜》[①]，收印 209 方；據該書前言説明，這些印主要作於 20 世紀二三十年代。宿白先生爲著名考古學家，北京大學教授。其篆刻作品有《宿白印譜》[②]，收印 501 方，主要爲 1940—1944 年宿白先生就讀淪陷區北京大學文學院時，參加該校藝文研究會篆刻組的習作，部分作品的創作時間綿延至 20 世紀 70 年代或以後[③]。

篆刻創作活動與黃永年先生基本上同步的，有蔣維崧（1915—2006）和徐無聞（1931—1993）兩位先生。蔣先生常州人，本文開頭已述及。徐先生成都人，生前任職於西南師範大學（今西南大學）中文系，兼唐宋文學和書法教育專業碩士生導師，且爲中國書法家協會理事，其篆刻作品收集較全的是《玉局郙舍印存》[④]。這兩位先生與黃先生情況稍有不同，書法篆刻已成爲他們的職務工作，他們投入的精力要大得多。

盡管如此，將上述四位先生的印譜與黃先生《印存》合看，還是能看出一些共同特徵。在此僅談三點。

其一，印風都很秀雅，不取猛利、殘破一路。

鄧先生的印作，已有人研究“可歸納爲擬古璽、擬漢印、擬宋元朱文印式、擬明

① 李穎霖、李洪嘯編釋:《鄧之誠印譜》，北京：中國書店，2007 年。

② 李穎霖、李洪嘯編釋:《宿白印譜》，北京：中國書店，2007 年。

③ 該印譜《前言》稱，其中作品由兩部分構成，一是在舊書店購得的舊印拓，係“宿白先生早年的篆刻作品”；二是出版前“宿白先生又補充了不少印作，皆是珍藏了近五十年的印作原拓”（《宿白印譜》，第 1—2 頁）。該前言作於 2004 年，據此，補充的作品似爲 1964 年前所作。然譜中下册第 43 頁有一方犬肖形印，中有年號“庚戌”，顯係 1970 年作品；而該印之後仍有作品，很可能作於此印之後。

④ 徐無聞著，李偉鵬編:《玉局郙舍印存》，重慶：重慶出版社，2012 年。

人篆刻式、擬鄧石如篆刻幾大類"，其中，師法鄧石如的作品是鄧先生"篆刻面貌的主要體現"；總體來説，"崇尚整飭的古意，富於書卷氣"①。宿白先生在淪陷區北大文學院就讀時，該校藝文研究會篆刻組的導師是金禹民先生，"講解近代篆刻的淵源流派，對趙撝叔、黄牧甫兩人特色的分析，尤爲清晰"②。學生的風格可想而知。蔣先生是喬大壯弟子，劉紹剛先生稱之爲"喬派篆刻藝術的唯一傳人"③。徐先生印藝傳自周菊吾、方介堪先生。據稱"菊吾初喜吴氏印，若破荷亭者，詫謂可以驚風雨而泣鬼神。既而怵末流之披猖，乃務歸於醇雅"④。有師如此，徐先生的風格不問而知。曾與他有直接交往的馬國權先生評價其篆刻"絶不曲趨俗好，雍容儁逸，卓然大家"⑤。

有意思的是，上述諸人不僅於猛利、殘破印風無取，形之於筆墨的還有批判。1924 年鄧之誠先生在其《五石齋印存二集自序》中寫道："時賢刻印，自意浸淫秦漢，或則獨闢蹊徑，跡其實，則規橅殘磚半甓之文，務爲醜怪恣肆，不可以規矩强之，蓋幾幾乎風靡一世，譚藝者莫之敢違焉。"表現在技法上，"率刻石奏刀後，複磨之、琢之、擊之、錐之、敲撲之、擲之地而踐踏之；其於寸鐵之外，又必備刀鑿斧鋸焉，務極破碎支離，然後以爲奇古"。他認爲這是一種"奇僻詭異之風"⑥。時過周甲，黄永年先生也諄諄告誡："美的真正的藝術品一般能做到雅俗共賞。以粗、狂、怪、醜自詡而其實不美者决不算藝術。只憑自己吹、此外任何人欣賞不了的也决不算藝術。"⑦ 後先對比，兩者何其相似乃爾。

其二，多數受到黄牧甫的影響。

上述諸位，蔣先生在師承上就與黄牧甫有關係。他的印藝傳自喬大壯；而喬本人私淑黄牧甫，久已爲印學界習知。沙孟海先生認爲："黄士陵之後，這一派的作者，要推喬曾劬造詣最卓。"⑧ 身爲這一脉傳人，蔣先生受到滋乳不言而喻（圖 18、圖 19）。宿白先生的篆刻老師金禹民先生本人並不拘守黄牧甫一家⑨，但顯然是教學

---

① 朱琪：《鄧之誠的篆刻藝術與印學貢獻》，《書法賞評》2010 年第 5 期，第 43—50 頁。

② 李穎霖：《前言》，李穎霖、李洪嘯編釋：《宿白印譜》，北京：中國書店，2007 年，第 2 頁。

③ 劉紹剛：《編後記》，見《中國印譜全書・蔣維崧印存》，北京：人民美術出版社，2013 年，第 293 頁。

④ 劉君惠：《周菊吾印存序》，《周菊吾印存》，成都：四川美術出版社，1988 年，第 1 頁。

⑤ 馬國權：《近代印人傳》，上海：上海書畫出版社，1998 年，第 523 頁。

⑥ 李穎霖、李洪嘯編釋：《鄧之誠印譜》，北京：中國書店，2007 年，第 1—2 頁。上揭朱琪《鄧之誠的篆刻藝術與印學貢獻》一文認爲，此段話鋒所及"正是風靡當時的吴昌碩一派"。

⑦ 黄永年：《黄永年印存》，北京：中華書局，2004 年，第 91 頁。

⑧ 沙孟海：《印學史》，杭州：西泠印社，1987 年，第 164 頁。

⑨ 參李穎霖、李洪嘯彙編：《金禹民作品選・篆刻編》，北京：中國書店，2001 年。

過程中重點講解趙撝叔、黃牧甫的關係，宿白先生的印作幾乎爲牧甫風格所籠罩（圖 20、圖 21）。

圖 18

圖 19

圖 20

圖 21

鄧之誠先生，上引研究文章稱其“篆刻創作是否曾受到黃士陵的影響不得而知”，但從實際情況看，他的部分印作受到牧甫風格的薰沐是顯而易見的（圖 22、圖 23），儘管在奏刀過程中刻意作了些變化。而最有意思的是徐無聞先生，他的師承與牧甫并無直接淵源，而其晚年印作中居然也有酷肖牧甫者（圖 24、圖 25）。

圖 22

圖 23

圖 24

圖 25

沙孟海先生在《近代印人傳序》中有一個觀察：“綜觀近代印學諸名家，主要數安吉吴缶廬、黟縣黃牧甫，給社會影響最大。”[①] 如果細分一下，似可認爲缶廬的影響主要在藝術圈及社會上，而學界則受黟山一脉激蕩較多。

其三，重視印章的實用功能。

這一點有兩方面表現。一方面，篆刻創作以名章、字型大小章及鑒藏章爲主，閑章很少。爲便於觀察，兹對上述諸先生印譜中的作品進行分類統計，列爲表 1，加以比較。

表 1　五本學人印譜中的作品分類統計

印譜名稱	名、字型大小章	鑒藏章	閑章	總數	備註
《黃永年印存》	152	14	14	180	中華書局 2004 年版

① 馬國權：《近代印人傳》，上海：上海書畫出版社，1998 年，第 1 頁；又見《沙孟海論書文集》，第 646 頁。

續表

印譜名稱	名、字型大小章	鑒藏章	閑章	總數	備註
《鄧之誠印譜》	107	28	74	209	中國書店 2007 年版
《宿白印譜》	65	19	417	501	中國書店 2007 年版
《玉局郵舍印存》	215	21	89	325	重慶出版社 2012 年版
《蔣維崧印存》	418	35	74	527	人民美術出版社 2013 年版

需特別説明的是鄧先生和宿白先生的兩組數據。鄧先生的印譜是以其手訂《雙穩樓印存》爲基礎編成的[①]，以自用印爲主，顯然不是其印作的全部。從統計角度來説相當於一份抽樣，只能看出一個傾向性。宿白先生印譜的特別之處在於其中閑章異乎尋常得多。這與本文的論點倒是不矛盾。那些印章應該多是宿白先生學生時代創作的，當時宿先生還不是學者；餘暇既多，要創作實用印章其需求量也有限。中年以後，隨著他學術事業的壯大，他篆刻作品就很少了。該譜中“庚戌”年後面的印章便多以實用章爲主了。

另一方面表現是，集中精力進行印面創作，對於邊款不夠重視。上述諸印譜中，僅《玉局郵舍印存》邊款相對較多，其他各譜中邊款都極少。偶爾有之也不過是窮款。鄧先生印譜中只有三面，宿白先生印譜中只有兩面，内容均甚寥寥。至於蔣先生，劉紹剛先生説：“蔣先生治印，並不重視邊款的刻制。”以致他新編蔣先生印存，本希望“增加一部分印章的邊款”[②]，也只有 32 面。内容均單薄。看來，黄先生《印存》中一面邊款都没有，反映了學人治印的一個帶普遍性的特點。

六、從上述學人印中得到的啓示

毫無疑問，學者是印人群體中的小衆。特別像本文重點關注的以學問爲主業的印人，更是小衆中的小衆。上文從黄永年先生的個案分析，到結合其他四位學人的考察，其中不少内容引人深思。限於篇幅，在此僅略談兩點。

一是關於創作題材。舒文揚先生曾檢討 1949 年至 1979 年上海篆刻的發展歷程，不無悲壯地指出：“上海印人在‘古爲今用’的旗幟下，帶著文化傳承的使命感，從篆刻的時語入印、毛澤東詩詞組印到各種現代題材，上海印人一面虔誠地尋找全新的符

① 這一點，該書編者未予説明，鄧瑞在《後序》中直接稱之為《雙穩樓印存》。見《鄧之誠印譜》，第 2 頁。
② 劉紹剛：《編後記》，見《中國印譜全書・蔣維崧印存》，北京：人民美術出版社，2013 年，第 294 頁。

合政治標準和與社會環境相契合的創作題材，另一面堅持不懈地致力於傳統經典風格的探求"；他認爲"就20世紀的篆刻而言，毛澤東詩詞這一特殊題材對她的庇護功不可没"①。然而當我們把目光投向學者這一特殊印人群體時，會發現情況不完全是這樣。

上述諸位學人，鄧先生在1949年以後只生活了12年。他作品中完全没有1949年以後的氣息，在此姑不深論。另四位學者，蔣、徐兩位先生作爲學術體制内的藝術家，印譜中多少也有些入時的作品。蔣先生《印存》中有7方毛澤東詩詞印；徐先生《印存》中則多達12方，除了毛氏詩詞，還有"同心同德幹四化""心靈美"等時語，以及一方"毛主席萬壽無疆"。據邊款所記，該口號印係1975年磨去1968年初稿重刻②。而黃永年和宿白兩位先生的印譜中，類似題材幾乎没有。

譜中没有當然不等於事實上没作。但無論如何，可以表明他們對這一類創作不以爲然。黃先生在其《印存》前言中説，"文革"中練毛筆字"要寫主席詩詞方保險，千篇一律又頗乏味"，倒是刻印章"從未聽到有什麽禁忌"（第2頁）。可見他選擇刻印章而不是寫毛筆字作爲當時怡情養性的方式，就是爲了回避這一題材。從其弟子的回憶中可知，黃先生對於毛澤東詩詞的藝術成就評價不高③。

應該説，不刻時語印，並不妨礙文化傳承。只是身處時代潮流，不同人有不同的應對方式。而這種方式，往往是帶有群體性的。

二是關於創作風格。從某種意義上講，上述諸位學人的印作，其風格都可以算不入時的。

這種不入時，在鄧之誠先生那裏，完全是一種文化的自覺。他在上引《五石齋印存二集自序》中自信地説："特欲使後之人知尚有人焉，不隨流俗爲得失而已"④。其他諸位先生未作類似宣示，但桃李不言，下自成蹊。他們以實際行動作出了自己的判斷。

真正的藝術家大多是一些矛盾的個體。一方面，他們要追求藝術上的個性，要力求超凡脱俗。另一方面，他們又需要知音，要交流，甚至不得不兼顧一些世俗的考慮。從後一方面來説，也就免不了要預流，甚至從俗。這中間如何抉擇，就看各人如何把持。

---

① 舒文揚：《上海印壇三十年的若干細節（1949—1979）》，見所著《醫石齋書法篆刻文論》，上海：上海古籍出版社，2012年，第230—237頁。

② 徐無聞著，李偉鵬編：《玉局邨舍印存》，重慶：重慶出版社，2012年，第114頁。

③ 郭紹林：《黃永年先生的治學三昧》，《湖南科技學院學報》2005年第9期，第12—16頁。

④ 李穎霖、李洪嘯編釋：《鄧之誠印譜》，北京：中國書店，2007年，第2頁。

藝術的發展需要多元。特别在篆刻藝術日新月異，甚至“有人説最近二十多年在篆刻創作上發生的變化，要大於五百年明清流派篆刻”的今天①，回看學人這一特殊群體的印作，也許可以發現一些異量的美。

此文係 2015 年應西泠印社徵稿而作，已揭載於《西泠印社當代篆刻學術研討會論文集》（西泠印社出版社 2015 年 11 月出版）及《西泠藝叢》2016 年第 1 期。惜流通未广。今承《長安學研究》編輯部雅意，重予刊發，謹此深表謝忱。

張偉然 2017 年校後記

① 李剛田：《篆刻技法百講叢書總序》，見趙明：《做印技法百講》，鄭州：河南美術出版社，2008 年，第 2 頁。

《史記》研究

《史記》新本校議

辛德勇[*]

中華書局在 2013 年 9 月出版的新校本《史記》，在點校稿付印前和試印的"徵求意見本"印出後，都曾囑我審讀過一部分內容。當時在有限的時間內，我盡自己所能，呈上一些看法。這些參考意見，有很大一部分已經被正式印行的新本所吸收。後來在利用《史記》從事研究的過程中，又陸續發現一些值得斟酌的問題，每有所識，又隨手寫下，希望能夠對進一步完善《史記》的校勘，多少有一點參考的價值。

一、《秦始皇本紀》

《史記·秦始皇本紀》原文

（秦王政）十八年，大興兵攻趙，王翦將上地，下井陘，端和將河內，羌瘣伐趙，端和圍邯鄲城。

十九年，王翦、羌瘣盡定取趙地東陽，得趙王。

上文今新點校本俱無校勘注記說明[①]。

---

* 作者簡介：辛德勇（1959—），男，北京大學中國古代史研究中心教授。

① 《史記》卷六《秦始皇本紀》，北京：中華書局，2013 年，第 296 頁。

〖今案〗

這段文字中的“端和”，是指秦將楊端和，秦王政九年曾率軍攻魏之衍氏，十一年又從王翦、桓齮爲末將“攻鄴，取九城”[①]。循《史記》紀事通例，此處“端和”上似脱一“楊”字。唯上述記載的文字譌誤，尚遠不止此，清人梁玉繩嘗考述云：

> 此必有错簡缺文。蓋三將攻趙，王翦將上地下井陘，楊端和將河内圍邯鄲城，羌瘣獨缺，只存“伐趙”二字，而錯出於“端和將河内”句下也。“圍邯鄲城”上又重出“端和”二字。[②]

按照梁玉繩這一看法，上述文字相關的内容可姑且訂正爲：“王翦將上地，下井陘，端和將河内，圍邯鄲城，羌瘣伐趙。”即王翦將上地兵下井陘，楊端和將河内兵圍邯鄲城。雖然“羌瘣伐趙”一句話，仍明顯存在問題，但前面這兩句話文義經過這樣的調整，已經變得十分順暢。

今施之勉校勘《史記》，依循梁玉繩這一路徑，在北宋初年編著的《册府元龜》中，檢得其迻録《史記・秦始皇本紀》同一内容，正是書作：

> （秦王政）十八年，大興兵攻趙，王翦將上地，下井陘，端和將河内，圍邯鄲城。羌瘣伐趙，[③]

藉此確切證實梁氏所説信而可從[④]。

不過，這一錯譌由來已久，同樣是在《册府元龜》當中，我們還可以看到，另有其他地方采録的《史記・秦始皇本紀》，文字却與今本《史記》完全相同[⑤]；同樣的情況，還見於北宋中期蘇轍撰著的《古史》[⑥]。《册府元龜》同一書中迻録《史記》，出現

---

① 《史記》卷六《秦始皇本紀》，第 290、294 頁。

② （清）梁玉繩：《史記志疑》卷五，北京：中華書局，1981 年，第 174 頁。

③ （宋）王欽若等：《册府元龜》卷一八三《閏位部・勳業》采録《史記・秦始皇本紀》，北京：中華書局，1989 年，影印宋版殘本，第 455 頁。

④ 施之勉：《讀史記會注考證札記》之《秦始皇本紀》，原刊《大陸雜誌》第 39 卷第 4 期，此據大陸雜誌社編《史記考證研究論集》，臺北：大陸雜誌社，1975 年，《大陸雜誌史學叢書》第四輯印本，第 12 頁。

⑤ （宋）王欽若等：《册府元龜》卷二一六《閏位部・征伐》采録《史記・秦始皇本紀》，北京：中華書局，影印明崇禎刻本，第 2583 頁。案殘存宋本《册府元龜》闕佚這一部分内容。

⑥ （宋）蘇轍：《古史》卷七《秦始皇本紀》，臺北：“故宫博物院”，1991 年，影印所藏南宋浙本，第 66b 頁。

這種前後牴牾的情況，是由於編纂像這樣篇幅多達千卷之巨的大書，資以利用的《史記》，當不止一部，其中有的寫本已經舛錯如今傳世諸本，衹有個别寫本，還保存着比較接近原本的正確寫法，因而這一段文字也就彌足珍貴，我們完全可以依據《册府元龜》的引文來校改今本《史記》。

儘管《册府元龜》保存的這段文字比較接近太史公原書的樣貌，但“羌瘣伐趙”這一句話，同樣已經出現錯謬。據瀧川資言《史記會注考證》，日本宫内廳書陵部存楓山文庫舊藏元彭寅翁刻本《史記》所附校記、日本宫内廳書陵部存三條西實隆公在手録元彭寅翁刻本《史記》上所施批校、以及明萬曆二十四年馮夢禎校刻的南監本《史記》，此“羌瘣伐趙”之“趙”字俱作“代”[①]，然檢馮夢禎刻南監本，則同今通行本一樣，也是刻作“羌瘣伐趙”，而水澤利忠《史記會注考證校補》注云楓山文庫舊藏和三條西實隆公手録彭寅翁刻本《史記》上的校語，另外還有“桃源史記抄引古本”《史記》以及其他一些《史記》舊校，都是“‘伐’字作‘代’而無‘趙’字”[②]，因知瀧川資言的説法，並不十分準確。“羌瘣代”這一寫法即使確是承自古本，當然也還存在譌誤，但至少單純就上下文義上而言，若是據此把“羌瘣伐趙”改訂爲“羌瘣伐代”，總要更順暢一些（視“伐”字因與“代”形似而在寫録過程中奪落，後人復以文意不足而徑自補寫“趙”字）。又從當時的軍事地理形勢來看，王翦和楊端和既然已經分别率軍從南北兩側向趙都邯鄲及其附近地區發起進攻，羌瘣似乎也没有必要再單獨另外統領一支軍隊來“伐趙”。代地由於面臨北部匈奴的威脅，一直屯有重兵[③]。嬴政此番出兵，意在滅趙，當然最好一舉消滅趙國布置在北邊的這些軍隊；即使秦軍的實際能力暫時還有所不逮，至少也需要對這支軍隊適當加以牽制阻遏，以防其南下援救邯鄲。所謂“羌瘣伐代”，正好可以起到這樣的作用。趙王遷被俘後，“趙公子嘉率其宗數百人之代，自立爲代王”，一直維持到六年之後，始被秦軍滅除[④]，亦足證代地的軍事實力，不容小覷，秦軍不能不對其有所防範。

基於以上認識，我想可以考慮在這裏增入一條校勘記，注出“羌瘣代”這一異文，並做相應説明，以供讀者參考。

---

① 〔日〕瀧川資言著，水澤利忠校補：《史記會注考證附校補》卷六《秦始皇本紀》，上海：上海古籍出版社，1986年，影印原排印本，第158頁。

② 〔日〕瀧川資言著，水澤利忠校補：《史記會注考證附校補》卷六《秦始皇本紀》，第186頁。

③ 《史記》卷八一《廉頗藺相如列傳》，第2954—2955頁。

④ 《史記》卷六《秦始皇本紀》，第296頁。

二、《三代世表》

《史記・六國年表》原文

太史公曰："五帝、三代之記，尚矣。自殷以前諸侯不可得而譜，周以來乃頗可著。孔子因史文次《春秋》，紀元年，正時日月，蓋其詳哉。至於序《尚書》，則略無年月；或頗有，然多闕，不可録。故疑則傳疑，蓋其慎也。[①]

這段文字，是《三代世表》前面的小序。文中"正時日月"，諸本皆然，今中華書局新點校本故當一仍舊文。然若覈諸當日習慣用法，則似有明顯譌誤，因特予辨正。

〖今案〗

太史公此文，謂"孔子因史文次《春秋》，紀元年，正時日月，蓋其詳哉"，這是講《春秋》之記史事，在序次時間這一點上，較諸《尚書》，要大爲詳明精準。然稍讀《春秋》者可知，其標記時間單位的一般次序，是年（在這裏，實質上是以"年"表"歲"。在很多情況下，粗略地講，"年"也可以説就是"歲"，不過其狹義的涵義，與"歲"是有本質性差異的。"歲"是指地球公轉形成的回歸年周期，"年"是積"月"而成的曆法之年。具體就每一年而言，"歲"與"年"長度並不相等，即東漢經學家鄭玄所説"中數曰歲，朔數曰年"[②]）、時（指春、夏、秋、冬"四時"，用今天的話來説，也可以大致相理解爲春、夏、秋、冬四季）、月、日。

《春秋》開篇即記述説："（魯隱公）元年，春，王正月。"對此，《公羊傳》釋之曰：

元年者何？君之始年也。春者何？歲之始也。王者孰謂？謂文王也。曷爲先言王而後言正月？王正月也。何言乎王正月？大一統也。[③]

---

① 《史記》卷一三《三代世表》，第617頁。

② 《周禮》卷六《春官宗伯・太史》之東漢鄭玄注，北京：中華書局，1992年，《古逸叢書》三編影印北京圖書館藏南宋刻本，第10b頁。

③ （漢）何休：《春秋公羊經傳解詁》卷一，清道光間揚州汪氏問禮堂仿刻宋紹熙辛亥建安余仁仲本，第1a—1b頁。

“春”屬四時之一，且爲四時之首。拋開其政治上的“大一統”觀念不論，公羊家講對《春秋》紀時體系的闡釋，就是由年（歲）到時，再由時到月。《春秋》裏有些事件繫日，有些没有繫日（其實時、月、日之書與不書，都是歷代經學家議論不休的重要紀事原則），其第一個出現繫日的紀事，是魯隱公元年“秋八月庚辰，公及戎盟于唐”，這自然是繫庚辰日於秋八月之下，顯示出一個完整的紀時序列，其最後一個階段，應當是由月到日。

就常理而言，按照漢語和中文的表述習慣，采用年（歲）——時——月——日這樣的紀時序列，本來是自然而然的事情，唐人皇甫湜概括“編年之作”的紀事次序，即謂乃“以事繫日，以日繫月，以月繫時，以時繫年”①。但看了上面公羊家的解釋之後，我們還很容易看出，對於當時的經學家來説，用這種方法來記述史事，尚別有一番微言大義蘊涵其間。

在司馬遷生活的漢武帝時期，公羊學在闡釋《春秋》的諸家學説當中，最爲盛行。當時闡揚公羊學的代表人物是董仲舒，而司馬遷自言嘗聽聞董氏講述孔子“何爲而作《春秋》”這一問題②，自然諳熟公羊家對待時序的觀念。

公羊家這種時序觀念，我們在董仲舒本人撰著的《春秋繁露》這部書中，還可以看到一種更加形象的説法：

> 天地之符，陰陽之副，常設於身。身猶天也，數與之相參，故命與之相連也。天以終歲之數成人之身，故小節三百六十六，副日數也；大節十二分，副月數也；内有五藏，副五行數也；外有四肢，副四時數也。③

從中可以看出，一周歲（如前所述，寬泛地講，“年”與之大致相當）——四時——十二月——三百六十六天，這是一個非常重要的“天數”，也可以説是天定的節律。南宋時人唐仲友曾概括這個節律説：“一寒一暑以爲歲，春秋冬夏之四時統乎歲者也。一盈一虧以爲月，二十四氣、七十二候統乎月者也。一晝一夜以爲日，朝夕晝夜之四時統乎日者也。”④按照董仲舒等人的觀念，這個天數，冥冥中制約着塵世很多事情，甚至

---

① （唐）皇甫湜：《皇甫持正文集》卷二《編年紀傳論》，民國江安傅氏雙鑑樓景宋本，第 2b 頁。

② 《史記》卷一三〇《太史公自序》，第 3957 頁。

③ （漢）董仲舒：《春秋繁露》卷一三《人副天數》，北京：北京圖書館出版社，2003 年，《中華再造善本》叢書影印國家圖書館藏宋嘉定四年江右計臺刻本，第 3a 頁。

④ （宋）唐仲友：《帝王經世圖譜》卷二《春秋左傳五紀旁通之譜》，北京：北京圖書館出版社，2003 年，《中華再造善本》叢書影印國家圖書館藏宋嘉定元年金式趙喜鏽刻本，第 27a 頁。

决定着人身的生理結構。

司馬遷自述其撰著《史記》目的，就是要接續《春秋》:

> 先人有言："自周公卒五百歲而有孔子。孔子卒後至於今五百歲，有能紹明世，正《易傳》，繼《春秋》，本《詩》《書》《禮》《樂》之際？"意在斯乎！意在斯乎！小子何敢讓焉。……
>
> 夫《春秋》上明三王之道，下辨人事之紀，别嫌疑，明是非，定猶豫，善善惡惡，賢賢賤不肖，存亡國，繼絶世，補敝起廢，王道之大者也。《易》著天地陰陽，四時五行，故長於變；《禮》經紀人倫，故長於行；《書》記先王之事，故長於政；《詩》記山川谿谷禽獸草木牝牡雌雄，故長於風；《樂》樂所以立，故長於和；《春秋》辯是非，故長於治人。是故《禮》以節人，《樂》以發和，《書》以道事，《詩》以達意，《易》以道化，《春秋》以道義。撥亂世反之正，莫近於《春秋》。《春秋》文成數萬，其指數千。萬物之散聚，皆在《春秋》。《春秋》之中弑君三十六，亡國五十二，諸侯奔走不得保其社稷者不可勝數。察其所以，皆失其本已。故易曰"失之毫釐，差以千里"。故曰"臣弑君，子弑父，非一旦一夕之故也，其漸久矣。"故有國者不可以不知《春秋》，前有讒而弗見，後有賊而不知；爲人臣者不可以不知《春秋》，守經事而不知其宜，遭變事而不知其權。爲人君父而不通於《春秋》之義者，必蒙首惡之名；爲人臣子而不通於《春秋》之義者，必陷簒弑之誅，死罪之名。其實皆以爲善，爲之不知其義，被之空言而不敢辭。夫不通禮義之旨，至於君不君，臣不臣，父不父，子不子。夫君不君則犯，臣不臣則誅，父不父則無道，子不子則不孝。此四行者，天下之大過也。以天下之大過予之，則受而弗敢辭。故《春秋》者，禮義之大宗也。夫禮禁未然之前，法施已然之後；法之所爲用者易見，而禮之所爲禁者難知。[1]

事實上，《史記》中有關春秋時期的内容，也主要是采録《春秋》之《左氏傳》而加以編纂[2]。如此重視其書，當然會熟知《春秋》的紀時體系及其所藴涵的象徵意義。

實際上治《春秋》之學而講究這套紀時辦法，不唯公羊一家，穀梁家似乎更加重視這一點。清代嘉道間學者許桂林甚至專門寫了一部名爲《春秋穀梁傳時月日書法釋

① 《史記》卷一三〇《太史公自序》，第3974—3976頁。
② 《漢書》卷六二《司馬遷傳》，北京：中華書局，1962年，第2737頁。

例》的書籍，系統闡釋相關用法，稱“《穀梁傳》與《公羊傳》，皆謂《春秋》書法，以時月日爲例，而《穀梁》尤備”[①]。至於側重紀事的左氏之傳，對此亦同樣毫不含糊。譬如晉朝學者杜預對此就做有清楚闡述：

《春秋》者，魯史記之名也。記事者，以事繫日，以日繫月，以月繫時，以時繫年。所以紀遠近，別同異也。故史之所記，必表年以首事；年有四時，故錯舉以爲所記之名也。[②]

這一説法，有助於我們更清楚地體會，對於研治《春秋》的學者來説，年（歲）——時——月——日這一紀時體系，是何等重要以至絶不容含糊的事情。

站在這一知識背景下，再回過頭來，看《三代世表》序文中“孔子因史文次《春秋》，紀元年，正時日月，蓋其詳哉”這段話，司馬遷在首先闡明孔夫子能夠擺正“年”的用法之後，若是像今天我們看到的文本這樣，繼之復謂“正時日月”，這一“年——時——日——月”的排列次序，就顯得很不妥當；或者説這不應該是司馬遷這樣的人在當時所能講的話。正確的用法，恐怕衹能是“正時月日”。

其實在司馬遷所説“略無年月”的《尚書》當中，正寫有與此十分相似的文句，文見《尚書·堯典》（僞古文《尚書》析作《舜典》）：

歲二月，東巡守，至于岱宗。柴，望秩于山川。肆覲東后。協時月正日，同律度量衡。

《史記·五帝本紀》轉述此語，“協時月正日”書作“合時月正日”。東漢經學家鄭玄謂《尚書》“協時月正日”之義，爲“協正四時之月數及日名，備有失誤”，而《尚書》僞孔傳注解這句話説：“合四時之氣節，月之大小，日之甲乙，使齊一也。”兩人釋義，大致相當。唐人孔穎達等更進一步疏釋曰：

舜既班瑞羣後，即以其歲二月東行，巡省守土之諸侯，至於岱宗之岳。燔柴告至，又望而以秩次祭於其方岳山川。柴、望既畢，遂以禮見東方諸侯、諸國之

① （清）許桂林：《春秋穀梁傳時月日書法釋例》卷首《總論》，清道光二十五年原刻本，第1a頁。

② （晉）杜預：《春秋經傳集解》卷首杜氏自序，北京：北京圖書館出版社，2003年，《中華再造善本》叢書影印元相臺岳氏荆谿家塾刻本，第1a頁。

君。於此諸國，協其四時氣節，月之大小，正其日之甲乙，使之齊一均同。[①]

按照這樣的解釋，其“協”“正”兩字乃互文對舉，“協時月正日”亦即猶如“協正時月日”。

後來，在晚出的《孔叢子》中，我們果然看到了更爲簡單明白的用法，

歲二月，東巡狩，至于岱宗。……所過諸侯各待于境，……天子先問百年者所在，而親見之。……命典禮正制度，均量衡，考衣服之等，協時月日辰〔北宋宋咸注：四時之氣節，月之大小，日之甲乙，辰之次序，……〕。[②]

與此文句基本相同的記載，尚别見於源自先秦的古籍《慎子》[③]。所謂“協時月日辰”，等於是在“協”和“正”這兩個意義相同的語辭中擇取了前者，也就是説“協時月日辰”等同於“正時月日辰”，這與“正時月日”的句式在形式上已經極爲接近，衹不過後者在“日”字之下又增入了更低一層的時間單位“辰”而已。

以《尚書・堯典》《孔叢子》《慎子》這幾處文字與《史記・三代世表》的序文相互比較，並考慮到《春秋》和《尚書》這兩部經書的權威性與經學觀念對司馬遷的影響，我們似乎有理由推測，今本《史記・三代世表》中“正時日月”這句話中的“日月”兩字，應有乙誤，這很可能是後世淺人因不明“月日”這種排列的意義而按照自己習慣的用法去妄加改易的結果。

這種推測，雖然在傳世版本中還没有找到依據，但南宋中期學者葉適在《習學記言序目》一書中曾引述《三代世表》的小序，文作：

遷稱“孔子因史文次《春秋》，紀元年，正時月日，蓋其詳哉”。案《春秋》諸侯之史，二百餘年之間，年時月日皆素具，非孔子特詳之。[④]

葉適引文之“正時月日”，適與上述推論相符。儘管現在還不能斷定這是葉適依據的版本

① （唐）孔穎達等:《尚書正義》卷三，北京：中華書局，1986年，《古逸叢書三編》影印北京圖書館藏南宋刻本，第12a—13a頁。《史記》卷一《五帝本紀》並劉宋裴駰《集解》，第31頁。

② 《孔叢子》卷三《巡守》並宋宋咸注，北京：北京圖書館出版社，2004年，《中華再造善本》叢書影印上海圖書館藏宋刻本，第1b頁。

③ 《慎子》之《外篇》，上海：商務印書館，民國《四部叢刊》影印江陰繆氏藝風堂薰香簃寫本，第29a—29b頁。

④ （宋）葉適:《習學記言序目》卷一九《史記》一，北京：中華書局，1977年，第268頁。

確實如此，還是他在引述時已經按照自己的理解對原文有所變易，但葉氏撰《巽巖集序》，另有語云“夫孔子所以正時月日必取於《春秋》者”[①]，應當同樣是依據《史記·三代世表》的序文而發，這可以在一定程度上印證上述引文的準確性。日後修訂中華書局的新點校本時，至少可以附注這一引文，爲讀者準確理解《史記》的記載，提供一個參考。

當年張文虎在金陵書局校勘《史記》，嘗謂《三代世表》的文字“舛謬百出”[②]，這顯然是指表格正文的内容因旁行斜上而易生錯譌。其實由於很少有人仔細研讀揣摩，《史記》諸表包括前序後論在内，流傳過程中一旦産生文字譌誤，往往都不易使人察覺，此“正時月日”長期以來一直譌作“正時日月”，便是如此。

又昔清人王念孫撰《讀書雜志》，考訂《史記》等古籍的文字，往往在旁徵群書之佐證後，依據其他典籍徵引的文句校改傳世版本。以上考辨亦竊思效法先賢以有所發現，非敢徒恃離析於原書之外的單詞孤字來徑改世代相傳的《太史公書》文本。

三、《六國年表》

《史記·六國年表》原文

（始皇帝）	秦	魏
十七	内史勝擊得韓王安，盡取其地，置潁川郡。	
十八		
十九	王翦拔趙，虜王遷之邯鄲。	
二十	王翦將擊燕。	
二十一	王賁擊楚。	
二十二	王賁擊魏，得其王假，盡取其地。	秦虜王假。
二十三	王翦、蒙武擊破楚軍，殺其將項燕。	
二十四	王翦、蒙武擊破楚，虜其王負芻。	
二十五	王賁擊燕，虜王喜。又擊得代王嘉。	
二十六	王賁擊齊，虜齊王建。初并天下，立爲皇帝。	
二十七	更命河爲德水。爲金人十二。命民曰黔首。同天下書。分爲三十六郡。	
二十八	爲阿房宫。之衡山。治馳道。帝之琅邪，道南郡入。爲天極廟。賜户三十，爵一級。	

① （宋）葉適：《水心先生文集》卷一二《巽巖集序》，上海：商務印書館，民國《四部叢刊初編》影印烏程劉氏藏明黎諒刊黑口本，第8a頁。

② （清）張文虎：《校刊史記集解索隱正義札記》卷一，北京：中華書局，1977年，第117頁。

續表

（始皇帝）	十七	十八	十九	二十	二十一	二十二	二十三	二十四	二十五	二十六	二十七	二十八
韓	秦虜王安。秦滅韓。											
趙			秦王翦虜王遷邯鄲。公子嘉自立爲代王。	代王嘉元年。					秦將王賁虜王嘉。秦滅趙。			
楚							秦破我將項燕。	秦虜其王負芻。秦滅楚。				
燕					秦拔我薊，得太子丹。王徙遼東。				秦虜王喜，拔遼東。秦滅燕。			
齊										秦虜王建。秦滅齊。		

以上内容，係摘録今中華書局新點校本《史記・六國年表》的相關内容[①]，對我在這裏所要討論的“秦滅某國”的繫年問題，舊點校本與此新點校本都没有校勘説明，唯新點校本在“始皇帝”二十二年魏國欄“秦虜王假”這一紀事下注云：

> 梁玉繩《志疑》卷九：“表内後格失書‘秦滅魏’三字。各表皆有之，不應魏獨缺也。”[②]

① 《史記》卷一五《六國年表》，第898—901頁。

② 《史記》卷一五《六國年表》卷末附校勘記〔七一〕，第913頁。案梁玉繩説原文，見所著《史記志疑》卷九，第451頁。

《六國年表》中實際存在的問題，遠比這裏説明的複雜，這條校勘記的寫法也不盡適宜。

〖今案〗

舊點校本在此没有出校，現在注出梁玉繩的意見，固然是一項明顯的進步，而且通觀《六國年表》載録秦滅諸國的通例，梁玉繩這一看法，也非常合理，堪稱定論。

然而，若是仔細審視梁玉繩的話，則可以看出，新點校本像這樣簡單迻録《史記志疑》的文句而將其寫爲校勘記，却不夠妥當。我們看梁氏明明説“表内後格失書‘秦滅魏’三字”，也就是説，這“秦滅魏”三字，應該寫在秦王政二十二年“秦虜王假”這一格後面秦王政二十三年那一個格子裏面。而之所以要這樣寫，則是因爲“各表皆有之”，也就是説魏國以外的其他五國，都是在諸如“秦虜王假”這樣的秦滅其國的標誌性事件的“後格”裏面書寫“秦滅某國”。可是，如上所見，現在中華書局的印本，却是將這些“秦滅某國”的紀事，與“秦虜某國王某王”合寫在同一格内。這樣一來，要是真的按照梁玉繩的看法，在“秦虜王假”之“後格”補入“秦滅魏”這一紀事，必將與其他那些“秦滅某國”的書寫位置相牴牾。這種實際狀況，顯然有違梁玉繩的本意。

中華書局出版的《史記》點校本，不管是新本還是舊本，依據的底本都是同治年間金陵書局的刻本，我們現在在《六國年表》中看到的“秦滅某國”紀事的繫年，也是一依金陵書局本的原貌。然而，覈諸清代中期以前的舊本《史記·六國年表》，除了趙國的情況，比較特殊，是把“秦滅趙”之年繫於“秦將王賁虜王嘉”同一年下之外，其馀韓、楚、燕、齊四國，都是將“秦滅某國”寫在“秦虜某王”後面的一個格子裏面，即寫在其實際滅國之年後面一年的格子裏[①]。顯而易見，是金陵書局本改易了《史記》舊本固有的面貌。

當年主持金陵書局本校勘的張文虎，在所撰《校刊史記集解索隱正義札記》一書中，曾直接針對韓國韓國欄内“秦滅韓”的繫年問題，做有考述説：

---

① 我手邊所有和到圖書館比較容易查閲比對的古本《史記》，如南京的鳳凰出版社在2011年影印的南宋紹興初杭州刻十四行單附《集解》本（第384—385頁），北京圖書館出版社2003年在《中華再造善本》叢書中影印的宋乾道七年蔡夢弼東塾刻附《集解》《索隱》本（第30b—32a頁），同樣是北京圖書館出版社2003年在《中華再造善本》叢書中影印的宋淳熙三年張杅桐川郡齋刻附《集解》《索隱》本（第22a—23a頁），臺北藝文印書館在1966年重印的百衲本影印南宋慶元間建安黄善夫家塾刻三家注本（第35a—36b頁），上海古籍出版社1995年在《續修四庫全書》中影印的國家圖書館藏元至元二十五年彭寅翁崇道精舍刻三家注本（第229頁），明萬曆二年至三年間南京國子監刻三家注本（第41a—43a頁），明萬曆二十四年南京國子監馮夢禎校刻三家注本（第37a—38b頁），明萬曆二十六北京國子監刻本（第46a—48a頁），明崇禎陳仁錫評點本（第44b—46b頁），以及清武英殿刻本（第45a—47b頁），無不如此。

"秦滅韓"三字各本在下年，依趙表移，楚、燕、齊同。"秦"字蓋後人所增。[①]

如上列《史記・六國年表》所見，張文虎説這一改動是"依趙表移，楚、燕、齊同"，乃指金陵書局本《史記》之《六國年表》於此趙國欄内，是在秦王政二十五年下，記云"秦將王賁虜王嘉。秦滅趙"。蓋司馬遷在《史記・趙世家》篇末講述説，在秦王政十九年秦軍攻入邯鄲之後，"秦既虜遷，趙之亡大夫共立嘉爲王，王代六歲，秦進兵破嘉，遂滅趙以爲郡"[②]。代王嘉六年，也就是秦王政二十五年，《史記・秦始皇本紀》亦記是年王賁攻遼東得燕王喜之後，"還攻代，虜代王嘉"[③]。故張文虎所説，應當是講《六國年表》本來的寫法，都應該像表中的趙國一樣，將秦滅該國的年份，繫於其最後的國王被俘與僅存的國土悉數入秦之年。張氏就是按照這樣的想法，把《六國年表》中"秦滅韓"之年，由秦王政十八年一欄，改併到"内史騰擊得韓王安，盡取其地，置潁川郡"的秦王政十七年這一欄内，並且還按照同樣的原則，對楚、燕、齊三國的滅亡時間，做了調整。衹是没有完全按照自己的看法，去掉被他指爲"後人所增"的"秦滅某國"之"秦"字。

《史記》之《秦始皇本紀》和《韓世家》《田敬仲完世家》《燕召公世家》都明確記載秦之滅韓是在秦王政十七年[④]，且如上所見，《六國年表》與《秦始皇本紀》等處一樣，亦謂秦王政十七年内史騰已經"擊得韓王安，盡取其地，置潁川郡"[⑤]。國土盡失，不遺寸土，國王亦被擄掠而去，此非滅國而何？其他楚、燕、齊諸國的情況，也與韓國相同。可見就其實質内容而言，應該説張文虎的改訂確實比較合理[⑥]。另一方面，張文虎在通校《六國年表》之後，曾經清楚指出："表中凡前後一年（德勇案，意

① （清）張文虎：《校刊史記集解索隱正義札記》卷二，第162頁。

② 《史記》卷四三《趙世家》，第2194頁。

③ 《史記》卷六《秦始皇本紀》，第298頁。

④ 《史記》卷六《秦始皇本紀》，第296頁；又卷四五《韓世家》，第2261頁；卷三四《燕召公世家》，第1787頁；卷四六《田敬仲完世家》，第2292頁。

⑤ 案潁川地區在戰國後期的歸屬，曾有過一些變更，詳細情況請參見王利器纂集《越縵堂讀書簡端記》之《廿二史考異》，天津：天津人民出版社，1980年，第154頁。

⑥ 案《史記》卷四〇《楚世家》（第2079頁）記楚幽王九年"秦滅韓"，翌年"秦虜趙王遷"，故此"秦滅韓"之年應值秦王政十八年，與張文虎改訂之前《六國年表》的繫年相合，但《楚世家》記秦滅韓，僅此三字，不像《六國年表》在此前一年的秦王政十七年尚有"内史騰擊得韓王安，盡取其地，置潁川郡"這一紀事，可知《楚世家》應是將内史騰此役置於幽王九年（亦即秦王政十七年），而不是在此役之後又另有一番滅楚之舉，或是另有其他什麼特殊事件。參據《秦始皇本紀》等處的記載，知《楚世家》此文應有舛錯。清乾隆武英殿刻本《史記》之《楚世家》篇末附史臣校語（第7a頁），即謂據《韓世家》之《正義》，韓"亡在秦始皇十七年，是年爲楚幽王八年"。

即超前一年或落後一年），皆傳寫誤，此類甚多，不能悉正。”[①]《六國年表》中出現這種情況，在很大程度上是因爲按照清代學者孫詒讓的研究，在唐代以前，史表例皆不畫界欄，“故移寫易致舛粗”，至宋代“版刻既興”之後，始“無不畫界之表”[②]。根據張文虎所説普遍性狀況，更容易理解《六國年表》出現上述年份錯置的現象，本不足爲怪。

單純從史實角度來考察秦滅諸國的年份，張文虎對《史記》傳世舊本做出的這一改訂，固然可以信從，今中華書局點校本徑自承用張氏校改的文字，也無可指責。然而，若是改换一個角度，從怎樣處理纔符合司馬遷的本意這一點來看，清人張文虎的校改和今中華書局點校本的處理方式，却又大謬不然。

張文虎考訂《史記·六國年表》“秦滅趙”之年，以爲所有各國都應該按照趙國的寫法，把秦軍滅掉該國，編排在國王被俘和國土全部喪失的年份，而他之所以主張參照趙國的情況，是因爲除了趙國以外，其餘楚、燕、齊三國實際上都與韓國相同，是把“秦滅某國”，書寫在其失去國王和國土的下一年這一格裏。另外還有一個例外，這就是魏國闕失這一項記載，如梁玉繩所説，這顯然是《史記》在流傳過程中脱落了原有的文字。

其實在張文虎之前很久，清乾隆年間人梁玉繩同樣注意到了這一情況。然而在仔細分析舊本《史記·六國年表》編制體例後，他所得出的看法，却與張文虎後來的見解正好相反，即梁玉繩以爲《六國年表》中趙國的寫法，恰恰是不符合常規的譌變，即“《表》例皆於滅諸侯國之明年書‘滅’，以悉定其地爲滅也，何獨書‘秦滅趙’於‘虜代王’之年？必傳刻之譌，當移後一格”[③]，正因爲如此，他纔會在考訂《六國年表》“秦虜王假”的紀事時説“表内後格失書‘秦滅魏’三字”[④]。更準確地講，應該説司馬遷編制此表時采用的體例，就是在各國實際亡國下一年份的格子裏，來書寫“秦滅某國”；换句話來説，這也就意味着對於該國舊地整體來説，是以這一年作爲其入秦的“元年”。這種記述方式，與古人對逾年改元法的理解，顯然具有某種内在的聯繫，此

① （清）張文虎：《校刊史記集解索隱正義札記》卷二，第144頁。

② （清）孫詒讓：《諷籀餘録》之《唐以前本史表不畫界》，北京：中華書局，2010年，雪克輯《籀廎遺著輯存》本，第155頁。

③ （清）梁玉繩：《史記志疑》卷九，第451頁。

④ 案梁玉繩《史記志疑》卷九（第451頁）嘗謂“明陳仁錫本有，疑是增入也”，今檢明崇禎刻陳仁錫評點本《史記》卷一五《六國年表》（第44b—46a頁），却是一如其他諸本，並没有“秦滅魏”這一紀事，疑梁氏所説有誤。又案清張文虎《校刊史記集解索隱正義札記》卷二（第163頁）沿承了梁玉繩所説《史記·六國年表》本應載有“秦滅魏”事的看法，並謂“此蓋傳寫誤脱”。

即《公羊傳》所説“緣終始之義，一年不二君”也[①]。蓋因舊君主在當年尚統治一段時間，故不以此年作爲新國王君臨的始年。遺憾的是，張文虎顯然没有能夠看破司馬遷這一理念，以致竟率以己意，妄改史文。謬種流傳，延及今日，自然會給讀者造成嚴重的蒙蔽和誤導。

當然，我們回顧相關研究可以看到，讀太史公書而能理解到這一點，實際上也不是很容易的事情。南宋初年吕祖謙撰著《大事記》和《大事記解題》，載録《春秋》以後迄至漢武帝時期史事，其考訂之精細縝密，嘗備受朱熹贊譽，以爲乃古今未有之書[②]，然而對《史記・六國年表》這一體例，吕氏依然茫昧不解：

> 《年表》於虜韓王之明年書“秦滅韓”，於虜楚王負芻之明年書“秦滅楚”，於虜燕王喜之明年書“秦滅燕”，於虜齊王建之明年書“齊滅秦”，於虜代王嘉之明年書“秦滅趙”，例以悉定其地爲滅耳。獨虜魏王假之明年，不書“秦滅魏”，豈非虜王假之年魏地即定乎？[③]

即以爲除了魏國以外的其他五國，都是在虜獲其王的下一年，始“悉定其地”，故在秦王政十八年下記有“定韓地”三字[④]。至清代中期以精通《三禮》之學著稱的黄式三，竟然也是根據《六國年表》書寫“秦滅韓”於秦王政十八年欄内這一點，述云“秦定韓地”是在這一年裏纔發生的事情[⑤]。吕祖謙的看法，雖然很不得當（梁玉繩謂其説“妄耳”[⑥]），但上文謂《六國年表》“於虜代王嘉之明年書‘秦滅趙’”，適可印證吕氏所見《史記》對此事的記載尚無“傳刻之譌”，諸傳世古本《史記・六國年表》當中“秦滅趙”三字，確實應當如梁玉繩所説“移後一格”[⑦]。

按照以上論述，下面摘録紹興初杭州刻十四行單附《集解》本《史記・六國年表》中相關的内容，並且依據吕祖謙《大事記解題》有關“秦滅趙”之年的記述和梁玉繩提出的增補“秦滅魏”之年的看法，將“秦滅某國”的年份，表述

---

① （漢）何休：《春秋公羊經傳解詁》卷六文公九年，第7b頁。

② （宋）朱熹：《晦庵先生朱文公文集》卷二七《答詹帥書》，上海：上海古籍出版社，2002年，《朱子全書》本，第1204頁。（宋）黎靖德編：《朱子語類》卷一二二《吕伯恭》，北京：中華書局，1994年，第2953頁。

③ （宋）吕祖謙：《大事記解題》卷六，杭州：浙江古籍出版社，2005年，《吕祖謙全集》本，第465頁。

④ （宋）吕祖謙：《大事記》卷六，杭州：浙江古籍出版社，2005年，《吕祖謙全集》本，第89頁。

⑤ （清）黄式三：《周季編略》卷九秦始皇十八年，南京：鳳凰出版社，2008年，第288頁。

⑥ （清）梁玉繩：《史記志疑》卷九，第451頁。

⑦ 案此點承清華大學出土文獻與保護研究中心馬楠博士提示，謹致謝意。

如下：

（始皇帝）	秦	魏	韓	趙	楚	燕	齊
十七	内史勝擊得韓王安，盡取其地，置潁川郡。		秦虜王安。				
十八			秦滅韓。				
十九	王翦拔趙，虜王遷之邯鄲。			秦王翦虜王遷邯鄲。公子嘉自立爲代王。			
二十	王翦將擊燕。			代王嘉元年。			
二十一	王賁擊楚。					秦拔我薊，得太子丹。王徙遼東。	
二十二	王賁擊魏，得其王假，盡取其地。	秦虜王假。					
二十三	王翦、蒙武擊破楚軍，殺其將項燕。	秦滅魏			秦破我將項燕。		
二十四	王翦、蒙武擊破楚，虜其王負芻。				秦虜其王負芻。		
二十五	王賁擊燕，虜王喜。又擊得代王嘉。			秦將王賁虜王嘉。	秦滅楚。	秦虜王喜，拔遼東。	
二十六	王賁擊齊，虜齊王建。初并天下，立爲皇帝。			秦滅趙。		秦滅燕。	秦虜王建。
二十七	更命河爲德水。爲金人十二。命民曰黔首。同天下書。分爲三十六郡。						秦滅齊。
二十八	爲阿房宮。之衡山。治馳道。帝之琅邪，道南郡入。爲太極廟。賜户三十，爵一級。						

這樣的形式，纔符合太史公書的本來面目。在這一點上，若是想要對《史記》做出比較理想的校勘，就不能不捨棄金陵書局本，恢復此前傳世諸本固有的形態。

另外，在這裏還要順便附帶説明，上表中秦王政十九秦國欄内“王翦拔趙，虜王遷之邯鄲”和趙國欄内之“秦王翦虜王遷邯鄲”這兩條記載中的“之邯鄲”或“邯鄲”，恐怕都有問題。昔清人梁玉繩以爲秦國欄“虜王遷之邯鄲”的“之“字爲衍文，清末人張文虎和日本學者瀧川資言承之，而趙國欄内“秦王翦虜王遷邯鄲”没有問題[①]，實際上二者同樣值得斟酌。

《史記・秦始皇本紀》記“(秦王政）十九年，王翦、羌瘣盡定取趙地東陽，得趙王”[②]，這裏所説“東陽”，唐張守節《史記正義》注云:“趙幽繆王遷八年，秦取趙地至平陽。平陽在貝州歷亭縣界。遷王於房陵。”[③]趙幽繆王遷八年即秦王政十九年，日本學者瀧川資言以爲依據這一記述，“‘東陽’當作‘平陽’”[④]。

然而,《史記》清楚記載此前五年，秦將桓齮率軍經過三年激烈争奪，在秦王政十四年剛剛“定平陽”[⑤]，此後趙國也絶没有收復此地的跡象和可能，而且張守節本人在《史記正義》中引述唐李泰著《括地志》，本已明言“平陽古城在相州臨漳縣西二十五里”[⑥]，與上述“平陽在貝州歷亭縣界”的説法自相矛盾，其間應當存在譌誤。清人錢大昕考述此地云:“《趙世家》‘慶舍將東陽河外師，守河梁’,《正義》云東陽‘屬貝州，在河北岸’。”據此斷定今本《史記》所附張守節《正義》“秦取趙地至平陽。平陽在貝州歷亭縣界”的“平陽”，應屬“東陽”之譌[⑦]。今案《史記・趙世家》所記舍將東陽河外師，守河梁[⑧]，或是守衛著名的平原津,《趙世家》的記載，顯示出當時在此架有浮橋。又其地過去曾隸屬於魏國,《史記・趙世家》有記載云趙惠文王十八年，“王再之衛東陽，决河水伐魏氏”，張守節《史記正義》釋之曰:“《括地志》云:‘東陽故城在貝州歷亭縣界。’按東陽先屬衛，今屬趙。河歷貝州南，東北流，過河南岸即魏地也。故言‘王再之衛東陽伐魏氏’也。”[⑨]這一記載可以進一步證實錢大昕的判斷準確無誤，而根據上面提到的這些情況，可知“東陽”是趙國東部毗鄰齊、魏兩國邊境的一座重要城邑[⑩]。

---

① (清）梁玉繩:《史記志疑》卷九，第450—451頁。(清）張文虎:《校刊史記集解索隱正義札記》卷二，第162頁。

② 《史記》卷六《秦始皇本紀》，第296頁。〔日〕瀧川資言著，水澤利忠校補:《史記會注考證附校補》卷一五《六國年表》，第435頁。

③ 《史記》卷六《秦始皇本紀》唐張守節《正義》，第297頁。

④ 〔日〕瀧川資言著，水澤利忠校補:《史記會注考證附校補》卷六《秦始皇本紀》，第158頁。

⑤ 《史記》卷六《秦始皇本紀》，第295頁。

⑥ 《史記》卷六《秦始皇本紀》唐張守節《正義》，第295頁。

⑦ (清）錢大昕:《地名考異》之“東陽”條，南京：江蘇古籍出版社，1997年,《嘉定錢大昕全集》本，第15頁。

⑧ 《史記》卷四三《趙世家》並唐張守節《正義》，第2192頁。

⑨ 《史記》卷四三《趙世家》並唐張守節《正義》，第2180頁。

⑩ 案今譚其驤主編《中國歷史地圖集》(北京：地圖出版社，1982年）第一册《戰國趙、中山圖》(第37—38頁）在邯鄲以北的鉅野澤以西標示出一個很大的“東陽”區域，不知何據，疑有疏誤。

雖然王翦、羌瘣盡定取趙地東陽”這句話容或尚略有缺略的文字（譬如，其原本很有可能書作：“王翦、羌瘣盡定取趙地，至東陽，得趙王。”施之勉和楊寬讀作“王翦羌瘣盡定取趙地，東陽得趙王”[①]，亦大致可通），但仍可看出趙王遷之被虜獲，並不在邯鄲城内，而是在邯鄲城被攻破之後，轉徙至此“東陽”，纔落入秦軍之手（過去楊寬研究相關史事，雖然没有説明“東陽”所在的位置，但已經指出，是“趙王遷逃避至東陽，爲秦兵所得”[②]），而“秦王翦虜王遷邯鄲”，就是秦將王翦在邯鄲虜獲趙王遷的意思，明顯與《史記·秦始皇本紀》的記載相衝突[③]。另一方面，趙王遷被俘後，也没有被關押在邯鄲，而是被“流於房陵”[④]。所以，“秦王翦虜王遷邯鄲”這句話，即使是理解成“虜王遷之邯鄲”，也很不合理，應當同樣存在譌誤。

實際上過去施之勉校勘《史記》，對此已經提出過很好的意見：

> 《始皇紀》，作“秦王之邯鄲”。以上文昭王四十六年“王之南鄭”，下文始皇十三年“王之河南”例之，“之”字上，當有“王”字缺脱。[⑤]

檢《史記·秦始皇本紀》在“十九年，王翦、羌瘣盡定取趙地東陽，得趙王”句下，乃記云：“引兵欲攻燕，屯中山。秦王之邯鄲，諸嘗與王生趙時母家有仇怨，皆坑之。”[⑥]楊寬嘗謂“‘之邯鄲’即《本紀》所謂‘秦王之邯鄲’”[⑦]，事實上也同樣意識到這一點。從而可知，施氏以《六國年表》通例定此處脱佚“王”字，自合理可信。

由此進一步推論，則《六國年表》趙國欄内之“秦王翦虜王遷邯鄲”的“邯鄲”，則應該是秦國欄内“王之邯鄲”句奪落“王”字之後，在轉寫過程中被妄人依據秦國欄内的紀事而誤加進來“之邯鄲”三字，後來復又失去“之”字所致（楊寬嘗云“邯

---

① 施之勉：《讀史記會注考證札記》之《秦始皇本紀》，據大陸雜誌社編《史記考證研究論集》，第12頁。楊寬：《戰國史料編年輯證》卷二二秦始皇帝十九年，臺北：商務印書館，2002年，第1152頁。

② 楊寬：《戰國史料編年輯證》卷二二秦始皇帝十九年，第1152頁。

③ 案（宋）司馬光：《資治通鑒》（北京：中華書局，1956年）卷六秦始皇十九年（第224頁）記趙王遷被虜事書作：“王翦擊趙軍，……遂克邯鄲，虜趙王遷”，應即采信《史記·六國年表》這一錯誤記載。

④ 《淮南子·泰族訓》，據何寧：《淮南子集釋》卷二〇，北京：中華書局，1998年，第1425頁。

⑤ 施之勉：《讀史記會注考證札記》之《六國年表》，據大陸雜誌社編《史記考證研究論集》，第53頁。

⑥ 《史記》卷六《秦始皇本紀》，第296頁。

⑦ 楊寬：《戰國史料編年輯證》卷二二秦始皇帝十九年，第1152頁。

鄲”上疑有脱字[①]，實際上衹能是脱落這一“之”字)。依循施之勉的研究方法，檢視《史記·六國年報》對秦軍虜獲六國君主的記述，除了趙國之外，都是記作“虜王某”，宜可證明今表中“邯鄲”必屬衍文[②]。

對此，都可以考慮做出適當的説明。

四、《秦楚之際月表》

《史記·秦楚之際月表》原文

十二月	九 義帝元年諸侯尊懷王爲義帝	二 徙都江南郴	三
八 分楚爲四	十七 項藉自立爲西楚霸王	西楚伯王項籍始爲天下主命立十八王	二 都彭城
	分爲衡山	王吳芮始故番君	二 都邾
十六 至關中誅秦王子嬰屠燒咸陽分天下立諸侯	分爲臨江	王共敖始故楚柱國	二 都江陵
	分爲九江	王英布始故楚將	二 都六
二十五 分趙爲代國	二十六 更名爲常山	王張耳始故楚將	二 都襄國
	分爲代	二十七 王趙歇始故趙王	二十八 都代
十八 項羽怨榮分齊爲三國	十九 更名爲臨菑	王田都始故齊將	二 都臨菑
	分爲濟北	王田安始故齊將	二 都博陽
	分爲膠東	二十 王田市始故齊王	二十一 都即墨
二十九 與項羽有郄見之戲下講解項羽倍約分關中爲四國	正月 分關中爲漢	二月 漢王始故沛公	三月 都南鄭
	分關中爲雍	王章邯始故秦將	二 都廢丘
	分關中爲塞	王司馬欣始故秦將	二 都櫟陽

① 楊寬:《戰國史料編年輯證》卷二二秦始皇帝十九年，第1153頁。

② 參見(清)趙翼:《廿二史劄記》卷一“《史記》有後人竄入處”條，北京：中華書局，1984年，王樹民《廿二史劄記校證》本，第10頁。

續表

	分關中爲翟	王董翳始故秦將	二都高奴
二十九 臧荼從入分燕爲二國	三十 燕	王臧荼始故燕將	二都薊
	分爲遼東	三十一 王韓廣始故燕王	三十二 都無終
十七 分魏爲殷國	十八 更爲西魏	十九 王魏豹始故魏王	二十 都平陽
	分爲殷	王司馬印始故趙將	二都朝歌
二十 分韓爲河南國	二十一 韓	二十二 王韓成始故韓將	二十三 都陽翟
	分爲河南	王申陽始故楚將	二都洛陽

以上内容，基本上是照録其底本金陵書局刻本。覈諸張文虎撰《校刊史記集解索隱正義札記》，知在此金陵書局本中，本表的内容和形式，較諸傳世舊本都已經做了很大改動，而審度相關記載，可見其中有些校改，所關非細，究竟是否合理，還需要重新考辨。

〖今案〗

傳世舊本《史記》，在清乾隆年間校刊武英殿本《二十四史》之前，此《秦楚之際月表》的面貌，與上引表文，一直存在明顯差異。下面即以南宋紹興初杭州刻十四行單附《集解》本《史記》爲例，來看一看其《秦楚之際月表》中相關的内容①。

十二月	義帝元年	二 徙都江南郴	三
	九 諸侯尊懷王爲義帝	西楚王伯項籍始爲天下主命立十八王	二都彭城
八	十七 項藉自立爲西楚霸王		二都江都
	分楚爲四分爲衡山	王吳芮始故番君	二都邾
十六 至關中誅秦王子嬰屠燒咸陽分天下立諸侯	分爲臨江	王共敖始故楚柱國	二都江陵
	分爲九江	王英布始故楚將	二都六

① 見鳳凰出版社 2011 年影印南宋紹興初杭州刻十四行單附《集解》本《史記》卷一六《秦楚之際月表》，第 398—399 頁。

續表

二十五 分趙爲代國	二十六 更名爲常山	王張耳始故楚將	二 都襄國
	分爲代	二十七 王趙歇始故趙王	二十八 都代
十八 項羽怨榮殺之分齊爲三國	十九 更名爲臨菑	王田都始故齊將	二 都臨菑
	分爲濟北	王田安始故齊將	二 都博陽
	分爲膠東	二十 王田市始故齊王	二十一 都即墨
二十九 與項羽有郄見之戲下講解項羽倍約分關中爲四國	正月 分爲關關中爲漢	二月 漢王始故沛公	三月 都南鄭
	分關中爲雍	王章邯始故秦將	二 都廢丘
	分關中爲塞	王司馬欣始故秦將	二 都櫟陽
	分關中爲翟	王董翳始故秦將	二 都高奴
二十九 臧荼從入分燕爲二國	三十 燕	王臧荼始故燕將	二 都薊
	分爲遼東	三十一 王韓廣始故燕王	二十二 都無終
十七 分魏爲殷國	十八 更爲西魏	十九 王魏豹始故魏王	二十 都平陽
	分爲殷	王司馬卬始故趙將	二 都朝歌
二十 分韓爲河南國	二十一 韓	二十二 王韓成始故韓將	二十三 都陽翟
	分爲河南	王申陽始故楚將	二 都洛陽

除了一些微細的出入之外，二者之間最顯著的區别，是舊本在義帝元年以後，作二十一横行，而今點校本《史記》及其所從出的清同治金陵書局本，則改二十一行爲二十行，即把第二、三兩行删併爲一行。

這一重大改易，始自清臣張照在校刊武英殿本《史記》時撰著的《考證》。張氏稱"《史記》十表中，此表最爲舛誤"，於是，按照自己的理解，將其"顯明易改者，一一定正，至於通體，仍依舊式刊刻"，重新釐定了一篇《秦楚之際月表》，附在殿本《史記・秦楚之際月表》的篇末，以爲經此一番編排，"庶可識太史公之本意"[①]。

《秦楚之際月表》乃逐月載録從秦二世元年七月陳勝、吴廣起事反秦到漢高祖五年

① 見清乾隆四年校刊武英殿本《史記》卷一六《秦楚之際月表》篇末附《考證》，第 1a—1b 頁。

劉邦登基即天子位這一年年底後九月爲止各地主要政治勢力的行事。所謂“月表”云者，即就此逐月紀事而言。覆案宋代以來刊刻的舊本《史記》，除了楚義帝元年以後，在記述各諸侯王史事時，或用受封以來累積的月數，或在受封的年數下繫以各年内的月數，繫時的原則稍顯混雜①［清康熙年間人汪越以爲這種表述形式，“意亦别有據依，太史公間存之而未削與（歟）”②？所説差相近似］，總的來説，並没有太大問題；甚至可以説是義例分明，序次井然。正因爲如此，元人方回纔贊譽説“其書簡而有法”③。

張照把原表二十一行減省成爲二十行，是由於他没有看懂《秦楚之際月表》的體例（參見圖1），不知第二行標記的月數“九”，是直接承續本表開頭“楚”這一横行而來。在這一行的前面，首記秦二世元年七月“楚隱王陳涉起兵入秦”，次及“楚王景駒始”“楚懷王始”，而“九”這個月數，便是指楚懷王始立後第二年的第九個月。與此相對，第三行標記的月數“十七”，是直接承續本表開頭“項”這一横行而來。在這一行的前面，首記秦二世元年九月“項梁號武信君”，逮項梁在定陶兵敗被殺之後，則接以秦二世二年後九月“懷王封項羽於魯”，“十七”這個月數，乃是項羽受封爲魯公之後的第十七個月④。

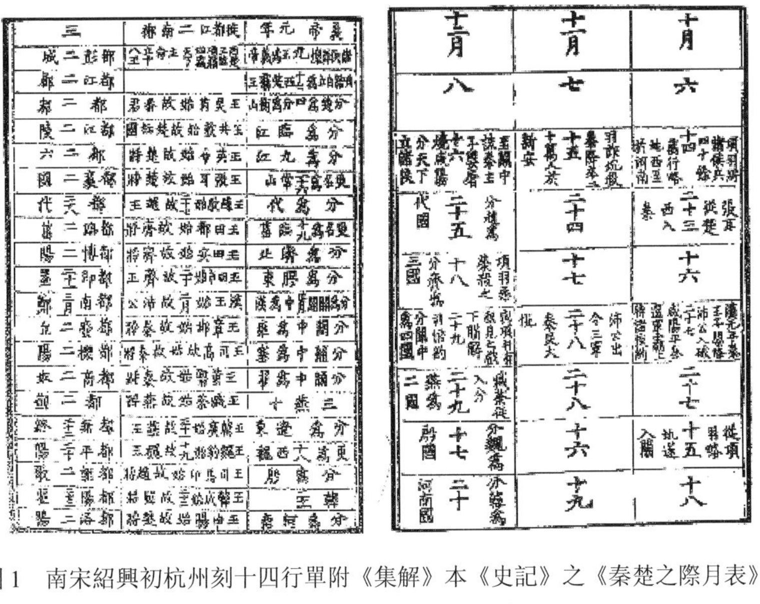

圖1　南宋紹興初杭州刻十四行單附《集解》本《史記》之《秦楚之際月表》

（凤凰出版社影印本。书口已遭描改）

① （清）錢大昕：《廿二史考異》卷二，上海：商務印書館，1937年，《叢書集成初編》本，第16頁。

② （清）汪越：《讀史記十表》卷四《讀秦楚之際月表》，民國十六年徐乃昌《南陵先哲遺書》影印清雍正刊本，第4a—5a頁。

③ （元）方回：《古今考》卷二四“史記秦漢之際月表”條，臺北：學生書局，1971年，影印明萬曆十二年王圻校刻本，第878—879頁。

④ 見鳳凰出版社2011年影印南宋紹興初杭州刻十四行單附《集解》本《史記》卷一六《秦楚之際月表》，第390—399頁。

明此可知，這部分列出二十一橫行的表格，其第二行，是承續“楚王”的法統。即在義帝元年正月“諸侯尊懷王爲義帝”之後，便由項羽頂替了楚懷王原來對楚國兵馬僚屬的統治地位。緊隨其後未久，“西楚王伯項籍始爲天下主命，立十八王”，這意味着項羽同樣繼承了楚懷王在滅秦之前作爲天下共主的地位，“義帝”衹成了一個象徵性的虛銜。作爲主命天下的“西楚王伯”，項籍的都城是設在彭城。在另一方面，項羽本人則在“諸侯尊懷王爲義帝”的同時，就“自立爲西楚霸王”，這是在沿承他作爲“魯公”的地位而加以大幅度提高，一舉上昇爲“王”。項羽是把他自己這個封國的都城，設在江都。

關於《史記・秦楚之際月表》中“楚”與“項”的區别，清人錢大昕曾論述説：“别項於楚者，義帝雖項氏所立，羽不爲義帝所用，且項梁與沛公起兵，皆在陳涉未敗之前，其後權奉義帝，不得竟係於楚。”[①]由於未能分辨清楚項羽後來因繼承“楚”的法統而實際成爲天下共主的特殊地位與項氏自領其封國的區别，這種認識，顯然還不夠透徹，但錢氏畢竟清楚意識到二者之間存在着明顯的區别。

張照由於没有能够像錢大昕一樣認識到“楚”“項”之間的性質差異，在妄自改擬的《秦楚之際月表》中，將“諸侯尊懷王爲義帝，徙都江南郴”“項籍爲天下主命，立十八王，都彭城”“楚分爲衡山，都邾；爲臨江，都江陵；爲九江，都六”這些内容，一股腦地混列在“義帝元年”這一縱列之下，而不再做横行的劃分，亦即略不區分其從屬於哪一諸侯王國。繼之，便是把原表第二、三兩行，合併爲一横行曰“西楚”，記云：“項籍自立爲西楚伯王始。”[②]這不僅完全混淆了“楚”“項”的區别，同時還徑行删除了項羽“都江都”一事。

《史記・秦楚之際月表》有關項羽“都江都”這一記載，本來十分重要，涉及楚漢之際政治地理格局以及項羽政治謀略的一些重大問題。對此，我將另行撰文，予以闡述。在這裏，姑且引述清人劉文淇對項羽建都江都問題的論述，以略示其義：

> 《月表》分二十一格。第一格載義帝事，第二、第三格皆言項羽事。第二格言諸侯尊懷王爲義帝，西楚伯項王籍始爲天下主命，立十八王，都彭城。第三格言項籍自立爲西楚霸王，都江都。以下十八格分言十八王所都之地。
>
> 《史記・高祖本紀》：義帝元年正月，項羽自立爲西楚霸王，王梁楚地九郡，

---

① （清）錢大昕：《廿二史考異》卷二，第 16 頁。

② 見清乾隆四年校刊武英殿本《史記》卷一六《秦楚之際月表》篇末附《考證》，第 6b—7a 頁。

都彭城。以下紀十八王所分之地。四月，兵罷戲下，諸侯各就國。項羽亦于是月出關，使人徙義帝于長沙郴縣。是義帝之徙郴縣亦在四月也。《項羽本紀》亦言項王自立爲西楚霸王，王九郡，都彭城。而月表第二格言項羽都彭城，第三格言都江都者，江都乃項羽初都之地也。

懷王初都盱台，後徙盱台，之彭城。項羽于義帝元年正月猶在關中，分天下，立諸將爲侯王。是時雖有都彭城之意，而懷王尚在彭城，故先以江都爲都。《羽本紀》云：漢之元年四月，諸侯罷戲下，各就國。項王出之國，使人徙義帝長沙郴縣。是羽于四月始都彭城，且懷王未徙郴縣之先，彭城方爲懷王所都，羽豈能與懷王共都一地？此亦事理之顯然可見者，故知江都爲項羽初都之地也。

羽雖未至江都，然先議所都之地，實在江都。太史公于《羽本紀》直言都彭城，不言都江都，所以紀其實；《月表》兼載都江都，所以存其名。此《月表》紀項羽事所以獨立二格，一載都彭城，一載都江都也。此正史公體例之精，若所都之地無先後之分，則月表不必立二格矣。①

儘管劉文淇對《史記·秦楚之際月表》按照“楚”“項”兩種不同性質的内容而區分爲兩格來記叙有關項羽史事的做法，理解得還很不充分，但他清楚指明項羽立都於江都的歷史因緣，從而也就從實質内容上證實了《史記》這一記載的合理性和正確性。

張照在乾隆初年考訂《史記》的文字，雖然主張將《秦楚之際月表》的第二、三兩格合爲一事，畢竟還心存審慎，没有去改動《太史公書》本文。稍後，梁玉繩著《史記志疑》，更具體闡釋相同的看法説：

表中分界横行凡二十一格。第一格宜空之，秦，滅也。第二是楚義帝，第三是西楚項羽。故二格“九”字，楚之九月；三格“十七”字，羽之十七月。今本訛刻“義帝”居第一格，“西楚”居第二格，反空第三格，而所書“九”字、“十七”字却仍在第二、第三格内，遂使“義帝”越限兼二横行，二月以後，始升“西楚”第二，此乃傳刻謌失，非史公之咎也。

這同樣是忽視和混淆了“楚”與“項”的區别，從而指是爲非，且謂“都江都”數字

① （清）劉文淇：《青溪舊屋文集》卷四《項羽都江都考》，清光緒九年刻本，第 1a—2a 頁。

“當衍”[①]，做出了完全錯誤的判斷。張文虎在金陵書局主持校刊《史記》時，實際上是完全采信了梁玉繩的看法[②]，而在這一點上，金陵書局本所有的謬誤，又都被今中華書局點校本沿承下來。

自從清代後期以來，金陵書局本以至今中華書局點校本，雖然在世上普遍通行，但正如清代學者梅文鼎所説，讀《史記》者對各表之小序，亦“未嘗不愛其文辭，而表中所列之經緯次第，初無寓目焉者。蓋有之矣，又何暇深加討論乎”[③]？故長期以來，一直没有人注意到張文虎這一改動其實存在嚴重問題。

昔清人阮元讀到劉文淇對項羽初都江都的考辨，在覈對蒙古中統刻本《史記》之後指出，各版本中“有江都者，古人之遺；無者，爲妄人削去也”。繼之，阮氏“復思古人如項羽者，滅秦封漢，氣蓋一世，快意之事，正在爲霸王、都江都之時，而江都王者以項氏爲最先，乃此事黯然不彰，緜緜欲絶，幸賴明眼人於旁行斜上蠅頭細書之《月表》識别而出，而又得此霉爛蠹蝕五百餘年之故紙爲之確證，所以古本之可貴如此”[④]。今重新修訂此本，得以匯校存世各種古本，却仍然未能訂正這一嚴重錯誤，恢復《太史公書》原貌，不能不説是一件很遺憾的事情[⑤]。

除了恢復古本原貌之外，即如上列南宋紹興初杭州刻十四行單附《集解》本《史記》，其相關内容，也有一些需要校訂的地方。如第四行“分楚爲四”四字，應從今中華點校本，移入前一列中，蓋從下文“分齊爲三國”“分關中爲四國”“分燕爲二國”之通例也。又如帝二十行“正月分爲關關中爲漢”，循下文“分關中爲雍”“分關中爲塞”以及“分關中爲翟”之通例，也應當如今中華書局點校本，改作“分關中爲漢”。至於“與項羽有郄，見之戲下，購解”一句話中的“購解”，較諸今中華書局點校本的“講解”，用字更顯典雅，傳世古本亦多作“購”字[⑥]，似亦以改從舊本要更爲妥帖一些。其他細處，則不一一論列。

不過，需要特别指出的是，南宋紹興初杭州刻十四行單附《集解》本《史記・秦

---

① （清）梁玉繩：《史記志疑》卷一〇，第463—465頁。

② （清）張文虎：《校刊史記集解索隱正義札記》卷二，第168—170頁。

③ （清）汪越：《讀史記十表》卷首清梅文鼎序，第1b—2a頁。

④ （清）劉文淇：《青溪舊屋文集》卷四《項羽都江都考》附阮元跋文，第4b—5a頁。

⑤ 案據中華書局新點校本《史記》後附舊點校本的《史記點校後記》（第4059頁），知當時已經發現一些金陵書局本“删得不妥當的”地方，並且“都把它改回來了”，可見恢復金陵書局本誤删的内容，一直在中華書局本的校勘範圍之内。

⑥ 案就我手邊比較方便覈對的一些古本而言，除此南宋紹興初杭州刻十四行單附《集解》本《史記》之外，諸如北京圖書館出版社2003年在《中華再造善本》叢書中影印的宋乾道七年蔡夢弼東塾刻附《集解》《索隱》本（第7a頁）和臺北藝文印書館在1966年重印的百衲本影印南宋慶元間建安黄善夫家塾刻三家注本（第9b頁），都是鐫作“購”字。梁玉繩《史記志疑》卷一〇（第462頁）嘗謂作“購”者非，張文虎《校刊史記集解索隱正義札記》卷二（第168頁）亦主“講”字，乃不知“購”在這裏係用作“媾”義，實際上要比“講”字更爲妥帖。

楚之際月表》中第二行“西楚王伯項籍始爲天下主命立十八王”這段話，今中華書局新點校本文爲“西楚伯王項籍始爲天下主命立十八王”，點校者將其讀作：“西楚伯王項籍始，爲天下主命，立十八王。”並於卷末附有校勘記云：

> “伯王”原作“主伯”，據景祐本、紹興本、耿本改。殿本作“霸王”，義同。案：上文云“項籍自立爲西楚霸王”。本書卷六《秦始皇本紀》：“項羽爲西楚霸王，主命分天下王諸侯。”①

在這裏，點校者斷然改易“主伯”爲“伯王”，除了相關版本依據之外，在很大程度上應是承用了明萬曆間學者程一枝和清人梁玉繩以“主伯”爲譌誤的看法②，但此事並不像程、梁兩人所説的那樣簡單。張文虎校刻金陵書局本時，僅在《札記》中述云“中統、游、毛‘主’作‘王’，毛本‘西楚伯項王籍’”，而仍舊保留“西楚主伯”的原文③，就顯示出在張文虎看來，像“西楚主伯”這樣的説法，文義本自順暢，並不是非改不可的病句。

蓋“主伯”云者，猶言“主霸”“主盟”“主宰”。所謂“尊懷王爲義帝”，初非出自項羽本心。在尊奉懷王爲義帝之際，他就向諸將宣示説：“懷王者，吾家項梁所立耳，非有攻伐，何以得主約！本定天下，諸將及籍也。”從而“乃詳（佯）尊義帝，實不用其命”④。結合劉文淇所述項羽初擬把“西楚霸王”的都城設置在江都的情況，可知他隨即又改變主意，將義帝棄置一旁，直接出面，以所謂“西楚霸王”的身份而“主伯”天下諸侯（結合《秦楚之際月表》這一記載，可知《項羽本紀》稱“項王欲自王，先王諸將相”，似不如《高祖本紀》記述的分封次序更爲合理，即先有“項羽自立爲西楚霸王，王梁、楚地九郡”，然後纔封授劉邦以下諸人以王位⑤）。這是楚漢之際政治史上的重大關節，是與“項籍自立爲西楚霸王”完全不同的另一項重要舉措，若將“主伯”改作“伯王”，則文晦義舛，直將此事湮没無存，豈容恣意改竄？

---

① 《史記》卷一六《秦楚之際月表》，第933—934頁，第958頁。
② （清）梁玉繩：《史記志疑》卷一〇，第464頁。
③ （清）張文虎：《校刊史記集解索隱正義札記》卷二，第170頁。
④ 《史記》卷八《高祖本紀》，第459頁。
⑤ 《史記》卷七《項羽本紀》，第398—399頁；又卷八《高祖本紀》，第459頁。

今檢視手邊比較容易看到的宋建安黄善夫家塾刻三家注本[①]、宋蔡夢弼東塾刻附《集解》《索隱》本《史記》[②]，以及明淩稚隆輯、李光縉增補的《史記評林》[③]，此處都是鐫作“西楚主伯”。因此，理應保持金陵書局本的原貌，而不是强改“主伯”爲“伯王”（其實覆案鳳凰出版社影印的所謂“紹興本”《史記》，此處乃是鐫作“王伯”，並不是中華書局新點校本校勘記所説的“伯王”[④]，而這個“王”字本應該是“主”的泐損或形譌）。

按照上面的論述，這段話經訂正後，便爲：“西楚主伯項籍始。爲天下主命，立十八王。”亦即“爲天下主命，立十八王”，是項羽成爲“西楚主伯”之後的具體作爲。

《史記・秦楚之際月表》前面的序文，一開篇就是這樣一段内容：

> 太史公讀秦楚之際，曰：初作難，發於陳涉；虐戾滅秦，自項氏；撥亂誅暴，平定海内，卒踐帝祚，成於漢家。五年之間，號令三嬗，自生民以來，未始有受命若斯之亟也。[⑤]

在這裏，“讀”是“抽繹理董”之義[⑥]。對這段話中“五年之間，號令三嬗”的理解，過去一直不夠清楚，現在結合對《秦楚之際月表》上述内容的認識，似乎可以做出更爲合理的解釋。

唐人司馬貞在《史記索隱》中最早闡釋“號令三嬗”的涵義説，“嬗”爲“古禪字，音市戰反。三嬗，謂陳涉、項氏、漢高祖也”[⑦]。但這一解釋，頗爲糊塗。蓋從陳涉到項氏，是“一嬗”，再由項氏到高祖，前後僅有“二嬗”，與“號令三嬗”之説明顯不合。

按照司馬貞這一解釋，另外還有一點，也很難説通，這就是由“陳涉”到“漢高祖”之間所經歷的年限問題。蓋陳涉遇害，事在秦二世二年十二月，繼之，秦嘉在這

① 見臺北藝文印書館1966年重印百衲本影印南宋慶元間建安黄善夫家塾刻三家注本《史記》卷一六《秦楚之際月表》，第10a頁。

② 見北京圖書館出版社2003年在《中華再造善本》叢書中影印的宋乾道七年蔡夢弼東塾刻附《集解》《索隱》本《史記》卷一六《秦楚之際月表》，第7b—8a頁。

③ 見天津古籍出版社1998年影印明萬曆刻本《史記評林》卷一六《秦楚之際月表》，第560頁。

④ 見鳳凰出版社2011年影印南宋紹興初杭州刻十四行單附《集解》本《史記》卷一六《秦楚之際月表》，第399頁。

⑤ 《史記》卷一六《秦楚之際月表》，第915頁。

⑥ 李笠：《史記訂補》卷三，長沙：岳麓書社，1994年，《二十五史三編》影印民國甲子瑞安横經室刻本，第487頁。

⑦ 《史記》卷一六《秦楚之際月表》唐司馬貞《索隱》，第915頁。

下一個月立景駒爲楚王，同年六月項梁立故楚懷王孫熊心爲新的“楚懷王”[①]。而如上所述，直到義帝元年，項羽始“爲天下主命”。若把義帝元年視作陳勝禪位於項氏的時間，至漢王五年劉邦躋昇天子之位，前後固然衹經歷五年時間；但從陳勝罹難到諸侯尊楚懷王爲義帝，其間已經間隔有二十四個月，對這一時期，不能完全置而不論，而且由陳勝之死至漢王滅楚取得天下，已有六年之久，這與“五年之間，號令三嬗”的説法，同樣嚴重不符。

清人梁玉繩曾考辨此事説：

自陳涉稱王，至高祖五年即帝位，凡八年，故《序傳》云“征伐八年之間，天下三嬗”，此言“五年”，非也。[②]

所謂“《序傳》云“征伐八年之間，天下三嬗”，是指司馬遷在《史記·太史公自序》中闡釋《秦楚之際月表》撰著宗旨時講到的話，其説全文如下：

秦既暴虐，楚人發難，項氏遂亂，漢乃扶義征伐，八年之間，天下三嬗，事繁變衆，故詳著《秦楚之際月表》第四。[③]

針對《太史公自序》與《秦楚之際月表》序文之間這一看似牴牾的説法，清人汪越曾經解釋説：

五年，指漢王始封及爲帝凡五年，《自序》云八年，則統二世三年言之。[④]

這樣的解釋，雖然看似圓融，但汪氏並没有辨析清楚“號令三嬗”或“天下三嬗”的時間期限，到底是“八年之間”合理，還是“五年之間”正確。

其實，即使是按照“八年之間”來考慮，如前所述，司馬貞所説“陳涉、項氏、漢高祖”之間的禪位過程，依然衹有“二嬗”。或許有人以爲，既然司馬貞做出這樣的

---

① 《史記》卷一六《秦楚之際月表》，第922—924頁；又卷四八《陳涉世家》，第2361—2363頁。

② （清）梁玉繩：《史記志疑》卷一〇，第455頁。

③ 《史記》卷一三〇《太史公自序》，第3982頁。

④ （清）汪越：《讀史記十表》卷四《秦楚之際月表》篇前小序附注，第1a頁。案汪氏於此表司馬遷小序篇末（第2a頁）復有注語云：“起秦二世元年楚隱王陳涉，至西楚項羽亡，爲秦楚之際，凡五年。”並觀上列“《自序》云八年，則統二世三年言之”云云的説法，可知此處自二世元年至項羽亡“凡五年”，應是“凡八年”的譌誤。

解釋，後世得到很多人的認同[①]，而且至今仍有許多研究者還在承用他的説法[②]，那麽，有没有可能秦漢間人所説的“三嬗”就是指像“陳涉、項氏、漢高祖”這樣三者之間逐次嬗替的關係呢？

西漢末年人揚雄，在《揚子法言》中有如下一段論述，可以幫助我們準確理解秦漢間人對“三嬗”一詞的用法：

> 或問：“嬴政二十六載，天下擅秦，秦十五載而楚，楚五載而漢，五十載之際而天下三擅，天邪？人邪？”曰：“具。周建子弟，列名城，班五爵，流之十二，當時雖欲漢，得乎？六國蚩蚩，爲嬴弱姬，卒之屏營，嬴擅其政，故天下擅秦。秦失其猷，罷侯置守，守失其微，天下孤睽。項氏暴强，改宰侯王，故天下擅楚。擅楚之月，有漢創業山南，發迹三秦，追項山東，故天下擅漢。天也。[③]

對比《史記・秦楚之際月表》的“三嬗”，可知《法言》之“三擅”應當與之相同，而揚雄所説的“三擅”，乃一番周嬗於秦，二番秦嬗於楚，三番楚嬗於漢，是周、秦、楚、漢四者之間遞相嬗替（所謂“五十載之際”不過概舉成數而已），足見即使依從梁玉繩的看法，以《太史公自序》爲準，把《秦楚之際月表》的“五年之間”改訂爲“八年之間”，對所謂“號令三嬗”或“天下三嬗”的涵義，還是需要重新做出解釋。

參看《秦楚之際月表》的“號令三嬗”和《太史公自序》的“天下三嬗”，應該不難看出，這前後三番逐次嬗替的東西，是對普天之下發號施令的統治權。這種權力，在陳勝、吴廣起事之前，自然完整無缺地把握在嬴秦朝廷手裏。而從秦二世元年大澤鄉暴動發生到漢元年十月秦王子嬰素車白馬在軹道授璽投降時爲止，儘管各路反秦義軍先後占據了很多地方，但秦天子的權力，並未終結。直到項羽等擁立懷王爲楚之義帝，一國大位纔正式易主，此即太史公所説“號令”或者“天下”的“第一嬗”。正如近人孫德謙所指出的那樣：“《月表》之中盡以月紀，其有稱年者，則從二年爲始，獨於義帝大書特書曰‘義帝元年’。《春秋》之義，王者當繼天奉元，養成萬物，故變

---

① 案在這當中，如楊慎稱“‘號令三嬗’，繳陳涉、項氏、漢家而歸之於受命之亟”，是自明代後期以來比較流行而且有代表性的説法，説見明凌稚隆輯、李光縉增補《史記評林》卷一六《秦楚之際月表》，第541頁。

② 如田餘慶：《説張楚》，原刊《歷史研究》1989年第2期，此據作者文集《秦漢魏晋史探微》，北京：中華書局，2004年，重訂本，第28頁。案田氏云“三嬗，謂張楚、項氏（含楚懷王）、漢家”，是以“張楚”當司馬貞所説“陳涉”。

③ （漢）揚雄：《揚子法言》卷一〇《重黎》，上海：商務印書館，民國《四部叢刊初編》影印清嘉慶秦恩復石硯齋仿刻宋治平監本，第3a頁。

‘一’爲‘元’。然則，史公取義帝紀元，殆亦帝統歸之乎？”[①]答案本寓於設問之中，不言自明。

關於嬴姓秦朝在這一時期“號令三嬗”過程中的初始地位，清乾隆年間人鄒方鍔即曾有所認識，乃謂：“‘五年之間，號令三嬗’，三嬗者，秦嬗楚，楚嬗漢也。”[②]這與司馬貞指認的“陳涉、項氏、漢高祖”三者之間遞相嬗替明顯不同。近人汪榮寶對此尚有更進一步的闡述：

> 陳涉雖首難，僅六月而滅，未嘗能制天下。二世三年以前，天下大政猶在秦，故《月表》所謂“號令三嬗”及《自序》所謂“天下三擅（嬗）”，皆謂秦、楚、漢，不數陳涉。“五年之間，號令三嬗”，謂二世三年甲午秦嬗於楚，高祖五年己亥楚嬗於漢。首尾涉六年，中間不過四年餘而已。

汪氏復謂：

> 《索隱》以《表》有“初作難，發於陳涉”語，其解“三嬗”遂首數陳涉，乃其誤謬。曜北（德勇案：梁玉繩字曜北）不辨《索隱》之誤，反以史公爲非，乖矣。[③]

可見秦之嬗楚與陳勝略無干涉，這是稍一思索就必然會得出的結論。

“第一嬗”既明，殿居其末的“第三嬗”更易知曉，這就是漢王五年二月甲午劉邦在定陶汜水之陽，登上大漢皇帝之尊位，標誌着號令天下的權力，已經由項羽轉移到劉邦；或者説楚亡漢興，國祚已經遷改。

那麼，在這二者之間，是否還存在有“第二嬗”呢？答案就體現在《秦楚之際月表》之中。代秦而立的楚國，實際上可以稱之爲“楚朝”，本來在形式上是由義帝來執掌號令天下的權力，但義帝即位後僅十個月，項羽即派人殺掉了義帝（時爲漢王劉邦二年歲首十月）[④]。這樣一來，到漢王五年二月劉邦稱帝時爲止（前此一月，項羽兵敗

---

① （清）吴非：《楚漢帝月表》卷末附孫德謙識語，北京：中華書局，1955年，重印《二十五史補編》本，第17頁。

② （清）鄒方鍔：《大雅堂初稿》卷六《書項羽吕后本紀後》，清乾隆二十七刻本，第2b頁。

③ 汪榮寶：《法言義疏》卷一四，北京：中華書局，1987年，第356頁。

④ 《史記》卷七《項羽本紀》，第403頁；又卷一六《秦楚之際月表》，第939—940頁。

垓下，自刎烏江岸邊，其統治已正式宣告終結），中間還有長達三年零十個月之久一段間隔。在這期間，雖然没有了皇帝，但對於這個“楚朝”來説，義帝甫一即位，就以“主伯”的身份“爲天下主命”的項羽，實際居處於皇帝的地位，此即司馬遷所説“分裂天下，而封王侯，政由羽出，號爲‘霸王’”[①]。所以，在義帝遇害之後，號令天下的權力自然由義帝正式轉歸項羽，即由項氏之楚來取代熊氏之楚，這就是在楚義帝熊心膺命爲帝與漢高祖劉邦即位称帝之間所發生的第二次嬗替。司馬遷在《秦楚之際月表》中特地爲“主伯”各地諸侯的項羽設置一欄，並把它與僅僅“王梁楚地九郡”的項氏王國區分開來，其實質性意義，就是用以反映項羽的這一獨特地位。

重視項羽在秦漢間改朝換代轉換過程中作用，這本來是司馬貞固有的看法。另外，前述鄒方鍔其人，對此也做過論述：

> 力足以滅秦定天下者，非羽而誰哉？《始皇紀》云項羽爲西楚霸王，主命分天下，王諸侯，秦竟滅矣。後五年，天下定於漢。秦既亡而漢未振，當日之天下未有屬也，羽最强，得主命，分天下，王諸侯，則其力足以有天下而天下歸之。[②]

强調項羽對權力的實際控制，這是一種很重視實際的看法，在一定程度上，也可以説是對司馬貞舊説的具體疏釋。

然而，在另一方面，儘管項羽在鉅鹿戰役前後，就已經穩固地取得了“從（縱）長”的地位，身膺“主伯”之後，愈加“諸侯皆屬”[③]，但鄒方鍔和司馬貞一樣，忽視了衹有義帝纔是那個承接號令天下名義的人。這似乎並不是一個難以發現的問題。

有意思的是，鄒方鍔在另外一篇文章裏，實際上已經談到了這一側面：

> 或曰：“遷之紀項羽、紀吕后，果史法耶？”曰：劉、項同受命懷王，及秦滅，尊爲義帝。帝雖無功名，則既正矣，秦亡而統歸義帝，義帝亡而歸之高祖可也。[④]

---

① 《史記》卷七《項羽本紀》，第 424 頁。

② （清）鄒方鍔：《大雅堂初稿》卷六《書項羽吕后本紀後》，第 2b 頁。

③ 《史記》卷六《秦始皇本紀》，第 389 頁，第 344 頁；又卷九七《酈生陸賈列傳》，第 3250 頁。（漢）劉向：《説苑・奉使》，據劉文典《説苑斠補》卷一二《奉使》，昆明：雲南人民出版社，1959 年，第 262 頁。

④ （清）鄒方鍔：《大雅堂初稿》卷六《書項羽吕后本紀後》，第 3a 頁。

令人感到遺憾同時又有些令人費解的是，鄒氏在此忽又徒重虚名，從而忽略了項羽對權力的實際控制。前引汪榮寶的論述，同樣没有能夠在義帝與項羽之間作出區分，以致終究没有能夠得出全面而又準確的認識。

後世學者中，與司馬遷一樣看待秦楚之際法統移换的學者，應首推朱熹。在朱熹之前，司馬光著《資治通鑒》，在編年上，是徑以漢“太祖高皇帝”之“元年”承續秦二世三年[①]。逮朱熹指點門人趙師淵等人動手編撰《資治通鑒綱目》一書，乃在司馬光《資治通鑒》原書之外，特地“别爲義例，……表歲以首年，而因年以著統”。具體的做法，是“逐年之上，行外書甲子。……凡正統之年，歲下大書，非正統者雙行分注”[②]。本着這一原則，在“壬辰”歲下大書秦“二世皇帝元年”這一“正統之年”後，復以“雙行分注”的形式，標記“楚隱王陳勝元、趙王武臣元、齊王田儋元、燕王韓廣元、魏王咎元”。至秦二世三年秦朝滅亡之後，則在“乙未”歲下以“雙行分注”的形式，首列“楚義帝元”，並繼之以“西楚霸王項籍元、漢王劉邦元”等各個諸侯的王年。翌年義帝遇弑之後，又在“丙申”歲下首列“西楚二年”，繼之以“漢二年”等各諸侯王的王年，依此順延，直至“戊戌”歲之“西楚四年”。到“己亥”歲，項羽兵敗垓下，自刎烏江，劉邦即位定陶，始“大書”云“漢太祖高皇帝五年”。

對於特别注重在史書中寄寓道義褒貶的朱熹來説，在不承認義帝和項羽西楚“正統”地位的同時（朱熹認定的“正統”，乃僅“謂周、秦、漢、晋、隋、唐”諸朝），却又刻意改變司馬光以漢帝紀年直接承續秦祚的成規，實際上以楚義帝元年接秦二世三年，以西楚霸王二年接義帝元年，再以漢高祖五年接項羽西楚四年。儘管朱熹稱義帝之楚和項羽西楚屬於“無統”的時期[③]，但《通鑒綱目》這種繫年形式，衹能解釋爲是與司馬遷的《秦楚之際月表》一樣，事實上承認並尊重秦楚之際“號令三嬗”的歷史實際。换個角度看，《資治通鑒綱目》這種“因年以著統”的標記，也可以説是爲太史公“五年之内，號令三嬗”一語寫下的注脚。

另一方面，汪榮寶還曾試圖調和《秦楚之際月表》的“五年之間”和《太史公自序》的“八年之間”這兩個年限，在説完“五年之間，號令三嬗”，謂二世三年甲午秦嬗於楚，高祖五年己亥楚嬗於漢。首尾涉六年，中間不過四年餘而已”這段話，意即

---

① （宋）司馬光：《資治通鑒》卷八秦二世三年，卷九漢高帝元年，第283—296頁。

② （宋）朱熹：《資治通鑒綱目》卷首朱氏自撰《資治通鑒綱目序例》，上海：上海古籍出版社，2002年，《朱子全書》本，第21頁。

③ （宋）朱熹：《資治通鑒綱目》卷二，第132、144、151、155—156、161頁；又卷三，第166頁；卷末附録一朱熹撰《凡例》，第3476—3477頁。

肯定“五年之間，號令三嬗”這一説法之後，又接着講到：

> 至自序“八年”字，乃當連“征伐”字讀之，謂自二世元年兵興，至高祖五年事定，前後征伐八年也。[①]

但“八年”若是連上“征伐”讀之，不過是使《太史公自序》的相關文字，由“漢乃扶義征伐，八年之間，天下三嬗”，改變成爲“漢乃扶義征伐八年，之間天下三嬗”而已，既没有真正切斷“天下三嬗”與“八年”這一期限的聯繫，“之間天下三嬗”的“之間”也不合乎常規的用法，對於理解這一問題，實在没有什麽積極意義。

包括汪榮寶在内，過去這些研究最大的缺陷，就是未能確切把握“號令三嬗”或“天下三嬗”的涵義。通過上面的論證，現在我們已經知悉，所謂“三嬗”，是義帝元年（前206）秦“一嬗”於楚（汪榮寶謂“二世三年甲午秦嬗於楚”，是把這次權力嬗替的時間，定在秦二世三年八月趙高弑二世皇帝之時，但二世死後，子嬰雖以秦王自存，在楚一方熊心亦僅爲懷王，天下尚無共尊的皇帝，不可謂天下已然嬗之於楚）；義帝二年（前205）十月項羽派人殺掉熊心之後，天下大權，不拘名實，都已移歸項羽掌控，乃由熊氏之楚“二嬗”於項氏之楚；最後在漢王五年（前202）二月又由項氏之楚而“三嬗”於劉氏漢家。這樣，就其權柄嬗替的具體時間而論，前後實際經歷五年時間，《秦楚之際月表》云“五年之間，號令三嬗”便是即此而言；若論其權柄嬗替的整個過程，固然肇始於陳勝、吴廣揭竿而起之時，亦即所謂“楚人發難”，故《太史公自序》稱“八年之間，天下三嬗”。太史公前後兩處所説，實各有側重，非如梁玉繩輩在二者之間必指一誤不可。朱東潤嘗撰有《〈史記〉序傳質疑》一文，舉述《太史公自序》所述諸篇要旨與本篇不相合者，略作分析，然而對《秦楚之際月表》“五年之間”與“八年之間”的不同，却未着一字[②]。或許朱氏早已看出，這一文字差别並不會給前後兩處的文義造成牴牾。

恢復《秦楚之際月表》的本來面目，還有助於我們準確把握司馬遷的撰著意圖。關於這一問題，現代研究秦漢史的學者，本來關注不多，比較引人注目的論述，是田餘慶在《説張楚》一文中對太史公這篇文字究竟是重楚抑或尊漢的評議。

田餘慶在論述這一問題時，對前人相關研究成果，主要參考的是《二十五史補

① 汪榮寶：《法言義疏》卷一四，第356頁。

② 朱東潤：《〈史記〉序傳質疑》，見作者文集《史記考索》，上海：華東師範大學出版社，1996年，第34—37頁。

編》中收録的兩部清代前期學者撰寫的著述：一部是前面提到的康熙年間人汪越撰《讀史記十表》[①]，另一部是约略同時人吴非的《楚漢帝月表》[②]。田氏以爲，在前者看來，《史記》之《秦楚之際月表》意在尊漢（德勇案：在主張《秦楚之際月表》意在尊漢的清代學者當中，稍晚還有比汪越名氣大很多的錢大昕[③]），而對於後者來説，司馬遷撰著《秦楚之際月表》乃意在重楚。覈實而論，這兩種看法恐怕都有求之過深之嫌，不盡合乎事理，而田餘慶顯然贊賞吴非的觀點，以爲吴氏所説“是不錯的”。

在這一點上，田餘慶不僅强調《秦楚之際月表》的編纂意在重楚，而且還結合長沙馬王堆三號漢墓出土帛書上標記的“張楚”二字，以爲由西漢初年開始，經司馬遷撰著《史記》的武帝時期，再到班固撰著《漢書》的東漢前期，兩漢間人看待秦漢間“楚”這一政權的態度，漸次發生了變化：

> 馬王堆三號漢墓年代不晚於漢文帝時，該墓帛書以張楚紀年，證明此時人們在觀念上尊重張楚法統。其所以形成這種觀念，當是由於張楚有首事之功，如果没有張楚，就不會出現滅秦的戰争，也就不會有漢。
>
> 漢武帝時司馬遷編纂《史記》，法統觀念仍然尊楚。《史記》立月表記秦末事，不名曰“秦漢之際月表”，而名曰“秦楚之際月表”，説明司馬遷明確地意識到楚在秦末歷史中具有獨特地位。但是《史記》與馬王堆帛書在這方面又微有不同。《史記》中的月表繫年未用張楚而用楚義帝，是以義帝代表楚；《史記》中的本紀不立陳勝而立項羽，是以項羽代表楚。與帛書比較，《史記》尊楚雖舊，但張楚陳勝的地位却被義帝、項羽取代了。《史記》以陳勝入世家，比帛書書法降了一等。……
>
> 帛書與《史記》都尊楚，反映自漢初至武帝時人們思想比較自由，歷史觀比較符合實際，正名尊君思想還没有發展到特别偏執的程度。不過，帛書所尊者張楚，是平民；《史記》所尊者義帝、項羽，是舊族。兩相比較，司馬遷的史學思想畢竟有所不同，反映獨尊儒術以後人們對上述這一段歷史的認識正在起着變化。我們知道，《漢書》是以陳勝、項籍合爲一卷，入列傳中的，這是東漢時期人們對這些歷史人物的定位。《漢書》給予這些人物的地位，大大低於《史記》，是一目瞭然的。《漢書·異姓諸侯王表》冠以漢元年，不書楚懷王或楚義帝，而依次列漢

① （清）汪越：《讀史記十表》卷四《讀秦楚之際月表》，第 1a—3b 頁。
② （清）吴非：《楚漢帝月表》卷首吴氏自序附，第 2 頁。
③ （清）錢大昕：《潛研堂文集》卷三四《與梁燿北論史記書》，清嘉慶十一年原刻本，第 14b—15b 頁。

王以外其他諸侯王。這與《史記・秦楚之際月表》於同年冠以楚義帝元年，下書諸侯王，而以漢王厠列其中相比，正統觀念的變化是很明顯的。司馬遷序《秦楚之際月表》，强調的是"號令三嬗"，即秦—楚—漢的遞變（德勇案：田氏所説的"楚"，包括含項氏和楚怀王）；班固序《異姓諸侯王表》，强調的却只是漢"五載而成帝業"。這除了反映通貫之書與一朝之史着眼點有所不同以外，也反映正名尊君觀念的變遷。取對楚的態度爲例進行考察，我們可以看到司馬遷的歷史觀念正好處在西漢初年帛書作者和東漢史家班固之間的狀態。這是值得研究司馬遷史學思想和中國史學史的學者留意的一個問題。

田氏以爲，處在這一遞變過程當中的司馬遷，在記述相關史事時，難免進退失據：

歷代史家對《史記》立《陳涉世家》事，議論甚多，但都難於説透其中的道理。因爲，若是如司馬遷所説尊重亡秦首事，則張楚之功不在項羽之下，雖立《陳王本紀》亦無不可；若從陳勝不繼世而亡言之，比諸侯立爲世家也不合適，入列傳就可以了，又何必立世家呢？

在我看來，對於秦末擾攘時期究竟該由誰來代表"秦楚之際"的楚這一問題，司馬遷的思想是相當混亂的，所以他采取了折衷的辦法，把陳勝安排在世家之中。這種處理不但不够妥帖，而且也違背司馬遷作世家的一般宗旨，自亂《史記》義例。司馬遷思想的混亂還表現爲既以義帝紀元，却不立義帝本紀。清人吴非以此改《秦楚之際月表》爲《楚漢帝月表》，並撮取義帝事略而作《楚義帝本紀》。這一改作意在以《春秋》筆法改正《史記》書法，本身並没有什麽史學價值，只不過説明《史記》書法於此確有缺陷，不愜人意而已。[①]

以上論述，對馬王堆三號漢墓出土帛書之"張楚"標識和《史記・秦楚之際月表》的理解，似乎都存在一些需要进一步斟酌問題，而對《秦楚之際月表》的理解，即與前文所述"五年之間，號令三嬗"這一問題具有直接關聯。

首先，長沙馬王堆三號漢墓出土帛書中"張楚"這一標識，總共見有兩處：一處是寫在《五星占》上（圖 2）[②]，另一處是寫在《刑德》乙篇附列的一份《太陰刑德歲

① 田餘慶：《説張楚》，據作者文集《秦漢魏晋史探微》，第 2—4、28 頁。
② 陳松長：《馬王堆帛書藝術》，上海：上海書店出版社，1996 年，第 8—9 頁。

徙表》上（圖 3）[1]，二者都是屬於天文占驗性質的術數用書，其性質和用途與紀事的史書存在明顯差別。

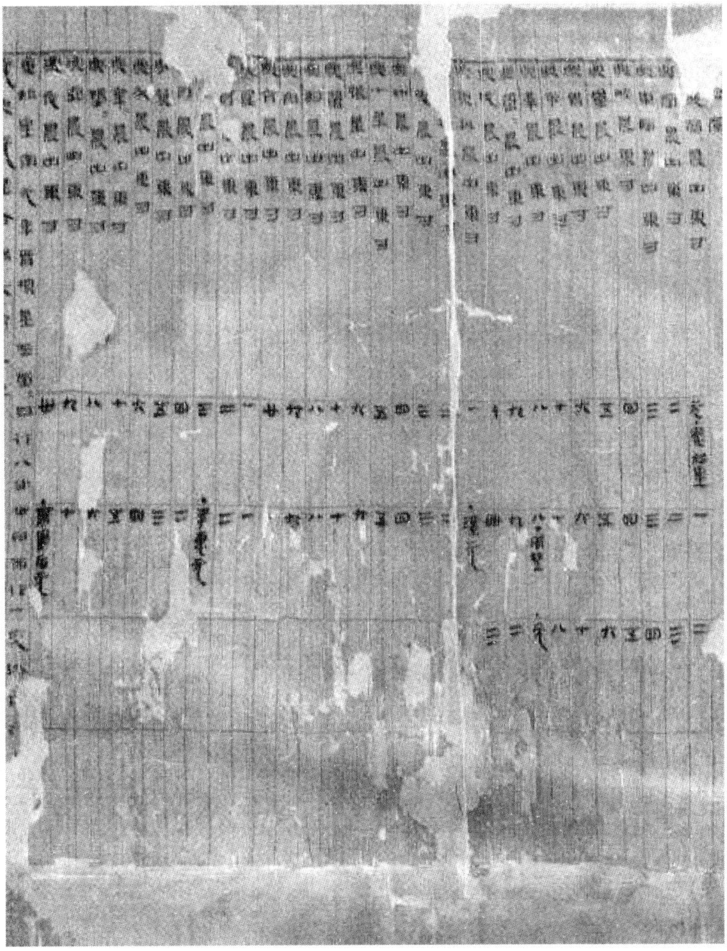

圖 2　長沙馬王堆漢墓帛書《五星占》中的《土星行度》

20 世紀 70 年代初發現馬王堆漢墓帛書的時候，考古發掘出土的這類戰國秦漢術數著述還相當稀少，學術界對中國早期術數的認識，也極爲有限。在這種情況下，很多人都是在未能留意這類術數書本身特點、甚至很可能是在尚未看到全部帛書原文的情況下（當時這些帛書尚未公開），簡單地抓住“張楚”二字，便大做文章，不僅普遍像田餘慶這樣將其與《史記》的記載做對比，甚至還有人指認説，馬王堆漢墓出土帛書上這兩個字是“西漢前期法家路綫統治下的産物”，或者説它“是漢初法家政治的一

① 傅舉有、陳松長:《馬王堆漢墓文物》之《九宮圖與干支表》，長沙：湖南出版社，1992 年，第 134—135 頁。

個反映”[1]，更爲明顯地做出了過度政治化的解讀。

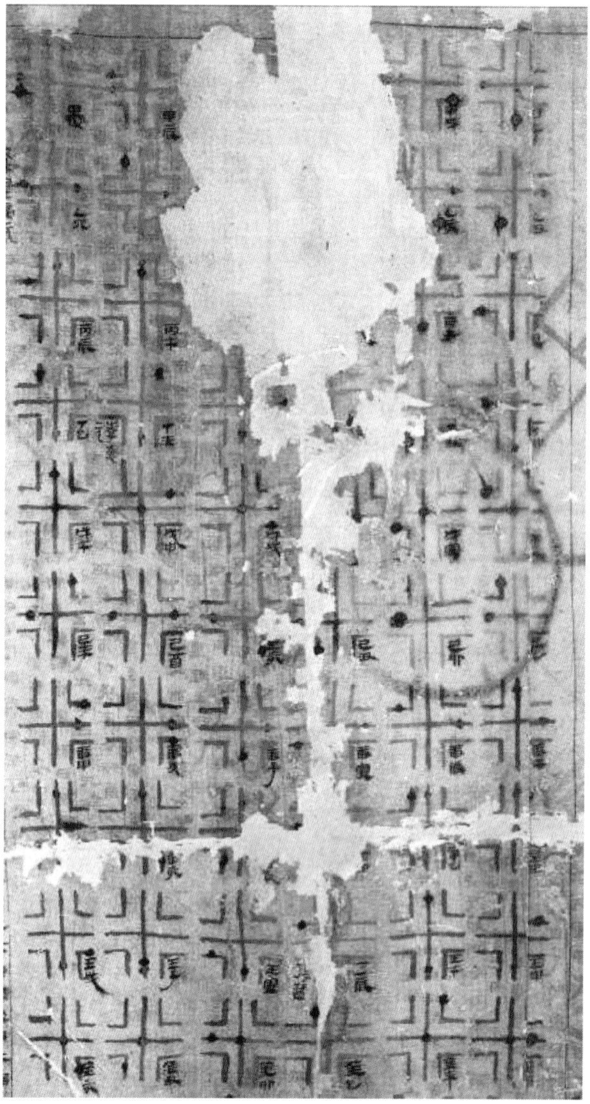

圖3 長沙馬王堆漢墓帛書《刑德》乙篇附《太陰刑德歲徙表》

後來，隨着早期術數文獻一批批相繼出土，學術界對它的認識也日漸深入。胡文輝研究指出，像《刑德》乙篇附列的《太陰刑德歲徙表》，“是用來查索某一干支所在年份的太陰及刑、德方位的，因此它是一種‘指南’和‘手册’的性質，而不是一種‘實際記録’”。基於這樣的性質，這份表格上標注的包括“張楚”在内的幾個實際的紀年和年號“衹是‘注解’的性質”，即“衹是表示歷史上那幾個重要的紀年和年號正在

① 劉乃和：《帛書所記“張楚”國號與西漢法家政治》，刊《文物》1975年第5期，第35—37頁。

這個干支；否則，如果此圖的六十干支是代表實際的年份，那麽‘秦皇帝元’（前 247 年）怎麽會在‘張楚’（前 210 年）、‘孝惠元’（前 195 年）之後呢”[①]？

明白這個道理之後，再來看帛書《五星占》中標記的“張楚”，性質實際上與之完全相同。在《五星占》中，它是寫在《土星行度》部分。與《土星行度》相並列，《五星占》中還寫有《木星行度》和《金星行度》這兩部分有關行星運行規律的内容。通觀三者，可以看到如下共同點：①第一横行是以表格的形式排列該行星晨現東方或夕現西方時相伴隨的二十八宿中各個星宿的名稱。②每一份表格的寬度，亦即上下列數，與該行星每運行一個恒星周期所經歷的年數相等。如木星爲十二列，土星爲三十列，金星爲八列。③第二横行用來排列在一個恒星周期之内從秦始皇元年開始的年數變化。④第三行以下各横行，其所對應的行星行進位置，是第二横行的重現。根據這些情況，我們可以明白無誤地判斷，《五星占》中的《土星行度》《木星行度》和《金星行度》，實際上可以説是以秦始皇元年爲起算原點的“土星周期表”（張政烺稱之爲《土星行度表》[②]）、“木星周期表”與“金星周期表”。這些表格與《太陰刑德歲徙表》一樣，實際上也是起着一種通用“手册”的作用，猶如數學運算常用的“數表”，用來檢閲比對每一年内該行星在以二十八宿爲背景的天幕上所處的位置。

由於是這樣一種檢索用表的性質，這幾種行星行度表在相當於漢代以前的年份里，都是由“元年”（即秦始皇元年），一直排列到“卌”年，以下纔從“漢元”亦即漢王元年開始，逐一填入漢帝的年號和年數。這種情况顯示出對於漢代初年使用這一表格的人來説，其對應於秦代以至秦楚之際的這些年份，並没有實際的社會意義，所以纔會出現不具體標記秦二世皇帝的元年和年數，衹表示二世時期諸年屬於秦始皇元年以後之第卅八年、卅九年和卌年的寫法。《土星行度》這份表格中的“張楚”，就是在其第三横行秦始皇元年後之第卅八年（與之對應的星象，是秦始皇元年後第八年的土星位置“與畢晨出東方”）這一年下，添加了“張楚”這兩個字，其屬於附記的性質是非常清楚的。换句話説，也就是漢代使用這份《土星周期表》的人，出於某種術數意識，對陳涉建立張楚一事比較關心，從而就在上面添注了這兩個字。

陳勝以甕牖绳枢之子而斩木爲兵，揭竿爲旗，不僅建立張楚政權，還引得天下雲集嚮應，以致最終顛覆秦朝的統治，這是秦漢間最爲引人注目的重大變故，術數家對事變突發時所對應的星象，自然會給予特别的關注。《太陰刑德歲徙表》注記與“張

① 胡文輝：《馬王堆帛書〈刑德〉乙篇研究》，見作者文集《中國早期方術與文獻叢考》，廣州：中山大學出版社，2000 年，第 166—171 頁。

② 張政烺：《關於“張楚”問題的一封信》，刊《文史哲》1979 年第 6 期，第 76 頁。

楚”對應的干支，應是基於同樣的原因，其間不會蘊涵有什麽“尊重張楚法統”，特别是崇敬陳勝的政治觀念。不然的話，像《土星行度》《木星行度》和《金星行度》這幾種表格甚至根本没有標記二世皇帝的紀年，豈不要被解釋成西漢初年人不承認二世的法統地位而特别尊崇始皇帝嬴政？術數家就是術數家，既不是革命家，也不是法家，或者什麽其他門派的思想家、政治家，我們更不能移用今天的官方政治觀念，去解析兩千多年前南國方士爲占測兇險變難而隨手寫下的文字注記。

在此基礎上，我們再來看《史記・秦楚之際月表》是否存在特别的尊楚意向問題。司馬遷與班固之間在歷史觀上存在重大的差異和變化，古今學者有基本一致的看法。這是西漢後期從元、成二帝時期開始直至東漢光武帝一朝，後世所謂正統儒家觀念逐漸確立成爲朝野主流意識的結果。後來唐人司馬貞與宋人蘇轍，竟着意重寫改編《史記》，此亦踵襲班氏之義而變本加厲者。譬如對待項羽，司馬貞就因其“未踐天子之位而身首别離”，認爲《史記》將其“與五帝三王同稱本紀，斯必不可，可降爲秦系（世）家”；陳涉乃“時因擾攘，起自匹夫，假托妖祥，一朝稱楚。歷年不永，勛業蔑如”，因而，若是“繼之齊魯，曾何等級？可降爲列傳”[①]。

問題是司馬遷没有像班固以下史家那樣刻意貶抑陳勝、項羽這一類人物，並不等於他就特别尊崇或是抬高這些人。我們看《史記・項羽本紀》篇末的太史公評語，乃謂項羽“背關懷楚，放逐義帝而自立，怨王侯叛己，難矣；自矜功伐，奮其私智而不師古，謂霸王之業，欲以力征經營天下，五年卒亡其國，身死東城，尚不覺寤而不自責，過矣。乃引‘天亡我，非用兵之罪也’，豈不謬哉”[②]！司馬遷在《太史公自序》中，也貶斥項羽“誅嬰背懷，天下非之”[③]。這都没有一絲一毫尊之重之的意思。雖然司馬遷對項羽很多具體的行爲，往往持同情的態度，但就對一個歷史人物的總體評價而言，上面這些評論，誠可謂蓋棺論定，批判相當嚴厲。

在反駁汪越所説《秦楚之際月表》意在尊漢的看法時，田餘慶曾對爲汪越《讀史記十表》做續補的徐克範表示贊揚，稱徐氏分析《秦楚之際月表》記劉邦受封爲漢王這一年爲漢元年，不過“録其實耳，非故進之也”[④]，這種説法“不失爲平實通達之議”[⑤]。其實本着這一思路來看《史記》的《秦楚之際月表》和《項羽本紀》等項内

---

① （唐）司馬貞:《史記索隱》卷三〇，北京：中華書局，1991 年，重印《叢書集成初編》排印《史學叢書》本，第 343—344 頁。

② 《史記》卷七《項羽本紀》，第 424 頁。

③ 《史記》卷一三〇《太史公自序》，第 3980 頁。

④ （清）汪越:《讀史記十表》卷四《秦楚之際月表》附徐克範撰《讀史記秦楚之際月表補》，第 7b 頁。

⑤ 田餘慶:《説張楚》，據作者文集《秦漢魏晋史探微》，第 3 頁。

容，或許更容易把握其真實的撰著緣由。

歷史著述的首要原則，是盡可能忠實地記述歷史活動。如前所述，司馬遷在《秦楚之際月表》篇首序文中所説“五年之間，號令三嬗”，是指一嬗於楚義帝熊心，二嬗於西楚霸王項羽，三嬗於漢帝劉邦，實質上是轉移“號令天下”的權柄和地位。在這一點上，項羽之載入本紀，與之實屬相輔相成。

如同顧頡剛所指出的那樣，《史記》一書，隱然以本紀、表爲“經”，乃“帝王之書也，關係天下者也”。顧氏復謂《史記》的本紀和表，都是模擬《春秋》所創設[①]，而《春秋》紀事的一大特徵，就是按照諸王的歲時月日來繫事。在秦漢兩個王朝之間，有將近五年時間，號令天下的權柄在名義上屬楚，而這個楚的實權，是操縱在項羽之手，初期則在形式上歸屬於義帝。若是要全面反映秦嬗權於楚的過程，又不能不追溯至二世元年之陳勝首義。故《秦楚之際月表》即逐月載録從陳勝首義到漢朝建立這一期間秦、楚以及各路諸侯的重大事件，而以上述權力嬗變爲事態演進的核心。

陳勝起事之後，秦祚並未當即終結。《秦楚之際月表》的繫年未用張楚而用義帝，就是因爲秦亡之後，義帝始爲天下共主，這是由史書的編撰形式所決定的，既不存在是否尊楚、重楚的問題，也不存在田餘慶所説用義帝取代陳勝的問題。另一方面，熊心從秦二世二年六月被項梁拉來做招牌，給予“楚懷王”的名分時起，到七個月後被項羽等奉爲“義帝”，再到十個月後被項羽指使人殺掉，在這一年半多的時間內，實際上衹是在二世二年九月項梁死後到巨鹿之戰結束之前這不到四個月期間，一定程度上掌控了張楚的政柄[②]，時間非常短促；特别是在巨鹿戰役結束之後，完全是由項羽控制着張楚政權。同時，從《史記》記載的情況來看，流傳到漢武帝時期的義帝事跡也相當稀少，恐怕很難單獨編成一篇本紀。明人歸有光論《史記》本紀的編撰，嘗謂“《史記》五帝三代本紀零碎，《秦紀》就好起來了。蓋秦原有史，故其文字好”[③]，而義帝連零碎的史料都找不到幾條，已不是文字寫得好、寫不好的問題，恐怕根本寫不成篇（清初人吴非自我作古編撰的所謂《楚義帝本紀》，雖

---

① 顧頡剛：《顧頡剛讀書筆記》第四卷《逍遥堂摭録》之“《史記》模擬經傳”條，臺北：聯經出版事業公司，1990年，第2363—2364頁；又第五卷上《法華讀書記》七“《史記》隱分經、傳”條，第2990頁。

② 參見拙文《劉邦進出漢中的地理意義及其行軍路綫》，原刊《傳統文化與現代化》1997年第4期，此據鄙人文集《歷史的空間與空間的歷史——中國歷史地理與地理學史研究》（北京：北京師範大學出版社，2005 年），第95—102頁；又拙撰《讀中華書局徵求意見本〈史記〉偶識》，刊虞萬里主編《經學文獻研究集刊》第12輯（上海：上海書店，2014年），第400—402頁。

③ （清）吴汝綸：《桐城吴先生彙録各家〈史記〉評語》，民國鉛印本，第3a頁。

竭盡全力七拼八凑，文字亦寥寥可數，很不像個樣子，除了寄寓一番對南明永曆帝據守西南以及緬甸的感懷之外，於研治秦漢間史事乃略無助益[1]）。在這種情況下，司馬遷選擇項羽作爲秦漢之間號令天下的政治首腦而將其列入本紀，以項羽兼該受項氏叔侄操縱的義帝，同樣也是基於史書編著形式以及可利用史料而做出的選擇，並不是出於尊楚或是偏重項羽的考慮。至於未嘗號令天下的陳勝，根本就不具備編列所謂"陳王本紀"的條件。

司馬遷爲項羽立設立本紀，後世論者責難紛紛，不過唐人皇甫湜很早就對此做過清楚的説明：

編年之作，豈非以事繫日，以日繫月，以月繫時，以時繫年者哉！司馬氏作紀，以項羽承秦，以吕后接之，亦以歷年不可中廢，年不可闕，故書也。[2]

此後，宋人羅泌復貫穿古今，更加具體地闡述了同樣的觀點：

甚矣，天下之不可一日無王也。太史公作《史記》，世家侯室而紀皇王，然而吕后、項籍俱列本紀，人皆疑之，且以爲太史公壞編年之法，以立紀傳。予有以見太史公爲得聖人之意也。

夫《春秋》編年，以王次春，示天下不可一日無王也。太史公不敢擬聖人而作經，于是法《外傳》之體，以爲紀、表、世家焉，是編年之法也。惠帝死，孝文未立，吕后爲政者八年。今不紀，則將屹然中絶其統邪？知此則知太史公紀吕后之意矣。班固作《書》，吾不知其知是否也，然亦紀吕后而不敢絀。唐之《舊史》因之，列武后于本紀。歐陽子不知出此，乃以爲《春秋》之法所以著其大惡而不隱，此歐陽子之失言也。聖人之作經，隨事舉實，非以意而遇事。是故……統在惠則紀惠，統在吕則紀吕，豈固曰婦人不得爲君，吾不紀邪？……夷王崩，厲王立，無道。三十有七年，王流于彘，宣王未立，有共伯和者，釋位以間王政。蓋十有四年矣，宣王有志而後效官，共伯歸國。故當時史氏以是十四年者繫之，號"共和"焉。知此，則知予紀女皇氏之意矣。……

或曰項籍與高帝同時而王，胡爲而著之紀？曰：是又所以爲編年也。方秦之

---

① （清）吴非：《楚漢帝月表》附《楚義帝本紀》，頁 13—14；又卷末附近人劉世珩跋，第 17—18 頁。
② （唐）皇甫湜：《皇甫持正文集》卷二《編年紀傳論》，第 2b 頁。

亡也，籍既自立，割漢中以王高祖，而又挾義帝以令諸侯。漢中之地非惟偏也，而高祖之王又出于籍，籍方分王諸侯，而高祖固出其下，是天下之勢在于籍也，烏乎而不紀之！故必待天下之一，而後紀還于漢，是編年之法也。[①]

明此可知，司馬遷爲項羽撰述本紀而將陳勝列入世家，乃重在天下共主的編年序列。持有相同看法的學者，還有南宋人黄震，亦清楚指出"遷以羽嘗宰制天下而紀之秦漢之間"[②]。在清代考據學家中，持此論者依然不乏其人，如錢大昕即論之曰："秦既滅，項氏主命又四五年，沛公之爲漢王，亦項羽所立也。……項雖非共主，而業爲天下主命，不得不紀其興廢之迹。"换句話來説，也就是"紀實"而已，蓋"天下之大權在楚也，此亦實之不可没者也"[③]。故太史公這一做法，同樣既不能説是特别重視楚的法統，也不能説是以項羽來取代陳勝的地位。

至於田餘慶稱《史記》把陳勝列入世家，是"比帛書書法降了一等"，因知如前文所論，長沙馬王堆漢墓出土帛書上的"張楚"二字，並不具備國家"法統"的意義，從而也就不存在所謂"降等"的前提了。不過，需要指出的是，田氏稱"從陳勝不繼世而亡言之，比諸侯立爲世家也不合適"，這句話講得似乎不夠妥當。先於田氏，劉乃和在考述馬王堆漢墓出土帛書上的"張楚"二字時，已經講過類似的話[④]，這可能對田餘慶的認識有所影響。今案謂"世家"應繼世而存，這是援依唐人司馬貞的説法。蓋小司馬嘗釋之曰："系（世）家者，記諸侯本系也，言其下及子孫常有國。"[⑤]但這種注解，衹適用於《史記》中一部分世家。司馬遷本人爲世家這一體裁所設定的載録對象本來是："二十八宿環北辰，三十輻共一轂，運行無窮，輔拂股肱之臣配焉，忠信行道以奉主上。"[⑥]我們看《史記》中還列有《孔子世家》《外戚世家》等就會清楚，在因其未嘗號令天下而不能列入本紀的情況下，司馬遷撰著《陳涉世家》，正是推重陳勝在滅秦過程中的"首事"地位[⑦]，雖未得稱帝，亦堪爲"輔拂股肱"之比，自然不宜降格編

---

① （宋）羅泌：《路史》之《後紀》卷二《太昊紀》下《女皇氏題》，上海：中華書局，民國《四部備要》本，第3b—4b 頁。

② （宋）黄震：《慈溪黄氏日抄分類》卷四六《讀史》一《史記》，北京：北京圖書館出版社，2005 年，《中華再造善本》叢書影印上海圖書館藏元後至元三年刻本，第 2b 頁。

③ （清）錢大昕：《十駕齋養新録》之《十駕齋養新餘録》卷中"太史公、李延壽"條，第 496 頁。又錢大昕：《潛研堂文集》卷三四《與梁燿北論史記書》，上海：上海書店出版，1983 年，第 14b—15b 頁。

④ 劉乃和：《帛書所記"張楚"國號與西漢法家政治》，刊《文物》1975 年第 5 期，第 36 頁。

⑤ 《史記》卷三一《吴太伯世家》（唐）司馬貞《索隱》，第 1739 頁。

⑥ 《史記》卷一三〇《太史公自序》，第 3999 頁。

⑦ 《史記》卷一三〇《太史公自序》，第 3989 頁。

排在列傳當中。更何況明人茅瓚曾評議《史記・陳涉世家》説:“(陳)涉雖發難,而當時諸王起兵者,皆備載於此,故稱系(世)家而首之。不略不冗,敘事之妙也。”① 即使按照司馬貞對“世家”這一體裁的定義,司馬遷設立《陳涉世家》,恐怕也算不上是自亂義例。

最後需要稍事説明的是,司馬遷編著《秦楚之際月表》,雖然無意尊楚,但也没有像汪越、錢大昕等人所説的那樣,是刻意在此體現崇漢的旨意(錢大昕謂太史公於崇漢之外,尚且抑秦)。儘管從總體上來説,諸如錢大昕一派人的看法,可謂精當不易之論,《秦楚之際月表》的小序,亦稱譽劉邦之攫取天下,云:“王跡之興,起於閭巷,合從討伐,軼於三代。鄉秦之禁,適足以資賢者爲驅除難耳。故憤發其所,爲天下雄,安在無土不王?此乃傳之所謂大聖乎?豈非天哉,豈非天哉!非大聖孰能當此受命而帝者乎?”②極力贊頌大漢之承續秦、楚,係天命攸歸,然而,並觀《太史公自序》闡述撰著此表的宗旨,乃謂“八年之間,天下三嬗,事繁變衆,故詳著《秦楚之際月表》”③,可知司馬遷設置這一表格,同樣首先是出於史家紀事的技術性需要,並没有什麽特别的政治意圖。而太史公在序文中對劉邦和漢朝的贊頌之辭,不過是爲秦楚之際跌宕起伏的政治風雲宣示一個最後的結局而已④。

吴非的弟子王爾綱,對《秦楚之際月表》這一名稱,曾經做過比較合理的解釋:

> 太史公《秦楚之際》之文,蓋本於孔子“唐虞之際”語。不曰“間”而曰“際”,間“隙”而際“會”,間“遠”而際“近”,間“離”而“際”聯,似同而實别。《漢書》:“五際,卯、酉、午、戌、亥。陰陽終始際會之歲,則有變革之政。”際,言其始也,言其交也。兩相遞接,故稱際。⑤

---

① (清)吴汝綸:《桐城吴先生彙録各家〈史記〉評語》,第26a頁。

② 《史記》卷一六《秦楚之際月表》,第915—916頁。案文中“故憤發其所,爲天下雄”這句話,今中華書局點校本作一句連貫讀下,作“故憤發其所爲天下雄”。此語向來無解,今人徐仁甫《史記注解辨正》(成都:四川大學出版社,1993年)卷二(第36頁)釋之曰:“所猶意也,謂高祖立志爲雄,憤發其意志,爲天下英雄。‘所’有‘意’義,説見楊樹達《古書疑義續補》。此九字作兩句讀,凡作一句讀者均非。”又案楊樹達説見《古書疑義舉例續補》(北京:中華書局,1956年,《古書疑義舉例五種》本)卷二“‘所’作‘意’義用例”條(第336—338頁)。兩相參證,知徐氏對“所”字的解讀誠是,惟即使上下連讀爲一句,似仍不違逆此義。

③ 《史記》卷一三〇《太史公自序》,第3982頁。

④ 案關於司馬遷及其所撰《史記》對待漢朝的政治態度問題,晚近以來的論述,以祝總斌撰《有關〈史記〉歌頌漢王朝的幾個問題》一文最爲精審。祝文原刊《國學研究》第3卷(1995年),此據作者文集《材不材齋史學叢稿》,北京:中華書局,2009年,第51—69頁。

⑤ (清)吴非:《楚漢帝月表》卷末附王爾綱識語,第16頁。

據此，所謂“秦楚之際”，也就是秦、楚交接這一“事繁變衆”的特殊歷史時期。故其紀事，始自陳涉起事，述楚之肇興於秦末；終止於項羽殞命，記楚社覆亡。至於在項羽身後，不僅記明劉邦稱帝，還把這一年的紀事，從二月一直延續到年底後九月，或許會給人以兼記漢事的假象，但如同前面第三節已經談到的那樣，實際上這也是遵循《公羊傳》所説緣其終始之義而“一年不二君”的原則，仍把這幾個月視作項羽西楚的五年來處理（儘管司馬遷在《秦楚之際月表》中並没有在每年十月歲首標記西楚的紀年）。清人張文虎不明此理，竟然以爲“漢王以二月即皇帝位，……即位以後，事歸一統，不必分月爲表”，因而竟擬議删改此表，令其終結於漢王五年二月[①]，殊屬荒唐。

總之，恢復舊本《史記》本來的面目，完整審視《史記·秦楚之際月表》的文字，並準確把握“五年之間，號令三嬗”這一説法的涵義，可以看到，司馬遷對“秦楚之際”歷史脉絡的把握，思路清晰，層次分明，並不存在什麽混亂。

五、《吴太伯世家》

《史記·吴太伯世家》原文

（吴王夫差）十一年，復北伐齊。

越王句踐率其衆以朝吴，厚獻遺之，吴王喜。唯子胥懼，曰：“是棄吴也。”諫曰：“越在腹心，今得志於齊，猶石田，無所用。且《盤庚之誥》有顛越勿遺，商之以興。”吴王不聽，使子胥於齊，子胥屬其子於齊鮑氏，還報吴王。吴王聞之，大怒，賜子胥屬鏤之劍以死。將死，曰：“樹吾墓上以梓，令可爲器。抉吾眼置之吴東門，以觀越之滅吴也。”

齊鮑氏弑齊悼公。吴王聞之，哭於軍門外三日，乃從海上攻齊。齊人敗吴，吴王乃引兵歸。

文中“乃從海上攻齊”的“海上”，劉宋人徐廣在《史記音義》中注釋説：“上，一作‘中’。”[②]今新點校本《史記》對此未加校勘説明。

---

① （清）張文虎：《舒藝室隨筆》卷五，清同治十三年金陵冶城賓館刻本，第 7b—9b 頁。

② 《史記》卷三一《吴太伯世家》，第 1769—1771 頁。

〖今案〗

徐氏在此特地說明“海上”或作“海中”，是因爲“海中”意即海水之中，實際上可以等同於“海”。如《史記·封禪書》載“及至秦始皇并天下，至海上，則方士言之不可勝數。始皇自以爲至海上而恐不及矣，使人乃齎童男女入海求之，船交海中，皆以風爲解”[①]，似此入海諸船之遭會，當然祇能是在海水之中航行過程中所發生的事情。然而上文當中“海上”一詞的語義，却不容與“海”混淆。

“海上”是一個專門的地理詞彙，特指海岸之上的陸地。例如，《史記·封禪書》謂“騶衍以陰陽主運顯於諸侯，而燕齊海上之方士傳其術不能通”，所說“燕齊海上之方士”，自然是指燕、齊兩國濱海地帶的術士；《史記·封禪書》又記秦始皇“東游海上，行禮祠名山大川及八神”[②]，這些名山大川和所謂“八神”（齊國祠祀的八種神祇）也都是在陸地上面。另外，《史記·平津侯主父列傳》載菑川薛縣人公孫弘，少時因家貧而“牧豕海上”[③]，這自然更不會是到滔滔海水裏去放豬。明此可知，上引《史記·封禪書》云“秦始皇并天下，至海上，則方士言之不可勝數”，這是指秦始皇東行至於海濱，而“始皇自以爲至海上而恐不及矣”，則是講嬴政等不及仙人自海中神山登陸上岸，“海上”指的也都是與“海中”相對的瀕海陸地。其實，這與河上、江上、淮上、泗上、灞上等表示河流岸邊的用法，是同一性質的地域稱謂，我們今天仍然以“海上”作爲上海的别稱，就是因其地處東海之濱而沿承古人的習慣用法。

查對《左傳》記述此番吴師伐齊之事，乃謂吴人徐承統帥的舟師，係“自海入齊”[④]。事實上，在春秋戰國之際，今江蘇北部的海岸地帶，不僅海岸綫較今大幅度偏靠陸地一側，而且沿海地帶還有非常嚴重的沼澤化問題，吴師也不能順着“海上”亦即沿岸邊向北面的齊國進軍[⑤]，因知今本《史記》之“海上”，文字有誤，當從徐廣所見别本，改書作“海中”。即使出於審慎考慮，也應該附加一條校勘記，以事說明。

---

① 《史記》卷二八《封禪書》，第1639—1640頁。

② 《史記》卷二八《封禪書》，第1636—1638頁。

③ 《史記》卷一一二《平津侯主父列傳》，第3549頁。

④ 《左傳》哀公十年，據晋杜預《春秋經傳集解》卷二九哀公十年，第35a頁。

⑤ 别詳拙文《越王勾踐徙都琅邪事析義》，原刊《文史》2010年第1期，此據鄙人文集《舊史輿地文録》，北京：中華書局，2013年，第62—75頁。

六、《楚世家》

《史記·楚世家》原文

> 楚之先祖出自帝顓頊高陽。高陽者，黄帝之孫，昌意之子也。高陽生稱，稱生卷章，卷章生重黎。[①]

文中“先祖”一語存在問題，而新校本《史記》未加無校語。

〖今案〗

唐孔穎達等纂《春秋正義》述及《史記》此文，乃云：

> 《正義》曰：“《楚世家》云楚之先出自帝顓頊高陽，高陽生稱，稱生卷章，卷章生重黎。……”[②]

蘇轍依據《史記》改編的《古史》，記述此事，一如《春秋正義》，書作“楚之先”[③]，亦可見今本《史記》“先祖”的“祖”字，很可能是在北宋中期以後纔誤增出來衍文，而南宋時人黄震摘録《楚世家》的内容，仍稱“楚之先出自顓頊”[④]，則顯示出在南宋時期還有未增“祖”字的版本流傳。

雖然後世習稱“先公”“先王”“先人”“先祖”之類用法，是將“先”字用爲修飾名詞的形容詞，但古時自有單獨使用“先”字以表示前輩先人的用法。檢《漢書·禮樂志》記云：“喪祭之禮廢，則骨肉之恩薄，而背死忘先者衆；朝聘之禮廢，則君臣之位失，而侵陵之漸起。”唐人顔師古釋曰：“先者，先人，謂祖考。”[⑤]西晋人晋灼注《漢書·郊祀志》之“畦畤”，謂“《漢注》在隴西西縣人先祠山下，形如種韭畦，畦各一土封”，司馬貞《史記索隱》引《漢舊儀》，亦云秦人“祭人先於隴西西縣人先

---

① 《史記》卷四〇《楚世家》，第 2027 頁。

② （唐）孔穎達等：《春秋正義》卷一二僖公二十六年，上海：商務印書館，民國影印日本覆印景鈔正宗寺單疏本，第 20a 頁。

③ （宋）蘇轍：《古史》卷一七《楚世家》，第 1a 頁。

④ （宋）黄震：《慈溪黄氏日抄分類》卷四六《讀史》一《史記》，第 16a 頁。

⑤ 《漢書》卷二二《禮樂志》並唐顔師古注，第 1028 頁。

山”[①]，此“人先”蓋亦猶如“人祖”。其他具體用例，如《史記・劉敬叔孫通列傳》載婁敬説高祖西都關中語云：“陛下取天下與周室異，周之先自后稷，堯封之邰。”[②]揚雄《蜀王本紀》亦有語云：“蜀之先名曰蠶叢、柏濩、魚鳧、開明，是時人民，椎髻左言。”[③]班固少時所作《幽通之賦》，有句云“黎淳耀于高辛”，應劭釋之曰：“黎，楚之先也。”[④]又應劭本人撰著的《風俗通義》，述及楚國世系，亦稱“楚之先出自帝顓頊”[⑤]。這幾段話中的“周之先”“蜀之先”和“楚之先”的用法，正與孔穎達等《春秋正義》、蘇轍《古史》引述的《史記・楚世家》相同。若專就戰國秦漢之際荊楚這一地域的用語習慣而言，出土戰國楚簡中也見有大量單以“先”字來表述“祖先”的用例。如包山楚簡中有“楚先老童、祝融、鬻熊”云云[⑥]，望山楚簡中有類似的記載[⑦]。在葛陵楚簡中，除在“楚先”後一一開列名字之外，還有合稱“三楚先”者[⑧]。這些都可以與“楚之先”一語相互印證。

民國初年人李笠，還曾從《史記》行文通例出發，專門論述過這一問題：

> “楚之先祖出自帝顓頊高陽”——案“祖”字衍。《秦本紀》云“秦之先帝顓頊之苗裔”，《越世家》云“其先禹之苗裔”，《趙世家》“趙氏之先與秦共祖”，《魏世家》“魏之先畢公高之後也”，《韓世家》“韓之先與周同姓”，《孔子世家》“其先宋人”，《周勃世家》“其先卷人”，“先”即先祖，此亦宜與諸處一例。《左傳》僖廿六年《疏》引《世家》正作“楚之先出自帝顓頊高陽”，《風俗通・六國》亦云“楚之先出自帝顓頊”，當據正。[⑨]

---

① 《史記》卷二八《封禪書》並劉宋裴駰《集解》引晋灼語、唐司馬貞《索隱》，第1634頁。

② 《史記》卷九九《劉敬叔孫通列傳》，第3271頁。

③ （梁）蕭統：《文選》卷四六南齊王融《三月三日曲水詩序》唐李善注引“楊雄《蜀王本紀》”，北京：中華書局，1977年，影印清嘉慶胡克家仿宋刻本，第650頁。

④ 《漢書》卷一〇〇上《叙傳》上並唐顔師古注引應劭語，第4218—4219頁。

⑤ （漢）應劭：《風俗通義》（北京：北京圖書館出版社，2005年，《中華再造善本》叢書影印上海圖書館藏元大德九年無錫州學刻本）卷一《六國》，第6b頁。

⑥ 湖北省荊沙鐵路考古隊《包山楚簡》（北京：文物出版社，1991年）之圖版九六第217號簡，圖版一〇四第237號簡。參據陳偉等著：《楚地出土戰國簡册十四種》一《包山2號墓簡册・卜筮禱祠記録》，北京：經濟科學出版社，2009年，第93、95、109—110頁。

⑦ 湖北省文物考古研究所、北京大學中文系合編：《望山楚簡》之《圖版》第120—124號簡，北京：中華書局，1995年，第41—42頁；《釋文與考釋》，第78頁。參據陳偉等著：《楚地出土戰國簡册十四種》三《望山1號墓簡册・卜筮禱祠記録》，第275頁。

⑧ 河南省文物考古研究所編著：《新蔡葛陵楚墓》（鄭州：大象出版社，2003年）圖版八七之甲三・105號簡、圖版一〇一之甲三・214號簡、圖版一二八之乙一・17號簡、圖版一三八之乙三・41號簡、圖版一四三之乙四・26號簡，附録一《新蔡葛陵楚墓出土竹簡釋文》第191、195、202、205—206頁。

⑨ 李笠：《史記訂補》卷四，第503頁。

文中所説《史記·秦本紀》“秦之先”的用法，與《楚世家》的“楚之先”完全一致，都是用開篇第一句話，來講述兩國的先祖的出處，不僅傳世《史記》的各種版本都是如此，而且今存日本東洋文庫、被定爲日本國寶的古寫本《史記·秦本紀》殘卷（圖4），文字亦與之相同，當正確無誤[①]。李笠這一論斷，足以證實今本《史記·楚世家》的“祖”字確屬後世增衍，瀧川資言《史記會注考證》早已采録李笠的考釋[②]，今校勘《史記》或以爲别無版本依據而未予理會，實則依據孔穎達等著《春秋正義》和蘇轍《古史》、黄震《慈溪黄氏日抄》轉述的古本《史記》，似宜信從李氏之説，删去“先祖”的“祖”字；至少應增附一條校記，予以説明。

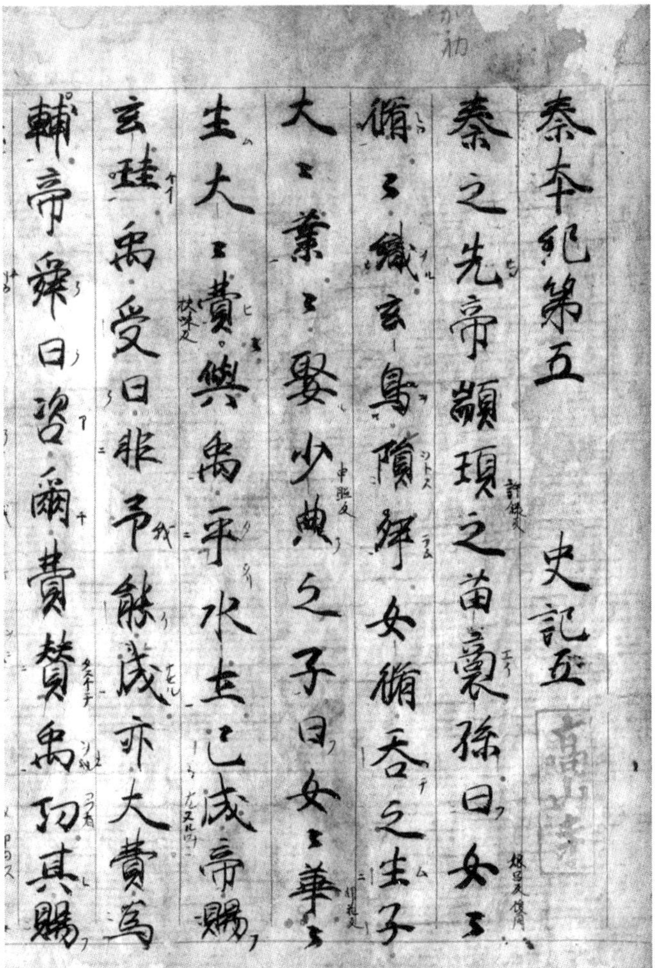
秦本紀第五
史記五
秦之先帝顓頊之苗裔孫曰女々
脩々織玄鳥隕卵女脩呑之生子
大々業々娶少典之子曰女々華々
生大々費々與禹平水土已成帝錫
玄圭禹受曰非予能成亦大費爲
輔帝舜曰咨爾費贊禹功其賜

圖4　日本高山寺舊藏古寫本《史記·秦本紀》

① 日本高山寺舊藏古寫本《史記·秦本紀》，東京：勉誠出版，2014年，《東洋文庫善本叢書》影印本，第43頁。
② 瀧川資言著，水澤利忠校補：《史記會注考證附校補》卷四〇《楚世家》，第1002頁。

七、《南越列傳》

《史記·南越列傳》原文

歲餘，高后崩，即罷兵。佗因此以兵威邊，財物賂遺閩越、西甌、駱，役屬焉。東西萬餘里，迺乘黄屋左纛，稱制與中國侔。[1]

《漢書·南粵傳》記此事文句大體相同，而今中華書局點校本《漢書》，却是將“西甌駱”連讀爲一事[2]。“西甌、駱”與“西甌駱”這兩種不同的讀法，關係到對戰國秦漢之際嶺南居民構成的認識，孰是孰非，需要考辨清楚。

〖今案〗

《史記·南越列傳》緊接在上述趙佗“乘黄屋左纛，稱制與中國侔”句下，另有相關記述曰：

及孝文帝元年，初鎮撫天下，使告諸侯四夷從代來即位意，喻盛德焉。乃爲佗親冢在真定置守邑，歲時奉祀。召其從昆弟，尊官厚賜寵之。詔丞相陳平等舉可使南越者。平言好畤陸賈，先帝時習使南越。迺召賈以爲太中大夫，往使，因讓佗自立爲帝，曾無一介之使報者。陸賈至南越，王甚恐，爲書謝，稱曰：“蠻夷大長老夫臣佗，前日高后隔異南越，竊疑長沙王讒臣，又遥聞高后盡誅佗宗族，掘燒先人冢，以故自棄，犯長沙邊境。且南方卑溼，蠻夷中間，其東閩越千人衆號稱王，其西甌駱裸國亦稱王。老臣妄竊帝號，聊以自娱，豈敢以聞天王哉！”乃頓首謝，願長爲藩臣，奉貢職。於是乃下令國中曰：“吾聞两雄不俱立，两賢不並世。皇帝，賢天子也。自今以後，去帝制黄屋左纛。”陸賈還報，孝文帝大説。[3]

《史記·南越列傳》復記後來漢武帝滅南越時，有“蒼梧王趙光者，越王同姓，聞漢兵至，及越揭陽令定自定屬漢；越桂林監居翁諭甌駱屬漢”[4]。趙氏南越國西面的“甌駱

① 《史記》卷一一三《南越列傳》，第3571—3572頁。
② 《漢書》卷九五《南粵傳》，第3848頁。
③ 《史記》卷一一三《南越列傳》，第3572頁。
④ 《史記》卷一一三《南越列傳》，第3580頁。

裸國”，與此“甌駱”當屬一事，而這個“甌駱裸國”既然是位於南越國的西側，那麼，所謂“西甌駱”就很有可能是它的另一種表述形式。

以往有很多學者在論述秦漢象郡時，都十分關注這一“西甌駱”或是“甌駱”問題。如南朝陳吏部尚書姚察，嘗謂“駱即甌駱”①，即謂“甌駱”是指“駱”這一族屬。後來法國學者鄂盧梭根據姚氏這一説法，以爲“在中國侵併前的安南諸地，名曰‘甌駱’”，這也就是所謂“西甌駱”，其所在的位置，也就是法國殖民時期的“東京、安南”，即今越南北部和中部地區。此“西甌駱”又可稱作“西甌”。《淮南子·人間訓》述及秦廷出兵嶺南，曾有如下一段紀事：

> （秦始皇）利越之犀角、象齒、翡翠、珠璣，乃使尉屠睢發卒五十萬，爲五軍：一軍塞鐔城之領，一軍守九疑之塞，一軍處番禺之都，一軍守南野之界，一軍結餘干之水，三年不解甲馳弩。使監禄無以轉餉，又以卒鑿渠而通糧道，以與越人戰。殺西嘔君譯吁宋，而越人皆入叢薄中，與禽獸處，莫肯爲秦虜。相置桀駿以爲將，而夜攻秦人，大破之，殺尉屠睢，伏尸流血數十萬，乃發讁戍以備之。②

鄂盧梭等人以爲這裏所説“西嘔”與“西甌”是同文異寫，同樣是指今越南的北部和中部的西漢交趾郡及其周邊地區③。既然在秦軍南征越人的過程中，軍隊已經深入“西嘔”（西甌）之地，殺其君長，那麽秦象郡自然應把這一地區囊括在内④。

針對這一看法，周振鶴則認爲，所謂“甌駱”即“西甌、駱兩族”（案在這一點上，周氏的看法，與越南學者陶維英的認識基本相同⑤），因爲“有許多史料證明西甌（即西嘔）在桂林境内”，“西甌族很有可能由交趾地轉移到桂林地”，“故秦軍殺西嘔君

---

① 《史記》卷一一三《南越列傳》唐司馬貞《索隱》，第3572頁。

② 《淮南子·人間訓》，據何寧：《淮南子集釋》卷一八，北京：中華書局，1998年，第1289—1290頁。

③ 鄂盧梭：《秦代初平南越考》，據馮承鈞輯譯《西域南海史地考證譯叢》第二卷九編，北京：商務印書館，1962年，第42、45—46、62—62、76—77頁。杉本直治郎：《秦漢兩代における中國南境の問題》，刊《史學雜誌》第五十九編第十一號，第44—48頁。

④ 鄂盧梭：《秦代初平南越考》，據馮承鈞輯譯《西域南海史地考證譯叢》第二卷九編，第42、45—46、62—62、76—77頁。杉本直治郎：《秦漢兩代における中國南境の問題》，刊《史學雜誌》第五十九編第十一號，第44—48頁。

⑤ 陶維英：《越南古代史》第二編第五章《蜀泮如何建立甌雒國》，北京：商務印書館，1976年，劉統文、子鉞漢譯内部發行本，第195—198頁。又陶維英：《越南歷代疆域》第二章《甌雒國》，北京：商務印書館，1973年，鍾民岩漢譯内部發行本，第21—33、44—46頁。

譯吁宋完全可能在桂林地，不必非交趾不可。”[①]。

關於這一問題，首先需要澄清《淮南子》記述的史事究竟是怎樣一種情況。所謂尉屠睢率軍進攻嶺南，實際上應當是指秦始皇二十五年在平定楚國江南轄地之後，秦軍繼續南伐，清掃那些侵入南嶺以北、武夷山以西的越人，以便廓清秦與百越之間的邊境界綫，《淮南子・人間訓》所説“三年不解甲馳弩”的五支大軍，就是分別集結在這兩道山嶺的北側和東側，爲下一步進攻嶺南和武夷山東，預做準備。三年之後，秦軍始向嶺南展開進攻，結果雖一時殺掉西嘔君譯吁宋，但却很快被“西嘔”人打敗，“伏尸流血數十萬”，迫使秦軍不得不退回原來的位置，“發謫戍以備之”[②]，後來遲至秦始皇三十三年，纔攻占嶺南各地，設置桂林、象郡、南海這所謂嶺南三郡（實際上在東側，還同時攻占今福建地區，設閩中郡管轄）[③]。在這種情況下，恐怕很難想象屠睢率領的秦軍已經深入到後來西漢設立交趾郡的今越南境内，這場戰役發生的地點，確實應如周振鶴所説，是在漢代的桂林郡境内。

在另一方面，周振鶴把“西甌”和“駱”分成兩族的説法，顯然是爲説明秦軍所殺西嘔（西甌）君譯吁宋的領地，并没有延及今越南地區，而駱人分布的區域則是今越南境内。像這樣把“西甌”和“駱”區分開來，在很大程度上也可以説是一種比較通行的解讀，除了今中華書局點校本《史記》之外，中華書局點校的《資治通鑒》也是在二者之間以頓號點斷[④]。

探討這一問題，首先需要究明“西甌”之“甌”的語義。若是把“西甌”與“駱”並列，那麽，“甌”衹能解作族屬的名稱，“西”字則是表示其居處方位的限定詞。《史記・東越列傳》記閩越諸部居地偏北的一支被稱作“東甌”[⑤]，若此，兩“甌”東、西相對，更容易使人認同中華書局點校本《史記》和《資治通鑒》式的解讀，唐人顔師古即釋之曰：“西甌……言西者，以别東甌也。”[⑥]

那麽，究竟應該怎樣理解這個“甌”字的涵義呢？從很早起，就有人將其解作

---

① 周振鶴：《秦漢象郡新考》，原刊《中華文史論叢》1984年第3輯，此據作者文集《學臘一十九》，濟南：山東教育出版社，1999年，第47—49頁。

② 别詳拙文《王翦南征百越戰事鈎沉》，原刊《徐蘋芳先生紀念文集》（2012年），收入鄙人文集《舊史輿地文録》，第79—95頁。案日本學者杉本直治郎也像很多中國學者一樣，把《淮南子》所記尉屠睢率軍進攻嶺南事誤繫於秦始皇三十三年秦軍攻取嶺南並設立南海、桂林、象郡三郡之後。説見杉本氏：《秦漢兩代における中國南境の問題》，刊《史學雜誌》第五十九編第十一號，第44頁。

③ 《史記》卷六《秦始皇本紀》，第319頁。

④ （宋）司馬光：《資治通鑒》卷一三漢文帝前元年，第444頁。

⑤ 《史記》卷一一四《東越列傳》，第3585—3586頁。

⑥ 《漢書》卷九五《南粵傳》唐顔師古注，第3848—3849頁。

族屬的名稱，亦即“甌人”。如《逸周書·王會》篇有句云“東越海蛤，甌人蟬蛇”，這種説法就會給人以“甌”是一個種族名稱的印象，宋人王應麟謂“東越，甌人也”，把“甌人”與“東越”等同爲一事[①]。現代學者中如江應樑在研究“百越”族屬問題時，以爲“從戰國到兩漢這一時期中，所有百越部落有三個共同體的族名稱謂，即‘越’、‘駱’、‘甌’。‘甌’和‘駱’是本族的自稱，‘越’是華夏給以的名稱。”更具體地説：“‘甌’是本民族自稱的一個發語聲，可以單獨稱‘甌’或‘駱’，也可以‘甌駱’連用。”或謂甌“是較早時期對越人的族稱”[②]。在這一派學者當中，另外還有一些釋讀，如徐中舒以爲“甌，古喻母字；越，古影母字，同爲喉音，故得相通”[③]。

然而，我們看《山海經》中記載的“甌”，性質却似乎有所不同：

> 海内東南陬以西者。甌居海中。閩在海中。其西北有山，一曰閩中山，在海中。三天子鄣山，在閩西海北，一曰在海中。[④]

按照《山海經》記述文體的通例，像“甌居海中。閩在海中”這樣的記述形式，“甌”和“閩”在這裏應該是作爲表示一個地點或者一個區域的專有地名而出現的。秦軍攻占今福建地區以後，設立閩中郡，而像“閩中”這樣的地名，與秦漢時期的“秦中”“漢中”這些地名一樣，固然是由“閩”這一地名延伸而來，由此也可以佐證“甌”字在這裏應當屬於同樣性質的地名。或者有人以爲“甌居海中”的“居”字，很像是講“甌人”而不是名之爲“甌”的某一處所，但《山海經》中本另有記載云：“右中經之山志，大凡百九十七山，二萬一千三百七十一里。大凡天下名山五千三百七十，居地大凡六萬四千五十六里。禹曰：天下名山，經五千三百七十山，六萬四千五十六里，居地也。”[⑤]可見山之占地亦可稱“居”，其“天下名山”而“居”地的用法，正與此“甌”地“居”於所謂“海中”相似。另一方面，《太平御覽》引述的《山海經》舊

---

① （宋）王應麟：《周書王會補注》，北京：北京圖書館出版社，2005年，《中華再造善本》叢書影印國家圖書館藏元至元六年慶元路儒學刻明初修本，第12a—12b頁。

② 江應樑：《越族的形成》，原刊《思想戰綫》1985年第1期；又同人《百越族屬研究》，原刊《西南歷史研究集刊》，1981年第1期，此並據作者文集《江應樑民族研究文集》，北京：民族出版社，1992年，第362—363、552頁。

③ 徐中舒：《交州外域記蜀王子安陽王史迹箋證》，原刊《四川地方史研究專集》（1980年），此據作者文集《徐中舒歷史論文選輯》，北京：中華書局，1998年，第1391—1392頁。

④ 《山海經·海内南經》，據晉郭璞：《山海經傳》，北京：中華書局，1983年，《古逸叢書三編》影印北京圖書館藏南宋刻本）卷一〇，第7a頁。

⑤ 《山海經·中山經》，據晉郭璞：《山海經傳》卷五，第36b頁。

本，此“甌居海中”語實與“閩在海中”句式完全相同，寫作“甌在海中”[①]，參看晋人郭璞在解釋“甌”與“海中”的關係時所説“在歧海中也”這句話[②]，可知“甌在海中”更有可能是《山海經》本來的面目。從而愈加表明《山海經》中記述的這一“甌”字，其本義應屬地名而非族屬（案《山海經》稱甌、閩兩地俱“在海中”，應是緣於當時這兩個地區同錢塘江口附近地區及其迤北地區的聯繫，多依賴海上通道，這樣由杭州灣口一帶南望甌、閩兩地，便猶如居處於“海中”。《史記・秦始皇本紀》記秦始皇三十七年南巡會稽，“祭大禹，望於南海”[③]，《越絶書》亦載是年秦廷“徙天下有罪適吏民置海南故大越處”[④]，“南海”與“海南”之語都清楚體現出這樣的視角）。

晋人郭璞在注釋《山海經》時，述云這一“甌”地的具體所在，係當時的“臨海永寧縣”，同時還附注曰：“即東甌。”[⑤]而檢覈《史記・東越列傳》的記載，“東甌”地區的居民應該是越人：

> 閩越王無諸及越東海王摇者，其先皆越王句踐之後也，姓騶氏。秦已并天下，皆廢爲君長，以其地爲閩中郡。及諸侯畔秦，無諸、摇率越歸鄱陽令吴芮，所謂鄱君者也，從諸侯滅秦。當是之時，項籍主命，弗王，以故不附楚。漢擊項籍，無諸、摇率越人佐漢。漢五年，復立無諸爲閩越王，王閩中故地，都東冶。孝惠三年，舉高帝時越功，曰閩君摇功多，其民便附，乃立摇爲東海王，都東甌，世俗號爲東甌王。
>
> 後數世，至孝景三年，吴王濞反，欲從閩越，閩越未肯行獨，東甌從吴。及吴破，東甌受漢購，殺吴王丹徒，以故皆得不誅，歸國。
>
> 吴王子子駒亡走閩越，怨東甌殺其父，常勸閩越擊東甌。至建元三年，閩越發兵圍東甌。……東甌請舉國徙中國，乃悉舉衆來，處江淮之間。[⑥]

---

① （宋）李昉等：《太平御覽》卷一七一《州郡部・江南道》下引《山海經》，北京：中華書局，1985年，影印宋本，第833頁。

② （晋）郭璞：《山海經傳》卷一〇《海内南經》，第7a頁。

③ 《史記》卷六《秦始皇本紀》，第328頁。

④ （漢）袁康、吴平：《越絶書》卷八《越絶外傳記地傳》，上海：商務印書館，民國《四部叢刊初編》影印嘉業堂藏明刻本，第14a頁。

⑤ （晋）郭璞：《山海經傳》卷一〇《海内南經》，第7a頁。

⑥ 《史記》卷一一四《東越列傳》，第3586頁。

審讀上文，可以看出，閩越王無諸和東海王搖所統轄的部衆，從大的族屬上來説，都是越人，因無諸受漢封爲閩越王，立都於閩中故地東冶，故其國族，又稱“閩越”；基於同樣的原因，由於東海王立都於“東甌”之地，故其國族又被稱作“東甌”。逮東甌内遷之後，閩越兼有東甌之地以後，漢朝派王恢等征討閩越，當時的閩越王郢弟餘善，誅殺其兄降漢，漢廷復立無諸孫繇君丑爲“越繇王”，以“奉閩越先祭祀”，同時另立餘善爲“東越王”，令其“與繇王並處”[①]。丑和餘善一爲“越繇王”，一爲“東越王”，兩個人的王號都帶有一個“越”字，這可以更進一步證明，居住在東甌區域内的民衆，其族屬衹能是越人。這一情況，適足以反證《山海經》“甌在海中”的“甌”字，誠非族屬之稱謂。

那麽，諸如“東甌”“西甌”以及像《山海經》中單用“甌”字的用法，其間有没有什麽共同的語義存在呢？昔在清朝末年，劉師培曾嘗試對此做出説明（參見圖5）。首先，清人郝懿行針對《山海經》和《逸周書》中一些相關記載，早已提出：“疑甌與漚、歐並通。”[②]劉師培也注意到這一“甌”字另有“歐”“漚”之類的不同寫法，而“甌、歐、漚均從區聲，古字通用”，“區亦甌字異文”，或謂“區、歐並與甌同，即甌越之甌”。作爲一種族屬，其地“有在今浙江省東南者”，“有在今閩省北境者”，另外“兩粤安南之境均有甌人”，甚至還有在今貴州者。面對這種甌人遍地的情況，劉氏以爲：

> 蓋甌從區聲，區爲踦區藏匿之所。從區之字，均有曲意，故凡山林險阻之地均謂之甌，因名其人爲甌人。[③]

若與過去總是把“甌”字視作固有專名的看法相比，劉師培上述認識，堪稱最具見識。例如，行年略早於劉氏的飽學宿儒孫詒讓，即謂温州其地“歷夏、殷、周皆爲甌越”，並附注云：“夏爲甌，殷爲漚，周爲歐，實一字也。”[④]這實際上衹是把甌、漚、歐諸字看作是特指温州的古地名，完全没有顧及其一般用法。

---

① 《史記》卷一一四《東越列傳》，第3587—3588頁。

② （清）郝懿行：《山海經箋疏》卷一〇《海内南經》，臺北：藝文印書館，2009年，影印清嘉慶十四年揚州阮氏琅嬛僊館刻本，第333頁。

③ 劉師培：《左盦集》卷五《釋漚國》（清宣統原刻試印墨丁本）（案此本尚未鐫入頁碼）。

④ （清）孫詒讓：《籀廎述林》卷四《温州建置沿革表引》，北京：中華書局，2010年，第134頁。

釋漚國

佚周書王會篇載伊尹爲四方獻令于正東有漚及越漚于正南有甌又載周成王時甌人以蟬蛇且歐以文蜃甌歐漚均從區聲古字通用蓋甌區三類有在今浙省東南者即山海經所謂甌居海中也郭注云今臨海永寧縣永寧即今永嘉古閩甌均不與陸連爲漢初東甌所封王會篇之越漚及甌人均指此言有在今閩省北境者與贛浙二省接即山海經郭注所謂西甌也郭注云閩越即西甌今建安郡是也建安今建甌王會篇之漚及且甌均指此言若正南之甌其地尤廣史記索隱引劉氏說云今珠崖儋耳謂之甌人史記南越傳云其西甌駱之屬復言使桂林監諭甌駱史記正義引輿地志云交趾

圖 5　清宣統原刻試印墨丁本《左盦集》

劉師培的解釋，雖然最顯通達，釋義却似乎過於寬泛，不夠具體。不過劉氏做出這一訓釋，在一定程度上也是無可奈何的事，因爲前人詁訓“區”字最權威的說法，就是《說文解字》所說“區，踦區藏匿也。从品在匸中，品，衆也”[①]，劉師培就是據此而做出的闡釋。以往的學者在研究這一問題時，都没有注意到《方言》中如下一條内容，或許可以幫助我們對此做出更好的破解：

> 攍、膂、賀、艜，儋也。齊、楚、陳、宋之間曰攍。燕之外郊、越之垂甌、吴之外鄙謂之膂。南楚或謂之攍。自關而西，隴冀以往，謂之賀。凡以驢馬馲駝載物者，謂之負。他亦謂之賀。[②]

① （漢）許慎：《說文解字》卷一二下《匸部》，北京：北京圖書館出版社，2004 年，《中華再造善本》叢書影印國家圖書館藏宋刻元修本，第 7b 頁。

② （漢）揚雄：《輶軒使者絶代語釋別國方言》卷七，上海：商務印書館，民國《四部叢刊初編》縮本影印江安傅氏雙鑒樓藏宋刊本，第 26 頁。案（宋）李昉等：《太平御覽》卷八二九《資産部・檐（擔）》（第 3698 頁）引述《方言》此文，“越之垂甌”譌作“越之東甌”，蓋因“東甌”爲稍讀史籍者所熟知而“垂甌”一語罕見，故爲淺人妄改。

在這裏，把“儋”稱作“甇”的區域有三個，即“燕之外郊”“吴之外鄙”和“越之垂甌”。其中“外郊”和“外鄙”的語義都很顯豁，用現在的大白話通俗地講，就是“邊緣地帶”。相比之下，“垂甌”二字却需要稍事揣摩，清代以來箋釋《方言》的著述，如戴震《方言疏證》、錢繹《方言箋疏》、周祖謨《方言校箋》等對此也都没有做出過疏釋。

“甌”字《説文》釋作“小盆”，乃“從瓦區聲”[①]。這種“小盆”具體還有哪些特征，文獻記載不是十分清楚。不過《方言》中另有相關記載云：“甂，陳魏宋楚之間謂之題，自關而西謂之甂，其大者謂之甌。”[②]《廣雅》亦云：“題、甌，甂也。”[③]據此，甌與甂相近，又比甂要大些，而《説文》對“甂”的形制，有比較具體的描述：“似小瓿，大口而卑。”[④]唐人顔師古亦謂甂、甌之器最主要的特點，是“其形大口而庳（卑）”[⑤]。《淮南子》嘗有語云“狗彘不擇甂甌而食”[⑥]。狗彘食以甂、甌，在很大程度上，正是基於其“大口而卑”的器形。

1963年，在長沙湯家嶺西漢晚期的墓葬中曾出土一銅製“酒鏂”，侈口，圓唇，弧腹，平底，矮圈足，腹兩側有鋪首環耳（圖 6）。高12釐米，口徑22.4釐米，圈足徑長9.6釐米。上腹一面刻有隶书阴文：“张端君酒鏂一。”由於在此之前，没有發現過自銘爲“鏂”的器物，這種銅器，往往被視作簋、洗、鋗、豆或是酒樽等。通過湯家嶺漢墓出土的這件銅鏂，始得以確定其固有的名稱。在這當中，時代較早的一件銅鏂，出土於湖南溆浦縣茅坪坳的西漢中晚期墓葬（圖 7），發掘者曾將其稱作銅洗。這件銅鏂高12.4釐米，口徑19.6釐米，圈足徑7.6釐米，時代尚稍早於湯家嶺出土張端君的酒鏂，或許能體現出更多早期鏂的形制[⑦]。在河北滿城漢墓中亦曾出土過一些尺寸和形制都與“张端君酒鏂”大致相當的銅器（唯口徑稍大，爲25.2—27.8釐米不等，圈足徑長13.6—14.6釐米不等），但器身上的銘文，却或鐫作“銅鋗”（圖 8），或刻爲“銅盆”[⑧]。過去有的研究者謂鋗與鏂的區别是没有圈足[⑨]，但滿城漢墓出土的兩件銅

---

① （漢）許慎：《説文解字》卷一二下《瓦部》，第8b頁。

② （漢）揚雄：《輶軒使者絶代語釋别國方言》卷五，第18頁。

③ （曹）魏張揖：《廣雅·釋器》，據（清）王念孫：《廣雅疏證》卷七下，南京：江蘇古籍出版社，1984年，影印清嘉慶元年初刻本，第217頁。

④ （漢）許慎：《説文解字》卷一二下《瓦部》，第8b頁。

⑤ （唐）顔師古注：《急救篇》，上海：商務印書館，民國《四部叢刊續編》影印海鹽張氏涉園藏明鈔本，第38a頁。

⑥ 《淮南子·説林訓》，據何寧：《淮南子集釋》卷一七，第1172頁。

⑦ 湖南省博物館：《長沙湯家嶺西漢墓清理報告》，刊《考古》1966年第4期，第183—184頁，圖版叁。懷化市文物管理處：《湖南溆浦縣茅坪坳戰國西漢墓》，刊《考古》1999年第8期，第34—45頁。吴小平、楊金東：《銅甌小考》，刊《華夏考古》2006年第4期，第70—73頁。

⑧ 中國社會科學院考古研究所、河北省文物管理處：《滿城漢墓發掘報告》之上册貳《一號墓·出土器物》，北京：文物出版社，1980年，第57頁；又叁《二號墓·出土器物》，第250—251頁；下册圖版二六，圖版一七一。

⑨ 吴小平、楊金東：《銅甌小考》，刊《華夏考古》2006年第4期，第70—71頁。

鋗，都帶有低矮的圈足。《説文》釋“鋗”的字義，與“甌”完全相同，也是“小盆”[1]。從而不難看出，就大的類型與“盆”相同這一點而言，銅鏂自可名之爲“銅盆”；而就其具體器形而言，鏂亦别稱作“鋗”。滿城漢墓出土的這些銅鋗，形制與湖南漵浦縣茅坪坳的西漢墓葬出土鏂形銅器非常相像，而其製作年代清楚，屬漢武帝時期。兩相比照，可以更清楚地認識西漢中期銅鏂的形制。“鏂”“甌”義通，衹是材質不同而已。雖然銅器與陶器的形制或許還略有差異，但長沙湯家嶺出土的這種銅酒鏂正符合“大口而卑”的描述，與普通陶製的瓬甌，應當相差不多；或者説秦漢時期通常所説的“甌”，與這種銅鏂（銅鋗）的形制應大致相似［另外，在 20 世紀 80 年代，福建建甌曾出土一組十二件宋元間的銅甌（圖 9），乃用作樂器，其形制與“盞”相似[2]，這究竟是與秦漢間的瓦甌相當，還是更多地代表了宋元時期的甌制，還有待進一步研究。不過這組銅甌同樣具有“大口而卑”的特徵，與漢代的鏂頗有相通之處］。

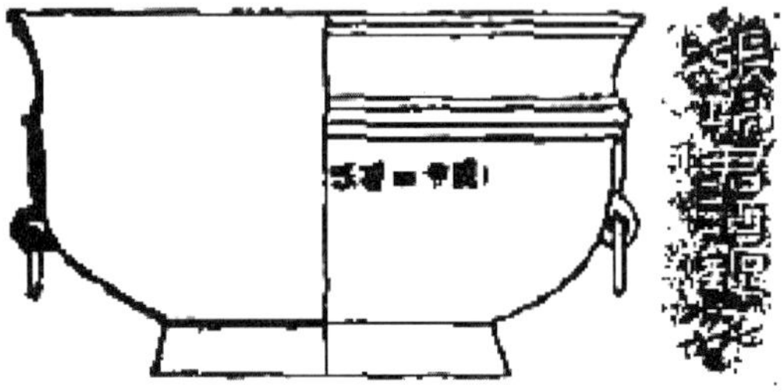

圖 6　長沙湯家嶺西漢墓出土張端君銅鏂及其銘文

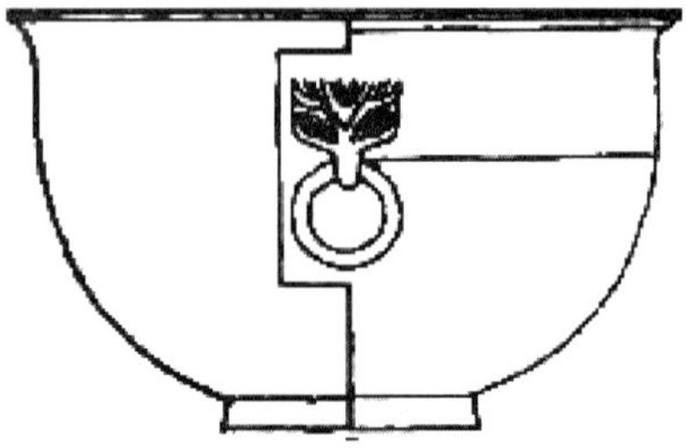

圖 7　湖南漵浦縣茅坪坳西漢墓出土銅鏂

圖 8　河北滿城漢墓出土中山府銅鋗[3]

① （漢）許慎：《説文解字》卷一四上《金部》，第 2a 頁。
② 劉東昇、胡傳藩、胡彦久編著：《中國樂器圖志》之《古代樂器》，北京：輕工業出版社，1987 年，第 113 頁。
③ 采自出土文物展覽工作組編：《文化大革命期間出土文物》第一輯，北京：文物出版社，1973 年，第 14 頁。

圖 9　福建建甌出土宋元間銅甌

瞭解到甌（鏂）的形制，似乎就能夠找到《方言》“垂甌”一語的來由。蓋如《周髀算經》所說，古人很早就有“天象蓋笠，地法覆槃”這樣的天地觀念，三國時孫吴趙君卿（趙爽）注釋《周髀算經》，以爲“見乃謂之象，形乃謂之法。在上故準蓋，在下故擬槃。象、法義同，蓋、槃形等，互文異器，以别尊卑，仰象俯法，名號殊矣”①。也就是説，蓋笠與覆槃的比喻，衹是尊卑名號的差異，就其實際形體而言，並没有什麼區别。以此觀念爲基礎，我們就不難推想，“覆槃”與“蓋笠”既然形等義同，那麼“覆槃”之喻同樣可以替换爲“覆甌”，蓋“甌”（鏂）與“槃”一樣具有“大口而卑”的特征。

早期古籍中也另有類似“覆甌”的譬喻，如《荀子·大略》謂“言之信者，在乎區蓋之間；疑則不言，未問則不立”，唐人楊倞注云：

> 區，藏物處。蓋，所以覆物者。凡言之可信者，如物在器皿之間，言有分限，不流溢也。器名“區”者，與“丘”同義。《漢書·儒林傳》：唐生、褚生應博士弟子選，試誦説，有法，疑者丘蓋不言。“丘”與“區”同也。‘疑則不言，未問則不立’，重引此兩句以明之”②。

楊氏釋“區”爲“藏物處”，這是援據《説文》“區”乃“踦區藏匿”之義這一古訓而略作變更。“藏物處”一説雖然大致不誤，但明顯過於浮泛；特别是“器名‘區’者，與‘丘’同義這一説法，非但無助於理解這一藏物處的性狀，反而令人更加摸不着頭

① 《周髀算經》卷下，北京：北京圖書館出版社，2004 年，《中華再造善本》叢書影印上海圖書館藏宋刻本，第 1b—2a 頁。參見《大戴禮記》卷五《曾子天圓》，北京：北京圖書館出版社，2004 年，《中華再造善本》叢書影印國家圖書館藏元至正十四年嘉興路儒學刻本，第 6b 頁。

② （唐）楊倞注：《荀子》卷一九《大略篇》，北京：北京圖書館出版社，2002 年，《中華再造善本叢書》影印宋刻本，第 24a 頁。

腦。《漢書・儒林傳》載唐生、褚生誦説有法而"疑者丘蓋不言"事，曹魏人如淳、蘇林和唐人顔師古雖然都有注釋，却都不得要領①，前人舊解中唯有清人沈欽韓的疏證尚較爲明晰：

《荀子・大略篇》"言之信者，在乎區蓋之間"，楊倞曰："區與丘同。"按荀意謂當不出方員之外，此言疑者亦不軼其外也。"蓋"非發語辭。《説文》序云"是非無正，巧詞邪説，使天下學者疑蓋"，《金石萃編》"北魏李超基誌銘"詞云"衆實叵蓋"，並作掩覆之義。《法苑珠林・欲蓋篇》"第五'疑蓋'者，謂以疑覆心"，又云"'蓋'義覆蔽，其心障諸善品，令不得轉"②。

簡單地説，"蓋"即覆蔽之義，與此相應，"區"字自應是一個具體的覆蓋物。顯而易見，這個覆蓋物是"甌"（或銅器之鏂），即以"區"通"甌"，取甌覆嚴密無隙之狀，以喻言論之精準不苟。從本質上來説，此"區蓋"之喻，仍然義在界限分明，還是"區"（甌）字作爲"邊際"的語義，在這裏起着核心的作用。

如前所述，《淮南子》載有"狗彘不擇甂甌而食"之語，説明甌這種器物絶非廟堂重器，而東方朔《七諫》詩尚以此甂甌與傳國寶鼎做對比，稱"甂甌登於明堂兮，周鼎潛乎深淵"，譬喻"小人任政，賢者隱匿"③。可見，單純就此器物的社會用途而言，甌本微末不足稱道。然而，昔梁武帝嘗謂"我家國猶若金甌，無一傷缺"④，直以"金甌"作爲國家疆土的象徵（案日本京都泉屋博物館收藏有一件西漢時期的鍍金銅銷（圖 10）⑤，如前所述，銷即鏂之别稱，因而像這樣鍍金的銅銷，或即所謂"金甌"）。雖然銅鏂與瓦甌有别，金甌更爲珍稀，但這種器皿的造型終歸太過平常，没有什麽值得鄭重尊崇的地方，而梁武帝竟然以之譬喻家國，尋其緣由，恐怕衹能歸之於歷史上曾經有過以"甌"之所覆來表徵國土或者疆域的慣行用法。

---

① 《漢書》卷八八《儒林傳・王式》唐顔師古注，第 3610—3611 頁。

② （清）沈欽韓：《漢書疏證》卷三四，上海：上海古籍出版社，2006 年，影印清光緒浙江書局刻本，第 152 頁。

③ （漢）王逸：《楚辭章句》卷一三《七諫・謬諫》，臺北：藝文印書館，1974 年，影印明萬曆刻本，第 369 頁。

④ 《梁書》卷五六《侯景傳》，北京：中華書局，1973 年，第 862 頁。

⑤ 泉屋博物館編：《泉屋博古》之《中國銅器編》第 131 號藏品《鍍金銷》，京都：泉屋博物館，2002 年，第 111 頁；又卷末附《作品解説》，第 212 頁。

圖 10　日本京都泉屋博物館藏西漢鍍金銅鋗（銅甌）

不過，《方言》中“垂甌”的“垂”字，倒未必是表示向下俯伏的意思，似乎更有可能是用其本義，即《説文》所説“遠邊”，清人段玉裁謂稍引申之，則“凡邊曰垂”[①]，故“垂甌”即謂“甌”之邊緣，亦即代指緣邊地帶。檢《説文》釋“郵”字云：“境上行書舍。从邑、垂。垂，邊也。”[②]所説正是“凡邊曰垂”的意思。《漢書》載袁盎勸諫漢文帝馳馬霸陵峻坂，語曰“千金之子不垂堂”，顏師古注云：“垂堂，謂坐堂外邊，恐墜墮也。”[③]清人段玉裁即視此爲“凡邊曰垂”的例證[④]。可見“垂堂”一語適可與“垂甌”相互印證。似此解讀，“越之垂甌”與“燕之外郊”“吴之外鄙”句式如一而遣辭錯落有致，文氣最顯順暢。清人馬瑞辰因不明“垂甌”的語義，在引述《方言》時，竟誤把“甌”字屬下連讀，書作“甌吴之外鄙”云云[⑤]，這實在是很嚴重的疏誤。

在《漢書·叙傳》當中，當班固述及《西南夷兩越朝鮮列傳》的時候，我們還可以看到與此相似的用法：

> 西南外夷，種别域殊。南越尉佗，自王番禺。攸攸外寓，閩越東甌。爰洎朝

---

① （清）段玉裁：《説文解字注》卷一三下《土部》，上海：上海古籍出版社，1988 年，影印清嘉慶經韻樓原刻本，第 693 頁。

② （漢）許慎：《説文解字》卷六下《邑部》，第 5b—6a 頁。

③ 《漢書》卷四九《袁盎傳》並唐顏師古注，第 2270 頁。

④ （清）段玉裁：《説文解字注》卷一三下《土部》，第 693 頁。

⑤ （清）馬瑞辰：《毛詩傳箋通釋》卷二一《小雅·北山》，北京：中華書局，1989 年，第 690 頁。

鮮，燕之外區。漢與柔遠，與爾剖符。[①]

文中“寓”字，清人王念孫嘗有考釋云：

“寓”當爲“寓”字之誤也。《說文》：寓，籀文“宇”字。閩越東甌，皆在漢之南徼外，故曰“外寓”〔王粲《鵰賦》：“震聲發乎外寓。”〕，猶下文言“燕之外區”也。若作“寄寓”之“寓”，則義不可通。劉逵《吴都賦》注引此作“悠悠外宇”，故知“寓”爲“寓”之譌〔張衡《思玄賦》“怨高陽之相寓兮”，《風俗通義・祀典篇》“營寓夷泯”，今本“寓”字並譌作“寓”〕，而此字師古無音，則所見本已譌作“寓”矣。[②]

清人薛傳均的《文選古字通疏證》，對“寓”“宇”二者爲同字異構，做有更具體的論證[③]。《説文解字》釋此“寓”字的篆書異構字形“宇”字，其結構是“從宀于聲”，義指“屋邊”，唐人陸德明稱“屋四垂爲宇”。《説文》復謂“宀”這一部首本來就是象“交覆深屋”之形，南唐人徐鍇以爲乃“象屋兩下垂覆也”[④]。徐鍇且具體講述“宇”之字義說：“《春秋》傳曰‘况衛在君之宇下’，是爲邊垂也。”清人段玉裁亦釋所謂“交覆”，是指“古者屋四注，東西與南北皆交覆也”，而“宇”字由“屋邊”這一本義引申之，則“凡邊謂之宇”[⑤]，故《倉頡篇》釋之曰：“宇，邊也。”[⑥]如此看來，《漢書・叙傳》中“攸攸外寓”的“寓”字，與上文所論“垂甌”的“甌”字正相類同，而王念孫云此“攸攸外寓”乃“猶下文言‘燕之外區’也”，也就等於說“外寓”義同“外區”，即“寓”與“區”字在這裏是表示相同的語義。通讀《漢書・叙傳》上文可知，這裏的“區”字是與“甌”“符”等字押韻[⑦]，亦即“區”乃讀作“甌”音，一如劉師培所説，“區亦甌字異文”，據此自然會得出班固以“區”通“甌”的結論，“外

---

① 《漢書》卷一〇〇下《叙傳》下，第4268頁。

② （清）王念孫：《讀書雜志》之《漢書》第十五“外寓”條，北京：中國書店，1985年，第30頁。

③ （清）薛傳均：《文選古字通疏證》卷一，清道光二十一年原刻本，第10b—11a頁。

④ （漢）許慎：《説文解字》卷七下《宀部》，第2a—2b頁。（唐）陸德明：《經典釋文》卷六《毛詩音義》中，上海：上海古籍出版社，1985年，影印北京圖書館藏宋刻本，第280頁。（南唐）徐鍇：《説文解字繫傳》卷一四，清道光十九年祁寯藻据影宋抄本重刻本，第3a頁。

⑤ （南唐）徐鍇：《説文解字繫傳》卷一四，第4a頁。（清）段玉裁：《説文解字注》卷七下《宀部》，第337—338頁。

⑥ （梁）蕭統：《文選》卷三漢張衡《東京賦》唐李善注，第63頁。

⑦ （清）顧炎武：《音學五書》之《唐韻正》卷六，北京：中華書局，1982年，影印清光緒十一年四明觀稼樓仿刻本，第318頁。

區”亦即“外甌”。事實上，也衹有這樣理解，纔能得出“外宇”與“外區”相當的結論，二者一以四垂的屋邊作譬喻，一由下覆的甌緣來引申，前後對應，至爲貼切。

與用“甌”（區）字表徵屬地一樣，“宇”也常常被用來表示疆域。參看“區宇”並連的用法，可以更爲清楚地領會王念孫所論“外寓”猶言“外區”的説法。東漢安帝元初二年鄧太后臨朝時期，“以爲文德可興，武功宜廢，遂寢蒐狩之禮，息戰陣之法”，校書郎馬融進上《廣成頌》，諷諫當政者以爲文武之道，未可偏廢。其文載録於《後漢書》本傳，有句云：

> 是以大漢之初基也，宅茲天邑，總風雨之會，交陰陽之和。揆厥靈囿，營于南郊。徒觀其坰場區宇，恢胎曠蕩，藐夐勿罔，寥豁鬱泱，騁望千里，天與地莽。

唐章懷太子李賢等注釋《後漢書》對此“區宇”二字未加解説，衹是在“寥豁鬱泱”句下附有釋語云：“藐，音眇；泱，音烏朗反，並廣大貌。”[①]反觀《廣成頌》原文，可知“並廣大貌”之説，實際上是兼該有“恢胎曠蕩，藐夐勿罔，寥豁鬱泱”這三句話，也就是説這三句話都是對洛陽城外“坰場區宇”之“廣大”程度的一種形象描摹。文中“坰”即“郊坰”之“坰”，場則“壇場”之“場”（祭壇周圍平整過的空地），在這裏同“區”和“宇”兩個字一樣，都是藉以表示廣成苑向四周延展的範圍，故下文用“恢胎曠蕩，藐夐勿罔，寥豁鬱泱”數句來描摹其“廣大”之貌。這樣看來，確切地説，此處“區”即猶如班固所説“外區”，“宇”亦如同《漢書·敘傳》裏面講的“外寓”。張衡《東京賦》有句云：“區宇乂寧，思和永中。”孫吴薛綜注云“天地之内稱寓”[②]，所説雖然未盡允洽，却清楚顯示出“宇”之本字正書作“寓”。其他類似的用法，如隋有官修《區宇圖志》[③]，“區宇”亦即猶如後世“一統志”之“一統”，表示舉國疆域，也應該是由“區”（甌）或“宇”之所覆這一層語義推衍而來。

像梁武帝這樣以甌之所覆來表示一國一地的疆土，實際起着疆土標識象徵作用的部位衹是甌的口沿。所以，即使省掉“垂”這一修飾而單用“甌”字，同樣能夠領會其象徵意義。檢視相關用例，甚至可以説像《方言》這樣綴加“垂”字，衹是爲與“外郊”“外鄙”的“外”字在修辭上相匹配，纔特地采用的一種繁複用法，在大多數

① 《後漢書》卷六〇上《馬融傳》並唐李賢注，北京：中華書局，1965年，第1956頁。

② （梁）蕭統：《文選》卷三漢張衡《東京賦》唐李善注引薛綜舊注，第54頁。

③ （宋）李昉等：《太平御覽》卷六〇二《文部·著書》下引《隋大業拾遺》，第2710—2711頁。

情况下，應該衹是單稱“甌”字來表示邊地的意思。

作邊地講的“甌”字，在史籍中最引人注目的一個用例，是所謂“甌脱”。自 20 世紀 20 年代日本學者白鳥庫吉首倡其説之後，世之學者多以匈奴、突厥等北方民族語言的音譯來爲此語做解，具體的對音五花八門，釋義亦莫衷是一。但這完全是以想當然爲前提，對“甌脱”之所以不能是漢文而非北族之語不可，並没有人做出切實可信的論證。早期史籍中有些文句，由於時過境遷，語義往往不易索解。在遇到這一類問題時，晚近外來很多學者動輒便指認爲某外來語的對音（往往還是直接針對死無對證的古代民族的死語言），其中有很多實際上是漢語固有的詞彙，衹是研究者没有找到正確的釋讀而已[①]。

我們看《史記》卷一一〇《匈奴列傳》中的相關紀事及古人舊釋，何嘗有一絲一毫番邦夷語的意思：

> 冒頓既立，是時東胡彊盛。……東胡王愈益驕，西侵。與匈奴閒，中有弃地，莫居，千餘里，各居其邊爲甌脱〔《集解》韋昭曰：“界上屯守處。”《索隱》服虔云“作土室以伺漢人”。又《纂文》曰“甌脱，土穴也。”又云是地名，故下云“生得甌脱王”。韋昭云“界上屯守處。”甌音一侯反。脱音同活反。《正義》按：境上斥堠之室爲甌脱也〕。東胡使使謂冒頓曰：“匈奴所與我界甌脱外棄地，匈奴非能至也，吾欲有之。”[②]

研讀古代文獻，首先就是要充分尊重諸如服虔、韋昭這樣一些比較接近原作者撰著時代的早期注釋。除了上面這些漢唐間人的注釋之外，唐人顔師古也把“甌脱”解釋爲“境上候望之處”[③]。故“甌脱”之“甌”在這裏就是表示韋昭所説的“界”或顔師古、張守節所説的“境”，這與前文所述“垂甌”之“甌”的語義，十分契合。至於“脱”字，明人方以智也做過很好的解釋，即謂“古以平而凹起爲脱，如土室爲甌脱，如甌之脱也”，猶如“今以木爲凹印，以飴餅印之，謂之脱”[④]。

---

① 如《史記》卷六《秦始皇本紀》（第 319 頁）“禁不得祠明星出西方”句中的“不得”和“略取陸梁地”的“陸梁”，就屬於這種情况，前人都很輕率地做過諸多異想天開的解釋，别詳拙撰《秦始皇禁祠明星事解》和《陸梁名義新釋》兩文，並見拙著《舊史輿地文録》，北京：中華書局，2013 年，第 96—117、130—151 頁。

② 《史記》卷一一〇《匈奴列傳》並刘宋裴駰《集解》、唐司馬貞《索隱》、唐張守節《正義》，第 3472—3473 頁。

③ 《漢書》卷九四上《匈奴傳》上，唐顔師古注，第 3750 頁。

④ （明）方以智：《通雅》卷三四《器用》“唐以平脱、帖白名器”條，上海：上海古籍出版社，1988 年，《方以智全書》本，第 1053 頁。

此“甌脱”《漢書·蘇武傳》又書作“區脱”，顏師古謂“區讀與甌同”[①]，且如劉師培所説，甌、歐、漚、區諸字原本相通。若然，則單用“區”字，亦可表示邊陲之義。唐人顏師古嘗謂“衛士之屋謂之區廬，宿衛宮外士稱爲區士”，顏氏以爲緣其得名之由，蓋“區者，小室之名，若今小菴屋之類耳”[②]。作“小室之名”義解的“區”字容或有之，但顏師古所説“區廬”“甌士”，顯然更適合解作宮室外圍警戒綫或戍衛綫上的營舍和兵卒，“區”字在這裏仍然是“邊界”之義，“區廬”亦即猶如“區脱”。

《尚書·康誥》開篇有如下一段内容：

> 惟三月哉生魄，周公初基，作新大邑于東國洛。四方民大和會。侯甸男邦采衛，百工播民和見，士于周。周公咸勤，乃洪大誥治。
>
> 王若曰：“孟侯，朕其弟，小子封！惟乃丕顯考文王，克明德慎罰，不敢侮鰥寡，庸庸，祗祗，威威，顯民。用肇造我區夏，越我一二邦，以修我西土。惟時怙冒，聞于上帝，帝休。天乃大命文王，殪戎殷，誕受厥命，越厥邦厥民，惟時叙。乃寡兄勖，肆汝小子封，在兹東土。”

“區夏”指初興於西陲的周室，這一點顯而易見，而僞孔傳與孔穎達疏俱釋“區夏”爲“區域諸夏”[③]，後世説《書》者則多將其解作、用作“中夏”之義，實則於文義俱扞格難通，“中夏”一説尤與周文王“修我西土”的實際情况相悖戾。在前人諸説當中，唯另有訓“區”爲“小”者，於前後文義最顯通順，但也並不十分妥帖[④]。若是比照上述“區脱”之“區”，把“區夏”理解爲居住在緣邊地帶的華夏之人，這便與周公因封授康王於東國而諄諄講述周人肇興自“西土”的艱難歷程這一背景恰相契合，上下語句之間，亦略無牴牾。

與此“區夏”相似的用法，《逸周書·王會解》還記述在前來向周天子貢獻寶物的四方諸侯當中，正南方有一“甌鄧”，正東方的蠻夷亦有所謂“漚深”，此外還有被稱

---

① 《漢書》卷五四《蘇武傳》並唐顏師古注，第2465—2466頁。

② 《漢書》卷六七《胡建傳》唐顏師古注，第2911頁。

③ （唐）孔穎達等：《尚書注疏》卷一三《康誥》，北京：中華書局，1986年，《古逸叢書三編》影印北京圖書館藏南宋初兩浙東路茶鹽司刻八行本，第1b—5a頁。

④ 案前人對“區夏”的各項訓釋，請參見顧頡剛、劉起釪：《尚書校釋譯論》之《康誥》，北京：中華書局，2005年，第1305—1306頁。案顧、劉師弟書中列舉的釋“區”爲“小”的代表性著述，爲近人楊筠如之《尚書覈詁》，唯余泛覽所及，明申時行《書經講義會編》（日本延寶二年大阪書肆翻刻明萬曆本）卷七（第44b—45b頁）已經以“一區之夏”來對譯“區夏”，並謂“區夏，就本國之民説；一二邦，就鄰國之民説；西土，就一方之民説”，可知對於申氏而言，“一區”當屬“偈促狹小”之意，“區夏”猶言“小夏”。

作“區陽”的戎人[①]。“甌鄧”“漚深”和“區陽”的具體情況，雖然還難以確知，但《戰國策》記載趙武靈王論胡服騎射之益時嘗有語云：

> 被髮文身，錯臂左衽，甌越之民也。黑齒雕題，鯷冠秫縫，大吴之國也。[②]

這裏講“甌越”與“大吴”並稱，更清楚體現出“甌”字的修飾限定性質，所謂“甌越”即指邊鄙之越［案《逸周書・王會解》記殷商時伊尹受命，號令四方，正東蠻夷中還列有“越漚”[③]，依據上述通例，此語似屬“漚（甌）越”之乙誤］。如果對比一下秦漢時居處於干國故地之越人又被稱作“干越”[④]，以及所謂“外越”“東海外越”亦即海徼以外之越人的説法[⑤]，尤易理解此一“甌越”的涵義。

與此類似的用例，還有《史記・趙世家》記趙惠文王二十六年“取東胡歐代地”，唐司馬貞《索隱》釋云：“東胡叛趙，驅略代地人衆以叛，故取之也。”[⑥]這顯然是以“歐”通“毆”，作驅趕義解，望文生義，實在佶屈難通，而後之讀《史記》者亦未見有人對此做出其他解釋。唯顧頡剛在點校《史記》過程中，注意到《史記索隱》的解釋義不可通，在讀書筆記中述云：“‘歐代’即‘甌脱’，聲略轉耳。”[⑦]但“脱”“代”聲轉，並無佐證。其實，若是按照劉師培甌、歐相通的説法，把“歐代”視作“甌代”，再如上文所述，把“甌”字解作邊地，那麽，《史記・趙世家》這句話的語義，將變得十分清晰，即“歐代”是指代地的沿邊區域，此前曾被東胡占據，這時又被趙惠文王攻取。

在上述通例的基礎上來審視“東甌”“西甌”以及“甌駱”這些與越人有關的稱謂，應該很容易理解其涵義。

首先，“東甌”與“西甌”，亦即猶如今世口語所説“東邊”與“西邊”，而所謂東、西方位，應是相對於“自交趾至會稽七八千里”地界之内錯綜雜處的“百越”諸

---

① （宋）王應麟：《周書王會補注》，第16a—16b頁，第35a頁。

② 《戰國策》卷一九《趙策》二，北京：北京圖書館出版社，2002年，《中華再造善本》叢書影印國家圖書館藏宋紹興刻姚宏續注本，第8b頁。

③ （宋）王應麟：《周書王會補注》，第35a頁。

④ 蒙文通：《越史叢考》之《越人遷徙考》一節，北京：人民出版社，1983年，第44—48頁。

⑤ （漢）袁康、吴平：《越絶書》卷二《越絶外傳記吴地傳》，第8a頁；又卷八《越絶外傳記地傳》，第2a、14a頁。

⑥ 《史記》卷四三《趙世家》並唐司馬貞《索隱》，第2181頁。

⑦ 顧頡剛：《顧頡剛讀書筆記》第七卷上《湯山小記》九“‘歐代’即‘甌脱’《索隱》誤釋”條，第5076—5077頁。

部而言[①]，即“東甌”和“西甌”各自居處於百越諸部的東、西兩邊，顧頡剛乃謂“則以皆爲越地也”[②]。《史記·東越列傳》記越人摇被漢廷立爲東海王後“都東甌”，這可能是指越之東邊這一區域，也可能指這一區域内一個特定的都邑。如前所述，東晉人郭璞稱此東甌即《山海經》“甌在海中”之“甌”，在臨海郡永寧縣，而這個永寧縣即今温州，今浙江南部的温州及其附近地區，正處於越之東鄙。至於《山海經》單稱此地爲“甌”，則可以看作是對緣邊地帶的一種概括性稱謂。

其次，與“東甌”相對，“西甌”是指百越諸部西部的緣邊地帶（實際上這是以南越和閩越爲中心而産生的一種稱呼，排除了像“滇越”這樣更靠西部的相關族裔[③]）。徐中舒嘗謂“秦、漢之時越已分爲四，即東越、南越、東甌、西甌四個部落”[④]。秦漢人所説“東越”，通常包括“東甌”與“閩越”兩部分[⑤]，即使是單指“閩越”，其轄境也一定包含有東甌故地在内。因此，若把徐氏所説“東越”替换成“閩越”，這種説法可謂大體允當。如前所述，透過《淮南子·人間訓》的記載，我們可以清楚看到，秦漢人所説“西甌”（西嘔）的範圍，其北部應當包括南嶺脚下的秦桂林郡在内。《太平寰宇記》引唐人《郡國志》謂“鬱林爲西甌”[⑥]，這可以説是一種很合理的認識。又《漢書·地理志》載交趾郡有西于縣[⑦]，東漢仍之[⑧]。在元封元年漢軍滅除東越的同時，另有“故甌駱將左黄同斬西于王，封爲下鄜（酈）侯”[⑨]，日本學者杉本直治郎推斷，兩漢西于縣即設立於此“西于王”之國的故地，而“西于”與“西甌”（西嘔）語音相近，前者應屬後者的通轉[⑩]。其實清人沈欽韓很早就談到過類似的看法[⑪]。瞭解到“西甌”作爲越地“西邊”的語義，可知清人沈欽韓和杉本氏把“西于”解作“西甌”自屬比較合理的推斷。

另外，值得注意的是，《漢書》是把這位甌駱將左黄同因斬殺西于王而受封一事，與元封元年横海將軍韓説等率軍平定東越一役放在一起來叙述的，這顯示出在元鼎六

① 《漢書》卷二八下《地理志》下唐顔師古注引晉臣瓚語，第1696頁。

② 顧頡剛：《顧頡剛讀書筆記》第四卷《駱園筆記》之“東西甌”條，第2235頁。

③ 《史記》卷一二三《大宛列傳》，第3816頁。

④ 徐中舒：《交州外域記蜀王子安陽王史迹箋證》，據作者文集《徐中舒歷史論文選輯》，第1391頁。

⑤ 《史記》卷一一四《東越列傳》，第3586、3590頁。

⑥ （宋）樂史：《太平寰宇記》卷九九《江南東道·温州》，北京：中華書局，2007年，第1976頁。

⑦ 《漢書》卷二八下《地理志》下，第1629頁。

⑧ （晉）司馬彪：《續漢書·郡國志》五，見《後漢書》志第二十三，第3532頁。

⑨ 《漢書》卷九五《東粵傳》，第3862—3863頁。案黄同受封的侯名，此《漢書·東粵傳》及《漢書·景武昭宣元成功臣表》俱譌作“下鄜侯”，清沈欽韓《漢書疏證》卷三（第87頁）對此已有考證，此從《史記》卷二〇《建元以來侯者年表》（第1244頁）訂正。

⑩ 杉本直治郎：《秦漢兩代における中國南境の問題》，刊《史學雜誌》第五十九編第十一號，第44—48頁。

⑪ （清）沈欽韓：《漢書疏證》卷三五，第182頁。

年伏波將軍路博德等率軍征服南越之後，西于王率領其部族，重又在西漢交趾郡一帶自立，試圖擺脱漢廷的統治。據云在廣西合浦縣炮竹廠附近的漢墓中，曾發現一隻陶制熏壺，上面刻有“西于”二字[①]，説明這裏也可以稱作“西甌”，而其地正與海南島毗鄰。後世或云“珠崖、儋耳謂之甌人”[②]，這便是緣於珠崖、儋耳兩郡所在的海南島也是處在嶺南百越西部的邊裔地帶（其單稱之爲“甌”而不用“西甌”，應與前面講述的郭璞稱“東甌”爲“甌”一樣，是對這種緣邊地帶的一種概括性稱謂）[③]。

以上述認識爲基礎，下面就讓我們來考察“西甌駱”這幾個字是否可以連讀。前面曾經述及南朝人姚察把“甌駱”等同於“駱”（雒）的看法，清人沈欽韓對此也有相同的認識[④]。“甌”字這一層“邊鄙”的語義，可以更爲清晰地證明二者之間的一致性，亦即“甌駱”猶如“區夏”“甌越”“甌鄧”等用法一樣，衹是表示居於邊地之駱人。

見於《史記》記載的“西甌駱”，實際上有兩種讀法，前面都曾有過徵引。第一種是趙佗對漢使陸賈所説南越國“其東閩越千人衆號稱王，其西甌駱裸國亦稱王”。在這裏，“其西”是與“其東”並舉對稱，故衹能將其分解開來，讀作“西”之“甌駱”。另一種見於司馬遷對吕后死後趙佗開拓南越國疆域情況的描述，即謂趙佗“以兵威邊，財物賂遺閩越、西甌駱，役屬焉”。在理解“甌駱”的語義之後，這段文中的“西甌駱”，衹能連讀，等於是更明確地標識這些駱人的居處之地乃位於“西甌”，亦即東南地區百越諸族之西畔。

在一些秦漢時期的文獻當中，“西甌駱”又被寫作“越駱”，或是“駱越”。其作“越駱”者，如《吕氏春秋》記云：

> 和之美者，陽樸之薑，招摇之桂，越駱之菌，鱣鮪之醢，大夏之鹽，宰揭之露。其色如玉，長澤之卵。[⑤]

而《漢書・賈捐之傳》記載漢元帝時賈捐之論述漢武帝開邊事，則稱之爲“駱越”：

---

① 白耀天：《象郡辯略》（續），刊《廣西民族研究》1994年第3期，第83頁。

② 《史記》卷四三《趙世家》唐司馬貞《索隱》引劉氏語，第2168頁。

③ 案芮逸夫：《中國民族與越南民族》一文，依據“珠崖、儋耳謂之甌人”這一説法，以爲“‘甌’爲漢時海南島上土著之稱，其俗和越人相同，所以甌、越連稱。……所謂西甌，乃指居甌西方即廣西南部及越南東京的越人，而東甌則指居甌東方即温州一帶的越人”。如前所述，《山海經》“甌在海中”一語表明東甌亦可略稱爲“甌”，芮氏因珠崖、儋耳兩郡居民有“甌人”之稱便以爲“東甌”“西甌”之别史相對於海南島上的“甌人”而言，這在邏輯上是説不通的。芮文刊，郭廷以等著：《中越文化論集》〔一〕，臺北：中華文化出版事業委員會，1956年，第123—124頁。

④ （清）沈欽韓：《後漢書疏證》卷二，上海：上海古籍出版社，2006年，影印清光緒浙江書局刻本，第43頁。

⑤ 《吕氏春秋》卷一四《孝行覽・本味》，元至正六年嘉興路儒學刻約明萬曆間補修印本，第7a頁。

> 駱越之人，父子同川而浴，相習以鼻飲，與禽獸無異，本不足郡縣置也。[1]

孫人和、蔣維喬、陳奇猷等人根據戴凱之《竹譜》和《太平御覽》引述的《吕氏春秋》，以爲應以《漢書·賈捐之傳》爲準，書作“駱越”，元代以來的《吕氏春秋》傳本，二字乙誤[2]（參見圖 11），所説應是。後世學者，往往以爲“駱”“越”二者語義相當，即如唐章懷太子李賢所説，“駱者，越别名”[3]，實際上兩者之間，是一種主從關係，即駱人應當是越人、也就是所謂“百越”的一部分。“駱越”之稱，猶如春秋時期的長狄、赤狄、白狄，不過都是狄人中的一部分“别種”而已。由於地居百越諸族的西部邊遠地帶，特指這一部分越人時便另以“西甌駱”或“甌駱”稱之。

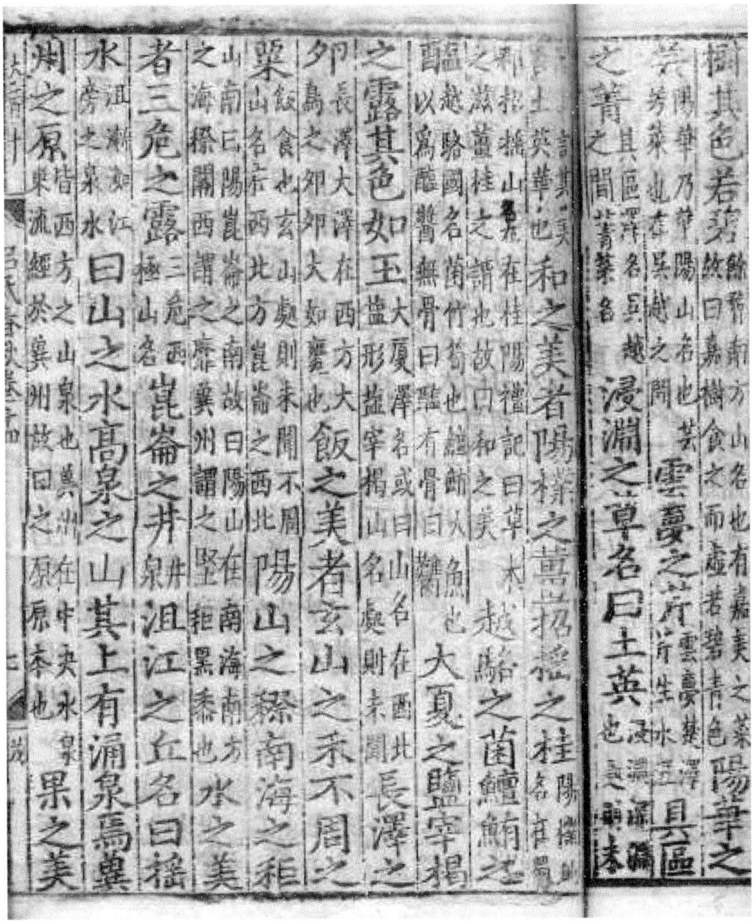
樹其色若碧……陽華之
芸……雲夢之芹……具區
之菁……浸淵之草名曰土英
和之美者陽樸之薑招搖之桂
越駱之菌鱣鮪之
醢……大夏之鹽宰揭
之露其色如玉……長澤之
卵……飯之美者玄山之禾不周之
粟……陽山之穄南海之秬
……水之美
者三危之露……崑崙之井……沮江之丘名曰搖
水……曰山之水高泉之山其上有涌泉焉冀
州之原……果之美

圖 11　元至正六年嘉興路儒學刻約明萬曆間補修印本《吕氏春秋》

① 《漢書》卷六四下《賈捐之傳》，第 2834 頁。
② 陳奇猷：《吕氏春秋校釋》卷一四《孝行覽·本味》，上海：學林出版社，1984 年，第 759—780 頁。
③ 《後漢書》卷二四《馬援傳》唐李賢注，第 840 頁。

明此可知，這裏討論的《史記·南越列傳》的文句，理應讀作“佗因此以兵威邊，財物賂遺閩越、西甌駱”，刪除今中華書局點校本在“西甌”與“駱”字之間加入的頓號。

八、《廉頗藺相如列傳》

《史記·廉頗藺相如列傳》原文

> 趙奢者，趙之田部吏也。收租税，而平原君家不肯出。趙奢以法治之，殺平原君用事者九人。

上文“趙奢以法治之”句，今新點校本附有校勘記云：

> “趙”，原作“租”，據景祐本、紹興本、耿本、黄本、彭本、柯本、凌本、殿本改。①

由於這段内容已被一些地區選入中學語文課本，在社會上具有比較廣泛的影響，主持這次《史記》點校工作的趙生群教授，曾特地以此爲例，向新聞記者説明新點校的《史記》較諸中華舊本“全面昇級”的程度，謂“考慮到古書中‘租’與‘趙’字形相似，應爲誤用，因此此次修訂根據版本和其他旁證材料，將其改爲‘不肯出趙’”②。

〖今案〗

《史記·廉頗藺相如列傳》中這個字，舊點校本作“租”，這固然存在問題，但今新點校本所做校改亦未必適宜，對此還需要再事斟酌。

如前面第二節所述，今新點校本與中華書局原點校本一樣，都是以清同治年間張文虎在金陵書局校刊的本子作底本，而現在據以改“租”爲“趙”的各種早期版本，其中有很多也是張文虎曾經參校過的刻本。對此，張氏本嘗另行寫有校勘札記云：

---

① 《史記》卷八一《廉頗藺相如列傳》並卷末附《校勘記》，第2949、2958頁。

② 路艷霞：《點校本“二十四史”全面昇級》，原刊《北京日報》8月14日，此據中華書局點校本“二十四史”及《清史稿》修訂工程辦公室《點校本“二十四史”及〈清史稿〉修訂工程簡報》第79期，第26—27頁。

不肯出租。——舊刻“租”，各本誤作“趙”[①]。

這就是說金陵書局本付梓時，除了這種“舊刻本”之外，所參據的其他各種版本，文字俱鐫作“平原君家不肯出。趙奢以法治之”。

張文虎依據的這個所謂“舊刻本”，年代並不很早，據云係“上海郁氏藏……似元明間刊本”，其書“雜采《集解》、《索隱》頗略”，内容也不是十分完善[②]。那麼，張文虎爲什麼會捨棄諸多古刻善本而不取，偏偏要依從這一權威性很低的孤證呢？其間自然會有他的道理。張氏對此雖然没有做出説明，但稍一斟酌品味《史記·廉頗藺相如列傳》的上下文義，便不難發現，這衹能是基於古人行文的“筆法”。

這段文字從一開始就是談“趙奢”其人其行。“趙奢者，趙之田部吏也”，這是説趙奢其人；“收租税，而平原君家不肯出”，這是在講趙奢之行事。因爲後者是承續前者而來，故“收租税”句前省略了主語“趙奢”。同樣，下文“以法治之，殺平原君用事者九人”亦直接承接“（趙奢）收租税，而平原君家不肯出”一事而發。由於中間主語有過一次轉换，即由前去“收租税”的“趙奢”，轉换成了“不肯出”租税的“平原君家”，現在則又重新回歸爲“趙奢”這個人，所以需要點明這種主語的變化。不過在另一方面，由於前後文脉尚直接連貫，通常也不必全稱“趙奢”姓名，只單提一個“奢”字即可。這樣處理，文字既簡潔，又明晰暢達，而若全稱“趙奢”則過於突兀。針對“趙奢者，趙之田部吏也”這句話的寫法，清人牛震運曾特别指出：“趙奢獨非趙之良將哉？而曰田部吏，爲下文便接收租税治平原君家也。”[③]注意到這一點，尤易理解“奢以法治之”這句話，與上文之間内在關聯的緊密程度。稍多誦習一些古文篇章，自易體味包括司馬遷在内，秦漢間人的文句，都是這一路寫法；況且《廉頗藺相如列傳》的謀篇布局，在《史記》全書當中也倍受後人賞譽，有人稱其“或分或合，或詳或略，真得奇正錯綜之法”[④]，有人謂其“變化無方，各有義法，此史之所以能潔也”[⑤]，自是太史公精心結構之筆，更不應該出現上述煩贅的詞語。這没有什麼其他的道理好講，懂文章寫法，不言自明；不懂，也講不明白。

---

① （清）張文虎：《校刊史記集解索隱正義札記》卷二一，第553頁。

② （清）張文虎：《校刊史記集解索隱正義札記》卷一，第1頁。

③ （清）牛震運：《空山堂史記評註》卷八，北京：中華書局，2012年，崔凡芝《空山堂史記評註校釋》本，第460頁。

④ （明）陳仁錫：《史記考》之《廉頗藺相如列傳考》，日本寬文十二年八尾友春刊享保二年京都堀川通本國寺前金屋半右衛門印本，題“陳明卿史記考”，第1a頁。

⑤ （清）方苞：《史記評語》，長沙：岳麓書社，1994年，《二十五史三編》影印清末民初間刻本，第87—88頁。

按照這種常規的筆法，諸多古本《史記》中“趙奢以法治之”的“趙”字，衹能是後世羼入的衍文。猶如美人臉頰上的贅疣，張文虎當然要想辦法除去，而做典籍校勘，不能覺得怎麼好看就怎麼删改，需要盡可能找到版本依據。於是，不難想象，張文虎因此而看中了《史記》“舊刻本”中的“租”字，以此來取代那個很不順眼的“趙”。

然而，一方面，“租”字形譌爲“趙”，可能性並不是很大，即趙生羣説“‘租’與‘趙’字形相似，應爲誤用”，這樣的講法實際並不十分合理；另一方面，改“趙”爲“租”，在去掉“奢”字前面這一“趙”字贅疣的同時，却另給“平原君家不肯出”這句話添加了“租”字這一贅疣。蓋前文既然已經明確叙述是在趙奢去平原君家“收租税”的時候，“平原君家”纔有“不肯出”的舉動。其拒而“不出”者，自然是指“租税”。按照秦漢間人行文的慣例，同樣没有必要再很累贅地重述“租税”這兩個字（或單稱“租”字以代“租税”）。

那麼，是不是有能夠找到較早的版本依據來證明這一點呢？日本宫内廳書陵部藏唐貞觀年間所編《群書治要》的古寫本，恰好摘録有《史記・廉頗藺相如列傳》這部分内容，文爲：

> 趙奢者，趙之田部吏也。收税，而平原君家不肯出。奢法治之，殺平原氏用事者人。①

雖然其中“收税”二字，容或屬於“收租税”的脱誤，“奢法治之”句在“奢”字下亦當脱一“以”字，“殺平原氏用事者人”也應該是“殺平原君用事者九人”的脱誤（案日本天明七年尾張藩刻本《群書治要》即徑行鐫作“奢法治之，殺平原氏用事者人”②），但“平原君家不肯出。奢（以）法治之”這兩句話，正與上面所做的推論吻合。後來白居易編纂《白氏六帖》，也摘録有《史記》這段文句：

> 殺不出租者。——趙奢，趙之田吏也。收租税，平原君不肯出。奢以法治，

---

① （唐）魏徵等：《群書治要》卷一二《史記》下，東京：汲古書院，1989年，《古典研究會叢書》影印宫内廳書陵部藏日本鐮倉時代寫本，第144頁。

② 見民國商務印書館《四部叢刊初編》影印日本天明七年尾張藩刻本《群書治要》（縮印本）卷一二《史記》下，第159頁。

乃殺其家用事者。[①]

這裏雖格於體例，頗有省略，但“平原君不肯出。奢以法治”這兩句話，還是可以進一步印證唐代流行的舊寫本《史記》，在這兩個文句當中，既没有“趙”字，也没有“租”字。

遲至北宋中期，我們透過蘇轍改編《史記》寫成的《古史》，仍然可以看到這一情況：

趙奢者，趙之田部吏也。收租稅，而平原君家不肯出。奢以法治之，殺平原君用事者九人。[②]

南宋時人黄震對比《古史》與《史記·廉頗藺相如列傳》的紀事之後，稱譽太史公“史筆之妙，開合變化，又足以曲盡形容，真奇事哉！《古史》因之不敢易一字，亦宜矣”[③]。《古史》此篇之於《史記》原文，雖非一字不易地照抄，但確實殊少改動，以蘇轍此書與《群書治要》摘録的文字相印證，當足以確認，今傳諸本《史記》之增入“趙”字作“趙奢以法治之”者，應是進入宋代以後在傳録刊刻過程中衍生的譌誤，而張文虎所説“舊刻本”之改“趙”爲“租”，乃因誤衍而誤改，出現的時間更晚。當年校刻此本者，或亦因嫌“趙”字累贅，始徑行改易爲“租”。

如以上所論，现在我们重新校勘《史记》，似應依據《群書治要》摘録的《史記》舊文，同時删除金陵書局本“平原君家不肯出租”的“租”字和傳世本《史記》“趙奢以法治之”的“趙”字，將其改定爲：“趙奢者，趙之田部吏也。收租稅，而平原君家不肯出。奢以法治之，殺平原君用事者九人。”至少應當改訂現有校勘記以改“租”作“趙”爲必是的判斷，同時附入《群書治要》摘録本的異文（當年張文虎在校勘《史記》時，就已經頻頻利用《群書治要》）。若是考慮到這部分内容被中學語文課本采録的情況，從文章作法角度來看，似乎更有必要注明這一點。

2014年8月21日記

① （唐）白居易：《白氏六帖事類集》卷二二《賦稅》，北京：文物出版社，1987年，影印宋刻本，第68a頁。
② （宋）蘇轍：《古史》卷五一《廉頗藺相如列傳》，第4b頁。
③ （宋）黄震：《慈溪黄氏日抄分類》卷五一《讀雜史》一《蘇子〈古史〉》，第23b—24a頁。

漢武帝見過《史記》叙漢事六表考

黄仕忠*

漢武帝（劉徹，前 140—前 87 在位）没有能夠看到完稿後的《史記》，這應該是没有異議的。因爲司馬遷在書成之時所作的《太史公自序》中，已經説明是要“藏之名山，副在京師，俟後世聖人君子”[①]；《漢書・司馬遷傳》也説：司馬遷死後，其書稍出，至宣帝（劉詢，前 73—前 49 在位）時，遷外孫楊惲祖述其書，遂宣布焉[②]。

但是，《史記》寫作時間長達十餘年[③]，漢武帝有没有可能在這期間看到過《史記》的部分篇章呢？這便是一個值得考慮的問題了。因爲從太初元年開始寫作，到司馬遷遭李陵之禍的天漢三年（前 98 ）的七年間，《史記》應該有若干篇章已經完成。在這段時間裏，司馬遷不僅没有隱諱他正在寫作漢史的事實，而且頗有意以《太史公書》求聞於當世，所以漢武帝得以見到撰寫中的《史記》的若干篇章，也就是可能的了。

後漢及魏晋人記載和《史記》的内證，可助證這一點。試陳述於後，以求方家教正。

---

* 作者簡介：黄仕忠（1960—），男，浙江諸暨人，中山大學中國古文獻研究所教授。

① 《史記》卷一三〇《太史公自序》，北京：中華書局，1959 年，第 3320 頁。

② 《漢書》卷六二《司馬遷傳》，北京：中華書局，1962 年，第 2737 頁。

③ 司馬遷在太初元年（前 104）開始寫作，約在征和年間（前 92—前 89）完稿；其後應尚有若干補綴。

一、漢武帝見過《史記》之諸説考辨

關於漢武帝見過《史記》部分篇章的最早記載，爲東漢衛宏的《漢舊儀注》，據裴駰《史記集解》所引如下：

衛宏《漢書舊儀注》曰：司馬遷作《景帝本紀》，極言其短及武帝過，武帝怒而削去之。後坐舉李陵，陵降匈奴，故下遷蠶室。有怨言，下獄死。[①]

衛宏，東漢初人，光武時爲議郎，作《漢舊儀》四篇，以載西京雜事，然所載亦頗出里巷傳聞，學者多持懷疑的態度。如本條材料，遷下蠶室，乃是武帝以爲遷沮貳師而爲李陵遊説，而非因舉薦李陵；司馬遷並未因怨言而下獄死；或謂《景帝本紀》實存，内並無詆毁的内容[②]。但無風不起浪，事出必有因。我以爲其中三點頗值得注意：第一，這裏只説漢武帝所見爲《景帝本紀》，即並非見過全部《史記》；第二，漢武帝至少見過《史記》一篇以上的篇章；第三，漢武帝見到《史記》部分篇章的時間，是在司馬遷遭李陵之禍以前，即在太初元年至天漢三年間（前104—前98）。

這三點，還可以得到其他材料印證。

第一，《西京雜記》卷六云：

（司馬遷）作《景帝本紀》，極言其短及武帝之過，帝怒而削去之。後坐舉李陵，陵降匈奴，下遷蠶室。有怨言，下獄死。[③]

案：此書雖爲晋葛洪（一説吴均）僞托西漢劉歆，但其中所用材料却多擷自漢代舊史佚文。如此條當從衛宏之説而來，實同出一源。

第二，晋陳壽（233—297）《三國志》卷十三《王肅傳》：

帝又問："司馬遷以受刑之故，内懷隱切，著《史記》非貶孝武，令人切齒。"

---

① 《史記》卷一三〇《太史公自序》，北京：中華書局，1959年，第3321頁。

② 可參見《余嘉錫論學雜著》中《太史公亡篇考·景紀第三》所論，及其所引清汪師韓《韓門綴學》卷二、清桂馥《晚學集》卷四、梁玉繩《史記志疑》卷三十六諸説。又，余氏以爲《景帝本紀》爲馮商所補。北京：中華書局，1963年，第17—27頁。

③ 據《四部叢刊》景明嘉靖本,宋李昉《太平御覽》卷第六百四文部二十亦載。

（王肅）對曰："司馬遷記事，不虛美，不隱惡。劉向、揚雄服其善叙事，有良史之才，謂之實録。漢武帝聞其述《史記》，取孝景及己本紀覽之，於是大怒，削而投之。於今此兩紀有録無書。後遭李陵事，遂下遷蠶室。此爲隱切在孝武，而不在於史遷也。"①

王肅此處明確地説漢武帝曾"聞"知司馬遷著史，取以閲讀的是景帝本紀及孝武本紀兩篇，時間在遭李陵事前。

第三，《三國志》卷六十五《韋曜傳》載韋曜下獄，著書以求免，孫皓更怪其書之垢。華覈接連上疏救曜，曰：

昔李陵爲漢將，軍敗不還而降匈奴，司馬遷不加疾惡，爲陵遊説。漢武帝以遷有良史之才，欲使畢成所撰，忍不加誅，書卒成立，垂之無窮。今曜在吴，亦漢之史遷也。②

案：這裏援司馬遷爲陵遊説而致武帝怒之事，甚確；而"漢武帝以遷有良史之才"，應當是知道司馬遷在寫史，而且對其所作的史書有所瞭解，纔會有這樣的話語。

第四，吴謝承（182—254）《後漢書》曰：

蔡邕在王允坐，聞卓死，有歎惜之音。允責邕，……便使收付廷尉。邕謝允曰："雖以不忠，猶識大義，古今安危，耳所厭聞，口所常玩，豈當背國而向卓也？狂瞽之詞，謬出患入，願黥首爲刑，以繼漢史。"公卿惜邕才，咸共諫允。允曰："昔武帝不殺司馬遷，使作謗書，流於後世。方今國祚中衰，戎馬在郊，不可令佞臣執筆在幼主左右，後令吾徒並受謗議。"遂殺邕。③

細玩語意，即謂漢武帝知道司馬遷在寫作《史記》，而且語涉謗訕，却讓其成史，故王允以漢武帝不殺司馬遷爲憾。而漢武帝要知道司馬遷在寫作史書，前提之一是曾經看

---

① 《三國志》卷一三《王肅傳》，北京：中華書局，1959年，第418頁。

② 《三國志》卷五六《韋曜傳》，北京：中華書局，1959年，第1463頁。

③ 據中華書局標點本《三國志》卷六裴注引文，第180頁。又，裴氏有附語，以爲蔡邕不可能在王允坐間爲董卓嘆息，並以謝承所記爲妄。但這並不影響王允不允蔡邕續史之説的可靠性。此條又載清姚之駰《後漢書補逸》卷十二"謝承《後漢書》"第四，姚氏有按語曰："裴松之以此條爲謝承之妄記，殆未覽群史耳。"

到過其中的篇章。

第五，晋袁宏（約 328—約 376）《後漢紀》卷二十七《後漢孝獻皇帝紀》載：

卓之死，蔡邕在允坐，聞卓死，有嘆惜之音。允責邕曰："國之大賊，弑主殘臣，天地所不覆，人臣所同疾。君爲王臣，世受國恩，國主危難，曾不倒戈，卓受大誅，而更嗟歎，禮之所去，刑之所取。"使吏收付廷尉治罪。邕謝允曰："雖以不忠，猶識大義。古今安危，耳所厭聞，口所常説。豈當以背國而向卓也。狂瞽之言，謬出患入，所謂邕也。願黥首爲刑，以繼漢史。"公卿惜邕才，咸共諫允。允曰："昔武帝不殺司馬遷，使作謗書，流於後世。方今國祚中微，戎馬在郊，不可令佞臣執筆在幼主左右，後令吾徒受謗議。"遂殺邕。[①]

第六，南朝劉宋范曄（398—445）《後漢書》卷六十下《蔡邕傳》載：

卓被誅，邕在司徒王允坐，殊不意言之而歎，有動於色。允勃然叱之曰："董卓國之大賊，幾傾漢室。君爲王臣，所宜同忿，而懷其私遇，以忘大節！今天誅有罪，而反相傷痛，豈不共爲逆哉？"即收付廷尉治罪。邕陳辭謝，乞黥首刖足，繼成漢史。士大夫多矜救之，不能得。太尉馬日磾馳往，謂允曰："伯喈曠世逸才，多識漢事，當續成後史，爲一代大典。且忠孝素著，而所坐無名，誅之無乃失人望乎？"允曰："昔武帝不殺司馬遷，使作謗書，流於後世。方今國祚中衰，神器不固，不可令佞臣執筆在幼主左右。既無益聖德，復使吾黨蒙其訕議。"……邕遂死獄中。[②]

按：此四、五、六條，爲同一事在不同史書中的記載。亦可知王允之語不虚。

上述六條材料，可以相互印證。可見從東漢初及至魏晋間，人們都認爲漢武帝在司馬遷遭李陵之事以前，知道司馬遷在寫史書，並看到過其中部分篇章，而且漢武帝賞識司馬遷爲"良史之才"。

這種説法與《史記》的成書過程是相吻合的。

《史記》實爲私家著述，但司馬遷並不隱諱著書之事，而且盡力把著書一事正統

① 據《四部叢刊》景明嘉靖本。

② 《後漢書》卷六〇下《蔡邕傳》，北京：中華書局，1965 年，第 2006 頁。

化，所以把古太史著史的使命攬到身上。事實上，太史著史的傳統，到漢初已經斷絶多時，西漢時，太史令的本職工作不過是掌管天文曆法而已。漢初不同東漢時以私修帝王本紀爲罪，而是根本不重視修史一事。除《楚漢春秋》外，再無史書。司馬談念念不忘先祖爲周之太史，後世中衰，獲麟以來，四百餘載，史記放絶；“今漢興，海内一統，明主賢君，忠臣義士，予爲太史而不論載，廢天下之文，予甚懼焉”。因懼著史的傳統斷絶，遂援以爲己任，並遺命司馬遷承之，“毋忘吾所欲論著矣”；故司馬談的意中，著《史記》是用以頌揚聖明的。司馬遷雖是承父遺命，但他心底裏同樣是希望得到聖上的讚賞，也即有意於當世的。司馬遷在自序中説：

> 主上聖明而德不布聞，有司之過也。且余嘗掌其官，廢明聖盛德不載，滅功臣世家賢大夫之業不述，墮先人所言，罪莫大焉。[①]

《報任少卿書》[②]也説：

> 主上幸以先人之故，使得奏薄技，出入周衛之中。僕以爲戴盆何以望天，故絶賓客之知，忘室家之業，日夜思竭其不肖之力，務壹心營職，以求親媚於主上。

這話説得十分沉痛，不過也已經透露出司馬遷在天漢以前對於漢武帝的真實態度。

司馬遷在太初元年與壺遂暢談其作史之旨，雖謙稱不敢自比於《春秋》，其實用意却正在此[③]。後來在《報任少卿書》中，也明言受辱隱忍不死，爲《史記》未成。當然，司馬遷父子作史雖有頌時之意，但也不會作諛世之辭。由於官家不重視，也意味著不會有來自官方的壓力，所以《太史公書》能以古之良史爲楷模，發揚實録的精神。桓譚《新論》説：“太史公造書，書成示東方朔。朔爲平定，因署其下。太史公者，皆東方朔所加之者也。”[④]“太史公”三字不可能是東方朔所加，東方朔也不可能

---

① 《史記》卷一三〇《太史公自序》，北京：中華書局，1959年，第3299頁。

② 蕭統：《文選》（六臣注本）卷第四十一。《漢書》卷六二《司馬遷傳》亦載，有删節；中華書局版第2725—2736頁。

③ 見《史記》卷一三〇《太史公自序》，北京：中華書局，1959年，第3296—3300頁。

④ 又《史記·太史公自序》“索隱”案語：“桓譚云：‘遷所著書成，以示東方朔，朔皆署曰：“太史公”。’則謂‘太史公’是朔稱也，亦恐其説未盡。蓋遷自尊其父著述，稱之曰‘公’。或云遷外孫楊惲所稱，事或當爾也。”見中華書局版，第3320頁。

見到完稿的《史記》，但桓譚的記載，透露出同樣的信息：司馬遷並不諱言正在撰作《史記》；作史一事，當時凡與遷相接近者，應是人所共知。司馬遷爲著史，不僅廣閱石室金匱之書，而且多方收集文獻，拜問耆宿，徵集口頭史料，原本就不是秘修史書。同時，司馬遷從太初元年開始撰寫《史記》，到七年之後遭李陵之禍，應已有了一定數量初稿和成稿。這期間東方朔曾見過《史記》的初稿或部分完整篇章，並相與商討，也是有可能的。漢武帝也可能因同樣的原因而“聞其述《史記》”，並取以閱之。當然，在司馬遷遭李陵之禍前，《史記》既未完稿，武帝所取閱的也只能是極少數篇章。

二、漢武帝所見《史記》篇章考

那麽，漢武帝可能看到過的會是《史記》的哪些篇章呢？

據上文所引衛宏等人的記載，漢武帝見到的是《景帝本紀》一篇，或《景帝本紀》與《武帝本紀》二篇。由於班彪時《史記》中已缺十篇[①]，其中即包括景、武二紀。所以武帝削書之説，很可能是因爲東漢時即已有缺書，由此附會而來。裴駰《史記集解》説：

> 駰案：《漢書音義》曰：“十篇缺，有録無書。”張晏曰：“遷没之後，亡《景紀》、《武紀》、《禮書》、《樂書》、《律書》、《漢興已來將相年表》、《日者列傳》、《三王世家》、《龜策列傳》、《傅靳蒯列傳》。元、成之間，褚先生補闕，作《武帝紀》、《三王世家》、《龜策》、《日者列傳》，言辭鄙陋，非遷本意也。”[②]

不過，當時京師諸臣所見之本雖有缺失，但《史記》副本仍在民間。故今傳本《史記》缺者反而少一些。學者多以爲《景帝本紀》今存，其中並無詆毁之語；《武帝本紀》之缺，亦未必出於刪削，因爲自序中有全書的總計數字，而且即使在遭李陵之禍前被削，以後仍可再補。故削書之説，當由缺書而附會，未必足信。甚且武帝所見或未必即二紀，也可能是别的篇章。當時司馬遷進呈給漢武帝，即或是《景帝本紀》，亦應如今之傳本，並無詆毁之語，纔會使武帝産生遷有良史之才的印象。

---

① 見《後漢書》卷四〇上《班彪傳》：“凡百三十篇，而十篇缺焉。”北京：中華書局，1965年，第1325頁。

② 《史記》卷一三〇《太史公自序》裴駰《集解》，北京：中華書局，1959年，第3321頁。

然而漢武帝所見，除此之外，還會有那些篇章呢？這是本文要重點考察的內容。

先讓我們來看一條不爲人注意的材料。《漢興以來諸侯王年表序》云：

> 臣遷謹記高祖以來至太初諸侯，譜其下益損之時，令後世得覽。形勢雖强，要之以仁義爲本。[①]

“臣遷謹記”一語，通書僅此一見。類似的則有緊接該表的《高祖功臣侯者年表序》，云：

> 於是謹其終始，表其文，頗有所不盡本末；著其明，疑者闕之。後有君子，欲推而列之，得以覽焉。[②]

這裏的“謹其始終”，與上列的“臣遷謹記”可並看。

案，《史記》原是私史，雖然司馬遷想以作史爲太史令之職責，却也無須稱“臣”道“謹”。此語與全書體例不合。因爲《史記》發表議論，叙述寫作經過，通常是用“余讀”“余述歷”“余並論次”等類詞的。聯繫漢武帝曾經看過《史記》部分篇章的記載，這裏唯一的解釋，便是這兩篇曾經進呈，供漢武帝寓目，“臣遷”云云，爲後來統一體例時删削未盡而留下的痕跡。

但對“臣遷”一語，前人曾有歧見，茲先作討論。

日本學者瀧川資言的《史記會注考證》在“臣遷”兩字下注云：“事繫漢室，故曰臣遷，不曰太史公。”[③]案：此說不通。如果只是因爲事繫漢室而必須如此，那麽《史記》中泰半篇幅事涉漢室，爲何獨獨在此稱臣曰謹呢？

《四庫總目》卷四十三《史記提要》論及缺書及褚少孫補作，說：

> 蓋是時官本已以少孫所續合爲一編。觀其《日者》、《龜策》二傳，並有“臣爲郎時”云云，是必嘗經奏進，故有是稱。其褚先生字，殆後人追題以爲識别歟？

---

① 《史記》卷一七《漢興以來諸侯王年表》，北京：中華書局，1959年，第803頁。

② 《史記》卷一八《高祖功臣侯者年表》，北京：中華書局，1959年，第878頁。

③ 《史記會注考證》，北京：文學古籍刊行社，1955年影印本，第1227頁。

即謂褚少孫續補的内容中有“臣爲郎時”等語，是嘗經奏進。對此，近人余嘉錫説：“漢人稱臣，乃自謙之詞，不必對君。”[①]案：褚氏稱臣，雖未必是經奏進，但當時續《太史公書》，實已爲世人注目，隨時可能被召覽，所以有此稱謂。正如班固在《漢書》中稱“臣曰”以備主上召覽一樣。漢初，官家對修史一事，並不在意，除陸賈《楚漢春秋》外，漢事並無史家記載，所以司馬遷父子深以爲懼，力主以周太史之職爲其本職，唯以修史爲己任。直到《史記》完成流播後發生了巨大的影響，修史之事才爲漢代人關注，司馬遷對漢武一朝的實録方式，被人視爲“謗書”，而後私修國史才成爲一條大罪，東漢時班固即因此而下獄，使其不得不小心翼翼地稱臣曰謹，以備查檢。但司馬遷作史時，原不必如此。由此看來，司馬遷在此處稱臣曰謹，顯然是曾經奏進或準備著奏進的。上文已證漢武帝曾“聞”其作史而取閲，而司馬遷原本亦有備明主賞鑒之意，則稱臣曰謹與《史記》部分篇章曾經奏進的關係也是可以確定的了。

清人崔適《史記探源》卷四對“臣遷”之語有評云：

> 案：此篇以下，褚先生補而托之太史公者也。叙論云：“臣遷謹記高祖以來至太初諸侯。”今案：太史公述漢事不自此始。而“臣遷”之稱突出於此者，非遷作而托之遷，猶非褚先生作而托之褚先生也。“臣遷”之稱始於此，“太初”之文亦始於此，益可爲“太初而訖”非太史公語之證。知是褚先生補者，其人能補《史記》，必與太史公文相似，不在楊平通之下，故知所補在此不在彼也。[②]

案：崔氏爲疑古派的主將，他對於古史的懷疑精神可敬，但他的論點也往往因一味疑古而流於臆斷。他先將《史記》的下限定在“麟止”，然後以此劃綫，將太初之後的記載，通通歸於後人竄亂。《漢興以來諸侯王年表》即因此被他歸於褚少孫所補之列；且崔氏以“太史公述漢事，不自此始”作爲判定本篇係褚先生所補的出發點，實誤。因爲原文“臣遷謹記高祖以來”云云，只指本表，而非全部漢事；本表題稱即是《漢興以來諸侯王年表》，其記事受到表的體例的限制。不過，崔氏顯然也注意到了“臣遷”兩字的突兀，與《史記》之常例不合，而他的慣例是凡與他所理解的體例不合者概屬後人竄入。正如瀧川氏强爲之解，説因事涉漢室而稱“臣遷”一樣，不足爲憑。

---

① 余嘉錫：《余嘉錫論學雜著》，北京：中華書局，1963年，第9頁。
② 張烈點校：《史記探源》卷四，北京：中華書局，1986年，第97頁。

當然，僅“臣遷”一語，還不足以説明問題。我們必須從表本身找出證據。爲此首先必須辨明《史記》記事的下限。關於《史記》的訖年，至少有四種説法：

第一，麟止説。《自序》云：“卒述陶唐以來，至於麟止。”即訖於武帝元狩元年（前122）冬十月獲麟。此説以崔適持之最力[①]。

第二，太初説。《自序》末云：“余述歷黄帝以來，至太初而訖，百三十篇。”班固《漢書・叙傳》因之，稱：“太初以後，闕而不録。”[②]此説持之者甚多，其間又略有差異：如清人梁玉繩認爲訖於太初四年（前101）[③]，近人朱東潤認爲訖於太初元年（前104）[④]。

第三，《漢書・司馬遷傳贊》云：“司馬遷據《左氏》、《國語》，采《世本》、《戰國策》，述《楚漢春秋》，接其後事，訖於大（天）漢（前100—前97）。”[⑤]司馬貞、張守節因之[⑥]。

第四，武帝末説。《建元以來侯者年表》之後，附有褚少孫所作續表，其序文云：

> 後進好事儒者褚先生曰：太史公記事盡於孝武之事，故復修記孝昭以來功臣侯者，編於左方。令後好事者得覽觀成敗長短絶世之適，得以自戒焉。[⑦]

此説學者多未予以充分的關注。案，據褚少孫語，該表中司馬遷本人的記述，“盡於孝武之事”，則遷之死當在漢武之後。而《史記》，或是征和年間已經成書，其後至在昭帝時，司馬遷仍續加補充。褚少孫距司馬遷之年代最近，其説自然最爲可信。不過，褚少孫這裏所指的僅是本表中司馬遷記事的訖限，並未説史遷將《史記》的總的訖限定於此。故此表之訖限實爲一種變例。

上列諸説，前二説出自司馬遷之口，後二説又爲東漢、西漢人所載，其言各有所據。這正反映了《史記》成書的複雜性。如果偏執一見，唯取一個標準，將不符合此

---

① 見《史記探源》卷一《麟止後語》，北京：中華書局，1986年，第16—18頁。

② 《漢書》卷一〇〇下《叙傳下》，北京：中華書局，1962年，第4235頁。又《後漢書》卷四〇上《班彪列傳》："司馬遷著《史記》，自太初以後，闕而不録。"見中華書局版，第1324頁。

③ 見《史記志疑》卷三六，北京：中華書局，1981年，第1471頁。

④ 見《史記考索》之《史記終於太初考》，上海：華東師範大學出版社，1996年，第1—8頁。

⑤ 見《漢書》卷六二《司馬遷傳》，北京：中華書局，1962年，第2737頁。

⑥ 《史記》末附《史記集解序》引班固語云："司馬遷據《左傳》……接其後事，訖於天漢。"《索隱》曰："言太史公所記迄至武帝天漢之年也。"見中華書局版附録第2頁注7。又《史記索隱後序》説："太史公紀事，上始軒轅，下訖天漢。"見同書附録第9頁。《史記正義序》也説："上起軒轅，下既天漢。"見同書附録第11頁。

⑦ 見《史記》卷二〇《建元以來侯者年表》，北京：中華書局，1959年，第1059頁。

標準者均斥爲後人“僞托”或“竄亂”，都未免失之武斷。其實，司馬遷本人所説的訖限，一爲計劃寫作的訖限，一爲象徵性訖限。《史記》的寫作從太初元年開始，所以《史記》最初的寫作訖限必在於此，敘漢代事的基本下限也在於此。麟止説，不過是表明《史記》欲紹《春秋》，實爲攀附孔子的《春秋》絶筆於獲麟而來，用以强調其神聖性，如《集解》引張晏語曰：“武帝獲麟，以爲述事之端。上包黄帝，下至麟止，猶《春秋》止於獲麟也。”在司馬遷這裏，則只是象徵《史記》如《春秋》般具有寫作上的神聖性，故可稱爲象徵性的訖限。至於天漢之説，余嘉錫《太史公書亡篇考·漢興以來將相名臣年表第五》云：“太史公曰：‘余述歷黄帝以來，至太初而訖’。班固曰：‘訖於天漢’。非不同也。蓋太初盡四年，改元天漢。天漢之初，即太初之末也。”則實與訖於太初説可通。

但《史記》的具體訖限，有更爲複雜的情况。原因很簡單，由於《史記》創作時間長達十餘年，其間多經變故，以致司馬遷《史記》記事的實際訖限有了變化。

簡要地説，司馬遷開始創作時所設定的下限應是太初元年以前；也可以説是盡於元封末年。太初元年本爲元封七年，因司馬遷、壺遂等人主持的太初改曆而改元。這也是《史記》開始創作之年。司馬遷定稿時的敘漢事的基本訖限，仍在太初，不過後來下限順移至太初末，即太初四年。所以《自序》末總括性地説：“余歷述黄帝以來至太初而訖，百三十篇。”但由於《史記》成稿當在征和以後，成稿之後，部分篇章續有補綴，如《建元以來侯者年表》即經過補綴而“盡於孝武之事”，實際記述的最後一年爲後元二年（前 87）。又如《匈奴列傳》補征和三年李廣利降匈奴事；《田叔列傳》敘及征和二年事，等等。説明司馬遷記事本有其靈活變通的一面。只是褚少孫等人後來也在《史記》各篇之後也有所補苴，它與司馬遷本人所補綴的内容易於混淆，學者遂將太初以後事一概歸於後人竄入了。所以，關於《史記》下限的各家記述看似歧見並出，其實各有原由，只要不是用非此即彼的態度，原可以並存不悖[①]。

《史記》記事的下限如上。從諸表的實際訖限，也可以知道它們的寫作時間甚早。

《漢興以來諸侯王年表》，今傳者訖於太初四年。它的最初下限或在太初元年，因本表以年爲經，以事爲緯，雖有所增益，實僅綴於表末，並不影響體例。所以它極有可能是《史記》最早撰成的篇章之一，並曾得到漢武帝寓目，所以保留了“臣遷謹記”一語，使我們得以尋蹤覓跡。

---

① 關於《史記》的斷限，吴汝煜《史記論稿》有過專門討論，與本文意見相近。見江蘇教育出版社，1986 年，第 177—181 頁。

《高祖功臣侯者年表》以國爲經，以年爲緯，年以帝設格，作六格，分别爲高祖、孝惠、高後、孝文、孝景，最後一格説："建元至元封六年三十六；太初元年盡後元二年十八。"兩句話表明了本表撰作的過程：即先以元封六年爲限，因爲司馬遷是在太初元年開始撰寫的。它同於《漢興以來諸侯王年表》褚少孫所説的"太史公記事盡於孝武之事"。此處不説"建元至後元五十四年"，而特地分作兩句，當爲不破壞訖於太初的總體設想。但又由於所增較多，故序文也有所變化，故失去了呈於漢武時的"臣遷"之類的語句，但仍刪削未盡，留下"謹記"一語。

再從上述兩表的内容來看，事涉漢初以來王侯功臣的興亡，百年之間，侯王藩國存者無幾，實爲大可感慨之事，但司馬遷並没有在序文中對此加以發揮。如《漢興以來諸侯王年表序》中對漢武帝推恩分封子弟的做法深爲讚賞，稱是"强本幹，弱枝葉之勢，尊卑明而萬事各得其所矣！"平静而客觀地分析諸侯亡國的原因是"諸侯或驕奢，尋臣計謀爲淫亂，大者叛逆，小者不軌於法"，慨言"形勢雖强，要之以仁義爲本"。《高祖功臣侯者年表序》也認爲隕命亡國是由於"子孫驕溢，忘其先，淫嬖"；稍有感慨的是"網亦少密焉，然皆無兢兢於當世之禁云"。將它與《封禪書》《平准書》《酷吏列傳》等篇對於漢武帝一朝充滿怨憤刺譏的情況相比，語氣顯得較爲平和，這與遭李陵之禍前的司馬遷的思想是相合的。

從上述兩表最初記事的下限和序中體現的思想看，這兩篇表的完稿時間很早（後來另有補充）。可能是《史記》最早完成的篇章之一。也就是説，不僅"臣遷謹記"之類辭句透露出曾經進呈的痕跡，而且，漢武帝在司馬遷遭李陵之禍前看到這兩篇表，在時間上也是可能的。

認真考察一下，有關漢事的其他四表，其完成時間也可能是比較早的。

《惠景間侯者年表》以國爲經，以年爲緯，年代分爲六格。其中第五格作"建元至元封六年三十六"，與《高祖功臣侯者年表》同。第六格作"太初已後"。可知該表原訖於元封末，與《史記》開始寫作的時間相合。太初以後爲後來補入。

《建元以來侯者年表》也作六格，分别標作元光、元朔、元狩、元鼎、元封和太初已後。即前五格是該表的初貌，太初以後係後來所增。

《建元以來王子侯者年表》同上分作六格，末格作"太初"。

《漢興以來將相名臣年表》，以年爲經，以大事記、相位、將位、御史大夫、四格爲緯，故該表初貌雖也應訖於元封末，但所附益者係依年附於後，其間界限便不像以上各表那麼清楚了。

這些表的初貌均是訖於太初元年之前，因而可能是最早撰成的篇章。它們在太初至天漢初，因爲漢武帝“聞”而取之，或司馬遷主動進呈，可能性都是存在的，“臣遷”等語即是此種進呈所留下的痕跡。它們後來又都經過司馬遷本人及後人的增補，故序文的内容也有所删削。其中《漢興以來諸侯年表》與《高祖功臣侯者年表》或許因爲所增最少，故序文大體保存初貌，並留下“臣遷”等語，而以下各表，隨著附加内容的增多，及流傳過程中的原因，而致序文變化漸大，甚或失去原序，如《漢興以來將相名臣年表》即是。至於叙漢以前事的四表，因没有其他證據，不必强爲之説。但各表的撰寫應出同時，而且，我認爲諸表的撰寫時間，在《史記》各類體裁中，應是較早的。

《報任少卿書》説：

> 僕竊不遜，近自托於無能之辭，網羅天下放失舊聞，略考其行事，綜其終始，稽其成敗興壞之紀，上計軒轅，下至於茲，爲十表，本紀十二，書八章，世家三十，列傳七十，凡百三十篇。[①]

司馬遷寫這封信時，《史記》仍是“草創未就”，尚未完成定稿。特别需要注意的是，這裏所列《史記》各篇的序次與《史記》正文有不同，表被列在首位，先於本紀；而且“十表”被單獨提了出來，其叙述語法，與後面的“本紀十二、書八章……”，明顯不同。這種特别的序列所藴含的意味，向來被學者所忽略。我以爲這説明在司馬遷意中，表這一樣式，在《史記》裏有著不同尋常的意義，可能即與曾經進呈有關。

《史記》的表在書中占有十分重要的位置。宋鄭樵《通志總序》説：“《史記》一書，功在十表。猶衣裳之有冠冕，木水之有本源。”[②]宋吕祖謙説：“《史記》十表，意義弘深，始學者多不能達。”清人潘永季《讀史記劄記》也説：“十表爲一部《史記》之綱領。”“《史記》十表是通盤打算了，然後下筆，非若後人節節而爲之也。”[③]都説得十分簡明扼要。從上述情況來看，《史記》十篇表，確實不同於後人作史，作“拾遺補闕”之用。而是先作表，綱舉目張，然後再作其他篇章的；表中的一些記載，爲世家、列傳所不載，也可以説明它不是作爲諸傳之後的補充。所以我認爲表應是最先撰作，並且屬於較早完成的篇什，爲漢武帝得以“聞”而取之，提供了條件。

但表之體裁，於史家爲難能，然無文采可表見，實不如司馬相如的大賦之可以炫

---

① 此據蕭統《文選》（六臣注本）卷第四十一；《漢書》遷傳所録，有删節。

② 見（宋）鄭樵：《通志・二十略》總序，北京：中華書局，1995年，第2頁。

③ 潘永季：《讀史記劄記》，世楷堂刊《昭代叢書》新編補本。

人眼目，滿足帝王的虛榮，故不免明珠暗投。漢武帝雖或因之嘉許遷有良史之才，其實未免失望。反過來説，若漢武所見，真的有後人認爲謗訕的内容，並有怒而削去的舉動，則司馬遷能否最後寫完《史記》，倒是一個疑問了。

結　　語

本文的結論是，漢武帝雖然不可能見到完稿後的《史記》，但他在天漢三年以前曾經見到過當時已經成稿的《史記》的部分篇章，却是可以肯定的。這些篇章漢魏人提及的有《景帝本紀》或《景》《武》二紀，據本文的考察，則還有《漢興以來諸侯王年表》《高祖功臣侯者年表》以下六表。《史記》各表的撰寫，在全書中可能是最早的。《史記》記事的下限，應當靈活地看待。其基本訖限爲太初元年以前，而全書完成以後又續有補充，故部分事件的記述，下訖漢武末，亦即褚少孫所説的“太史公記事盡於孝武之事”。不能把太初以後的内容，簡單歸於褚少孫等所補。司馬遷在遭李陵之禍前後作史態度的變化亦應予以充分的注意。司馬遷之死則在昭帝以後。

1986年初稿，曾刊於《中山大學研究生學刊》
2005年元月改定。2015年4月訂補定稿

附記

筆者曾以此文詢之《史記》研究名家張新科教授。張教授以爲“有些細節如果再加以考慮，就更完美了。”他提出的意見如下：

（1）司馬遷之父司馬談發凡起例撰寫《史記》，雖然具體篇目很難考證，但從清代方苞開始，到王國維、顧頡剛、李長之等人都有一定考證，其中也涉及十表，可參考。

（2）司馬談在元封元年（前 110）去世，司馬遷在元封三年（前 108）繼任太史令，一般認爲《史記》撰寫就從這年開始，不一定推遲到太初元年（前 104）。這樣，到天漢三年（前 98）受刑之前，《史記》撰寫已經 10—11 年時間，不一定是 7 年。這麼長的時間，漢武帝更有可能見到《史記》部分篇章。

（3）關於《史記》斷限問題，“起於陶唐，至於麟止”，也許是司馬談一開始的計畫，“起於黄帝，至於太初”，是司馬遷修改後的斷限。這個問題，張大可先生《史記研究》一書有考論，可以參考。

（4）關於《報任安書》的寫作時間，有太始四年（前 93）、征和二年（前 91）不同的説法，但此時《史記》已經完成。武帝卒於前 87 年。司馬遷受刑（前 98）後爲中書令，繼續撰寫《史記》。從司馬遷受刑（前 98）到武帝卒（前 87），十年時間裏，武帝是否有可能再看到《史記》部分篇章，也值得考慮。

《史記》在長安的撰作與流播

張宗品*

中國傳統正史中，《史記》、《漢書》(部分)、《晋書》、《梁書》、《陳書》、《北齊書》、《周書》、《隋書》、《南史》、《北史》等多撰成於長安，約占二十四史三分之一强。《史記》《漢書》號稱漢代史學雙璧，其作者司馬遷與班固分别爲夏陽、扶風人士，俱屬三輔，領於長安。陝西是司馬遷的故鄉，長安是《史記》的誕生地。該書的撰作、典藏、命名甚至删削、補益也在長安，其與長安的關係至爲密切。太史公青年壯遊，足跡遍天下，又久居政治文化中心長安，博極載籍，故有“究天人之際，通古今之變，成一家之言”的氣度與底藴。本文主要以兩漢時期的長安爲背景，探討《史記》一書興住异滅、存亡聚散的歷史遭際。

一、周秦西漢的長安中心與太史公的道統意識

以長安爲核心的關中地區不僅是秦漢都城，也是文武周公時期的京畿所在。周秦漢唐不僅是時代概念，也具備地域意涵。周發源於關中地區，遷於豐鎬，地屬長安。周朝官職已較爲繁複，在西周金文中，周王朝有太史寮和卿事寮，祝、宗、卜、史當屬太史寮。官史從巫覡分化而凌駕其上，從而使民神異業。其後，南正和火正各司天地，絶地天通，可謂是史官文化的第一次重建①。此後先秦典籍中不乏有關太史的記

* 作者簡介：張宗品（1979—），男，陝西師範大學歷史文化學院副教授。

① 參見張光直：《商代的巫與巫術》，見《中國青銅時代》二集，北京：生活·讀書·新知三聯書店，1990年，第39—66頁；李零：《西周金文中的職官系統》，《待兔軒文存》（讀史卷），桂林：廣西師大出版社，2011年，第127—139頁（原載《盡思集》，長春：吉林文史出版社，1996年，第202—214頁）。

載。《周禮·春官》五史，太史“掌建邦之六典，以逆邦之治，掌灋以逆官府之治，掌則以逆都鄙之治”①。如《左傳》襄公四年稱，“昔周辛甲之爲太史也，命百官，官箴王闕”②。《左傳》哀公六年也記載了楚人遇見不明的景象，“楚子使問諸周大史”③。劉師培以爲“則史也者，掌一代之學者也；一代之學，即一國政教之本”④。現代學者也認爲，“太史掌管西周王國的文書起草，策命諸侯卿大夫，記載國家之大事，編著史册，管理天文、曆法、祭祀之事，並掌管圖書典籍。他是一種兼管神職與人事，觀察記載社會動態和自然現象的職官”⑤。可以説，周之太史實則兼掌天道與人事，是道統的實際承擔者⑥。當時諸子之説尚未興起，甚至儒家學説也只是其中傳承樂官統緒的一隻而已⑦。天下紛亂之際，史官則抱典籍以奔，其奔或預示著天命所歸，人心所向⑧。若言明乎道統，自然是史官最有資格。

《史記》的撰作源於司馬談。談爲西漢太史公，“仕於建元元封之間”⑨。作爲漢代的“太史公”，司馬談似乎有一種强烈的道統托命情懷。他在臨終時追述祖先功德以激勵其子，續作《史記》⑩，稱：

> 夫天下稱誦周公，言其能論歌文武之德，宣周邵之風，達太王王季之思慮，

---

① （清）孫詒讓：《周禮正義》卷五一，北京：中華書局，1987年，第2079頁。

② 《春秋左傳正義》卷二九，《十三經注疏》本，第1933頁。

③ 《春秋左傳正義》卷二九，《十三經注疏》本，第2161頁。

④ 劉師培：《古學出於史官説》，《國粹學報》第1卷第4期。

⑤ 張亞初、劉雨：《西周金文官制》，北京：中華書局，1986年，第27頁。相關討論參另見閻步克《史官主書主法之責與官僚政治之演生》，載《樂師與史官》，北京：生活·讀書·新知三聯書店，2001年，第33—82頁（原載《國學研究》第4卷，1997年）。

⑥ 參見羅根澤：《戰國前無私家著作説》，《古史辨》第四册，樸社，1933年，第8—68頁。孫詒讓：“凡周代文籍，並掌於史官。”《周禮正義》卷三二，北京：中華書局，1987年，第1219頁。龔自珍：“周之世官，大者史。史之外無有語言焉，史之外無有文字焉。”《龔自珍全集》第1輯，《古史鉤沉論》二，上海：上海人民出版社，1975年，第21頁。又《國語·楚語》申叔時論太子之教。

⑦ 相關討論參見閻步克《樂師、史官文化傳承之異同及意義》，載《樂師與史官》，第83—114頁（原載《慶祝鄧廣銘教授九十華誕論文集》，石家莊：河北教育出版社，1997年）。

⑧ 如《吕氏春秋·先識覽》：“一曰凡國之亡也，有道者必先去，古今一也。……夏太史令終古出其圖法勢而泣之，夏桀迷惑暴亂愈甚。太史令終古乃出奔如商湯。（商湯）喜而告諸侯曰：“夏王無道，暴虐百姓，窮其父兄，恥其功臣，輕其賢良，棄義聽讒，衆庶咸怨，守法之臣，自歸於商。”殷内史向摯見紂之愈亂迷惑也，於是載其圖法，出亡之周。武王大悦，一高諸侯曰：“商王大亂，沈於酒德，辟遠箕子，爰近姑與息。妲己爲政，賞罰無方無方，不用法式，殺三不辜，民大不服，守法之臣，出奔周國。晉太史屠黍見晉之亂也，見晉公之驕而無德義也，以其圖法歸周。……”吕不韋輯，畢沅輯校：《吕氏春秋》卷一六，中華書局影印叢書集成初編本，第419—420頁。

⑨ 司馬談和司馬遷俱稱太史公，有人也稱談爲第一代太史公。雖然《史記》兼有二人手筆，但本文稱太史公時，除特别需要説明之處外，多指司馬遷。

⑩ 司馬談云“余死，汝必爲太史；爲太史，無忘吾所欲論著矣”，稱“余先周室之太史也。自上世嘗顯功名於虞夏，典天官事。後世中衰，絶於余乎？”見《史記》卷一三〇，北京：中華書局，1959年，第3295頁。因此，顧炎武稱“太史公胸中固有一天下大勢，非後代書生之所能幾也”。見（清）顧炎武著，黄汝成集釋：《日知録集釋》卷二六，上海：上海古籍出版社，2006年，第1428頁。

爰及公劉，以尊后稷也。幽厲之後，王道缺，禮樂衰，孔子修舊起廢，論《詩》、《書》，作《春秋》，學者至今則之。自獲麟以來四百有餘歲，而諸侯相兼，史記放絶。今漢興，海内一統，明主賢君忠臣死義之士，余爲太史而弗論載，廢天下之史文，予甚懼焉。[①]

司馬遷繼作《史記》也是以接續周公、孔子以來的道統自居，與孔子作《春秋》同符：

夫《春秋》，上明三王之道，下辨人事之紀，别嫌疑，明是非，定猶豫，善善惡惡，賢賢賤不肖，存亡國，繼絶世，補敝起廢，王道之大者也。……故《春秋》者，禮義之大宗也。夫禮禁未然之前，法施已然之後；法之所爲用者易見，而禮之所爲禁者難知[②]。

司馬遷將史家的統緒追述至五帝時期，太史公云：

昔在顓頊，命南正重以司天，北正黎以司地。唐虞之際，紹重黎之後，使復典之，至于夏商，故重黎氏世序天地。其在周，程伯休甫其後也。當周宣王時，失其守而爲司馬氏。司馬氏世典周史[③]。

在與壺遂的對話中，司馬遷也申明自己作《史記》是爲了記載"明聖盛德"，"功臣世家賢大夫之業"[④]。並引《春秋》自况："《春秋》采善貶惡，推三代之德，褒周室，非獨刺譏而已也。"[⑤]史家只是實録，既不曲學阿世，也不無故刺譏。

身在長安，位居太史令，他具有一般士人所不具備的資料采集，抽繹石室金匱之書的便利。當時有"天下計書先上太史公，副上丞相"之説[⑥]。元封三年（前 108），遷爲太史令，"史記石室金匱之書"（《太史公自序》）。由於司馬世家在長安爲官，《史記》中大量秦漢之際的風雲激蕩有些耳聞目睹，後世景仰的帝王將相、英雄豪傑，有

① 《史記》卷一三〇，北京：中華書局，1959 年，第 3295 頁。
② 《史記》卷一三〇，北京：中華書局，1959 年，第 3297—3298 頁。
③ 《史記》卷一三〇，北京：中華書局，1959 年，第 3285 頁。
④ 《史記》卷一三〇，北京：中華書局，1959 年，第 3299 頁。
⑤ 《史記》卷一三〇，北京：中華書局，1959 年，第 3299 頁。
⑥ 《史記》卷一三〇，北京：中華書局，1959 年，第 3287 頁。

些朝夕晤對[①]。這些無疑爲《史記》的撰作提供了他人無可比擬的便利條件。

就此而論，《史記》一書似乎理應成爲闡明周秦與西漢時期道統的曠世大典。但是，太史公在長安的個人遭際又使全書的旨趣與内容又有了新的變化。武帝天漢二年（前99）李陵兵敗投降匈奴，太史公仗義執言，遂自以無罪而“遭李陵之禍，幽於縲紲”。雖然班固在《漢書·司馬遷傳》稱“遷既被刑之後，爲中書令，尊寵任職。[②]”但太史公自己的感受却是“文史星曆近乎卜祝之間，固主上所戲弄，倡優畜之，流俗之所輕也”[③]。甚至感到：

> 僕以口語遇遭此禍，重爲鄉黨戮笑，汙辱先人，亦何面目復上父母之丘墓乎？雖累百世，垢彌甚耳！是以腸一日而九回，居則忽忽若有所亡，出則不知所如往。每念斯恥，汗未嘗不發背霑衣也。[④]

他開始退而深思：“夫《詩》、《書》隱約者，欲遂其志之思也”[⑤]。似乎在受刑之後，由記秦漢近事而變成述陶唐以來的通史，由記明主賢臣，到“遂其志之思”。書中對種治統的歷史記載和道統的追叙中寄寓著個人遭際的感慨，對天道與人道的關係也有了更多的反思，甚至對“天意”“天命”産生了極大的困惑。《太史公書》中甚至還潛藏不少司馬遷個人的幽怨之思。在《報任安書》中，司馬遷對即將行刑的任安寫道：

> 古者富貴而名摩滅，不可勝記，唯俶儻非常之人稱焉。蓋西伯拘而演《周易》；仲尼戹而作《春秋》；屈原放逐，乃賦《離騷》；左丘失明，厥有《國語》；孫子髕脚，《兵法》修列；不韋遷蜀，世傳《吕覽》；韓非囚秦，《説難》、《孤憤》。《詩》三百篇，大氐賢聖發憤之所爲作也。此人皆意有所鬱結，不得通其道，故述往事，思來者。[⑥]

---

① 如司馬談、司馬遷父子在《史記》一書中經常言及自己與這些人物的交往，經常有“吾觀”某人如何的用語。參見顧頡剛《論司馬談作史》(《史林雜識初編》，北京：中華書局，2005年，第226—233頁)；賴長陽《司馬談作史補證》(《史學史研究》1984年第2期，第20頁轉40頁)，相關討論詳見張大可《司馬談作史考論述評》，《青海師範學院學報》，第85—93頁。

② 《漢書》卷六二，北京：中華書局，1962年，第2725頁。

③ 《報任安書》，載《漢書》卷六二，北京：中華書局，1962年，第2732頁。

④ 《報任安書》，載《漢書》卷六二，北京：中華書局，1962年，第2736頁。

⑤ 《史記》卷一三〇，北京：中華書局，1959年，第3300頁。

⑥ 《報任安書》，載《漢書》卷六二，北京：中華書局，1962年，第2735頁；在《太史公自序》中也有類似的表述，見《史記》卷一三〇，北京：中華書局，1959年，第3300頁。

此時，以“道”衡“勢”已不可能，隨著史家地位的下降，此前道統與治統關係也開始轉爲權力與學術的矛盾。《報任安書》中所舉之例，除了左丘明修撰背景不詳，其餘數人都是爲昏君惡主所殘害，然後發爲著作。司馬遷也只能通過修史，以期千載之後與之爭衡。他甚至宣稱，“僕誠已著此書，藏之名山，傳之其人通邑大都，則僕償前辱之責，雖萬被戮，豈有悔哉”[①]。畢竟權力會隨著時間的推移，政權的改變而失效，但著作一旦成爲經典，反而會在時間的淘洗中煥發更奪目的光彩。

太史公無疑是希望自己能寫成一部窮究天地大道，明載古今因革損益的“大歷史”，此即“究天人之際，通古今之變”[②]。窮究了古今的事物之後，期待後有王者興而有所取焉。這種意圖在後人的閱讀中也有所發現，同是意欲窮究天人的著作，在揚雄等人看來“淮南説之用，不如太史公之用也”[③]。在這一意義上，顧炎武的《日知録》，未嘗不可以目爲《太史公書》流傳近兩千年後的一種迴響[④]。

《自序》稱，“拾遺補蓺，成一家之言，厥協《六經》異傳，整齊百家雜語”。“拾遺補蓺”，即對從遠古至西漢武帝時期的知識體系，乃至對《六經》、百家之説，進行文化整合[⑤]。就這一意義而言，《史記》是繼承孔子修“六藝”的傳統，“紹明世，正《易傳》，繼《春秋》，本《詩》《書》《禮》《樂》之際”[⑥]，而不僅僅局限於《春秋》“賢賢賤不肖，當一王之法”的功能[⑦]。

但是，在“道”“勢”此消彼長，權力決定一切的時期，他仍以陶唐以來的“天官”自命，追尋獨立的“道”。他從一個冷靜的旁觀者的視角，不僅真實地記載了大漢帝國恢弘盛世表像下的真相，還將之放入三千年歷史發展的長河中予以衡量。《史記》

---

① 《報任安書》，載《漢書》卷六二，北京：中華書局，1962年，第2735頁。

② 在《史記》之前，《吕氏春秋》即有“備天地萬物古今之事”的構想，《淮南子》已經有了囊括宇宙和世間理論爲一書的實驗。《史記》卷八五《吕不韋列傳》，北京：中華書局，1959年，第2510頁。

③ 揚雄撰，汪榮寶義疏：《法言義疏》一八，北京：中華書局，1987年，第507頁。

④ 顧炎武在《初刻日知録自序》中稱“須絶筆之後，藏之名山，以待撫世宰物者之求”；《與人書二十五》稱己所作《日知録》“有王者起，將以見諸行事，以躋斯世於治古之隆，而未敢爲今人道也”；《與楊雪臣書》謂“意在撥亂滌汙，法古用夏，啓多聞於後學，待一治於後王，自信其書之必傳，而未敢以示人也”；《與友人論門人書》言“所著《日知録》三十餘卷，平生之志與業，皆在其中。惟多寫數本以貽之同好，庶不爲惡其害己者之所去。而有王者起，得以酌取焉，其亦可以畢區區之願矣”。見（清）顧炎武著，陳垣校注：《日知録校注》，合肥：安徽大學出版社，2007年，第22—25頁。

⑤ 參見逯耀東：《〈太史公自序〉的“拾遺補蓺”》，載逯耀東：《抑鬱與超越：司馬遷與漢武帝時代》，北京：生活・讀書・新知三聯書店，2008年，第35—89頁。

⑥ 《史記》卷一三〇，北京：中華書局，1959年，第3296頁。

⑦ 關於《史記》繼承《春秋》之説，參見阮芝生：《論史記中的孔子與春秋》，載《臺大歷史學報》第23期，1999年6月，第1—60頁。

一書的基本性格也由此奠定。

二、長安閱讀與《史記》文本之遭際

（1）自讀。《史記》初名《太史公書》，殺青之際即寫爲兩本。《太史公書》的第一個抄寫者和閱讀者無疑是太史公本人。他在篇末寫道“凡百三十篇，五十二萬六千五百字，爲《太史公書》”[①]。一個對自己的著作按字數過的作者，寫作自是字斟句酌，期待永傳不朽。而一部著作問世以後一般都會遇到兩類讀者：一類是作者期待的“理想讀者”（the model reader）[②]，另一類是其他各種從自身角度去理解文本的讀者。史書尤其如此。司馬遷在自己的作品中曾一再表達他對“理想讀者”的期待。他甚至説：“僕誠已著此書，藏之名山，傳之其人通邑大都，則僕償前辱之責，雖萬被戮，豈有悔哉”[③]。他與壺遂討論《史記》著述立意的文字已被載諸本書，桓譚《新論》還記載司馬遷曾將著作拿給東方朔過目，並請其題寫書名[④]。雖然太史公未必請方朔題書，但以書示朔倒不無可能。這兩位以及此後宣布《太史公書》的楊惲，應該都是司馬遷所期待的讀者。

（2）漢武帝。西漢武帝時期，漢室書庫收藏當世重要的著作似乎已經成爲一種慣例。如司馬相如年輕時，武帝已能讀到其賦作；相如去世之後，武帝即派人取書[⑤]。作爲準官方的史學著作，該書也要呈給武帝覽閱，司馬遷也明確表示要“藏之名山”。因此，漢武帝一類的當權者也是他無法迴避的讀者[⑥]。

針對這兩類讀者，太史公的傳寫策略就是“藏之名山，副在京師”(《史記・太史公自序》)。即正本獻於朝廷，藏於書府[⑦]。副本藏於家中，伺機傳抄於京師，此即所謂“藏之名山，副在京師”。這種策略也可能是太史公當時所能做出的最佳選擇。昔日秦

① 《史記》卷一三〇，北京：中華書局，1959年，第3319頁。

② 指那種按照文本要求，以文本應該被閱讀的方式去閱讀文本的讀者。李景源主編：《新中國哲學研究50年——中國社會科學院哲學研究所五十周年學術文集》（上），北京：東方出版社，2005年，第347頁。

③ 《報任安書》，載《漢書》卷六十二，北京：中華書局，1962年，第2735頁。他在《太史公自序》中也稱“藏之名山，副在京師，俟後世聖人君子。”

④ 《史記》卷十二，北京：中華書局，1959年，第461頁注一《集解》所引。

⑤ 《史記》卷一一七《司馬相如傳》，北京：中華書局，1959年，第3002頁。

⑥ 對於這類讀者，太史公依然秉筆直書，似乎並没有爲尊者諱的顧忌。班固稱之爲“實録”，但也因此遭到删削。

⑦ 對於“名山”爲何處的問題，《索隱》以爲“名山”即書府，後人陳直、易平等多有討論，以當以書府之説較爲通達。兩漢時不僅有將皇家書庫稱作“老氏蓬萊閣”，更有將名山稱作書府的。參見陳直：《漢晋人對史記的傳播及其評價》，載《四川大學學報》1957年第3期，第41—57頁；易平、易寧：《〈史記〉早期文獻中的一個根本問題——〈太史公書〉“藏之名山，副在京師”考》，載《南昌大學學報》（人文社會科學版）2004年第1期，第85—91頁。

始皇禁天下圖書，也是禁百姓之書而不籍没“博士官”與内府之藏。京師爲天下人才交匯之地，京師留副，易使副本傳抄各地，而使此書化身千億。所謂“人能弘道非道能弘人”，無論是“藏之名山”，還是“副在京師”，目的俱在“傳之其人”，有其人則此書自能廣爲天下人所知。

此外，如果我們將太史公的傳抄策略置於“道”“勢”兩大統緒之間來考察，或許另有發現。藏於書府的本子，自然是爲承治統的聖人有所借鑒；而“副在京師”的傳本，是希望承續道統的君子得以觀覽。故此，兩大傳本系統不僅是爲了文本傳播上的考慮，更是傳承統緒的需要。當然，如果傳承道統者得位，只需“藏之名山”即可。但在太史公的眼中，當時的道統分明不是那些儒生所能接續的，既“愍學者不達其意”，只能“俟後世聖人君子”了。

但在武帝後期，統治階層已選擇儒學爲官方的意識形態，皇權已經不允許任何道統以及以秉承道統自居的史家有批評自己的文化權力。因此，儘管太史公煞費苦心，但《史記》成書不久，即有亡闕。至於何時亡闕，亡闕了哪幾篇，已成爲學界聚訟不已的一大謎案，相關的討論從東漢開始一直延續到今天[①]。整體上大致有三種意見：一，十篇非佚，遷當時未寫完。二，十篇之中部分亡佚，部分未寫完。三，除《武紀》外，皆遷手筆[②]。

根據東晉徐廣注，我們可以基本確定兩晉時期《史記》篇卷與今傳本基本差别不大。後人所見皆爲徐廣、裴駰的校本。因此，我們討論《史記》文本殘缺的下限是東晉末年。東晉以後學者所見本與今本相較，或小有異文而無篇卷整體上的不同。這一時間段内的相關的原始材料主要有以下幾條：

《漢書·藝文志》：“《太史公》百三十篇。十篇有録無書。馮商所續《太史公》七

① 東漢的衛宏即開始言《史記》亡闕問題，此後歷代學者皆有辨析，然而迄今難有定論。大略而言，主要有以下幾種意見：（一）亡《景帝本紀》《武帝本紀》。見《太史公自序》中《集解》引衛宏《漢舊儀》，《三國志·王肅傳》，葛洪《西京雜記》卷六，梁玉繩《史記志疑》卷七。范文瀾《正史考略·史記》，余嘉錫《太史公書亡篇考》等反對。（二）十篇全亡説。見班固《漢志》，張晏《太史公自序》，《集解》引，《索隱》贊成，《正義》及余嘉錫贊成。（三）十篇草創未成説。劉知幾《史通·古今正史》。《四庫全書總目》“史記提要”贊成，但楊惲宣布未言缺略。（四）十篇佚而復出，僅亡《武紀》説。吕祖謙《大事記解題》卷十，王鳴盛《十七史商榷》卷一。（五）七篇亡。梁玉繩《史記志疑》卷七。余嘉錫反駁。（六）十篇未亡。李長之《司馬遷之人格與風格》，第六章第一節（七）亡四存六。張大可《史記研究》之“《史記》殘缺與補竄考辨”。相關討論見余嘉錫：《太史公書亡篇考》，載《余嘉錫論學雜著》（上），北京：中華書局，2007年，第1—108頁。今趙生群多同其説，見《〈史記〉編纂學導論》，南京：鳳凰出版社，2006年，第16—22頁。參見易平：《張宴〈史記〉亡篇之説新檢討》，載《臺大歷史學報》第23期，1999年6月，第61—92頁。張大可：《史記研究》，北京：商務印書館，2011年，第174—197頁（原載《蘭州大學學報》1982年第3期）。

② 〔日〕瀧川資言：《史記會注考證》之《史記總論》部分，“據今本考之，除《武紀》外，皆遷手筆”。當然還有李長之認爲今本《史記》不缺。

篇。”[①]又《漢書·司馬遷傳》:“十篇缺，有録無書。”[②]由此，班固所見《史記》缺十篇無疑。缺篇，乃至有録無書的現象，在《漢志》中僅兩見，其中因由值得關注。《後漢書·班彪傳》所載彪之論云：

孝武之世，太史令司馬遷采《左氏》、《國語》，删《世本》、《戰國策》，據楚、漢列國時事，上自黄帝，下訖獲麟，作本紀、世家、列傳、書、表凡百三十篇，而十篇缺焉。[③]

《太史公自序》篇末，《集解》:

駰案:《漢書音義》曰“十篇缺，有録無書”。張晏曰“遷没之後，亡《景紀》、《武紀》、《禮書》、《樂書》、《律書》、《漢興已來將相年表》、《日者列傳》、《三王世家》、《龜策列傳》、《傅靳蒯列傳》。元成之間，褚先生補闕，作《武帝紀》,《三王世家》,《龜策》、《日者列傳》，言辭鄙陋，非遷本意也。[④]”

顔師古《漢書叙例》載:“張晏，字子博，中山人。”[⑤]虽然此处并未标明其时代，按照文中人物的排序，當爲魏人。又《索隱》:

案:《漢書》曰“十篇有録無書”。張晏曰“遷没之後，亡《景紀》、《武紀》,《禮書》、《樂書》、《兵書》,《將相表》,《三王世家》,《日者》、《龜策傳》、《傅靳》等列傳也”。案:《景紀》取班書補之,《武紀》專取《封禪書》,《禮書》取荀卿《禮論》,《樂》取《禮樂記》,《兵書》亡，不補，略述律而言兵，遂分曆述以次之。《三王系家》空取其策文以緝此篇，何率略且重，非當也。《日者》不能記諸國之同異，而論司馬季主。《龜策》直太卜所得占龜兆雜説，而無筆削之功，何蕪

① 注云:“韋昭曰:‘馮商受詔續《太史公》十餘篇，在班彪《别録》。商字子高。’師古曰:‘《七略》云商陽陵人，治《易》，事五鹿充宗，後事劉向，能屬文，後與孟柳俱待詔，頗序列傳，未卒，病死。”見《漢書》卷三〇，第1715頁。余嘉錫以爲既然韋昭云馮商續《太史公書》十餘篇，而此處只有七篇，《漢志》“春秋類”末云“凡‘春秋’二十三家，九百四十八篇。自注：省《太史公》四篇”，因此，“其所省是商所續，而非司馬遷書，固已甚明。見《太史公書亡篇考》，第24頁。

② 《漢書》卷六二，北京：中華書局，1962年，第2724頁。

③ 《後漢書》卷四〇上，北京：中華書局，1965年，第1325頁。

④ 《史記》卷一三〇，北京：中華書局，1959年，第3321頁。

⑤ 《汉书叙例》，北京：中華書局，1962年，第5頁。

鄙也。[①]

《後漢書・班彪傳》亦云“十篇闕焉”，注文所舉篇目與此略同，唯《律書》作《兵書》[②]。我們發現關於《史記》亡闕問題，漢魏間士人意見較爲一致。由上述材料及《太史公自序》，我們也不難推定：其一，司馬遷在世時，其書已成，不缺。其二，遷死後，其書有缺，楊惲宣布時，目録尚存，書已不在。其三，今本不缺，乃後人所補[③]。

考察《史記》亡闕，我們首先應當核查本文。今本《史記》十篇中殘損補苴痕跡相當明顯，尤爲明證[④]。此外，《漢書》所記武帝之前的内容基本因循《史記》而略有改動。對比今本兩書文字，即可判别是否參考。《景帝紀》之前的諸帝紀文字《漢書》與《史記》多同，《景帝紀》却差别較大。最明顯的不同就是，《史記》中的《孝景本紀》幾乎通篇未載詔書，而《漢書》多存詔書[⑤]。至於今本《孝武本紀》非《史記》原文，一般没有異議，可暫不討論[⑥]。

十篇之中，我們需要注意的是《景紀》《武紀》應與其他各篇加以區分。雖然東漢班固已點出十篇，魏時張晏名其篇名，但漢魏時期所言亡篇多稱《景紀》《武紀》，少言其餘[⑦]。今本《史記》“本紀”部分的補作與其他部分的補續文字相比，文獻特徵也

---

① 《史記》卷一三〇，北京：中華書局，1959年，第3321—3322頁。

② 《後漢書》卷四〇上，北京：中華書局，1965 年，第1325—1326頁。余嘉錫以爲當原爲《兵書》，見《太史公書亡篇考》，第50—58頁。

③ 清代趙翼《廿二史劄記》云：“按史公《自序》，十二本紀、十表、八書、三十世家、七十列傳，共白三十篇，五十二萬六千五百字。是史公已訂成全書，其十篇之缺乃後人所遺失，非史公未及成，而有待於後人補之也。”（趙翼著，王樹民校證：《廿二史劄記校證》，北京：中華書局，2007年，第8—9頁）今人余嘉錫也認爲：“凡考古事，當徵之前人之書，不可以臆見説也。《太史公書》百三十篇，十篇有録無書，著於《七略》，載於本傳，而張晏復臚舉其篇目。其事至爲明白，無可疑者。”《太史公書亡篇考》，第80頁。

④ 相關論述參張大可：《〈史記〉殘缺與補竄考辨》，載《史記研究》，第174—197頁。

⑤ 吕祖謙《大事記解題》云：“《史記・文帝紀》多載詔書，入《景紀》則皆不載，蓋以爲不足載也，其旨微矣。劉氏士（今案，當作‘七’）略：‘《太史公》百三十篇，十篇有録無書。’《漢書・太史公傳》亦如之。以張晏所列亡篇之目校之，《史記》或其篇具在，或草具而未成，惟武帝一篇亡耳。司馬貞《索隱》信張晏之説，遂謂《景紀》後人取班書補之。是殆不然。學者合取司馬氏、班氏二紀，觀其書法，則才識高下可默喻矣。今各隨事辨之。‘衛宏《漢書舊儀注》曰：‘司馬遷作本紀，極言景帝之短及武帝之過，武帝怒而削去之。衛宏與班固同時，兩紀俱亡，《景紀》所以復出者，武帝特能毀其副在京師者耳，藏之名山，固自有他本也。（自注：如《古文尚書》，漢魏儒皆不見，至晋南渡以後始出。）《武紀》終不見者，豈非指切尤甚，雖民間亦畏禍不敢藏乎’。”（宋）吕祖謙：《大事記》所附《通釋解題》卷十，漢孝景元年春正月下，北京：中華書局，1991年，影印叢書集成初編本，第575頁。

⑥ 雖然李長之在《司馬遷之人格與風格》一書中曾大膽猜想此篇也有可能是太史公的原文，司馬遷是以這種方式來嘲諷漢武帝，但未能舉證，一般也極少有人認同這種觀點。

⑦ 《史記》卷一三〇，北京：中華書局，1959 年，第3321—3322頁。詳見第一章第四節“漢武治統與《史記》文本問題”。

明顯不同。《孝景本紀》是否補作或有争議[1],《武帝本紀》非史公原文甚至亦非褚補則基本可以確定。

此外，只要對剩餘八篇的内容略作分析，我們就會發現:《將相表》《禮書》《樂書》《律書》，四篇次序相連，而《漢興以來將相侯者年表》又是“表”的最後一篇，《三王世家》是“世家”類的最後一篇,《日者》《龜策傳》兩傳也是篇次相連且都與占卜有關。《傅靳蒯成列傳》中的四位傳主並無大的功業，但又俱與高祖關係異常親密。同時，十篇又常爲一帙之數，因此，我們推測是某一帝王對這十篇内容感興趣，遂找出這十篇讀之。最後兩篇《本紀》禁傳，其他各篇或未歸還原處，於是造成“十篇缺”的現象[2]。就當時而言，對《孝景本紀》和《孝武本紀》感興趣，又對《三王世家》感興趣的，只有武帝本人。因爲這三傳分别講了他本人以及其父其子的情況。孝武重儒家，講治道，好求仙，對禮樂律令及卜筮之書感興趣也符合他的性格[3]。

因此,《史記》的殘缺與當時的一位特殊的讀者相關。《太史公自序》卷尾《集解》云:

> 駰案：衛宏《漢書舊儀注》曰“司馬遷作《景帝本紀》，極言其短及武帝過，武帝怒而削去之。後坐舉李陵，陵降匈奴，故下遷蠶室。有怨言，下獄死”[4]。

今案,《集解》引文或有脱訛，如前云《景帝紀》一般不會涉及武帝，而下云文涉景、武之過失，或前脱“《今上本紀》”之文。漢魏人皆云景、武兩紀不在，可爲旁證。晋葛洪《西京雜記》卷六，當本之[5]。但奇怪的是《西京雜記》在“有怨言，下獄

① 崔適等以爲“蓋此書實未亡”，見《史記探源》，北京：中華書局，1986年，第65頁；余嘉錫以爲《景帝紀》爲馮商所補《太史公書亡篇考・景紀第三》，第17—26頁；另見《張晏〈史記〉亡篇説之新檢討》,《臺大歷史學報》第23期，1999年。

② 這種情況在後世並不稀見，如宋代相關文獻中頗記此類事件。《宋會要輯稿》崇儒四之九載“先是，判閣歐陽修言祕閣初爲太宗藏書之府，並以黄綾裝之，謂之太清本。後因宣取入内，多留禁中，而書頗不完。請降舊本，令補寫之。”(清)徐松輯《宋會要輯稿》卷一七四二，北京：中華書局，1957年，第2234頁。

③ 雖然武帝應對封禪很感興趣，但《封禪書》應在司馬相如死後獻書時已經看過。

④ 見《史記》卷一三〇，北京：中華書局，1959年，第3321頁。關於此段文字所論之情實，今人郭沫若、劉際銓、袁傳璋等並有論及，多所發明，認爲符合實情。參見郭沫若:《〈太史公行年考〉有問題》，載《歷史研究》1955年第6期，第125—128頁；郭沫若:《關於司馬遷之死》，載《歷史研究》1956年第4期，第26頁；劉際銓:《司馬遷生年爲建元六年辨》，載《歷史研究》1955年第6期，第129—132頁；袁傳璋:《太史公生平著作考論》第二章第四部分，合肥：安徽人民出版社，2005年，第160—180頁。

⑤ (晋)葛洪:《西京雜記》卷六載:“漢承周史官，至武帝置太史公。太史公司馬談，世爲太史；子遷，年十三，使乘傳行天下，求古諸侯史記，續孔氏古文，序世事，作傳百三十卷，五十萬字。談死，子遷以世官復爲太史公，位在丞相下。天下上計，先上太史公，副上丞相。太史公序事如古《春秋》法，司馬氏本古周史佚後也。作《景帝本紀》，極言其短及武帝之過，帝怒而削去之。後坐舉李陵，陵降匈奴，下遷蠶室。有怨言，下獄死。宣帝以其官爲令，行太史公文書事而已，不復用其子孫。”北京：中華書局，1985年，第43頁。

死”之後直接説宣帝，或指楊惲，而非司馬遷[①]。衛宏爲兩漢之際人，年歲較班固年爲長。而且由於從杜林受古學，既有因作《漢舊儀》，載西京雜事，熟知西漢事不足爲奇[②]。史載杜林爲杜鄴子，杜鄴既是張敞外孫，又與張家有很深的學術因緣[③]。據《漢書・楊惲傳》，張敞與楊惲關係親厚，並因楊惲免官[④]，對楊惲家史及《史記》遭際當有耳聞。明瞭這一層關係，我們就會發現衛宏的所載並非空穴來風了。此外，武帝時並非没有類似事件的記載。《史記・儒林列傳》即云董仲舒著《災異之記》，主父偃取書上奏武帝。“天子召諸生示其書，有刺譏”，“當死，詔赦之。於是董仲舒竟不敢復言災異”[⑤]。

我們再玩味衛宏之語，似乎他認爲武帝削去的只是《孝景本紀》，如果進一步引申，武帝也只能再削去《今上本紀》。這種觀點也可以在漢魏間的記載中得到印證。其一，《文選・典引序》載明帝詔云“司馬遷著書成一家之言，揚名後世，至以身陷刑之故，反微文刺譏，貶損當世，非誼士也”[⑥]。其二，《三國志・魏志・王肅傳》載魏文帝與王肅言“司馬遷以受刑之故，内懷隱切，著《史記》非貶孝武，令人切齒”。而王肅稱“漢武帝聞其述《史記》，去孝景及己本紀覽之，於是大怒，削而投之。於今此兩紀有録無書。後遭李陵事，遂下遷蠶室”[⑦]。其三，《後漢書・蔡邕傳》載王允之言王允對太尉馬日磾説：“昔武帝不殺司馬遷，使作謗書，流於後世。”[⑧]

由此可知漢魏間無論帝王權臣至碩學都認爲：《史記》有對二帝的批評，本書曾被删削，至曹魏時，《孝景本紀》《今上本紀》兩卷仍“有録無書”。上文已論，這可能是漢武帝或其他帝王命人撿取自己認爲比較重要或較感興趣的十篇觀看。由於長期存於帝王手邊，内廷本遂闕十篇，後或隨戰亂而有散失。其中兩篇《本紀》爲武帝所削，自然不存。家藏之本也因取書制度而不敢宣布此十篇。但内廷無，外廷亦殘缺，故其他各篇或有殘闕。漢代隨葬物中多有書籍，作爲晚年常觀之書，隨之入墓，也不無可能，尤其是《今上本紀》。

---

① 見《漢書》卷六六《楊惲傳》，惲既與爲太史公外孫，又宣布《太史公書》，且時多怨望語，被宣帝下獄問斬。北京：中華書局，1962年，第2897—2898頁。

② 《後漢書》卷七九下，北京：中華書局，1965年，第2575—2576頁。

③ 《漢書》卷八五，北京：中華書局，1962年，第3479頁。

④ 《漢書》卷六六，北京：中華書局，1962年，第2898頁。

⑤ 《史記》卷一二一，北京：中華書局，1959年，第3128頁。

⑥ （梁）蕭統：《文選》卷四八，上海：上海古籍出版社，1986年，第2158頁。

⑦ 王肅此言值得注意，十篇闕與兩篇闕是不同的概念。前者可能是無意散佚，後者是人爲删削。前者是文獻學的問題，後者屬政治問題，當區别對待。（晋）陳壽：《三國志・魏書・王肅傳》，北京：中華書局，1982年，第418頁。

⑧ 《後漢書》卷六〇下《蔡邕傳》，北京：中華書局，1965年，第2006頁。

按照衛宏等人的説法，司馬遷是因有怨言而下獄死[①]。且《漢書·司馬遷傳》對司馬遷的死因不著一詞。而一般史書的常例是説明病死還是其他原因而死。班固不會不知，但這裏有意不説，其中或有隱諱。我們也不難推知，當時《太史公書》被朝廷密不外傳當爲實情。否則我們就無法理解既然太史公原意“副在京師，傳之其人”，爲何不在他死後立即全部公諸於世，而要等到倜儻不遜的外孫出現纔能宣布。“其書稍出”或爲其家冒險私藏，也是一種對當朝的抗爭。《今上本紀》被削，家中藏本也不敢外泄。

（3）楊惲。《漢書·楊惲傳》稱“惲母，司馬遷女也。惲始讀外祖《太史公記》，頗爲《春秋》。以材能稱。好交英俊諸儒，名顯朝廷，擢爲左曹”[②]。根據《漢書》的記載，楊惲因人告發“驕奢不悔過”，“章下廷尉案驗，得所予會宗書，宣帝見而惡之”[③]。遂以大逆無道論斬。我們今天能在《漢書》中見到楊惲《報孫會宗書》當是班固所見朝廷抄没楊家之物。那麽，《司馬遷傳》中的《報任安書》又是從何而來？

《報任安書》能夠流傳，當時必然有人上報。武帝觀覽之後作何感想，不難推知。司馬遷自稱“要之死日，然後是非乃定”，班固在《司馬遷傳》中寫道，“遷既死後，其書稍出”。至於去世的時間，死因俱付諸闕如。這段空白給後人留下了遐想的空間。司馬遷在《報任安書》中，將作《史記》的原委及心態深作剖析。這對當時的帝王而言，不啻爲一種公然的自宣和挑戰。因此，衛宏的説法或不爲無據[④]。

《漢志》“春秋”類言：“《春秋》所貶損大人當世君臣，有威權勢力，其事實皆形於傳，是以隱其書而不宣。”[⑤]這恐怕也是當朝秘藏《史記》的主要原因。班固父子雖贊揚司馬遷“其文直，其事核，不虚美，不隱惡”，“有良史之才”，但對其書的評價是“其是非頗謬於聖人，論大道則先黄老而後六經；序游俠則退處士而進姦雄，述貨殖則崇勢利而羞賤貧”[⑥]。可見，此書最大的問題乃“是非”不合。因此，我們認爲衛宏、張晏之説不爲無據。武帝雖然没有像秦始皇那樣焚書坑儒[⑦]，但也以其政治權力强行删改《太史公書》，刑司馬遷。由於另有傳本“副在京師”，故魏晋之際有學者掇拾補綴，此本流傳至今。

（4）補續者。《史記》成書以後，其地位頗爲特殊。一面是秘而不宣，侯王相見之

---

① 《史記》卷一三〇，北京：中華書局，1959年，第3321頁。
② 《漢書》卷六六《楊敞傳》附，北京：中華書局，1962年，第2889頁。
③ 《漢書》卷六六，北京：中華書局，1962年，第2898頁。
④ 《史記》卷一三〇，北京：中華書局，1959年，第3321頁，註釋一六《集解》所引。
⑤ 《漢書》卷三〇，北京：中華書局，1962年，第1715頁。
⑥ 《漢書》卷六二，北京：中華書局，1962年，第2737—2738頁。
⑦ 《孟子》載戰國諸侯亦有“惡其害己也，而皆去其籍”的現象。《孟子注疏》卷十上，十三經注疏本，第2741頁。

而不得；二是後之學者多加評議，續補不絶。學者中對《史記》讀抄較多的首先是劉向、歆父子。其《七略》中多用《太史公書》之傳記[①]。《後漢書・班彪傳》云：

武帝時，司馬遷著《史記》，自太初以後，闕而不録，後好事者頗或綴集時事，然多鄙俗，不足以踵繼其書。"，章懷注曰："好事者謂楊雄、劉歆、陽城衡、褚少孫、史孝山之徒也。"[②]

另，《史通・古今正史》云：

《史記》所書，年止漢武，太初已後，闕而不録。其後劉向、向子歆及諸好事者，若馮商、衛衡、揚雄、史岑、梁審、肆仁、晋馮、段肅（原注：《班固集》作"段肅"，固本傳作"殷肅"）、金丹、馮衍、韋融、蕭奮、劉恂等相次撰續，迄於哀、平間，猶名《史記》。至建武中，司徒椽班彪以爲其言鄙俗，不足以踵前史；又雄、歆褒美僞新，誤後惑衆，不當垂之後代者也。於是采其舊事，旁貫異聞，作《後傳》六十五篇。其子固以父所撰未盡一家，乃起元高皇，終乎王莽，十有二世，二百三十年，綜其行事，上下通洽，爲《漢書》紀、表、志傳百篇。其事未畢，會有上書云固私改作《史記》者，有詔京兆收繫，悉録家書封上。固弟超詣闕自陳，明帝引見，言固續父所作，不敢改易舊書，帝意乃解。即出固，徵詣校書，受詔卒業。經二十餘載，至章帝建初中乃成。[③]

劉知幾所言未知何據，但言之鑿鑿，或相關文獻唐初猶存。史孝山或即史岑，衛衡或即陽城衡。若加上下文中所言孟柳，補續者有十七人之多[④]。從時間上看，補史者基本都是宣帝以後的士人。這與《漢書》"遷既死後，其書稍出。宣帝時，遷外孫平通侯楊惲祖述其書，遂宣布焉"的記載一致[⑤]，也印證了前文關於《史記》禁傳的推斷。"迄於哀、平間，猶名《史記》"的記述，也充分表明這種續補是與西漢政統相始終的。亦即，此時的《史記》已在某種程度上具有"國史"的性質。

① 見《七略别録佚文》，《二十五史補編》本，上海：開明書店，1936年，第1—50頁。

② 《後漢書》卷四〇上，北京：中華書局，1965年，第1324—1325頁。

③ （唐）劉知幾著，（清）浦起龍通釋：《史通通釋》卷一二，上海：上海古籍出版社，2009年，第314頁。

④ 盧南喬先生在《從史學和史料來論述〈漢書〉編纂特點》一文中又加楊惲、班彪、賈逵，共有二十人之多。載吴澤主編：《中國史學史論集》（一），上海：上海人民出版社，1980年，第276頁。

⑤ 《漢書》卷六二，北京：中華書局，1962年，第2737頁。

其次，續補者基本都是内廷士人，甚至就是直接校書的人員。劉向、歆父子自不待言，揚雄校也曾書天禄閣[①]。《漢志》中著録的只有馮商一家："馮商所續《太史公》七篇。"注云：

韋昭曰：'馮商受詔續《太史公》十餘篇，在班彪《别録》。商字子高。'師古曰：'《七略》云商陽陵人，治《易》，事五鹿充宗，後事劉向，能屬文，後與孟柳俱待詔，頗序列傳，未卒，病死。[②]

根據顔師古的注文，當時的續補者當另有孟柳。馮商或與劉向同校書祕閣，後受詔續書，所作藏於中秘。受詔續史也進一步表明著此時的《史記》已爲準國史。上述續史者多不知名，依馮商之例推之，或爲當時負責校書的郎官、椽史。他們既能觀覽《太史公書》，又有采掇漢代記録的便利條件。如《漢書・楚元王傳》即載漢代災異"皆著於《漢紀》"[③]，《漢志》有"太史公百三十篇。十篇有録無書。馮商所續《太史公》七篇。《太古以來年紀》二篇。《漢著記》百九十卷。《漢大年紀》五篇"[④]。這些應該都是他們參考的史料。

但上述材料無疑都是針對"太初已後，闕而不録"的情況而言，今可考見的除褚少孫以外，多爲續史而非補史。他們雖然是接續《史記》記述漢代的歷史，但在續寫的同時也多以當時盛行的儒家觀點對司馬遷原書所秉持的史官道統有所批評。《漢書》揚雄本傳載：

雄見諸子各以其知舛馳，大氐詆訾聖人，即爲怪迂，析辯詭辭，以撓世事，雖小辯終破大道而或衆，使溺於所聞而不自知其非也。及太史公記六國，歷楚漢，訖麟止，不與聖人同，是非頗謬於經。故人時有問雄者，常用法應之，譔以爲十三卷，象《論語》，號曰《法言》。[⑤]

① 《漢書・揚雄傳》載王莽時"雄校書天禄閣上"。《漢書》卷八七下，北京：中華書局，1962年，第3584頁。
② 《漢書》卷三〇，北京：中華書局，1962年，第1715頁。
③ 《漢書》卷三六，北京：中華書局，1962年，第1964頁。
④ 《漢書》卷三〇，北京：中華書局，1962年，第1714頁。
⑤ 《漢書》卷八七下，北京：中華書局，1962年，第3580頁。按，《法言》稱："淮南説之用，不如太史公之用也。太史公，聖人將有取焉；淮南，鮮取焉爾。必也，儒乎！乍出乍入，淮南也；文麗用寡，長卿也；多愛不忍，子長也。仲尼多愛，愛義也；子長多愛，愛奇也。"（《法言義疏》卷一八，第507頁）又，"或問："司馬子長有言，曰《五經》不如《老子》之約也，當年不能極其變，終身不能究其業。"曰："若是，則周公惑，孔子賊。古者之學耕且養，三年通一。今之學也，非獨爲之華藻也，又從而繡其鞶帨，惡在《老》不《老》也？"（《法言義疏》卷十，第222頁）

揚雄死後，班固在《揚雄傳》的結尾記載了當時士人的評價：

時大司空王邑、納言嚴尤聞雄死，謂桓譚曰："子常稱揚雄書，豈能傳於後世乎？"譚曰："必傳。顧君與譚不及見也。凡人賤近而貴遠，親見揚子雲禄位容貌不能動人，故輕其書。昔老聃著虛無之言兩篇，薄仁義，非禮學，然後世好之者尚以爲過於《五經》，自漢文景之君及司馬遷皆有是言。今揚子之書文義至深，而論不詭於聖人，若使遭遇時君，更閲賢知，爲所稱善，則必度越諸子矣。"諸儒或譏以爲雄非聖人而作經，猶春秋吴楚之君僭號稱王，蓋誅絶之罪也。（師古曰：絶謂無胤嗣也）自雄之没至今四十餘年，其《法言》大行，而《玄》終不顯，然篇籍具存。[①]

諸儒對揚雄"非聖人而作經"當"誅絶"的譏議不免讓人聯想到太史公的遭遇。西漢後期，無論桓譚、揚雄還是那些來諮問揚雄的學人，都對《史記》的有讀有議。一方面將之與《淮南子》等子書並提，以爲非《五經》聖論，一方面又與孔子進行比較，稱"聖人將有取焉"。尤其值得注意的是桓譚論對《老子》時，將文、景二帝與太史公對舉。二者分可謂治統、道統兩個方面的代表。這也表明在《太史公書》宣布之後，一方面書中旨趣與當朝倡導的官學不合，一面又與宣講儒術的學者不同，因此遭到兩方面的批評。

這一時期的續史雖多，但在班彪看來多不可取，無法承續《史記》的記述[②]。班斿姊爲班倢伃，班氏家族以外家之親、班斿之能深得宣帝信任，賜以祕書之副[③]。其寵信超過當時的一般的侯王，甚至當時典領校書的皇族飽學之士劉向都没有享受此項殊榮。值得注意的是，他曾特意提到《太史公》一書。班固非常自豪地稱東平思王所求之書而不得，言下之意，自家當有之。自己改作國史，也應家中先有《史記》始能改之。班家所藏《太史公書》，無疑同屬"名山"系統的内廷抄本。

彪字叔皮，幼與從兄嗣共遊學，家有賜書，内足於財，好古之士自遠方至，

① 《漢書》卷八七下，北京：中華書局，1962年，第3585頁。
② 《後漢書》卷四〇上，北京：中華書局，1965年，第1324頁。
③ 《漢書叙傳》稱："斿博學有俊材，左將軍史丹舉賢良方正，以對策爲議郎，遷諫大夫、右曹中郎將，與劉向校祕書。每奏事，斿以選受詔進讀群書。上器其能，賜以祕書之副。時書不布，自東平思王以叔父求《太史公》、諸子書，大將軍白不許。"《漢書》卷一〇〇上，北京：中華書局，1962年，第4203頁。

父黨揚子雲以下莫不造門。[①]

揚雄等人與班家討論藝文，觀覽群書，有相似的見解不足爲奇。史稱“叔皮唯聖人之道然後盡心焉”[②]。兩漢之際隗囂欲與劉秀争天下，他曾與班彪討論天下大勢，治統與道統所在。班彪極力維護漢祚，並著《王命論》“以救時難”[③]。

考查《史》《漢》二書的叙述模式，我們不難發現《漢書》模擬《史記》的痕跡十分明顯，或者説是在《史記》的基礎上改作漢史。班固父子的《史記》閲讀，激發了他們撰述新史的意願。最終，他們改作《史記》，勒成《漢書》，以儒家道統取代了道家道統，並與當朝者的意願一致[④]。最終成爲此後史書修撰的楷模。

（5）偷讀者。雖然《太史公書》至宣帝時已經楊惲宣布，但當時的傳播並不廣泛，在某種意義上甚至還有禁讀的跡象。没有帝王的允許，大臣並不能輕易觀看中祕之書，私自抄讀都是重罪。到宣帝時，霍山坐寫秘書，需“上書獻城西第，入馬千匹”始能贖[⑤]。甚至當時協助傳抄内廷書籍的蘇昌也“坐藉霍山書，泄祕書，免”[⑥]。

《漢書・宣元六王傳》載，漢成帝時，東平思王劉宇“上疏求諸子及《太史公書》”，大將軍王鳳以爲：

諸子書或反經術，非聖人，或明鬼神，信物怪；《太史公書》有戰國從横權譎之謀，漢興之初謀臣奇策，天官災異，地形阸塞：皆不宜在諸侯王。不可予。不許之辭宜曰：“《五經》聖人所制，萬事靡不畢載。王審樂道，傅相皆儒者，旦夕講誦，足以正身虞意。夫小辯破義，小道不通，致遠恐泥，皆不足以留意。諸益於經術者，不愛於王。”[⑦]

成帝時當權者依然認爲該書記載了很多權謀，天地形勢，是比較危險的一種著作。東平思王特意上疏將《太史公書》和諸子書並列，可見至少當時頗有神秘性。這段文字也向我們揭示了當權者對《太史公書》乃至學術的基本立場。而漢代尊儒重經

① 《漢書》卷一〇〇上，北京：中華書局，1962年，第4205頁。
② 《漢書》卷一〇〇上，北京：中華書局，1962年，第4207頁。
③ 《漢書》卷一〇〇上，北京：中華書局，1962年，第4207頁。
④ 孔子無其位而修《春秋》，實已啓攘奪史家道統的意味。
⑤ 《漢書》卷六八《霍光傳》，北京：中華書局，1962年，第2956頁。
⑥ 《漢書》卷一九《百官公卿表七下》，北京：中華書局，1962年，第797頁。
⑦ 《漢書》卷八〇，北京：中華書局，1962年，第3324—3325頁。

的基本考量也不言自明。

王侯都不易得到《太史公書》，普通士人可想而知。圖書乃至以圖書爲載體的學術、知識被帝王壟斷，也成爲一時風氣。此時的《史記》文本依然成爲一種權力象徵，那就是作爲一種賞罰的手段。有功者雖不求而賞之，無德者雖求而不得。這是《漢書》以降的正史所没有的功能。

東漢初期,《太史公書》的這種功能依然得以繼承。但多爲單篇，有針對性。《後漢書・竇融列傳》載竇融忠於光武，責讓隗囂，"(光武)帝深嘉美之，乃賜融以外屬圖及太史公《五宗》、《外戚世家》、《魏其侯列傳》"[①]。這三卷書主要記載西漢外戚姻親的，光武以之賞賜竇融表示勸勉和信任。也説明當時的《太史公書》依然是作爲一種具有危險性的圖書出於壟斷和禁傳的狀態。

在某一方面政績突出的官員也可以得到這種賞賜,《後漢書・循吏列傳》:

> (明帝)永平十二年，議修汴渠，乃引見景，問以理水形便。景陳其利害，應對敏給，帝善之。又以嘗修浚儀，功業有成，乃賜景《山海經》、《河渠書》、《禹貢圖》，及錢帛衣物[②]。

凡賞圖書，其中幾乎都有《太史公書》。似乎在兩漢之際，此書已處於類似於國史的地位。但這種賞賜在《漢書》出現之後，並無記載。或與《漢書》取代之成爲國史有關。

《漢書》撰成之後，幾乎再無續補《太史公書》的事情出現。士人很少言及此書，有的話也只是批評。東漢章帝時期曾詔集群儒在白虎觀討論《五經》異同。當時楊終深於《春秋》，得班固、賈逵的奏請，得以參加這次討論。但與此相關的還有一件事，多爲學者忽略。那就是楊終"後受詔删《太史公書》爲十餘萬言"[③]。這種删節本將五十餘萬言的《太史公書》，删减的只剩下十幾萬字。章帝爲什麽删减，删去的是哪些内容，具體情形今天已然不得而知了，但根據當時的情勢推斷，應出於政治因素的考量。

(6)屬於長安的《太史公書》。《史記》初名《太史公書》,《太史公自序》、《漢書・司馬遷傳》、《宣元六王傳》、《漢書・張湯傳》、《論衡》之《案書篇》和《對作篇》、《後漢書・班彪傳》、《後漢書・楊終傳》並有言及。爲何稱"太史公書"？清人

① 《後漢書》卷二三《竇融列傳》，北京：中華書局，1965年，第803頁。
② 《後漢書》卷七六《循吏列傳》，北京：中華書局，1965年，第2465頁。
③ 《後漢書》卷四八《楊終傳》，北京：中華書局，1965年，第1599頁。

錢大昕《廿二史考異》卷五云：

子長述先人之業作書，繼《春秋》之後，成一家言，故曰《太史公書》。以官名之者，承父志也。以虞卿、吕不韋著書之例言之，當云《太史公春秋》。不稱《春秋》者，謙也。①

錢氏所論甚爲精當，"太史公書"的名稱一來表述該書是承先人之業，乃"太史公"的一家之言，一來表示謙虚。司馬遷在《太史公自序》自序中也向壺遂解釋，自己雖繼《春秋》之志，但不敢明説自己作的是聖人之業，也是《春秋》②。關於《史記》一書的性質，梁啓超《要籍解題及其讀法》之"史記"條中也有明確的界定：

其著書最大目的，乃在發表司馬氏一家之言，與荀卿著《荀子》、董生著《春秋繁露》，性質正同。不過其"一家之言"乃借史的形式發表耳。故僅以近世史的觀念讀《史記》，非能知《史記》者也。③

漢晋之際，學者稱引書名不甚嚴謹，舉其大端而已。因此，這一時期，《太史公書》的稱呼又被隨文稱爲"太史公"④，"太史記"⑤，"太史公傳"等⑥，並非他們所見書名與《太史公書》有什麽不同。有時同一作者在同一篇書中，稱呼也有不同，可見古人並没有嚴格的書名觀念。至於何時《史記》專門指稱司馬遷所著書，或云東

① （清）錢大昕著，方詩銘等點校：《廿二史考異》卷五，上海：上海古籍出版社，2004年，第88頁。"太史公"之意，張大可概括爲十説三類：尊稱説，官名説，以官稱爲書名説，而傾向於俞正燮"以官名書"（《癸巳類稿》卷十一《太史公釋名義》），相關討論見張大可《太史公釋名考辨》，見《史記研究》，北京：華文出版社，2001年，第113—121頁。

② 《史記》卷一三〇《太史公自序》，北京：中華書局，1959年，第3299—3300頁。

③ 梁啓超《要籍解題及其讀法》。常乃得《歷史哲學論叢》中徑稱《史記》"並不是單純的事實記録，而是和儒、道、墨、法諸家著作同等的系統哲學。"另見程金造《述史記太史公一家之言的實質》，載程金造：《史記管窺》，西安：陝西人民出版社，1985年；白壽彝：《説"成一家之言"》載《歷史研究》1984年第1期；張大可：《司馬遷一家言界説》，見張大可《史記研究》，第519—535頁；新近較爲集中的討論參見李紀祥：《〈太史公書〉由子入史考》，載《文史哲》2008年第2期，第65—90頁。

④ 如揚雄《法言》，"淮南、太史公"其知歟，何其雜也？《法言・君子》："淮南之用，不若太史公之用也"。揚雄將《淮南子》與《太史公》並提，似傾向於歸入雜家一類。《漢書・藝文志》，《太史公》百三十篇，《馮商所續太史公》七篇。王充《論衡・超奇》，《後漢書・竇融傳》《後漢書・范升傳》《後漢書・陳元傳》等。

⑤ 《漢書・楊惲傳》云"惲始讀外祖太史公記"，《論衡・道虚》，《漢紀・孝武皇帝紀》，《風俗通義》之《皇霸篇》《聲音篇》《祀典篇》皆云"太史公記"。

⑥ 《史記・龜策列傳》褚先生曰，《太平御覽》卷一五五引《帝王世紀》亦言。

漢[1]，或云三國時期[2]。《金石萃編》卷十二《漢執金吾丞武榮碑》："闕幘傳講《孝經》、《論語》、《史記》、《左氏》、《國語》，廣學甄微，靡不冠綜。"據陳直先生考證，前碑爲桓帝永壽元年（155）立，後碑約立於靈帝初年[3]。陳直《太史公書名考》[4]，援引九例論證至桓靈至獻帝《太史公書》多稱《史記》。甚至約在桓帝時，多讀《漢書》，而列《史記》於後。我們認爲大略在漢末三國之際開始較爲廣泛地使用"史記"來指稱《太史公書》。至於具體的時間，或在不同的個人，不同層次的讀者之間所稱有別，我們也不必過於坐實。值得注意的是，此時的政治文化中心已經不在長安，而《太史公書》之名，似乎只屬於長安。書名的變化，其實也意味著人們對該書性質認識的變化。

"史記"之名，古已有之。"動則左史書之，言則右史記之"，故簡稱"史記"。司馬遷本人稱引"史記"的也頗有不少，皆不專指司馬遷所作的《史記》，而是指古史。如《周本紀》《十二諸侯年表》《六國年表》《天官書》《陳杞世家》《晋世家》《孔子世家》《老子韓非列傳》《儒林列傳》《太史公自序》等。漢魏之際人們稱"太史公書"爲"史記"，正表明該書性質已由"究天人之際，通古今之變"的"一家之言"，變爲論述舊事的古史。我們知道，"史記"由古史的統稱，逐漸成爲《太史公書》的專名，似乎士人只承認其整齊漢代之前古史的部分。

三、長安與洛陽：兩漢時期《史記》的傳本譜系

《太史公書》殺青之後即"藏之名山，副在京師"；漢成帝時，班斿與劉向等共典校書，得賜祕書之副[5]。漢代《史記》遂有兩大傳本系統：一爲"藏之名山"的内廷本及"賜以祕書之副"的班斿藏本；二是"副在京師"的家藏本。

---

① 《漢書・五行志》，顔注稱該志所稱"史記"皆專指"太史公書"。

梁玉繩《史記志疑》稱"史記"之名起於班叔皮，觀《五行志》及《班彪傳》可知。瀧川資言同之。

② 《三國志・王肅傳》，明帝問王肅實際上，《漢書》十六處言史記，五條見諸《史記》，四條既不見於《國語》，亦不見於《太史公書》，實爲史書泛稱。王國維《太史公行年考》言始於《魏志・王肅傳》，范文瀾《正史考略》，梁啓超《要籍解題及其讀法》並同之。

③ 張大可：《太史公釋名考辨》，見《史記研究》，第121—126頁。

④ 載《文史哲》1956年第6期。第7、60—61頁。相關討論另見楊明照：《太史公書稱史記考》，載《燕京學報》第26期，1939年12月；王叔岷：《〈史記〉名稱探源》，載《新潮》，1967年12月。

⑤ 見《史記》卷一三〇《太史公自序》，北京：中華書局，1959年，第3319—3320頁；《漢書》卷一〇〇《漢書序傳》上，北京：中華書局，1962年，第4203頁。

（一）中書内廷本

根據西漢的獻書制度和《太史公書》的特殊性，此書殺青之後，必然要被朝廷徵集於書府之中①。内廷中書本《太史公書》無疑是最爲權威的傳本。漢代書禁甚嚴，除了帝王之外，似乎只有那些專門掌領典籍的執事官纔能見到部分篇目②。班斿得賜祕書之副，源於此本。兩漢以來的賜書，也是從此本抄出的單篇③。漢成帝時，劉向領校中秘，頗采此本《太史公書》以爲《别録》④。嗣後，班固《漢志》以《七略》爲依據，所舉書目也應爲内廷藏書，即“十篇闕，有録無書”説的是内廷本的存佚情况。由此，我們也進一步推定張晏所見本，實爲内廷本的傳本。東漢以降的楊終删《太史公書》爲十餘萬言，所據亦當爲内廷本⑤。前揭武帝削書的傳説及王肅所謂“今此兩紀有録無書”⑥，亦就内廷本而言。

所有的官方續書所參考的《太史公書》都應爲内廷本，或者説是内廷本系統的本子。所謂續即接續原文而作，《後漢書・班彪傳》云：“武帝時，司馬遷著《史記》，自太初以後，闕而不録，後好事者頗或綴集時事，然多鄙俗，不足以踵繼其書。”⑦ “綴集時事”，表明班彪見到的那些“好事者”所作基本都是接續《史記》原文的“踵繼”之文，不涉及改作原文的問題。因此，内廷本的《史記》原文部分較爲穩定。但如果是受詔續史者，便有權力在已有文字後添加新的文字。今本表傳部分有續文而無署名的，或多出於受詔續史的士人之手，尤其是馮商。今本《史記》補續文字最晚至成帝鴻嘉元年（前 20），或即商“未卒，會病死”的時間⑧。

《後漢書》及劉知幾《史通》中所言補續者甚多⑨，其中除楊惲、班彪外，所據當

---

① 盧南喬先生以爲《史記》只有家藏本的草稿，没有“藏於名山”的本子，此説不僅忽略了《太史公書》本身的特殊性，也與當時的藏書制度不符。見《從史學和史料來論述〈漢書〉編纂特點》，載吴澤主編：《中國史學史論集》（一），上海：上海人民出版社，1980 年，第 271—299 頁。

② 如前舉東平王蒼求書不得，霍山坐抄祕書獲罪等。石渠閣會議時，桑弘羊曾引用《史記・貨殖列傳》之語，或以爲其得見《太史公書》。但桑弘羊是鹽鐵官，或府中允許有《貨殖列傳》的單篇。

③ 如光武帝賜竇融的單篇，《後漢書》卷二三《竇融列傳》，北京：中華書局，1965 年，第 803 頁；明帝賜王景等，見《後漢書》卷七六《循吏列傳》，北京：中華書局，1965 年，第 2465 頁。

④ 《漢志》“諸子略”有“《晏子》八篇”，班注“有列傳”，顔注云：“‘有列傳者’，謂《太史公書》也”，今存《韓非子書録》中亦多用《史記》之文。易平先生已言之，見《劉向班固所見太史公書考》，載《南昌大學學報》（人文社會科學版）1999 年第 2 期，第 76—84 頁。

⑤ 《後漢書》卷四十八《楊終傳》，北京：中華書局，1965 年，第 1599 頁。

⑥ 《三國志・魏書・王肅傳》，北京：中華書局，1959 年，第 418 頁。

⑦ 章懷注曰：“好事者謂楊雄、劉歆、陽城衡、褚少孫、史孝山之徒也。”《後漢書》卷四十上，北京：中華書局，1965 年，第 1324—1325 頁。

⑧ 《漢書》卷五九《張湯傳》贊語，北京：中華書局，1962 年，第 2657 頁注一。

⑨ 前文所考（第一章第五節），有十七人之多。見《史通通釋》卷一二，第 314 頁。盧南喬先生在《從史學和史料來論述〈漢書〉編纂特點》一文中又加楊惲、班彪、賈逵，共有二十人之多。載吴澤主編：《中國史學史論集》（一），上海：上海人民出版社，1980 年，第 276 頁。

主要爲中書内廷本。所謂的補續也有可能未必有心作史，只是摘録補充相關材料，單篇别行。今傳本《西京雜記》或即當時材料的一種遺存。《漢書》中所引劉向、揚雄等人的言論多出於《新序》《法言》等書，而未必全是專門的續史著作①，可爲一證。

諸家補作見於《漢志》的，僅馮商一家②。馮商後事劉向，或劉向整理典籍之後，成帝遂命高才者如馮商以續史。馮商受詔續史也應在劉向校篇籍之後，即略晚於漢成帝河平三年（前 26）③。此處既指明馮商受詔而續，則其餘諸家或爲私作故未能列入。同時列入《漢志》"春秋類"的另有"《太古以來年紀》二篇。《漢著記》百九十卷。《漢大年紀》五篇"④。這些應該都是官方的記録，因而得藏中祕，其中應該有很多是馮商補續《史記》時所依據的材料⑤。

這里還涉及班固省四篇内廷本《太史公書》的問題。余嘉錫等多言馮商所續《太史公書》本爲十餘篇，因四篇入於内廷本《太史公書》，故只餘七篇⑥。對此，易平先生有辯：一，即使互著之例，也應説"出"，而不是"省"。這里"省"的當爲合於中外書之後重複的篇目。二，前舉顔注已云"未卒，病死"，或只成七篇⑦。我們還可以補充兩點：一，史書所言馮商是續書而非補書，自然不存在入於《太史公書》而省的問題。二，如果是因爲馮商續史而删重複四篇，《漢志》著録"馮商所續《太史公書》"應著録爲十一篇，而非七篇⑧。

管見以爲，班固所省的是外間的褚氏所補篇目。一方面，班固久爲校書郎，又董

---

① 盧南喬：《從史學和史料來論述〈漢書〉編纂特點》，《中國史學史論集》，上海：上海人民出版社，1980 年，第 271—299 頁。楊樹達在《漢書窺管》卷八中依據《史通》之《正史》篇推測"此文劉向揚雄並舉，疑皆指其所續撰之《史記》而言，與向之《新序》，雄之《法言》無涉也"。又稱"今存《新序》頗序漢事，然則已佚之二十卷中亦必多序漢事，疑向續撰之《史記》嘗編入《新序》中，故張晏云也"（《漢書窺管》，上海：上海古籍出版社，1984 年，第 602 頁）。當然，如果有專門的補作，更能説明當時補史之言不虚。

② 見《漢書》卷三〇，北京：中華書局，1962 年，第 1714—1715 頁。余嘉錫以爲既然韋昭云馮商續《太史公書》十餘篇，而此處只有七篇，《漢志》"春秋類"末云"凡'春秋'二十三家，九百四十八篇。自注：省《太史公》四篇"，因此，"其所省是商所續，而非司馬遷書，固已甚明"。見《太史公書亡篇考》，第 22 頁。易平先生以爲所省爲民間重出之篇，或可商。見《劉向班固所見太史公書考》，載《南昌大學學報》（人文社會科學版）1999 年第 2 期，第 76—84 頁。

③ 《漢書》卷一〇，《成帝紀》"秋八月乙卯"之後，載"光禄大夫劉向校中秘書。謁者陳農使，使求遺書於天下"。北京：中華書局，1962 年，第 310 頁。

④ 《漢書》卷三〇，北京：中華書局，1962 年，第 1714 頁。

⑤ 《漢書》中亦有言及馮商續史的内容，如《漢書》卷七六贊曰："然劉向獨序趙廣漢、尹翁歸、韓延壽，馮商傳王尊、揚雄亦如之。"，北京：中華書局，1962 年，第 3239 頁。《張湯傳贊》："馮商稱張湯之先與留侯同祖，而司馬遷不言，故闕焉。"第 2657 頁。《論衡》卷二十《須頌》篇："司馬子長紀黄帝以至孝武，楊子雲録宣帝以至哀平。"第 854 頁。

⑥ 余嘉錫：《太史公書亡篇考》之"總論十篇之亡缺第十三"，第 80—85 頁。

⑦ 這裏涉及一個"十餘篇"理解的問題，受詔續書，這"十餘篇"當指詔命所言應續篇數，並非每一篇史臣都有權力續寫。見《劉向班固所見太史公書考》，載《南昌大學學報》（人文社會科學版）1999 年第 2 期，第 76—84 頁。

⑧ 即令《漢書》在轉寫過程中將"十"訛爲"七"（隸書中十、七字形相近），尚有"一"字不會隨便抹去。

理《七略》《别録》，當如劉向歆父子班合中外書、民間書以校[①]，應見過褚補文字，甚至采入《漢書》。清代趙翼在《廿二史劄記》中稱："班書内燕王旦等封策及平陽公主以衛青爲夫等事，皆采少孫語入列傳，則知少孫所補久附《史記》並傳矣。"[②]但由於當時學者多以爲褚氏文多"鄙陋"，不足以繼踵原書，又爲私續，故不言之。而劉向、劉歆、揚雄等私續之篇本自别行，未曾入中書，因此也未著録。而晋世猶存的《西京雜記》等篇未予録入，即爲一證。而褚補文字因"編之如左"，附於民間傳本並行，故取民間本《太史公書》時必然有此四篇，而整理時又必將删去。未另一方面，據張晏所云，褚補《史記》恰爲四篇，分别是《孝武本紀》《三王世家》《日者列傳》《龜策列傳》[③]。其中今本《史記》的《龜策列傳》和《三王世家》中，猶有褚先生曰："臣往來長安中，求《龜策列傳》不能得"[④]，"傳中稱《三王世家》文辭可觀，求其世家終不能得。"[⑤]足見二傳在當時的民間傳本中確實已闕。雖然今本《日者列傳》有褚補，但内容簡短文意不全，似經後人删略。《孝武本紀》非太史公原書，但無"褚先生曰"，諸家或以爲褚補亦亡[⑥]。褚補文字在民間流傳，或於兩漢之際當朝搜訪圖書之際進入書府。

（二）外廷本

漢代祕書有中外之分，《史記》藏於書府之後，也不可能只有一本。藏於"名山"的外廷本，此時也多有抄讀。漢代藏書機構甚多，武帝"建藏書之策，置寫書之官"，"外則有太常、太史、博士之藏，内則有延閣、廣内、祕室之府"[⑦]。《太史公書》在這些外廷中也應録有副本。該書於兩漢之際多有補續，而補續的首先要先讀《太史公書》。這些續作者多爲當時的郎官，他們當然不會都有資格觀覽内廷的藏書，因此也可推知他們當時所見到的多爲外廷藏本。因此，成帝時劉向校書，每每臚列"中書、臣

① 班固校書之事見《後漢書·班固傳》："顯宗甚奇之，召詣校書部，除蘭臺令史。"（《後漢書》卷四十上，第五册，第1334頁）；《後漢書·班超傳》"永平五年，兄固被召詣校書郎，超與母隨至洛陽。"（《後漢書》卷四十七，第六册，第1571頁）見《七略别録佚文》，《二十五史補編》本，上海：開明書店，1936年，第1—50頁。

② 《廿二史劄記校證》，卷一第9頁。但《漢書》用褚少孫續補文字，只能表明班固見過褚氏補本，但並不能説明内廷本也有褚氏補文。

③ 《史記》卷一三〇，北京：中華書局，1959年，第3321頁。

④ 《史記》卷一二八，北京：中華書局，1959年，第3226頁。

⑤ 《史記》卷六〇，北京：中華書局，1959年，第2114頁。

⑥ 錢大昕稱："予謂少孫補史，皆取史公所闕，意雖淺近，詞無雷同，未有移甲以當乙者也。或魏晋以後，少孫補篇亦亡，鄉里妄人取此以足其數爾。" 見氏著《廿二史考異》（《嘉定錢大昕全集》本）卷一，南京：江蘇古籍出版社，1997年，第13頁。

⑦ 《漢書》卷三〇《藝文志》，如淳注引劉歆《七略》之文，北京：中華書局，1962年，第1701—1702頁。

某書，太史書”[①]，即爲此例。在某種意義上，我們甚至可以認爲中書本更多的是一種概念上的原本，一般的讀寫多爲據此本而抄寫的副本，藏於外廷。如《後漢書》卷三六《范升傳》載光武時期，范升與陳元等辯論是否立《左氏春秋》[②]。辯難的雙方都提到《太史公書》與《五經》違戾之處，可想而知，二人必然讀過《太史公書》。但二人身份爲博士，且光武帝下詔的對象也只是博士，可知光武時期博士能讀到此書無疑。

（三）班氏家藏本

班固在《漢書序傳》云：

> （班）斿博學有俊材，左將軍史丹舉賢良方正，以對策爲議郎，遷諫大夫、右曹中郎將，與劉向校祕書。每奏事，斿以選受詔進讀群書。上器其能，賜以祕書之副。時書不布，自東平思王以叔父求《太史公》、諸子書，大將軍白不許[③]。

既然劉向校書始於成帝河平三年，而奏事進讀群書，當在校書定本出現以後。賜書又在此後，則最早應在陽朔（前24—前21）、鴻嘉（前20—前17）年間。值得注意的是，今本《史記》中續補文字最晚恰止於鴻嘉元年[④]。前揭的一種可能是馮商卒於這段時間，此後未再詔人續寫，内廷本的《太史公書》約定型於此時。在此，我們不能排除另一種可能，即今傳本《史記》或多據班斿家藏本。因爲班氏得到所賜祕書副本之後，不會再添加内容，年表記事也就止於抄録的時間。

班斿本《太史公書》在東漢史學上影響甚巨，尤其是班彪、班固父子的《史記》閱讀，更是催生了一部新的偉大著作——《漢書》的誕生。此外，當時觀覽此本的，也多爲一時鴻儒。史載，彪“幼與從兄嗣共遊學，家有賜書，内足於財，好古之士自遠方至，父黨揚子雲以下莫不造門”，甚至桓譚都想去班家借書[⑤]。彪自著《後傳》六

---

① 見《七略别録佚文》所引《晏子書録》《孫卿子書録》，《二十五史補編》本，第8、9頁。

② “‘《五經》之本自孔子始，謹奏《左氏》之失凡十四事。’時難者以太史公多引《左氏》，升又上太史公違戾《五經》，謬孔子言，及《左氏春秋》不可録三十一事。詔以下博士。”《後漢書》卷三六，北京：中華書局，1965年，第1229頁；又可參見《後漢書》卷三六《陳元傳》亦載此事，第1230—1231頁。

③ 《漢書》卷一〇〇上，北京：中華書局，1962年，第4203頁。

④ 《史記》卷二二《漢興以來將相名臣年表》，北京：中華書局，1959年，第1155頁。裴駰、司馬貞以爲太始元年以後爲後人所續，《史記》卷二二，第1142—1143頁注文。張大可以爲征和四年以後爲續補，見張大可《〈史記〉文獻研究》，北京：民族出版社，1999年，第191頁。

⑤ 《漢書》卷一〇〇上，北京：中華書局，1962年，第4205頁。

十五篇[①]，頗言《太史公書》之短，所據的也應是家藏本。子班固“改作國史”，依據的也應爲班氏家藏本《太史公書》。班氏家族中班昭、馬續等能補續《漢書》也當與家有藏書、明於漢史有關。

第二種是“副在京師”的家藏本。這一傳本應由司馬遷之女（楊敞妻）保存，傳於楊惲。《漢書·司馬遷傳》載“遷既死後，其書稍出。宣帝時，遷外孫平通侯楊惲祖述其書，遂宣布焉”[②]。楊惲地節四年（前66）封侯，五鳳二年（前56）失侯，其宣布《太史公書》當在這一時期[③]。所謂“其書稍出”，自然指的是家藏本，此後楊惲所祖述、宣布的也必然是家藏本。亦即，當時外間流傳的基本都是家藏本系統的抄本。“稍出”的特徵，決定了外間所傳的一般都是别行的單篇。按照常理推斷，越是重要的篇目越是晚出，尤其是那些當朝較爲忌諱的篇目一般不會隨意傳出。家藏本實有兩個分支，一是太史公全書的副本，一是從副本逐漸傳抄出去的單篇。

1. 副本

《漢書》載：“惲母，司馬遷女也。惲始讀外祖《太史公記》，頗爲《春秋》。”[④]楊惲所補續的文字當依據家藏的副本，易平先生以爲“頗爲《春秋》”即指楊惲增續《太史公書》[⑤]。而“其書稍出”“遂宣布焉”也不可能如刻本時期的完整的大規模傳播，只能是因講讀《史記》，而在狹小的範圍内傳抄流布[⑥]。此本當在五鳳四年（前54）楊惲腰斬之際籍没[⑦]，入於朝廷書府。

2. 褚氏本

褚少孫閲讀與補續《史記》，多在長安。其自稱“往來長安中”十餘年，訪之得見”[⑧]。褚先生多次申明將自己補續的文字“編於左方”[⑨]，褚氏所補已然接續所抄録的太史公原文，合成一本。經褚氏續補之後的本子，形成了新的面貌，我們姑稱之爲褚氏本。褚少孫補史所依據的很可能是楊惲“宣布”的傳抄本，依據主要有以下三點：

---

① 《史通通釋》卷一二《古今正史第二》，第314頁。又王充《論衡·超奇》言“班叔皮續《太史公書》百篇以上”，見《論衡校釋》卷一三，北京：中華書局，1990年，第615頁。

② 《漢書》卷六二，北京：中華書局，1962年，第2737頁。

③ 易平：《楊惲與〈太史公書〉》，載《大陸雜誌》第93卷第1期，第33—40頁。

④ 《漢書》卷六六，北京：中華書局，1962年，第2889頁。

⑤ 《史記》卷二〇，北京：中華書局，1959年，第1058頁；易平：《褚少孫補〈史〉新考》，第159頁；《楊惲與〈太史公書〉》，第36—37頁。

⑥ 鄭之洪：《史記文獻研究》，成都：巴蜀書社，1997年，第171—172頁。

⑦ 《漢書》卷六六，北京：中華書局，1962年，第2898頁。

⑧ 《史記》卷一二八，北京：中華書局，1959年，第3226頁。

⑨ 《史記》卷二〇，北京：中華書局，1959年，第1059頁。

一，從時間上，褚先生有條件見到楊惲宣布的《太史公書》。褚少孫在其續補的《建元以來侯者年表》中記載了平通侯楊惲在宣帝五鳳四年“作爲妖言，大逆罪腰斬，國除”的事跡[①]。在褚氏生活的時代，《史記》已經對外宣布了。二，據當時的藏書及書禁制度，他最可能見到的只有楊惲宣布的本子。三，從文本上看，褚本的底本留有楊惲抄讀乃至續補的痕跡。如褚少孫對《建元以來侯者年表》的補續始於昭帝，而在此之前尚有楊惲所續的武帝時賜封的“當塗”“蒲”“潦陽”和“富民”四侯一事並不知情[②]。褚氏猶以爲“太史公記事盡於孝武之事”，可見他不僅所據爲楊惲補續傳於民間的單篇别行之本，而且他可能還没有意識到該本已有補續[③]。

褚補的文字之前一般有“褚先生曰”四字[④]，相關提示文字如下：

《三王世家》：“褚先生曰：臣幸得以文學爲侍郎，好覽觀太史公之列傳。傳中稱《三王世家》文辭可觀，求其世家終不能得。竊從長老好故事者取其封策書，編列其事而傳之，令後世得觀賢主之指意。”[⑤]

《滑稽列傳》後：“褚先生曰：臣幸得以經術爲郎，而好讀外家傳語。竊不遜讓，復作故事滑稽之語六章，編之於左。可以覽觀揚意，以示後世好事者讀之，以游心駭耳，以附益上方太史公之三章。”[⑥]

《日者列傳》：“褚先生曰：臣爲郎時，游觀長安中，見卜筮之賢大夫，觀其起居行步，坐起自動，誓正其衣冠而當鄉人也，有君子之風。”[⑦]又“臣爲郎時，與太卜待詔爲郎者同署。”[⑧]

《龜策列傳》：“褚先生曰：臣以通經術，受業博士，治《春秋》，以高第爲郎，幸得宿衛，出入宫殿中十有餘年。竊好《太史公傳》。《太史公之傳》曰：‘三

---

① 《史記》卷二〇，北京：中華書局，1959 年，第 1066 頁。

② 《史記》卷二〇，北京：中華書局，1959 年，第 1058 頁；易平《褚少孫補〈史〉新考》，《臺大歷史學報》第 25 期，臺北，2000 年 6 月，第 159 頁。

③ 説見易平：《褚少孫補〈史〉新考》，第 151—180 頁。

④ 褚少孫補續内容可參見張大可先生的統計：《三代世表》810 字；《建元以來侯者年表》補昭宣之世侯者，兼武帝征和以後四侯，其中褚序 240 字，補表 2812 字，總 3052 字；《陳涉世家》，953 字；《外戚世家》，1180 字。《梁孝王世家》，1153 字；《三王世家》，1888 字；《田叔列傳》，1158 字；《滑稽列傳》，4145 字；《日者列傳》，409 字；《龜策列傳》，7664 字；《張丞相列傳》，起句大類褚少孫他篇所續史之意，當爲褚少孫所補，篇首因脱“褚少孫曰”，好事者誤爲司馬遷文而在篇末竄加“太史公曰”，1204 字；《漢興以來將相名臣年表》疑爲褚少孫所補，1439 字；凡褚補皆述續補之意，並非妄作，共 12 篇，25055 字。載張大可：《史記研究》之“《史記》殘缺與補竄考辨”附録表一，載《史記研究》，第 174—197 頁（原載《蘭州大學學報》1982 年第 3 期）。

⑤ 《史記》卷六〇，北京：中華書局，1959 年，第 2114 頁。

⑥ 《史記》卷一二六，北京：中華書局，1959 年，第 3203 頁。

⑦ 《史記》卷一二七，北京：中華書局，1959 年，第 3221 頁。

⑧ 《史記》卷一二七，北京：中華書局，1959 年，第 3222 頁。

王不同龜，四夷各異卜，然各以決吉凶，畧闚其要，故作《龜策列傳》。’臣往來長安中，求《龜策列傳》不能得，故之太卜官，問掌故文學長老習事者，寫取龜策卜事，編于下方。”①又《龜策列傳》：“臣爲郎時，見《萬畢》《石朱方》。”②

《外戚世家》：“褚先生曰：臣爲郎時，問習漢家故事者鍾離生。”③

《梁孝王世家》：“褚先生曰：臣爲郎時，聞之於宮殿中老郎吏好事者稱道之也。”④

《田叔列傳》：“褚先生曰：臣爲郎時，聞之曰田仁故與任安相善。”⑤

由以上補文我們可以大略推知褚氏及其閱讀《史記》的相關信息：

一，褚少孫身份。先從博士習《春秋》，中高第，爲文學侍郎，並在宮中任職有十餘年。既云與“太僕待詔者同署”，馮商亦曾爲待詔，二者身份應該相近。《孝武本紀》卷首《集解》引張晏曰：“《武紀》，褚先生補作也。先生名少孫，漢博士也。”《索隱》對褚氏的身份亦有所記：

按：褚先生補《史記》，合集武帝事以編年，今止取《封禪書》補之，信其才之薄也。又張晏云“褚先生潁川人，仕元成間。”韋稜云“《褚顗家傳》褚少孫，梁相褚大弟之孫，宣帝代（世）爲博士，寓居於沛，事大儒王式，號爲‘先生’，續《太史公書》。阮孝緒亦以爲然也。⑥

在時間上，今本所見確知爲褚氏補文的叙述時間止於元帝初元（前48—前44）年間，初元二年（前47）之後爲後人所補。易平先生以爲褚先生應博士弟子選在宣帝地節（前69—前66）末，入仕爲郎在元康（前65—前62）初，爲博士在宣帝甘露（前53—前50）間，補史在宣元之際，大致可從⑦。褚先生在補續的文字中屢次言及“臣爲郎時”

① 《史記》卷一二八，北京：中華書局，1959年，第3225—3226頁。

② 《史記》卷一二八，北京：中華書局，1959年，第3227頁。

③ 《史記》卷四九，北京：中華書局，1959年，第1981頁。

④ 《史記》卷五八，北京：中華書局，1959年，第2089頁。張夫子當指同事王式的博士張長安，見余嘉錫：《太史公書亡篇考》之“褚先生事迹”，第104—108頁。

⑤ 《史記》卷一〇四，北京：中華書局，1959年，第2779頁。

⑥ 上兩條並見《史記》卷一二，第451頁。易平先生也以爲宣帝時爲博士，見《褚少孫補〈史〉新考》，第167—170頁。

⑦ 易平盧舉今確知褚補《建元以來侯者年表》中“龍雒侯”“弋陽侯”“平臺侯”“爰戚侯”“陽平侯”事例明之。弋陽侯任宫壽終與爰戚侯國除而廣陵王劉霸紹封事俱在初元二年，此爲褚文補表之下限（氏著《褚少孫補〈史〉新考》，第167—170頁）。余嘉錫先生《太史公書亡篇考》一文雖則羅列材料甚多，但關於這一問題，基本没有直接可靠的材料，多爲推論，今不從。見《太史公書亡篇考》之“褚先生事迹第十五”，第104—108頁。

及“往來長安中”，而且通篇語氣似乎是在回憶往昔，可知補續《史記》時已經不爲郎官，甚至也已經離開了長安。而各篇前之序多有重複，這也表明他的補續並非在時連續集中地完成的[①]。篇中又言必稱“臣”，似乎是對當時的顯官乃至地方的諸侯王而言。

今本《史記·三代世表》所載張夫子與褚先生的一段對話尤可留意。其中言及今蜀王及亦爲黄帝之後，並引《黄帝終始傳》稱慕霍光“持天下之政”而帝爲“嬰兒主，却行車”。“臣爲郎時，與方士考功會旗亭下，爲臣言。豈不偉哉!”此句王鳴盛《十七史商榷》卷三，臧庸《拜經樓日記》卷九言其欲諂諛將軍霍光。張文虎亦云：

> 《黄帝終始傳》曰：“漢興百有餘年，有人不短不長，出自燕之鄉。”案霍光事何與於《三代世表》？此褚少孫續貂之尤鄙謬者。《漢書·儒林傳》：王式爲昌邑王師，以《詩》諫，聞少孫乃其弟子。是生當宣帝之世。光薨於地節元年，霍禹謀反於四年，少孫此記當在霍氏盛時，（自注：霍氏敗後，必不敢爲此）造爲妖言以取媚，玷其師甚矣。[②]

雖然余嘉錫已辯王、臧立説之非[③]，但考慮到褚補非一時所爲，張文虎的批評值得考慮。又《建元以來侯者年表》補續部分載，“後進好事儒者褚先生曰：太史公記事盡於孝武之事，故復修記孝昭以來功臣侯者，編於左方，令後好事者得覽觀成敗長短絶世之適，得以自戒焉”。褚氏之言倒似乎是針對霍氏之禍有感而發，而褚氏補表所列第一家即爲博陸侯霍光，也在一定程度上印證了這一點。這與《三代世表》中“褚先生曰”的語氣大不相同。《侯者年表》的“褚先生曰”部分，他又單舉龍雒侯以標榜，稱“有土君國以來，爲王侯，子孫相承不絶，歷年經世，以至於今，凡百餘歲”，似乎與之有特别的關係[④]。他對龍雒侯的諛辭與之前吹捧霍氏的言辭也甚爲相近。《田叔列傳》中褚先生所補言田仁、任安事多貶衛青，文筆酣暢[⑤]。與此前的文字和立場頗有不同，如果“褚先生曰”四字爲後人所加而且没有判斷錯誤的話，只能説褚氏後期的補續文字較之此前文風和立場多有不同。否則，只能説這些補續本來就不是一人所爲，而被後來的整理者一概加上“褚先生曰”四字。

---

① 案，清錢大昕言褚補文字前後非一時，與本文所指不同。錢氏以爲年表中成帝鴻嘉元年及《曆書》言及成帝建始四年事俱爲褚補，本文不取。見氏著《廿二史考異》卷二，第33頁。

② 《舒藝室隨筆》卷四，沈陽：遼寧教育出版社新世紀萬有文庫本，2003年，第91頁。

③ 《太史公書亡篇考》之“十篇外褚先生所續第十四”，第86—87頁。

④ 《史記》卷一三，北京：中華書局，1959年，第505—507頁；《史記》卷二〇，第1059頁。

⑤ 《史記》卷一〇四，北京：中華書局，1959年，第2779—2783頁。

二，褚少孫續補時所依據的材料。有較爲原始的檔案資料，如“從長老好故事者取其封策書”；有問習事者而記之，如“之太卜官，問掌故文學長老習事者，寫取龜策卜事”。或訪問瞭解文獻掌故宿學，如“問習漢家故事者鍾離生”；或耳聞之，如“聞之於宮殿中老郎吏好事者稱道之也”，“聞之曰田仁故與任安相善”等。從其所據史料來源判斷，其補史之時，或爲博士，但非受詔續史，而是一種個人行爲。否則，他所依據的材料應該是書庫中存藏的史官所記的正式史料，如《漢志》所存《漢著記》《漢大年紀》等①，而不是訪問那些外廷官員。如此則不難理解爲何《漢志》中只録馮商所續而未言褚少孫。

三，褚先生所見之本與《史記》傳播。當時流傳較廣的是列傳部分，《本紀》可能之類由於涉及尊者隱諱之事，傳布不廣。所謂“傳中稱《三王世家》文辭可觀”，當見於《太史公自序》。可見《太史公書》雖然對外公布，但可能只是部分或者大部分，而不是全部。没有或者不敢公布的部分長久以來面臨殘缺的危險，加上外禁内删，遂多有亡缺。

四、中心與周邊：異域文本的長安指向

楊惲宣布《太史公書》之後，作爲“通邑大都”的長安，頗有一些該書的散篇流傳。但這些似乎並不是大規模的傳抄，更不是全本。雖然這些抄本内容不全，但其傳抄速度却非常驚人，甚至在宣帝時期即傳至敦煌。20 世紀初，英國斯坦因（Marc Aurel Stein 1862—1943）在敦煌一帶發現了漢木簡本《史記·滑稽列傳》之《淳于髡傳》②。因此爲今見唯一幸存的漢代《史記》傳本③，今略述其詳。木簡出敦六乙，長 17.4 釐米，廣 0.8 釐米，殘存《淳于髡傳》三十一字，隸書（圖 1）。釋文作：

久不相見卒然相黨以驩道故以請語當此之時臣竊（沙畹釋爲“慶”）樂之 酉欠 至四五什若耐 □（勞榦增補爲“男”字，今案，末字似爲“則”）

① 《漢書》卷三〇，北京：中華書局，1962 年，第 1714 頁。

② 收於民國三年（1914 年）上虞羅氏宸翰樓《流沙墜簡》中，見《流沙墜簡》三“簡牘遺文”第 2a 頁，“簡牘遺文考釋”，第 2b 頁。沙畹（Chavannes，1865—1918）本原簡號 T.vi.b.i301。水澤利忠：《史記會注考證校補》册八圖版二〇六亦收之，東京：史記會注考證校補刊行會，日本昭和三十二年（1957）三月。另有張鳳影印《漢晋西陲木簡彙編》收之，民國 20 年（1931 年）上海有正書局影印本，第 7 頁。

③ 雖然今羅布卓爾出土有“人利則進不利則退”簡文，與《史記·匈奴傳》同，但字體似書劄，不當以傳本目之。黄文弼：《羅布卓爾考古記》第四篇“木簡考釋”第八章“雜釋”，北京：國立北京大學出版部，1948 年，第 211—212 頁。

圖 1　《流沙墜簡》三“簡牘遺文”頁 2a

唯今本作“卒然相覩歡然道故以私情相語飲可五六斗經醉矣若乃州閭之會”，與此多異。至簡中“飲”字作“酉欠”與《流沙墜簡》卷一“醫方類”中“酉欠盡”之“酉欠”字形相同。

此簡字跡規整，大小如一，字距相當，似有每行多少字的要求，與雜存信牘書風行格頗不類。這種字距與字體大小與出土於敦十五甲等地的醫方類書籍頗爲相似①，當爲著意抄寫之典籍。此類簡牘完整的形制爲“二百三十二米里邁當，廣五米里邁當”②（23.2cm/0.5cm），《史記》書寫的形制亦應大致如此。以殘簡存字推斷，一支整簡，可書約 40 字。這種形制也更適合書寫文字繁多的書籍。

據羅氏卷末所附録圖表，是簡出於敦六乙，爲漢時“凌胡燧”（原注：據烽燧類第二十六、第二十七，器物類第十一諸簡），大煎都候官治所（原注：據簿書類第六簡）。同出敦六乙的尚有數種曆譜，據沙宛及羅振玉推定，所載年月分别爲西漢宣帝元康三年（前 63）、神爵三年（前 59）和五鳳元年（前 57）八月③。《史記》簡本書寫時間亦當在此前後。此與前揭楊惲宣布《太史公書》的時間頗爲一致。可見宣布之時，傳抄之廣、之速。其文字與今本多異的現象，也揭示出此書傳抄之初，訛誤之多。

這片竹簡是上述三大傳本系統中，於今唯一可見的物質遺存，我們於兩千餘年後尚能一睹其神采，令人感慨萬端。當時的中書内廷本或有帛書本的《太史公書》，而外間當多爲簡牘本。褚少孫言“編之於左”的附文方式也説明了這一點。當然，漢簡中《史記》所用簡牘長度約合漢制一尺，似乎也頗能説明此書的性質。

《史記》在當時書寫的一般形制或亦如此，這種形制也更適合書寫文字繁多的書籍。我們按照完整的簡長和簡寬，按照《太史公自序》所稱《史記》本文爲五十二萬六千五百字計算，抄完該書需要用簡約 12 748.18 隻，編連之後的净簡總長約 101.99 米，書寫面積約有 23.66 平方米；若按照漢簡的通常寬度每簡寬 1 釐米算，則總長有 127.48 米④。鑒於敦六乙中並未發現其他《史記》相關簡牘，我們推測這支殘簡可能是

---

① 圖見《流沙墜簡》一“小學術數方技”一，第 5b 頁，釋文見“考釋”第 11—12 頁。

② “考釋”第 11b 頁。

③ 《流沙墜簡》一“小學術數方技書考釋”，第 5—6b 頁。

④ 殘簡形制爲長 17.4 釐米，廣 0.8 釐米，殘存《淳于髡傳》三十一字。同時發現漢簡完整簡長爲 23.2 釐米，故每簡當載字 31÷17.4×23.2≈41.3；用簡數爲 526500÷（31÷17.4×23.2）≈12748.18 隻；編連寬度爲 12748.18×0.008≈101.99 米。書寫面積 101.99×0.232≈23.66 平方米。

當時軍士所讀書策中斷裂脱落下來的，其上部斷痕或可爲證。其他較爲完整的部分則應被隨身帶走。近百年來，西域一帶發現的中古時期的典籍文獻頗爲可觀，其中與《史記》相關的主要有兩種。一是《史記》寫本，如英國斯坦因（A. Stein）發掘的敦煌漢木簡本《史記·滑稽列傳》之《淳于髡傳》（T.vi.b.i301）；俄國發掘的敦煌北凉時期《史記·李斯列傳》殘片（Дх—2670a、Дх.04666）；德藏唐初吐魯番寫本《仲尼弟子列傳》殘片（Ch.938V）；法藏唐初敦煌出土集解本《史記》三卷（P.2627）等。另一種與《史記》内容相關，但非《史記》原文，如俄藏 Дх11638、Дх 02663、Дх 02724、Дх 05341、Дх 05784，英藏 S713、S3616、S1439（釋文本），法藏 P2569（略出本）、P2589、P5523、P2702、P2872、P5010、P5034，P.T.1291（藏文譯本）、德藏 CH.734（盧注本）、北圖藏新 865 等[①]。這些文獻基本都是由當時的文化中心長安被戍邊將官及文士帶往西域。而殘留的古寫本的意義不僅在於其自身，更在於其指向當時的文化中心長安的盛景。

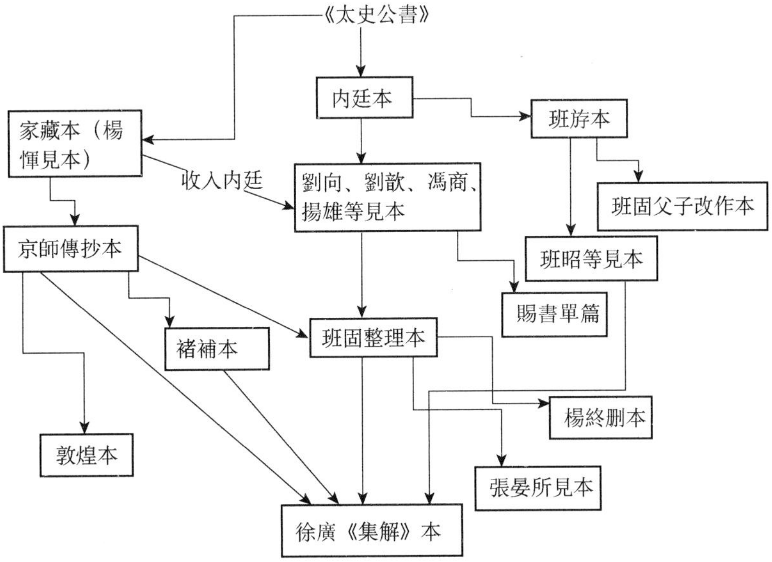

圖 2　兩漢《史記》傳本譜系構擬圖

① 參見羅振玉曾輯：《鳴沙石室佚書·春秋後國語》1913 年，羅振玉編輯影印本；榮新江：《德藏吐魯番出土〈春秋後語〉注本殘卷考釋》，載《北京圖書館館刊》1999 年第 2 期，第 71—73 頁；陸離：《俄藏敦煌寫本〈春秋後語〉殘卷探識》，載《文獻》季刊，2001 年 4 月第 2 期，第 212—225 頁；陸慶夫、陸離：《俄藏敦煌寫本〈春秋後語〉殘卷再探——對 Дх11638 號與 Дх 02663、Дх 02724、Дх 05341、Дх 05784 號文書的綴合研究》，載《敦煌學輯刊》2004 年第 1 期，第 1—12 頁；其中藏文部分參見王堯、陳踐：《敦煌吐魯番文書 P.t7129 號〈戰國策〉藏文譯補》，此處將《春秋後語》誤作《戰國策》，見《青海民族學院學報》（社會科學版）1983 年第 3 期，第 32—45 頁；王恒傑：《春秋後語輯考》（濟南：齊魯書社，1993 年，第 11 頁）有引，但文書號著録有誤。

歷史文化專題探討

多友鼎銘文所見的軍事領導關係

李裕杓*

一、導論

多友鼎，1980年出土於陝西省西安市長安區斗門鎮，現藏陝西歷史博物館，通高51釐米、口徑50釐米、腹深31釐米，重35千克。形制爲立耳圜底，腹較深，三蹄足，口沿下飾兩道弦紋。其斷代爲西周厲王時期①。腹内壁鑄有銘文二百七十九字，記載了西周王朝晚期時擊退獫狁侵犯的歷史事實（圖 1）。筆者認爲這篇銘文有兩方面的重要意義：一，從獫狁入侵到多友出征擊退之，詳細記載了其戰事始末；二，此銘所見主要人物爲周王、武公、多友，他們之間的關係顯得很突出：此銘所見軍事命令、獻俘、賞賜，在“周王和武公”“武公和多友”的關係下分別進行。

關於第一方面，已有李學勤、田醒農和雒忠如、李仲操、彭裕商等先生的研究成果②。其中之戰爭地理方面，還有劉雨、李峰等先生的研究成果③。王國維先生曾據金文與傳世文獻考證，所見的與獫狁有關的幾個地名中，有八個位於宗周東北地區④，

---

* 作者簡介：李裕杓，韓國東北亞歷史財團研究委員。

① 李學勤：《論多友鼎的時代及意義》，《人文雜誌》1981年第6期，第90頁。

② 李學勤：《論多友鼎的時代及意義》，《人文雜誌》1981年第6期；田醒農、雒忠如：《多友鼎的發現及其銘文試釋》，《人文雜誌》1981年第6期；李仲操：《也釋多友鼎銘文》，《人文雜誌》1982年第6期；彭裕商：《周代獫狁及相關問題》，《歷史研究》2004年第3期。

③ 劉雨：《多友鼎銘的時代與地名考訂》，《考古》1983年第2期；李峰：《西周的滅亡——中國早期國家的地理和政治危機》，上海：上海古籍出版社，2007年，第185—191頁。

④ 王先生提出的幾個地名是《詩經》所見“焦獲、涇陽、鎬、方、朔方、太原”，金文所見“西俞”·“畧”·“高陵”（均見不娶簋）、冨慮（兮甲盤）、“洛之陽”（見虢季子白盤銘文）。王先生認爲除“西俞”之外，皆位於宗周東北地區。

提出了獫狁盤踞於北方地區之説[①]。多友鼎銘文出土之後，李學勤先生將此銘所見之六個地名中可以確定的四個地名（兩個未詳）考證在宗周的西北地方，而王國維曾考證的在宗周東北地區的八個地名，均在宗周附近或西北方向中找到，與王説截然不同，這是很重要的突破性研究成果[②]。李峰先生詳細考證其戰爭地理，指出其是在今陜西西安至寧夏固原一帶廣泛進行的戰役[③]。

關於第二方面，相對來説其成果不多，但也不乏令人矚目的成果。韓國的沈載勛先生提出“周王—有力者（貴族）—私屬將領”之間的“重層性私屬關係”説[④]：周王可以直接控制“有力者”，“有力者”可以控制自己的“私屬將領”，但周王不能直接控制“有力者”的“私屬將領”。從多友鼎銘文中可以發現其典型的例子。最近曹漢剛先生也提出本銘分别記載戰後周王對武公的賞賜及武公對多友的賞賜，是西周嚴格等級制度的反映[⑤]。

本文在以往研究成果的基礎上，展開當時的戰爭過程，然後進一步討論如何理解周王、武公、多友之間的關係。

圖1　多友鼎銘文（《集成》2835）

① 王國維：《鬼方昆夷玁狁考》，《觀堂集林（附别集）》，北京：中華書局，1959年，第596—603頁。

② 李學勤：《論多友鼎的時代及意義》，《人文雜誌》1981年第6期，第90—92頁。

③ 李峰：《西周的滅亡——中國早期國家的地理和政治危機》上海：上海古籍出版社，2007年，第185—191頁。

④ 沈載勛：《金文에보이는西周軍事力構成과王权》，（韓）《中國史研究》第41輯，2006年（題目中譯爲《金文所見西周軍事力構成與王權》）。

⑤ 曹漢剛：《多友鼎相關問題考證》，《中國國家博物館館刊》2014年第3期。

二、多友鼎銘文所見戰争過程

多友鼎銘文詳細記載玁狁入侵後周邦如何應戰，向我們顯示周邦如何擊退外敵的入侵。本文把其戰争過程分爲如下五段，分别進行探討。

（一）玁狁内侵及出戰命令

唯十月，用嚴（玁）䢼（狁）放（方）𢓊（興），廣（廣）伐京𠂤（師），告追于王，命武公："遣乃元士，羞追於京𠂤（師）。"武公命多友衒（率）公車，羞追於京𠂤（師）。

玁狁内侵京𠂤（師），駐守者告急於周王，周王命武公派將領救援京師。武公派多友率領"公車"前去救援。此段的關鍵在於軍事命令系統和軍事力構成。周王命武公派兵，武公再命多友出戰，可見其軍事命令系統的重層性。武公命多友率領"公車"應戰。"公車"，禹鼎銘文（《合集》2833）見"公戎車"，該銘所説的"公"爲武公，本銘的"公車"也應該是武公的兵車。

（二）戰役過程

這次戰役中多友經歷了如下三次戰鬥：

（甲）：癸未，戎伐筍（筍），衣（卒）孚（俘），多友西追。甲申之𣅀（辰），博（搏）於邾（漆），多友右（有）折首執嚥（訊）：凡以公車折首二百又□又五人，執嚥（訊）廿又三人，孚（俘）戎車百乘一十又七乘，衣（卒）䚄（復）筍（筍）人孚（俘）。

癸未日，内侵京師的玁狁，再掠奪筍地而退，多友往西追。第二天甲申日，多友追到邾地與玁狁交戰，率領"公車"獲敵兵 2□5 人的首級，生得 23 人，又俘獲 117 乘兵車，奪回被他們俘虜的筍人。

筍：李學勤先生讀爲"旬"，《漢書·郊祀志》載美陽（當指今周原地區）得鼎，張敞釋其銘有"王命尸臣官此旬邑"，多友鼎的筍就是這個王畿内的旬邑，當在京師附近[①]。其地望爲今陝西省旬邑縣一帶。

郲：李學勤先生讀爲“漆”，此地也見於《詩》，如《綿》篇云：“綿綿瓜瓞，民之初生，自土沮漆，古公亶父，陶復陶穴，未有家室。”箋云：“公劉失職，遷於豳，據沮漆之地。”《史記・周本紀》：（古公亶父）“去豳，渡漆沮，逾梁山，止於岐下。”漆水的位置，與豳相近是没有疑問的[②]。李峰先生定其在今天彬縣與涇滍之會間涇河南岸某處[③]。田率以之爲漢之漆縣，今之彬縣[④]。

玁狁在癸未日擄掠筍地，多友來不及救援，繼續追到第二天早晨，終於追到他們。今旬邑縣到彬縣有約 30—40 千米的距離，玁狁連夜走 30—40 千米的路，多友更加快步調，擊退玁狁，救出筍邑之民，可見當時十萬火急的戰況。

（乙）：或（又）博（搏）于龏（龔），折首卅又六人，執嗾（訊）二人，孚（俘）車十乘。

多友救出筍人後，繼續追敵，在龔地與玁狁交戰，獲敵 36 人之首級，生得 2 人，俘獲兵車 10 乘，繼續追擊他們。

龔即共，《詩經・皇矣》：“密人不恭，敢拒大邦，侵阮徂共。”[⑤]朱右曾《詩地理征》“張氏曰：‘涇州今有公池，即共也……共池在今涇州北五里。’”[⑥]李學勤先生據此認爲共在今甘肅鎮原東南[⑦]。此地離漆（今彬縣一帶）往西約 100 千米，據此可見多友繼續往西追敵的情況。

（丙）：從至，追博（搏）于世，多友或（又）右（有）折首執嗾（訊），

多友西追到世地，與玁狁戰鬥，也有“折首執訊”之功。

（丁）：乃韍追，至于楊冢，公車折首百又十又五人，執嗾（訊）三人，唯孚（俘）車不克以，衣（卒）焚，唯馬毆盡（盡）。匋（復）褱（奪）京𠂤（師）之孚

---

① 李學勤：《論多友鼎的時代及意義》，《人文雜誌》1981 年第 6 期，第 92 頁。

② 李學勤：《論多友鼎的時代及意義》，《人文雜誌》1981 年第 6 期，第 92 頁。

③ 李峰：《西周的滅亡——中國早期國家的地理和政治危機》，上海：上海古籍出版社，2007 年，第 187—189 頁。

④ 田率：《四十二年逨鼎與周代玁狁問題》，《中原文物》2010 年第 1 期，第 43 頁。

⑤ 《毛詩正義》卷一六之四，《十三經注疏（附校勘記）》清阮元刻本，北京：中華書局，1980 年，第 521 頁。（以下引《十三經注疏》時，皆用此版本）

⑥ 朱右曾：《詩地理徵》卷五，王先謙編：《皇清經解續編》，第 12 頁上。

⑦ 李學勤：《清華簡〈繫年〉“奴虘之戎”試考》，《社會科學戰綫》2011 年第 12 期，第 27、28 頁。

（俘）。

多友繼續追敵到楊冢，與玁狁作戰，率領公車獲敵 115 人之首級，生得 3 人。所獲的戎車中，不能用的都火燒，但所俘的馬駒都帶歸還。這次的功績中最重要的是成功奪回被玁狁所俘虜的京師之人。

至於世和楊塚的地望，目前無法確知。李峰先生指出："龔"的位置暗示玁狁從長武西面的淺水原上某個地點下來後，穿過寬闊而平坦的涇河上游谷地進行。根據這個地區的地形，此時的玁狁除了向蕭關行進外，別無其他可能。如果這樣，那麽"世"和"楊冢"必定就坐落在龔以西的河谷地中[①]。

（三）戰况報告和獻俘

多友鼎銘文中未記每次戰鬥後向上司報告戰况的內容。不過，我們從不嬰簋銘文和虢季子白盤銘文，可以推測也應有這個環節。

> 不嬰簋蓋銘文（《集成》4329）曰："白（伯）氏曰：不嬰，馭方、㘴（玁）妟（狁），廣伐西俞（俞），王令我羞追于西，余來遻（歸）獻（獻）禽（擒），余命女（汝）御（馭）追於畧……。"

這段內容主要講這次戰役的起因和伯氏命不嬰之時的情景。"馭方"，讀爲"朔方"[②]，銘文中説朔方的玁狁內侵掠奪西俞地區，周王命伯氏救援西俞[③]，伯氏似乎出兵而獲得戰功，要回宗周向周王報告戰况並獻擒，此時他命令不嬰到"畧"這個地區作戰[④]。應該注意的是"餘來歸獻擒"，伯氏要親自向周王"獻擒"，即報告戰功，同時應該還要匯報戰况。

> 虢季子白盤（《集成》10173）曰："虢季子白乍（作）寶盤，不（丕）顯子白，𤔲（壯）武于戎工（功），經纋（維）亖（四）方，博（搏）伐㘴（玁）䶂（狁），于洛之陽，折首五百，執嚩（訊）五十，是㠯（以）先行。"

---

① 李峰：《西周的滅亡——中國早期國家的地理和政治危機》，上海：上海古籍出版社，2007 年，第 191 頁。

② 楊樹達先生疑"馭"讀爲"朔"［《金文説》（增訂本）卷二《不嬰簋再跋》（1947 年 4 月 17 日），第 39 頁］。

③ "羞追"，《銘文選》第三册，第 310 頁："羞有進義，《尚書・盤庚》'今我既羞告爾於朕志'，孔安國《傳》'已進告汝'。在這裏解釋爲前進。羞追即前進追逐。"

④ "御追"，《銘文選》第三册，第 310 頁："御，即馭，意爲馭車，《説文・彳部》'古文御從又從馬'，馭追是馭車而追逐之。"

虢季子白在洛之陽立了殺敵500人、獲俘50人的戰功，然後他“是以先行”。對此楊樹達先生説：“因數白有折首執訊之功，當歸來獻擒於王，故先行也。”[①]

因此我們可以推測多友也隨時向武公報告戰况如何，武公接之向周王匯報的情節。

多友班師後，最後進行這次戰役的匯報和獻俘。

多友乃獻（獻）孚（俘）戜（馘）噝（訊）于公，武公廼獻（獻）于王。

多友先向武公獻俘；武公再獻俘於周王。看小盂鼎銘文之例，盂親自獻俘於周王，而這次却是多友先向武公獻俘，武公再向周王獻俘。如此的報告系統，與周王命武公、武公命多友的軍事命令系統相同。

（四）戰功賞賜

對這次戰役的賞賜也可分爲兩次。首先，周王進行對武公的賞賜典禮。

廼曰武公曰：“女（汝）既静京𠂤（師），贅（賚）女（汝），易（錫）女（汝）土田。”

武公並没有親自率軍作戰，周王却將這次戰役的功勞歸於武公，向武公進行給予土田的賞賜。

其次，接受周王賞賜的武公，在丁酉日舉行對多友的賞賜典禮。

丁酉，武公才（在）獻（獻）宫。廼命向父佋（召）多友，廼徙於獻（獻）宫。公窺（親）曰多友曰：“余肈吏（使）女（汝），休，不逆（逆），又（有）成事，多禽（擒），女（汝）静京𠂤（師），易（錫）女（汝）圭瓙（瓚）一，湯（錫）鐘一牖（肆），鐈鋚百匀（鈞）。”

武公表揚多友之軍功，賜給他圭瓚、錫鐘、鐈鋚等。其中，圭瓚頗有象徵意義。《禮記・王制》曰：“諸侯賜弓矢，然後征；賜鈇鉞，然後殺；賜圭瓚，然後爲鬯。未

① 《金文説》（增訂本）卷五《虢季子白盤三跋》（1951年10月12日），第129—130頁。

賜圭瓚，則資鬯于天子。”[①]鬯酒用於祭祀，家裏没有圭瓚，就得向天子請求。武公賜給多友圭瓚，多友獲得了自己醖釀鬯酒的權利。這意味著家裏的祭祀，不再依靠别人，可以獨立進行。武公竟然可以給私屬如此的權利，可見其地位之高及實力之强。

（五）嘏辭

多友敢（敢）搼（對）揚（揚）公休，用乍（作）䵼（尊）鼎，用匔（朋）用春（友），其子子孫永寶用。

多友接受賞賜後，“對揚”武公的美好。爲了紀念此事，鑄造尊鼎，用作與朋友交流之器。此時的“朋友”是對親族成員的稱謂，其義不同於現代漢語中的朋友[②]。

通過這次戰争經過的始末，可以推知如下史事：

第一，玁狁速戰速决地内侵，俘獲京師和筍的人民，同時理應亦掠奪了當地的物資。這應該是他們入侵的目的所在。

第二，多友在收復京師和筍後，繼續追擊玁狁而作戰，將被玁狁所俘虜的人民成功地營救後，纔班師回朝。由此可見，多友擊退玁狁的目的不在於收復土地，而在於試圖將人民、物資損失降到最低。

第三，傳世文獻所示“厲王無道”，則西周晚期國内外情況不穩定，玁狁的入侵也可以證明這一點[③]。雖然如此，此銘所示以周王爲中心的軍事領導機制也照樣順利運作。那麽這是否與傳世文獻有矛盾？應該注意的是，銘文所示擊退玁狁的軍事力量，並非係自周王，而是係自武公。此外，從禹鼎銘文中也可得到旁證：噩侯馭方反周，周王無法以自己的軍事力量應對反叛。此時便由禹率領武公的“公戎車”平定反叛，生擒鄂侯馭方[④]，並且武公能對自己的私屬賞賜“圭瓚”。據此可以推測，當時厲王自

① 《禮記正義》卷一二，《十三經注疏（附校勘記）》，清阮元刻本，北京：中華書局，1980年，第1332頁。

② 朱鳳瀚：《商周家族形態研究》（增訂本），天津：天津古籍出版社，2004年，第293頁。

③ 《後漢書》卷八七《西羌傳》，北京：中華書局，1965年，第2871頁：“厲王無道，戎狄寇掠。”

④ 禹鼎銘文：禹鼎銘文（《集成》2833）：……烏（嗚）虖（呼）哀哉！用天降大喪于下或（國），亦唯噩（鄂）侯馭方，衒（率）南淮尸（夷）、東尸（夷）廣伐南或（國）、東或（國），至于歷内。王廼命西六𠂤（師）、殷八𠂤（師），曰，“𠜱（撲）伐噩（鄂）侯駿（馭）方，勿遺耇（壽）幼。”肄（肆）𠂤（師）彌宋（怵）匌匡（恇），弗克伐噩（鄂）. 肄（肆）武公廼遣禹衒（率）公戎車百乘、斯（厮）駿（馭）二百、徒千，曰，“于匡（匡）朕（朕）肅慕，叀（唯）西六𠂤（師）、殷八𠂤（師）伐噩（鄂）灰（侯）駿（馭）方，勿遺耇（壽）幼。”雩（雩）禹㠯（以）武公徒駿（馭）至于噩（鄂），𦎫（敦）伐噩（鄂），休，隻（獲）氒（厥）君駿（馭）方。肄（肆）禹又（有）成。敢（敢）對揚（揚）武公不（丕）顯耿光. 用乍（作）大寶鼎. 禹其萬年子子孫寶用。

己的軍事實力不是很强，主要依靠武公等貴族的軍事力量來平叛和拒止外族的入侵。後來史家對厲王評“無道”，也許與厲王失去了軍事勢力有關。

第四，周王→武公→多友的軍事命令系統與周王→武公→多友的賞賜系統完全一致。這與多友→武公→周王的獻俘系統有相通之處。由此可見“周王”和“武公”之間的領導關係，“武公”和“多友”之間的領導關係，但未見“周王”和“多友”之間的直接領導關係。

三、本銘文所見人物之間的私屬關係

這次戰役的實際指揮作戰者爲多友，他聽從武公的命令，向武公獻俘，接受武公的賞賜。武公並未參戰，而周王向武公賞賜時却説“女（汝）既静京𠂤（師）”，如果没把握前後文意，只看這一點，就會産生是武公親自率領軍隊作戰的誤解。

那麽他們之間爲什麽會産生這種關係？本節要提出筆者的看法。

周王與貴族之間有册命關係。“册命”，《尚書・顧命》：“太史秉書，由賓階隮，御王册命。”鄭玄注云：“太史東面，……而讀册書。”[①]“册命”又稱爲“策命”，《左傳》僖公二十八年曰：“王命尹氏及王子虎、内史叔興父，策命晋侯爲侯伯。”杜預注曰：“以策書命晋侯爲伯也。”[②]簡而言之，“册命”是指封官授職的典禮[③]。

周王册命貴族的時候要求其應有“勿廢朕命”的態度。

如，西周金文有大盂鼎銘文（《集成》2837），“王曰：“盂，若敬乃正，勿廢朕命。”；伯晨鼎銘文（《集成》2816），“用夙夜事，勿廢朕命。”；師酉簋銘文（《集成》4288），“敬夙夜勿廢朕命。”等。

傳世文獻中也不乏其例，如，《詩經・大雅・韓奕》：“韓侯受命，王親命之，纘戎祖考，無廢朕命。”[④]

貴族應該堅持“不敢墜”的態度來服事周王。

如，克鐘銘文（《集成》204—205）：“克不敢墜，專奠王命。”；逨鐘銘文（《近出》106）：“逨御於厥辟，不敢墜，虔夙夕敬厥死事天子。”等反映作爲臣的貴族對周

---

① 《尚書正義》卷一八，《十三經注疏（附校勘记）》，清阮元刻本，北京：中華書局，1980年，第240頁。

② 《春秋左傳正義》卷一六，《十三經注疏（附校勘记）》，清阮元刻本，北京：中華書局，1980年，第1825頁。

③ 陳漢平先生曾説：“所謂‘册命’，簡而言之，即指封官授職，是爲封建社會中之隆重典禮。無論天子任命百官，封建諸侯，諸侯之封卿大夫，卿大夫之封臣宰，均須舉行此種禮儀。”他又説：“册命於古代又稱錫命。錫者，賜也。謂授官任職同時有所賞賜。”陳漢平：《西周册命制度研究》，上海：學林出版社，1986年，第2—3頁。

④ 《毛詩正義》卷一八之四，《十三經注疏（附校勘记）》，清阮元刻本，北京：中華書局，1980年，第570頁。

王的“不知二命”的態度。

如此“勿廢朕命”“不敢墜”的態度，在貴族和私屬之間也有所見。“勿廢朕命”，如，逆鐘銘文（《集成》62—63）：“敬乃夙夜用屏朕身，勿廢朕命。”等。

私屬即使意識到周王的存在，但其“不知二命”的物件並非周王而是自己的主人。對此，可以從春秋時期的例子來解釋：

> 甲興，公登臺而請，弗許；請盟，弗許；請自刃於廟，勿許。皆曰：“君之臣杼疾病，不能聽命。近于公宫，陪臣幹掫有淫者，不知二命。”①

齊莊公與崔杼之夫人棠姜私通，崔杼下令緝拿姦淫者。無法逃遁的齊莊公，向崔杼的家臣求情，並請盟約、在宗廟自盡等，但都遭拒絶。此時，崔杼的家臣對齊莊公説“君之臣杼疾病，不能聽命。近于公宫，陪臣幹掫有淫者，不知二命”。崔杼憑疾病不能來聽命，我們（陪臣）只接受緝拿姦淫者之命，不知道其他的命。據此，崔杼的家臣知道齊莊公的身份，不過，不聽齊侯之命，而只要執行崔杼之命。這裏所見的“不知二命”，告知我們，家臣對貴族家長的忠心。這從如下《國語·晋語》的例子中也可以得到佐證：

> 欒懷子之出，執政使欒氏之臣勿從，從欒氏者爲大戮施。欒氏之臣辛俞行，吏執之，獻諸公。公曰：“國有大令，何故犯之？”對曰：“臣順之也，豈敢犯之？執政曰‘無從欒氏而從君’，是明令必從君也。臣聞之曰：‘三世事家，君之；再世以下，主之。’事君以死，事主以勤，君之明令也。自臣之祖，以無大援于晋國，世隸于欒氏，於今三世矣，臣故不敢不君。今執政曰‘不從君者大戮’，臣敢忘其死而叛其君，以煩司寇。”②

春秋時期，晋國的欒氏失勢後，逃到楚國③，晋國通告欒氏之家臣，不要從欒氏，如果不從命令，就將他們處死。此時，欒氏之臣“辛俞”欲從欒氏，而被官吏所執。晋平公審問他不從君命之理由，辛俞據“三世事家，君之；再世一下，主之”的話辯

---

① 《春秋左傳正義》卷三六，襄公二十五年，《十三經注疏（附校勘记）》，清阮元刻本，北京：中華書局，1980年，第1983頁。

② 徐元誥撰，王樹民、沈長雲點校：《國語集解》（修訂本），北京：中華書局，2002年，第421—422頁。

③ 徐元誥撰，王樹民、沈長雲點校：《國語集解》（修訂本），北京：中華書局，2002年，第421頁，韋昭注曰：“懷子，盈也，出奔楚。”

解而説，“自臣之祖，以無大援于晋國，世隸于欒氏，於今三世矣，臣故不敢不君”，辛俞之家，私屬於欒氏，如今三代了，因此辛俞不敢不把欒氏當做“君”，執政通告而説“不從君者大戮”，因此他從欒氏的事，並非違犯執政之命，而是順從執政之命。辛俞之邏輯，有所牽强，且《國語》之記載是否屬實，也需要考慮。即使如此，這裏所見的思想，即家臣“三世事家，君之；再世一下，主之”之語，無疑是當時普遍的思想。這與“不知二命”一脉相通。

在如此的思路上，再看多友鼎銘文。實際上，在這次戰役中，立了戰功的是多友。武公可以向周王引薦他，讓他直接向周王報告，讓他直接接受周王之賞，不過，武公並没這樣做。而是自己接受多友之報告之後，親自向周王報告，接受周王之賞賜，然後再賞賜給多友。對周王來説，自己命令的是武公，向自己報告的也是武公，因此自然地認爲這些戰功歸於武公之功，給武公舉行賞賜典禮。從如上所説的“勿廢朕命”“不敢墜”與“不知二命”的角度來看，對周王來説要求“勿廢朕命”的物件是武公，對武公來説是多友；反過來説，多友爲武公“不知二命”，對武公來説是周王。

除多友鼎銘文之外，其他銘文中也可見如此的關係。下面，便以參與戰争的私屬將領爲中心，梳理一下其戰争命令、戰况報告、戰功賞賜的關係，以及從上而下的“蔑曆”、從下而上的“對揚”關係（表 1）。

表 1　西周金文所見私屬將領爲中心的戰争命令、戰况報告、戰功賞賜、蔑曆、對揚關係表

時期	銘文	著録	作器者	戰争命令	戰况報告	戰功賞賜	蔑曆	對揚
早期	堲方鼎	《集成》2739	堲	—	—	（周）公→堲	—	—
	小臣單觶	《集成》6512	小臣單	—	—	周公→小臣單	—	—
	小臣謎簋	《集成》4238	小臣謎	—	—	王→伯懋父→小臣謎等	（伯懋父）→小臣謎	—
	旅鼎	《集成》2728	旅	—	—	公太保→旅	—	—
	保員簋	《近出》484	保員	—	—	僱公→員	—	—
中期	競卣	《集成》5425	競	（王）→伯犀父（競從伯犀父）	—	伯犀父→競	伯犀父→競	伯（犀父）
晚期	多友鼎	《集成》2835	多友	王→武公 武公→多友	多友→武公 武公→王	王→武公 武公→多友	—	（武）公
	禹鼎	《集成》2833	禹	王→六師、八師 武公→禹	—	—	—	武公

由表 1 可見，私屬將領通過貴族接受命令，向貴族報告戰况，從貴族處接受賞賜。對私屬將領的“蔑曆”的主宰者也是貴族，私屬將領的“對揚”物件也是貴族。

從此得知，當時“重層性私屬關係”的嚴格性。

與此相關，可以舉春秋時期南蒯之例。季孫之邑“費”的邑宰“南蒯”，與季孫不和，亡命於齊國的同時，試圖將費邑交給齊國。他日，南蒯陪齊景公喝酒之時，“（齊景）公曰：‘叛夫！’（南蒯）對曰：‘臣欲張公室也。’子韓晳曰：‘家臣而欲張公室，罪莫大焉。’”“臣欲張公室也”①，即南蒯說，自己背叛季氏是爲了公室的發展，即其內心欲介入國政之意圖。子韓晳說的話，給我們重要的提示。他認爲身爲家臣應該爲主君“不知二命”，但是他要參與國政而背叛主君，辜負了季氏對他的“勿廢朕命”之期待。所以子韓晳說南蒯的“罪莫大焉”。

從迄今所見相關銅器銘文看，西周時期也是如此。家臣要效忠於貴族主君，貴族要效忠於周王。如此重層性私屬關係下，周王采取一些措施控制畿內貴族，但没有權利控制其家臣（私屬將領），没有權利介入貴族的内政問題。

四、結語

本文探討多友鼎銘文所見戰爭過程，以及其軍事領導關係。貴族接受周王之册命，成爲周王之臣，貴族家臣以“策名委質”與貴族結成主從關係，周王對貴族，貴族對家臣要求“勿廢朕命”之態度，貴族爲周王，家臣爲貴族堅持“不知二命”的態度。不過，周王與貴族的家臣之間，没有册命關係，因此，周王對貴族家臣不能要求“勿廢朕命”的態度，貴族家臣也不必爲周王“不知二命”。這種重層性私屬關係，從西周戰爭銅器銘文所見的戰爭命令、把握戰況、戰功賞賜、蔑曆和對揚等關係中，可以得到驗證。

那麽周王爲什麽不能直接控制貴族的私屬將領？筆者要從周王朝的發展過程中尋找綫索。周邦原爲西土的小邦國，通過聯姻、聯合等政策發展下來了。因此，西周王朝開創之後，也要尊重聯合、聯姻勢力，給他們保證自律性。各聯合、聯姻勢力，在周王朝之下，領有封土、宗廟、朝廷和軍事力量。如此的國家結構，極端地説，只不過是吉德煒所說的“primus inter pares”②，即“同等者之首”而已③。如此的情況下周

---

① 《春秋左傳正義》卷四七，昭公十四年，《十三經注疏（附校勘记）》，清阮元刻本，北京：中華書局，1980 年，第 2076 頁。

② David Keightley, “Review for Creel's *The Origins of Statecraft in China*”, *Journal of Asian Studie 1997，30（3）*: 655—658.

③ 雖然如此，周王在領導系統的正常運作之下，可以擁有很强的軍事力量。因此筆者不是完全贊同吉德煒之説。

王没有能力控制貴族的私屬。私屬將領也没有權利參與國政。武公没有引薦多友，也許考慮這一點，如果引薦給周王，多友可以直接接受周王之命，則武公會失去元士，周王可以得到棟樑。如此的"重層性私屬關係"一直延續到春秋中期。孔子有一句話："陪臣執國命，三世希不失矣。"也許是對重層性私屬關係的褪色，對將要崩潰的傳統秩序，表示一些感傷[①]。

本文引用書目簡稱

《金文説》（增訂本）：楊樹達：《積微居金文説》（增訂本），北京：中華書局，1997年。

《銘文選》：馬承源主編：《商周青銅器銘文選》，北京：文物出版社，1988年。

《集成》：中國社會科學院考古研究所編：《殷周金文集成》1—18，北京：中華書局，1984—94年。

《近出》：劉雨、盧岩編：《近出殷周金文集録》，北京：中華書局，2002年。

《近二》：劉雨、嚴志斌：《近出殷周金文集録二編》，北京：中華書局，2010年。

① 《論語》卷十六《季氏》，第2521頁："天下有道，則禮樂征伐自天子出；天下無道，則禮樂征伐自諸侯出。自諸侯出，蓋十世希不失矣；自大夫出，五世希不失矣；陪臣執國命，三世希不失矣。天下有道，則政不在大夫。天下有道，則庶人不議。"

孔子的道德之論及其現代意義

周國林*

談到先秦諸子中的“道”和“德”，人們首先會想到老子，老子創立的學派被稱爲道家，他的著作《老子》在後世也被尊奉爲《道德經》。事實上先秦諸子都有自己推崇的“道”和“德”，二字並非老莊學説所專有、所獨用。孔子有一段名言：“志於道，據於德，依於仁，游於藝。”①孔子對“道”“德”之重視，於此可見。我們所當關注的，是孔子對“道”“德”有哪些具體論述和基本觀點，與其他學派尤其是同老子之“道”“德”有何不同，在當今有何啓示意義。

一、孔子的“道”論

孔子的思想，在先秦多種典籍中均有記載，而最可采信的當推其後學所編纂的《論語》。只有將《論語》中的思想脉絡理清，其他典籍中的資料纔能得到合理的利用。故本文探討孔子的道德之論，以《論語》爲基本材料。

“道德”在今日是個合成詞語，意思是人們共同生活及其行爲的準則和規範。而在孔子生活的時代，“道”是“道”，“德”是“德”，二者有密切聯繫，却不是一回事，上引孔子“志於道，據於德”之言清楚地表明了這一點。且先看其道論。

（一）“天下有道，則禮樂征伐自天子出”

孔子及其門人所言之“道”，不外乎兩類，一是治國安民之道，一是立身處世之

* 作者簡介：周國林（1953—），男，湖北宜都人，華中師範大學歷史文化學院教授。

① 《論語·述而》，《十三經注疏》下册，北京：中華書局，1980年，第2481頁。

道。在諸侯國内，在以周天子爲共主的區域内，他們所嚮往的理想社會，是“有道”的社會。孔門師生的對話中，多次將“有道”“無道”的概念對應起來，闡述在政治清明或渾濁之時的生存方式：

> 子謂南容：“邦有道，不廢；邦無道，免於刑戮。”①
>
> 子曰：“甯武子邦有道則知，邦無道則愚。”②
>
> 子曰：“篤信好學，守死善道。危邦不入，亂邦不居。天下有道則見，無道則隱。邦有道，貧且賤焉，恥也；邦無道，富且貴焉，恥也。”③
>
> 憲問恥。子曰：“邦有道，穀；邦無道，穀，恥也。”④
>
> 子曰：“邦有道，危言危行；邦無道，危行言孫。”⑤
>
> 子曰：“直哉史魚！邦有道如矢，邦無道如矢。君子哉蘧伯玉！邦有道則仕，邦無道則可卷而懷之。”⑥

那麽，國家“有道”“無道”的標準是什麽呢？孔子認爲是以禮樂爲核心、尊卑有序的社會制度。他説過一段很有名的話：“天下有道，則禮樂征伐自天子出；天下無道，則禮樂征伐自諸侯出。自諸侯出，蓋十世希不失矣；自大夫出，五世希不失矣；陪臣執國命，三世希不失矣。天下有道，則政不在大夫。天下有道，則庶人不議。”⑦意思很清楚，普天之下，莫非王土，各諸侯國聽命於天子，以禮樂規範行事，就天下太平，社會安寧了。他又説：“能以禮讓爲國乎？何有？不能以禮讓爲國，如禮何？”⑧有子也説過：“禮之用，和爲貴。先王之道，斯爲美，小大由之。有所不行，知和而和，不以禮節之，亦不可行也。”⑨

對於三代以來的禮樂制度，孔子主張要與時俱進，有所損益。當顔淵詢問如何治國時，孔子的回答是：“行夏之時，乘殷之輅，服周之冕，樂則韶舞。放鄭聲，遠佞

---

① 《論語・公冶長》，《十三經注疏》下册，北京：中華書局，1980年，第2473頁。
② 《論語・公冶長》，《十三經注疏》下册，北京：中華書局，1980年，第2475頁。
③ 《論語・泰伯》，《十三經注疏》下册，北京：中華書局，1980年，第2487頁。
④ 《論語・憲問》，《十三經注疏》下册，北京：中華書局，1980年，第2510頁。
⑤ 《論語・憲問》，《十三經注疏》下册，北京：中華書局，1980年，第2510頁。
⑥ 《論語・衛靈公》，《十三經注疏》下册，北京：中華書局，1980年，第2517頁。
⑦ 《論語・季氏》，《十三經注疏》下册，北京：中華書局，1980年，第2521頁。
⑧ 《論語・里仁》，《十三經注疏》下册，北京：中華書局，1980年，第2471頁。
⑨ 《論語・學而》，《十三經注疏》下册，北京：中華書局，1980年，第2458頁。

人。鄭聲淫，佞人殆。”[①]子張曾問孔子：“十世可知也？”孔子的回答是：“殷因於夏禮，所損益可知也；周因於殷禮，所損益可知也。其或繼周者，雖百世可知也。”[②]在孔子心目中，“周監於二代，鬱鬱乎文哉！吾從周”[③]。

孔子生活的時代，已是禮崩樂壞，天下大亂。孔子並没有放棄他對“天下有道”的追求，盼望“齊一變至於魯，魯一變至於道”[④]。還曾設想：“如有用我者，吾其爲東周乎！”[⑤]他四處遊説，不斷碰壁，累累如喪家犬，仍不改初衷。面對隱者“避世”的勸告，孔子的態度是：“鳥獸不可與同群，吾非斯人之徒與而誰與？天下有道，丘不與易也。”[⑥]意思是只要天下太平，他就不會力圖改變社會了。以至真正理解他的人對其弟子説：“二三子何患於喪乎？天下之無道也久矣，天將以夫子爲木鐸。”[⑦]孔子的使命，是要代天而傳道。

（二）“君子務本，本立而道生”

相對於社會之道，孔子及其門人對人生之道探討更多。這是因爲對於多數人來講，他們不在其位，不謀其政，而是更多地在瑣細的環境中生活，更得遵循人生之道。“誰能出不由户，何莫由斯道也？”[⑧]

不過，“道”有大小之别。子貢在回答衛國人公孫朝的問題時説：“文武之道，未墜於地，在人。賢者識其大者，不賢者識其小者。”[⑨]識其小者自然是小道。子夏指出：“雖小道，必有可觀者焉。致遠恐泥，是以君子不爲也。”[⑩]小道不可致遠，士人所當追求的就必然是大道，大道也可稱作“君子之道”。孔子稱讚春秋時鄭國賢相子産時説：“有君子之道四焉，其行己也恭，其事上也敬，其養民也惠，其使民也義。”[⑪]《子張篇》中還有如下一段記載：

子游曰：“子夏之門人小子，當灑掃應對進退，則可矣，抑末也。本之則無如

---

① 《論語·衛靈公》，《十三經注疏》下册，北京：中華書局，1980 年，第 2517 頁。
② 《論語·爲政》，《十三經注疏》下册，北京：中華書局，1980 年，第 2463 頁。
③ 《論語·八佾》，《十三經注疏》下册，北京：中華書局，1980 年，第 2467 頁。
④ 《論語·雍也》，《十三經注疏》下册，北京：中華書局，1980 年，第 2479 頁。
⑤ 《論語·陽貨》，《十三經注疏》下册，北京：中華書局，1980 年，第 2524 頁。
⑥ 《論語·微子》，《十三經注疏》下册，北京：中華書局，1980 年，第 2529 頁。
⑦ 《論語·八佾》，《十三經注疏》下册，北京：中華書局，1980 年，第 2468 頁。
⑧ 《論語·雍也》，《十三經注疏》下册，北京：中華書局，1980 年，第 2479 頁。
⑨ 《論語·子張》，《十三經注疏》下册，北京：中華書局，1980 年，第 2532 頁。
⑩ 《論語·子張》，《十三經注疏》下册，北京：中華書局，1980 年，第 2531 頁。
⑪ 《論語·公冶長》，《十三經注疏》下册，北京：中華書局，1980 年，第 2474 頁。

之何？”子夏聞之，曰：“噫，言游過矣！君子之道，孰先傳焉？孰後倦焉？譬諸草木，區以别矣。君子之道，焉可誣也？有始有卒者，其唯聖人乎！”①

從孔子、子夏的話看來，“道”大量地體現在具體生活中，不可小視。孔子説：“君子易事而難説也。説之不以道，不説也；及其使人也，器之。小人難事而易説也。説之雖不以道，説也；及其使人也，求備焉。”②即使同盲人交往，都有“相師之道”③。曾子也説過：“君子所貴乎道者三：動容貌，斯遠暴慢矣；正顔色，斯近信矣；出辭氣，斯遠鄙倍矣。”④

十分難得的是，孔子及其門人並不僅僅滿足於一些具體生活中的道，而力圖從理論上予以提升，給世人一定的規範。《子罕篇》中有如下記載：

子曰：“衣敝緼袍，與衣狐貉者立，而不恥者，其由也與？‘不忮不求，何用不臧？’”子路終身誦之。子曰：“是道也，何足以臧？”⑤

子路對於自己的善行常常溢於言表，孔子懼其伐善，故抑之，説是人的行爲尚復有美於此者，此何足以爲善？離“道”還遠著哩！關於人生的根本之道，有子有一段精彩論述：“其爲人也孝弟，而好犯上者鮮矣；不好犯上，而好作亂者，未之有也。君子務本，本立而道生。孝弟也者，其爲仁之本與！”⑥孔子之學，以孝悌爲起點，認爲人講孝悌是天經地義之事，這是“務本”，只有這個“本”確立了，纔能産生出人生之“道”。

“道”是什麽？《里仁篇》有一段簡潔的問答：

子曰：“參乎！吾道一以貫之。”曾子曰：“唯。”

子出，門人問曰：“何謂也？”曾子曰：“夫子之道，忠恕而已矣。”⑦

---

① 《論語・子張》,《十三經注疏》下册，北京：中華書局，1980年，第2532頁。
② 《論語・子路》,《十三經注疏》下册，北京：中華書局，1980年，第2508頁。
③ 《論語・衛靈公》,《十三經注疏》下册，北京：中華書局，1980年，第2519頁。
④ 《論語・泰伯》,《十三經注疏》下册，北京：中華書局，1980年，第2486頁。
⑤ 《論語・子罕》,《十三經注疏》下册，北京：中華書局，1980年，第2491頁。
⑥ 《論語・學而》,《十三經注疏》下册，北京：中華書局，1980年，第2457頁。
⑦ 《論語・里仁》,《十三經注疏》下册，北京：中華書局，1980年，第2471頁。

曾子對夫子之道用“忠恕”二字概括，同孔子某次答子貢之語相近：

子貢問曰：“有一言而可以終身行之者乎？”

子曰：“其恕乎！己所不欲，勿施於人。”①

不過，更多的情況下，“道”總是同“仁”連在一起：

子曰：“富與貴，是人之所欲也，不以其道得之，不處也。貧與賤，是人之所惡也，不以其道得之，不去也。君子去仁，惡乎成名？君子無終食之間違仁，造次必於是，顛沛必於是。”②

子曰：“君子道者三，我無能焉：仁者不憂，知者不惑，勇者不懼。”子貢曰：“夫子自道也。”③

可見，仁智勇、忠恕等概念，皆“道”中應有之義。此外還有信、義等範疇，茲不具列。一句話，孔子所苦苦求索的人生之道，實即他創立的以“仁”爲中心的思想體系。

（三）“夫子之言性與天道，不可得而聞也”

孔子之“道”雖有社會、人生之别，却是相通的。治國的禮樂，人生中的忠恕和智仁勇，孔子時常將其放在一起通盤考慮。比如他説：“人而不仁，如禮何？人而不仁，如樂何？”④當顔淵問仁時，孔子的回答是“克己復禮爲仁”，而其細節是“非禮勿視，非禮勿聽，非禮勿言，非禮勿動”⑤。

更可注意者，無論社會之“道”，還是人生之“道”，都是現實世界之“道”，這同老子所謂“道生一，一生二，二生三，三生萬物”，“玄之又玄，衆妙之門”的“道”是有區别的⑥。老子之“道”具有宗教性，是爲人間設置主宰；孔子之道基於人間倫常，是爲人間確立指南。孔子的“道”雖然有抽象性，却在生活中處處可以體察，如

① 《論語·衛靈公》，《十三經注疏》下册，北京：中華書局，1980年，第2518頁。
② 《論語·里仁》，《十三經注疏》下册，北京：中華書局，1980年，第2471頁。
③ 《論語·憲問》，《十三經注疏》下册，北京：中華書局，1980年，第2512頁。
④ 《論語·八佾》，《十三經注疏》下册，北京：中華書局，1980年，第2466頁。
⑤ 《論語·顔淵》，《十三經注疏》下册，北京：中華書局，1980年，第2502頁。
⑥ （清）魏源：《老子本義》，《諸子集成》第3册，北京：中華書局，1954年，第35、1頁。

“道”所賴以產生的孝悌，只要存心，人人皆可做到。“父在觀其志，父没觀其行，三年無改於父之道，可謂孝矣”[①]。因此，如果老子之“道”可稱爲“天道”，孔子之“道”則可稱之爲“人道”。《周易・説卦》云：“立天之道曰陰與陽，立地之道曰柔與剛，立人之道曰仁與義。”[②]字字精微，稱得上是對儒、道、陰陽等先秦諸家學説高度的哲學概括。

孔子道論的現世性，孔子本人和門人一點也不否認。《述而篇》記載：“子不語怪力亂神。”[③]《子罕篇》説：“子罕言利與命與仁。”[④]《先進篇》還有如下一段對話：

> 季路問事鬼神。子曰：“未能事人，焉能事鬼？”
> 曰：“敢問死。”曰：“未知生，焉知死？”[⑤]

正是因爲孔子一心關注現實世界，連跟隨他多年的弟子子貢也説：“夫子之文章，可得而聞也；夫子之言性與天道，不可得而聞也。”[⑥]

也要指出，孔子雖然平時很少講天道，但對鬼神、天命却不否定。比如，他“祭如在，祭神如神在”[⑦]，對鬼神充滿敬畏之心。對天命，他同樣敬畏，以“畏天命”爲君子“三畏”之一，認爲“小人不知天命而不畏也”[⑧]。自述一生歷程，有“五十而知天命”之説[⑨]。孔子終生求道，並欲施行於當世，往往不能如願，他也歸之於人力所不能掌控的天命。當公伯寮向魯國季孫氏譭謗子路時，孔子説：“道之將行也與，命也；道之將廢也與，命也。公伯寮其如命何？”[⑩]這是一種盡人事而聽天命的態度，與老子把一切歸之於天道的思路是有差别的。

（四）“人能弘道，非道弘人”

孔子求道、弘道的歷程，從來就不是一帆風順的，然而他對於“道”有堅定的信

---

① 《論語・學而》,《十三經注疏》下册，北京：中華書局，1980年，第2458頁。
② 《十三經注疏》，北京：中華書局，1980年，第93—94頁。
③ 《論語・述而》,《十三經注疏》下册，北京：中華書局，1980年，第2483頁。
④ 《論語・子罕》,《十三經注疏》下册，北京：中華書局，1980年，第2489頁。
⑤ 《論語・先進》,《十三經注疏》下册，北京：中華書局，1980年，第2499頁。
⑥ 《論語・公冶長》,《十三經注疏》下册，北京：中華書局，1980年，第2474頁。
⑦ 《論語・八佾》,《十三經注疏》下册，北京：中華書局，1980年，第2467頁。
⑧ 《論語・季氏》,《十三經注疏》下册，北京：中華書局，1980年，第2522頁。
⑨ 《論語・爲政》,《十三經注疏》下册，北京：中華書局，1980年，第2461頁。
⑩ 《論語・憲問》,《十三經注疏》下册，北京：中華書局，1980年，第2513頁。

念。他有一句名言："朝聞道，夕死可矣。"①他堅信："人能弘道，非道弘人。"②竭盡全力，弘揚心中的大道，貧賤困苦都不在話下。他説："君子謀道不謀食。耕也，餒在其中矣；學也，禄在其中矣。君子憂道不憂貧。"③豈止是不憂貧賤，連付出生命都在所不惜。"志士仁人，無求生以害仁，有殺身以成仁"④。

按照常理，"道不同，不相爲謀"⑤。"士志於道而恥惡衣惡食者，未足與議也"⑥。因此，要推行自己所確立的"道"，必須有一大批真正的志同道合者。可是，在現實生活中，孔子却時常有世無知己之感。"可與共學，未可與適道；可與適道，未可以立；可與立，未可與權"⑦。"見善如不及，見不善如探湯。吾見其人矣，吾聞其語矣。隱居以求其志，行義以達其道。吾聞其語矣，未見其人也"⑧。即使是自己的弟子，也難以自始至終同自己一樣身體力行。冉求就説過："非不悦子之道，力不足也。"孔子只得批評他一頓，説："力不足者，中道而廢，今女畫。"⑨

雖然困難重重，但一點也阻撓不了孔子及其門人對"道"的傳播。子游説，昔嘗聞諸夫子曰："君子學道則愛人，小人學道則易使也。"⑩子夏也説："百工居肆以成其事，君子學以致其道。"⑪憑著這種鍥而不捨的精神，孔子之"道"在春秋戰國大變動的年代，終於成爲了一門顯學。

二、孔子的"德"論

在孔子思想體系中，"道"是人類生活的準則，"德"則是"道"的展開，是"道"的具體化，其間有千絲萬縷的聯繫。就其施行範圍而言，同"道"一樣，"德"也有社會和人生兩部分。

---

① 《論語·里仁》,《十三經注疏》下册，北京：中華書局，1980年，第2471頁。
② 《論語·衛靈公》,《十三經注疏》下册，北京：中華書局，1980年，第2518頁。
③ 《論語·衛靈公》,《十三經注疏》下册，北京：中華書局，1980年，第2518頁。
④ 《論語·衛靈公》,《十三經注疏》下册，北京：中華書局，1980年，第2517頁。
⑤ 《論語·衛靈公》,《十三經注疏》下册，北京：中華書局，1980年，第2518頁。
⑥ 《論語·里仁》,《十三經注疏》下册，北京：中華書局，1980年，第2471頁。
⑦ 《論語·子罕》,《十三經注疏》下册，北京：中華書局，1980年，第2491頁。
⑧ 《論語·季氏》,《十三經注疏》下册，北京：中華書局，1980年，第2522頁。
⑨ 《論語·雍也》,《十三經注疏》下册，北京：中華書局，1980年，第2478頁。
⑩ 《論語·陽貨》,《十三經注疏》下册，北京：中華書局，1980年，第2524頁。
⑪ 《論語·子張》,《十三經注疏》下册，北京：中華書局，1980年，第2532頁。

(一)“爲政以德，譬如北辰居其所而衆星共之”

春秋末年，禮樂秩序發生變化，給人的震撼很大。當孔子周遊列國時，楚國狂人接輿走過孔子車旁，以歌聲表達了對社會的哀歎：“鳳兮鳳兮，何德之衰！往者不可諫，來者猶可追。已而已而，今之從政者殆而！”[①]孔子不爲接輿的“避世”之論所動，奔波於各國之間。他對國家政事的最大期待，是統治者“爲政以德，譬如北辰居其所而衆星共之”[②]。雖然他主張治國要寬猛相濟，但强調要施行德政、善政。他説：“道之以政，齊之以刑，民免而無耻；道之以德，齊之以禮，有耻且格。”[③]用嚴酷的刑罰整治百姓，百姓畏懼，可暫時免於罪過，却没有廉耻之心；如果用德行、用禮樂開導民衆，則民衆不僅有廉耻之心，也對當政者心悦誠服了。季康子曾問政於孔子：“如殺無道以就有道，何如？”孔子的回答是：“子爲政，焉用殺？子欲善而民善矣。君子之德風，小人之德草。草上之風，必偃。”[④]

關於德政、善政的具體措施，孔子和弟子也多次談到，比如“道千乘之國，敬事而信，節用而愛人，使民以時。”[⑤]比如主張藏富於民，“百姓足，君孰與不足？百姓不足，君孰與足？”[⑥]又比如强調爲官者應當尊五美屏四惡，還解釋五美爲“君子惠而不費，勞而不怨，欲而不貪，泰而不驕，威而不猛”，四惡爲“不教而殺謂之虐，不戒視成謂之暴，慢令致期謂之賊，猶之與人也，出納之吝謂之有司”[⑦]。這類的論述，還有不少。

(二)“中庸之爲德也，其至矣乎”

孔門所言之“德”，更多的是人生之德。相對於個人才能和言論，“德”更爲孔門所重視。孔子説：“有德者必有言，有言者不必有德。”[⑧]“驥不稱其力，稱其德也”[⑨]。《憲問篇》中有如下一段記載：

> 南宫适問於孔子曰：“羿善射，奡蕩舟，俱不得其死然。禹稷躬稼而有天

---

① 《論語・微子》,《十三經注疏》下册，北京：中華書局，1980年，第2529頁。
② 《論語・爲政》,《十三經注疏》下册，北京：中華書局，1980年，第2461頁。
③ 《論語・爲政》,《十三經注疏》下册，北京：中華書局，1980年，第2461頁。
④ 《論語・顔淵》,《十三經注疏》下册，北京：中華書局，1980年，第2504頁。
⑤ 《論語・學而》,《十三經注疏》下册，北京：中華書局，1980年，第2457頁。
⑥ 《論語・顔淵》,《十三經注疏》下册，北京：中華書局，1980年，第2503頁。
⑦ 《論語・堯曰》,《十三經注疏》下册，北京：中華書局，1980年，第2535頁。
⑧ 《論語・憲問》,《十三經注疏》下册，北京：中華書局，1980年，第2510頁。
⑨ 《論語・憲問》,《十三經注疏》下册，北京：中華書局，1980年，第2512頁。

下。”夫子不答。

南宫适出，子曰：“君子哉若人！尚德哉若人！”[①]

從南宫适對幾位歷史人物的評價，孔子認爲南宫适是“尚德”的，因而是“君子”。

對於有損德行的行爲，孔子有不少告誡，如“巧言亂德”[②]，“鄉願，德之賊也”，“道聽塗説，德之棄也”[③]。

“道”有大道小道，“德”也有大德小德。子夏説：“大德不逾閑，小德出入可也。”[④]人們所應踐行的，不用説應該是大德。大德之中，最高者可稱爲“至德”。周初有治國之臣十人，“三分天下有其二，以服事殷。周之德，其可謂至德也已矣”[⑤]。這裏的“至德”，是一個王朝統治者的至德。“泰伯其可謂至德也已矣。三以天下讓，民無得而稱焉”[⑥]。這裏的“至德”，是一個上層人士的至德。“中庸之爲德也，其至矣乎！民鮮久矣”[⑦]。這裏的“至德”，則是所有人都應具備的至德。對這一“至德”，現代著名學者楊伯峻先生有個簡明的解釋：“這是孔子的最高道德標準。‘中’，折中，無過，也無不及，調和；‘庸’，平常。孔子拈出這兩個字，就表示他的最高道德標準，其實就是折中和平常的東西。”[⑧]實際上，“折中和平常”並不容易做到。最高的標準本來就應該是極其平常，爲所有人所能理解，只不過知易行難，故“民鮮久矣”。

（三）“德不孤，必有鄰”

面對著當時“知德者鮮矣”的狀況[⑨]，孔子心中充滿了憂慮：“德之不修，學之不講，聞義不能徙，不善不能改，是吾憂也。”[⑩]“執德不弘，信道不篤，焉能爲有？焉能爲亡？”[⑪]孔子多次發出感慨：“吾未見好德如好色者也。”[⑫]假如人們都像喜愛美貌那樣喜愛美德，社會該有多麽美好！

---

① 《論語·憲問》，《十三經注疏》下册，北京：中華書局，1980年，第2510頁。
② 《論語·衛靈公》，《十三經注疏》下册，北京：中華書局，1980年，第2518頁。
③ 《論語·陽貨》，《十三經注疏》下册，北京：中華書局，1980年，第2525頁。
④ 《論語·子張》，《十三經注疏》下册，北京：中華書局，1980年，第2532頁。
⑤ 《論語·泰伯》，《十三經注疏》下册，北京：中華書局，1980年，第2487頁。
⑥ 《論語·泰伯》，《十三經注疏》下册，北京：中華書局，1980年，第2486頁。
⑦ 《論語·雍也》，《十三經注疏》下册，北京：中華書局，1980年，第2479頁。
⑧ 楊伯峻：《論語譯注》，北京：中華書局，1980年，第64頁。
⑨ 《論語·衛靈公》，《十三經注疏》下册，北京：中華書局，1980年，第2517頁。
⑩ 《論語·述而》，《十三經注疏》下册，北京：中華書局，1980年，第2481頁。
⑪ 《論語·子張》，《十三經注疏》下册，北京：中華書局，1980年，第2531頁。
⑫ 《論語·子罕》，《論語·衛靈公》，《十三經注疏》下册，北京：中華書局，1980年，第2491、2517頁。

孔子認定“天生德於予”[①]，應該以先覺覺後覺，以先知覺後知，用“君子懷德，小人懷土”的思想激勵士人[②]。子張請教如何崇德，孔子的回答是：“主忠信，徙義，崇德也。”[③]樊遲請教同樣的問題，孔子的回答是：“先事後得，非崇德與！”[④]對不同的人有不同的回答，可見崇德包羅面之廣，每個人都有自己的著力之處。

對於廣行仁德是否應該以德報怨，當時思想界是有不同看法的，孔子旗幟鮮明地表達了自己的主張：“何以報德？以直報怨，以德報德。”[⑤]孔子的意思是，怎麼能對施德者、施怨者給予同樣的回報呢？正確的做法，應該是“以直報怨，以德報德”。

對於廣大民衆的德行，重視孝道的曾子認爲，應從他們謹慎地對待父母的死亡，追念遠代祖先的具體活動中予以培養：“慎終追遠，民德歸厚矣。”[⑥]整個社會民風淳樸，就能出現孔子所期盼的局面：“德不孤，必有鄰。”[⑦]有德行的人是不孤獨的，到處都有他的朋友。

三、孔子道德之論的現代啓示

上文依據《論語》，對孔子的道德之論加以梳理，可見孔子思想的豐富多彩。雖然語録體裁對展現思想的系統性有所不足，但孔子思想的深邃仍足以體現出來。幾千年來，《論語》成爲最貼近士人和大衆的儒家經典，這是重要的原因。就道德之論而言，對於當今世界仍具有重大啓迪作用。還是從個體和社會兩方面來談。

（一）弘道崇德，堅守核心價值

孔子道德之論甚多，撇開諸多具體論述，給人們最深的印象，是他對“道”的求索精神、弘揚仁德的堅定信念。

孔子説：“朝聞道，夕死可矣。”又説：“道不行，乘桴浮於海。”[⑧]這種終身以求、生死以之的“道”，實質上是一種信仰。孔子的一生，也可以説是對“道”即信仰、價值觀追尋與堅守的一生。

---

① 《論語·述而》，《十三經注疏》下册，北京：中華書局，1980年，第2483頁。
② 《論語·里仁》，《十三經注疏》下册，北京：中華書局，1980年，第2471頁。
③ 《論語·顏淵》，《十三經注疏》下册，北京：中華書局，1980年，第2503頁。
④ 《論語·顏淵》，《十三經注疏》下册，北京：中華書局，1980年，第2504頁。
⑤ 《論語·憲問》，《十三經注疏》下册，北京：中華書局，1980年，第2513頁。
⑥ 《論語·學而》，《十三經注疏》下册，北京：中華書局，1980年，第2458頁。
⑦ 《論語·里仁》，《十三經注疏》下册，北京：中華書局，1980年，第2472頁。
⑧ 《論語·公冶長》，《十三經注疏》下册，北京：中華書局，1980年，第2473頁。

按照一般的理解，信仰是人對某種價值的堅信與敬仰。也就是説，信仰作爲一種價值意義，實際上是現實的人對自己所處價值關係的意識和感覺，因此歸根結底是人關於自己和世界的關係、自己在世界中的地位以及自身存在的意義和價值的自我意識。孔子説："三軍可奪帥也，匹夫不可奪志也。"[①]爲什麽匹夫不可奪志？這是因爲一個人只有確立志向，所謂"志於道"，對自己的存在意義和價值有明確的認識，生活纔會充實，纔有意義。當今時代，社會處於急劇變動狀態中，價值多元化，任何行爲似乎都可以得到理論的支撑。無疑地，一個力求上進的人，要選擇進步的價值觀，不要過於物質化了。這樣，即使一輩子在平凡的崗位上從事普通工作，即使地位卑微酬勞菲薄，也能心境平和愉快，爲社會作出貢獻，感受到自己生存的價值和意義。

在孔子那裏，"德"緣於"道"，内容更豐富具體。就社會各階層的人而言，"德"約近於當下語言中的"道德"。孔子講"好德如好色"，是希望人們不僅有崇高的理想和價值追求，還要兼具美好的品質、德行。這一思想的靈光，歷代相傳，引領了無數人的現實生活。當前，現實生活越來越豐富，也越來越複雜，這既爲人們思想道德的進步提供了許多支撑條件，也難免産生一些負面影響。這種狀態下，孔子提出的"尚德""崇德""弘德"，無疑是優良的思想資源。以當今核心價值觀爲中心，借鑒孔子及其歷代的道德資源，合理整合而形成一個在理論上完整、具有較强的現實解釋力和辯護力的内在和諧的道德體系，將會幫助人們正確處理和應對人生問題，很好地服務於社會主義現代化建設。

近年來，我國開展道德模範評選活動，就是一項"尚德""崇德""弘德"的良好方式。各地推舉出來的道德模範人物，有助人爲樂、見義勇爲、誠實守信、敬業奉獻、孝老愛親等類型。他們的社會地位大多不高，却能在平凡的崗位上做出不平凡的事情來，這對普通人的影響更大。在這方面，各類宣傳媒體應該多下功夫，去發現現實生活中的美好事物，用正確的價值觀念引導世人，讓高尚的道德回歸社會、引領生活，提高全民族的思想素養。只有在良好的社會氛圍中，美德纔會蔚然成風。

（二）爲政以德，創建和諧社會

孔子提出"爲政以德"，主要是針對統治者和社會上層人士而言。這些人掌握著國家大權，他們是否行德政、行善政，會直接影響民衆的生存品質，影響到社會的進步或停滯。幾千年來，德政同暴政的對比是極爲鮮明的。施行暴政，必定造成社會的大

---

① 《论语・子罕》,《十三經注疏》下册，北京：中華書局，1980年，第2491頁。

動蕩，造成生產力的大倒退。

最近十多年來，我國領導人相繼提出的“以德治國”“創建和諧社會”的方針，正是從歷史的經驗教訓中提煉出來的。在“以德治國”口號產生之初，曾有學術工作者提出疑問，認爲當今是法治社會，要依法治國，何必提出“以德治國”呢？這實際上是忽略了“德”與“法”的相容性，二者在社會控制上皆必不可少，千萬不要把二者對立起來。而且，提出“以德治國”，首先强調的是執政党立党爲公、行政爲民，爲社會造福。只有這個觀念根深蒂固，纔能制定出大量惠民的政策和措施，給百姓帶來福祉。更何況，“法”是靠人來施行的，執法者是否有“德”，結果大不一樣，事關社會和諧的大局。學術工作者切不可書生氣十足，把書本知識教條化，應循名而責實，體察國家大政制定的初衷。

對於當前大批處於行政管理崗位的人來説，他們更應該懂得，“爲政以德”是千百年來民衆的最大期待，是孔子對他們的耳提面命，更是當今社會和諧、長治久安的基礎。“士不可以不弘毅，任重而道遠”。

"興廢由人事":《左傳》吴越争霸叙事

李 佳*

在中國的古典文獻中包含著豐富的叙事形式，而早期的歷史散文無疑是叙事文學的重要源頭，往往已經具備了一些鮮明的叙事特徵，而這其中，《左傳》一書格外引人關注。《左傳》爲編年體，遵循《春秋》"以事繫日，以日繫月，以月繫時，以時繫年"[①]的叙述順序，對東周前期二百四五十年間複雜而重大的歷史事件進行叙述，取得了極高的成就，唐劉知幾從"文章"作法的角度稱贊其爲"叙事之最"[②]，而李隆獻師則從中國叙事學發展的角度肯定其爲"中國叙事文學的不遷之祧"[③]，可見該書在叙事學史上的地位。本文將以《左傳》中的吴越争霸事件爲核心，檢視《左傳》叙事在情節與人物上的特色與意義。

一、《左傳》中的吴越争霸情節

《左傳》"依時叙事"，一年之中會同時記叙多國繁雜的史事，讀者不易洞悉某一懸隔時間較長的歷史事件始末，因此清人高士奇著有《左傳紀事本末》，以補編年體之不足。其中專有"勾踐滅吴"一章[④]，將《左傳》以及《國語》《吴越春秋》《吕氏春秋》

* 作者簡介：李佳，南洋理工大學國立教育學院亞洲語言文化學部助理教授。

① （清）阮元校勘：《十三經注疏》（附校勘記），北京：中華書局，1980年，下册，第1703頁。

② （唐）刘知幾著，張振培箋注：《史通箋注》，貴州：貴州人民出版社，1985年，第297頁。

③ 李隆獻：《中國叙事文學的不遷之祧——淺析〈左傳〉的叙事技巧》，《錢穆先生紀念館館刊》1997年第5期。

④ （清）高士奇：《左傳紀事本末》，北京：中華書局，1979年，第765—810頁。

等書中有關記載彙聚一處，給研讀此一事件提供了不少便利。不過本文意在從叙事學視角出發，集中探討《左傳》中的吴越争霸叙事技巧，故首先對《左傳》中相關的文獻重新梳理，條陳如下，並加以分析。

吴越均偏處東南沿海，比鄰而居，對於兩國糾葛的緣由，《左傳》實多有鋪陳。起初吴國在晋國幫助下國勢始强，最先與南方大國楚的利益發生衝突，兩國間戰争不斷，“楚自昭王即位，無歲不有吴師”①，則吴楚爲世仇。此時越國尚未與吴有所衝突，吴越矛盾始見諸端倪者，當可追溯到魯昭公②五年（前537）楚吴間的一場戰争：

> 冬十月，楚子以諸侯及東夷伐吴，以報棘、櫟、麻之役，薳射以繁揚之師會於夏汭，越大夫常壽過帥師會楚子于瑣。③

越國附和强楚，成爲楚國所帥的諸國聯軍中的一員，直接參與伐吴，從此埋下兩國相争的種子。

此後昭公二十四年（前518），在楚平王帥水師入侵吴國時，越國的大夫勞軍、公子贈船，並再次加入到伐吴的戰争中：

> 楚子爲舟師以略吴疆，沈尹戌曰：“此行也，楚必亡邑。不撫民而勞之，吴不動而速之，吴踵楚，而疆埸無備，邑，能無亡乎？”越大夫胥犴勞王於豫章之汭，越公子倉歸王乘舟。倉及壽夢帥師從王，王及圉陽而還。吴人踵楚，而邊人不備，遂滅巢及鐘離而還。④

越國再次依靠楚國的力量，試圖打擊吴國。

上述事件可算吴越争霸的遠因，《左傳》通過這些叙事，將捲入歷史車輪中的兩國禍釁叙出，吴國好戰、越國陰險的形象均已暗暗透出。

兩國直接交鋒始於昭公三十二年（前510），吴王闔閭出兵討伐鄰國越。

> 夏，吴伐越，始用師於越也。史墨曰：“不及四十年，越其有吴乎！越得歲而

---

① 楊伯峻編著：《春秋左傳注》，北京：中華書局，1990年，第4册，第1542頁。
② 按：文中繫年所提到的年號，均爲魯國國君的謚號。
③ 楊伯峻編著：《春秋左傳注》，北京：中華書局，1990年，第4册，第1270頁。
④ 楊伯峻編著：《春秋左傳注》，北京：中華書局，1990年，第4册，第1452—1453頁。

吴伐之，必受其凶。"[①]

吴國對於此前越國屢次附和楚國對己開戰的舉動，持何種態度，限於《左傳》第三人稱觀點叙事無從得知，但似可從簡單的"吴伐越"三字中猜出一二，則其中的因果聯繫在或明或暗中。對於這場戰争的過程以及結果，《左傳》完全没有叙述。却由作者直接進行干預叙事，點出"始用師於越"，有意强調吴越争霸叙事的開端，而接下來史墨"不及四十年，越其有吴"的預言，竟將整個吴越争霸的時間及結局都揭示出來。預言，這種叙述方法在叙事學裏被稱作"預叙"。所謂"預叙，就是事先講述或者提及以後事件的叙述活動"[②]，這種叙事方式在西方作品中並不多見，但在中國却出現得很早。有學者將預叙分爲兩種類型："一種發生在故事層面，預叙者爲故事内的人物；另一種發生在話語層面，預叙者爲故事外的叙述者"[③]。《左傳》此處的預叙當屬於第一種，借晋國大夫史墨之口，預言吴越相争的結果。《左傳》依照時間鋪叙事件，在此後四十年的漫長歲月裏，要記載多國史事，吴越争霸只是其中一事而已，因此該事件的發展、變化極易淹没在衆多紛繁的歷史事件之中而不見蹤影，這是編年體叙事的局限。爲此《左傳》的作者有意識地運用干預叙事、預叙等手段，草灰蛇綫伏脉千里，既延伸了事件情節的發展，更有利於促進叙事的完整性。

越同楚伐吴，並未受到滅國的警告；而吴伐越却被預言將受其凶兆，其原因何在呢？史墨指出這是由於"越得歲而吴伐之"的原因，杜預對此的解釋是"歲星所在，其國有福，吴先用兵，故反受其殃"，即越得天時，吴不顧忌反加兵於越，違天行事，所以纔落得被越所滅的下場。美國歷史哲學家海頓・懷特認爲："歷史故事的解釋效果來自於它賦予事件的連貫性，而這種連貫性是通過將特別的情節結構加給故事而實現的。"[④]《左傳》的作者所要表達的敬天順時和違天不祥的觀點和意義，正是通過這樣的情節來達到的。

定公五年（前 505），吴越又曾有過交戰，越國趁吴國侵楚之際進入吴國：

① 杨伯峻編著：《春秋左傳注》，北京：中華書局，1990 年，第 4 册，第 1516 頁。

② 〔法〕熱拉爾・熱奈特：《叙事話語・新叙事話語》，王文融譯，北京：中國社會科學出版社，1990 年，第 38—39 頁。〔以色列〕里蒙・凱南《叙事虛構作品》，姚錦清等譯，上海：上海三聯書店，1989 年，第 161—162 頁。

③ 倪愛珍：〈中國叙事傳統中預叙的发生及流變〉，《文藝評論》，2013 第 7 期。但作者认爲"后者（即預叙者为故事外叙述者）出現得很晚"，所論有誤，這種叙事在《左傳》中也已大量出現了，如下文"定公三年"出現的"三年乃报越"。

④ 〔美〕海登・懷特《後現代歷史叙事學》，陳永國譯，北京：中國社會科學出版社，2003 年，第 354 頁。

越入吴，吴在楚也。[①]

《左傳》看似冷静的叙事背後，却在一筆筆加强越國猥瑣狡詐的形象。

之所以吴國侵入楚國，在《左傳》定公二年（前 508）有載：

桐叛楚。吴子使舒鳩氏誘楚人，曰："以師臨我，我伐桐，爲我使之無忌。"

秋，楚囊瓦伐吴，師于豫章。吴人見舟于豫章，而潛師于巢。冬十月，吴軍楚師于豫章，敗之。遂圍巢，克之，獲楚公子繁。[②]

原來吴國趁桐地叛亂，誘騙楚國出兵豫章，趁其不備攻下巢，並俘獲了楚國的公子繁。經此一戰，楚國在豫章以東諸邑及屬國皆被吴國占有。定公四年（前 506）吴國更聯合蔡、唐兩國大敗楚國，並進入其都城郢。通過這些叙事亦一點點强化出吴國窮兵黷武的形象。

在吴楚的對峙中，吴國可謂屢屢得手，而越國却在後方伺機而動，不時趁火打劫，造成吴國腹背受敵的危局。在這種情况下，吴王闔閭似乎也覺察到了問題的嚴重性，並有意解除後顧之憂，於是在定公十四年（前 496）吴越之間爆發了一場大戰，從而正式揭開了兩國相争的大幕：

吴伐越，越子勾踐禦之，陳于檇李。勾踐患吴之整也，使死士再禽焉，不動。使罪人三行，屬劍於頸，而辭曰："二君有治，臣奸旗鼓，不敏於君之行前，不敢逃刑，敢歸死。"遂自剄也。師屬之目，越子因而伐之，大敗之。靈姑浮以戈擊闔廬，闔廬傷將指，取其一屨。還，卒於陘，去檇李七里。

夫差使人立於庭，苟出入，必謂己曰："夫差，而忘越王之殺而父乎？"則對曰："唯。不敢忘！"三年乃報越。[③]

在這場戰争中越王勾踐以敢死隊自刎陣前的方式震懾吴軍，趁其惶遽之時大敗吴軍，勝得不無偶然的因素。吴王闔閭在這場戰争中重傷而亡，而此時的越國尚無力一舉滅掉吴國。闔閭之子夫差繼位，他牢記國仇家恨，矢志報復。叙事中"三年乃報越"，爲

① 楊伯峻編著：《春秋左傳注》，北京：中華書局，1990 年，第 4 册，第 1550 頁。
② 楊伯峻編著：《春秋左傳注》，北京：中華書局，1990 年，第 4 册，第 1529 頁。
③ 楊伯峻編著：《春秋左傳注》，北京：中華書局，1990 年，第 4 册，第 1595—1596 頁。

第二種情况的預叙，即預叙者爲故事外的叙述者，此處由作者干預叙事，預先交代三年後夫差成功復仇，從而使夫差復仇的小情節自成首尾，增强了情節前後的緊密性。

三年後也就是哀公元年（前 494），吴越之間爆發了幾乎滅亡越國的夫椒之戰，《左傳》對這場戰事的叙述同樣異乎尋常的簡略：

> 吴王夫差敗越于夫椒，報檇李也。遂入越。[①]

"報檇李也"是作者站在全知全能叙事角度所進行的干預叙事，意在點明此戰乃是對定公十四年檇李慘敗的報復，與"三年乃報越"前後呼應。檇李之戰全勝後，勾踐采取柔性訴求的方式臣服求和，吴王夫差準備接受，伍員堅决反對：

> 越子以甲楯五千保于會稽，使大夫種因吴大宰嚭以行成。吴子將許之。伍員曰："不可。臣聞之'樹德莫如滋，去疾莫如盡。'昔有過澆殺斟灌以伐斟鄩，滅夏后相，后緡方娠，逃出自竇，歸于有仍，生少康焉。爲仍牧正，惎澆能戒之。澆使椒求之，逃奔有虞，爲之庖正，以除其害。虞思於是妻之以二姚，而邑諸綸，有田一成，有衆一旅。能布其德，而兆其謀，以收夏衆，撫其官職，使女艾諜澆，使季杼誘豷。遂滅過、戈，復禹之績，祀夏配天，不失舊物。今吴不如過，而越大於少康，或將豐之，不亦難乎！句踐能親而務施，施不失人，親不棄勞。與我同壤，而世爲仇讎。於是乎克而弗取，將又存之，違天而長寇讎，後雖悔之，不可食已。姬之衰也，日可俟也。介在蠻夷，而長寇讎，以是求伯，必不行矣。"弗聽。退而告人曰："越十年生聚，而十年教訓，二十年之外，吴其爲沼乎！"三月，越及吴平。吴入越不書，吴不告慶、越不告敗也。[②]

此處用人物的語言推進情節，伍員分别以少康復國滅過、戈的歷史教訓，"與我同壤，而世爲仇讎"的現實形勢，以及天授不取必有災殃三個方面爲理據，勸説吴王萬不可養癰遺患，從而將叙事的内容無限擴張，將古今類似的情形歸結一處，而這樣處理的目的，也是與作者想要表達的觀點緊密相關，即枉顧天時、地利、人和終將失敗。長篇諫言之後，夫差的反應只是"弗聽"二字，通過這樣的對比，伍員的忠心耿耿與夫

---

① 楊伯峻編著：《春秋左傳注》，北京：中華書局，1990 年，第 4 册，第 1605 頁。

② 楊伯峻編著：《春秋左傳注》，北京：中華書局，1990 年，第 4 册，第 1605—1607 頁。

差的剛愎自用呼之欲出。拒諫後的伍員所説的“生聚”“教訓”，又爲預叙，借吴國元老之口再次揭示了吴越争霸的結局。

吴國與越國媾和，不僅荒盟不成且未依禮告知中原諸國。同年八月，吴國趁勢又侵入陳國，以報舊怨：

> 吴之入楚也，使召陳懷公。懷公朝國人而問焉，曰：“欲與楚者右，欲與吴者左。陳人從田，無田從黨。”逄滑當公而進，曰：“臣聞國之興也以福，其亡也以禍。今吴未有福，楚未有禍。楚未可棄，吴未可從。而晋，盟主也，若以晋辭吴，若何？”公曰：“國勝君亡，非禍而何？”對曰：“國之有是多矣，何必不復。小國猶復，况大國乎？臣聞，國之興也，視民如傷，是其福也；其亡也，以民爲土芥，是其禍也。楚雖無德，亦不艾殺其民。吴日敝於兵，暴骨如莽，而未見德焉。天其或者正訓楚也！禍之適吴，其何日之有？”陳侯從之。及夫差克越，乃修先君之怨。秋八月，吴侵陳，修舊怨也。[①]

在陳國君臣的一場對話中，《左傳》作者又藉故事中人物逄滑之口進行預叙，預言吴國遭禍患的時間不會太久了，爲事件的結局布下綫索。

吴國敗越、入陳，一時間所向披靡，因而其宿仇楚國的朝廷上下，彌漫著對於吴王夫差的恐懼氣氛，臣子間有一番觀點完全相反的對話。

> 吴師在陳，楚大夫皆懼，曰：“闔廬惟能用其民，以敗我于柏舉。今聞其嗣又甚焉，將若之何？”子西曰：“二三子恤不相睦，無患吴矣。昔闔廬食不二味，居不重席，室不崇壇，器不彤鏤，宫室不觀，舟車不飾，衣服財用，擇不取費。在國，天有菑癘，親巡孤寡而共其乏困。在軍，熟食者分而後敢食，其所嘗者，卒乘與焉，勤恤其民，而與之勞逸，是以民不罷勞，死知不曠。吾先大夫子常易之，所以敗我也。今聞夫差，次有臺榭陂池焉，宿有妃嬙、嬪御焉。一日之行，所欲必成，玩好必從；珍異是聚，觀樂是務；視民如讎，而用之日新。夫先自敗也已，安能敗我？”[②]

---

① 楊伯峻編著：《春秋左傳注》，北京：中華書局，1990年，第4册，第1607—1608頁。

② 楊伯峻編著：《春秋左傳注》，北京：中華書局，1990年，第4册，第1608—1609頁。

《左傳》藉故事中令尹子西之口，對比了闔閭與夫差父子在生活方式和對軍對民的巨大差別，藉此預言吴國必將衰落。這種叙事情節的安排，與前文陳國大夫所言極相類似，逢滑指出吴國一味好戰所造成國力衰退、百姓困苦的現狀。這種叙事方式近於後世史遷所用的互見法，即在對吴國的直接叙述中，只見其攻城掠地，不斷挑起戰争，令周邊國家畏懼；却將夫差驕奢、恣縱、濫用民力，以及吴國民生凋敝、民怨沸騰的内容，於他國臣子口中説出，這些無疑都爲吴越争霸的結局埋好伏筆。

哀公二年（前 493），吴國的軍隊在蔡昭侯的默許之下，進入蔡國，迫使其遷都州來。

> 吴洩庸如蔡納聘，而稍納師。師畢入，衆知之。蔡侯告大夫，殺公子駟以説。哭而遷墓。冬，蔡遷于州來。[①]

"哭而遷墓"表面上是一個客觀的場景描寫，却刻畫出吴國不得人心的種種作法。

哀公六年（前 489），吴國又進攻陳國，楚國救陳，吴楚再次交鋒。

> 吴伐陳，復修舊怨也。楚子曰："吾先君與陳有盟，不可以不救。"乃救陳，師于城父。[②]

因爲以前的恩怨而再度兵戎相見，冷静的叙事背後，透露出吴國唯知炫耀武力，却不懂以德服人的形象。

哀公七年（前 488），吴國向魯國强索百牢，子服景伯批評吴國的行爲背棄天意、枉顧禮法，預言其很快就會滅亡。此處又通過魯國大夫之口指明吴國所面臨的巨大禍患，並進行預叙，再一次爲吴國終將失敗的前景埋下伏筆。

> 夏，公會吴于鄫。吴來徵百牢。子服景伯對曰："先王未之有也。"吴人曰："宋百牢我，魯不可以後宋。且魯牢晋大夫過十，吴王百牢，不亦可乎？"景伯曰："晋范鞅貪而棄禮，以大國懼敝邑，故敝邑十一牢之。君若以禮命於諸侯，則有數矣。若亦棄禮，則有淫者矣。周之王也，制禮，上物不過十二，以爲天之大

---

① 楊伯峻編著：《春秋左傳注》，北京：中華書局，1990 年，第 4 册，第 1618 頁。
② 楊伯峻編著：《春秋左傳注》，北京：中華書局，1990 年，第 4 册，第 1633 頁。

數也。今棄周禮，而曰必百牢，亦唯執事。”吴人弗聽。景伯曰：“吴將亡矣，棄天而背本。不與，必棄疾於我”，乃與之。

太宰嚭召季康子，康子使子貢辭。大宰嚭曰：“國君道長，而大夫不出門，此何禮也，”對曰：“豈以爲禮，畏大國也。大國不以禮命於諸侯，苟不以禮，豈可量也？寡君既共命焉，其老豈敢棄其國？大伯端委以治周禮，仲雍嗣之，斷髮文身，贏以爲飾，豈禮也哉？有由然也。”反自鄫，以吴爲無能爲也。①

哀公八年（前487），吴國又借魯國侵入邾國的緣故，出兵討伐魯國：

吴爲邾故，將伐魯……三月，吴伐我……吴人盟而還。②

哀公九年（前486），爲了能夠進一步北上稱雄，夫差秋季下令在邗地築溝，以溝通長江和淮河，這項工程定然消耗了吴國大量的民力和財力；同年冬，吴國的使臣就向魯國傳達準備伐齊的消息：

秋，吴城邗，溝通江淮。……冬，吴子使來儆師伐齊。③

哀公十年春天（前485），吴國聯合諸國軍隊進攻齊國，結果被齊軍打敗。

十年春，……公會吴子、邾子、郯子伐齊南鄙，師于鄎。

齊人弒悼公，赴于師。吴子三日哭于軍門之外。徐承帥舟師將自海入齊，齊人敗之，吴師乃還。④

同年秋，吴國再向魯國告以準備伐齊的消息：

秋，吴子使來復儆師。⑤

① 楊伯峻編著：《春秋左傳注》，北京：中華書局，1990年，第4册，第1640—1641頁。
② 楊伯峻編著：《春秋左傳注》，北京：中華書局，1990年，第4册，第1647—1650頁。
③ 楊伯峻編著：《春秋左傳注》，北京：中華書局，1990年，第4册，第1652—1654頁。
④ 楊伯峻編著：《春秋左傳注》，北京：中華書局，1990年，第4册，第1655—1656頁。
⑤ 楊伯峻編著：《春秋左傳注》，北京：中華書局，1990年，第4册，第1656頁。

此時楚國已經蠢蠢欲動，趁吳國無暇他顧的時機，討伐陳國。

> 冬，楚子期伐陳，吳延州來季子救陳，謂子期曰："二君不務德，而力爭諸侯，民何罪焉？我請退，以爲子名務德而安民。"乃還。[①]

《左傳》藉由延陵季子之口，批評吳楚兩國國君不愛惜民力，不修德行，而只知一味依靠武力擴張霸權的行爲，也是爲吳國的失敗埋下伏筆。

哀公十一年（前 484），吳魯再向齊開戰，並於艾陵大敗齊軍。在吳國不斷勞民傷財挑起與各國戰爭之時，越國一直休養生息，按兵不動，更在吳齊大戰前夕，勾踐再次率衆輸誠，表達對吳王的臣服之心，以鬆懈吳王對越國的戒備。

> 爲郊戰故，公會吳子伐齊。五月，克博。壬申，至于嬴。中軍從王，胥門巢將上軍，王子姑曹將下軍，展如將右軍。齊國書將中軍，高無平將上軍，宗樓將下軍。陳僖子謂其弟書："爾死，我必得志。"宗子陽與閭丘明相厲也。桑掩胥御國子。公孫夏曰："二子必死。"將戰，公孫夏命其徒歌《虞殯》。陳子行命其徒具含玉。公孫揮命其徒曰："人尋約，吳髮短。"東郭書曰："三戰必死，於此三矣。"使問弦多以琴，曰："吾不復見子矣。"陳書曰："此行也，吾聞鼓而已，不聞金矣。"
>
> 甲戌，戰于艾陵。展如敗高子，國子敗胥門巢，王卒助之，大敗齊師，獲國書、公孫夏、閭丘明、陳書、東郭書，革車八百乘，甲首三千，以獻于公。
>
> 將戰，吳子呼叔孫，曰："而事何也？"對曰："從司馬。"王賜之甲、劍鈹，曰："奉爾君事，敬無廢命！"叔孫未能對。衛賜進，曰："州仇奉甲從君。"而拜。
>
> 公使大史固，歸國子之元，寘之新篋，襃之以玄纁，加組帶焉。寘書于其上，曰："天若不識不衷，何以使下國？"
>
> 吳將伐齊，越子率其衆以朝焉，王及列士皆有饋賂。吳人皆喜，唯子胥懼，曰："是豢吳也夫！"諫曰："越在我，心腹之疾也，壤地同，而有欲於我。夫其柔服，求濟其欲也，不如早從事焉。得志於齊，猶獲石田也，無所用之。越不爲沼，吳其泯矣。使醫除疾，而曰'必遺類焉'者，未之有也。《盤庚之誥》曰'其

---

① 楊伯峻編著：《春秋左傳注》，北京：中華書局，1990 年，第 4 册，第 1656 頁。

有顛越不共，則劓殄無遺育，無俾易種于兹邑’，是商所以興也。今君易之，將以求大，不亦難乎！”弗聽，使於齊，屬其子於鮑氏，爲王孫氏。反役，王聞之，使賜之屬鏤以死。將死，曰：“樹吾墓檟，檟可材也。吴其亡乎！三年，其始弱矣。盈必毁，天之道也。”[1]

當時吴國唯一清醒的人就是伍子胥，他一針見血地指出越國所包藏的禍心，可是吴王已被之前的成就衝昏了頭腦，一心只想圓霸主之夢，完全聽不進逆耳之言，還懷疑伍子胥的忠誠，將其賜死。而作者又一次藉故事中的人物伍子胥之口進行預叙，預言三年後吴國將會滅亡。將此處的情節與下文的叙事將以緊密連接。

哀公十二年（前483）吴國召集魯衛宋在鄖地相會，意圖與諸國結盟而竟未果。

公會吴于橐皋，吴子使大宰嚭請尋盟。公不欲，使子貢對曰：“盟，所以周信也，故心以制之，玉帛以奉之，言以結之，明神以要之。寡君以爲苟有盟焉，弗可改也已。若猶可改，日盟何益？今吾子曰‘必尋盟’，若可尋也，亦可寒也。”乃不尋盟。

吴徵會于衛。初，衛人殺吴行人且姚而懼，謀於行人子羽。子羽曰：“吴方無道，無乃辱吾君，不如止也。”子木曰：“吴方無道，國無道，必棄疾於人。吴雖無道，猶足以患衛。往也！長木之斃，無不摽也；國狗之瘈，無不噬也，而况大國乎！”

秋，衛侯會吴于鄖。公及衛侯、宋皇瑗盟，而卒辭吴盟。[2]

吴國的一系列軍事行動只是在武力上震懾諸國，却並未得到他們的認可或真心擁戴。夫差苦心孤詣追求霸主地位的種種行爲，實際在此時已宣告失敗。

哀公十三年（前482），吴王繼續北上與晋國争長。不過這次越國不再置身事外，而是趁吴軍傾巢北上之際，大舉伐吴，並俘虜了太子等一批守城的將領，給吴王以沉重的打擊。

夏，公會單平公、晋定公、吴夫差于黄池。

六月丙子，越子伐吴，爲二隧，疇無餘、謳陽自南方，先及郊。吴大子友、

---

① 楊伯峻編著：《春秋左傳注》，北京：中華書局，1990年，第4册，第1661—1665頁。
② 楊伯峻編著：《春秋左傳注》，北京：中華書局，1990年，第4册，第1671—1672頁。

王子地、王孫彌庸、壽於姚自泓上觀之。彌庸見姑蔑之旗，曰："吾父之旗也。不可以見讎而弗殺也。"大子曰："戰而不克，將亡國，請待之。"彌庸不可，屬徒五千，王子地助之。乙酉，戰，彌庸獲疇無餘，地獲謳陽。越子至，王子地守。丙戌，復戰，大敗吴師。獲大子友、王孫彌庸、壽於姚。丁亥，入吴。吴人告敗于王。王惡其聞也，自剄七人於幕下。

秋七月辛丑盟，吴、晋争先。吴人曰："於周室，我爲長。"晋人曰："於姬姓，我爲伯。"趙鞅呼司馬寅曰："日旰矣，大事未成，二臣之罪也。建鼓整列，二臣死之，長幼必可知也。"對曰："請姑視之。"反，曰："肉食者無墨。今吴王有墨，國勝乎？大子死乎？且夷德輕，不忍久，請少待之。"乃先晋人。[①]

與晋争盟後的吴國已到山窮水盡之地，長年的戰争和奢侈的生活，吴國的國力、民力被無止境的消耗，甚至連軍糧都供應不及，不得已之下只得派臣子憑舊交到魯國借糧，可謂窘迫至極：

吴申叔儀乞糧於公孫有山氏，曰："佩玉繠兮，餘無所繫之。旨酒一盛兮，餘與褐之父睨之。"對曰："粱則無矣，麤則有之。若登首山以呼曰'庚癸乎'，則諾。"[②]

而直到此時，吴王還想討伐宋國，可見其對於時局完全錯判。該年冬天吴越議和。

王欲伐宋，殺其丈夫而囚其婦人。大宰嚭曰，："可勝也，而弗能居也。"乃歸。冬，吴及越平。[③]

哀公十五年（前480），楚國的將領子西、子期帥軍討伐吴國。

夏，楚子西、子期伐吴。[④]

哀公十六年（前479），吴國仍不知休養生息，全力戒備腹心大患越國，反而不能

① 楊伯峻編著：《春秋左傳注》，北京：中華書局，1990年，第4册，第1676—1677頁。
② 楊伯峻編著：《春秋左傳注》，北京：中華書局，1990年，第4册，第1679頁。
③ 楊伯峻編著：《春秋左傳注》，北京：中華書局，1990年，第4册，第1679頁。
④ 楊伯峻編著：《春秋左傳注》，北京：中華書局，1990年，第4册，第1690頁。

忍一時之怨去進攻楚之慎邑，還欲與之争强。

吴人伐慎，白公敗之。[①]

哀公十七年（前 478）越國再次伐吴，大敗吴軍。

三月，越子伐吴，吴子禦之笠澤，夾水而陳。越子爲左右句卒，使夜或左或右，鼓噪而進，吴師分以御之，越子以三軍潛涉，當吴中軍而鼓之，吴師大亂，遂敗之。[②]

哀公十九年（前 476）越王假裝侵楚，用以迷惑吴國：

春，越人侵楚，以誤吴也。[③]

"以誤吴也"爲作者的干預叙事，意在點出越國對吴用兵上的詭計多端。

哀公二十年（前 475）吴王仍剛愎自用不納公子慶忌的諫言，反倒殺死慶忌，失去了最後改過的機會。

吴公子慶忌驟諫吴子，曰："不改，必亡。"弗聽。出居于艾，遂適楚。聞越將伐吴，冬，請歸平越，遂歸。欲除不忠者以説于越。吴人殺之。

同年十一月，越國的軍隊包圍了吴國，趙孟派楚隆前來慰問，夫差終於能夠回復平常之心，以禮待之。

十一月，越圍吴，趙孟降於喪食。楚隆曰："三年之喪，親暱之極也，主又降之，無乃有故乎？"趙孟曰："黄池之役，先主與吴王有質，曰：'好惡同之。'今越圍吴，嗣子不廢舊業而敵之，非晋之所能及也，吾是以爲降。"楚隆曰："若使吴王知之，若何？"趙孟曰："可乎？"隆曰："請嘗之。"乃往，先造于越軍，

① 楊伯峻編著：《春秋左傳注》，北京：中華書局，1990 年，第 4 册，第 1702 頁。
② 楊伯峻編著：《春秋左傳注》，北京：中華書局，1990 年，第 4 册，第 1707 頁。
③ 楊伯峻編著：《春秋左傳注》，北京：中華書局，1990 年，第 4 册，第 1714 頁。

曰：“吴犯間上國多矣，聞君親討焉，諸夏之人莫不欣喜，唯恐君志之不從，請入視之。”許之。告于吴王曰：“寡君之老無恤使陪臣隆，敢展謝其不共：黄池之役，君之先臣志父得承齊盟，曰：‘好惡同之’。今君在難，無恤不敢憚勞。非晋國之所能及也，使陪臣敢展布之。”王拜稽首曰：“寡人不佞，不能事越，以爲大夫憂，拜命之辱。”與之一簞珠，使問趙孟，曰：“句踐將生憂寡人，寡人死之不得矣。”王曰：“溺人必笑，吾將有問也。史黯何以得爲君子？”對曰：“黯也，進不見惡，退無謗言。”王曰：“宜哉。”[①]

哀公二十一年（前474），越敗吴，並有意代吴争霸中原，派使來魯。

夏五月，越人始來。[②]

哀公二十二年（前473）吴王自殺。

冬十一月丁卯，越滅吴，請使吴王居甬東。辭曰：“孤老矣，焉能事君？”乃縊。越人以歸。[③]

通過以上情節的排比及分析，《左傳》對於兩國恩怨的歷史根源、矛盾發展、雙方力量的消長、主要人物的性格、鬥爭策略的得失，以及最終相争的結果，“叙事是一種程式，我們必須能同時捕捉事件演變的過程，纔能真正欣賞叙事文的藝術魅力”[④]，在《左傳》對吴越争霸的叙事過程中，我們已經不難發現作者對於建構事件與事件之間的關聯或者説因果之間聯繫的用心，因此吴越相争的最終結果已是不言自明，而作者所欲表達的觀點也已彰顯其間。

此外，簡單談一下《左傳》吴越争霸叙事中對故事時間和叙事時間的運用。所謂故事時間，是指文本所講述的故事真實發生的時間。《左傳》從魯昭公五年，越國加入楚國的聯軍討伐吴國起，詳細叙述吴越之間的恩恩怨怨，一直到哀公二十二年，越滅吴，夫差自殺，前後長達64年。叙事時間，是指故事在文本中所呈現的時間狀態。

① 楊伯峻編著：《春秋左傳注》，北京：中華書局，1990年，第1715—1717頁。
② 楊伯峻編著：《春秋左傳注》，北京：中華書局，1990年，第4册，第1717頁。
③ 楊伯峻編著：《春秋左傳注》，北京：中華書局，1990年，第4册，第1719頁。
④〔美〕王靖宇：《中國早期叙事文研究》，上海：上海古籍出版社，2003年，第81頁。

《左傳》中常利用兩者的對比和反差，即“概述”來突出重要情節。如哀公二十二年越滅吴這場戰争，僅用“越滅吴”，就叙述完了這場戰争。通常，《左傳》對於重大的戰争往往不吝筆墨而詳加書寫，然而對於吴越間戰争，叙事方式則大不相同。從昭公三十二年吴伐越，定公五年越入吴，定公十四年檇李之戰，哀公元年夫椒之戰，哀公十三年越伐吴，哀公十七年越伐吴，哀公二十年越圍吴，直至哀公二十二年越滅吴，吴越間的每一場戰争，基本都是一筆帶過，對於戰争的過程完全不加描繪。如此叙事的原因，一來可能限於材料，二來恐怕正如劉師培所説，“以其盡述興滅之故於前也，高絶”[①]。吴國在夫差的帶領下，其崛起也暴，其隕落也速，個中原因早已在此前歷年的叙事中訴説清楚，到此處只是瓜熟蒂落，毋庸煩言。

二、吴王夫差形象

在《國語》的《吴語》《越語》中也有對吴越争霸的叙事，不過其重點在於記叙勾踐滅吴，並從勾踐與夫差的性格、行事對比中歸結勝負的原因，故夫差的任性驕侈、師心自用正與勾踐的隱忍謙卑、禮賢下士形成對比；同時夫差好大喜功、好高騖遠與伍子胥的冷静遠見、見微知著形成鮮明對比，突出了吴王夫差放縱恣肆、傲慢自恃、不辨忠奸的昏君形象。

盡管同爲失敗者，《左傳》中的夫差形象却複雜很多[②]。一方面由於依年叙事，故情節内容不爲一時或一地所局限，從而有條件一點點刻畫出人物性格的發展和轉變；另一方面吴太伯與周王室的親密關係，亦使得《左傳》作者對於夫差另眼看待，如吴闓生所説“獨吴起於蠻夷，爲周室之長，若可望其興復者，而卒蹶不振，左氏蓋尤傷之”[③]，故對於夫差的行爲舉動多有留意，最終成功塑造了一個頗具“圓形人物”特徵的夫差形象。

魯定公十四年檇李之戰，勾踐采用非常戰術大敗吴軍，夫差之父闔閭亦在此戰中殞命，此時夫差第一次登上歷史的舞臺，他派人時時警示自己殺父大仇未報，這其實與後來勵志復仇的勾踐無異，展現出其沉潛剛毅的性格。三年後一舉敗越，夫差充分證明了自己在政治、軍事等方面的才幹。此時的夫差不僅没有貪圖安逸、滿足現狀，

① （清）吴闓生:《左傳微》，合肥：黄山書社，1995 年，第 1139 頁。

② 對於《左傳》中夫差的形象，可參考李宜樺〈《左傳》吴王夫差之人物形象析論〉，《臺中教育大學學报》，2012 年第 1 期，第 19—26 頁。

③ （清）吴闓生:《左傳微》，合肥：黄山書社，1995 年，第 1131 頁。

反是意氣風發胸懷大志並且努力踐行。越軍敗北之後，勾踐通過太宰嚭求和，"吴子將許之"十分輕易地就打算放掉已經到手的獵物，此後他不納申胥的諫言，同意吴越媾和，盟約都未嘗締結，更不尊禮法未將勝利告知中原各國[①]，均可謂草率之至。而這背後不難見出夫差對於操控整個局勢的自信和驕傲。他顯然已經繼承了自其曾祖以來問鼎中原的宏願，志向遠不止於克越。據《左傳・成公七年》載，吴國在壽夢爲君時期開始日益强盛：

> 吴始伐楚、伐巢、伐徐，子重奔命，馬陵之會，吴入州來，子重自鄭奔命。子重、子反於是乎一歲七奔命。蠻夷屬於楚者，吴盡取之，是以始大，通吴於上國。"[②]

與中原各國交往，並謀求霸主地位成爲此後吴國君主的志向，闔閭如此，夫差也不例外，因此面對伍員苦口婆心的勸諫，夫差並沒有入耳，他覺得這個老臣根本不瞭解自己的大志。此時的夫差已經被一戰而得的巨大勝利衝昏了頭腦，他意氣風發雄心勃勃，根本聽不進讓他放慢前進脚步的聲音，執拗地要把幾代人的心願迅速付諸實現。他的目光是向外的，越國已不在他的眼中。

此後吴侵陳、入蔡、與楚國再次交鋒、伐魯、開鑿邗溝、伐齊，同晋争長，狂飆突進，每次出兵勝多負少，一時間所向披靡。魯國的子服景伯在黄池會盟後，就曾説"自王以下，朝聘玉帛不同，故敝邑之職貢於吴，有豐於晋，無不及焉，以爲伯也"，《左傳》通過這些冷静的叙事，塑造出一個目標明確、行動果敢，頗具軍事才能的霸主形象。

與此同時又通過其他政治人物的評價，如吴國的伍子胥、陳國的陳逢滑、楚國的子西、魯國的子服景伯和子貢、鄭國的子羽等，勾勒出在伴隨著一場場戰争的勝利，夫差所日益暴露出其性格的負面因素：剛愎自用、狂妄傲慢、恃勇好勝、急躁冒進、縱欲失德。高士奇曾評"破楚以來，雄心益肆，稱兵上國，結釁齊魯，戰勝攻克驕其中，臺池嬪禦蠱其外"[③]，即指出其在得志之後性格的轉變。

可以説夫差一直將自己封閉在謀求霸主地位的理想之中，不願聆聽、面對其他人

---

① 《左傳・文公十四年》："凡崩、薨，不赴，則不書。禍、福，不告，亦不書。懲不敬也。"見於《春秋左傳注》，北京：中華書局，1990年，第2册，第602頁。

② 楊伯峻編著：《春秋左傳注》，北京：中華書局，1990年，第3册，第835頁。

③ （清）高士奇：《左傳紀事本末》，北京：中華書局，1979年，第809頁。

的意見和反應，因此與晋國争盟的關鍵時刻却聽到越國於後方釜底抽薪的消息時，夫差“自剄七人於幕下”，生動的刻畫出了夫差的憤怒和惱恨。

《左傳》叙述夫差生命最後時刻，更是進一步豐富了夫差的人物性格。越滅吴前，楚隆前來探望，此時夫差並未亂了方寸，而是依然保有著曾經王者的從容，他以一簞珍珠來表達對趙孟與楚隆情誼的珍重，並且袒露自己的心扉，“句踐將生憂寡人，寡人死之不得矣”，則夫差在敗後從來未曾打算苟活，他早已做好從容赴死的準備，不失英雄的本色。在生命的最後時刻，夫差並沒有怨艾自憐，或者痛哭流涕懇求援助，而是自嘲説“溺人必笑，吾將有問”，而他所詢問的問題竟是“史黯何以得爲君子？”其此刻所關心的早已不是一己生命的存亡，而是對於人性道德的思考，顯露出一種令人敬佩的豁達。而聽了楚隆“進不見惡，退無謗言”的回答，夫差以“宜哉”表達了自己的欣賞和贊同。也許人生只有在繁華落盡纔能回到其本初的面目，一敗塗地的夫差不再自命不凡，而顯示出一種誠懇的謙和，一種高貴的從容。越滅吴後，打算將夫差安置在甬東，對此夫差平静地拒絶道“孤老矣，焉能事君”，繼而自殺殉國，爲其人生畫上了悲壯的句點。韓席籌稱贊其“大丈夫成則霸王，不成則死，後世惟項羽、李存勖方之無愧”[①]，所評允當。

《左傳》的叙事冷静而富於感染力，成功地塑造了夫差這個孝勇剛烈却視民草芥；堅毅特出而剛愎自用；自信積極却急躁冒進；富於軍事才能而兇暴無禮；有擔當有責任感却不辨賢愚乃至自毁長城的失敗英雄形象。

附帶討論一下勾踐的形象。與夫差相反，《左傳》對於勾踐極少提及，幾爲空白，勾踐只是作爲打敗夫差的勝利者存在。推其原因，吴闓生所言有理：

> 五霸，聖門所不道。而《傳》於桓、文頗張之者，重其尊周室也。秦穆、楚莊雖不勤王，而能用賢，亦皆令主。宋襄雖無成功，而志在攘楚，故亦可嘉。夫差兇暴，而周室之裔，故《傳》亦矜之。至越勾踐，起於夷狄，而專以陰謀取勝，乃左氏所不屑道，故從無一特赦之筆。范蠡、文種輩，其姓名絶不載入《傳》中，可見左公用意處也。[②]

在《左傳》叙事中，越國每每以陰謀詭計勝吴，則勾踐的形象雖勝而不榮。這與《國

① 韓席籌：《左傳分國集注》，臺北：華世出版社，1975年，第776頁。
② （清）吴闓生：《左傳微》，合肥：黄山書社，1995年，第1132頁。

語》之《吴語》《越語》中著力刻畫的勾踐形象不同，《國語》中的勾踐是作爲與夫差截然對立的參照物而存在的，塑造了一個忍辱負重、禮賢下士、知人善用、虚心納諫的明君形象。而這正顯示了其叙事主題在於"多聞善敗以鑒戒"，强調君聖臣賢和虚心納諫的重要性。

王靖宇曾這樣定義："叙事文可説是具有連貫性（followability）和先後順序的事件的記録。"[①]《左傳》依年叙事，因而事件自然具有時間上的先後順序，而作者在叙述過程中有意識靈活運用預叙、故事時間與叙事時間的對比，甚至直接進行干預叙事，有效加强了吴越争霸始末諸多事件間的因果連貫，並刻畫出具有圓形人物特質的夫差形象。劉禹錫在《金陵懷古》一詩中寫道"興廢由人事，山川空地形"，國家興衰無外乎人與事兩方面，吴越争霸的結果導致吴國滅亡，越國稱雄一時，而勝者何以勝，亡者何以亡，《左傳》在其叙事的過程中已將其評判彰顯其間[②]。

---

① 〔美〕王靖宇：《中國早期叙事文研究》，上海：上海古籍出版社，2003年，第4頁。

② 有關《左傳》吴越争霸叙事的觀點及主題，筆者另有專文討論。

《後漢書》郭玉脉法校文

駱瑞鶴*

《後漢書·方術列傳下·郭玉》："郭玉者，廣漢雒人也。初，有老父不知何出，常漁釣於涪水，因號涪翁，乞食人間，見有疾者，時下針石，輒應時而效，乃著《針經》、《診脉法》傳於世。弟子程高尋求積年，翁乃授之。高亦隱跡不仕。玉少師事高，學方診六微之技，陰陽隱側之術。和帝時，爲太醫丞，多有效應。帝奇之，仍試令嬖臣美手腕者與女子雜處帷中，使玉各診一手，問所疾苦。玉曰：'左陽右陰，脉有男女，狀若異人。臣疑其故。'帝歎息稱善。"[①]文中之"左陽右陰"，或本作"左陰右陽"，互相乖異。今將查得各本《後漢書》及有關他書，臚列於後。

作"左陽右陰"者：北宋刻遞修本[②]，南宋紹興江南東路轉運司刻宋元遞修本[③]，南宋白鷺洲書院刻本[④]；《太平御覽》卷三七〇《人事部十一·手》引《後漢書》[⑤]，《册府元龜》卷八五八《醫術》[⑥]；又，《東觀漢記》卷十九《郭玉傳》作"左陽脈，右陰脈"[⑦]。作"左陰右陽"者：北宋刻遞修本[⑧]，宋王叔邊刻本[⑨]，宋建安黄善夫刻

---

* 作者簡介：駱瑞鶴（1957—），男，廣西恭城人，武漢大學古籍整理研究所教授。

① 《後漢書》，中華書局點校本，第 10 册，第 2735 頁。

② 《後漢書》，《列傳》第七十二下，中華再造善本，第 6 頁。

③ 《後漢書》，《列傳》第七十二下，中華再造善本，第 8 頁。

④ 《後漢書》，《列傳》第七十二下，中華再造善本，第 9 頁。

⑤ 《太平御覽》，中華書局影印宋本，1960 年，第 1703—1704 頁。

⑥ 《册府元龜》，影印文淵閣《四庫全書》第 917 册，第 254 頁。

⑦ 《東觀漢記》，排印清《武英殿聚珍版叢書》本，《叢書集成初編》第 3732 册，第 182 頁。

⑧ 《後漢書》，《列傳》第七十二下，中華再造善本，第 9 頁。此另一北宋刻遞修本。

⑨ 《後漢書》，《列傳》第七十二下，中華再造善本，第 4 頁。

本[①]，元大德九年寧國路儒學刻明成化遞修本[②]，明末清初汲古閣本[③]，清武英殿刻本[④]，《四庫全書》本[⑤]，王先謙《後漢書集解》本[⑥]；又，宋鄭樵《通志》卷一八一《藝術傳一》[⑦]，宋周守忠《歷代名醫蒙求》卷上引范曄《後漢書》[⑧]。

依上所述各本，知北宋以來即異文矛盾如此。王先謙《後漢書集解》備列宋劉攽、吴仁傑至清何焯、惠棟等所説，而於此事則無人論及。中華書局點校本卷後《校勘记》："左陽右陰 按：汲本、殿本作'左陰右陽'。"[⑨] 亦無説。點校本所用底本爲宋紹興本，而以汲古閣本與和武英殿本與紹興本對校。《校點説明》云："既然拿紹興本作底本，凡是紹興本不誤而汲本、殿本有誤的，都不出校記。異文在兩可之間，不能斷定孰是孰非的，纔出校記，説明某本作某。"[⑩]據《校點説明》，則作"左陽右陰"與作"左陰右陽"，異文在兩可之間，不能斷定孰是孰非，至今不能决。

《後漢書》此文，特以一事記郭玉診脉之妙。前文載郭玉師祖涪翁著《針經》《診脉法》，意謂郭玉已實得師門真傳，故奇妙如此。"左陽右陰"或"左陰右陽"反映的郭玉脉法，包括兩個方面，一是診脉取位，二是男女之别。明其脉法，方知各本正誤。

《史記·扁鵲倉公列傳》載扁鵲（春秋時人）得異人傳授，可視人五臟癥結，"特以診脈爲名耳"[⑪]。據此則診脉候病，其來甚古。唯先秦人如何診脉，史無所載，不能推知其法。《素問》等書言診脉，就取位而言，約有三法。其第一法爲用三部九候，説詳《素問·三部九候論》。其第二法爲用三部中之天、人二部，取人迎、氣口，氣口又稱寸口。《素問·六節藏象論》專以人迎、寸口脉論病，並以决生死[⑫]。《周禮·天官·疾醫》"兩之以九竅之變，參之以九藏之動"鄭玄注："脉之大候，要在陽明、寸口。"[⑬]陽明，

---

① 《後漢書》,《列傳》第七十二下，中華再造善本，第 6 頁。
② 《後漢書》,《列傳》第七十二下，中華再造善本，第 6 頁。
③ 《後漢書》,《列傳》第七十二下，清同治八年金陵書局仿刻汲古阁本，第 4 頁。
④ 《後漢書》,《二十五史》影印清武英殿刻本，上海古籍出版社，1986 年，第 1040 頁。
⑤ 《後漢書》，影印文淵閣《四庫全書》第 253 册，第 605 頁。
⑥ 《後漢書集解》,《列傳》第七十二下，民國初虚受堂刻本，第 5 頁。
⑦ 《通志》，影印文淵閣《四庫全書》第 380 册，第 575 頁。
⑧ 《歷代名醫蒙求》，卷上，《天禄琳瑯叢書》影印宋臨安府太廟前尹家書籍鋪刻本，第 1 頁。
⑨ 《後漢書》，中華書局點校本，第 10 册，第 2735 頁。
⑩ 《後漢書》，卷首《校點説明》，中華書局點校本，第 1 册，第 4 頁。
⑪ 《史記》，中華書局點校本，1982 年，第 2785 頁。
⑫ 《素問》，卷三，《四部叢刊》影印明翻宋本，第 9 頁。
⑬ 《周禮》，影印清阮元挍刻本，《十三經注疏》，中華書局，1980 年，第 667 頁。按賈公彦疏："陽明者，在大拇指本骨之高處與第二指間；寸口者，大拇指本高骨後一寸是也。"（第 668 頁）孫詒讓《周禮正義》："陽明者，通晐人迎與衝陽而言。"（《周禮正義》，中華書局排印本，1987 年，第 2 册，第 332 頁）今並不從。

當指大迎（足陽明）之分與合谷（手陽明）之分，與《素問》義合。其第三法爲只取寸口，詳《素問・五藏別論》及王冰注[①]、《難經》卷上第一難[②]、卷下第六十一難[③]。

以上三法，第一法須病人平卧取位，而且下部天、人候五里、箕門，於婦女亦多不便；雖將婦女五里改太沖（見《素問・三部九侯論》王冰注），而箕門亦難把握。於是有第二、第三法。第三法僅以寸口爲候，亦由來已久。《史記・扁鵲倉公列傳》載淳于意自述治郎中令循病，"切其脈時，右口氣急"[④]，右口，即右手寸口；又述治齊王太后病，"切其太陰之口"[⑤]，太陰之口，亦當指手太陰脉，在手寸口中。疑淳于意主要取寸口。魏晋以後，專以寸口診脉成爲主流，故《難經》卷上第十八難明確變三部九候爲寸關尺各有浮中沈，《脉經》卷四《辨三部九候脉證》亦有此義。其法簡捷而有效，故多爲醫者所用，郭玉即用此法。

郭玉所診兩手，一爲男子之手，一爲女子之手，而男女之脉有别。《素問・疏五過論》："凡診者，必知終始，有知餘緒，切脉問名，當合男女。"王冰注："切，謂以指按脉也。問名，謂問病證之名也。男子陽氣多而左脉大爲順，女子陰氣多而右脉大爲順，故宜以候，常先合之也。"[⑥]又《方盛衰論》："雷公請問氣之多少，何者爲逆，何者爲從？黄帝荅曰：陽從左，陰從右……"王冰注："陽氣之多少皆從左，陰氣之多少皆從右。從者爲順，反者爲逆。《陰陽應象大論》曰：左右者，陰陽之道路也。"[⑦]謂脉法中，當先分男女，男爲陽爲左，女爲陰爲右。《脉經》卷一《平脉視人大小長短男女逆順法》："凡診脉，當視其人大小長短及性氣緩急。脉之遲速大小長短皆如其人形性者則吉，反之者則爲逆也。脉三部大都欲等，只如小人婦人細人脉小軟、小兒四五歲脉呼吸八至細數者吉。"林億等引《千金翼》云："凡婦人脉常欲濡弱於丈夫；小兒四五歲者脉自駛疾，呼吸八至也。男左大爲順，女右大爲順。"[⑧]《千金翼》當有所承。又卷四《診損至脉》："男子左脉短，右脉長，是爲陽損半歲；女子右脉短，左脉長，是爲陰損半歲。"[⑨]是相對而言，男子兩手之脉，并應强於女子。郭玉所診兩手，左手强於右手，則爲男子脉象。《太平御覽》卷三七五《人事部十六・脉》："《後漢書》

① 《素問》卷三，《四部叢刊》影印明翻宋本，第14—15頁。
② （元）滑壽：《難經本義》，影印文淵閣《四庫全書》第733册，第446—447頁。
③ （元）滑壽：《難經本義》，影印文淵閣《四庫全書》第733册，第497頁。
④ 《史記》，中華書局點校本，1982年，第2799頁。
⑤ 《史記》，中華書局點校本，第2801頁。
⑥ 《素問》卷二三，《四部叢刊》影印明翻宋本，第7頁。
⑦ 《素問》卷二四，《四部叢刊》影印明翻宋本，第5頁。
⑧ 《新刊王氏脉經》，影印元天曆三年廣勤書堂刻本，《續修四庫全書》第997册，第770頁。
⑨ 《新刊王氏脉經》，影印元天曆三年廣勤書堂刻本，《續修四庫全書》第997册，第792頁。

曰：郭玉，爲人善别脉，知人生死。章帝令童男着女子之衣，詐云其病，使玉診脉。玉曰：'此女雖言病，據脉，陽盛陰微，臣謂非女子。'帝善之。"[①]此所引《後漢書》爲别一《後漢書》，非范曄所撰者。雖傳聞有異，而以男子脉爲"陽盛陰微"之意則同。唯是郭玉既得男子脉象，又何以言"脉有男女"？其中實有緣故。

郭玉時代，即東漢中期，若專以寸口診脉，準以《素問》，尚無寸關尺之别，只有寸尺之别。《素问・陰陽應象大論》："按尺寸，觀浮沈滑濇，而知病所生以治。"[②]又《脈要精微論》："夫脈者血之府也……上盛則氣高，下盛則氣脹，代則氣衰，細則氣少，濇則心痛。"王冰注："上謂寸口，下謂尺中。"[③]又《平人氣象論》論平人之脉，又論寸口、尺脈諸病證，而不及關脉[④]，亦明當時於寸口之脉只分寸尺。既然只分寸尺，則當是以兩指診之。分别男女之脉，則男子寸過於尺，女子尺過於寸。《難經》卷上第十九難："曰：經言脈有逆順，男女有恒，而反者何謂也？然：男子生於寅，寅爲木，陽也；女子生於申，申爲金，陰也。故男脈在關上，女脈在關下。是以男子尺脈恒弱，女子尺脈恒盛，是其常也。反者，男得女脈，女得男脈也。"[⑤] 正謂男女寸尺之别。男女寸尺别法，當是漢人所傳如此。所謂"左陽右陰"，言不僅左手强於右手，而且左手脉來寸過於尺，右手脉來尺過於寸。郭玉診脉，初不知帷中男女相雜，以爲皆女子（宫人）。既爲女子，女子脉尚右，則先診者乃右手。其右手尺過於寸，爲女子之脉。繼診左手，其左手脉，法當弱於右手，而且尺仍當過於寸。今則相反，左手之脉不僅寸過於尺，而寸尺皆强於先診之右手，乃似男子之脉。兩手之脉不相應，實屬反常，故云"左陽右陰，脉有男女，狀若異人"。

如上所述，《後漢書》此文，當作"左陽右陰"不當作"左陰右陽"。若作"左陰右陽"，則爲女子常脉，不得言"脉有男女"。多本作"左陰右陽"，自是誤改，爲不審郭玉脉法之故。

---

① 《太平御覽》，中華書局影印宋本，1960年，第1730頁。
② 《素問》卷二，《四部叢刊》影印明翻宋本，第10頁。
③ 《素問》卷五，《四部叢刊》影印明翻宋本，第1頁。
④ 《素問》卷五，《四部叢刊》影印明翻宋本，第10—11頁。
⑤ （元）滑壽：《難經本義》，影印文淵閣《四庫全書》第733册，第465—466頁。

《荊楚歲時記》所記春節民俗與河湟漢族春節民俗的傳承

鄧慧君*

《荊楚歲時記》[①]是我國古代記述歲時民俗的典籍。《舊唐書・經籍志》記載："十卷，宗懍撰，又二卷，杜公瞻撰。"[②]宗懍是南北朝時期南梁人，世居江陵（今南京），後遷居北周。《荊楚歲時記》成書年代久遠，原著已佚，明朝有人從類書輯佚成册。這些輯佚出的記載真僞難辨，但其作爲我國古代較早記述古荊楚地區時令民俗的典籍，仍有很高的學術史料價值。該書以歲時爲順序記述了古荊楚（即今江漢地區）地區的時令民俗，保存了大量珍貴的時令民俗資料，是研究我國古代民俗活動不可缺少的著作。

《荊楚歲時記》記述古荊楚地區諸多時令民俗活動，對我國古代歲時民俗活動的傳承傳播産生重要作用，這些文字記載的時令民俗，成爲古代民俗的傳承傳播的載體。從今天我國各地時令民俗活動看出，在長期的歷史發展中，民俗活動的傳承傳播經過了發展演變的過程，但其基本習俗没有很大改觀。所謂差異和不同是指漢族時令民俗在總的框架一致的基礎上，在具體民俗細節上因時、因地不同而演變的結果。《荊楚歲時記》記載古荊楚地區時令民俗並不是荊楚地區首創或者荊楚地區獨有，而是繼承和發展了更古時候的民俗活動後形成的，它反映出南北朝時期在民族融合的大背景下江

---

* 作者簡介：鄧慧君（1964—），女，甘肅永登人，甘肅省社會科學院研究員。

① （梁）宗懍：《荊楚歲時記》，長沙：岳麓書社，1986年。

② 《舊唐書》卷四七《經籍下》，北京：中華書局，1975年，第2034頁。

漢地區的民俗畫面，是我國古代民俗活動的一點點截面。按其記載的春節習俗看，經過千年演變，許多習俗仍然被傳承。民族習俗文化的傳承和演變是在一條主綫的基礎上形成的，比如樹木的主幹和支幹，主幹是一條主體脉絡，而支幹則是主幹延伸的結果，不管主幹和支幹，都屬於同一顆樹。今天，我們研究河湟地區時令民俗發現，其與《荊楚歲時記》記載的古荊楚地區時令民俗仍然有傳承關係，這顯示出文化的生命力，便於我們研究文化傳播的足跡。

河湟地區位於甘肅、青海黄河上游地區，這裏是以黄河爲幹流，以湟水、洮河等爲支流的文化區；這裏以農業生産爲主，是農業向牧業過渡的地帶，有豐富的古代文化遺存，其民俗活動具有一定的代表性和研究價值。本文河湟地區春節民俗與《荊楚歲時記》記載的春節民俗予以對比，期望發現他們之間的淵源和傳承關係。

臘八節：臘月初八這一天，古荊楚地區“村人並擊細腰鼓，戴胡公头及作金剛力士以逐疫，沐浴轉除罪障，其日並以豚酒祭灶神”。這一天主要活動以娱樂驅除瘟疫、消除罪障，並用乳豬及酒祭灶神。河湟地區在臘八這一天用五色豆熬粥，五色豆即爲：麥、豌豆、蠶豆、黄豆、大米、青稞、小米等，共熬成粥，清晨食用，俗稱“臘八粥”。河湟地區農村以麥仁熬粥，條件允許時，熬制麥仁羊肉粥，清晨食用。臘八粥不僅僅讓人食用，還給家畜食用。另有鑿冰習俗，在河流鑿冰運往田地，以求來年莊稼豐澤。有的地方當日晚上放一碗水在灶臺，早上結冰後，以冰的形狀驗兆來年莊稼的豐欠。祭灶在臘月二十三日，此日家家户户備酒食物品，祭祀灶神。古荊楚地區的臘八民俗和與河湟地區臘八民俗除了熬粥，其他都大相徑庭了。

除夕：《荊楚歲時記》記載：“除夕，宜焚辟瘟丹，或蒼術、皂角、楓、芸諸香，以辟邪祛濕，宣鬱氣，助陽德。即閟室虚堂，亦無不到。”河湟地區對這一習俗的傳承形成了“打醋彈”之俗。“打醋彈”是用勺盛酒、醋、皂角等，將燒紅的石塊淬之，端上長勺在每間屋内熏掃，以除邪穢。這與荊楚地區民俗有共通之處。

貼門神：大年初一，古荊楚地區“帖畫雞，或斫鏤五采及土雞於户上，懸葦索於其上，插桃符其傍，百鬼畏之。歲旦，繪二神披甲持鉞，帖於户之左右，左神荼，右鬱壘，謂之門神”。貼門神由來很久，據該書記載約在漢時就有了。河湟地區大年三十家家户户貼春聯、門神。春聯内容都是喜慶祝賀之辭。門神則是唐朝敬德、秦瓊。一般是左秦瓊、右敬德，傳説唐太宗病重，畏懼百鬼，於是令秦瓊、敬德兩員大將爲太宗守門，太宗病體漸痛。以後民間便效仿之，以秦瓊、敬德爲門神，以阻邪惡。貼畫雞的習俗在甘肅合水等地有傳承，意爲雞通吉祥的“吉”，有吉祥之意。

大年初一：大年初一爲新年之始，古荊楚地區在此日“庭前爆竹、燃草，以避山臊惡鬼”。“長幼悉正衣冠，以次拜賀”。“凡飲酒次第，從小起”。河湟地區大年初一這一天民俗與古荆楚地區大同小異，大人小孩均穿新衣，由長輩主祭諸神列祖，點松柏，放鞭炮，俗稱“出天行”。清晨多數人家還要上廟進香，家人之間，叔伯兄侄，鄰里友人之間進行拜年活動。

春節徵兆之俗：春節是一年之始，古人難以解釋天地萬物等自然現象，冥冥之中對萬事萬物寄托於某種徵兆以求明白其中的變幻不測。春節伊始，荆楚地區一日不殺雞，二日不殺狗，三日不殺羊，四日不殺豬，五日不殺牛，六日不殺馬，七日不行刑之俗，正月初七最爲隆重：“以七種菜爲羹。剪綵爲人，或鏤金薄爲人，以帖屏風，亦戴之頭鬢。又造華勝相遺。登高賦詩”。河湟地區春節占卜習俗，有“頭雞、二狗、三豬、四羊、五牛、六馬、七人、八穀、九果、十菜”之説。以此日天氣陰晴預測動物或莊稼來年的興旺豐澤。若那天天氣晴朗，則認爲是年此動物或莊稼必是安康如意，豐收有望，若那天天氣陰晦，則認爲是年此動物或莊稼將有災害，不吉不利。河湟地區也重視初七、初八這兩天，這兩天是人日和穀日，其陰晴事關人的平安和穀物的豐欠。河湟地區有初五登高習俗，這是一年内的第一次登高。此日老人、婦女、兒童登臨自家屋頂，曬太陽，登高遠望，有的還將酒肉帶到屋頂，鄰里之間在屋頂招呼祝賀，以喻吉慶，這與古荆楚地區初七日登高賦詩的習俗相近，唯時間不同而已。

送窮：古荆楚地區有晦日送窮習俗，即在正月最末一天送窮。河湟地區初五送窮，此日吃青稞面攪團或麥仁粥，民間稱爲添窮坑。古荆楚地區送窮習俗來自《金穀園記》所述故事，有送窮鬼之意。河湟地區送窮習俗則是送走往年的貧窮，迎接新年的富裕之意。這是送窮習俗的一種發展。

拔河、蕩秋千、打毛蛋：立春之後，古荆楚地區有拔河、蕩秋千習俗：“爲施鈎之戲，以緶作篾纜相罥，綿亘數里，鳴鼓牽之”，“又爲打毬、秋千之戲。”此俗由來很久。《荆楚歲時記》記載：“春節懸長繩于高木，士女袨服，坐立其上，推引之，名‘秋千’，楚俗謂之‘施鈎’。《涅槃經》謂之‘罥索’”。《荆楚歲時記》引《古今藝術圖》云：“秋千，北方山戎之戲，以習輕趟者。或云‘齊桓公北伐山戎，此戲始傳中國’。”拔河、蕩秋千、打毬作爲幾種娛樂活動，歷史悠久，源於黄帝一直到春秋戰國時期，《荆楚歲時記》記載的南朝時期已經成爲這裏的歲時娛樂活動，這一娛樂活動一直沿襲下來。河湟地區的臨洮一帶在初五有拔河習俗，拔河時，人們以西城門爲界，在長繩兩頭末繫小繩數十根，百十人挽小繩末梢，家居上的向上扯，家居下者向下扯，分牽拉扯，上下齊扯，上下齊呼，熱鬧異常。河湟地區三天年過後，家家户户在屋簷下、庭院和野外的樹上拴繩子蕩秋千，大人、小孩都樂此不彼。春節期間，男孩子有踢毛蛋的習俗。毛蛋爲羊毛團成的如乒乓球大小的圓蛋，用木棍撥打。

立春：民間俗稱“打春”。古荊楚地區立春之日活動比較隆重，“悉剪綵爲燕以戴之。親朋會宴，嚼春餅、生菜，貼‘宜春’二字。或錯緝爲幡勝，謂之春幡。”在河湟地區立春之日民間一般吃春餅、鞭春牛迎春之俗。吃春餅習俗與古荊楚地區相同。

跳火：古荊楚地區“正月末日夜，蘆苣火照井廁中，則百鬼走。”河湟地區正月初七或者十五日晚有跳火習俗，一般燃十二堆或者七堆柴草（可能一年有十二個月的緣故），點燃後，大人小孩從上面跳過。有消災免禍、驅鬼避邪、祈求平安的說法。這一習俗其蘊意及具體做法相差甚大，但其中還是有一定的淵源關係的，都與火有關。火作爲光明的象徵，在春節這一隆重節日裏其驅邪辟鬼的功能融入民俗生活裏。

從以上對古荊楚地區與河湟地區春節習俗的比較看出時令民俗活動的悠久溯源關係。《荊楚歲時記》成書距今天已有 1500 多年，在漫長的歷史發展過程中，所記習俗有的被淘汰了，有的被某一地區的人保留著。如荊楚地區正月初一畫雞習俗在青海各地就沒有，而鄰省甘肅慶陽就有春節門帖畫雞的習俗。有些則被賦予新的內容。但習俗萬變不離其宗，民俗活動不論怎樣發展，其原始習俗還是作爲基本綫索而存在，表現出一種文化的生命力和魅力。

以上所列諸種春節習俗都不同程度地反映了民俗活動蘊含的美的內容。包括祈求平安、豐衣足食、體育鍛煉、娛樂遊戲、消病免災等，也包括了人們對大自然的不理解和敬畏，如驅鬼敬神、祭祀鬼神等。民俗活動的形成和發展經歷了較漫長的過程，既然有些不合時宜的習俗在某地或某時被淘汰了，那麼就又有些新的習俗因地因時產生了。中國幅員遼闊，有句諺語説“百里不同俗”，不同的是一些細枝末葉，相同的是其粗壯的主幹。民俗作爲文化現象，是民族心理、民族習慣等的反應，反映出農耕民族敬畏天地、順應自然、感悟自然的情懷和心願。

讀《北堂書鈔》獻疑

段曉春*

二十多年前，先生命我研究《寒山子詩集》作爲畢業論文。論文呈交上去之後，自己心裏還是忐忑不安，因爲雖然對於寒山子其人的原型做了些探索，但對所謂“三圣”中的其他兩位——豐干、拾得的原始形象及其詩作則語焉不詳；對《寒山子詩集》版本源流的陳述也基本上得益於先生賜予的三頁手稿。或許當初那篇稚嫩的畢業論文尚有些微的“閃光點”吧，居然被先生看中，摘其片段刊載於《古代文獻研究集林》第三輯中，并賜篇名曰“讀寒山子詩獻疑”。近年整理虞世南《北堂書鈔》，於《書鈔》卷帙、篇目以及編纂體制亦産生了許多疑惑，故以此題求教於與會師長。

虞世南在隋代编纂的《北堂书钞》成书之后，历代公私书目多有记载[①]，茲依時代先後臚列如次：

《隋書·經籍志》子部雜家類：《書鈔》一百七十四卷。

《舊唐書·經籍志》子部類事：《北堂書抄》一百七十三卷，虞世南撰。

《新唐書·藝文志》類書類：虞世南《北堂書鈔》一百七十三卷。

《崇文總目》類書有：《北堂書抄》一百七十三卷。闕。

《隋書·經籍志》著録的書名雖無“北堂”二字，亦未明言作者，然“《書鈔》一

* 作者簡介：段曉春（1966—），男，西南科技大學文學與藝術學院。

① 元馬端臨的《文獻通考·經籍考》、明焦竑《國史經籍志》均非據當時現存藏書記載，故不可以之爲據。

百七十四卷”登録於《聖壽堂御覽》《長洲玉鏡》之後，所以歷來均認爲它就是虞世南編纂的《北堂書鈔》，並無異議。《舊唐書·經籍志》是據毋煚的《古今書録》精簡而成，著録的是唐開元時期皇室内庫藏書，比《隋志》少一卷，應當是目録一卷未計入之故。《新唐書·藝文志》和《崇文總目》著録的《北堂書鈔》一百七十三卷其實只是照録《舊唐書·經籍志》，而非北宋時期現存圖書，因爲二目歐陽修均參與或主持編撰，《崇文總目》注明“闕”字，説明當時館閣中並無其書。

《北堂書鈔》的重新出現是在宋真宗時期。王应麟《玉海》云：

《隋志》：虞世南《北堂书鈔》一百七十三卷；《崇文總目》同。又《中興書目》一百六十卷，虞世南於省後堂集群書中可爲文用者，號《北堂書鈔》，分一百六十門。

又云：

二館舊闕《北堂書鈔》，惟趙安仁家有本，真宗命内侍取之，嘉其好古，手詔褒美。

王應麟説《崇文總目》與《隋志》同，讓人誤以爲北宋仁宗時《書鈔》一百七十三卷還完整地保存著，其實歐陽修編纂《新唐書》及《崇文總目》時二館已經缺藏，《中興書目》記載的一百六十卷本只能是趙安仁進呈的那個本子。

那麽取自趙安仁家的那部《北堂書鈔》到底是多少卷呢？

晁公武的《郡齋讀書志》云：

《北堂書鈔》一百七十三卷，虞世南撰。世南仕隋爲秘書郎時鈔經史百家之事以備用，分八十部，八百一類。北堂者，省之後堂，世南鈔書之所也。家一百二十卷。

胡道静認爲“二”字或爲“六”字之誤[①]，以爲至北宋時傳世的就是一個一百六十卷的本子。但晁公武説“分八十部，八百一類”寔據其家藏一百二十卷本，和今存一

① 胡道静：《中國古代的類書》，北京：中華書局，2005年，第88頁。

百六十卷本的十九部，八百五十一類完全不合。那晁公武家藏的到底是個一百七十三卷的殘本還是和《中興書目》著録的本子一樣是個一百六十卷本？

古代的類書[①]，雖然其門類的創立，部目的分合略有差異，但其部目卷帙的編排次序基本上是依照先天地後人事物的順序展開的。特别是綜合性類書，無論是官修如《初學記》《藝文類聚》《太平御覽》還是私撰如《白氏六帖》，都是如此。《四庫提要》説《藝文類聚》"於諸類書中體例最善。凡爲類四十有八"。其部目順序如此：

天部 歲時部 地部 州部 郡部 山部 水部 符命部 帝王部 后妃部 儲宫部 人部 禮部 乐部 職官部 封爵部 治政部 刑法部 雜文部 武部 軍器部 居處部 産業部 衣冠部 儀飾部 服飾部 舟車部 食物部 雜器物部 巧藝部 方術部 内典部 靈異部 火部 藥香草部 寶玉部 百穀部 布帛部 果部 木部 鳥部 獸部 鱗介部 蟲豸部 祥瑞部 災異部。

徐堅等人編集的《初學記》雖僅三十卷，分部亦只二十三部，但同樣是先天地而後人王：

卷一・天部上 卷二・天部下 卷三・歲時部 卷四・歲時部下 卷五・地理上 卷六・地部中 卷七・地部下 卷八・州郡部 卷九・帝王部 卷十・中宫部 儲宫部 帝戚部 卷十一・職官部上 卷十二・職官部下 卷十三・禮部上 卷十四・禮部下 卷十五・乐部上 卷十六・乐部下 卷十七・人部上 卷十八・人部中 卷十九・人部下 卷二十・政理部 卷二十一・文部 卷二十二・武部 卷二十三・道釋部 卷二十四・居處部 卷二十五・器物部上 卷二十六・器物部下 卷二十七・寶器部 草部 附 卷二十八・果木部 木部 卷二十九・獸部 卷三十・鳥部 鱗介部 蟲部。

北宋太平興國年間在《修文殿御覽》基礎上編成的《太平御覽》分五十五部，其部目順序如下：

天部 時序部 地部 皇王部 偏霸部 皇親部 州郡部 居處部 封建部 職官部

---

① 關於類書的定義，多有歧義。這裏所説的類書，主要指綜合性類書。

兵部 人事部 逸民部 宗親部 道部 儀式部 服章部 服用部 車部 奉使部 四夷部 珍寶部 答徵部 神鬼部 妖異部 獸部 香部 藥部 百卉部 禮儀部 乐部 文部 學部 治道部 刑法部 釋部 方術部 疾病部 工藝部 器物部 雜物部 舟部 布帛部 資産部 百穀部 飲食部 火部 休徵部 羽族部 鱗介部 蟲豸部 木部 竹部 果部 菜部 香部 藥部 百卉部。

《太平御覽》在部目數量上摹仿《修文殿御覽》，在卷帙先後及部目順序上應當也是摹仿《修文殿御覽》，天部、時序、地理居首，而後纔是帝王、皇親。這種先天地后人事的次序在私人修纂的綜合性類書如唐代白居易《六帖》、宋季吴淑《事類賦》中亦莫不如此。晁公武《郡齋讀書志》記其家傳《六帖》三十卷説“唐白居易撰。以天地事物分門類爲聲偶而不載所出書”。吴淑《事類賦》“凡天部三卷，歲時部二卷，地部三卷，寶貨部二卷，樂部一卷，服用部三卷，什物部二卷，飲食部一卷，禽部二卷，獸部四卷，艸木部、果部、鱗介部各二卷，蟲部一卷。分子目一百”[①]。其編排順序也都是先天地而後人事。

唯今存一百六十卷本《北堂書鈔》首列帝王、后妃於前，反將天地歲時置於末卷：

帝王部 后妃部 政術部 刑法部 封爵部 設官部 禮儀部 藝文部 乐部 武功部 衣冠部 儀飾部 服飾部 舟部 車部 酒食部 天部 歲時部 地部。

《書鈔》的這種部類次序，在綜合性類書中絶無僅有，只宋代編纂的政事歷史類書《册府元龜》[②]與之同調。《册府元龜》首列帝王，次列閏位，全書“分爲三十一部，凡一千卷”，其分部如下：

帝王、閏位、僭僞、列國君、儲宫、宗室、外戚、宰輔、將帥、臺省、邦計、憲官、諫諍、詞臣、國史、掌禮、學校、刑法、卿監、環衛、銓選、貢舉、奉使、内臣、牧守、令長、宫臣、幕府、陪臣、總録、外臣。

① 《四庫全書總目》卷一三五，北京：中華書局，1965年，第1144頁。

② 黄永年先生認爲《册府元龜》“其實就是用類書的體裁編纂一部通史”。黄永年、賈憲保：《唐史史料學》類書類《册府元龜》條，陝西師範大學出版社，1989年，第236頁。

其中帝王部凡一百二十八門：

總序・帝系、誕聖、名諱、運曆、創業、繼統、中興・告功、都邑、年號、尊號、帝德、功業、徵應、符瑞、感應・神助、孝德、奉先、崇祭祀、封禪、頌德、尊親・尊師・尊乳保、睦親、文學・好文、寬恕、仁慈、度量・多能、奇表・神武、謀略・權略、智識、友愛・慈愛、謙德・从人欲、崇儒術、崇釋氏、尚黄老、養老、節儉、英斷・明察、勤政・守法・致治、興教化、立制度、發號令、求賢、審官、務农、命相、任賢、禮大臣・褒賢、委任、慶賜、赦宥、獎善・禮賢、徵聘、推誠・親信、聽納、納諫、招諫、訪問、惠民、朝會、宴享、巡幸、籍田・蒐狩、親征、選將、征討、講武・修武備、料敌、納降、明賞、封建、延賞、褒功、念功、愍征役・好邊功、慰勞、旌表、念良臣・尊外戚、弭兵、弭災、恤下、知子・知臣、辨謗・捨過、寬刑、慎罰夫、明罰、督吏、誡勵、革弊、命使、招懷、却貢獻、來遠、求舊、繼絶、修廢、悔過・罪己、姑息、失政・濫賞、惡直・疑忌・無斷。

閏位部凡七十八门：

總序・氏號・誕生・名諱、勛業、紹位・年號、孝德・奉先・尊親、姿表・智識・聰察・器度・才藝、法制・政令、文學・好文・頌美、崇祀・弭災、崇儒・崇釋老、惠民・仁愛・恤征役、建都・封建・勤政・誡勵、朝會・宴會・慶賜・納貢獻、耕籍・務农・節儉、命相・選將、倚任、祥瑞、徵應、知子・知臣・念良臣、巡幸・畋遊、禮賢・好賢・獎善・養老、恩宥、欽恤・念功・寬恕・宥過・悔過、旌表・明賞・延賞、求舊・繼絶、招諫・納諫・聽納・推誠、求賢・命使、權略・訓兵、招懷・和好・却貢獻、征伐、交侵、失政・疑忌・惡直

《册府元龜》以五行相乘定正統別閏位，應五行者爲正統，未應五行者雖登基建極（登極建統）亦斥之以入閏位。然閏位亦帝王，故二部門類多有雷同。

今一百六十卷本《北堂書鈔》帝王部分二十二卷，有七十五篇：

帝王總載、帝系、誕載、奇表、徵應、福禄、潛晦、般憂、登庸、創業、應

運、功業、帝德、孝德、睦親、体仁、寬惠、行義、行禮、幼智、神智、誠信、齊聖、克明、知人、謙讓、恭敬、威儀、儉德、勤勞、務農、弘量、納諫、赦宥、責躬、誡懼、教化、來遠、求賢、用賢、优賢、好學、尊師、藝能、慕道、武功、謀猷、雄才、蒐狩、思治、識治、致治、巡行、制作、興造、遷都、守文、中興、救誡、撫勞、責讓、歎美、賞賜、哀傷、追舊、猜忌、微行、恩幸、奢侈、廢立、昏德、失政、禪位、太子、霸

兩相對照,《書鈔》帝王部與《册府》帝王部篇目互有詳略。其中帝系、創業、中興、帝德、功業、徵應、孝德、睦親、奇表、養老、求賢、務农、赦宥、巡幸、來遠、失政等門類名目完全一樣,而“帝系”“奇表”“徵應”“創業”等篇名則僅見於《北堂書鈔》及《册府元龜》帝王部。《册府元龜》言帝王降生於帝王部爲“诞圣”,於閏位部作“誕生”;《北堂書鈔》“诞载”一門,所摘取故實無正閏之别。《册府》“運曆”與《書鈔》“應運”、“都邑”與“迁都”、“度量”與“弘量”等篇在故事臚列及編輯旨趣上也大同小異。

明俞安期編集《唐内涵》,合《北堂書鈔》、《藝文類聚》、《初學記》、杜佑《通典》“删其重複,匯爲一函”,其《凡例》云:“《藝文類聚》帝王部起自三皇終於隋代,每一帝王略摘史書數條,少至一條,將焉資用?今依《北堂書鈔》篇目,如帝誕、奇表、帝德、帝治、帝功等篇分摘配屬其前,考頌圣德,庶幾各有其類焉。”《藝文類聚》《初學記》以及《太平御覽》帝王部均“略摘史書數條”,以時代先後排列,並無考頌先代君臣德美之事的用意,唯《書鈔》及《册府元龜》以帝王世系、功績、德行分門别類,確實能達到考頌聖德的目的。

《北堂書鈔》的撰集體制,胡道静將其總結爲三式[①]:第一式也是主要的一式“是在每一個類目(記每一篇)里,把文籍中有關的材料彙集起來,每一事摘出句子(句的字數多寡不等),用大字登載,而後把這句文句的出處、上下文以及有關的解釋用小字注在下面。注文中有時候還有虞世南自己的案語”,“從卷31到卷49,卷51到卷138,卷140到卷157這一百二十五卷都是如此”。“第二式基本上和第一式相同,只是僅有摘出的句子,而没有注語,或者只簡略地注出一個出處”。而“卷第50‘總載三公’、卷139‘車總載’以及卷第158到160這五卷,與其餘一百五十卷完全不同。它將文籍中的有關原文引用,徑用大字登載。没有摘句,也没有小字的注子”。胡道静先

① 胡道静:《中國古代的類書》,北京:中華書局,2005年,第89頁。

生對今本《書鈔》體制的分析基本上是恰當的，只是第二式中徑直抄録原文而未曾摘句的情況也在在可見，所以第二式與第一式看似相同，實則並不相類。

胡道静所總結的第二式，主要集中在第1卷至第30卷中，另外卷第100《藝文部》的《諫諍》篇也是第二和第三式的混合體制。在第1卷至第30卷這30卷中，第1卷至第22卷爲《帝王部》，第23至第26卷爲《后妃部》，第27卷至第30卷爲《政術部》（政術部共15卷，42篇，唯前三卷《論政》《立政》《君道》《臣術》《錫命》《勸賞》《戒慎》《弊政》《佞邪》《貪暴》十篇是大字無注的第二式）。也正是這大字無注，或略注出處的第二式與《册府元龜》的篇目名稱，摘取彙集的材料内容，乃至旨趣都非常相似或完全相同。限於篇幅，以下略取《書鈔》帝王部與《册府》帝王部篇目相同及相近數門作一比較分析，以觀二者之間的聯繫[①]。

《北堂書鈔》帝王部《帝系》篇共十條，全篇如次：

縣縣瓜瓞。今案：見《詩・大雅・緜》。

本支百世。今案：見《詩・大雅・文王》。

帝作邦作對。今案：見《詩・大雅・皇矣》。

玄王勤商。

后稷勤周。今案：並見《國語・周語》下。

后稷始基。

纂堯之緒。今案：見《漢書・叙傳》。又摯虞《漢高祖贊》亦有此語，“纂”作“纘”。

出自景帝。今案：見《後漢書・光武紀》及《初學記》九引《帝王世紀》。陳本、俞本“景”皆改“唐”，别見《漢書・高祖紀贊》，然本鈔實作“景”不作“唐”也。上句言高祖，此句言光武，次第亦當作“景”。春按：東吴徐氏本標目作“唐”字，知陳、俞非私改，寔原本如是。

三世舉孝廉。

《册府元龜》帝系門小序云：

---

① 以下所引據清光緒十四年南海孔廣陶三十三萬卷樓校勘本。“今案”以下爲孔廣陶校語。“春按”以下爲筆者校語。

夫結繩之初，朴略茫昧，莫獲而詳；書契之後，辨姓授氏，可得而記。太昊之前，譜牒蓋闕；帝鴻之後，世緒具存。司馬遷著之《史記》以存系表，明乎受天命膺帝期者蓋以祖宗實有茂德，所以後世承乎發祥。若乃后稷播植，周室於是隆興；唐堯文思，漢緒緜其增盛，蓋瓜瓞之相屬，故蘿圖而有融，魏晋以還，方册可考，罔不緬藉先烈，誕啓丕圖。若乃累積之懿，傳繼之盛，蓋緜德有厚薄，源有淺深，憑舊烈者蕃衍，無世資者衰替。今竝考舊史，披帝籙，詳究初終，率用論次。俾有條而不紊，庶百世而可知矣。

“緜緜瓜瓞”即“瓜瓞之相屬”所本，“本支百世”即“憑舊烈者蕃衍”之所出。“后稷勤周”即“后稷播植，周室於是隆興”，“纂堯之緒”即“唐堯文思，漢緒緜其增盛”。“帝作邦作對”亦言后稷事，與“后稷始基”相應；“出自景帝”言光武，“出自唐帝”言高祖，均見引於《册府元龜》帝系門。“三世舉孝廉”條孔廣陶校注未明出處，此寔言漢光武，《册府元龜》帝系門引：

後漢光武，南陽蔡陽縣人，高祖九世之孫也，出自景帝，生長沙定王發，發生舂陵節侯買，買生鬱林太守外，外生鉅鹿都尉回，回生南頓令欽，欽生光武。

《册府元龜》所引出《後漢書·光武帝紀》，光武帝劉秀之高祖劉外、祖劉回、父劉欽均非世子，舉孝廉而爲官，故曰“三世舉孝廉”。

又，《書鈔》帝王部《猜忌六十六》：

非少主臣也。今案：見《史記·絳侯世家》。

若芒刺在背。《漢書》。今案：見卷六十八《霍光傳》。

寧我負人，無人負我。孫盛《新語》。今案：《魏志·武帝紀》注引孫盛《雜記》同。又《御覽》三百四十二引《魏氏春秋》亦同。

有勝己者以法誅之。《曹瞞傳》。今案：《御覽》九十三引《帝王世紀》亦同。

眠不可妄近，近輒斫人。《世説》。今案：惜陰軒本《世説·假譎》篇“輒”作“便”。

人欲危己，己輒心動。《世説》。今案：見惜陰軒本《世説·假譎》第二十七。

噉冶葛，飲鴆酒。《博物志》。今案：《御覽》九十三引《博物志》及陳、俞本

“冶”作“野”。

《册府元龜》帝王部《疑忌》小序：

自古駕御豪傑，彈壓區宇，必推己以及物，執中以作孚；坦蕩爲懷，從容肆體。堯、舜、禹、湯，率繇是矣。暨周成惑群叔之説，姬旦有東山之遷，《鴟鴞》之詩，義形怨刺。厥後勳高佐命，威足震主，爵禄不足以充其賞，禮法不足以扼其勢。優崇斯至，猜惡彌甚。比諸芒刺，視如土芥。加以讒搆相攻，謡讖符合，久操兵柄，頗得士心；或車服僭差，交結靡間，或以勞自負，不慎厥終，故雖漢高之豁達，光武之寬容，去就之間，猶不免乎嫌忌矣。矧乃天資峻刻，舊惡是念，欲加之罪，其無辭乎？《書》曰：任賢勿貳。又曰：任賢繇己。蓋聖哲之明訓也。

《書鈔》“非少主臣也”出《史記·絳侯世家》，言周勃事，“若芒刺在背”注出《漢書》，言霍光事。《册府》“厥後勳高佐命，威足震主，爵禄不足以充其賞，禮法不足以扼其勢。優崇斯至，猜惡彌甚。比諸芒刺，視如土芥”即據此而言。《書鈔》以下各句均魏武帝曹操事，《册府》“讒搆相攻，謡讖符合，久操兵柄，頗得士心”云云因據之而立論。

宋祝穆《古今事文類聚》别集卷五文章部引《談苑》：

李商隱爲文，多檢閲書册，左右鱗次，號獺祭魚。

《册府》帝系門、疑忌門小序與《書鈔》帝系篇、猜忌篇的這種對應關係，正可謂是這種獺祭成文的現成注脚。但“三世舉孝廉”條雖用光武故事，却並非徑取原書，而是從《光武帝紀》撮取的新文句。朱子纂集的《宋名臣言行録前集》卷四“楊億文公”録《吕氏家塾記》云：

公（楊億）凡爲文所用故事，常令諸生子弟檢討出處，每段用小片紙録之。既成，則綴粘所録而蓄之。時人謂之衲被焉。

“衲被”一詞，《漢語大詞典》第二義項云：

宋·楊億寫作時，喜以紙片摘録故事，而後綴緝成文，謂之“衲被”。

書證引宋·無名氏《西軒客談》，云：

宋·楊大年爲文用故事，使子姪檢討出處，用片紙録之，文成而後綴拾，人謂之衲被。參閱宋·俞文豹《吹劍三録》。

據《大詞典》的釋義是紙片摘録故事在前，成文在後，而據其書證則又是楊億於文字撰成之後由子侄將文中所用典故檢出以便覆覈。前後捍格，未得確詁。《宋名臣言行録前集》卷四“楊億文公”條又有：

公每欲作文，與門人賓客博飲投壺奕棋，語笑諠譁而不妨締思。以小方紙細書，揮翰如飛，文不加點。每盈一幅，則命門人傳録，門人疲於應命。頃刻之際成數千言。真一代之文豪也。《歸田録》。

可見楊億的“衲被”與李商隱的“獺祭”似是而實不同。李商隱“獺祭”是收集資料在先而敷衍成文在後；楊億“衲被”寔文思沛然流出，下筆千言而後命諸生子弟檢核出處以備覆按。

上舉《書鈔》帝王部帝系篇十條，前九條可謂《册府》帝王部帝系門小序爲“獺祭”臚列的舊材料，“三世舉孝廉”條則是“衲被”之後出現的新文句。這種因“衲被”而出現的新文句往往給校勘輯佚帶來了極大的困惑。如《書鈔》帝王部《中興》五十八：

功光祖宗。《漢書》。今案：見卷八《宣帝紀》。

弘宣祖業。杜預。今案：見杜預《春秋經傳集解序》云“隱公能弘宣祖業，光啓王室”。

紹先之業。《書》。

復先王之道。

復文武之境土。並《毛》。今案：見《詩·車攻》序。

復禹之跡。《世紀》。今案：亦見《左傳》哀元年，“跡”作“績”，與下“配天”二句連文。

祀夏配天，不失舊物。《春秋》。今案：見《左傳》哀元年。

興衰撥亂。《毛》。今案：見《詩・江漢》序。

復見漢官儀。《東觀漢記》。今案：見聚珍本《光武紀》。

有田一成，有衆一旅。《春秋》。今案：見《左傳》哀元年。蔣本嚴校改“族”作“旅”。

《册府元龜》卷十二帝王部《中興》：

夫帝運之興，業厚者其緒遠；聖德所被，澤廣者其民懷。雖復嗣世間衰，稗政相繼，而瓜瓞遐裔，奮其餘烈；兆庶欣戴，復主厥祀。故夏氏微弱，少康起於庖正；周道中絶，宣王專其北伐。漢光識真人之讖，晋元應渡江之謡。雖靈命之有歸，亦衆誠之攸贊。非夫推亡攻昧，勞来安集，牢籠如天地，慈育如父母，其孰能抑揚前軌，恢續舊服者哉！

“紹先之業”條原鈔注“書”字，然實不知出何《書》，孔廣陶亦無注。《尚書・冏命》有“克紹先烈”句，此不過是據其文義草擬的新文句，以與“復禹之跡”對舉而已。

又，《書鈔》帝王部《蒐狩》四十九有“君臣田獵，以講武事”條，原注“毛”字。國家圖書館藏蔣光堉藏本，有嚴可均校云：“‘毛’。○案：未見”。

《書鈔・蒐狩》篇摘取《毛詩》除“君臣田獵，以講武事”條外另有五條：

選徒囂囂。《毛》。今案：見《小雅・車攻》。

駕言行狩。《毛》。今案：見《詩・小雅・車攻》。

升彼大阜。《毛》。今案：見《小雅・吉日》。

漆沮之從。《毛》。今案：見《小雅・吉日》。蔣本注“詩”，嚴校補“毛”字。

一發五豝。《毛》。今案：見《詩・周南・騶虞》。蔣本注“詩”，嚴校補“毛”字。

《册府元龜》帝王部《蒐狩》小序云：

> 夫春蒐夏苗，秋獮冬狩，是謂禮之大者，非徒順四時之令，除五穀之害。蓋所以爲宗廟而習軍旅焉。其事歌於《詩》，列於《書》，載於《易》，著於《戴記》，載於《左氏》，論於《公》《穀》而取詳於《周禮》，王者奉而行之，簡車徒，修卒伍，命肆師以表貉，俾田僕而馭路，然後三驅乎中軌，塵馬候蹄，既戒其馳騁。不合圍，不殫物，又禁其暴殄。故曰：以戰則克，以祭則受福。此其義也。然而太康無度，《五子》之怨興；文王以時，《騶虞》之詠作。去彼取此，乃可以爲萬代法。

而“君臣田獵，以講武事”云云其實是根據《車攻》《吉日》《騶虞》詩義合而言之，即《册府》小序“其事歌於《詩》”者，並非《毛詩》真有其文。

《四庫總目提要》云“今本（《北堂書鈔》）卷帙與《中兴书目》同。其地部至泥沙石而畢，度非完帙。豈原書在宋已有亡佚耶？”繆荃孫也説：“非殘缺即并省，已非永興之舊。”[①]而錢謙益的《絳雲樓書目》更直言：“原書久亡，今所行乃後人僞造也。”通過比較，我們有理由懷疑虞世南的《北堂書鈔》傳至宋代初年便已殘泐不全，剩下的只是一個一百二十卷的本子。王應麟説“二館舊闕《書鈔》，唯趙安仁家有本”，這個本子取入内閣後便深藏禁中，外人無從窺探。晁公武家藏的也只是一個一百二十卷殘本，《郡齋讀書志》據其家藏本描述的《書鈔》卷帙、部類應該可以信據。《中興書目》著録的一百六十卷本當是禁中好事者取《册府元龜》殘稿分類排比以補舊鈔的新版本。

① 傅增湘：《藏園群書題記》卷九《百衲本北堂書鈔跋》，上海：上海古籍出版社，1989年，第465頁。

盛唐文編年考釋

——以開元元年、天寶十五載爲例

曲景毅*

緒　言

歷來學者在討論盛唐文學時，注意力大多集中於詩歌，聯想到的是李杜、王孟、高岑這些擅長創作詩歌的詩人，却極少將研究重點投射於當時的各體文章及擅寫文章的文章家身上。或許正由於盛唐文、盛唐文章家的數量不及中晚唐，又被詩歌的光芒所掩蓋，其成就常常被文學史家忽略。然而，盛唐文不僅是唐文興變中的關鍵一環，更是盛唐氣象的重要體現，不容忽視。學界對於盛唐文章，較少人進行專門研究，僅有的成果也是浮泛和零散的。整理與研究盛唐各體文章，將有助於學者從更開闊、更深入的角度探討盛唐文學與政治、經濟、歷史、文化乃至社會生活的關係，從而實現以文證史，文史互證。在搜集和整理唐文的過程中，筆者認爲文章編年是盛唐文研究的基石。編年不僅可以明確文章的寫作時間，從而清楚地看出其時文章的發展脉絡、流變及其特色；更重要的是，編年可以讓我們更清楚地看出盛唐文章與當時王朝統治的密切關係，更深刻地理解那個繁榮昌盛的時代精神面貌。

筆者近年負責《唐五代文編年史》（盛唐卷）的撰寫，以盛唐時期各體文章爲考

*　作者簡介：曲景毅（1979—），新加坡南洋理工大學人文學院中文系助理教授。

察物件，選取與文學思想、文章理論、科舉制度相關者，與當時重大政治事件、儒佛道思想、禮樂法令制度、經濟軍事政策和社會文化生活相關者，特别有意識地將唐玄宗及此期重要的文職官員（如宰相、中書侍郎、中書舍人、知制誥、考功員外郎、禮部侍郎、著作郎、諸學士）的制詔、章表、疏奏、碑誌納入進來，將這些文章逐一編年；同時摘述文獻典籍中所載重要文學家的仕宦經歷、文章特色、時人和後人的評價、相關文學活動和交往酬唱等資料，間或摘録重要文章片段，對文章編年予以説明訂正。編年依據《文苑英華》、《册府元龜》、《唐大詔令集》、《全唐文》、《唐文拾遺》、《唐文續拾》、《唐代墓誌彙編》、《全唐文補遺》（第1—9輯）、《唐代墓誌彙編續編》、《全唐文補編》等文獻；參以張説、蘇頲、張九齡、王維、高適、李白、顔真卿、杜甫、岑參、元結、獨孤及等作家的别集或年譜；輔以《舊唐書》《新唐書》《資治通鑒》《唐會要》《玉海》《唐摭言》《唐語林》《明皇雜録》及《登科記考補正》等；同時《唐才子傳校箋》、《中國文學家大辭典》（唐五代卷）、《唐五代文學編年史》（初盛唐卷、中唐卷）等今人著作也是重要的參考文獻。具體體例如下。

第一，對盛唐時期的各體文章進行編年，劃分依據遵從《唐五代文編年史》系列叢書的界定，上起唐玄宗開元元年（713），下訖唐肅宗上元二年（761）。

第二，以年爲單元排列，每一年中按月、日（保留其在諸種文獻中的記法）排列，無法繫於具體月日者，或繫於月、或繫於季、或繫於年。

第三，同一繫年之下，如無法確知幾篇文章寫作時間的先後，則依作家長幼之序。

第四，文章篇題以較爲準確且著録時間早爲原則，同時注出在它書中著録的不同篇題。

第五，以編年文章或重要史事爲綱，以具體文字説明爲目，考訂繫年依據，並補充相關材料，務求言之有據，避免主觀論述或臆測。

第六，重要文章家的生平在其首次出現時加以簡介，再次出現時標注出年齡，在其卒年或最後一次出現時，對其創作加以述評；非重要文章家則於首次出現或其卒年略叙其生平、創作。在統計作家文章數量時，據現有文獻盡量求全。

盛唐以唐玄宗開元和天寶二年號爲主要活動期，本文以先天二年即開元元年（713）與天寶十五載即至德元載（756）爲例（此二年爲唐玄宗實際執政的首尾兩年），求教於諸位方家。

唐玄宗先天二年開元元年（713）癸丑

正月

唐玄宗本年二十九歲，下《緩修大明宫詔》。

《唐大詔令集》卷一〇八載此詔，繫先天二年正月。《全唐文》卷二六題爲《緩修大明宫詔》。

二月

唐玄宗下《勉勵宗親誥》。

《唐大詔令集》卷四十載此誥，繫先天二年二月。《全唐文》卷二六題爲《誡勵宗室誥》。

三月

常無名、張子容、王灣、程南鋭、趙子卿、趙自勵、梁獻、李日用、昔安仁等七十一人登進士第，爲盛唐時及第人數最多者，試《出師賦》《長安早春詩》；明經科崔衆甫等人及第。考功員外郎房光庭知貢舉。

《登科記考補正》卷五："（先天二年）孟按：本年試題當爲《出師賦》；《長安早春詩》。"王灣（生卒年不詳），洛陽（今屬河南）人。《舊唐書》《新唐書》無傳。《唐才子傳》卷一載其"詞翰早著，爲天下所稱"。開元年間，曾參與修撰《群書目録》，專司集部。《唐會要》卷三六《修撰》："九年十一月十三日，左散騎常侍元行沖，上《群書四部録》二百卷，藏之内府，凡二千六百五十五部，四萬八千一百六十九卷。分爲經史子集四部。經庫是殷踐猷、王恢編；史庫韋述、餘欽；子庫毋照、劉彦直；集庫王灣、劉仲；其序例，韋述撰，其後毋照又略爲四十卷，爲《古今書録》。"《全唐文》卷三五八收其《對清白二渠判》文，唯作年難確考。

蘇頲本年四十四歲，本年正月服闋，起授工部侍郎，襲父爵許國公。奉詔爲鐘紹京之祖母撰《蔣烈女碑》。

《唐文續拾》卷二蘇頲《蔣烈女碑》："大唐□□□□之元祀，王春三月，哉生魄日，户部尚書金紫光禄大夫□中書令越國公釧紹京□□□章□陳上疏，扆爲祖母安樂縣君，……皇帝曰：'俞詔工部侍郎許國公臣蘇頲，詢事考能，直筆勒石。'"文中蘇頲自稱"工部侍郎、許國公臣蘇頲"。《舊唐書・蘇頲傳》："景雲中，（蘇）瓌薨，詔頲起復爲工部侍郎，加銀青光禄大夫。頲抗表固辭，辭理懇切，詔許其終制。服闋就職，襲父爵許國公。"《新唐書・蘇頲傳》："遷太常少卿，仍知制誥。遭父喪，起爲工部侍郎，辭不拜，終制乃就職。"按：據《舊唐書・蘇瓌傳》載，景雲元年（710）十一月，蘇瓌薨。蘇頲守制，約至先天二年（713）正月服闋，起授工部侍郎。蘇頲（670—727），字廷碩，京兆武功（今屬陜西）人，蘇瓌之子，襲封許國公，盛唐時期非常重要的文章家，與燕國公張説俱以文章顯，稱望略等，時稱"燕許大手筆"。一生歷仕高宗、武后、中宗、睿宗、玄宗五朝，是初盛唐之交的重要政治人物。他家世顯赫，世代身居要職，其父蘇瓌在當時頗有聲名，且位居宰相，中宗景龍三年，蘇瓌拜右僕射、同中書門下三品，蘇頲爲中書舍人，"父子同掌樞密，時以爲榮"（《舊唐書・蘇頲傳》）。先天二年爲中書侍郎，與舅父李乂對掌書命，號爲"蘇李"。玄宗以爲可與唐初蘇味道、李嶠相媲美。開元四年，與宋璟同知政事。八年罷爲禮部尚書，尋出爲益州大都督府長史，十三年復入朝知吏部選事，十五年卒，謚曰文憲。生平事跡見《全唐文》卷二九五載韓休《唐金紫光禄大夫禮部尚書上柱國贈尚書左丞相許國文憲公蘇頲文集序》、《舊唐書》卷八八、《新唐書》卷一二五本傳。今人有陳鈞《蘇頲年譜》（《鹽城師專學報》1991—1994年共8期）、《蘇頲詩文集編年考校》（山西古籍出版社，2001年）。《新唐書・藝文志》四："《蘇頲集》三十卷。"蘇頲今存文312篇：《全唐文》卷二五〇至二五八存290篇，12篇誤收，實撰278篇，《唐文續拾》補1篇，《唐代墓誌彙編》補2篇，《全唐文補遺・第二輯》補1篇，《全唐文補遺・第五輯》補1篇，《全唐文補遺・第七輯》補2篇，《全唐文補編》補27篇，《全唐文補遺・千唐志齋新藏專輯》補1篇。參見曲景毅《唐代"大手筆"作家研究》（中國社會科學出版社，2015年）附録《唐代"大手筆"作家現存文章著録匯考》。

晋陵尉楊相如以隋斷帝、唐太宗之言上《陳便宜疏》論時政，切中時弊，以爲"隋氏縱欲而亡，太宗抑欲而昌"，唐玄宗覽而善之。

《全唐文》卷三〇三載《陳便宜疏》："煬帝藉文皇之資，躋大寶之位，兵加海外，威震區中。乃自恃其强，不憂時政，大縱驕欲，恣成猜險，所爲不軌，所行不順。忌忠正之義，黜廢賢良；狎便佞之言，昵愛邪僻。荒淫酒色，窮極綺麗，兵戈不息，調役非時。奇技淫巧者率獲登遷，力邊攘冠者皆恣財賞。不恤人之疾苦，不知政之理亂。君臣阻隔，上下相蒙，雖制敕交行，而聲實舛謬。言同堯舜，跡如桀紂，爲行若是，人何克從？夫推心不誠，欲人之附已；恣惡内熾，望俗之無邪，猶却行追人，向日避影。……煬帝不節其欲，而欲禁人之欲，其可得乎？故四海之風淫，天下之情僞。其人怨，其俗蕩，貞髦擯逐，奸逆競馳，皇綱紊而隙生，禍釁滋而難作。昔之有隋也，今轉爲大唐，豈不以縱慝無厭，危患不恤，舉天下之大，一擲而棄之？荒迷沉亂，終不自覺，要之覆滅，死於人手，爲天下笑，甚可痛哉！……太宗以聖德英武，雄才睿略，掃除昏虐，大濟生人。叱吒而四維更張，指麾而六合復正。其知人任使，盡得其才。或取諸俘虜讎敵，並推懷而用之，意豁如也。……聽朝之後，覃思典墳，周通百家，樂而忘倦。所謂武以得之，文以守之。其帝王臧否，安危成敗，政刑理亂，風雨興衰，皆鑒於前古，比之明鏡。……臣所以舉隋氏縱欲而亡，太宗抑欲而昌，願陛下詳擇。……往者太宗嘗敕魏徵作《群書理要》五十篇，大論得失。臣誠請陛下温清閒暇，以時觀覽其書，雖簡略不備，亦足以見忠臣之讜言，知經國之要會矣。……臣聞人之性分，不可轉移，邪佞忠賢，各有所趣。順道違俗，忠賢也；違道順俗，邪佞也。若言之咈耳，行之忤心，動繇先王之道，事極終始之慮，志惟安國衛主者，忠賢之所爲也。故雅質而不佞，勤誠而取容，務正道而抗節，人主聞之，固將疏遠之矣，此真忠賢之臣也，陛下可不恕而用之乎？順欲從旨，甘言美飾，不繇先聖之道，思亂國家之政，務於要利以惑主者，邪佞之所爲也。故發小惠以賈信，忘大義而苟合，權寵勢而挾威，伺愉悦而争媚，人主見之，固將親近之矣，此真邪佞之臣也，陛下可不測而去之乎？……故以書籍爲古鏡，魏徵爲人鏡，見善則行之，不善則去之。聞直言則欣然受納，得一士則喜見於朝；諂諛便媚者不得臻於前，梗正貞賢者縱容於左右矣。貞觀之際，太平俗洽，官人得材，功賞必實，刑不謬及，禮無愆度。……夫法貴簡而能禁，罰宜輕而必行。陛下方興崇至德，大布新政，譬琴之不理，宜在更張；路之不平，終當徙轍。若不改創而求理，安揚湯以止沸，不可得也。臣請不如除去碎密，不察小過。小過不察，則無煩苛；大罪不漏，則止奸慝。使簡而難犯，寬而能制，此所謂‘天綱恢恢，疏而不漏’矣。”《資治通鑒》卷二一〇、《册府元龜》卷五三三《諫諍部・規諫一〇》有節録，稱“上覽而善之”。

六月

八日，蘇頲撰《大明宮成放免囚徒等制》。

《唐大詔令集》卷一〇八載此制，繫先天二年六月八日。《全唐文》卷二五四題爲《居大明宮德音》。

張説本年四十七歲，在尚書左丞、分司東都任，知太平公主等陰懷異計，乃因使自東都獻佩刀於唐玄宗，意欲其斷割，玄宗深自嘉納。

《舊唐書・張説傳》：“説既知太平等陰懷異計，乃因使獻佩刀於玄宗，請先事討之，玄宗深嘉納焉。”《資治通鑒》卷二一〇：“太平公主依上皇之勢，擅權用事，與上有隙。宰相七人，五出其門。……王琚言於上曰：'事迫矣，不可不速發。'左丞張説自東都遣人遺上佩刀，意欲上斷割。"張説（667—731），字道濟，又字説之，祖籍河東（今山西永濟），十四歲喪父後遷居洛陽（今屬河南），故自稱洛陽人。又自稱范陽人者，冒范陽族望也。盛唐重要的文章家，開元元年，封燕國公，與許國公蘇頲並稱"燕許大手筆"。一生歷仕武后、中宗、睿宗、玄宗四朝，"三登左右丞相，三作中書令，唐興以來，朝佐莫比"（張九齡《故開府儀同三司行尚書左丞相燕國公贈太師張公墓誌銘》），政治地位顯赫。他曾兩次使蜀，三度爲相，三次總戎邊塞，屢有邊功，威震朝野。曾預修《三教珠英》，長期兼修國史，開元十三年後知集賢院事。他"前後三秉大政，掌文學之任凡三十年"（《舊唐書・張説傳》），朝廷重要文誥，多出其手，爲文精壯，尤長於碑誌，主一時壇坫，開一代風氣，一生文治武功，喜延納後進，乃是初盛唐之交政壇與文壇的雙重領袖。開元十八年十二月戊申薨。按：戊申日已爲陽曆元月，故張説卒年爲公元731年。生平事跡見張九齡《故開府儀同三司行尚書左丞相燕國公贈太師張公墓誌銘》、《舊唐書》卷九七、《新唐書》卷一二五有傳，今人陳祖言《張説年譜》、熊飛《張説年譜新編》。張説有三子，張均、張垍、張埱，張均官至刑部尚書、大理卿，襲燕國公爵，孫逖有《張均襲封燕國公制》（《文苑英華》卷四一六）；張垍官至太常卿，爲駙馬，娶玄宗女寧親公主；張埱官至給事中、翰林學士。皆有文才。《新唐書・藝文志》四："《張説集》二十卷。"《舊唐書・張説傳》："有文集三十卷。"《直齋書録解題》卷一六："《張燕公集》三十卷。"《四庫全書總目》卷一四九："《張燕公集》二十五卷。……《唐書・藝文志》載其集三十卷，今所傳本止二十五卷。然自宋以後，諸家著録並同，則其五卷之佚久矣。"今通行武英殿聚珍本《張燕公集》二十五卷、《四部叢刊》影明嘉靖丁酉本《張説之集》二十五卷，中國國家圖書館藏清鈔宋刻的善本《張説之文集》三十卷補遺一卷，今人熊飛有《張説集校注》即以後者爲底本。今有熊飛《張説集校注》（中華書局，2013 年）。現存文265篇，其中《全唐文》存247篇（屬名張説者中有1篇誤收，改名李嶠名下者《百官請不從靈駕表》，經考證應爲張説作，故合計247篇），《唐文拾遺》補2篇，《唐代墓誌彙編續集》補1篇，《全唐文補編》補15篇。參見曲景毅：《唐代"大手筆"作家研究》（中國社會科學出版社，2015年）附録《唐代"大手筆"作家現存文章著録匯考》。

七月

太平公主依太上皇之勢，擅權用事，宰相七人，五出其門，文武大臣，大半附之，與竇懷貞、岑羲、蕭至忠、崔湜、薛稷等人謀廢唐玄宗。甲子，唐玄宗與岐王

範、薛王業、郭元振、王琚及王毛仲、姜皎、高力士等定計誅之，下《誅竇懷貞等大赦詔》。自此，玄宗實掌一切軍國政刑大權。

《資治通鑒》卷二一〇："太平公主倚上皇之勢，擅權用事，與上有隙，宰相七人，五出其門。文武之臣，大半附之，與竇懷貞、岑羲、蕭至忠、崔湜及太子少保薛稷、雍州長史新興王晋、左羽林大將軍常元楷、知右羽林將軍事李慈、左金吾將軍李欽、中書舍人李猷、右散騎常侍賈膺福、鴻臚卿唐晙及僧慧範等謀廢立。……上乃與岐王範、薛王業、郭元振……等定計誅之。……乙丑，上皇誥：'自今軍國政刑，一皆取皇帝處分。'……百官素爲公主所善及惡之者，或黜或陟，終歲不盡。"《册府元龜》卷十一《帝王部・繼統三》亦載。《舊唐書・玄宗上》："先天二年七月三日，尚書左僕射竇懷貞、侍中岑羲、中書令蕭至忠、崔湜、雍州長史李晋、左羽林大將軍常元楷、右羽林將軍李慈等與太平公主同謀，期以其月四日以羽林軍作亂。上密知之，因以中旨告岐王範、薛王業、兵部尚書郭元振、將軍王毛仲，取閑廄馬及家人三百余人，率太僕少卿李令問、王守一、内侍高力士、果毅李守德等親信十數人，出武德殿，入虔化門。梟常元楷、李慈於北闕。擒賈膺福、李猷於内客省以出，執蕭至忠、岑羲於朝，皆斬之。"《新唐書・玄宗紀》："甲子，太平公主及岑羲、蕭至忠、竇懷貞謀反，伏誅。"張鷟《朝野僉載》卷五："太子少保薛稷，雍州長史李晋，中書令崔湜、蕭至忠、岑羲等，並外飾忠鯁，内藏諂媚，翕肩屏氣，舐痔折肢。附太平公主，並騰遷雲路，咸自以爲得志，保泰山之安。七月三日，破家身斬，何異鴳鳩棲於葦苕，大風忽起，巢折卵破。後之君子，可不鑒哉！"《全唐文》卷一九載《誅竇懷貞等大赦誥》，《册府元龜》卷八四亦載。

以太上皇睿宗名義草擬詔令《誅竇懷貞等大赦誥》。

《全唐文》卷一九《誅竇懷貞等大赦誥》："逆賊懷貞、蕭至忠、岑羲、薛稷、李猷、常元楷、唐晙、唐昕、李晋、李欽、賈膺福、傅孝忠、僧惠範等，咸以庸微，謬承恩幸，未申毫髮之效，遂興梟獍之心。共舉北軍，突入中禁，將欲廢朕及皇帝，以行篡逆。朕令皇帝率衆討除，應時殄盡。元惡既戮，奸常畢殲，宗社乂安，人神胥悦。務申寬大之典，宜覃肆宥之恩，可大赦天下。自大辟罪已下，無輕重咸赦除之，其逆人魁首未捉獲及應緣坐者，並不在赦限。自餘黨類往還，一無所問。"《册府元龜》卷八四《帝王部・赦宥三》亦載。

乙丑，唐睿宗頒布詔令，"自今已後，軍國政刑一事已上，並取皇帝處分"，下《命皇帝處分軍國政刑誥》。丁卯，唐玄宗禦承天門樓，下《受禪制》《大赦制》《受太上皇誥敕》。

《新唐書・玄宗紀》："乙丑（七月四日），始聽政。""始"字頗能體現史家筆法。《全唐文》卷一九載《命皇帝處分軍國政刑誥》(《唐大詔令集》卷三十題爲《睿宗命明皇總軍國刑政詔》)："昨者奸臣構釁，潛發禁闈，凶党布於蕭牆，飛變聞於帷扆，朕慮深倉卒，受命討除。皇帝遂與岐王範、薛王業等，勵茲孝心，率彼義勇，戮鯨鯢於闕下，掃欃槍於天路。元惡大憝，罔不伏誅。人神用康，功業彌廣，信可總璿衡之大政，守國家之鴻緒。能事備矣，朕又何憂？自今已後，軍國政刑，一事已上，宜並取皇帝處分。其岐王範、薛王業，宜各加實封一千户。朕方閒居大庭，緬懷汾水，無爲養志，以遂素心。"《全唐文》卷二十載《受禪制》。《全唐文》卷二十載《大赦制》(《唐大詔令集》卷二題爲《明皇即位赦》)："朕承累聖之洪休，荷重光之積慶。昔因多難，時屬邅屯，寶位深墜地之憂，神器有綴旒之懼。事殷家國，義感神祇，吟嘯風，雲龔行雷電。致君親於堯舜，濟黔首於休和。遂以孟秋，允升儲貳；旋承内禪，繼體宸居。拜手之請空勤，讓立之誠莫展，恭臨億兆，二載於茲。上稟聖謨，下凝庶績，八荒同軌，瀛海無波。不謂奸慝潛謀，蕭牆竊發。逆賊竇懷貞等，並以庸妄，擢在朝廷，毫髮之效未申，邱山之釁仍積，共成梟獍，將肆奸回。太上皇聖斷宏通，英謀獨運，命朕率岐王範、薛王業等，躬事誅鋤。齊斧一麾，凶渠盡殪。太陽朗耀，澄氛靄於天衢；高風順時，厲肅殺於秋序。神靈叶贊，夷夏相歡。四族之慝既清，七百之祚方永。爰承後命，載闡休期，總軍國之大猷，施雲雨之鴻澤。承乾之道，既光被於無垠；作解之恩，思式覃於品物。當與億兆，同此維新。可大赦天下，大辟罪已下，咸赦除之。邠王守禮加實封三百户，宋王成器、申王成義各加實封一千户，岐王範、薛王業各加實封七百户。文武官三品已上賜爵一級，四品已下各加一階。内外官人被諸道按察使及禦史所通惡狀，咸宜洗滌，選日依資叙用。"《舊唐書・玄宗上》全録此制文。《全唐文》卷三四載《受太上皇誥敕》："太上皇志尚無爲，捐茲俗務，軍國庶政，委成朕躬。祗奉聖謨，膺斯負重，顧惟菲薄，何以克堪？若臨大川，罔知攸濟。冀王公卿士，百辟庶寮，戮力同心，輔相休命，各盡誠節，共洽維新。"

乙亥，以尚書左丞張説爲檢校中書令，封燕國公，下《張説檢校中書令制》，張説撰《讓封燕國公表》。蘇頲在工部侍郎職上撰《矜放緣坐敕》《加王琚等食封制》《加張暐食封制》《命新除牧守面辭敕》。唐玄宗下《賞定策功臣制》。

《新唐書・玄宗上》："乙亥，尚書右丞張説爲檢校中書令。"《舊唐書・玄宗上》："癸丑，……尚書左丞張説爲檢校中書令。"按：張説此前官應爲尚書"左"丞，本月無"癸丑"，新舊《玄宗紀》各有小誤。《舊唐書・張説傳》："及至忠等伏誅，徵拜中書令，封燕國公，賜實封二百户。"《册府元龜》卷一二八（《全唐文》卷二〇）載《封張説燕國公褚無量舒國公制》。《唐大詔令集》卷四四載《張説檢校中書令制》。《文苑英華》卷五七三載張説《讓封燕國公表》。《唐大詔令集》卷一二一載蘇頲《矜放緣坐敕》（繫先天二年七月十三日）、卷六三載蘇頲《加王琚等食實封制》（繫先天二年七月十八日）、《加張暐食實封制》（繫先天二年七月十九日）、卷一〇〇載蘇頲《命新除牧守面辭敕》（繫先天二年七月二十四日）。《全唐文》卷二〇載《賞定策功臣制》。《資治通鑒》卷二一〇："（先天二年）秋，七月……己巳，賞功臣郭元振等官爵、第舍、金帛有差。以高力士爲右監門將軍，知内侍省事。"

薛稷因知情不報，被賜死於萬年縣獄中，年六十五。

薛稷（649—713），字嗣通，蒲州汾陰（今山西萬榮）人，出身官宦世家，隋代著名文學家薛道衡之曾孫，初唐一代名相魏徵外孫，其祖父爲記室參軍薛收，從父爲中書令兼左庶子薛元超，他本人仕途顯達，則天朝舉進士，累遷禮部郎中、中書舍人。深受睿宗之寵倖，曾任黄門侍郎、參知機務、太子少保、禮部尚書。《舊唐書・薛稷傳》："好古博雅，尤工隸書。自貞觀、永徽之際，虞世南、褚遂良時人宗其書跡，自後罕能繼者。稷外祖魏徵家富圖籍，多有虞、褚舊跡，稷鋭精模仿，筆態遒麗，當時無及之者。又善畫，博採古跡。"書法與歐陽詢、虞世南、褚遂良並稱爲"初唐四大書家"。繪畫擅長花鳥、人物、佛壁畫，尤以畫鶴最爲精妙，時號一絶，李白、杜甫曾爲其鶴畫作贊題詩。辭章亦甚美，《唐朝名畫録》稱其"文章學術，名冠時流"。《新唐書・藝文志四》載："《薛稷集》三十卷。"《全唐文》卷二七五存其文6篇，《唐文拾遺》卷一七存《夏熱貼》1篇，《唐代墓誌彙編》録《大周故瀛州文安縣令王府君（德表）墓誌銘》（第1960頁）1篇，共計8篇。

内侍高力士以預誅岑羲、蕭至忠等功，超拜銀青光禄大夫、行内侍同正員。本年又加右監門衛將軍、知内侍省事。史稱唐宦官之盛自此始。

《舊唐書・高力士傳》："先天中，預誅蕭、岑等功，超拜銀青光禄大夫、行内侍同正員。開元初，加右監門衛將軍、知内侍省事。玄宗尊重宫闈中官，稍稱旨，即授三品將軍，門施棨戟。故楊思勗、黎敬仁、林招隱、尹鳳祥等，貴寵與力士等，楊則持節討伐，黎、林則奉使宣傳，尹則主書院。其餘孫六、韓莊、楊八、牛仙童、劉奉廷、王承恩、張道斌、李大宜、朱光輝、郭全、邊令誠等，殿頭供奉、監軍、入蕃、教坊、功德主當，皆爲委任之務。監軍則權過節度，出使則列郡辟易。其郡縣豐贍，中官一至軍，則所冀千萬計，修功德，市鳥獸，詣一處，則不啻千貫，皆在力士可否。故帝城中甲第，畿甸上田、果園池沼，中官參半於其間矣。"《資治通鑒》卷二一〇載："宦官之盛自此始。"此説恐不確切，關於對高力士的評價，可參見葛承雍《重評高力士》(《人文雜誌》1984年第1期)及許道勛、趙克堯《唐玄宗傳・寵信高力士》之論述，第 198—205 頁。

唐玄宗下《遣使宣撫諸道制》。

《全唐文》卷二〇載此制,《唐大詔令集》卷一一五題爲《遣畢構等慰撫諸道詔》,繫先天二年七月。

八月

二日，蘇頲撰《封華岳神爲金天王制》。

《唐大詔令集》卷七四(《全唐文》卷二五三)載此制，繫先天二年八月二日。

壬辰，以劉幽求爲左僕射、平章軍國大事、徐國公，蘇頲撰《授劉幽求左僕射制》《加劉幽求實封制》，不久再封同中書門下三品、檢校中書令，蘇頲撰《授劉幽求同中書門下三品制》。

劉幽求拜相事見《資治通鑒》卷二一〇、《舊唐書・玄宗上》。《全唐文》卷二五〇蘇頲《授劉幽求左僕射制》:"封州流人劉幽求，風雲元感，川岳粹靈，學綜九流，文窮三變。義以臨事，精能貫日，忠以成謀，用若投水。茂勳立艱難之際，嘉話盈啓沃之初，存讜直以不回，爲奸邪之所忌。釁萌頗露，譖端潛發，元宰見逐，讒人孔多。既殄群凶，方宣大化，期問政於經始，載登賢於夢蔔。"《全唐文》卷二十載《加劉幽求實封制》(《唐大詔令集》卷六三題爲《加劉幽求食實封制》，繫先天二年八月十五日)、卷二五〇載《授劉幽求同中書門下三品制》(《唐大詔令集》卷四四題爲《劉幽求同三品制》，繫先天二年九月八日)。

唐玄宗初平内難，禁斷大酺，意在反撥朝政，蘇頲撰《禁斷大酺廣費敕》，以是年二月大酺爲鑒。

《資治通鑒》卷二一〇:"二月，庚子夜，開門然燈，又追作去年大酺，大合伎樂。上皇與上禦門樓臨觀，或以夜繼晝，凡月餘。"《唐大詔令集》卷一〇八(《全唐文》卷二五四)載此敕，繫先天二年八月。

唐玄宗下《科屠割刑人骨肉者制》，對酷吏遺風加以清理，開元時基本廢除了苛刑。

《全唐文》卷二〇載此制。

禪宗六祖慧能卒，後王維撰《能禪師碑銘》。

慧能(638—713)，或曰惠能，俗姓盧，繼承禪宗五祖弘忍之衣缽，建立南宗，弘揚"直指人心，見性成佛"之頓悟法門。《宋高僧傳・慧能傳》:"以先天二年八月三日俄然示疾，異香滿室，白虹屬地，飯食訖，沐浴更衣，彈指不絶，氣微目瞑，全身永謝。……春秋七十六矣。”《王維集校注》卷九《能禪師碑銘》(《全唐文》卷三二七題爲《六祖能禪師碑銘》)：“大師至性淳一，天姿貞素，百福成相，衆妙會心。經行宴息，皆在正受；譚笑語言，曾無戲論。故能五天重跡，百越稽首。修虵雄虺，毒螫之氣銷；跳殳彎弓，猜悍之風變。畋漁悉罷，蠱酖知非。多絶羶腥，效桑門之食；悉棄罟網，襲稻田之衣。永惟浮圖之法，實助皇王之化。”按：《校注》繫該文於天寶五、六載間。

九月

七日，蘇頲撰《誡勵官僚制》。

《唐大詔令集》卷一一〇載此制(《全唐文》卷二五三題爲《戒勵官寮制》)，繫先天二年九月七日。

張説請免誅特進致仕之李嶠，唐玄宗下《斥李嶠制》。辛未，張説守中書令，蘇頲撰《授張説中書令制》，張説撰《讓中書令表》。

《資治通鑒》卷二一〇：“中宗之崩也，同中書門下三品李嶠密表韋後，請出相王諸子於外。上即位，於禁中得其表，以示侍臣。嶠時以特進致仕，或請誅之，張説曰：‘嶠雖不識逆順，然爲當時之謀則忠矣。’上然之。九月，壬戌，以嶠子率更令暢爲虔州刺史，令嶠隨暢之官。”《全唐文》卷二〇載《斥李嶠制》：“特進趙國公李嶠，往緣宗韋弑逆。朕恭行戡定，揖讓之際，天命有歸。嶠有窺覦，不知順逆，狀陳詭計，朕親覽焉。以其早負辭學，累居臺輔，忍而不言，特掩其惡。今忠邪既辨，具物惟新，賞罰儻乖，下人安勸？雖經赦令，猶宜放斥。矜其老疾，俾遂餘生。宜聽隨子虔州刺史暢赴任。”《文苑英華》卷五七三載張説《讓中書令表》。《全唐文》卷二五〇蘇頲《授張説中書令制》：“門下：咸有其德，委廊廟之元宰；知無不爲，歸掖垣之成務。銀青光禄大夫檢校中書令上柱國燕國公張説，含和育粹，特表人師，懸解精通，見期王佐。立言布文武之用，定策勵忠公之典，才冠代而不有，功至大而若虚。自頃宏益時政，發揮王道，萬事必理，一心從乂。以觀其獨，伯起慎於四知；常得其貞，叔敖謹於三省。故能深而不竭，久而彌芳，宣大號於紫宸，潤昌圖於清禁。我憑柱石，爾作鹽梅，正名之謂，群議斯集。可守中書令，散官勳封如故，主者施行。”

十月

癸卯，唐玄宗講武於驪山，徵兵二十萬，蘇頲隨駕，撰《驪山講武賞慰將士詔》。

郭元振坐軍容不整，將斬之，劉幽求、張説爲之説情，流放新州，卒於道。玄宗欲以同州刺史姚崇爲相，中書令張説嫉之，阻之未成。甲辰，玄宗遣中使召姚崇爲兵部尚書、同中書門下三品，下《授姚元之兵部尚書同三品制》，姚崇或獻“十事”要説。

《全唐文補編》卷三一載蘇頲《驪山講武賞慰將士詔》（録自《唐大詔令集》卷一〇七）：“往以韋氏構逆，近又凶魁作禍，則我之宗社危如綴旒，故斬長蛇，截封豨，戮梟獍，掃欃槍。使武之不修，人何克義？”《唐會要》卷二六：“先天二年十月十三日。講武於驪山之下。徵兵二十萬。戈鋋金甲。耀照天地。列大陣於長川。坐作退進。以金鼓之聲節之。三軍出入。號令如一。”《全唐文》卷二三三張説《兵部尚書代國公贈少保郭公行狀》（《文苑英華》卷九七二）：“是歲，大徵兵（衆），閱武驪山，兵一百萬，號三百萬，並奉公節度。是日三令之後，上將親鼓，公慮有大變，因略行禮。上大怒，引坐纛下，紫微令張説犯鱗而諫，上乃曰：‘元振有保護之功，宜捨軍法流新州。’未至，屬開元元年册尊號，赦曰：‘元振往立大功，保護於朕，頃因閱武，頗失軍容，責情放逐，將收後效。可饒州司馬。’未至，卒於道，時年五十八。”郭元振（656—713），名震，字元振，以字行，魏州貴鄉（今河北大名北）人，是玄宗的登基功臣，屢立邊功。有文集二十二卷，《定遠安邊策》三卷，《安邦策》一卷，《九諫書》一卷。《全唐文》收録其奏疏5篇。《全唐文》卷二〇載《授姚元之兵部尚書同三品制》。《資治通鑒》卷二一〇：“甲辰，獵於渭川。上欲以同州刺史姚元之爲相，張説疾之，使御史大夫趙彦昭彈之，上不納。又使殿中監姜皎言於上曰：‘陛下常欲擇河東總管而難其人，臣今得之矣。’上問爲誰，皎曰：‘姚元之文武全才，真其人也。’上曰：‘此張説之意也，汝何得面欺，罪當死！’皎叩頭首服。上即遣中使召元之詣行在。既至，上方獵，引見，即拜兵部尚書、同中書門下三品。”

世傳吴兢《開元升平源》（司馬光《資治通鑒》考異引）載：“上曰：‘可兵部尚書、同平章事。’公不謝。上顧訝焉。至頓，上命宰臣坐，公跪奏：‘臣適奉作弼之詔而不謝者，欲以十事上獻；有不可行，臣不敢奉詔。’上曰：‘悉數之，朕當量力而行，然定可否。’……”司馬光以爲“當時天下之事，止此十條，須因事啓沃，豈一旦可邀！似好事者爲之，依托兢名，難以盡信，今不取。”丁放、袁行霈《姚崇、宋璟與盛唐詩壇》（《文學遺産》2007年第3期）認爲不能輕易否定此事的真實性，因爲劉肅《大唐新語》點明了“十事”的要點，《新唐書・姚崇傳》記載了“十事”，後世學者也多相信此書爲吴兢所作，且記載了“十事”，可參看。《大唐新語・匡贊》曰：“（元之）備陳古今理亂之本，可行者必委曲言之。玄宗心益開，聽之亹亹忘倦。”《新唐書》卷一二四贊曰：“姚崇以十事要説天子而後輔政，顧不偉哉，而舊史不傳。觀開元初皆已施行，信不誣已。”

唐玄宗下《陸象先益州大都督府長史制》。

事見《資治通鑑》卷二一〇。《唐大詔令集》卷五三載此制。

崔湜作《野燎賦》並序，於荆州自縊卒。其弟崔液作《幽征賦》，不久亦卒。

崔湜（671—713），字澄瀾，定州人。曾三度爲相。則天時，預修《三教珠英》，依附武三思、上官昭容，拜中書侍郎，檢校吏部侍郎，同中書門下平章事。後於韋氏稱制時再度同中書門下三品。景雲中，太平公主引爲中書令。太平之亂後流放嶺外，並於荆州賜死。按：崔湜本與竇懷貞等黨羽密謀廢唐玄宗，參見先天二年七月條，但是標準的兩面派，表面上仍與玄宗保持親善關係，且由於不在叛亂現場，故其他幾個宰相都被處死，唯獨他流於竇州，但後來被人揭發是主謀，故追賜死於荆州。崔湜《野燎賦序》：“先天二年十月，僕客於郢山之胡氏，胡氏之子體道之命，與僕有忘年之厚焉。常以暇日，登高縱觀，見火燎於野，壯而偉之，因謂僕曰：‘吾讀文多矣，未嘗見有賦於是者，試爲吾賦之。’僕時負譴，觸物多興，援毫斐然，豈近聲律。”《舊唐書・崔湜傳》：“時湜與尚書右丞盧藏用同配流俱行，湜謂藏用曰：‘家弟承恩，或冀寬宥。’因遲留不速進。行至荆州，夢於講堂照鏡，曰：‘鏡者明象，吾當爲人主所明也。’以告占夢人張由，對曰：‘講堂者受法之所，鏡者於文爲“立見金”，此非吉征。’其日追使至，縊於驛中，時年四十三。”《新唐書・崔湜傳》：“（湜）與弟液、澄、從兄涖並以文翰居要官。每宴私，自比東晋王、謝。嘗曰：‘吾一門入仕，歷官未嘗不爲第一。丈夫當先據要路以制人，豈能默默受制於人哉！’故進趣不已，至於敗。湜執政時，年三十八，嘗暮出端門，緩轡諷詩。張説見之，歎曰：‘文與位固可致，其年不可及也。’”《舊唐書・崔液傳》：“坐兄（崔湜）配流，逃匿於郢州人胡履虚之家。作《幽征賦》以見其意，辭甚典麗。遇赦還，道病卒。友人裴耀卿纂其遺文爲集十卷。”《新唐書・藝文志四》：“《崔液集》十卷，裴耀卿纂。”崔氏兄弟有才無德，見風使舵，貪得無厭，與上官婉兒等穢亂宫闈，聲名狼藉。

張説上疏請罷潑寒胡戲，唐玄宗從之。韓朝宗亦有《諫作乞寒胡獻表》應作於此時。

《潑寒胡舞》是唐代民間廣爲流傳的著名樂舞之一。張説曾作《蘇摩遮》五首描繪潑寒胡戲演出的盛況。但“裸身揮水”，不合禮法，張説認爲“踝體跳足，盛德何觀”爲由剴切禁斷，此舞遂絶。《張説之文集》卷二七《諫潑胡（乞寒）戲疏》云：“臣聞韓宣適魯，見周禮而歎；孔子會齊，數倡優之罪：列國如此，況天朝乎？今外蕃請和，選使朝謁，所當接以禮樂，示以兵威，雖曰戎夷，不可輕易，焉知無駒支之辯，由餘之賢哉？且潑寒胡未聞典故，踝體跳足，盛德何觀？揮水投泥，失容斯甚。法殊魯禮，褻比齊優，恐非干羽柔遠之義，樽俎折衝之道。願擇芻言，特罷此戲，幹冒宸極，伏深戰懼。"《唐會要》卷三四《雜録》載"至先天二年十月，中書令張説諫曰"，故繫於此。據《唐大詔令集》卷一〇九載本年十二月七日敕斷臘月乞寒戲。《全唐文》卷三〇一載韓朝宗《諫作乞寒胡獻表》。

十一月

四日，蘇頲爲撰《搜揚懷才隱逸等敕》。

《唐大詔令集》卷一〇二（《全唐文》卷二五四）載此敕，繫先天二年十一月四日。

唐玄宗令張説等兩省侍臣講讀，希以微言匡非德者，令黄門侍郎李乂、中書侍郎蘇頲隨事編録起居注。蘇頲撰《命張説等與兩省侍臣講讀敕》，玄宗爲蘇頲開政事食先例。以張説、姚崇監修國史，蘇頲撰《張説等監修國史敕》。

《全唐文》卷二〇蘇頲《命張説等與兩省侍臣講讀敕》："朕往在儲宫，旁求儒雅，則張説、褚無量等，爲朕侍讀。《詩》不云乎：如切如磋，如琢如磨。斯之謂也。咸能發揮啓迪，執經遵道，以微言匡菲德者，朕甚休之。自虔奉聖訓，祗膺大寶，冀天下學士，靡然向風，實獲我心，登於近侍；復欲勉聽虚儜，論思獻納。孔子曰：德之不修，學之不講，是吾憂也，豈食而不知其旨，耕而不知其耨，將何以因於義，求於善，補朕之闕，誨人罔倦哉？宜令銀青光禄大夫、守中書令、上柱國、燕國公張説，銀青光禄大夫、右常侍、崇文館學士、兼國子祭酒、上柱國、舒國公褚無量等，公務之暇，於中書與兩省侍臣講讀。其有昌言至誠、可體要經遠者，仍令銀青光禄大夫、行黄門侍郎、昭文館學士、上柱國、中山郡開國公李乂，銀青光禄大夫、行中書侍郎、兼知制誥、上柱國、成安縣開國男蘇頲，與左右起居隨事編録，三兩月進，朕將親覽。"按：《全唐文》録此文於唐玄宗名下，誤，《唐大詔令》卷一〇五載録此文爲蘇頲所撰，題爲《命張説等兩省侍臣講讀敕》。《舊唐書・李乂傳》："開元初，特令乂與中書侍郎蘇頲纂集起居注，録其嘉謨昌言可體國經遠者，别編奏之。"按：蘇頲應於此前即爲"行中書侍郎"，《舊唐書・蘇頲傳》："玄宗謂宰臣曰：'有從工部侍郎得中書侍郎否？'對曰：'任賢用能，非臣等所及。'玄宗曰：'蘇頲可中書侍郎，仍供政事食。'明日，加知制誥。有政事食，自頲始也。"又，蘇頲於本年正月即襲封"許國公"（見本年三月文），此處仍稱"開國男"，不知是否有誤，姑存疑。

張説曾撰《上東宫請講學啓》（《全唐文》卷二二四）向李隆基建議"重道尊儒"、

"博采文士":"臣聞安國家定社稷者，武功也；經天地緯禮俗者，文教也。……殿下之於天下，可謂不輕矣，監國理人，可謂至重矣。莫不拭目而視，清耳而聽，冀聞異政，以裨聖道。臣愚伏願崇太學，簡明師，重道尊儒，以養天下之士。今禮經殘缺，學校淩遲；歷代經史，率多紕繆。實殿下闡揚之日，刊定之秋。伏願博采文士，旌求碩學，表正九經，刊考三史。則聖賢遺範，粲然可觀。況殿下至性神聰，留情國體。幸以問安之暇，應務之余，引進文儒，詳觀古典，商略前載，討論得失。降温顏，聞讜議，則政途理體，日以增益；繼業承祧，永重德美。"《唐大詔令集》卷五一載《張説等監修國史敕》(《全唐文》卷二五三蘇頲《張説監修國史等制》，有誤):"自非經術文雅，進德修業，出忠入孝，匡俗佐時，爲朕寶臣，有邦良輔者，孰可綜核班紀，發揮蒼籀？銀青光禄大夫守中書令上柱國燕國公張説、銀青光禄大夫守兵部尚書同中書門下平章三品上柱國梁郡開國公姚元之等，並可監修國史。"繫先天二年十一月二十二日。

群臣上表請加尊號爲開元神武皇帝，蘇頲撰《依王公等請上尊號制》《上開元神武皇帝册文》。

《唐大詔令集》卷六載蘇頲《依王公等請上尊號制》(《全唐文》卷二五三)。《唐大詔令集》卷七載蘇頲《上開元神武皇帝册文》(《全唐文》卷二五四):"曩者景龍之末，長蛇縱禍，陛下慮宗社之墮，提劍夷之，則因親以尊主。間者朝有賊臣，天罰大憝，陛下拯邦家之難，援旗剿之，則措枉以舉直。戮不及嗣，惡惟其魁，思與王公卿士，下逮元元，揚闓擇而布和氣。……夫開者泰也，罔不亨；元者善也。罔弗利；神者聖也，罔弗通；武者威也，罔弗服。"

十二月

改元開元，大赦天下。改中書省爲紫微省，門下省爲黄門省，侍中爲監，尚書左右僕射爲左右丞相。蘇頲撰《開元元年赦書》。

《舊唐書・玄宗上》:"(先天二年)十二月庚寅朔，大赦天下，改元爲開元。内外官賜勳一轉，改尚書左、右僕射爲左、右丞相，中書省爲紫微省，門下省爲黄門省，侍中爲監。"《新唐書・玄宗紀》:"(先天二年)十二月庚寅，大赦，改元。……改中書省爲紫微省，門下省爲黄門省，侍中爲監。"蘇頲十二月一日作《開元元年赦書》(《全唐文》卷二五四,《唐大詔令集》卷四題爲《改元開元元年大赦天下制》)，文中有云:"《禮》尚於儉,《書》誡於奢，朕方歸敦樸，以存勸沮，至於乘輿服禦，及土木之功，蠲除撙節，貴從簡省。王公以下，宜識此心，欲將先自朕躬，冀能化行海内。薛伯陽以凶魁之子，合寘嚴刑，緣尚主之恩，特令遠貶，旋念從夫之禮，深矜自我之出，宜復舊婚，再承新命，可唐州别駕員外郎置同正員。郭元振往立大功，保護於朕，頃因閱武，頗失軍容，責情放逐，將收後效，可饒州司馬員外置同正員。朕聞罪不相及，先王之制：叔向豈坐於凶弟？展禽見稱於哲兄，劉廙不以劉偉獲辜，王導不以王敦廢職。崔滌爲其兄湜構禍，每進款誠，事朕有年，心則無隱，忠邪既判，賞罰宜均，俾踐儲卿，式彰臣節，可太子僕員外置同正員。國初以來宰相，及實封功臣子孫，一房沈翳，未承恩者，令所司訪擇有才用者，量加擢用。周朝酷吏來俊臣、周興之徒，殘害宗枝，毒害良善，永言及此，深所歎恨。其酷吏有身在，及酷吏身後有子孫，亦令所司勘會，甄别處分。諸軍將士，有年歲深久，所由要籍，或不得選集，及未叙勞效，咸委軍將據實奏聞，仍令所司早勘處分。及諸軍子將總管以上，自今已後，冬正賜帛，一準京官例給。亡命山澤。挾藏軍器，百日不首，復罪如初，敢以赦前事相告言者，以其罪罪之。”對有罪之臣輕罰，對酷吏之臣警戒，對諸軍將士寬待，顯示新朝氣象。

壬寅，唐玄宗更以姚崇爲紫微令，蘇頲撰《授姚崇兼紫微令制》。姚崇勸不用功臣。癸丑，張説左遷相州刺史、劉幽求罷爲太子少保。以黄門侍郎盧懷慎同紫微黄門平章事，下《授盧懷慎同平章事制》。張九齡本年三十六歲，任左拾遺，有《上姚令公書》勸其遠諂躁，進純厚，姚崇嘉納之。

《資治通鑒》卷二一〇：“壬寅，以姚元之兼紫微令。元之避開元尊號，復名崇。……姚崇既爲相，紫微令張説懼，乃潛詣岐王申款。他日，崇對於便殿，行微蹇。上問：‘有足疾乎？’對曰：‘臣有腹心之疾，非足疾也。’上問其故。對曰：‘岐王陛下愛弟，張説爲輔臣，而密乘車入王家，恐爲所誤，故憂之。’癸丑，説左遷相州刺史。右僕射、同中書門下三品劉幽求亦罷爲太子少保。甲寅，以黄門侍郎盧懷慎同紫微黄門平章事。”《全唐文》卷二〇載《授盧懷慎同平章事制》（《唐大詔令集》卷四四題爲《盧懷慎平章事制》）。《全唐文》卷二五〇載蘇頲《授姚崇兼紫微令制》（《唐大詔令集》卷四四題爲《姚崇兼紫微令制》）。按：姚元之本名元崇，武后長安四年命以字行，今復舊名。按：除張説、劉幽求罷相外，其他功臣鐘紹京、王琚、崔日用、魏知古等或罷知政事，或被外貶，參見《舊唐書》各人本傳。《新唐書》卷一二一傳贊曰：“幽求之謀，紹京之果，日用之智，琚之辯，皆足濟危紓難，方多故時，必資以成功者也。雄邁之才，不用其奇則猒然不滿，誠不可與共治平哉！姚崇勸不用功臣，宜矣。”《資治通鑒》亦載：“左拾遺曲江張九齡以元之有重望，爲上所信任，奏記勸其遠諂躁，進純厚……元之嘉納其言。十二月壬寅，以姚元之兼紫微令。”張九齡記中稱上

“紫微令梁公”，則當在姚崇兼紫微令之後。參看顧建國《張九齡年譜》，第54 頁。《曲江集》卷十六《上姚令公書》：“而曩之用才，非無知人之鑒；其所以失，溺在緣情之舉。……至於合如市道，廉公之門客虚盈；勢比雀羅，廷尉之交情貴賤。初則許之以死殉，體面俱柔；終乃背之而飽飛，身名已遂：小人恒態，不可不察。自君侯職相國之重，持用人之權，而淺中弱植之徒，已延頸企踵而至，諂親戚以求譽，媚賓客以取容，情結笑言，談生羽翼。萬事至廣，千變難知，其間豈不有才？所失在於無恥。”

張九齡（678—740），一名博物，字子壽，韶州曲江（今廣東韶關）人，西漢留侯張良之後，西晋開國功勛張華十四世孫。開元賢相，盛唐重要的文章家。細聰敏，七歲知屬文。長安二年，進士擢第。先天元年，授左拾遺。開元六年，遷左補闕。十年爲中書舍人、内供奉。十九年爲秘書少監，遷中書侍郎，二十一年以本官同中書門事平章事，明年遷中書令，兼集賢院學士知院事、修國史。二十四年爲李林甫所譖，改尚書右丞相。二十五年，貶荆州長史。二十八年病卒，年六十三，謚曰文獻。生平事跡見徐浩《唐尚書右丞相中書令張公神道碑》、《舊唐書》卷九九、《新唐書》卷一二六本傳。今人何格恩有《張九齡年譜》及《曲江年譜拾遺》，還有楊承祖《張子壽先生九齡年譜》、李世亮《張九齡年譜》、張近凡《張曲江年譜補正》、顧建國《張九齡年譜》、熊飛《張九齡年譜新編》，均可參考。今有《曲江張先生文集》二十卷傳世，熊飛有《張九齡集校注》（中華書局，2008 年）。《全唐文》卷二八三至二九三存文十一卷，《唐代墓誌彙編》録《故中散大夫並州孟縣令崔府君（哲）夫人源氏墓誌銘並序》（第1173頁）1篇，《全唐文補編》卷三四補《韓休平章事制》《上張燕公書》《劾牛仙客疏》《請誅安禄山疏》《進金鑒録表》5篇。

蘇頲與王琚同爲紫微侍郎，又與舅父李乂同掌制誥，時稱“蘇、李”。

《唐會要》卷五四：“開元元年十二月……上曰：‘蘇頲可除中書侍郎。’仍令宰臣宣旨，移入政事院，便供政事食。明日，加知制誥。”改官名後，爲紫微侍郎。蘇頲十日作《禁斷臘月乞寒敕》。是月還作有《授韋玢司農少卿制》《授許輔虔左羽林將軍制》《授李傑河南尹制》《授鄭勉紫微舍人等制》及《授彭景直禮部郎中制》等。《舊唐書・王琚傳》：“十二月，改年號爲開元，又改官名，與蘇頲同爲紫微侍郎。”王琚（656—746），懷州河内（今河南沁陽）人。玄宗未登基時即與之交遊親善，韋氏專制、太平謀逆之勘亂中，皆有功，曾任户部尚書，參豫大政，封趙國公，時號内宰相。天寶時爲李林甫所構貶死。著有《射經》。李乂（657—716），本名尚真，趙州房子（今河北臨城）人。因太平公主干政之時，拒絶依附，姚崇爲紫微令，薦爲侍郎。李乂爲蘇頲舅父，舅甥二人對掌書命，並稱“蘇、李”。《新唐書・蘇頲傳》玄宗稱：

“前世李嶠、蘇味道，文擅當時，號蘇、李。今朕得頲及乂，何愧前人。”

本年

趙冬曦任右拾遺。張九齡與趙冬曦兩人同考吏部選人等第，時稱平允。

《舊唐書·張九齡傳》：“九齡以才鑒見推，當時吏部試拔萃選人及應舉者，咸令九齡與右拾遺趙冬曦考其等第，前後數四，每稱平允。”

本年左右，始置翰林院，以張説、陸堅、張九齡、徐安貞、張説子張均、張垍等爲翰林待詔。

事見《唐會要》卷五七、《舊唐書·職官志二》。《新唐書·百官志》一：“玄宗初，置翰林待詔，以張説、陸堅、張九齡等爲之，掌四方表疏批答、應和文章。”《資治通鑒》卷二一七：“上即位，始置翰林院，密邇禁延，延文章之士，下至僧、道，書、畫、琴、棋、數術之工皆處之，謂之待詔。刑部尚書張均及弟太常卿垍皆翰林院供奉。”徐安貞（671—743），原名楚璧，信安龍丘（今浙江衢州）人。初應制舉，一歲三登甲科，爲時所稱。開元時整理秘府書籍，累遷中書舍人，集賢院學士，“上每屬文及作手詔，多命安貞視草，甚承恩顧”（《舊唐書·文苑傳》）。開元十九年上《文府》二十卷（參見本書開元十九年二月條），官至中書侍郎，封東海縣子。生平事跡見《舊唐書》卷一九〇、《新唐書》卷二〇〇本傳。《全唐文》卷三〇五存文12篇，《唐代墓誌彙編》載《唐故朝散大夫滁州别駕蕭府君（謙）墓誌銘》（第 1446 頁）、《唐故尚書右丞相贈荆州大都督始興公（張九齡）陰堂志銘》（第 1517 頁）2篇，《全唐文補遺》（千唐志齋新藏專輯）補《大唐德州安陵縣尉陸光庭妻吴郡朱夫人（淑）墓誌》1篇，共計15篇。

本年左右，吴兢遷任起居郎，慮唐玄宗果不及精，上疏陳諫議之道。

《新唐書·吴兢傳》：“玄宗初立，收還權綱，鋭於决事，群臣畏伏。兢慮帝果而不及精，乃上疏曰：……陛下初即位，猶有褚無量、張廷珪、韓思復、辛替否、柳澤、袁楚客等數上疏争時政得失。自頃上封事，往往得罪，諫者頓少。是鵲巢覆而鳳不至，理之然也。臣誠恐天下骨鯁士以讜言爲戒，橈直就曲，斫方爲刓，偷合苟容，不復能盡節忘身，納君於道矣。……太宗皇帝好悦至言，時有魏徵、王珪、虞世南、李大亮、岑文本、劉洎、馬周、褚遂良、杜正倫、高季輔，咸以切諫，引居要職。……當是時，有上書益於政者，皆黏寢殿之壁，坐望卧觀，雖狂瞽逆意，終不以爲忤。故外事必聞，刑戮幾措，禮義大行。陛下何不遵此道，與聖祖繼美乎？”

唐玄宗天寶十五載唐肅宗至德元載（756）丙申

正月

安禄山據洛陽，自稱大燕皇帝，改元聖武。

《舊唐書・玄宗下》："（天寶十五載正月）禄山僭號於東京。"《資治通鑒》卷二一七："（天寶十五載）春，正月，乙卯朔，禄山自稱大燕皇帝，改元聖武。"

顔真卿本年四十七歲，任平原太守，加户部侍郎。

《舊唐書・玄宗下》："（天寶十五載正月）乙巳，加平原太守顔真卿户部侍郎，獎守城也。"

二月

盧庚（盧庾）、郎士元、皇甫冉、令狐峘、闞播、封演等三十三人登進士第，試《東郊迎春詩》；明經科陸康、柳□、柳鎮、白季庚、盧岳、崔衍、王求古等人及第。禮部侍郎陽浚知貢舉。

《登科記考補正》卷九："《文苑英華》載皇甫冉《東郊迎春詩》，當是此年試題。"

韋述撰《集賢注記序》。

《全唐文補編》卷三九《集賢注記序》："韋述自登書府，至天寶十五載，凡四十年。緬想同時凋亡已盡，後來賢彦多不委書院本末。歲月既久，或慮湮沈。敢因東觀之暇，聊記置院經史及前後學士名氏。事皆親覩，不敢遺隱。時丙申歲二月也。"《序》云"時丙申歲二月也。"丙申歲即天寶十五載，故知《集賢注記序》當作於天寶十五載二月。

三月

乙酉，顔真卿加河北采訪使。

《舊唐書・玄宗下》："（三月）乙酉，以平原太守顔真卿爲河北采訪使。"

六月

潼關失守，唐玄宗幸蜀，本年七十二歲。丁酉，至馬嵬，六軍不進，誅殺楊國忠、賜死楊貴妃。

《舊唐書・玄宗下》："（天寶十五載六月）丙辰，次馬嵬驛，諸衛頓軍不進。龍武大將軍陳玄禮奏曰：‘逆胡指闕，以誅國忠爲名，然中外群情，不無嫌怨。今國步艱阻，乘輿震盪，陛下宜徇群情，爲社稷大計，國忠之徒，可置之於法。’會吐蕃使二十一人遮國忠告訴於驛門，衆呼曰：‘楊國忠連蕃人謀逆！’兵士圍驛四合，及誅楊國忠、魏方進一族，兵猶未解。上令高力士詰之，回奏曰：‘諸將既誅國忠，以貴妃在宮，人情恐懼。’上即命力士賜貴妃自盡。”《新唐書・玄宗紀》：“（天寶十五載六月）丁酉，次馬嵬，左龍武大將軍陳玄禮殺楊國忠及御史大夫魏方進、太常卿楊暄。賜貴妃楊氏死。”

高適本年五十七歲，赴長安爲唐玄宗獻策抗敵。

《新唐書・高適傳》：“禄山亂，召翰討賊，即拜適左拾遺，轉監察禦史，佐翰守潼關。翰敗，帝問群臣策安出，適請竭禁藏募死士抗賊，未爲晚，不省。”《舊唐書・玄宗下》：“（天寶十五載）六月庚寅，哥舒翰將兵八萬與賊將崔乾佑戰於靈寶西原，官軍大敗，死者十六七。……辛卯，哥舒翰至潼關，爲其帳下火拔歸仁以左右數十騎執之降賊，關門不守，京師大駭。……甲午，將謀幸蜀。”六月辛卯，潼關失守，甲午，玄宗謀幸蜀，則高適赴長安獻策抗敵事當在六月辛卯至甲午間。

賈至本年三十九歲，從唐玄宗幸蜀，拜起居舍人，知制誥，遷中書舍人。

《舊唐書・賈至傳》：“至，天寶末爲中書舍人。禄山之亂，從上皇幸蜀。”《新唐書・賈至傳》：“從玄宗幸蜀，拜起居舍人，知制誥。……歷中書舍人。”

安禄山陷京師。

《新唐書・玄宗紀》：“（天寶十五載六月）己亥，禄山陷京師。”

李華本年四十二歲，任哥舒翰書記，潼關失守，陷賊，授僞鳳閣舍人。

《舊唐書・玄宗下》：“（天寶十五載六月）哥舒翰至潼關，爲其帳下火拔歸仁以左右數十騎執之降賊，關門不守，京師大駭。”《舊唐書・李華傳》：“禄山陷京師，玄宗出幸，華扈從不及，陷賊，僞署爲鳳閣舍人。”

七月

甲子，唐肅宗本年四十六歲，即皇帝位於靈武，改天寶十五載爲至德元載，頒布《即位大赦文》。以禦史中丞裴冕爲中書侍郎、同中書門下平章事。

《全唐文》卷四四《即位大赦文》：“以七月癸丑朔十二日甲子，即皇帝位於靈州，敬崇徽號，上尊聖皇曰上皇天帝，所司擇日，昭告於上帝。朕以薄德，謬當重任，既展承天之禮，宜覃率土之澤，可大赦天下，改元曰至德。”《舊唐書・肅宗紀》：“（天寶十五載）是月（七月）甲子，上即皇帝位於靈武。”《新唐書・肅宗紀》：“（天寶十五載七月）甲子，即皇帝位於靈武，尊皇帝曰上皇天帝，大赦，改元至德。”《資治通鑒》卷二一八：“（天寶十五載七月）肅宗即位於靈武城南樓，群臣舞蹈，上流涕歔欷。尊玄宗爲上皇天帝，赦天下，改元。”

甲子，唐玄宗至普安郡（劍閣），下《鑾駕到蜀大赦制》。丁卯，賈至爲撰《命三王制》，闡明玄宗罪己責躬，是爲罪己詔。與此同時，部署太子李亨、及永王璘、盛王琦、豐王珙分管諸路兵馬，試圖繼續號令天下。

《唐大詔令集》卷七九載《鑾駕到蜀大赦制》，《全唐文》卷四〇題爲《幸蜀郡大赦文》。《唐大詔令集》卷三六載《命三王制》（《文苑英華》卷四六二、《全唐文》卷三六六題爲《玄宗幸普安郡制》），有云：“宸極既貞，寰區載晏，爾來在位，垂五十年，中原幸無師旅，戎狄歲來朝貢。夙興旰食，勤念蒼生，庶宏至理，永躋仁壽。愧無帝堯之聖德，而有寄體之不明，致令賊臣，内外爲患，蔽朕耳目，遠朕忠良，或竊弄威權，或厚斂重賦。泉壤一漏，成此滔天。構逆召戎，馳突中夏，傾覆我河洛，擾亂我崤函，使衣冠奔走於草莽，黎庶狼狽於鋒鏑。伊朕薄德，不能守厥位，貽禍海内，負兹蒼生。是用罪已責躬，寤寐戰灼，上愧乎天地，下愧乎庶人，外愧乎四海，内愧乎九族，乾乾惕厲，思雪大恥。夫定禍亂者必仗於群才，理國家者先固其根本。太子亨，忠肅恭懿，説禮敦詩，好勇多謀，加之果斷。永王璘、盛王琦、豐王珙，皆孝友謹恪，樂善好賢，頃在禁中，而習政事，察其圖慮，可試艱難。夫宫相之才，師傅之任，必資雅善，允屬忠貞，况四海多虞，二京未復，今當慎擇，實惟其人。太子亨宜充天下兵馬元帥，仍都統朔方、河東、河北、平盧等節度采訪都大使，與諸路及諸副大使等計會，南收長安、洛陽；以禦史中丞裴冕兼左庶子，隴西郡司馬劉秩試守右庶子。永王璘宜充山南東路及黔中、江南西路等節度支度采訪都大使，江陵大都督如故；以少府監竇紹爲之傅，以長沙郡太守李峴爲副都大使，仍授江陵郡大都督府長史兼禦史中丞。盛王琦宜充廣陵郡大都督，仍領江南東路及淮南、河南等路節度采訪都大使；依前江陵郡都督府長史劉匯爲之傅，以廣陵郡長史李成式爲副都大使。兼禦史中丞。豐王珙宜充武威郡大都督，仍領河西、隴右、交西、北庭等路節度支度采訪都大使；以隴西郡太守鄧景山爲之傳傅，兼武威郡都督府長史禦史中丞充副都大使。應須兵馬、甲仗、器械、糧賜等，並於當路自供。”

十四日，唐玄宗以憲部侍郎房琯爲文部尚書、同中書門下平章事，賈至撰《授房琯文部尚書同平章事制》。

《全唐文》卷三六七載此制，《唐大詔令集》卷四五題爲《房琯平章事制》，繫天寶十五載七月十四日。

顔真卿任工部尚書兼御史大夫，河北招討、采訪、處置使，撰《皇帝即位賀上皇表》《修書帖》，唐玄宗有《答顔真卿賀皇帝即位批》。

《資治通鑒》卷二一八："（至德元載七月）以真卿爲工部尚書兼御史大夫，依前河北招討、采訪、處置使。"《全唐文》卷三三六載《皇帝即位賀上皇表》、卷三三七載《修書帖》，繫年據《顔魯公年譜》。《全唐文》卷三七（《文苑英華》卷四六七）載玄宗答批文。

八月

癸未，唐肅宗詔郭子儀爲兵部尚書，李光弼爲户部尚書，並掌軍事，同中書門下平章事。是日，唐玄宗至成都，頒布《幸蜀郡大赦文》。

事見《舊唐書·肅宗紀》《舊唐書·玄宗下》。《全唐文》卷四十載此赦文。

丁酉，賈至爲唐玄宗撰《命皇太子即皇帝位詔》，遜位稱誥。己亥，命左相韋見素、宰相房琯、崔涣帶傳國寶玉册到靈武，舉行傳位儀式，並下《命群臣輔嗣皇帝詔》，讓賈至草擬《肅宗皇帝即位册文》。玄宗覽讀感歎，賈氏父子爲兩代皇帝撰寫傳位册文。

《全唐文》卷三三《命皇太子即皇帝位詔》："今宗社未安，國家多難，宜令即皇帝位，朕稱太上皇。且天下兵權，宜制在中夏，朕據巴蜀，應卒則難，其四海軍權，先取皇帝處分，然後奏朕知。待克復上京，朕將凝神静慮，偃息大庭也。"《唐大詔令集》卷三十載賈至《明皇令肅宗即位詔》，與《全唐文》所載《命皇太子即皇帝位元詔》文字互異，較之詳細，透露出更多資訊："先帝以朕有戡難之功，命朕當主鬯之任，辭不獲已，遂踐皇極。聿來臨禦，垂五十載。……今宗社未安，國家多難，某英勇雄毅，總戎專征，代朕憂勤，斯爲克荼。宜即皇帝位。仍令所司擇日，宰相持節，往宣朕命。其諸禮儀，皆准故事：有如神祇簡册申令須及者，朕稱誥焉；衣冠表疏禮數須及者，朕稱太上皇焉。且天下兵權，制在中夏，朕處巴蜀，應卒則難。其四海軍郡，先奏取皇帝進止，仍奏朕知；皇帝處分訖，仍量事奏報。寇難未定，朕實同憂，誥制所行，須相知悉。皇帝未至長安已來，其有與此便近，去皇帝路遠，奏報難通之處，朕且以誥旨隨事處置，仍令所司奏報皇帝。待克復上京已後，朕將凝神静慮，偃息大庭，縱姑射之人，紹鼎湖之事。"《唐大詔令集》卷一《肅宗即位册文》（《全唐文》卷三六七題爲《肅宗皇帝即位册文》，賈至所撰）："維天寶十五載歲次景申八月癸未朔十八日己亥，皇帝若曰：諮爾元子某，惟天爲大，惟人君則之，順乃德。……是用命爾元子某，當位嗣統。"《全唐文》卷三三載《命群臣輔嗣皇帝詔》："皇帝自幼仁孝，與諸子有異，朕豈不知。往十三年，已有傳位之意，屬其歲水旱，左右勸朕，且俟豐年。爾來便屬禄山構逆，方隅震擾，未遂此心。昨發馬嵬，亦有處分。今皇帝受命，朕心頓如釋負，勞卿等遠去，勉輔佐之。多難興王，自古皆府，卿等乃心王室，以社爲念，早定中原，吾之望也。"《舊唐書・賈至傳》："禄山之亂，從上皇幸蜀。時肅宗即位於靈武，上皇遣至爲傳位册文，上皇覽之歎曰：'昔先帝遜位於朕，册文則卿之先父所爲。今朕以神器大寶付儲君，卿又當演誥。累朝盛典，出卿父子之手，可謂難矣。'至伏於御前，嗚咽感涕。"《新唐書・賈至傳》所載略同。《舊唐書・玄宗下》："(天寶十五載八月)上皇臨軒册肅宗，命宰臣韋見素、房琯使靈武，册命曰：'朕稱太上皇，軍國大事先取皇帝處分，後奏朕知。候克復兩京，朕當怡神姑射，偃息大庭。'"

二十一日，賈至爲唐玄宗撰《停潁王等節度誥》。

《唐大詔令集》卷三六（《全唐文》卷三八）載此誥。

蕭穎士本年四十歲，撰《爲李中丞賀赦表》。

《全唐文》卷三二二蕭穎士《爲李中丞賀赦表》："中書省馬崇至自蜀郡，伏奉八月一日制書，大赦天下。罪無輕重，咸蒙洗滌，覆宗之辜，亦賜原宥。……昔上皇鑾辨，祗車巡於谷口。"《舊唐書・玄宗下》："(天寶十五載)八月癸未朔，鑾蜀都府衙，宣詔曰：'……令太子諸王搜兵重鎮，誅夷凶醜，以謝昊穹；思與群臣重弘理道，可大赦天下。'……己亥，上皇臨軒册肅宗，……曰：'朕稱太上皇，軍國大事先取皇帝處分，後奏朕知。候克復兩京，朕當怡神姑射，偃息大庭。'"

十月

唐玄宗下《黜陟守令詔》。

《全唐文》卷三二載此詔。《册府元龜》卷一五二繫天寶十五載十月。

十二月

高適爲淮南節度使，作《謝上淮南節度使表》。

《資治通鑒》卷二一九："十二月，置淮南節度使，領廣陵等十二郡，以適爲之；置淮南西道節度使，領汝南等五郡，以來瑱爲之；使與江東節度使韋陟共圖璘。"《高適集校注》載《謝上淮南節度使表》："以今月二日至廣陵"，當爲至德元載十二月二日。

本年

李白五十六歲，永王璘重其才名，辟爲府僚佐，《與賈少公書》疑作於本年前後。

《李白集校注》卷二六《與賈少公書》："宿昔惟清勝。白綿疾疲薾，去期恬退，才微識淺，無足濟時。雖中原橫潰，將何以救之？王命崇重，大總元戎。辟書三至，人輕禮重。嚴期迫切，難以固辭。扶力一行，前觀進退。且殷深源廬嶽十載，時人觀其起與不起，以卜江左興亡。謝安高卧東山，蒼生屬望。白不樹矯抗之跡，恥振玄邈之風，混游漁商，隱不絶俗，豈徒販賣雲壑，要射虚名？方之二子，實有慚德。徒塵忝幕府，終無能爲。唯當報國薦賢，持以自免，斯言若謬，天實殛之。以足下深知，具申中款。惠子知我，夫何間然？勾當小事，但增悚惕。"李白於《書》中云"唯當報國薦賢，持以自免"。《書》中所記爲安史亂後，永王璘辟白爲府僚佐時事，當在至德元載至二載間，唯作年難確考，姑繫於此。

王昌齡本年約六十七歲，爲刺史閭丘曉所殺。

《新唐書·王昌齡傳》："以世亂還鄉里，爲刺史閭丘曉所殺。"王昌齡於開元、天寶之際，詩名籍甚，有"詩家夫子王江寧"之稱。《新唐書》卷六〇《藝文四》著録其有《王昌齡集》五卷。《舊唐書·王昌齡傳》載其"有集五卷"，又言其爲文"緒微而思清"。《新唐書·王昌齡傳》則載其"工詩，緒密而思清，時謂王江寧"。《舊唐書·崔顥傳》："開元、天寶間，文士知名者，汴州崔顥、京兆王昌齡、高適、襄陽孟浩然，皆名位不振，唯高適官達。"《明皇雜録·補遺》："天寶中，劉希夷、王昌齡、祖詠、張若虚、孟浩然、常建、李白、杜甫，雖有文名，俱流落不偶，恃才浮誕而然也。"《唐才子傳》卷二："自元嘉以還，四年（按：應爲四百年）之内，曹、劉、陸、謝，風骨頓盡，逮儲光羲、王昌齡頗從絶跡，兩賢氣同而體别也，王稍聲峻，奇句俊格，驚耳駭目。奈何晚途不矜小節，謗議沸騰，兩竄遐荒，使知音者喟然長歎，失歸全之道，不亦痛哉！"今有胡問濤、羅琴《王昌齡集編年校注》（巴蜀書社，2000 年）。《全唐文》卷三三一收其文7篇。

王維、裴迪、杜甫俱陷賊，王維被迫爲給事中。

《新唐書·王維傳》："安禄山反，玄宗西狩，維爲賊得，以藥下利，陽瘖。禄山素知其才，迎置洛陽，迫爲給事中。"

蕭穎士避亂襄陽，爲源洧掌書記，撰《登宜城故城賦》，《與崔中書圓書》疑作於本年。

《全唐文》卷三二二蕭穎士《登宜城故城賦》自注："丙申歲避地襄陽，見召掌節度書記，陪幕府源公赴江陵作。"賦云："變之始也，予旅寓於淇園，初提挈而南奔。

崩波滑臺，逼迸夷門。”源公，即源洧。《舊唐書・源洧傳》：“安禄山反，……以洧爲江陵郡大都督府長史、本道采訪防禦史。”《全唐文》卷三二三蕭穎士《與崔中書圓書》：“時事孔棘，出於慮外，京邑傾淪，主上遷播。……某自中州隔越，流播漢陰，遂至江左，淮南節度使詔掌書記，兼補此官。……竊惟二京未復，祆氛方熾，靈武太原，雖稱官軍甚盛，而兩河南北，無月不遭寇禍。”蕭穎士於《賦》中載安史亂起後己之行蹤。題下自注云“丙申歲避地襄陽，見召掌節度書記，陪幕府源公赴江陵作。”丙申歲即天寶十五載（至德元載），故知《登宜城故城賦》當作於天寶十五載（至德元載）。《書》云“京邑傾淪，主上遷播。”又云“二京未復，祆氛方熾。”《舊唐書・玄宗下》：“（天寶十五載六月）甲午，將謀幸蜀，乃下詔親征。”《新唐書・玄宗紀》：“（天寶十五載六月）己亥，禄山陷京師。”《新唐書・肅宗紀》：“（至德二載九月）復京師。”故知《與崔中書圓書》當作於天寶十五載（至德元載）六月至至德二載九月間，唯作年難確考，姑繫於此。

李華《哀節婦賦》疑作於本年。

《全唐文》卷三一四《哀節婦賦》：“昔歲群盜並起，横行海淅，江陰萬户，化爲凝血，無蘭不焚，無玉不折，峨峨薄媛，淵然明節。”獨孤及《檢校尚書吏部員外郎趙郡李公中集序》贊李華《哀節婦賦》爲“敦禮教”之作。《資治通鑒》卷二一七：“（天寶十四載）十一月，甲子，禄山發所部兵及同羅、奚、契丹、室韋凡十五萬衆，號二十萬，反於范陽。”知天寶十四載，安史亂起。又《賦》云“昔歲群盜並起，横行海淅。”故疑《哀節婦賦》作於天寶十五載（至德元載），姑繫於此。

元結三十八歲，逃難入猗玗洞，遂號猗玗子，《虎蛇頌》（《虎頌》《蛇頌》）、《異泉銘》疑作於本年。

《元次山集》卷六《虎頌》：“猗，王虎，將何與方？方古太王，非不方於今。今也惠讓不如王虎之心。”《元次山集》卷六《蛇頌》：“猗，均蛇，將何與儔？儔古延州，非不儔於時。時也順讓不如均蛇之爲。”《元次山集》卷六《異泉銘》：“何故作銘，銘於異泉，爲其當不可閼，坼石出焉。何用作銘，銘於異泉，爲其當不可下。窮高流焉，君子之德，顯與晦殊，爲此銘者，忘道也歟。”《元次山集》卷六《虎蛇頌序》：“猗玗子逃亂在（石邑），南人云：猗玗洞中，是王虎之宫；中（石邑）之陰，是均蛇之林。居之三月，始知王虎如古君子，始知均蛇如古賢士。……可作頌矣。”《序》云“猗玗子逃亂在（石邑）”，元結本年逃難入猗玗洞，始號猗玗子，故疑《虎蛇頌》作於天寶十五載（至德元載）。異泉位於猗玗洞側，《異泉銘》當爲元結逃難入猗玗洞時作，故亦疑其作於天寶十五載（至德元載）。

唐睿宗公主考

郭海文　李　燉　董保强*

《新唐書·公主傳》共記載了睿宗11個女兒。其中有將公主人名搞錯、將公主排行搞錯的現象，也有語焉不詳的現象。劉琴麗有《〈新唐書·公主傳〉拾遺補正》是在前輩學者研究的基礎上，對《公主傳》進行的較爲細緻的校補。本文欲在學者們對《新唐書·公主傳》進行考證的基礎上，以墓誌爲依據，對睿宗的11個女兒進行更爲細緻全面的考證。釐清其母親、排行、名字、駙馬、子女數、死亡原因、埋葬地等主要問題。

1. 壽昌公主

睿宗長女。據《舊唐書·后妃傳》記載："睿宗肅明順聖皇后劉氏，刑部尚書德威之孫也。父延景，陝州刺史，景雲元年，追贈尚書右僕射、沛國公。儀鳳中，睿宗居藩，納后爲孺人，尋立爲妃，生甯王憲、壽昌、代國二公主。"①可知，公主的生母爲皇后劉氏。壽昌公主與代國公主爲同母姐妹。

公主所嫁之人，《新唐書·公主傳》："下嫁崔真。"②《唐會要》："壽昌，降崔真。"③然而，據其他史料記載，情況有所不同。即武則天時，初封壽昌縣主，開始許嫁太子右奉禦楊尚一，未成。最終嫁給了清廟齋郎崔珍。

---

* 作者簡介：郭海文（1966—），女，陝西西安人，陝西師範大學歷史文化學院副教授。

① 《舊唐書》卷五一《后妃傳》，北京：中華書局，1975年，第3656頁。

② 《新唐書》卷八三《諸帝公主》，北京：中華書局，1975年，第3656頁。

③ （宋）王溥撰，牛繼清校證：《唐會要校證》卷二一，西安：三秦出版社，2012年，第56頁。

《新都郡主等出降制》:“鸞臺：皇太子第二女新都郡主、相王長女壽昌縣主、第二女安興縣主等，壽昌縣主可出適太子右奉禦楊尚一。安興縣主可出適梁王府參軍薛琳。所司准式。”[①]此條記載公主許嫁楊尚一,《新唐書》《唐會要》都無記載。而《壽昌仙源縣主出降制》:“鸞臺：相王長女壽昌縣主，第五女仙源縣主，……清廟齋郎崔珍，太子左奉禦薛伯陽，並地襲衣冠，躬履名教，風猷美茂，才藝紛綸。壽昌縣主可出適珍、仙源縣主可出適伯陽。仍令所司准式。”[②]此條記載公主下嫁崔珍。與《新唐書》《唐會要》記載不一。

公主死因及埋葬何處無資料可查詢。

2. 安興昭懷公主

睿宗李旦的第二女。母不詳。

據《新都郡主等出降制》:“鸞臺：皇太子第二女新都郡主、相王長女壽昌縣主、第二女安興縣主等，壽昌縣主可出適太子右奉禦楊尚一。安興縣主可出適梁王府參軍薛琳。所司准式。”[③]可知公主曾許婚梁王府參軍薛琳。

另據《安興公主謚議文》:“謹按《周禮》謚法：“容儀恭美曰昭，慈仁短折曰懷”，請謚曰昭懷公主。謹議。”[④]

從中我們得知公主的謚號是“昭懷”。公主死後陪葬乾陵。

3. 荆山公主

《新唐書》原載此公主排行第三，很顯然此公主排行與淮陽公主衝突。《新唐書・公主傳》載:“荆山公主，下嫁薛伯陽。”[⑤]又載:“凉國公主，始封仙源，下嫁薛伯陽。”[⑥]

薛伯陽爲薛稷之子。史書記載:“稷舉進士，累轉中書舍人。時從祖兄曜爲正諫大夫，與稷俱以辭學知名，同在兩省，爲時所稱。“睿宗常召稷入宫中參决庶政，恩遇莫與爲比。”[⑦] 薛伯陽曾經也是玄宗的座上賓,《新唐書》記載:“初，太子在潞州，襄城

① （清）董誥:《全唐文》卷九五《新都郡主等出降制》，北京：中華書局，1975年，第987頁。
② （清）董誥:《全唐文》卷九五《新都郡主等出降制》，北京：中華書局，1975年，第987頁。
③ （清）董誥:《全唐文》卷九五《新都郡主等出降制》，北京：中華書局，1975年，第987頁。
④ （清）董誥:《全唐文》卷二三五《安興公主謚議文》，北京：中華書局，1975年，第2377頁。
⑤ 《新唐書》卷八三《諸帝公主》，北京：中華書局，1975年，第3656頁。
⑥ 《新唐書》卷八三《諸帝公主》，北京：中華書局，1975年，第3656頁。
⑦ 《舊唐書》卷七三，北京：中華書局，1975年，第2592頁。

張暐爲銅鞮令，與姜晈、崔滌、李令問、王守一、薛伯陽等並侍左右。此數人以東宫皆勢重天下。”[①]《舊唐書》：“唐隆元年六月，王清内難，升爲皇太子，召暐拜宫門大夫，每與諸王、姜皎、崔滌、李令問、王守一、薛伯陽在太子左右以接歡。”[②] 後來因爲薛稷參與太平公主叛亂，先天二年（713）“及竇懷貞伏誅，稷以知其謀，賜死於萬年縣獄中。”“子伯陽，以尚公主拜右千牛衛將軍、駙馬都尉，亦以功封安邑郡公，别食實封四百户。及父死，特免坐，左遷晋州員下文外别駕。尋而配徙嶺表，在道自殺。”從這斷史料可看出，第一，駙馬死於連坐。第二駙馬薛伯陽娶了兩位姐妹花公主。第三，可推算，荆山公主早在此時離開人世。否則，駙馬不會娶其妹妹凉國公主。據《凉國公主墓誌》“開元十二載（724）八月辛巳，遇疾薨於京邸永嘉里第，享年三十八”[③]。公主當生於686年。那麽到薛伯陽死（713），凉國公主纔 17歲。公主什麽時候嫁給薛伯陽的呢？史書記載：“睿宗在藩，留意於小學，稷於是特見招引，俄又令其子伯陽尚仙源公主。”[④]通過研讀《舊唐書·睿宗本紀》可知睿宗以藩王即位，降爲皇嗣，復爲藩王。其中第一次在位的時間爲684—690，第二次在位的時間爲710—712。凉國公主生於686年，她嫁給薛伯陽的時間是“睿宗在藩”，而這個“睿宗在藩”只能是睿宗降爲皇嗣的時間，即690—710之間了。就算是710年結婚，公主年僅14歲。

也就是説，荆山公主薨後，薛伯陽又尚凉國公主，薛伯陽死後，凉國公主纔17歲，後又下嫁於温曦（詳見下文凉國公主考）。

史載：“伯陽子談，開元十六年（728），尚常山公主，拜駙馬都尉、光禄員外卿，旬日暴卒。”[⑤]那麽這個叫薛談的孩子是荆山公主所生還是凉國公主所生呢？據凉國公主墓誌記載：公主死後，“子西華等，扶杖而立，茹荼以泣”。並未提及薛談。可推知，薛談當爲荆山公主與薛伯陽的兒子。

公主死因及葬地不明。

4. 淮陽公主

《新唐書》原載淮陽公主爲睿宗第四女，然據其墓誌《大唐故淮陽公主墓誌銘並

① 《新唐書》卷一二一《王琚傳》，北京：中華書局，1975 年，第 4332 頁。
② 《舊唐書》卷一〇六《張暐傳》，北京：中華書局，1975 年，第 3247—3248 頁。
③ （清）董誥：《全唐文》卷二五八《凉國長公主神道碑》，北京：中華書局，1983 年，第 2614 頁。
④ 《舊唐書》卷七三，北京：中華書局，1975 年，第 2591 頁。
⑤ 《舊唐書》卷七三，北京：中華書局，1975 年，第 2592 頁。

序》:"公主諱花山,字令則。太宗文武聖皇帝之曾孫、高宗天皇大帝之孫、皇上之弟三女也。"[①]很顯然,公主當爲睿宗第三女。公主的生母爲何人?據唐代筆記小説《大唐新語》的記載:"薛王業母早亡,爲賢妃親自鞠養,開元初,業迎賢妃歸私第,以申供養,業同母妹淮陽、凉國二公主亦早亡,也撫愛其子如己子。"[②]從中可知,薛王李業與淮陽公主、凉國公主的母親爲同一人。那麼淮陽公主的母親究竟爲何人呢?根據《唐橋陵陪葬墓睿宗賢妃王芳媚墓誌考略》文章中墓誌録文的記載:"初,妃伯姊以才淑選爲安德相王德妃,生薛王。"[③]"初,惠宣之生也,數歲而德妃薨。睿宗憐之,以賢妃慈愛,又其姨也,乃命母養。於是勤身苦體,盡心鞠育。惠宣亦至性過人,敬愛如子。"[④]可知薛王的生母當爲睿宗的德妃,養母爲賢妃。

駙馬王承慶,《新唐書》卷七二《宰相世系表二》有對其世系的梳理。"(子)承慶,駙馬都尉"。公主墓誌同樣記載"駙馬都尉、銀青光禄大夫、行司農少卿、琅琊王承慶,維原寶系,折渚雄材,二十代之衣冠,四百年之富貴。英詞美貌,河陽一縣之花;彩綬明簪,楚國三旌之重"[⑤]。駙馬的確是出身於世家大族。

淮陽公主"以長安四年(704)十月十六日薨於洛陽永豐里之私第,春秋一十有九"[⑥]。死因是"月毁珠胎"[⑦]公主與駙馬育有一女王憐兒。《大唐故水使者薛君妻故永甯郡君王氏墓誌銘並序》載王憐兒"母淮陽公主,公主即睿宗第三女也"[⑧]。"昔公主生夫人而逝"與"月毁珠胎"相符。再加上(王憐兒)"維唐開元廿六年(738)歲次戊寅七月壬申遘疾終於宣陽里第,春秋卅五。"[⑨]可推算出憐兒生於704年,與淮陽公主死亡時間(704)相符。憐兒幼年喪母,她的舅舅惠宣太子業"撫甥與己子均,帝益愛之"[⑩]。據《全唐詩》九二卷收録李乂所作的《淮陽公主挽歌》:玉顔生漢渚,湯沐榮天女。金縷化邙塵,哀榮感路人。鳳凰曾作伴,螻蟻忽爲親。疇日成蹊處,穠華不復春[⑪]。

---

① 趙力光主編:《西安碑林博物館新藏墓誌彙編》,北京:綫裝書局,2007年,第291頁。
② (唐)劉肅撰,許德楠、李鼎霞點校:《大唐新語》卷六《友悌》,北京:中華書局,1984年,第85頁。
③ 孫懷彦、李百福:《唐橋陵陪陵墓睿宗賢妃王芳媚墓誌考略》,《文物與考古》2003年第3期。
④ 孫懷彦、李百福:《唐橋陵陪陵墓睿宗賢妃王芳媚墓誌考略》,《文物與考古》2003年第3期。
⑤ 趙力光主編:《西安碑林博物館新藏墓誌彙編》,北京:綫裝書局,2007年,第291頁。
⑥ 趙力光主編:《西安碑林博物館新藏墓誌彙編》,北京:綫裝書局,2007年,第291頁。
⑦ 趙力光主編:《西安碑林博物館新藏墓誌彙編》,北京:綫裝書局,2007年,第291頁。
⑧ 徐雍初、王京陽:《唐淮陽公主之女王憐兒墓誌銘考釋》,中國文物研究所編:《出土文獻研究》第八輯,上海:上海古籍出版社,2007年,第261頁。
⑨ 徐雍初、王京陽:《唐淮陽公主之女王憐兒墓誌銘考釋》,中國文物研究所編:《出土文獻研究》第八輯,上海:上海古籍出版社,2007年,第261頁。
⑩ 《新唐書》卷八一《三宗諸子・惠宣太子業》,北京:中華書局,1975年,第3602頁。
⑪ (清)彭定求:《全唐詩》卷九二收録李乂所作的《淮陽公主挽歌》,北京:中華書局,1960年,第2020頁。

睿宗即位第二年，即“景雲二年七月十六日，有制追封淮陽公主。史臣考行謚曰：恭懿”。“即以今年太歲辛亥金十月壬寅金朔八日己酉土口窆於萬年縣之少陵原，禮也”[①]。

5. 代國公主

《新唐書》記載爲睿宗第五女。

然據其墓誌《代國長公主碑》記載：“公主諱華，字花婉，世祖神堯皇帝之元孫，睿宗大聖真皇帝之第四女，今上之仲妹。”[②]可知，代國公主係睿宗第四女，母親爲劉皇后，與壽昌公主爲同母姐妹。

駙馬鄭萬鈞在兩《唐書》中没有傳記，其生平事跡不詳。在《兩京城坊考》有兩處記載：其一，親仁坊。北門之東，駙馬都尉鄭萬鈞宅[③]。其二，（東京）寬政坊。駙馬都尉鄭萬鈞别宅[④]。唐中書令張説《般若心經贊序》記載：“秘書少監、駙馬都尉滎陽鄭萬鈞，深藝之士也，學有傳癖，書成草聖，乃揮灑手翰，鐫刻《心經》。”[⑤]而且“鄭萬鈞父子本皆工書，聰之能書，本源於家學”[⑥]。

代國公主墓誌銘由其丈夫鄭萬鈞親自撰文，長子鄭聰書。跟奉旨而作的墓誌銘相比，鄭氏爲亡妻而親自操刀之作，更顯得情真意切，打動人心。文中不僅不吝讚美之詞，誇讚公主的才能，如書法、音樂舞蹈等，而且用生動詳實的細節，勾勒公主的生命歷程。從而也看出鄭氏的文學修養。

公主與駙馬共育有二子四女。“長子左贊善大夫聰，聰爲吾耳；次子右贊善大夫明，明爲吾目。……長女□范陽盧氏，有素邕之譽；二女琇，博陵崔氏，資明豔之容；三女璜；范陽盧氏，多慈孝之美；四女□太原王氏，□純粹之行”[⑦]。其中長子鄭潛曜（又名鄭聰），娶了母親代國公主的侄女即玄宗之女臨晋公主爲妻。根據《新唐書》卷一百九十五《孝友傳》：“鄭潛曜者，父萬均，駙馬都尉、滎陽郡公。母，代國長公主。……後尚臨晋公主，歷太僕光禄卿。”[⑧]

公主死於疾病，享年28歲。死後陪葬橋陵。墓誌記載：“以開元廿二年六月廿

---

① 趙力光主編：《西安碑林博物館新藏墓誌彙編》，北京：綫裝書局，2007年，第291頁。
② （清）董誥：《全唐文》卷二七九《代國長公主碑》，北京：中華書局，1983年，第2826頁。
③ （清）徐松撰，李健超增訂：《增訂唐兩京城坊考》，西安：三秦出版社，2006年，第97頁。
④ （清）徐松撰，李健超增訂：《增訂唐兩京城坊考》，西安：三秦出版社，2006年，第380頁。
⑤ （唐）張説著，熊飛校注：《張説集校注》，北京：中華書局，2013年，第678頁。
⑥ （清）王昶：《金石萃編》卷七八《唐三十八》，清嘉慶十年刻同治錢實傳等補修本，第465頁。
⑦ （清）董誥：《全唐文》卷二七九《代國長公主碑》，北京：中華書局，1983年，第2827頁。
⑧ 《新唐書》卷一九五《孝友傳》，北京：中華書局，1975年，第5581頁。

（闕一字）日，□然不食，安寢不起，神氣晏如，有同入定。以其月廿九日，薨於河南修業里第，享年廿八。以其年十二月三日，陪葬橋陵，孝也。”[①]

6. 凉國公主

睿宗第六女也。《新唐書》載：“凉國公主，字華莊，始封仙源，下嫁薛伯陽。”[②]在《舊唐書》：“（薛）稷舉進士，累轉中書舍人。時從祖兄曜爲正諫大夫，與稷俱以辭學知名，同在兩省，爲時所稱。景雲末（710），爲諫議大夫、昭文館學士。好古博雅，尤工隸書。睿宗在藩，留意於小學，稷於是特見招引，俄又令其子伯陽尚仙源公主。”[③]在凉國公主墓誌記載：“其創也與多於仙源，其徙也稱長於凉國。故丞相虞公太原温彦博曾孫曦，臺揆門閥，風流儒雅，僉諧是圖，曆選伊尚。君子至止，碩人其頎，協時之吉，備典之實。”[④]即温彦博曾孫温曦尚凉國長公主。並未提梁國嫁給薛伯陽之事。《唐會要》記載：“凉國。降薛伯陽。後降温義。”[⑤]這些史料到底那條記載爲實呢?

據前文荆山公主考證，已經對駙馬薛伯陽有所瞭解。也知道荆山公主死後（大約710年左右），駙馬薛伯陽另娶凉國公主（710年左右）。薛伯陽死後（713），凉國公主又改嫁温曦。凉國公主碑文由蘇頲撰寫，當時薛伯陽因父親的緣故使得蘇頲必須避開這一個敏感的政治話題，因此在凉國公主的墓誌就缺了第一任丈夫薛伯陽的記載。《唐會要》記載“温義”當爲“温曦”之誤。

公主死於疾病。據《凉國公主墓誌》“開元十二載（724）八月辛巳，遇疾薨於京邸永嘉里第，享年三十八。後陪葬於橋陵。”[⑥]

公主至少有一子。據凉國公主墓誌記載：公主死後，“子西華等，扶杖而立，茹荼以泣”[⑦]。這個叫西華的孩子，當爲公主與温曦之子。

後娶唐玄宗之女宋國公主。史載：“宋國公主，始封平昌。下嫁温西華。”[⑧]至此，荆山公主與凉國公主兩姊妹的兒子都娶了玄宗之女。

總之，凉國公主先嫁薛伯陽，後嫁温曦。補正史不足。

---

① （清）董誥：《全唐文》卷二七九《代國長公主碑》，北京：中華書局，1983年，第2827頁。
② 《新唐書》卷八三《諸帝公主》，北京：中華書局，1975年，第3656頁。
③ 《舊唐書》卷七三，北京：中華書局，1975年，第2592頁。
④ （清）董誥：《全唐文》卷二五八《凉國長公主神道碑》，北京：中華書局，1983年，第2613頁。
⑤ （宋）王溥撰，牛繼清校證：《唐會要校證》卷二十一，西安：三秦出版社，2012年，第56頁。
⑥ （清）董誥：《全唐文》卷二五八，北京：中華書局，1983年，第2613頁。
⑦ （清）董誥：《全唐文》卷二五八，北京：中華書局，1983年，第2613頁。
⑧ 《新唐書》卷八三《諸帝公主》，北京：中華書局，1975年，第3659頁。

7. 薛國公主

薛國公主爲睿宗的第七女。同樣的生平事跡，在《新唐書・公主傳》記載爲是薛國公主的，但在《唐會要》及唐人文集、及有關墓誌中記載的則爲蔡國公主的。而且《新唐書・公主傳》中睿宗並無一個叫蔡國公主的女兒，由此推斷，《新唐書・公主傳》的薛國公主當爲蔡國公主之誤。

《新唐書》："薛國公主，始封清陽，下嫁王守一。守一誅，更嫁裴巽。"[①]《唐會要》卷六："蔡國。降王守一。後降裴巽。"[②]《唐會要》："讓皇帝惠陵陪葬名氏蔡國公主"[③]《唐會要》卷五十："尊崇道教九華觀通義坊。開元二十八年。蔡國公主舍宅置。"[④]公主建的九華觀在當時爲當地勝景之一，吸引了很多文人墨客。如劉長卿的《九日題蔡國公主樓》：主第人何在，重陽客暫尋。水餘龍鏡色，雲罷鳳簫音。暗牖藏昏曉，蒼苔換古今。晴山卷幔出，秋草閉門深。籬菊仍新吐，庭槐尚舊陰。年年畫梁燕，來去豈無心[⑤]。武元衡《題故蔡國公主九華觀上池院》：朱門臨九衢，雲木藹仙居。曲沼天波接，層臺鳳舞餘。曙煙深碧筱，香露濕紅蕖。瑶瑟含風韻，紗窗積翠虛。秦樓今寂寞，真界竟何如。不與蓬瀛異，迢迢遠玉除[⑥]。這裏詩歌中提及的公主均爲蔡國公主。

公主一生兩嫁。第一任丈夫爲王守一。王守一，王仁皎子，玄宗廢後王氏之兄。蔡國公主等於説是嫁給了嫂子的哥哥。"先天元年，（王氏）爲皇后，以父仁皎爲太僕卿，累加開府儀同三司、邠國公"[⑦]。"守一與玄宗有舊，及上登極，以清陽公主妻之。從討蕭至忠、岑羲等有功，自尚乘奉禦遷殿中少監，特封晋國公，累轉太子少保。父卒，襲爵祁國公"[⑧]。"後兄守一以後無子，常懼有廢立，導以符厭之事"[⑨]。"（開元）十一年（723），左遷柳州司馬，行至藍田驛，賜死"[⑩]。第二任丈夫爲裴巽。裴巽原爲唐中宗女宜城公主的駙馬（詳見前文宜城公主考）。裴巽做了堂姐妹花的駙馬。"李氏王朝擇裴巽爲駙馬，主要由於其裴姓爲當時望族，可以比附大姓，尊崇世

---

① 《新唐書》卷八三《諸帝公主》，北京：中華書局，1975 年，第 3656 頁。
② （宋）王溥撰，牛繼清校證：《唐會要校證》卷二一，西安：三秦出版社，2012 年，第 56 頁。
③ （宋）王溥撰，牛繼清校證：《唐會要校證》卷二一，西安：三秦出版社，2012 年，第 357 頁。
④ （宋）王溥撰，牛繼清校證：《唐會要校證》卷二一，西安：三秦出版社，2012 年，第 748 頁。
⑤ （清）彭定求：《全唐詩》卷一四九《九日題蔡國公主樓》，北京：中華書局，1960 年，第 1529 頁。
⑥ （清）彭定求：《全唐詩》卷三一七《題故蔡國公主九華觀上池院》，北京：中華書局，1960 年，第 3568 頁。
⑦ 《舊唐書》卷五《玄宗廢后王氏》，北京：中華書局，1975 年，第 2177 頁。
⑧ 《舊唐書》卷一八三《王守一傳》，北京：中華書局，1975 年，第 4745 頁。
⑨ 《舊唐書》卷五一《玄宗廢后王氏》，北京：中華書局，1975 年，第 2177 頁。
⑩ 《舊唐書》卷一八三《王守一傳》，北京：中華書局，1975 年，第 4745 頁。

胄。由這一皇室姻親關係可以看出唐代雖經歷了多次姓氏品定却仍然存在推崇門閥族系和姓氏大家的風氣”[①]。

根據墓誌，鄭巽的年譜如下：①長安中（701），尚義安郡主。②迨神龍之初（705），爰册郡主爲宜城公主焉，拜公駙馬都尉。③以開元十四年（726）八月十九日薨於河南，實□□之私第，春秋五十有五。以十五年二月/廿九日遷窆於京兆府咸陽縣洪瀆川□□。

蔡國公主是723年王守一死後嫁給裴巽的，可是兩人在一起的時間不過三年，駙馬就去世了，“嗚呼哀哉，□□□公主怨昊天之不吊，殲我良人，哀冬夜之何長，空陳饋寢”[②]。

裴巽共有四個兒子：齊參，贊善大夫。齊閔，國子司業。齊游，秘書少監。齊丘，秘書監、駙馬都尉。齊嬰，陳王府長史[③]。其第四子裴齊丘，尚玄宗二十九女之一永甯公主。二子齊閔的兒子裴潁也爲駙馬都尉，尚玄宗另一女齊國公主。但這四個孩子到底是宜城公主還是蔡國公主所生，不得而知。但據《唐故九華觀書□師藏形記》：“叔母譙郡□氏，即睿宗皇帝之外孫，蔡國長公主之季女。……以總發之年，爰歸我大鴻臚卿諱倜，即玉真長公主之次子也。”[④]可知，蔡國公主至少有四女。其中，公主第四女適玉真公主之第二子。

蔡國公主去世後，陪葬惠陵。

8. 鄎國公主

《新唐書》原載此公主排行第八，然據其墓誌《鄎國長公主神道碑》載：“皇唐鄎國長公主者，睿宗之第七女也，母曰崔貴妃。”[⑤]可知公主睿宗皇帝之第七女，母親爲崔貴妃。

公主一生兩嫁。第一任丈夫爲薛儆。薛儆“君諱儆，别名縝，軒轅之裔也。曾大父德，充廬奴候，相州刺史。祖懷昱，贈慶州刺史。皇考瑊，贈絳州刺史。公即季子也。駙馬都尉瓘之侄，駙馬都尉紹之弟。淄川郡王之外孫”[⑥]。薛瓘爲薛紹之父，薛瑊

---

① 劉連香：《唐中宗、睿宗駙馬裴巽墓誌考略》，《洛陽師範學院學報》2004年第3期，第9頁。

② 吴綱主編：《全唐文補遺》第九輯《唐國銀青光禄大夫國子祭酒上柱國魏郡開國公駙馬都尉裴公（巽）墓誌銘並序》，西安：三秦出版社，2000年，第444頁。

③ 《新唐書》卷七一上《表第一一上》，北京：中華書局，1975年，第2229—2230頁。

④ 周紹良、趙超主編：《唐代墓誌彙編續集》永貞〇〇一《唐故九華觀書□師藏形記》，上海：上海古籍出版社，2001年，第795頁。

⑤ （清）董誥：《全唐文》卷二三〇《鄎國長公主神道碑》，北京：中華書局，1983年，第2330頁。

⑥ 吴鋼主編：《全唐文補遺》第七輯，西安：三秦出版社，1999年，第37頁。

爲薛儆之父。所以，薛儆當爲薛紹之堂弟。等於説兄弟二人分别娶了姑侄二人。

薛儆最初通過科舉考試入仕，“補安國典簽，轉法曹”[①]，從七品下的小官。“迺尚荆山縣主，擢朝散大夫，秘書郎，轉太常承，崇好也”[②]睿宗登基後，荆山縣主封爲鄎國公主，“君拜駙馬都尉，殿中少監，親也。加銀青光禄大夫，太僕少卿，上柱國，汾陰公，邑二千封五百，懋功也”[③]。“及迫於鴻恩，因氣絳州别駕，以侍松梓，孝也。禮終，轉汾州别駕，遘疾於郡，來朝鎬都”[④]。“開元八年（720）十二月七日，春秋卅二，薨於安業里，命也”[⑤]。可看出駙馬因病去世。“明年，歲次辛酉七月景午朔十六日辛酉，歸葬於萬泉之孤山塋。”[⑥]孤山營在今山西省萬榮縣皇甫鄉皇甫村村南。薛儆墓誌銘現存放在萬榮縣博物館。薛儆没有陪葬橋陵。

薛儆與公主共養育九位兒女，“有男子四，女子五，瑶碧生階，芝蘭滿室者也。習禮明詩，日漸庭闈之訓；銀章艾綬，地連恩澤之侯”[⑦]。“嗣子鏽、鏐、鎔等。”[⑧]其中長子薛鏽娶玄宗女唐昌公主爲妻，父子二人均爲駙馬。其女薛氏於開元十三年嫁唐玄宗的太子李瑛爲太子妃。史載“（李瑛）開元元年，唐玄宗即位，進封郢王；三年（715）正月，册立爲皇太子。十三年（725），改名李鴻，納妃薛氏。”[⑨]

開元八年（720）薛儆死後，公主“撫視遺孤，將守柏舟之誓；志祈剃落，永從柰苑之遊”。然而“朝制斷恩，改降鄭氏，陵穀可移，隋和之德不昧；寒暑有遷，松竹之性如一”。公主改嫁的時間不可知，但從“均養七子，麻蔭二宗”。“開元十三年（725）二月庚午，薨於河南縣之修業里，春秋三十有七”。可推算出公主喪夫不久即改嫁。因爲“均養七子”是説她與前夫有四子，後與鄭氏又生三子，共七子。薛儆死於720年，公主死於725年，五年間與後夫生養三子，當爲前夫死後不久公主改嫁他人。

第二任駙馬鄭孝義的資料也是比較少。但根據唐代駙馬中有八個都是鄭姓，即鄭敬言、鄭孝義、鄭萬鈞、鄭潛曜、鄭巽、鄭沛、鄭河、鄭顥。此家族一定顯赫家族，鄭孝義也非尋常之輩。

公主因病去世，病因不明。墓誌記載：“既而善福虚應，寢疾彌留，盡國醫之技，

---

① 吴鋼主編：《全唐文補遺》第七輯，西安：三秦出版社，1999年，第37頁。
② 吴鋼主編：《全唐文補遺》第七輯，西安：三秦出版社，1999年，第37頁。
③ 吴鋼主編：《全唐文補遺》第七輯，西安：三秦出版社，1999年，第37頁。
④ 吴鋼主編：《全唐文補遺》第七輯，西安：三秦出版社，1999年，第37頁。
⑤ 吴鋼主編：《全唐文補遺》第七輯，西安：三秦出版社，1999年，第37頁。
⑥ 吴鋼主編：《全唐文補遺》第七輯，西安：三秦出版社，1999年，第37頁。
⑦（清）董誥：《全唐文》卷二三〇《鄎國長公主神道碑》，北京：中華書局，1983年，第2330頁。
⑧ 吴鋼主編：《全唐文補遺》第七輯，西安：三秦出版社，1999年，第37頁。
⑨《新唐書》卷八二《十一宗諸子·太子瑛》，北京：中華書局，1975年，第3607頁。

遠方畢至；供禦府之藥，中使相望：命之必至，不可支也。堂邑山林，忽焉瘁色；平陽歌舞，適足愁人。”但據前文年僅37歲的公主，生前育有12子的記録，如果公主15歲之後結婚，12年連生12個孩子，一定對身體健康不利。如果15歲之前結婚，公主還没有完全發育，密集地生育，一定影響身體健康。公主去世那一年，她的女兒出嫁，爲太子妃。不知公主親眼看見女兒身披嫁衣那一刻没有。

公主死後“夏四月，恩旨陪葬於橋陵，不祔不從，古之道也”。跟她一起陪葬的是她的第二任丈夫鄭孝義。《唐會要》記載：“橋陵陪葬名氏 鄎國公主駙馬。”[①]公主墓現在在陝西省蒲城縣坡頭鎮東賈村東五百米處，封土高約六米。底圍直徑約三十二米，周圍爲耕地，地勢北高南低，呈傾斜狀。

9. 金仙公主

金仙公主，《新唐書・公主傳》排序第九。墓誌銘記載：“公主諱無上道，太宗文武聖皇帝之曾孫，高宗天皇大帝之孫，睿宗大聖真皇帝之女，今上之第八妹也。”當以墓誌爲是。公主與玄宗爲同母兄妹，母竇德妃。

有關公主的薨年，《舊唐書・卷八 玄宗本紀》云：“開元二十年（732）五月辛亥（九日），金仙長公主薨”[②]墓誌則記載：“以壬申之年建午之月十日辛巳，薨於洛陽之開元觀，春秋卌有四。”[③]有學者認爲：“壬申即開元二十年，建午即五月，然十日‘辛巳’有誤。是年五月無辛巳日，謂是‘十日’，應值‘壬子’，無由斷定，存疑。”[④]也就是説卒時的年、月都無疑義，卒時之日存疑。

以公主開元二十年（732）薨，年四十四推證，公主生於688年。公主墓誌記載的公主“十八入道，廿三受法”[⑤] 分别值706年及711年。另據《新唐書》記載：“金仙公主，始封西城縣主。景雲初（710）進封。太極元年（712），與玉真公主皆爲道士，築觀京師，以方士史崇玄爲師。”[⑥]當以墓誌記載爲准。

公主修行地有兩處。據志“仍於京都，雙建道館。館臺北闕，接笙歌於洛濱；珠閣西臨，聆簫曲於秦野。”[⑦]京指長安，都指洛陽。“雙建道館”即指公主在長安和洛陽

---

① （宋）王溥撰，牛繼清校證：《唐會要校證》卷二一，西安：三秦出版社，2012年，第356頁。
② 《舊唐書》卷八《本紀第八・玄宗上》，北京：中華書局，1975年，第165頁。
③ 吴鋼主編：《全唐文補遺》第一輯，西安：三秦出版社，1994年，第135頁。
④ 王其禕、周曉薇：《唐代公主墓誌輯略》，《碑林集刊》，1995年。
⑤ 吴鋼主編：《全唐文補遺》第一輯，西安：三秦出版社，1994年，第135頁。
⑥ 《新唐書》卷八三《諸帝公主》，北京：中華書局，1975年，第3656頁。
⑦ 吴鋼主編：《全唐文補遺》第一輯，西安：三秦出版社，1994年，第135頁。

都建有道觀。《增訂唐兩京城坊考》輔興坊東南隅金仙女冠觀條："景雲元年，睿宗第九女西城公主、第十女昌隆公主並出家爲女冠，因立二觀。二年，西城改封金仙公主，昌隆改封玉真公主，所造觀便以金仙、玉真爲名。"①《唐會要》卷五十："金仙觀輔興坊。景雲元年十二月十七日，睿宗爲第八女西寧公主入道，立爲觀。至二年四月十四日。爲公主改封金仙。所造觀便以金仙爲名。"②可知，金仙公主修行的道觀之一爲金仙觀，在長安輔興坊。

另據墓誌"以壬申之年建午之月十日辛巳，薨於洛陽之開元觀，春秋卌有四"③。文稱金仙公主薨於洛陽之開元觀。開元觀當爲公主在洛陽的修行之地，且"東都開元觀在道德坊"④。誌云"仍於京都雙建道館，錧臺北闕，接笙歌於洛濱"可以得知金仙公主在洛陽也有道觀。總之，公主在長安、洛陽均有修行之所，且"館臺北闕，接笙歌於洛濱；珠閣西臨，聆簫曲於秦野"。可以看出身著道袍的公主自由地行走在紅塵與道觀之間。

公主因病而逝。"然則長生之藥，析王母而未逢；掩心之鏡，訪秦宮而莫睹。遽夭三元之筭，不嘗四劫之瓜。魯館長虛，平原徒在，姑山永曀，游海莫追"⑤。死後公主陪葬於睿宗橋陵。"越以景子之年，七月己卯朔四日壬午，啓動舊塋而自洛，即陪葬於橋陵，禮也"⑥。墓址位於陵東南2.5千米（今陝西省蒲城縣武家村東）。封土爲方椎體，高6米，底邊爲寬 10 米，長 15米的矩形。現今封土由於破壞已不辨形制。她的墓誌爲玉真公主所寫。

10. 玉真公主

玉真公主爲睿宗皇帝第十個女兒，與玄宗、金仙公主同爲昭順聖皇后竇氏所生。"公主字持盈，始封爲崇昌縣主"⑦。《玉真公主朝謁應（闕二字）真源宮受（闕三字）王屋山仙人臺靈壇祥應記》記載："公主法號無上真，子元元。睿宗大聖貞皇帝之十女，今上之（闕二字）妹。"⑧《金石録》卷二十七《唐玉真公主墓誌》的題識則這樣記載：

---

① （清）徐松撰，李健超增訂：《增訂唐兩京城坊考》，西安：三秦出版社，2006年，第188頁。
② （宋）王溥撰，牛繼清校證：《唐會要校證》卷五，西安：三秦出版社，2012年，第742頁。
③ 吴鋼主編：《全唐文補遺》第一輯，西安：三秦出版社，1994年，第135頁。
④ （清）徐松撰，李健超增訂：《增訂唐兩京城坊考》，西安：三秦出版社，2006年，第317頁。
⑤ 吴鋼主編：《全唐文補遺》第一輯，西安：三秦出版社，1994年，第135頁。
⑥ 吴鋼主編：《全唐文補遺》第一輯，西安：三秦出版社，1994年，第135頁。
⑦ 《新唐書》卷八三《諸帝公主》，北京：中華書局，1975年，第3657頁。
⑧ （清）董誥：《全唐文》卷九二七，北京：中華書局，1983年，第9664—9665頁。

右玉真公主墓誌，王縉撰。《志》云：公主法號無上真，字□□，天寶中更賜號曰持盈。而唐史但言“字持盈”爾。《志》又云：中宗時封昌興縣主，睿宗時封昌興公主，後改封玉真，進爲長公主。唐史但云“封崇昌縣主”而以“昌興”爲“崇昌”者，皆其闕誤。《志》又云：元年建辰月卒。而史以爲“卒於寶應中”，亦非也[①]。

據陳垣《二十史朔閏表》：“元年建辰月”即寶應元年（762）三月。與《公主傳》記載“薨寶應時”基本吻合。

綜上可知，玉真公主法號無上真，字元元。中宗時封昌興縣主，睿宗時封昌興公主，後改封玉真，進爲長公主。死於762年三月。

有學者已考證出公主“生於武周則天如意元年（692），卒於代宗寶應元年（762），享年71歲”[②]。據前文金仙公主考得知，金仙公主與玉真公主皆爲道士，金仙公主“十八入道，廿三受法”[③] 即金仙公主分別在706年入道，711年受法。而此時玉真公主入道及受法的年齡則分別爲14歲及19歲。“俄進號上清玄都大洞三景師”[④]。玉真公主也是有三處修行之地。一處在長安輔興坊西南隅玉真女冠觀，一處在長安的安國觀，一處在王屋山靈都觀[⑤]。

兩《唐書》中對於公主是否婚配一事，没有明確的記載。僅記載在開元二十一年（733），玄宗欲以玉真公主降奇士張果，果未知，忽語秘書少監王迥質、太常少卿蕭華曰：“諺謂娶婦得公主，平地生公府，可畏也。”迥質與蕭華二人不明其辭。俄有使至，傳詔曰：“玉真公主欲降先生。”[⑥]果笑，固不奉詔。很顯然，這樁婚事因張果“固不封詔”終作罷。至此，公主的婚事再無下文。據郁賢皓先生考證，“玉真公主大約於開元九年（721）前後曾下嫁。”[⑦]根據《唐故九華觀書□師藏形記》：“蔡國長公主之季女，以總發之年，爰歸我族大鴻臚卿諱倜，即玉真長公主之次子也。”[⑧]可知玉真公主

---

① （宋）趙明誠撰，劉曉東、崔燕南點校：《金石録》卷二七《唐玉真公主墓誌》，濟南：齊魯書社，2009年，第228頁。

② 丁放、袁行霈：《玉真公主考論——以其與盛唐詩壇的關係爲歸結》，《北京大學學報》（哲學社會科學版），2004年，第2期。

③ 吴鋼主編：《全唐文補遺》第一輯，西安：三秦出版社，1994年，第135頁。

④ 《新唐書》卷八三《諸帝公主》，北京：中華書局，1975年，第3657頁。

⑤ （清）徐松撰，李健超增訂：《增訂唐兩京城坊考》，西安：三秦出版社，2006年，第189頁。

⑥ 《新唐書》卷二〇四《方技》，北京：中華書局，1975年，第5810頁。

⑦ 郁賢皓：《李白與玉真公主過從新探》，《文學遺產》1994年第1期。

⑧ 周紹良、趙超主編：《唐代墓誌彙編續集》永貞〇〇一《唐故九華觀書□師藏形記》，上海：上海古籍出版社，2001年，第795頁。

的姐姐——蔡國公主的第四女嫁給了玉真公主次子，名叫張倜。又根據《唐故九華觀書□師藏形記》由侄張冏撰寫，侄孫張虁書寫。可知玉真公主的長子有一子名張冏。可知，公主有二子無疑。又從《唐故九華觀書□師藏形記》：張倜的夫人"以貞元廿一年（805）六月寢疾，終於九華觀本院，春秋七十有六。"[①]得知，玉真公主的二子張倜的夫人是生於729年。所以可以大致推算出，玉真公主兩個兒子出生應都在729年前後。而此時距離公主入道（706）時間已經過去二十多年。但從"天寶三載（744），玉真公主上書"可知，此時公主仍在道觀，但想放棄公主的名號及與此有關的功名利祿。史載："天寶三載（744），玉真公主上書：'先帝許妾舍家，今仍叨主第，食租賦。誠願去公主號，罷邑司，歸之王府。'玄宗不許。又言道：'妾高宗之孫，睿宗之女，陛下之女弟，於天下不爲賤，何必名系主號，資湯沐，然後爲貴。請入數百家之產，延十年之命。'玄宗知其意，許之。"所以，可以推斷，公主結婚與否不好說，但公主的這兩個兒子都出生在她入道之後，這是必定無疑的。至於玉真公主是入道後又返俗，且結婚生子，後又入道；還是就在道觀裏非婚生下二子，還需繼續考證。這就大概能理解"果笑，固不奉詔"的原因了。怕是因爲公主在道觀還生有兩個兒子的原因吧。

公主死因及埋葬地不明。

11. 霍國公主

睿宗皇帝第十一個女兒，其母不詳。《新唐書·公主傳》："霍國公主，下嫁裴虛己。"[②]霍國公主是《新唐書·公主傳》中唯一一個明確記載離婚了的公主。離婚的原因是因爲駙馬裴虛己違反玄宗不許王公與大臣交往的規定，與玄宗弟岐王李範交往，且犯唐朝宮廷忌諱——善讖緯。《唐會要》記載："惠文太子範（李範），好學尚書，雅愛文章之士，無貴賤皆盡禮接待。上禁約王公，不令與外人交結，駙馬都尉裴虛己坐與範游燕，兼私挾讖緯之書，配徙嶺外。"[③]《資治通鑒》也有同樣記載："上禁約諸王，不使與群臣交結。光禄少卿駙馬都尉裴虛己與岐王範遊宴，仍私挾讖緯；戊子，流虛己於新州，離其公主。"[④]"開元八年（720），駙馬都尉裴虛己坐與範游燕，兼私

① 周紹良、趙超主編：《唐代墓誌彙編續集》永貞〇〇一《唐故九華觀書□師藏形記》，上海：上海古籍出版社，2001年，第795頁。

② 《新唐書》卷八三《諸帝公主》，北京：中華書局，1975年，第3656頁。

③ （宋）王溥撰，牛繼清校證：《唐會要校證》卷五，西安：三秦出版社，2012年，第42頁。

④ 《資治通鑒》卷第二一二《唐紀二十八》，上海：上海古籍出版社，1956年，第6731頁。

挾讖諱之書，配徙嶺外。”[①]總之，裴虛己因政治原因被迫與公主離婚，被貶謫到嶺外新州——“至京師五千五十二里”[②]。

霍國公主與駙馬是否有子嗣，史書並無記載。但霍國離婚後好像没有再嫁，默默無聞地過了三十多年，但晚年又遇到安史之亂。最後死於政亂。

安禄山在范陽起兵的時候，唐政府把他留在長安當人質的兒子安慶宗殺了。安禄山耿耿於懷，入長安後，就把没來得及逃跑的霍國等一百多個皇親國戚抓起來，於至德元年（756）七月十五日，派大將孫孝哲在崇仁坊殺掉霍國公主等八十三人，挖心來祭安慶宗。《資治通鑒》“至德元載（丙申，公元 756 年）丁卯安禄山使孫孝哲殺霍國長公主及王妃、附馬等於崇仁坊，刳其心，以祭安慶宗。”[③]《舊唐書・本紀第十・肅宗》：“丁卯，逆胡害霍國長公主、永王妃侯莫陳氏、義王妃閻氏、陳王妃韋氏、信王妃任氏、駙馬楊朏等八十余人於崇仁之街。”[④]

公主葬地不詳。

綜上，睿宗女兒呈現出如下幾個特點；改嫁的較多；公主之子娶玄宗女兒的較多；二女嫁一夫的較多；當女冠的較多。

① （宋）王欽若等編：《册府元龜》卷四十七，北京：中華書局，1988 年，第 505 頁。
② 《資治通鑒》卷第二一二《唐紀二十八》，上海：上海古籍出版社，1956 年，第 6731 頁。
③ 《資治通鑒》卷第二一八《唐紀三十四》，上海：上海古籍出版社，1956 年，第 6962 頁。
④ 《舊唐書》卷一〇《本紀第十・肅宗》，北京：中華書局，1975 年，第 239 頁。

讀陸長源《上宰相書》劄記

胡寶華*

宋人姚鉉所編《唐文粹》收録了德宗朝陸長源的《上宰相書》，這是一篇深受唐史學者關注的歷史文獻。關注的焦點在一段涉及尚書六部的描述上："且尚書六司，天下之理本；兵部無戎帳，户部無版圖，虞水不管山川，金倉不司錢穀，光禄不供酒，衛尉不供幕，秘書不校勘，著作不修撰。"然而，這段著名的描述究竟要説明什麼問題？陸長源撰寫該文的目的又是什麼？對此，很少有人問津，因此在引用與解讀方面出現了一些誤區。筆者撰寫這篇小文，是想對《上宰相書》的撰寫動機與主題思想做一較全面的梳理與解析，希望能夠對這段史料的理解有所幫助。爲了便於討論的展開，先將這篇上書的主要部分移録如下：

月日，太中大夫守汝州刺史兼禦史中丞、本州防禦使陸長源謹奉書相國閣下：……今上聰明英武，自漢魏以來，賢君哲後未有如今上者。自臨極以來，宰相未有如房、杜、蘇、宋者，何偶聖之有期，而得賢之無路？蓋有以也。夫誠人之失，亦由端其躬，而後求影之直。故宰相者，導生人之本，稽政化之源；正辭以固之，平氣以待之。物有其官，官得其人。則提綱而綱目張，振領而毛裘舉。至如移制度，平軍國，事關社稷者，斯在宸衷，猶望宰相。自古況今，獻可替否。其餘朝廷之常典，群司之闕務，弛張由於下筆，指顧在於一言。使政歸常典，理革前弊；和氣浹於下，清風穆於上；自然宰輔之事行，弼諧之義暢。何必

* 作者簡介：胡寶華（1954—），男，上海人，南開大學歷史學院教授。

舍其易而攻其難，犯龍鱗之不測，蹈虎尾而莫顧哉？其宰相之寄也，在於用賢，賢不濫而人自理；次於秉政，政不撓而國自安。用賢者，除改是也；秉政者，賞罰是也。其用賢也，絶黨與舍憎嫌，使韋弦各施，輪輳適用。頃者之用人也，聲利以撓其心，愛惡而昏其識。以枉爲直，破觚爲圓。除改出於門庭，賞罰隨其情欲。求道行事舉，其可得乎？且尚書六司，天下之理本；兵部無戎帳，户部無版圖，虞水不管山川，金倉不司錢穀，光禄不供酒，衛尉不供幕，秘書不校勘，著作不修撰；官曹虚設，禄俸枉請。計考者假而爲資，養聲者籍而爲地。一隅如是，諸司悉然。欲求綱目張、裘毛舉，其可得乎？此宰相之職也。且棟傾者正之，則屋無壓焉之懼；疾甚者攻之，則人無之患。正傾在於良匠，攻疾在於良醫。故政化失，諫臣得抗疏以論之；敗累興，憲官得持法而繩之。諫臣須謇謇匪躬之士，憲官須孜孜嫉惡之人。今悉求温潤美秀、沈默宏寬者爲之，蓋北轅適楚，圓鑿方枘。欲求扶傾愈疾，其可得乎？貞元初，兵戈初解，蝗旱爲災，邑多逃亡，人士殍餒。至使官廚有闕，國用增艱。……今歲豐年稔，穀賤傷農，誠宜出價以斂糴，實太倉之儲。豈可慢易於豐賤之日，危急於凶荒之際？比年國家和糴，殆不得人，文帳空存，倉廩不實：是由賞罰之典曠，奸濫之吏生，此亦宰相擇人之過也。某之州，户口减一萬，兵數無二千。夏率供秋，秋率供夏。儻四氣或爽，一歲無年，實恐投奸有虞，爲累非淺。况率土州縣，其事略同。古人云“旱則資舟”，雖在豐稔之時，須爲兇險之備，此亦宰相之職也。蝗旱之時，聖上憂畿縣凋瘵，親擇臺省十人，出爲畿令，其後京畿稍理，皆擢以大郡，則聖上旌賢賞功之意也。頃來度支敕符皆云，刺史、縣令以户口减殿一人，賦斂增最一人，與者騫騰於廊廟，嫌者沈淪於草莽。欲求其爲惡者懼，爲善者勸，其可得乎？此宰相之職也。况今北虜和親，縻費轉甚；西戎作梗，邊鄙未安。所望求方召之才，選甘傅之將，聯營朔裔，復河外之城；振旅湟中，收隴右之地。且田單匹夫也，敗樂毅乘勝之師；謝艾書生也，破麻秋勁鋭之卒。豈有其時而無其人哉？開元之業泰。今相公居廟堂之上，當臺衮之任，與房、杜、蘇、宋，列於青史。寧肯昵親愛，行肺腑，踵覆車之轍哉？某齒發向衰，志力猶在。遇賢相，逢明時，亦願一豁平生，少展微分。不然者，老於泉石，亦求仁而得仁。某再拜。

以下，圍繞這篇上書，擬從三個方面做些探討：一，陸長源“上宰相書”的時間及對象；二，貞元時期六部“亂象”史料解析；三，“上宰相書”的主題。

一

首先，了解一下陸長源的基本情況。

《舊唐書》卷一四五《陸長源傳》：

> 陸長源字泳之，開元、天寶中尚書左丞、太子詹事余慶之孫，西河太守璪之子。長源淑書史。乾元中，陷河北諸賊，因爲昭義軍節度薛嵩卒後，久之，歷建、信二州刺史。浙西節度韓滉兼領江、淮轉運，奏長源檢校郎中、兼中丞，充轉運副使。罷爲都官郎中，改萬年縣令，出爲汝州刺史。

《新唐書》卷一五一《陸長源傳》：

> 長源好諧易，無威儀，而清白自將。去汝州，送車二乘，曰："吾祖罷魏州，有車一乘，而圖書半之，吾愧不及先人"云。

宋人王象之《輿地紀勝》卷一二九《官吏》：

> 唐陸長源，建中初爲建州太守。民歌之曰："令我州郡泰，令我户口，令我活計大，陸員外。"；又曰："令我家不分，令我馬成群，令我稻滿囷，陸使君。"

據上可知，陸長源是一位官宦後代，長於書史，也是一位廉潔奉公的官員。

關於陸長源"上宰相書"的時間，文中没有具體記載，但提供了兩條有價值的綫索。

一是上書時任汝州刺史。根據史料記載，陸長源任汝州刺史長達七年之久[①]，文中有"某齒發向衰，志力猶在"一句。"衰"，老也，《説文》稱"七十曰老"。據此推算，上書時年齡未到七十，時間應在任職的最後階段。陸長源的年齡，吴汝煜《唐才子傳校箋》"孟郊"條稱：陸長源天寶八載（749）撰《唐靈泉寺玄林禪師神道碑》，當時年齡爲二十歲以上，即生於開元中[②]。又文獻明記陸長源卒於貞元十五年（799），如

---

① 見郁賢皓：《唐刺史考》，南京：江蘇古籍出版社，1987年，第2册，第626頁。

② 傅璿琮主編：《唐才子校箋》，北京：中華書局，1989年，第2册，第516頁。

此推算陸長源死時約在七十以上。果爾，陸長源上書應在貞元十年（794）前後。

二是上書中有“今歲豐年稔，穀賤傷農，誠宜出價以斂糴，實太倉之儲”一句，描述了關中豐年的景象。句中的“今歲”爲何年？翻閲《陸贄集》也看到了類似記載：

> 近歲關輔之地，年穀屢登，數减百姓税錢，許其折納粟麥，公儲委積，足給數年。①

二者所提豐年儲糧應該是指同一話題。陸贄的這段話，司馬光在《資治通鑒》記爲貞元八年（792）八月②。這一年，陸長源年紀在60餘歲，與其“齒發向衰”的實際相符。據此推測，將上書時間定爲貞元八年應該出入不大。這一年，陸長源可以“上宰相書”者有兩人，一位是陸贄，一位是趙璟。從人格秉性及其對朝政的影響以及後人的評價來看，貞元八年（792）至十年（794）任職宰相的陸贄，與上書中所説“遇賢相，逢明時，亦願一豁平生，少展微分”的語境比較契合。

二

陸長源“上宰相書”中：“兵部無戎帳，户部無版圖，虞水不管山川，金倉不司錢穀，光禄不供酒，衛尉不供幕，秘書不校勘，著作不修撰；官曹虚設，禄俸枉請。計考者假而爲資，養聲者籍而爲地。”是治唐史研究者非常關注的一段史料，關於這段史料的理解，大致有以下幾種代表觀點。

嚴耕望認爲：陸長源所言六部是貞元中事。“……兵户兩部亦失其職。蓋方鎮跋扈於外，宦官擅兵於内，兵部遂失其職。同時財政諸使位權日重，形成所謂三司制度，户部之權亦奪。”③

王壽南認爲：唐代使職極多，楊國忠一人便兼領四十餘個使職，在使職中較著名的如度支使、鹽鐵使、轉運使、節度使、觀察使、監軍使、樞密使等，這些“使”都

① 陸贄著，王素點校：《陸贄集》卷一八《請减京東水運收脚價於緣邊州鎮儲蓄軍糧事宜狀》，北京：中華書局，2006年，第594頁。

② 《資治通鑒》卷二三四，德宗貞元八年八月條，北京：中華書局，1956年，第7535頁。

③ 嚴耕望：《論唐代尚書省之職權與地位》，載於黄清連主編：《制度與國家》，北京：中國大百科全書出版社，2005年，第188頁。

有實權，往往侵奪了原本主管官員的職權，例如度支使便奪了户部的主管財政權，這是唐代政治制度混雜的主因之一[①]。

吴楓認爲：中唐以來戰事頻繁，藩鎮林立，財政枯竭，國用不給。中央爲應付局面，設立各種專使。名目繁多，隨事設使，大權集於專使一身，嚴重影響了尚書省六部的正常工作，形成了“兵部無戎帳，户部無版圖，虞水不管山川，金倉不司錢穀”的局面[②]。

上舉三例的一個共同點是：使職對户部、兵部乃至六部形成了嚴重侵權現象[③]。關於嚴耕望對兵部失職的原因論述，筆者没有異議。本文主要討論財政使職對户部的影響以及兩者關係。迄今爲止，認爲度支使侵奪户部的財權，或認爲權力集於專使是形成六部紊亂局面的觀點，在中日學者中流行很廣。然而，産生如此嚴重影響的使職問題，爲什麽在“上宰相書”中一字未提？陸長源臚列六部亂象是想説明什麽？户部出現的問題與度支使、轉運使究竟有多大關係？下面，我們先來對唐代使職的發展過程做一簡單回顧。

《舊唐書》卷四八《食貨志》：

> 其後掌財賦者，世有人焉。開元已前事歸尚書省，開元已後，權移他官，由是有轉運使、租庸使、鹽鐵使、度支鹽鐵轉運使、常平鑄錢鹽鐵使、租庸青苗使、水陸運鹽鐵租庸使、兩税使，隨事立名，沿革不一。設官分職，選賢任能，得其人則有益於國家，非其才則貽患於黎庶，此又不可不知也。如裴耀卿、劉晏、李巽數君子，便時利物，富國安民，足爲世法者也。

很明顯，這段史料對開元以後出現的財政使職，給予了很高的評價。史料雖出自五代史臣筆下，但其編纂所依，主要源於唐代史官所記，其中應該包含著唐人對使職的認識。應該注意的是，唐代使職出現以後，官方社會對其評價前後期有明顯不同。據《資治通鑒》卷二一二玄宗開元十二年八月條載：

> 己亥，以宇文融爲禦史中丞。融乘驛周流天下，事無大小，諸州先牒上勸農

① 王壽南：《隋唐史》，臺北：三民書局，1986年，第481頁。

② 吴楓：《吴楓學術文存》，北京：中華書局，2002年，第38頁。

③ 在使職研究方面，賴瑞和《唐代使職“侵奪”職事官職權説質疑》（刊於《唐史論叢》第十五輯，西安：陝西師大出版社，2012年）指出：“反對使職的唐人很少見，反對的主要針對一些個人而言。”這是一個很有見地的看法。

使，後申中書；省司亦待融指撝，然後處決。時上將大攘四夷，急於用度，州縣畏融，多張虛數，凡得客户八十余萬，田亦稱是。歲終，增緡錢數百萬，悉進入宫，由是有寵。議者多言煩憂，不利百姓，上令集百寮於尚書省議之。公卿已下，畏融恩勢，皆不敢立異，惟户部侍郎楊瑒抗議，以爲："括客免税，不利居人。征籍外田税，使百姓困弊，所得不補所失。"未幾，瑒爲華州刺史。

這是一段大家熟知的宇文融括户時期的史料。當時，宇文融以禦史中丞身份兼任勸農使（也稱括户使），且括户、勸農、增加户口等業務雖然直接與户部相關，但是在整個括户過程，無論中書省還是尚書省户部均不得過問參與，宇文融獨攬大權。正因爲如此，括户結果雖然獲得了客户八十余萬的成果，但在文獻中看不到多少稱贊的記載，相反，更多表示的是不滿。造成這種反差的原因在於宇文融的許可權超越了中央户部，同時括户的成功又帶來了顯赫的聲望，這些都給相關部門的官員心理造成了一種失衡與不快。檢索史料可以發現，宇文融之後兼任財政使職的官員基本來自户部，這大概與唐中央借鑒宇文融括户所提供的經驗與教訓有很大關係。

安史亂後，財政使職得到了進一步發展，並成爲中央財政部門不可分割的重要組成。礪波護的研究表明，從安史之亂到黄巢之亂期間，先後掌握財政命脉的官僚是：户部尚書60人，度支使72人，鹽鐵使56人[①]。度支使和鹽鐵轉運使已經成爲唐代財政收入的兩個主要來源。《通典》卷六《食貨六》"賦税下"注載：

尚書省度支，總天下經費。自安禄山反，至德、乾元之際，置度支使。永泰之後，度支罷使，置轉運使以掌其外，度支以掌於内。建中初又罷轉運使，復歸度支。分命黜陟使往諸道收户口及錢穀名數，每歲天下共斂三千餘萬貫。其二千五十餘萬貫以供外費，九百五十余萬貫供京師。税米麥共千六百余萬石，其二百余萬石供京師，千四百萬石給充外費。

在上述肅、代、德時期，曾經擔任過度支使和轉運使的有以下數人：

《舊唐書》卷一〇《肅宗紀》：

癸丑，以河南尹劉晏爲户部侍郎，勾當度支、鑄錢、鹽鐵等使。

---

① 〔日〕礪波護：《唐代政治社會史研究》，日本同朋舍刊，1986年，第30—31頁。

《舊唐書》卷一一《代宗紀》:

以户部侍郎第五琦專判度支及諸道鹽鐵、轉運、鑄錢等使。

《舊唐書》卷一二《德宗紀》:

癸巳，以諫議大夫韓洄爲户部侍郎、判度支。……令金部郎中杜佑權勾當江淮水陸運使，……是歲（建中元年），户部計帳，户總三百八萬五千七十有六，賦入一千三百五萬六千七十貫，鹽利不在此限。（建中二年十一月）貶户部侍郎、判度支韓洄蜀州刺史，以江淮轉運使、度支郎中杜佑代判度支、户部事。

《舊唐書》卷一三《德宗紀》:

（貞元五年二月）以户部侍郎班宏爲户部尚書，依前度支轉運副使。（貞元八年夏四月）丙午，以東都、河南、淮南、江南、嶺南、山南東道兩稅等物，令户部侍郎張滂主之；以河内、河東、劍南、山南西道等財，户部尚書、判度支班宏主之。一遵大曆故事，如劉晏、韓滉分掌焉。

以上三朝史料表明：一，度支使及轉運使都是中央設置的使職，其人選與職掌完全在中央掌控之下。人選方面，與前期宇文融不同，度支使和轉運使主要由户部侍郎兼任。因此，唐後期財政使職的職能運作，可以看作是户部職能的延伸與放大，而不是侵權。二，從上舉數例還可看出，無論度支使還是轉運使，都是中央經過認真挑選，由具有一定實力與經驗的官員來充任，其職務的選任過程是嚴肅、負責任的。在這種制度的保證下，財政使職在履職方面也得到了唐代社會的認可。如《陸贄集》卷九《韓滉度支鹽鐵轉運使制》稱:

食貨所資，邦家大本，總領之重，必推元臣。……同中書門下平章事，充鎮海軍、浙江東、西節度，兼江淮轉運等使，晋國公韓滉，昔事先朝，常掌邦賦，貞心獨立，一志在公。吏無奸欺，財以饒羡，自監江甸，事舉風行，職貢有加，轉餉相繼，成功允集，糴食用康。

《資治通鑒》卷二二五代宗大曆十四年五月條：

至德初，第五琦始榷鹽以佐軍用，及劉晏代之，法益精密，初歲入錢六十萬緡，末年所入逾十倍，而人不厭苦。大曆末，計一歲征賦所入總一千二百萬緡，而鹽利居其太半。以鹽爲漕傭，自江、淮至渭橋，率萬斛傭七千緡，自淮以北，列置巡院，擇能吏主之，不煩州縣而集事。

司馬光也稱："諸使之職，行之已久，中外安之。"①總之，安史亂後，唐朝能夠繼續維持一個半世紀之久，並先後出現過幾個小繁榮期，其中的原因與財政使職的理財貢獻是不可分開的。

既然財政使職能夠如此政績斐然，那麽，傳統認爲使職對户部造成的侵權影響也有必要做進一步分析考察。

《舊唐書》卷一二《德宗紀》有這樣一條記載：

（貞元二年春正月）詔宰相齊映判兵部，李勉判刑部，劉滋判吏部、禮部，崔造判户部、工部。……時崔造專政，改易錢谷，職事多墮敗，造尋以憂病歸第。

同條史料還見於《資治通鑒》卷二三二德宗貞元二年春正月條：

令宰相分判尚書六曹：齊映判兵部，李勉判刑部，劉滋判吏部、禮部，造判户部、工部，又以户部侍郎元琇判諸道鹽鐵、榷酒，吉中孚判度支兩税。

《資治通鑒》卷二三二德宗貞元三年六月條：

李泌初視事，……上因謂（李）泌曰："自今凡軍旅糧儲事，卿主之；吏、禮委延賞；刑法委渾。"泌曰："不可。陛下不以臣不才，使待罪宰相。宰相之職，不可分也。……至於宰相天下之事，咸共平章。若各有所主，是乃有司，非宰相也。"上笑曰："朕適失辭，卿言是也。"

---

① 《資治通鑒》卷二三二，德宗貞元二年十一月條，第 7475 頁。

史料顯示出貞元二年至三年，德宗曾經命宰相分管六部，一年後，因李泌反對而停止。最初，建議宰相分管六部的是崔造，本傳載：

> 造久從事江外，嫉錢谷諸使罔上之弊，乃奏天下兩税錢物，委本道觀察使、本州刺史選官典部送上都；諸道水陸運使及度支、巡院、江淮轉運使等並停；其度支、鹽鐵，委尚書省本司判；其尚書省六職，令宰臣分判。①

關於這段過程的詳委這裏暫且不論，讓人感興趣的是，這段記載中透露出一個基本史實，那就是貞元初期尚書六部的實際情況，並非如《上宰相書》描繪的那樣萎縮無力、無所事事。這些，在以下史料中也可以得到映證。

《唐會要》卷五九"倉部郎中"：

> 建中二年正月詔：天下錢穀，皆歸金部倉部。中書門下簡兩司郎官，准格式條理。

《舊唐書》卷一二《德宗紀》也稱：

> 是歲（建中元年），户部計帳，户總三百八萬五千七十有六，賦入一千三百五萬六千七十貫，鹽利不在此限。

《資治通鑒》卷二三二德宗貞元元年十二月條：

> 十二月，甲戌，户部奏今歲入貢者凡百五十州。

《舊唐書》卷一三五《裴延齡傳》也有如下記載：

> 時陸贄秉政，上素所禮重，每於延英極論其（延齡）誕妄，不可令掌財賦。德宗以爲排擯，待延齡益厚。贄上書疏其失曰：……總制邦用，度支是司；出納貨財，太府攸職。凡是太府出納，皆稟度支文符，太府依符以奉行，度支憑案以

① 《舊唐書》卷一三〇《崔造傳》，北京：中華書局，1975年，第3626頁。

> 勘覆，互相關鍵，用絶奸欺。其出納之數，則每旬申聞；見在之數，則每月計奏。皆經度支勾覆，又有禦史監臨，旬旬相承，月月相繼。明若指掌，端如貫珠，財貨多少，無容隱漏。延齡務行邪諂，公肆誣欺，遂奏云“左藏庫司多有失落，近因檢閱使置簿書，乃於糞土之中收得十三萬兩，其匹段雜貨又百萬有餘，皆是文帳脱遺，並同已棄之物。今所收穫，即是羡餘，悉合移入雜庫，以供別敕支用者”。……國家府庫，出納有常，延齡險猾售奸，詭譎求媚，遂於左藏之内，分建六庫之名，意在別貯贏餘，以奉人主私欲。……由是蹂躪官屬，傾倒貨財，移東就西，便爲課績，取此適彼，遂號羡餘，愚弄朝廷，有同兒戲。

通過陸贄上奏可以看出，裴延齡掌理財政之前，户部出納是有章可循、有法可依的。後來由於裴延齡的緣故，户部財政管理系統陷入紊亂。

以上的考察結果，似乎都與陸長源描述的六部亂象不太吻合，那麼，陸長源所説究竟指的是哪個時期呢？《唐會要》卷八三《租税上》有一條可供參考的史料：

> （建中元年八月，宰相楊炎奏云）迨至德之後，天下兵起，始以兵役。因之饑癘，徵求運輸，百役並作，人户凋耗，版圖空虚。軍國之用，仰給於度支轉運二使。四方大鎮，又自給於節度團練。使賦斂之司，增數而莫相統攝，於是綱目大壞。朝廷不能覆諸使，諸使不能覆諸州。四方貢獻，悉入内庫。權臣猾吏，緣以爲奸。或公托進獻，私爲贓盜者，動以萬計。……是以天下殘瘁，蕩爲浮人。鄉居地著者，百不四五，如是者迨三十年。（楊）炎遂請作兩税法。

楊炎在奏文中提到的三十年，是指肅宗至德元載（756）到德宗建中元年（780）之間，即安史之亂到兩税法實施前的這段歷史。可以看出，楊炎描述的這段歷史與陸長源所説比較接近。不過，這種政治格局在建中期間（780—783）並未發生變化。如所周知，德宗即位後曾雄心勃勃，試圖結束藩鎮割據的混亂局面。但是因爲操之過急，建中時期先後引發了“四王二帝”之亂和“涇師之變”，德宗被迫離開京師逃至奉天。直至興元元年（784）正月，德宗頒布“罪己詔”，又調整了藩鎮策略，局面纔發生了轉機。梳理以上歷史可以看出，完全與陸長源所説六部亂象相對應的歷史時期很難確定。筆者認爲，所謂六部亂象，可能是對肅、代、德時期曾經發生過的一些現象的綜述。至於貞元八年，陸長源上宰相書時，有的已經得到某種程度的改善，有的依然存在。克服與改變這種混亂局面的時間，樂觀的估計，至少要到貞元時期。在這個長達二十一年的相對安定環境下，也許纔具有逐步實施整頓與調整的可能。

最後還要提到的一個問題是，如何理解“上宰相書”中“户部無版圖”的含義？吴宗國主編《中國古代官僚政治制度研究》、劉後濱執筆《從三省體制到中書門下體制——隋唐五代》一章中，有這樣一段話：

唐前期的户部本來就無“版圖”，《唐六典》謂户部尚書侍郎之職“掌天下户口、井田之政令”，《舊唐書・職官志》謂其“掌天下田户、均輸、錢穀之政令”，而不言“版圖”事。……所謂‘版圖’的概念，是安史之亂後，隨著藩鎮割據和其他形式地方分權出現而出現的，指的是政府控制的據以徵收賦税的實際土地狀況。”[①]

作者非常肯定地認爲唐前期户部既無版圖，也無版圖概念。看到這樣的結論，筆者確實有些恐懼。何爲“版圖”？鄭玄云：“版，户籍也。圖，土地形象，田地廣狹。”[②]用今天的話説，版圖就是户籍與地圖。中國自先秦以來，就有了版圖的概念，而且歷代王朝皆有版圖，唐代前期怎麽會没有版圖？或没有版圖的概念？在歷史文獻中，直接使用版圖一詞的記載雖然並不多見，但是，體現版圖意義的事例不勝枚舉。劉後濱文中所舉《唐六典》，《舊唐書・職官志》的户部史料，就是版圖概念的運用事例。下面，僅舉三則事例爲證。

《文苑英華》卷三八三《中書制誥》蘇珽“授賀知章起居郎制”：

敕朝議郎前行户部員外郎賀知章，業優詞學，時重才行，稟精微以高妙，體仁恕以明達。必能書法不隱，立言可觀，宜迴職於版圖，佇擅聲於鉛筆。可行起居郎，散官如故。

《全唐文》卷二一五陳子昂《漢州雒縣令張君吏人頌德碑》：

於是府君知人散久矣，黷於詐罔，已曰未遂，躬六曹之務，先五美之訓，下官斂手，牟食革心，人始翕如也。初官户在版圖者萬有五千餘家，歷政侵殘，逃

① 吴宗國主編：《中國古代官僚政治制度研究》，北京：北京大學出版社，2004年，第175—176頁。

② 《周禮注疏》卷六《司會》，北京：北京大學出版社，1999年，第164頁。

者過半。……先是有敕，天下逃人歸復舊業者，免當年租庸。

《舊唐書》卷五二《食貨二》有一段德宗貞元時期宰相陸贄的回憶：

> 國家賦役之法，曰租、曰調、曰庸。其取法遠，其斂財均，其域人固。有田則有租，有家則有調，有身則有庸。……天寶之季，海内波蕩，版圖驟於避地，賦法壞於奉軍。

無需贅言，前兩段執筆者爲唐前期人，陸贄雖是德宗朝宰相，但回憶的内容是天寶末年發生的史實。三條史料從不同的角度，證明了唐代前期即有版圖這一不争的事實。陸長源所謂“户部無版圖”的真實含義，就是指楊炎上述的“版圖空虚”。

三、“上宰相書”的主題

《上宰相書》的主題是什麽？閱讀全文可以清晰地看到，陸長源自始至終論及的是宰相的責任與作用。上書中三次提到宰相的職責，其一：

> 頃者之用人也，聲利以撓其心，愛惡而昏其識。以枉爲直，破觚爲圓。除改出於門庭，賞罰隨其情欲。求道行事舉，其可得乎？且尚書六司，天下之理本；兵部無戎帳，户部無版圖，虞水不管山川，金倉不司錢穀，光禄不供酒，衛尉不供幕，秘書不校勘，著作不修撰；官曹虚設，禄俸枉請。計考者假而爲資，養聲者籍而爲地。一隅如是，諸司悉然。欲求綱目張、裘毛舉，其可得乎？此宰相之職也。

從文意上看，這段文字的關鍵字是“用人”。陸長源明確指出，近來在追逐聲名私利的驅使下，好惡不能區分，賞罰與選任不是出自吏部，而是源於權貴之私情，如此録用的官員，豈能秉公行事？官位形同虚設，俸禄徒然由無能之輩所獲，年功考勞制度爲造假所充斥，六司如此腐敗，欲求法律規章運作有序，怎麽可能？而這些問題的出現，宰相負有不可推卸的責任。

其二，“頃來度支敕符皆云，刺史、縣令以户口減，殿一人；賦斂增，最一人；與者騫騰於廊廟，嫌者沈淪於草莽。欲求其爲惡者懼，爲善者勸，其可得乎？此宰相之職也。”陸長源批評無視道德倫理，僅以户口增減、賦税多少決定官職升降的標準，直接影響了地方官積極進取的敬業精神。宰相對此也有一定的責任。

其三，近年國家和糴，因不得人，致使文帳空存，倉廩不實。賞罰不明，奸濫頻發，這些都是宰相擇人不當所致。

通覽全文可知，陸長源在《上宰相書》一開始，就亮出了“貞元無賢相”的觀點。一名刺史敢如此評價當朝宰相，即便在今天，也不是一件簡單的事情。陸長源的這篇上書，通篇是在責問宰相。在他看來，六部職能紊亂的終極原因，就在於宰相不能恪守職責。無獨有偶，貞元二十一年（805）白居易《爲人上宰相書》中也披露了相同的問題：

> 自開元已來，斯道（君臣之道）寖衰，鮮能行者。自貞元已來，斯道寖微，鮮能知者。豈唯不知乎？不行乎？又將背古道而馳者也。何者？古者宰相以危言危行、扶危持顛爲心；今則斂行遜言、全身遠害而已矣。古者宰相以接士爲務；今則不接賓客而已矣。古者宰相以開閤爲名，今則鎖其門第而矣。致使天下之聰明，盡委棄於草木中焉；天下之心識，盡沉没於泥土間焉；則天下聰明心識，萬分之中，宰相何嘗取得其一分哉？是故，寵益崇而謗益厚，歲彌久而愧彌深，至乃上負主恩，下斂人怨，行止寢食，自有慚色者，夫豈非不得天下聰明心識之所致耶。然則爲宰相者，得不思易其轍乎？是以聰明損於上，則正直銷於下，畏忌慎默之道長，公議忠讜之路塞，朝無敢言之士，庭無執咎之臣，自國及家，寖以成弊。故父訓其子曰：無介直以立仇敵。兄教其弟曰：無方正以貫悔尤。先達者用以養身，後進者資而取仕。日引月長，熾然成風。識者腹非而不言，愚者心兢而是效。至使天下有目者，如瞽也；有耳者，如聾也；有口者，如含鋒刃也。如此，則上之得失，下之利病，雖欲匡救，何由知之？嗟乎，自古以來，斯道之弊，恐未甚於今日也。然則爲宰相者，得不思變其風乎？①

白居易認爲，君臣之道自開元末李林甫執政以來就開始變質，德宗貞元時期（785—805）發展到了極致。宰相“斂行遜言、全身遠害”，“朝無敢言之士，庭無執咎之臣”，上下消極、人人自危是貞元後期朝政的鮮明特點。結合陸長源和白居易兩篇“上宰相書”，我們似乎看到，在唐後期歷時最長的貞元時期，朝政方面並没有多少明顯改

① 《白居易集》卷四四《爲人上宰相書一首》，北京：中華書局，1979年，第951—958頁。

觀，陸長源强調的“用人”與宰相盡責的問題，也没有得到多大的改善。

小　結

綜上所述，這篇小文可以得出以下幾點認識：

一，安史亂後户部紊亂的主要原因，與財政使職没有必然的因果關係。導致户部及六部紊亂的原因在於長期的動亂環境與官員群體的素質下降，如史臣所稱“肅、代以後兵興，天下多故，官員益濫，而銓法無可道者”①。二，陸長源所説六部亂象，應該是指安史亂後至德宗即位初期之間，曾經出現過的一些極端表現，它是非常態的，不能把這種亂象看作是中晚唐時期一貫的表現。事實上，中晚唐一百五十餘年的歷史發展方向，也絶非僅僅是衰敗連著衰敗的一種走向，其中憲宗的“元和中興”、武宗的“會昌中興”就是很好的歷史證明。

最後，筆者認爲，從事歷史研究的基礎是正確理解史料。解讀歷史文獻時，首先應該尊重當時人的感受與見解，尤其像財政使職這樣的新生事物出臺之後，究竟引起了怎樣的社會反響？唐人對此有何評價？這些都是應該認真考量，不能簡單結論的重要問題。同樣，也不能僅僅根據一部分史料的描寫，即概括爲唐後期一百餘年的基本特徵。任何一段史料的處理都需要嚴謹細緻，考證史料的時間性與有效期是一個不容忽視的環節。

---

① 《新唐書》卷四五《選舉志》，北京：中華書局，1975年，第1178頁。

重論旋風裝

辛德勇*

一、晚近時期通行的解釋

所謂“旋風裝”，在早期傳世文獻中僅稱“旋風葉”，是在中國古代印刷術普及的早期階段所出現的一種裝幀形式。在晚近以來論述中國古籍版本的新式著述當中，日本學者島田翰，在明治三十八年亦即光緒三十一年出版《古文舊書考》，最早對此做出解釋說：

> 何謂旋風葉？予猶逮見舊鈔本《論語》及《醍醐雜事記》，所謂旋風葉裝也。旋風葉者，蓋出於卷子之變。夫卷子之制，每讀一書，檢一事，紬閱展舒，甚爲煩數。於是後世取卷子，疊摺成册，兩折一張，褾紙，概粘其首尾於褾紙，猶宋槧藏經，而其制微異。而其飜風（飛?）之狀，宛轉如旋風，而兩兩尚不相離，則又似囊子，故皇國謂之囊草子也。[①]

---

* 作者簡介：辛德勇（1959—），男，北京大学中国古代史研究中心教授。

① 島田翰：《古文舊書考》卷一《書册裝潢考》，北京：中華書局，2006年，《宋元明清書目題跋叢刊》影印民國十六年藻玉堂鉛字排印本，第483頁。案程有慶疑“紬閱展舒”的“紬”字“是‘翻’字之誤”，殊不必，蓋“紬閱”本中土習語，出自《史記·太史公自序》“紬史記石室金匱之書”，可訓爲抽引，意如翻閱。程説見所撰《古書旋風裝形制贅言》一文，刊倪莉等編：《中文古籍整理與版本目録學國際學術研討會論文集》，桂林：廣西師範大學出版社，2013年，第192頁。

按照日本學者後來繪製的示意圖，島田氏理解的這種旋風葉，形制如圖 1：

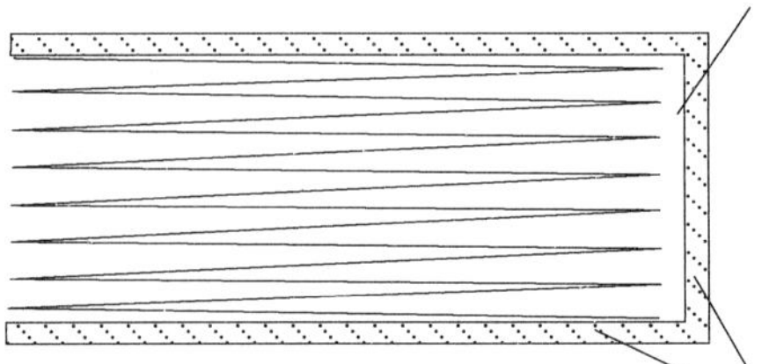

圖 1　現代日本學者所圖示"旋風葉"形式[①]

在此之後，中國學者論及這一問題，很多人都接受了島田翰上述説法。例如，馬衡在 20 世紀 20 年代撰《中國書籍制度變遷之研究》，論述這一裝幀方式説：

> 在卷子解散爲葉子之時，先有旋風葉，後有散葉。……所謂旋風葉者，謂以卷軸之長幅，變卷舒以爲摺疊，自首至尾，可以循環翻檢，今俗稱經摺式，唐宋之時謂之旋風葉。釋教經典至今猶有作此式者。[②]

其説顯然承自島田翰舊説而有所簡略，亦即没有清楚説明是否還要"概粘其首尾於褾紙"。其後余嘉錫在 20 世紀 30 年代發表《書册制度補考》一文，同樣認同其説[③]。再到後來，毛春翔在 1962 年出版《古書版本常談》，更明確聲稱他對旋風裝的認識，完全是承用島田氏的説法[④]。

同樣是在 1962 年，劉國鈞在《中國古代書籍史話》一書中，也對所謂旋風裝的形制做出了比較具體的解釋：

> 梵夾裝也叫經折裝。這是先將一長幅的紙，向左右反復摺疊成一個長方形的折子，再在前後加上兩張硬紙版作爲前後封面而成的。……梵夾裝可以省去卷子

① 藤井隆：《日本古典書誌學概説》第三章第一節《裝訂の種類》，大阪：和泉書院，1991 年，第 57—58 頁。

② 馬衡：《中國書籍制度變遷之研究》，原刊《圖書館學季刊》第一卷第二號（1926 年 6 月），此據作者文集《凡將齋金石叢稿》所收録增改本，北京：中華書局，1977 年，第 272—273 頁。

③ 余嘉錫：《書册制度補考》，原刊《國立北平故宫博物院十周年紀念・文獻特刊》（1935 年 10 月），此據作者文集《余嘉錫論學雜著》，北京：中華書局，1963 年，第 554—556 頁。

④ 毛春翔：《古書版本常談》之《宋刻本》，香港：中華書局香港分局，1985 年，重印中華書局 1962 年印本，第 35—36 頁。

的卷舒的麻煩，閱讀起來比較便利。但是在取閱之時，往往易於把書扯斷，因此，又有人將它改變成旋風裝。

旋風裝與梵夾裝的不同，僅在於它將梵夾裝的前後封面改爲一張整紙，以其一端粘於最前頁的左邊，另一端向右包到書背面而粘在最後一頁的左邊。這樣便把書的首尾粘連一氣，因此在翻到最後一頁的時候，便可以連着再翻到首頁。往復迴環有如旋風，所以叫做旋風裝。①

劉國鈞還繪製了下面這樣一幅插圖，來形象地說明他對這種裝幀的理解（圖 2）：

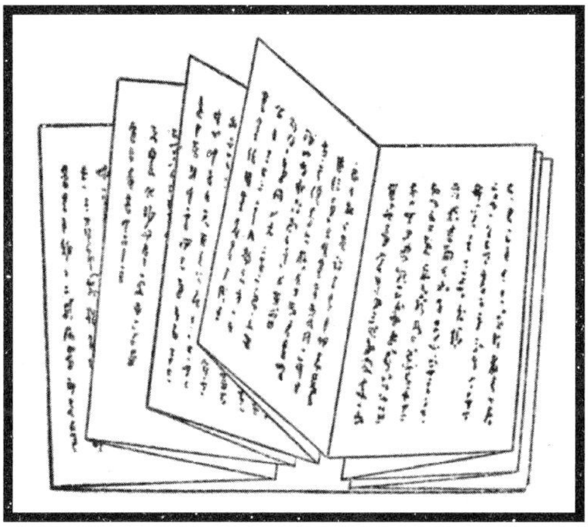

圖 2　劉國鈞繪“旋風裝”示意圖

若是姑且忽略其有關發生緣由的認識，不難看出，劉氏所說，與島田翰的看法實質上也完全相同，衹是他所繪製的圖形，似乎不如上述日本學者合理。

較劉國鈞和毛春翔稍早，蔣元卿於 1957 年發表的《中國書籍裝訂術的發展》一文，還提出過一種與上述説法略有差異的解釋：

經摺裝是摺疊式的最初形式，使用時雖較卷子便利了，但仍有缺點，就是容易散開，恢復卷子的老樣子，還不夠好。再進一步的改善，就用一張大紙（比摺子寬一倍）對摺起來，一半粘在書的前面，一半粘在書的後面。也就是用一張整封面，從上到下，連書背都連串起來。這樣，在取書時可免散開扯斷的缺點，在

① 劉國鈞：《中國古代書籍史話》，北京：中華書局，1962 年，第 59—61 頁。案劉氏前此一年出版的《中國書的故事》（北京：中國青年出版社，1961 年）一書，對旋風裝已經做出同樣論述（第 43—45 頁），衹是其文字似不如這部《中國書籍史話》謹嚴。

使用時，從頭到尾循環翻閱，其飜飛的狀態，宛如旋風，所以古人稱作“旋風裝”。又因爲摺疊起來的書好似一片樹葉，也叫做“葉子”。①

請注意，蔣氏這裏所説“用一張整封面，從上到下，連書背都連串起來”，這與島田翰、馬衡、劉國鈞和毛春翔已經有所不同，現代日本學者稱這種裝幀形式爲“固定形旋風葉”，其制如圖3所示：

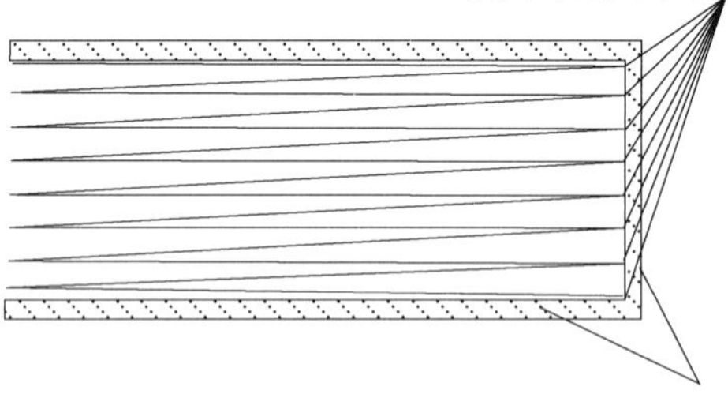

圖3　現代日本學者圖示“固定形旋風葉”形式②

即按照蔣氏的看法，摺面背部（亦即所謂“書背”）是粘連在連接封面、封底的那一張整紙之上並緣此而“連串起來”的。

上述兩類説法，雖然在是否粘連摺面背部這一點上稍有不同，但總的來説，都可以説是一種特殊形式的經摺裝，就摺疊成册這一特徵而言，自可視作同一類型。與此差别較大的是，孫毓修在1918年出版的《中國雕版源流考》這部書中，則徑稱“旋風葉即蝴蝶裝”③。不過孫説提出之後，幾乎無人認可，實際上並没有産生多大影響。

二、李致忠的新説

直至20世紀80年代之前，上述島田翰、馬衡、余嘉錫、蔣元卿、劉國鈞、毛春翔一派人對旋風裝的解釋，可以説一直是學術界普遍通行的觀點。1980年9月，全國各地在北京參加《中國古籍善本書目》編纂的人員，一同參觀故宫博物院所藏《唐寫

① 蔣元卿：《中國書籍裝訂術的發展》，原刊《圖書館學通訊》1957年第6期，此據喬衍琯、張錦郎編：《圖書印刷發展史論文集續編》，臺北：文史哲出版社，1977年，第153—154頁。

② 藤井隆：《日本古典書誌學概説》第三章第一節《裝訂の種類》，第57—58頁。

③ 孫毓修：《中國雕版源流考》之《裝訂》，北京：上海古籍出版社，2008年，第47頁。

本王仁昫刊謬補缺切韻》時，一些人忽生靈感，以爲此物卷起來時，書葉鱗次朝一個方向旋轉，宛如旋風，於是就將其視作古代旋風裝的實物遺存，李致忠且執筆撰寫《古書“旋風裝”考辨》一文，具體闡釋這一新鮮想法[①]。

故宫博物院收藏的這一《唐寫本王仁昫刊謬補缺切韻》，其裝幀形式，是以一粘連爲長幅的紙張爲底，再將二十四張散葉，由右向左，依次粘貼到這張底紙（或稱“命紙”）上（圖 4）。這二十四張散葉，除第一葉係單面書寫文字外，其餘二十三葉都是由兩紙裱成一紙，故兩面有字，計有文字四十七面。粘貼時，是先把最右邊的首葉整張紙全都裱在底紙上，然後從第二葉開始，逐張朝後（左）稍錯，僅把前面亦即右側一端粘貼到底紙上，並以前葉壓後葉，一葉壓一葉，“以次錯疊，如魚鱗然。卷之則成卷，不見散葉之跡”[②]。也就是説，收捲起來之後，從外表上看，猶如普通卷軸裝一樣。

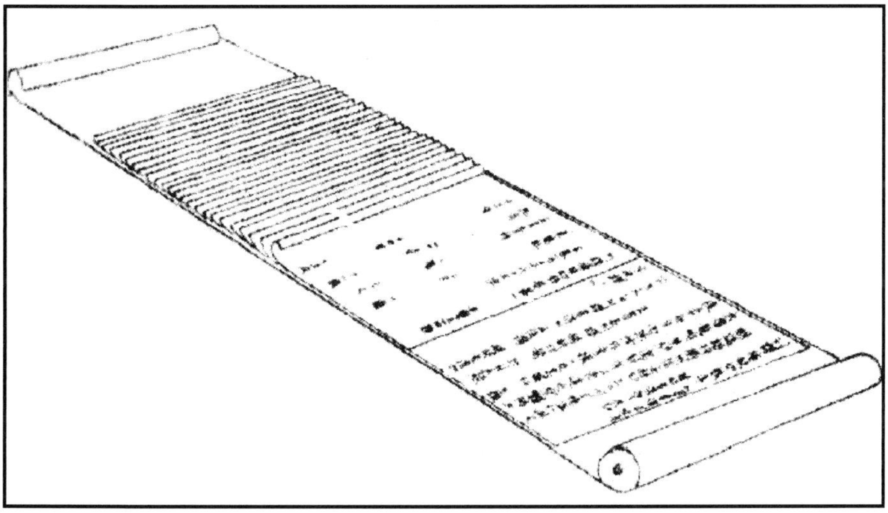

圖 4　李致忠繪《唐寫本王仁昫刊謬補缺切韻》裝幀形式示意圖

清代初年人錢曾，在《讀書敏求記》一書中曾提到他見過的一種所謂吴彩鸞書《切韻》真迹説：

《（雲煙過眼）録》云：“焦達卿有吴彩鸞書《切韻》一卷，其書‘一先’爲‘二十三先’、‘二十四仙’。”相傳彩鸞所書《韻》，散落人間者甚多。余從延陵季

① 李致忠：《古書“旋風裝“考辨》，刊《文物》1981 年第 2 期，第 75—78 頁。戴南海：《古籍版本學》第五章第四節《摺疊式的裝訂》，成都：巴蜀書社，1989 年，第 136—137 頁。

② 馬衡：《中國書籍制度變遷之研究》，見作者文集《凡將齋金石叢稿》，北京：中華書局，1977 年，第 274—275 頁。

氏，曾覩其真迹，“一先”仍作“一先”，與達卿所藏者異。逐葉翻看，展轉至末，仍合爲一卷。張邦基《墨莊漫録》云旋風葉者即此，真曠代之奇寶。……自北宋刊本書行世，而裝潢之技絶矣，余幸遇此《韻》，得覩卷帙舊觀。[①]

“延陵季氏”爲明清間著名藏書家江蘇泰興季振宜家。除此之外，錢氏還在所蓄鈔本《墨莊漫録》上寫有跋語云：

吴彩鸞所書《唐韻》，余在泰興季因是家見之。正作旋風葉卷子，其裝潢皆非今人所曉，真奇物也。校畢此卷，偶記於末。[②]

這裏所説“泰興季因是”，是以字尊稱季振宜之父寓庸，而所説《唐韻》，與宋人周密入元後著《雲煙過眼録》提到的《切韻》，以及故宫博物院藏唐寫本《王仁昫刊謬補缺切韻》，這幾部書之間的關係，稍微有些複雜，需要略事説明。

周祖謨歸納敦煌、吐魯番出土以及宋代以來傳世唐寫本古代韻書的一般狀況，知當時通行的各類寫本，都屬於隋人陸法言、辛德源等著《切韻》一系，或爲《切韻》原本，或爲在此基礎上爲之箋注、增訓加字、刊謬補缺，王仁昫《刊謬補缺切韻》即爲其中之一。其總的衍變趨勢，雖然是分韻逐漸加多，注釋也日益增繁，但音系的大類並没有很大改變[③]，故唐代以及後世的稱謂，往往比較隨意。

或就其本初，仍舊徒稱業經箋注增改者爲《切韻》。如錢曾引述的周密著《雲煙過眼録》，原文謂“吴彩鸞書《切韻》一卷，其書‘一先’爲‘廿三先’、‘廿四僊（仙）’，不可曉，字畫尤古”[④]。陸法言《切韻》原本雖然就是分爲五卷[⑤]，參照後來諸如故宫博物院藏《唐寫本王仁昫刊謬補缺切韵》和宋初纂修的《廣韻》等韻書可知，應是按照平、上、去、入四聲分卷而將字數較多的平生韻一分爲二，劃作兩卷，

① （清）錢曾:《讀書敏求記》卷三之上“雲煙過眼録”條，上海：上海古籍出版社，2007年，管庭芬、章鈺:《讀書敏求記校證》本，第251—252頁。

② 張元濟:《涵芬樓燼餘書録》子部“墨莊漫録”條，北京：商務印書館，2009年，《張元濟全集》本，第338頁。

③ 周祖謨編著:《唐五代韻書集存》卷首周氏自序，北京：中華書局，1983年，第1—5頁；又上編《唐五代韻書》之《總述》，第11—13頁。

④ （元）周密:《雲煙過眼録》卷一“鮮于伯幾樞所藏”條，清光緒中歸安陸氏刻《十萬卷樓叢書》本，第15b—16a頁。

⑤ 《舊唐書》卷四六《經籍志》上（北京：中華書局，1975年，第1985頁）著録“《切韻》五卷，陸慈撰”，蓋陸法言以字行，此陸慈應爲法言本名。參見清楊守敬:《日本訪書志》卷三“元刊本《廣韻》”條，北京：中華書局，2006年，《宋元明清書目題跋叢刊》影印光緒丁酉楊氏家刻本，第60頁。

但周祖謨研究敦煌出土唐代韻書殘卷後發現，《切韻》原本的第一、第二兩卷平聲韻，各韻部係連續排列序號，亦即“平聲五十四韻由東至凡是相連的，並不分爲上下，正是陸書原來的面目”[①]，祇有如此，陸氏之書纔會有“‘一先’爲‘廿三先’、‘廿四僊(仙)’”這樣的排列次序，而改變這一順序，將平聲上和平聲下兩卷各個韻部，分別從“一”開始數算，纔會在其書第二卷亦即平聲下這一卷，以“一先”開頭，出現“以‘一先’、‘二僊’爲下平之首”的情況[②]。據此，則延陵季氏所藏“一先”仍作“一先”者，自已迥非陸法言書原本，時人却是以《切韻》名之。尋其理據，蓋既以隋陸法言《切韻》爲基礎而加以增改，故可省稱爲《切韻》。故直至宋初官修《廣韻》，仍視陸法言之後包括孫愐《唐韻》在内的各種韻書爲《切韻》之“增加字”本，如同清人潘耒所指出的那樣，“自陸法言等數人斟酌古今南北，勒成一書，歷代增修，雖有《切韻》《唐韻》《廣韻》之異名，而部分無改”[③]，此即其内在緣由。

與此相反，另有人乃緣其通行、增改之朝代，把陸法言原本及其增改本渾謂之曰《唐韻》。試看存世晚唐五代刻本殘卷中，尚有題作《大唐刊繆補闕切韻》者[④]（圖5），愈可知其被略稱爲《唐韻》的合理性。王應麟早已指出，宋朝人本來就常常把《切韻》和《唐韻》混同爲一事，甚至連趙宋本朝纂修的《廣韻》，也會與隋唐這兩部韻書相混[⑤]。明白這一情況，要是不涉及其他問題，對吴彩鸞書寫韻書的究竟是《切韻》，還是《唐韻》，也就不必過分拘泥。

李致忠對錢曾的記述解讀説：“他特别注意了它的裝幀，並把它稱爲旋風葉卷子。”並謂錢氏這一説法“進一步説明《唐寫本王仁昫刊謬補缺切韻》是旋風裝”[⑥]。曾經强力支持李致忠新説的杜偉生，比照錢曾的説法，也清楚闡述説，故宫博物院所藏唐寫本《切韻》的二十四張紙“裝在一張底紙之上，打開時可‘逐葉翻看’，收起時則‘仍合爲一卷’”，故必屬旋風裝無疑[⑦]。

---

① 周祖謨編著:《唐五代韻書集存》上編《唐五代韻書》之《總述》，第18—22頁；下編《考釋》一《陸法言〈切韻〉傳寫本》，第817頁。

② （宋）魏了翁:《重校鶴山先生大全集》卷五六《吴彩鸞〈唐韻〉後序》，上海：商務印書館，民國《四部叢刊》影印烏程劉氏嘉業堂藏宋刻本，第2a—2b頁。

③ （宋）陳彭年等:《大宋重修廣韻》卷首宋廷牒文，北京：中華書局，2004年，周祖謨《廣韻校本》影印清康熙張士俊仿宋刻《澤存堂五種》本，第13—14頁；又此本卷首清潘耒《重刊古本廣韻序》，第6頁。

④ 饒宗頤編:《敦煌書法叢刊》第二卷《韻書》，東京：二玄社，1984年，第44—51頁。

⑤ （宋）王應麟:《困學紀聞》卷八《小學》，上海：商務印書館，民國《四部叢刊三編》影印江安傅氏雙鑒樓藏元刻本，第16a—16b頁。

⑥ 李致忠:《古書“旋風裝“考辨》，刊《文物》1981年第2期，第77—78頁。

⑦ 杜偉生:《古書旋風裝的再考辨》，刊《國家圖書館學刊》1986年第4期，第30—32頁。

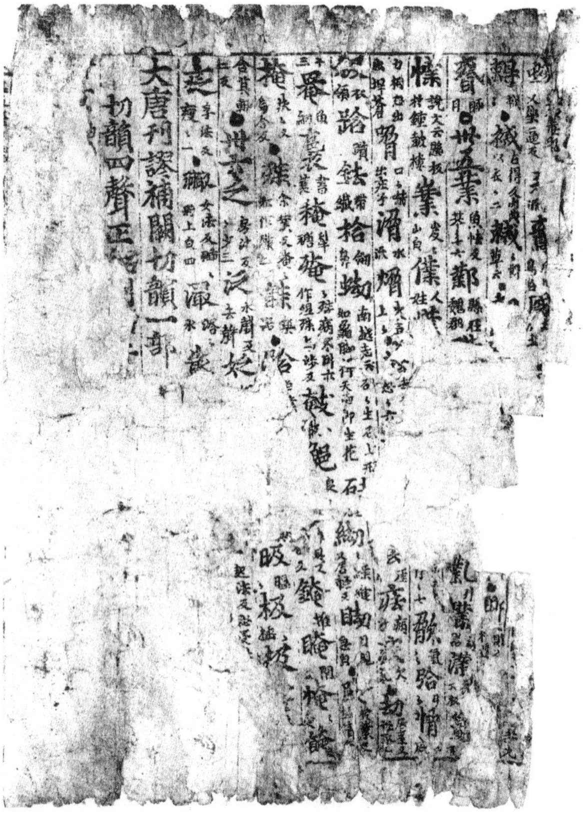

圖 5 敦煌遺書中的《大唐刊繆補闕切韻》殘卷

李致忠文章一出，響應者衆。此後不管是專門論述古籍裝幀的文章，還是泛泛介紹中國古籍版本的著作，絶大多數人都采用了李氏這一新説，其中如魏隱儒，且謂這卷唐寫本《切韻》“是現在所能見到的唯一一件古代旋風裝書册[①]。另一方面，儘管有個别人對這種裝幀形式的原始性表示懷疑，如杜偉生即曾指出，這卷故宫博物院藏唐寫本《切韻》“並不是唐代原來的裝幀，而是在崇奢尚糜的宋宣和年間，在皇宫内府中重裝的”[②]，但如同李致忠後來所指出的那樣，在敦煌遺書中另有與此相似

① 如杜偉生：《古書旋風裝的再考辨》，刊《國家圖書館學刊》1986 年第 4 期，第 30—33 頁；袁東玨：《古書旋風裝形制初探》，刊《圖書館員》1989 年第 1 期，第 40—43 頁；戴南海：《古籍版本學》第五章第四節《摺疊式的裝訂》，第 136—137 頁；張樹棟：《我國古代書籍裝訂形式的演變》，見上海新四軍歷史研究會印刷印鈔分會編：《裝訂源流和補遺》，北京：中國書籍出版社，1993 年，第 84—85 頁；李更旺：《古書史中梵夾裝並非經摺裝考辨》，見上海新四軍歷史研究會印刷印鈔分會編：《裝訂源流和補遺》，第 74—80 頁；程千帆、徐有富：《校讎廣義·版本篇》第三章第二節《旋風裝》，濟南：齊魯書社，1991 年，第 73—77 頁；魏隱儒：《古籍版本鑒賞》第三章第一節《書籍裝訂的起源及其發展》，北京：北京燕山出版社，1997 年，第 125—126 頁；張樹棟、龐多益、鄭如斯：《簡明中華印刷通史》第五章第三節《旋風裝》，桂林：廣西師範大學出版社，2004 年，第 172—173 頁；王新榮：《制度視野下的唐代詩歌與旋風裝》，刊《蘭臺世界》2011 年第 6 期，第 57—58 頁；等等。

② 杜偉生：《從敦煌遺書的裝幀談“旋風裝“》，刊《文獻》1997 年第 3 期，第 189 頁。

的裝幀形式[①]；又據友人相告，形制相同的敦煌卷子，其實還有很多件[②]，其實際存在恐怕不容置疑[③]。基於這種實物佐證，李氏此說迅即廣泛流行，大有取代舊説而成定論的勢頭[④]。

然而學術的是非正誤，並不是依聲勢大小來裁定的，關鍵是要有堅實的證據。李致忠把這卷《王仁眴刊謬補缺切韻》之唐人寫本認作旋風裝，在很大程度上，是因爲在他看來，其“收卷時，書葉鱗次朝一個方向旋轉，宛如旋風”。但這未必合乎當年使用“旋風裝”或“旋風葉”那一時代人的想法。

馬衡不僅在《中國書籍制度變遷之研究》一文的增改稿中，明確提到了這卷《唐寫本王仁眴刊謬補缺切韻》，而且清楚講述故宫入藏此卷，是在 1947 年秋天，——當時他正身任故宫博物院院長。在這種情况下，馬衡却並未將其指認爲旋風裝，這不能不令我們深入思考這一問題。

另一方面，還有一些學者，或是繼續因承島田翰、馬衡這一派人舊有的説法[⑤]，或是直接針對李致忠的新説，提出不同看法。例如，黄永年在所著《古籍版本學》一書中，就直接批駁李致忠的説法，堅持島田翰、馬衡一派人的觀點[⑥]；周紹良對此亦持同樣看法[⑦]。近年程有慶重又撰寫專文，進一步申説傳統的觀點，並將島田翰所説旋風裝形式，擬名爲“包背式經摺裝”[⑧]。然而，上述這些人的論述，都稍顯簡略，未能充分説明相關問題；同時，就我所接觸到的情况而言，社會上似乎更普遍地還是接受李致

① 李致忠、吴芳思：《古書梵夾裝、旋風裝、蝴蝶裝、包背裝、綫裝的起源與流變》，刊《圖書館學通訊》1987 年第 2 期，第 78—79 頁。

② 案：此點承方廣錩先生相告，謹致謝意。

③ 案李致忠所説與故宫博物院藏唐寫本《切韻》裝幀形制相似者，是唐昭宗天祐二年寫本《金剛經》，王傳龍《“旋風裝”版本匯考》一文，對其形制亦有叙述，而所附图片要更清楚一些。根據李致忠和王傳龍的描述，這一《金剛經》似僅以類似“册子”的形式存在，並不捲攏成卷，或爲便於誦經時翻閲而製作的特殊形式，其具體情况還有待更進一步的考辨，而我個人的初步看法，覺得它應該是下面第五節所談到的“書册式梵夾裝”的一個變種。另有方俊琦氏以爲“葉子”與“旋風葉”或“旋風裝”是兩種不同的裝幀形式，“是比旋風裝更爲成熟、接近册頁裝的形態”，而唯有此物“纔是真正的名副其實的‘葉子’裝書”。方説與歐陽修等人的記述差别過大，不足信從。王文刊《大學圖書館學報》2009 年第 3 期，第 78—79 頁。方説見所著《古籍形態“葉子”考》，刊《圖書館雜志》2011 年第 5 期，第 78—82 頁。

④ 案此外尚頗有一些人兩存其説，略無定見，兹不贅述。

⑤ 饒宗頤編：《敦煌書法叢刊》第二卷《韻書》篇末附饒氏解説，第 52—54 頁。王利器：《水滸全傳校注》第十八回《美髯公智穩插翅虎，宋公明私放晁天王》注三，石家莊：河北教育出版社，2009 年，第 905—906 頁。案王利器在這裏表述的有關旋風裝的見解，承蒙清華大學出土文獻研究與保護中心馬楠博士教示，謹致謝意。

⑥ 黄永年：《古籍版本學》第四章《書册制度》，南京：江蘇教育出版社，2005 年，第 60—62 頁。

⑦ 周紹良：《書籍的形成過程——略談梵夾本的産生》，見作者文集《紹良書話》，北京：中華書局，2009 年，第 361—364 頁。案我隨侍黄永年先生，亦親耳聽聞周紹良先生與業師談論旋風裝問題，表述與黄永年先生完全相同的看法。

⑧ 程有慶：《古書旋風裝形制贅言》，刊倪莉等編：《中文古籍整理與版本目録學國際學術研討會論文集》，第 190—208 頁。

忠、杜偉生一派人的主張，其中也包括一些古籍版本素養很高的學者。因此，二者之間，孰是孰非，顯然還需要做出更爲深入細緻的論證。

三、旋風裝衹能是一種方册

上述舊、新兩種説法，對旋風裝形制認識最大的差别，是按照島田翰、馬衡等所主張的舊説，旋風裝是一種方册，而若依李致忠所説，則是一種稍顯特殊的卷軸（圖6）。下面就讓我們來看一看究竟哪一種形制，更符合有關旋風裝的早期記載。

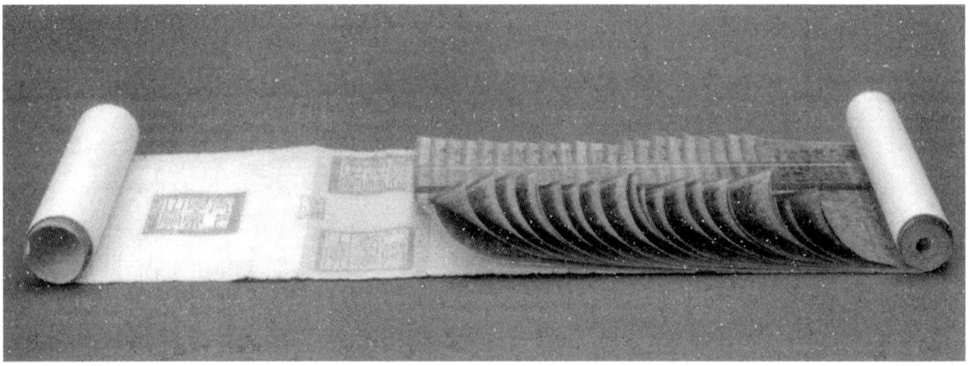

圖6　故宫博物院藏《唐寫本王仁昫刊謬補缺切韻》

最早明確談到“旋風葉”這種裝幀形式，是兩宋之際人張邦基的《墨莊漫録》：

> 裴鉶《傳奇》載：成都古仙人吴彩鸞，善書小字，嘗書《唐韻》鬻之。今蜀中導江迎祥院經藏中《佛本行經》六十卷，乃彩鸞所書，亦異物也。今世間所傳《唐韻》，猶有〔德勇案：循其文義，此處應脱失諸如“彩鸞書者”之類字句〕，皆旋風葉，字畫清勁，人家往往有之。[①]

吴彩鸞這個“仙人”，黄永年已經指出“其實當是女道士之流”[②]，而實際情況比這更

① （宋）張邦基：《墨莊漫録》卷三“吴彩鸞善書小字”條，北京：中華書局，2002年，第98頁。案“今世間所傳《唐韻》，猶有，皆旋風葉”句，今點校本讀作“今世間所傳《唐韻》猶有，皆旋風葉”，文義頗欠通順。影印文淵閣《四庫全書》本《墨莊漫録》（臺北：臺灣商務印書館，1986年，影印文淵閣《四庫全書》本）等，這段文字中“猶有”下無“皆”字，注明有闕文，今點校本之“皆”字，係據《四部叢刊三編》影印明鈔本（第15b頁），此字雖然似可信從，但上下文義仍存窒礙，故疑“猶有”之下闕文不止僅此一字，這也符合《墨莊漫録》傳世諸本俱多有脱略的總體情況。

② 黄永年：《古籍版本學》第四章《書册制度》，第60—61頁。

爲複雜，留待下文再具體論述。

比張邦基行年要早很多的北宋時人黄庭堅，也看到過這種吴彩鸞書寫的《唐韻》，並爲之撰有跋文：

> 右僊人吴彩鸞書孫愐《唐韻》，凡三十七葉，此唐人所謂葉子者也。按彩鸞隱居在鍾陵西山下，所書《唐韻》，民間多有。余所見凡六本，此一本二十九葉彩鸞書，其八葉後人所補，氣韻肥濁，不相入也。①

他稱謂這種《唐韻》寫本的裝幀，不是用"旋風葉"一語，是"葉子"（黄庭堅稱此書爲孫愐所撰《唐韻》，或是一種誤解），而較黄庭堅更早，歐陽修就論述過吴彩鸞鈔録的這種"葉子"本《唐韻》：

> 葉子格者，自唐中世以後有之。説者云，因人有姓葉號葉子青〔一作清，或作晋〕者撰此格，因以爲名。此説非也。唐人藏書，皆作卷軸，其後有葉子，其制似今策子。凡文字有備檢用者，卷軸難數卷舒，故以葉子寫之，如吴彩鸞《唐韻》、李郃《彩選》之類是也。骰子格，本備檢用，故亦以葉子寫之，因以爲名爾。唐世士人宴聚，盛行葉子格，五代、國初猶然，後漸廢不傳。②

歐陽氏云吴彩鸞書《唐韻》《彩選》之類書籍，因"文字有備檢用者，卷軸難數卷舒，故以葉子寫之"，而張邦基記述説這種由吴彩鸞寫録的《唐韻》，是采用了名爲"旋風葉"的特殊形制，黄庭堅也説吴彩鸞寫的《唐韻》是"葉子"本，這幾處記載相互印證，不難看出，他們談論的應是同一種裝幀形式。對此，島田翰很早就已指出："旋風葉而歐公名以爲葉子，是葉子即謂旋風葉也。"③唐宋間人實際使用"葉子"一稱，其涵義容或較此要複雜一些，即如島田翰所論，"蓋分而言之，則旋風葉曰葉子，蝴蝶裝、綫縫裝曰册子；通言之，則册子亦曰葉子，葉子亦曰册子也"④。但至少就歐陽修和黄庭堅的具體用例而言，島田氏"葉子即謂旋風葉"的説法，自是信而可從。過去

---

① （宋）黄庭堅：《山谷題跋》卷八《跋張持義所藏吴彩鸞唐韻》，上海：商務印書館，1936年，《叢書集成初編》影印明末毛晋汲古閣刻《津逮秘書》本，第83頁。

② （宋）歐陽修：《歸田録》卷二，北京：中華書局，1981年，第31頁。

③ 島田翰：《古文舊書考》卷一《書册裝潢考》，第478頁。

④ 島田翰：《古文舊書考》卷一《書册裝潢考》，第478頁。

馬衡在論述這一問題時，没有充分注意到這幾處記載相互之間的關聯，稱歐陽修和黄庭堅所説的“葉子”是一種“散葉”，是一種與摺疊式的旋風葉不同的裝幀形式①，所説實有差誤。

古時“策”“册”通用，在這裏應是假“策”爲“册”②。島田翰在論述書册裝幀制度時，已經特地申明這一點，以爲“‘策’、‘册’古今字也”③，相關論述亦循此展開，所説自屬允當。故歐陽修所説“策子”，另外又寫作“册子”，而宋人趙彦衛稱“今人呼書曰册子”④。檢《朱子語類》，尚可見“麻沙時文册子”的説法⑤，這自然是指福建建陽麻沙鎮書坊編印的制藝範本，定屬雕版印本無疑；朱熹本人亦“嘗在李先生家藥方册子上見箇御筆，其册子是朝廷紙做”⑥，這裏講的也應該是宋人用帶有御筆的公文紙印製的方劑書。《朱子語類》這些記載，更清晰無誤地證明，當時普通雕版印書即以“册子”稱之，故朱熹對雕版印本尚另以“印册子”“印行册子”名之⑦。

相互參證可知，“旋風葉”這種裝幀形式，又被稱作“葉子”，而這種“葉子”與當時人所説“册子”（“策子”）亦即書册的形制非常相似，黄庭堅講述前後看到過“六本”吴彩鸞書《唐韻》，其以“本”計之，也可以印證這一點。

正因爲如此，在北宋時人邵伯温的《邵氏聞見録》中，又記有“葉子册”這一名稱：

> 伯温崇寧中居洛，因過仁王僧舍，得葉子册故書一編，有趙普中書令雍熙三年爲鄧州節度使日諫太宗皇帝伐燕疏與劄子各一道，其憂國愛君之深，言出乎文章之外者，雖雜陸宣公論事中不辨也。⑧

過去余嘉錫曾有斷語云：“葉子也，旋風葉也，册葉也。”⑨看到邵伯温的記載，應信余

---

① 馬衡：《中國書籍制度變遷之研究》，據作者文集《凡將齋金石叢稿》，第272—273頁。

② 王國維：《簡牘檢署考》，上海：上海書店出版社，1983年，影印《王國維遺書》本，第79頁。

③ 島田翰：《古文舊書考》卷一《書册裝潢考》，第478頁。

④ （宋）趙彦衛：《雲麓漫鈔》卷七，上海：商務印書館，1936年，《叢書集成初編》影印清咸豐元年刻《涉聞梓舊》本，第190—191頁。

⑤ （宋）黎靖德編：《朱子語類》卷一〇九《論取士》，北京：中華書局，1994年，第2700頁。

⑥ （宋）黎靖德編：《朱子語類》卷一二七《本朝》一《欽宗朝》，第3050頁。

⑦ （宋）黎靖德編：《朱子語類》卷一四〇《論文》下，第3337頁。朱熹《晦菴集》晦庵先生朱文公文集卷四三《答李伯諫（甲申）》案《朱子語類》載朱熹原話爲：“魯直論字學，只好於印册子上看，若看碑本，恐自未能如其所言。”這裏所謂“碑本”，應該是指拓本，與其相對應，“印册子”便衹能是指雕版印本。

⑧ 《邵氏聞見録》卷六，北京：中華書局，1983年，第48頁。

⑨ 余嘉錫：《書册制度補考》，見作者文集《余嘉錫論學雜著》，第554—555頁。

氏所説切實可從。

對此，南宋初年人程大昌亦嘗有所論述：

古書不以簡策，縑帛皆爲卷軸，至唐始爲葉子，今書册也。然古竹牒已用疊簡爲名，顧唐始以縑紙卷軸改爲册葉耳。[①]

又云：

今之書册，乃唐世葉子，古未有是也。[②]

程氏此語更進一步表明，宋人所説“葉子”，與當時普通書册形制相當（亦即猶如“册葉”），而宋朝通行“書册”的形制，是所謂“蝴蝶裝”，學者們對此應該没有異議（圖 7）。

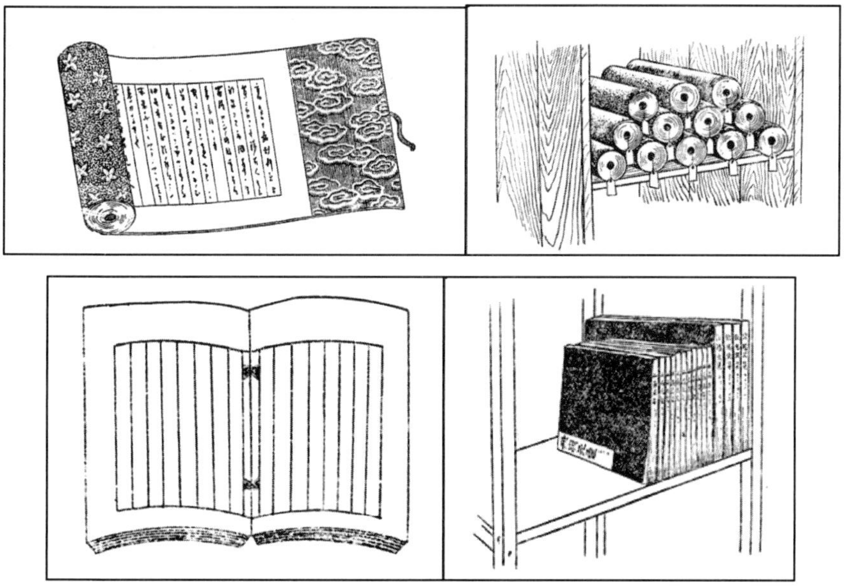

圖 7　卷軸裝（上）與蝴蝶裝（下）書籍形制示意圖[③]

顯而易見，這種同宋代通行的册子（“策子”）書籍外觀非常相近的“旋風葉”或是“葉子”，與迄至唐代爲止的卷軸裝，是完全不同的兩種東西，而如前所述，故宫博

① （宋）程大昌：《演繁露》卷一五，清嘉慶張海鵬刻《學津討原》本，第 7b 頁。

② （宋）程大昌：《演繁露》卷七“方册”條，第 7a—7b 頁。

③ 采自劉國鈞：《中國古代書籍史話》，第 54、120—121 頁。

物院收藏的這卷唐寫本《切韻》，却正是呈現爲“卷軸”的形式。因此，李致忠創立的新説，悖逆宋人相關記載，明顯不能成立。

四、旋風裝與經摺裝

旋風葉書收攏起來所呈方册裝形態，雖然與宋代書籍通行的“册子”形式頗爲相似，但歐陽修“其制似今策子（册子）”這句話中的一個“似”字，已經表明二者之間，同中有異，在某些方面還存在着一定的區别。

南宋末人羅璧在論述古書裝幀演變時講的下面這一段話，可以爲我們提供很好的啓示：

> 余謂書少而世不知讀固可恨，書多而世不知重，尤可恨也。唐末年猶未有模印，多是傳寫，故古人書不多而精審，作册亦不解綫縫，只疊紙成卷，後以幅紙槩黏之〔猶今佛老經〕。其後稍作册子。[1]

這裏所説“疊紙成卷”之“册”，與後來所作的“册子”亦即宋時通行蝴蝶裝書籍的差别，應該是直接把一黏結好的長卷反復摺疊，成爲方册，而不是把一張張散開的書葉逐一對摺後再將其背面粘連爲一體，構成方册。羅璧説這種“疊紙成卷”的書册和釋、道兩教的經書裝幀形式相同，顯然是指當時佛經和道經比較通行的形式，亦即所謂“經摺裝”，而“其後稍作册子”這句話中所説的“册子”，語義與歐陽修“其制似今策子（册子）”的“册子”相同，是指宋代通行的蝴蝶裝書籍。

這種“疊紙成卷”的書册，顯然是直接由卷軸蜕變而來，而與卷軸裝相比，它正可以解決歐陽修所説“卷軸難數卷舒”的問題，與他談到的“葉子”亦即所謂“旋風葉”，功效完全相同。元人吾丘衍謂“古書皆卷軸，以卷舒之難，因而爲摺”[2]，正很好地説明了摺疊的經摺形式相對於卷軸在展閲方面的便捷性。

宋佚名撰《續編兩朝綱目備要》當中如下一段記載，也講到這種“疊紙成卷”的書册相對於卷軸裝的便捷之處：

---

① （宋）羅璧：《羅氏識遺》卷一“成書難得書難”條，揚州：廣陵書社，影印清道光六安晁氏木活字擺印《學海類編》本，第4055—4056頁。

② （元）吾丘衍：《閑居録》，臺北：臺灣商務印書館，1986年，影印文淵閣《四庫全書》本，第23a頁。

（光宗皇帝紹熙五年冬十月辛丑）是日，命朱熹講大學〔……閏月朔日進講，……越三日晚講，因奏曰："臣所進講《大學》，口義不審，曾經聖覽否？"上曰："宫中無事常看。"又奏："陛下於臣妄説有所疑否？"上曰："説得甚好，無可疑。"又奏："萬幾事煩，恐講義卷軸大，難于披覽，欲寫成册子進入，以便反覆觀考。"上欣然曰："正欲與卿説作册子來，可速進入。"久之未敢上，因入講，上忽宣諭曰："向日令卿寫講議册子，何久不進入？"奏曰："未奉進止，未敢遽上。"上曰："速進來。"初，熹既寫成册子，欲點句讀而未敢啓。上忽曰："可一就點成句來。"奏曰："容遵禀進入。"既進上，一日講畢，奏曰："臣所進入講義册子，必經聖覽。"上頷之。又奏："不知於聖意如何？"上欣然曰："看來緊要處只在求放心耳。"熹頓首曰："聖學高明，宣諭極是。老師宿儒窮日竟月，不曾見得此意，説得此語。陛下天縱生知，拈出此'求放心'語，正是聖學要領，願推之以見於實行，不患不爲堯舜之君也。"[①]

在這裏，朱熹説爲便於日理萬機的光宗皇帝"反覆觀考"，而不用原來"難於披覽"的較大卷軸，把專供御覽的講義改寫成"册子"，很像是歐陽修所説"凡文字有備檢用者，卷軸難數卷舒，故以葉子寫之"，因而最有可能也是裝幀成旋風葉的形式。

與此相近者，尚有南宋孝宗皇帝讀陸贄奏議事：

淳熙八年……六月壬申，有旨宣諭"陸贄奏議可與不可進讀"？王希吕等言："贄論諫數十百篇，皆本仁義。元祐中，蘇軾等乞繕寫進呈，置之座右，將來開講。如令進讀，實有補於治道。"七月丙子，制曰："可。"且令日讀五版。[②]

這裏先講宫廷所讀陸贄奏議係繕寫而成，繼之復謂"令日讀五版"，所説"版"字衹能是指手寫長卷經摺叠形成的每一個摺面。後來王應麟編纂《玉海》，也節略采録過這段記載[③]。明人方以智很早就對此做出判斷，以爲"此葉子書也"，而方氏所説"葉子書"即"折（摺）而疊之"成之，據其所云，乃"折（摺）而分版，謂之葉子"[④]。

---

① （宋）佚名：《續編兩朝綱目備要》卷三，北京：中華書局，1995年，第45—46頁。

② （清）徐松輯：《宋會要輯稿》"崇儒"七之一五，北京：中華書局，1957年，重印民國北平圖書館影印原稿本，第2296頁。

③ （宋）王應麟：《玉海》卷六一《藝文·奏疏》"唐陸贄奏議"條，南京：江蘇古籍出版社，1988年，影印清光緒浙江書局刻本，第1156頁。

④ （明）方以智：《通雅》卷三一《器用·書札》，清康熙丙午姚文燮校浮山此藏軒刻本，第8a—8b頁。

假如説這樣的推測，還難以取信於人的話，那麼看了下面這一段北宋時人王鞏在《聞見近録》中所講述的神宗至哲宗時期的紀事（圖 8），對此恐怕就不會再存疑慮：

國書嚴奉，未有如玉牒者。祖宗以來，用金花白羅紙，金花紅羅褾，黄金軸。神宗時，詔爲黄金梵筴，以軸大難披閲也。予進神宗玉牒，始用此制。又以黄金爲匣，鎖鑰皆黄金也。進畢，奉安於太廟南宗正寺玉牒殿。①

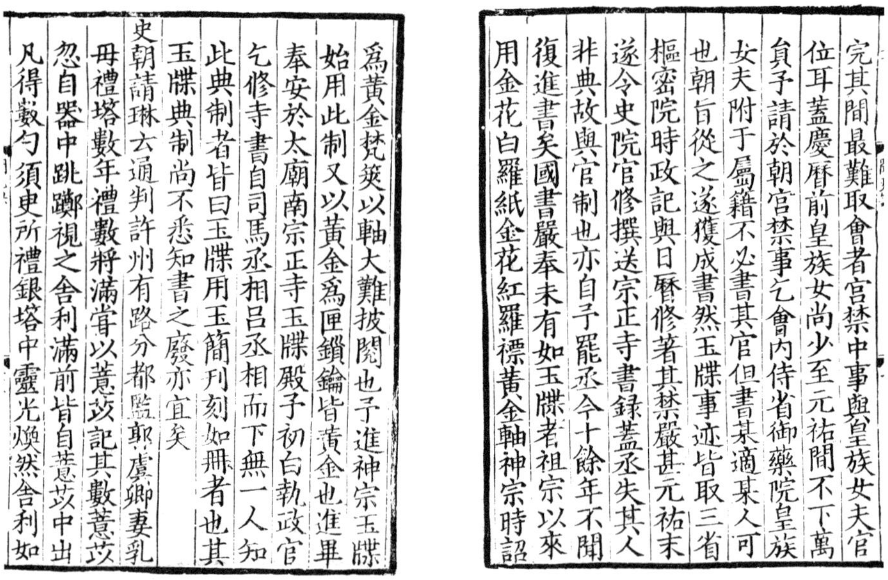
究其間最難取會者宮禁中事與皇族女夫官
位耳蓋慶曆前皇族女尚少至元祐間不下萬
員予請於朝宮禁事乞會內侍省御藥院皇族
女夫附于屬籍不必書其官但書某適某人可
也朝旨從之遂獲成書然玉牒事迹皆取三省
樞密院時政記與日曆修著其禁嚴甚元祐末
遂令史院官修撰送宗正寺書録蓋丞失其人
非典故與官制也亦自予罷丞今十餘年不聞
復進書矣國書嚴奉未有如玉牒者祖宗以來
用金花白羅紙金花紅羅褾黃金軸神宗時詔
爲黃金梵筴以軸大難披閱也予進神宗玉牒
始用此制又以黃金爲匣鎖鑰皆黃金也進畢
奉安於太廟南宗正寺玉牒殿予初白執政官
乞修寺書自司馬丞相呂丞相而下無一人知
此典制者皆曰玉牒用玉簡刊刻如冊者也其
玉牒典制尚不悉知書之廢亦宜矣
史朝請琳云通判許州有路分都監鄭虞卿妻乳
母禮塔數年禮數將滿嘗以薏苡記其數薏苡
忽自器中跳躑視之舍利滿前皆自薏苡中出
凡得數勺須臾所禮銀塔中靈光煥然舍利如

圖 8 《古逸叢書三編》影印南宋刻本《聞見近録》

按照上面的説法，宋朝的“玉牒”，本來是采用卷軸裝形式的紙本，宋神宗時始“以軸大難披閲”而改用“梵筴”。這種“梵筴”是“梵夾”的另一種寫法，在這裏應該是指宋代漢文佛經的經摺裝形制（因與卷軸裝相對應，自屬經摺裝無疑）②，而所謂“黄金梵筴”的“黄金”應當是指存放玉牒的金匣。可見，這裏清楚講述宋朝的玉牒就是因展閲不便而由卷子本改爲經摺裝的。黄永年率先注意到這條重要資料，並清楚指出這一記載表明“北宋時已用‘梵夾’來稱旋風葉了”③。《聞見近録》這段内容，適足以佐證朱熹進上的“講義册子”也應當屬於旋風裝的形式。

① （宋）王鞏：《聞見近録》，北京：中華書局，1984 年，《古逸叢書三編》影印國家圖書館藏南宋刻本，第 31b—32a 頁。

② 參見方廣锠：《談“梵夾”與“梵夾裝”（上）》，刊沈乃文主編《版本目録學研究》第三輯，北京：國家圖書館出版社，2012 年，第 433—460 頁。

③ 黄永年：《古籍版本學》第四章《書册制度》，第 62 頁。

下面這一條有關哲宗皇帝本人的記載，能夠更爲清楚地説明這一問題：

蔡確之子懋先，宣和末爲同知樞密院事，因奏言確南遷時事云："蘇軾有章救先臣確，臣家嘗傳録。"因袖出章進，上皇云："蘇軾無此章。軾在哲宗朝上章，哲宗以一旋風册子手自録次，今在宫中，無此章也。"懋悵然而退。①

顯而易見，宋哲宗寫録的這本"旋風册子"，自然是我們在這裏討論的旋風裝，而且"旋風册子"也明顯要比蝴蝶裝或其他各類册子更方便翻檢。

在南宋時人吴鋼吟詠臨安鳳凰山褒親崇壽寺的詩句裏，我們可以看到對旋風裝形態更爲直觀的描述：

亭砌旋風葉，巖流出洞花。

這座寺院，内有松雲亭、觀音洞②，這兩句詩即是分别描摹這兩個建置的情况，而中國古代的亭子除了階砌亦即臺階之外，幾乎别無砌壘的構件，當時以硬紙寫録的經摺，閲讀時稍加伸展，正呈階梯之狀，故"亭砌旋風葉"者應即描寫松雲亭的階砌，這一詩句，非常清楚地顯示出旋風裝摺疊而成的形態（圖9）。

圖9 "廷砌旋風葉"形態圖示

① （宋）侯延慶：《退齋筆録》，上海：上海古籍出版社，1988年，《説郛三種》影印民國十六年商務印書館排印元陶宗儀《説郛》原本，卷四八，第781頁。

② （宋）潛説友：《咸淳臨安志》卷七七《寺觀・寺院》"褒親崇壽寺"條，北京：中華書局，1990年，影印清道光十年錢塘汪氏振綺堂刊本，第4057頁。

程有慶在最近新發表的文章裏，還在兩宋之際人江少虞的《皇宋事實類苑》(後世習稱《宋朝事實類苑》) 中引述有如下一條材料，更爲形象地表明了旋風裝摺疊而成這一特征：

> 熙寧末，余游相國寺，見賣日本國扇者。琴漆柄，以鴉青紙厚如餅，揲爲旋風扇。淡粉畫平遠山水，薄施以五彩。近岸爲寒蘆衰蓼，鷗鷺佇立，景物如八九月間。艤小舟，漁人披蓑釣其上，天末隱隱有微雲飛鳥之狀。意思深遠，筆勢精妙，中國之善畫者或不能也。[①]

《皇宋事實類苑》係剪取其他書籍類編而成，程有慶没有仔細審看[②]，這條紀事實際上是出自王闢之的《澠水燕談録》，而王氏主要生活在英宗、神宗至哲宗時期，所記熙寧末年之事，正是他本人親身的經歷。王闢之在神宗熙寧年間見到的這種"旋風扇"，黄遵憲在清末著《日本國志》乃徑以"摺扇"或"摺叠扇"稱之[③]。審度《澠水燕談録》所記"揲"(疊) 而成之的形制，再輔以熟知日本風物的黄遵憲的判斷，可知王闢之所説"旋風扇"自屬摺扇無疑，而摺扇以"旋風扇"名之，尤足以證實旋風裝的書物，衹能是摺疊的册葉形式[④]。

與卷軸裝相比，在宋朝人的眼裏，旋風裝的外觀，既然同蝴蝶裝之類的圖書"册子"相似，而且在宋代就已經有了"旋風册子"這樣的稱呼，在這一背景之下，當時人若是把"旋風册子"或是與之近乎一致的普通經摺裝形式省稱爲"册子"，似乎也是合情合理的事情。

根據上面的論述，該有理由推斷，寬泛地講，所謂"旋風裝"就是後世所説"經摺裝"。前面第一節馬衡稍顯含混的説法，或許就是此意。另外，如同程有慶所注意到的那樣，較島田翰稍遲，袁克文在上世紀初，也是把所蓄"北宋小字精刊"本經摺裝

---

① (宋) 江少虞:《宋朝事實類苑》卷六〇《風俗雜志》"日本扇" 條，上海：上海古籍出版社，1981年，第799頁。

② 程有慶:《古書旋風裝形制贅言》，刊倪莉等編:《中文古籍整理與版本目録學國際學術研討會論文集》，第191—192頁。

③ (清) 黄遵憲:《日本國志》卷三五《禮俗志・服飾》"摺疊扇" 條，清光緒刻本，第9a頁。

④ 案方俊琦認爲所謂旋風裝在其發展過程中，曾呈現三種不同的具體裝幀形式，即由"旋風葉" 而"旋風葉卷子"，進而再演變稱爲"旋風册子"，所論主觀性過强，似不足采信，但也可以進一步研究。方氏所説，先後見於下列多篇文章：其一，《古籍"旋風裝"演變探微》，刊《浙江師範大學學報》2009年第4期，第49—53頁；其二，《古籍形態"葉子"考》，刊《圖書館雜志》2011年第5期，第78—82頁；其三，《從敦煌遺書看古籍形態的演變與發展》，刊《浙江師範大學學報》2013年第6期，第50—54頁。

《妙法蓮華經》題作“旋風葉裝”①。20 世紀 20 年代，復有李文裿者，撰寫文章，談論中國古代書籍裝幀的變遷過程，以爲“卷軸展閲之時，舒卷極不便利，故進而爲摺疊裝，謂之‘旋風裝’”②，儘管這衹是承襲馬衡舊説所做的很隨意的表述，缺乏具體論證，但揆諸情理，應該説是一種十分合理的見解。

至於羅璧所説粘連的書卷經過摺疊之後再“以幅紙檗黏之”的情況，正與島田翰所描摹的形式旋風葉形制相同，這也從一個側面印證了島田翰的判斷。不過這並不意味着旋風裝就一定要嚴格局限於這一裝幀形式，按照上文所述宋代學者對旋風裝形態的描述，前面第一節談到的日本學者所説“固定形旋風葉”，還有後世普通的經摺裝，都應屬於旋風裝這一大的類别之下具體形制稍有差别的不同類型③。

宋人王闢之稱摺扇爲“旋風扇”，即已清楚表明，所謂“旋風”衹是就其摺疊成册這一特徵而言，或者説摺疊而成的册子伸展開來時猶如旋風遊蕩之往復迴旋狀。其中一部分書册，再用一張紙裹背把這種摺疊書册的前後兩頭粘連起來，形成日本所謂“囊草子”式裝幀，推尋其原委，大概是在卷子本盛行的環境中，使這種新興的摺葉本稍具卷軸的整體性所致，而所謂“固定形旋風葉”，則是愈爲凸顯這一意圖。不過，大概正是後者，直接促成了由旋風裝向蝴蝶裝的轉變。

衹是僅僅疊紙卷爲書册的普通摺本與那種“後以幅紙檗黏之”的摺本，其出現的次序，究竟孰先孰後，似乎已經不易究詰，假如一定要做一區分的話，我寧愿相信徒加摺疊而不粘連前後的形式，或許會更早一些、也更普遍一些。因爲前者簡單易行，更符合求簡的目的（後者爲遷就既有的卷子本形式而添加了一道未見得有太大實用價值的工序）。前面第一節提到的蔣元卿稱經摺裝是摺疊式的最初形式，而那種所謂“固定形旋風葉”出現於普通經摺裝之後，講的就是同樣的道理。過去劉國鈞論古籍裝幀，稱後世所謂經摺裝亦即普通摺本爲“梵夾裝”或“經摺裝”，而衹把“囊草子”式

---

① 袁克文：《寒云日記》之乙卯（1915 年）日記，三月初一日。案《寒云日記》習見者僅存丙寅、丁卯兩年，此乙卯日記據王雨編《王子霖古籍版本學文集》（上海：上海古籍出版社，2006 年）第二册載王子霖所摘録其購藏古籍善本的記録，事見第 136 頁。程有慶：《古書旋風裝形制贅言》，刊倪莉等編：《中文古籍整理與版本目録學國際學術研討會論文集》，第 198—199 頁。

② 李文裿：《中國書籍裝訂之變遷》，原刊《北平圖書館學季刊》第 3 卷第 4 期（1929 年 12 月），此據上海新四軍歷史研究會印刷印鈔分會編《裝訂源流和補遺》，第 34 頁。

③ 案程有慶還提到一種他稱之爲“蝴蝶式經摺裝”的摺疊式經摺裝幀，但因爲没有附圖，僅僅依據其文字叙述，尚不易很清楚地知悉具體形制。按照我的理解，程氏講述的這種“蝴蝶式經摺裝”，是像蝴蝶裝一樣，先將一個個葉面相向對摺，這樣相向而摺的一組摺葉，在與其相鄰的另一組同樣的摺葉黏接時，兩組摺葉相銜接處，背靠背地直接粘連一小部分，約兩釐米上下，猶如相互裱褙一般，稱“聯蝶翼”。這樣粘連而成的“經摺裝”，無法全部平坦地伸展開來，衹能像現在的洋裝書一樣翻閲。説見程氏《古書旋風裝形制贅言》，刊倪莉等編：《中文古籍整理與版本目録學國際學術研討會論文集》，第 206 頁。

的裝幀形式稱作“旋風裝”，並謂“這兩種形式唐人統叫做葉子”①。雖然劉氏對“旋風裝”形制的認識有很大局限性，但他以爲“葉子”兼該上述兩種裝幀形式，以及對這兩種不同裝幀類型發生順序的認識，却比較合理。

需要指出的是，程有慶在論證旋風裝問題時，曾舉述諸多黄丕烈舊藏所謂“包背式經摺裝”的書籍，試圖以實物來證實其真實性。但這些書籍，最早的也衹是南宋刻本，甚至還有不止一部元刻本，何以見得這些書籍是唐代以來傳承有自的旋風裝本，而不是士禮居主人刻意以册葉形式裝訂古書？更何况程氏文中即已清楚交待，其中有些書籍確是“士禮居命工重裝”②。因此，恐怕不宜用這些宋元刻本來證明旋風裝的形態。

又劉國鈞還曾經指出：“最早的印本書籍，唐咸通九年刻印的金剛經還是繼承着卷軸形式。現在還不知道初期印本有没有梵夾裝或旋風裝的形式。但大約是可能有的。”③如上文所述，劉氏所説“梵夾裝”和“旋風裝”實際上應該是旋風裝的兩種不同類型。他根據咸通九年刻印本《金剛經》的卷子裝形制，推測早期存在摺疊式的旋風裝印本，同樣是對唐宋之間書籍裝幀形制演變主綫的一種具體説明，即在雕版印本由卷軸裝向蝴蝶裝轉换的過程當中，折疊式旋風裝是其重要的中間環節。關於這一問題，實際情况自然比這要複雜很多，現在也還很難做出十分清晰的説明，比如敦煌遺書中所見唐代即已出現的粘頁裝、縫繢裝以及下文所述書册式梵夾裝，對雕版印本之蝴蝶裝這一册子形式的確立，都會有不同程度的影響，但相對來説，還應以這種摺疊式的旋風裝最爲重要、也最爲直接④。這也是島田翰、馬衡以來，很多人的共同看法⑤。

---

① 劉國鈞：《積葉成册和綫裝書》，原刊《光明日報》1962年2月24日，此據上海新四軍歷史研究會印刷印鈔分會編《裝訂源流和補遺》，第54頁。

② 程有慶：《古書旋風裝形制贅言》，刊倪莉等編：《中文古籍整理與版本目録學國際學術研討會論文集》，第205—206頁。

③ 劉國鈞：《積葉成册和綫裝書》，據上海新四軍歷史研究會印刷印鈔分會編《裝訂源流和補遺》，第54頁。

④ 案昌彼得論卷子本向册子本的轉變，以爲“初由卷子解散爲葉子（德勇案：在昌氏看來，‘葉子’亦即‘散葉’），葉子復衍爲幅葉式（德勇案：昌氏以爲此式之散葉乃横長縱短，與蝴蝶裝展開之後的形狀相近）和貝葉式（德勇案：昌氏以爲此式乃仿自貝葉而略有變通，具體又細分爲紙幅寬、窄兩種）二種，貝葉式葉子進而改爲摺疊本，幅葉式葉子後來蜕變爲册子”。對此，也還可以進一步探討。説見昌氏著《唐代圖書形制的演變》，原刊臺灣《圖書館學報》第6期（1964年7月），此據作者文集《蟫菴論著全集》，臺北：“故宫博物院”，2009年，第512—521頁。

⑤ 島田翰：《古文舊書考》卷一《書册裝潢考》，第483頁。馬衡：《中國書籍制度變遷之研究》，據作者文集《凡將齋金石叢稿》，第272—273頁。黄永年：《古籍版本學》第四章《書册制度》，第60—62頁。王利器：《水滸全傳校注》第十八回《美髯公智穩插翅虎，宋公明私放晁天王》注三，第905—906頁。

五、旋風裝與梵夾裝

在討論旋風裝的過程中，杜偉生起初大力贊同李致忠的觀點，以爲“現藏於故宫博物院的《唐寫本王仁昫刊謬補缺切韻》的裝幀，纔是旋風裝形式的本來面目”①，但後來在考察敦煌遺書中一些寫本的裝幀形式之後，改變看法，指認另外一種比較特殊的卷軸形式爲旋風裝（圖 10）。

對此，杜偉生概括説明如下：

> 根據文獻記載和現存敦煌一書中的實物來看，將書葉一側碼齊，在紙邊塗上漿糊逐葉粘牢，再粘上一根木棍或用一根劈開的竹棍夾住書葉粘連處，打眼穿綫裝訂。展閲時書葉雖參差不齊但排列有序，收藏時以集齊的一側爲軸心卷起，這種裝幀就是“旋風葉”，也就是中國古書旋風裝。②

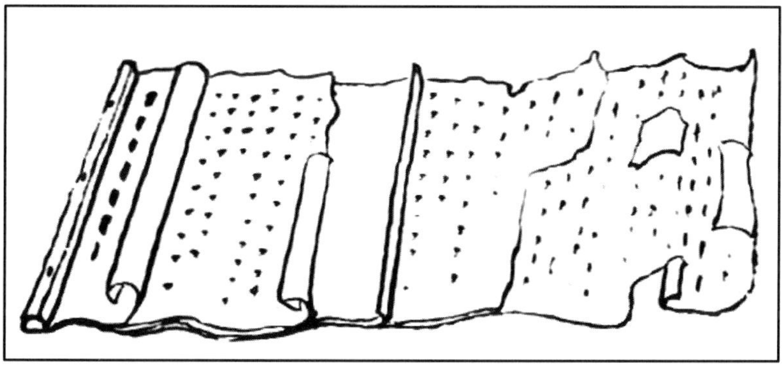

圖 10　杜偉生繪旋風裝示意圖

結合杜氏文中其他論述來推敲，可以看出，在他看來，這種裝幀與相關文獻記載的主要對應關係是：①“書葉一側集齊，展閲時‘葉子’依次排列，頗有‘策子’（册子）的風貌，與‘策子’稍有不同的是，書葉的長度長些罷了”。②這種裝幀有軸，“書葉捲收起來後外觀同卷軸裝書籍完全一樣”。也就是説，杜偉生以爲這一裝幀形式，展開像歐陽修等人所説的册子，捲起來像錢曾講的卷子，所以，最符合旋風裝應有的特徵

① 杜偉生：《古書旋風裝再考辨》，刊《國家圖書館學刊》1986 年第 4 期，第 30—33 頁。

② 杜偉生：《從敦煌遺書的裝幀談“旋風裝“》，刊《文獻》1997 年第 3 期，第 181——189 頁。案王傳龍《“旋風裝”版本匯考》一文對杜氏所述各敦煌寫本的裝幀形式，做有補充和訂正，可參看。王文刊《大學圖書館學報》2009 年第 3 期，第 78—84 頁。

（圖 11）。杜氏這一觀點提出之後，有王傳龍撰文，明確表示贊同[①]。

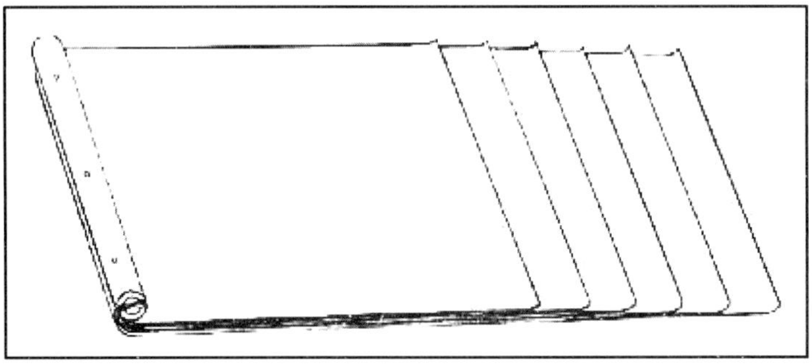

圖 11　杜偉生所説旋風裝示意圖

然而，對錢曾記述的旋風葉，實際上還另有不同的解讀。島田翰即以爲錢氏描摹的正是所謂“囊草子”的形態[②]，余嘉錫所説亦與之類同[③]，黄永年更明確解釋説，所謂“逐葉翻看，展轉至末，仍合爲一卷”，是由於這種旋風葉在摺疊成經摺式之後，又“前後連起來包上了一張書皮的緣故”[④]。退一步講，錢曾畢竟是遲至清代的人了，《讀書敏求記》所述對旋風裝的認知，在很大程度上應屬於他個人的一種判斷，而不是世代因襲、傳承有緒的實在知識。論證旋風裝的形制，還是要以北宋時人歐陽修所説的“策子”（册子）、宋哲宗使用的“旋風册子”以及王闢之所見“旋風扇”作爲其最顯著的外觀特徵。

至於杜偉生力圖予以淡化的每一張紙的長度問題，用“書葉的長度長些罷了”這樣的話，恐怕是難以做出合理説明的。案杜偉生所説“長度”實際上是指每一幅紙張的寬度，由杜氏本人講述的那些例證來看，這種裝幀形式每一張紙，通常高 30 釐米上下，寬約 40—50 釐米左右，最寬的甚至將近 70 釐米，即其平面形態呈扁平狀，這與宋代書籍通常是高度大於寬度的長方形狀差别十分明顯。

敦煌遺書中存留的這種裝幀，不僅其寬度大於高度的扁平形式與普通宋代的“策子”（册子）有很大出入，而且其中有很大一部分，每一張紙的寬度還長短不一，通常是由上向下，逐次加長，而粘貼裝訂時衹是“書葉一側集齊”，致使其另一側邊緣，逐次向外伸出。在這一點上，與故宫博物院藏唐寫本《切韻》底紙之上各張書葉的右側邊緣完全相同（不同的衹是其另一側没有像《唐寫本王仁昫刊謬補缺切韻》那樣逐葉

① 王傳龍：《“旋風裝”版本匯考》，刊《大學圖書館學報》2009 年第 3 期，第 78—84 頁。
② 島田翰：《古文舊書考》卷一《書册裝潢考》，第 483 頁。
③ 余嘉錫：《書册制度補考》，見作者文集《余嘉錫論學雜著》，第 554—555 頁。
④ 黄永年：《古籍版本學》第四章《書册制度》，第 60—62 頁。

後移，而是上下“集齊”亦即整齊疊放在同一條直綫上），故程有慶在將後者稱作“龍鱗裝”的前提下，稱這種裝幀爲“類龍鱗裝”[①]。

這麽獨特的形制，當然衹能出於一個原因，這就是如杜偉生所説，便於將其收捲爲一個卷軸；若是每一葉紙張都寬度同一，兩邊疊齊，那麽，在收捲爲卷子的時候，雖稍微有些不便，但仍然有軸，可以捲攏成卷。而其既然仍舊是一種卷軸，又怎麽能同所謂“策子”（册子）或“旋風册子”相吻合？

按照我的理解，被杜偉生指認爲旋風裝的裝幀形式，應當源出於唐代的書册式梵夾裝。

關於傳入中國的早期梵夾裝的形制，唐代初年人在《大業雜記》中曾有所記載。《大業雜記》又稱《大業拾遺録》，原書已佚，《太平御覽》引録有佚文云：

> 洛陽翊津橋，通翻經道場東街。其道場有婆羅門僧及身毒僧十餘人。新翻諸經，其所翻經本從外國來，用貝多樹葉書，書即今胡書體。貝多葉長一尺五六寸，闊五寸許，葉形似琵琶而厚大，横作行書。隨經多少，縫綴其一邊，怗怗然。[②]

宋人晁載之《續談助》摘録同文，末句作“牒牒然”，且多存“今呼爲梵夾”這一關鍵語句[③]。《大業雜記》這段文字或許尚待進一步校訂，“梵夾”的内涵也比這裏的叙述要更爲豐富，方廣锠對此做有很深入的研究，指出除了與印度貝葉經相似的長條形梵夾之外，唐代還有一種書册式梵夾，以“綴其一邊”爲突出特徵[④]。敦煌遺書中杜偉生指認爲旋風裝的那些書籍，其“書葉一側集齊”這一重要特徵，正與書册式梵夾本“綴其一邊”的情形相同，二者之間有内在的相通之處。不難想象，當這種外來的梵夾裝進入以卷軸裝爲主體的中國社會之後，在被一部分有特殊需要的中國本土著述采用的時候，爲兼顧當時中國書籍入帙以至插架通行的卷軸形式，纔折衷調和，製成了這種既便於在逐葉檢索時攤開、又能夠在收攏歸一時捲而爲軸的獨特裝幀形式。

---

① 程有慶：《古書旋風裝形制賛言》，刊倪莉等編：《中文古籍整理與版本目録學國際學術研討會論文集》，第191—192頁。

② （宋）李昉等：《太平御覽》卷九六〇《木部·貝多》引《大業拾遺録》，北京：中華書局，1960年，影印宋本，第4262頁。案此《大業拾遺録》即杜寶《大業雜記》别稱，説詳拙文《〈大業雜記〉考説》，原刊《古籍整理與研究》1981年第1期，此見拙著《古代交通與地理文獻研究》，北京：中華書局，1996年，第295—298頁。

③ （宋）晁載之：《續談助》卷四《大業雜記》，清光緒中歸安陸氏刻《十萬卷樓叢書》本，第26b頁。

④ 方廣锠：《談“梵夾”與“梵夾裝”（上）》，刊沈乃文主編：《版本目録學研究》第三輯，第438頁。又方廣锠《敦煌遺書斯5665號與經摺裝》，刊《文史》2005年第1期，第119頁。案方氏又稱印度貝葉經式長條形梵夾爲“貝葉經梵夾”，稱書册式梵夾爲“樺皮經梵夾”。

六、從實際功能看旋風裝的形制

如前面第三節所述，歐陽修在講述“葉子”亦即“旋風葉”這種裝幀形式的獨特優點時，特别談到：“唐人藏書，皆作卷軸，其後有葉子，其制似今策子。凡文字有備檢用者，卷軸難數卷舒，故以葉子寫之，如吴彩鸞《唐韻》、李郃《彩選》之類是也。”這裏清楚講明“葉子”亦即所謂“旋風葉”的出現，是由於有些内容，若是製作爲卷軸，則“難數卷舒”，無法滿足其反覆查閲的需要。

歐陽修在這裏舉述的實際上是兩類書籍。一類是像《唐韻》一樣的韻書，而古人使用韻書，可劃分爲兩種功用。

一種是依韻作詩。作詩自然不能出韻，友朋唱酬，特别是科舉考試所用試帖詩更直接限定用韻，故賦詩者一定要熟悉各韻部合用之字，而各地方言鄉音互有出入，經史典籍的字音更多有古今之異，故運筆寫詩往往需要隨時檢視，以至習練應試者或謂“不檢字則韻脚不穩，不檢字則句法不就”[①]。又翁同龢嘗有詩句云“限韻詩成頻檢字”[②]，描述的便是這一情況。在這一方面，不管是故宫博物院藏唐寫本《切韻》，還是杜偉生所説敦煌遺書中那一種“書葉一側集齊”的特殊卷軸形式，讀者攤開卷軸，找到要用的韻部，一般就無須再行卷舒。

另一種是按韻查字，即把韻書用作按照韻部分類編纂的字典。對於這一用途來説，上面兩種裝幀形式，就遠不如經摺式的册子便捷；或者可以説，衹有像這樣摺疊成册，纔能夠解决卷軸裝反覆卷舒的煩難，隨意查閲任一書葉。

歐陽修舉述的另一類因“文字有備檢用”需反覆卷舒而不得不製作爲旋風裝的書籍，是博弈譜録。李郃撰著的那一部《彩選》，歐陽修已經談到，是一種“葉子格”，而這種“葉子格”是一種“骰子格”，亦即根據所投擲骰子的點數來决定各方棋牌進退輸贏的博弈，在中國古代十分流行，有種種不同的具體形式，如漢代即已流行的“雙陸”即屬其中之一。宋人王闢之在《澠水燕談録》中對歐陽修所説“葉子格者”有如下一段記載：

> 唐太宗問一行世數，禪師製葉子格進之。“葉子”，言“二十世李”也。當

---

① （清）葉葆：《應試詩法淺説》卷一《詩法淺説・檢韻法》，清乾隆五十四年悔獨齋刻本，第 15b 頁。

② （清）翁同龢：《瓶廬詩稿》卷八《調甥疊韻見示云禪漁聯唱已成巨卷再答之》，民國八年邵松年校刻本，第 40a 頁。

> 時士大夫宴集皆爲之。其後有柴氏、趙氏其格不一。蜀人以紅鶴格爲貴，禁中則以花蟲爲宗。近世職方員外郎曹谷損益舊本，撰《舊歡新格》，尤爲詳密。其法用區骰子六隻、犀牙師子十事，自盆帖而下，分十五門，門各有説。凡名彩二百二十七，逸彩二百四十七，總四百七十四彩。余家有其格，而世無能爲者。①

晁公武《郡齋讀書志》著録相關書籍時，在李郃的著述之外，還提到一種存留至今的實例：

> 《采選集》四卷。
>
> 右莫詳誰氏作。初彩選格起於唐李郃，本朝踵之者，有趙明遠、尹師魯；元豐官制行，有宋保國。皆取一時官制爲之。至劉貢父，獨因其法，取西漢官秩，陞黜次第爲之；又取本傳所以陞黜之語注其下，局終，遂可類次其語爲一傳。博戲中最爲雅馴。此集尤詳，且悉曰階官、曰職名、曰科目、曰賞格、曰服色、曰俸給、曰爵邑謚法之類，無一不備。②

此處所云劉貢父取西漢官秩爲之者，乃劉攽撰《漢官儀》，今有宋刻本三卷傳世（圖12）。稍觀其説明文字，可知隨骰子點數多寡，陞降進退與輸貢收納的形式，極爲繁複，“率二十五擲乃終一局”③，需要隨時查閲既定的規則，即所謂“葉子格”，而此《漢官儀》即“葉子格”之一種，觀鄭樵《通志》著録其書，題作《漢官儀彩選》④，尤易理解它的屬性。

看到像《漢官儀》這樣複雜的玩法，我想絶大多數人都很容易理解，最適宜所謂“彩選格”應用的形式，顯然是島田翰和馬衡等人所説摺疊的形式，而若是做成像故宫博物院藏唐寫本《切韻》或敦煌遺書中“書葉一側集齊”的卷軸那樣的裝幀，並不能有效解决其“難數卷舒”的弊病。

---

① （宋）王闢之：《澠水燕談録》卷九《雜録》，北京：中華書局，1981年，第110頁。

② （宋）晁公武：《郡齋讀書志》卷五上《雜藝術類》，北京：現代出版社，1987年，《中國歷代書目叢刊》據原涵芬樓本影印宋淳祐袁州刻本重印本，第1045—1046頁。

③ （宋）劉攽：《漢官儀》卷上，北京：北京圖書館出版社，2002年，《中華再造善本》叢書影印國家圖書館藏宋紹興九年臨安府刻本，第1a頁。

④ （宋）鄭樵：《通志》卷六九《藝文略·藝術類·彩選》，杭州：浙江古籍出版社，2000年，縮印商務印書館民國鉛排《史通》本，第810頁。

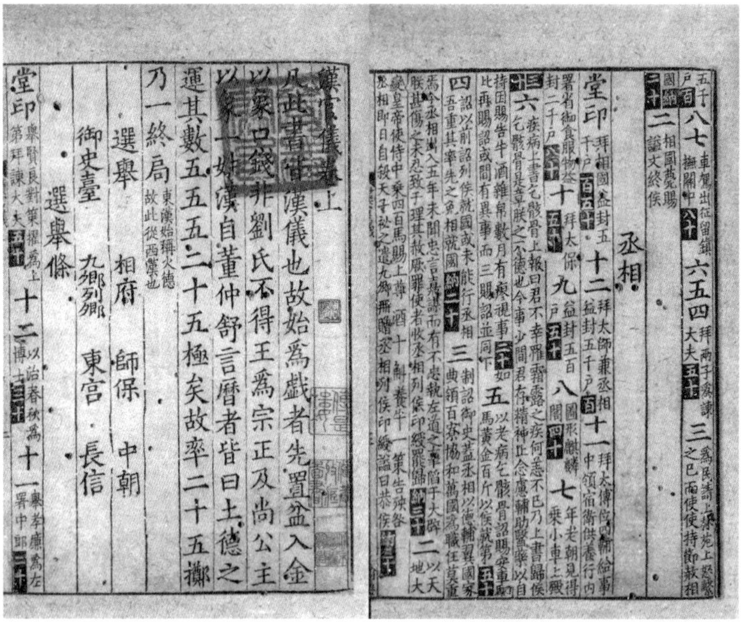

漢官儀卷上

凡此書皆漢儀也故始爲戲者先置盆入金以象口錢非劉氏不得王爲宗正及尚公主以象一姓漢自董仲舒言曆者皆曰土德之運其數五五五二十五極矣故率二十五擲乃一終局 東漢始稱火德故此從西漢也

選舉　相府　師保　中朝

御史臺　九卿列卿　東宮　長信

選舉條

堂印 舉賢良對策擢爲上第拜諫大夫 五十 十二 以治春秋爲博士 三十 十一 舉孝廉爲左署中郎 二十

圖 12　宋刻本《漢官儀》

方廣锠研究敦煌遺書中所見唐代經摺裝寫本，發現與同時期卷軸裝寫本相比，經摺裝的每行的字數，明顯多於後者，同時行寬又顯著大於後者。標準的唐代卷子本寫經，是行寬 1.6 釐米左右，每行 17 字，而經摺裝寫本的行寬是 1.2 釐米左右，每行 30—40 字。這樣一來，若是使用同樣面積的紙張，經摺裝所鈔寫的文字，要比卷軸裝多一倍左右[①]。這種情形，向我們傳達出明確的信息——即唐代經摺裝的出現和流行，在很大程度上，應當是爲方便反覆查閲念誦，而這正與《唐韻》《彩選》之類書物因備檢用而不耐反覆展閲卷子，於是轉而使用折疊式的旋風葉一樣，足以進一步證明，所謂旋風葉，一定屬於經摺裝的性質。

從發生的原理上來分析，島田翰和馬衡等人所説摺疊式旋風裝，是在卷軸裝的基礎上，爲解决像《唐韻》和《漢官儀》之類的彩選格（葉子格）“難數卷舒”的問題，改捲捆爲摺疊，其中有一部分或再另以一紙粘連其前後頭尾，這也清楚體現出脱胎於卷子本的痕跡。

七、簡牒與旋風葉、葉子以及書之稱葉

李致忠一派學者指認故宫博物院藏唐寫本《切韵》或敦煌遺書中“書葉一側集

① 方廣锠：《敦煌遺書斯 5665 號與經摺裝》，刊《文史》2005 年第 1 期，第 145 頁。

齊”的那一種卷軸爲旋風葉，與其書葉飄動的樣態，具有直接關係。但若深入追溯，旋風册子和旋風葉、葉子這幾個名稱之間，還另有一種内在的聯繫。

現在普遍把一册書中的一張紙稱作“一頁”，本來是假借“頁”字來替代其本字“葉”，而“葉”字的用法淵源於紙張普遍應用之前的竹木簡册時代。當時曾分别使用過枼、葉、篥、牒諸字來表示單枚的簡札。然而，隻簡單牒，應用範圍有限，在很多情况下，還是要編聯成册。《文心雕龍》有云“牒者，葉也，短簡編牒，如葉在枝”[①]，“短簡編牒，如葉在枝”這句話很形象地描述了每一枚單獨的“牒”與整個簡册之間的關係。出土秦漢簡册有所謂“葉書”，或書作“牒書”，李零研究指出，出自睡虎地秦墓秦墓過去被擬名爲“編年記”的墓主“喜”的大事記，即屬其中之一，而“葉書”即應讀作“牒書”，乃依年紀事的世表、年表和月表性質的簡册，其共同特徵係“用零散的簡牘編成的書，主要屬於文書類”[②]。這種“葉書”或者“牒書”最能體現“書册”與“牒片”之間的枝葉關係。

清末民初人葉德輝早已指出，晚近以來習稱一紙爲一頁，其“頁”之本字應書作“葉”，又有論斷，大意謂書之稱“葉”就是源自簡册時代的“牒”“篥”諸字，其本字俱書作“枼”。唯葉氏復謂“六書枼訓爲薄，薄則便於翻檢，故一翻爲一枼”，“一葉之葉本當作枼，亦取其薄而借用之，非其本義如此也”[③]，此等論述，語義含混，似未能揭示書之稱葉其原委究竟何在。

如上所述，簡牘時代，單隻簡條可以“牒”（枼、葉、篥）稱之，但在紙本書籍通行以後的卷軸裝時代，社會上是普遍以“紙”或“張”來稱呼構成書册的每一頁紙，以若干紙或若干張來表示一卷書或一部書的篇幅。旋風裝的出現，是以粘連數紙爲一長卷的卷軸裝爲背景，它被稱作“旋風葉”或“葉子”，是因爲過去的卷軸經摺疊爲册之後，其外形又與舊日的竹木簡册具有某種相似性，因此，人們稱謂構成書籍的每一個基本單元時，便捨棄“紙”“張”不用，改用與其類似簡册的外形相匹配的“葉”（牒）字。换句話來説，既然與“葉”（牒）這一單位相對應的背景是“册”，而摺疊後前後粘連的經摺式書册又是由卷軸裝走向蝴蝶式册子裝的過渡形態；再看重疊的摺面展開後形制近乎串連而成的簡册，其每一個摺面猶如簡册的牒片。那麽，人們也很自然地會藉用簡牘時代構成書册的基礎單元“牒”（葉）來表述這種新裝幀形式中每一個摺疊的頁面。昔明人方以智論“葉子”之制，嘗謂“折（摺）簡，折（摺）而疊之

① （蕭梁）劉勰：《文心雕龍》卷五《書記》，上海：上海古籍出版社，1984年，影印上海圖書館藏元刻本，第12a頁。

② 李零：《視日、日書和葉書》，刊《文物》2008年第12期，第77—80頁。

③ 葉德輝：《書林清話》卷一“書之稱葉”條，民國丁巳葉氏觀古堂自刻本，第15b—17a頁。

也。……折（摺）而分版，謂之葉子；編集謂之書册”[①]，講的就是這個道理（方以智所説“折（摺）而分版”以及前面第四節講到的宋孝宗令“日讀五版”《陸宣公奏議》，以“版”字來稱謂每一個摺面，也就是把摺面比作“方版”，實質上是同樣性質的復古做法）。相比之下，故宫博物院藏唐寫本《切韻》和敦煌遺書中“書葉一側集齊”的那一種卷軸，與簡册及其構成牒片之間却缺乏像這樣形象的聯繫。

知悉上述因緣，我們也就很容易理解，旋風裝被稱作“旋風册子”，是基於其摺疊成册這一特徵，而“旋風葉”或“葉子”的稱呼，則是着重强調其每一個摺面作爲册子中的一葉（一牒）所顯示的特徵[②]。由此進一步轉變，逮蝴蝶裝通行之後，“葉”自然也就成了雕版印本中每一個版面的名稱，並在實際應用中譌變成爲“頁”字。

過去蔣元卿在論述那種現代日本學者稱作“固定形旋風葉”的旋風裝形制時，已經引述斯坦因提到的一小册五代後漢乾祐二年書寫的佛經，即屬“摺疊本書籍，長幅接連不斷，加以摺疊，甚似近代之火車時間表。此小册佛經即爲是式，共凡八葉，只印一面，然後加以摺疊，最後將其他一端悉行粘穩。於是展開之後，甚似近代書籍”[③]。事實上，從現存敦煌遺書來看，至遲從太宗時期開始，就有一批與後世經摺裝形式基本一致的佛經寫本，其稍顯不同的地方，是後世經摺裝佛經多單面雕印，而這些敦煌遺書中的經摺裝佛經大多爲雙面書寫[④]（圖13）。

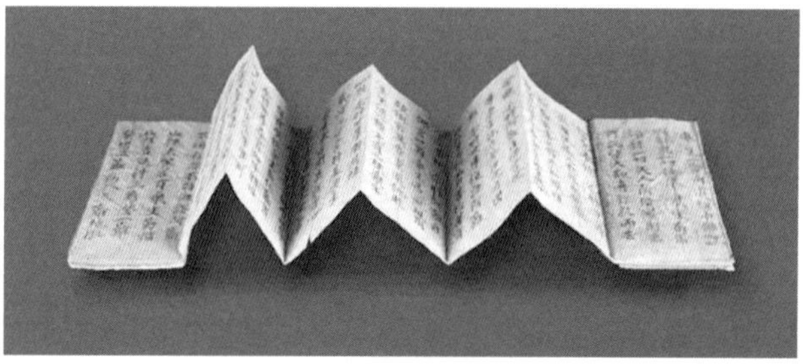

圖13　敦煌出土唐代寫本《佛説無量大慈教經》《佛説續命經》《佛説地藏菩薩經》等經合鈔經摺裝本（斯05618號）[⑤]

---

① （明）方以智：《通雅》卷三一《器用・書札》，第8a頁。

② 案黄永年：《古籍版本學》第四章《書册制度》（第61頁）謂旋風葉之所以叫“葉”，是因爲“它不再是長長的卷子而祇是比較小的長方形，有點像樹葉的緣故。正因爲如此，它在當時也被稱爲‘葉子’”。另外，程有慶發揮葉德輝《書林清話》的觀點，以爲“葉子”一稱緣於其與貝多樹葉相似的形態，“是受外來貝葉的影響之後産生的”。這兩種説法都有一定道理，可以進一步探討。程説見所撰《古書旋風裝形制贅言》，刊倪莉等編：《中文古籍整理與版本目録學國際學術研討會論文集》，第203—205頁。

③ 蔣元卿：《中國書籍裝訂術的發展》，見喬衍琯、張錦郎編：《圖書印刷發展史論文集續編》，第153—154頁。

④ 方廣錩：《敦煌遺書斯5665號與經摺裝》，刊《文史》2005年第1期，第119—148頁。李際寧：《佛經版本》上篇《佛典裝幀》之“經摺裝”條，南京：江蘇古籍出版社，2002年，第37頁。

⑤ 案此册經名承方廣錩先生指教，謹致謝意。

不管是島田翰、馬衡所説旋風裝，還是蔣元卿談到的“固定形旋風葉”，或是敦煌遺書中如同普通經摺裝的佛經，其實並没有本質性差别，都是由卷軸裝趨向蝴蝶裝的過渡形態，也可以説都是一種與“卷子”判然有别的“册子”。過去唐蘭論故宫博物院藏唐寫本《切韻》，以爲“此種葉子裝，當爲書籍由卷變册之始，其後變爲蝴蝶裝，更後則爲今通行之裝法矣”[①]。李致忠承用其説，亦謂像這卷《切韻》式的裝幀，“是卷軸裝向册葉裝轉變時期的一種過渡形式”[②]。但相互比較，不難看出，故宫博物院藏唐寫本《切韻》衹是一種形制稍顯特别的卷軸裝，遠不如摺疊的方册與蝴蝶裝更具有直接的聯繫。蓋翻看摺疊而成的册子，其每一組摺面兩兩相對，與展開的蝴蝶裝頁面正相類同，清楚顯現出通向蝴蝶裝的軌跡。

在傳世文獻中，我們同樣可以看到唐朝僧侣使用這種“册子”的記載：

> 鄧州香嚴智閑禪師，青州人也。厭俗辭親，觀方慕道，依爲山禪。會祐和尚知其法器，欲激發智光。一日謂之曰：“吾不問汝平生學解及經卷册子上記得者，汝未出胞胎、未辨東西時本分事，試道一句來，吾要記汝。”師懵然無對，沈吟久之，進數語，陳其所解，祐皆不許。師曰：“却請和尚爲説。”祐曰：“吾説得，是吾之見解，於汝眼目何有益乎？”師遂歸堂，徧檢所集諸方語句，無一言可將酬對。乃自歎曰：“畫餅不可充饑。”於是盡焚之，曰：“此生不學佛法也。且作箇長行粥飯僧，免役心神。”遂泣辭溈山而去。[③]

“祐和尚”係唐代後期禪宗南岳派溈仰宗的開山大師溈山靈祐，這裏所説“經卷册子”即使從中點斷，讀作“經卷、册子”，仍然可以看出，“册子”形式的佛經，在當時已經比較常見。我們再看看下面這一段有關五代時期金陵文益禪師的記載，就更容易理解當時使用“册子”的情形：

> 師上堂，大衆立久，乃謂之曰：“只恁麼便散去，還有佛法也無？試説看，若無，又來遮裏作麼？若有，大市裏人聚處亦有，何須到遮裏？諸人各曾看《還源

---

① 見周祖謨編著：《唐五代韻書集存》，據民國故宫博物院影印本重印《唐寫本王仁昫刊謬補缺切韵》卷末附唐蘭跋語，第532頁。

② 李致忠：《古書梵夾裝、旋風裝、蝴蝶裝、包背裝、綫裝的起源與流變》，《圖書館學通訊》1987年第2期，第77頁。

③（宋）釋道原：《景德傳燈録》卷一一《鄧州香巖寺智閑禪師》，京都：中文出版社，1976年，《禪學叢書》影印鐵琴銅劍樓舊藏宋刊本，第92頁。

觀》、《法門義海》、《華嚴論》、《涅槃經》諸多策子，阿那个教中有遮个時節？若有，試舉看。莫是恁麽經裏有恁麽語，是此時節麽？有什麽交涉？所以微言滯於心首，甞爲緣慮之場；實際居於目前，翻爲名相之境。又作麽生得翻去？若也翻去，又作麽生得？正去還會麽？莫只恁麽念策子，有什麽用處？①

這位文益師傅提到的“策子”，自然是“册子”的另一種寫法，而“《還源觀》、《法門義海》、《華嚴論》、《涅槃經》諸多策子”這樣的説法，清晰無誤地表明晚唐五代時期，寺院僧人已經很普遍地誦念“册子”本佛經。聯繫上一節所説唐代僧人已經比較普遍地使用經摺裝的情況，再通看宋代以後佛經逐漸以經摺裝爲主的情形，這種“册子”就應該是摺疊式的旋風裝。

在這一背景下，我們再來看所謂“旋風葉”式裝幀的吴彩鸞寫本《唐韻》，若是製作爲摺疊的形式，應該是一件很自然的事情。

八、故宫博物院藏唐寫本《切韵》的裝幀形式

前人對旋風裝的認識，之所以會出現很大歧異，主要是因爲前面第三節引述的張邦基著《墨莊漫録》，稱當時所見吴彩鸞書寫的《唐韻》“皆旋風葉”，而後來錢曾在《讀書敏求記》復謂他見到吴彩鸞書《切韻》真迹的形態是“逐葉翻看，展轉至末，仍合爲一卷”，錢氏對此，復有“旋風葉卷子”之稱，且徑行判斷説“張邦基《墨莊漫録》云旋風葉者即此”。正是基於這樣的記述，李致忠、杜偉生等人，在看到故宫博物院藏唐寫本《切韻》或敦煌遺書中其他一些特殊形制的卷軸裝寫本後，以爲這些寫本的裝幀形式與張邦基所説“旋風葉”相合，從而提出與島田翰、馬衡等人所持傳統舊説迥然不同的新看法。因此，要想清楚説明旋風裝的形制，還要對《墨莊漫録》和《讀書敏求記》記述的内容，做出合理説明。

首先需要指出的是，錢曾是清朝順治、康熙年間人，去古已遠，他講的這種特殊卷軸形式的旋風葉，衹是基於其個人認知對旋風裝形制的判斷，而既屬主觀的判斷，有時就會産生偏差。錢曾引述《雲煙過眼録》，稱周密所見吴彩鸞書《切韻》爲焦敏中（字達卿）藏本，但覈諸原文，實際上是周氏書中次於焦敏中之後的鮮于樞（字伯幾）所藏②，可見

① （宋）釋道原：《景德傳燈録》卷二四《金州清凉文益禪師》，第230頁。

② 周密：《雲煙過眼録》卷一“焦達卿敏中所藏”條、“鮮于伯幾樞所藏”條，第14b—16a頁。

錢曾係信筆爲文，未經審慎斟酌。如上文所述，錢氏這種判斷並不符合宋人對旋風裝的描述。同時，對錢曾所描述的這部寫本的裝幀形式，其他學者還有不同的解讀，如前面第五節所述，島田翰、余嘉錫、黄永年等人，就將其解作摺疊式的册子。退一步講，即使錢曾所説確是一種特殊形制的卷軸，我們也無從判斷清人錢曾在季振宜家見到的那一部古寫本韻書是不是宋人張邦基當年見到的同一部書，情況很不明晰。因而，並不能簡單地把錢曾所見寫本的形制與張邦基講述的旋風葉視爲一事。

仔細斟酌錢曾叙述的情況，我覺得其“逐葉翻看，展轉至末，仍合爲一卷”的情況，與故宫博物院藏唐寫本《切韻》確實比較相像，因而應屬於同一類别的特殊卷軸裝。關於這種裝幀形式，論者多會提及元人王惲在《玉堂嘉話》中的一條記載，今中華書局點校本内容如下：

> 吴彩鸞龍鱗楷韻，後柳誠懸題云：“吴彩鸞，世傳謫仙也。一夕書《廣韻》一部，即鬻於市，人不測其意。稔聞此説，罕見其書。數載勤求，方獲斯本。觀其神全氣古，筆力遒勁，出於自然，非古今學人可及也。時泰和九年九月十五日題。”其册共五十四葉，鱗次相積，皆留紙縫〔天寶八載製〕。[①]

《廣韻》係宋朝初年朝廷組織力量增廣《唐韻》而修撰的韻書，吴彩鸞無由摹寫，這裏的《廣韻》自然是指所謂《唐韻》或《切韻》。前面第二節已經談到，王應麟謂宋人即常常把《廣韻》與《切韻》或《唐韻》想混淆，檢《郡齋讀書志》著録陸法言書，正是錯書爲“廣韻”[②]，故王惲誤記書名，也很容易理解（不過“廣”“唐”二字形近，這裏的“廣韻”或屬“唐韻”之譌，亦未可知）[③]。王傳龍依據文中“其册”二字，謂此附有柳公權（字誠懸）題識的唐朝韻書，外觀很可能類似册葉装[④]。其實這個“册”字並不可靠。

《四部叢刊》影印的明弘治翻刻元本等古本，這兩個字都是書作“其制”[⑤]，中華書局點校本是依據《四庫全書》寫本做了校改。然而審度文義，恐怕還是要以“其制”爲勝。蓋“其制”以下，都是講述這種“龍鱗楷韻”的形制，即以五十四葉紙

① （元）王惲：《玉堂嘉話》卷二，北京：中華書局，2006年，第68頁。
② （宋）晁公武：《郡齋讀書志》卷一下《小學類》，第914頁。
③ 參見饒宗頤編：《敦煌書法叢刊》第二卷《韻書》篇末附饒氏解説，第53—54頁。
④ 王傳龍：《“旋風裝”版本匯考》，刊《大學圖書館學報》2009年第3期，第82—83頁。
⑤ 見《四部叢刊》影印明弘治翻刻元本《秋澗先生大全文文集》卷九四《玉堂嘉話》卷二，第14a頁。

"鱗次相積，皆留紙縫"這一裝幀形式，是其最基本的特徵，而這正與故宫博物院藏唐寫本《切韻》相同。若是把這種特徵解釋爲册子本，則實在很難相容。黄永年正是依據《玉堂嘉話》這一記載，稱故宫博物院藏唐寫本《切韻》的裝幀形式爲"龍鱗式"[①]，這固然也可以稱之爲"龍鱗裝"。

王惲提到的吴彩鸞書《唐韻》(或《切韻》)，上面帶有柳公權的題記，而故宫博物院藏《唐寫本王仁昫刊謬補缺切韻》，卷末附有宋濂在明初題寫的一段跋語：

> 右吴彩鸞所書《刊繆補缺切韻》，宋徽廟用泥金題籤，而前後七印俱完，裝潢之精，亦出於宣和内匠，其爲真迹無疑。余舊於東觀見二本，紙墨與之正同，第所多者，柳公權之題識尒，誠稀世之珍哉！翰林學士承旨金華宋濂記。[②]

兩相比較可知，宋濂所見柳公權題識本《刊繆補缺切韻》，就應當是王惲當年提到的柳公權題識本韻書，宋氏且云"紙墨與之正同"，從而可以確認，故宫博物院藏唐寫本《切韻》的裝幀形式，確屬所謂"龍鱗裝"無疑。

李致忠不僅把這卷故宫博物院藏唐寫本《切韻》指認爲旋風裝，而且還充分發揮其想象演繹説："這種裝幀是卷軸裝向册葉裝轉變時期的一種過渡形式，它既具有册葉裝幀的特點，又未擺脱卷軸裝的制約。它既不是完全徹底的册葉裝，也不是徹頭徹尾的卷軸裝。它既未完全揚棄卷軸裝的全部缺點，也未全部具備册葉裝的優長。它衹是對卷軸裝的一種改進，是册葉裝的一種的最初形式。"[③]其實這種龍鱗裝不僅與册子本差别顯著，而且在二者之間也看不到任何外在或者内在的聯繫，它衹不過是卷軸裝的一種特殊變種而已。

那麽，所謂吴彩鸞寫《切韻》或是《唐韻》，何以會既有前述折疊式的旋風裝、同時又有這樣的龍鱗裝呢?

首先，吴彩鸞其人其事，本來就多屬傳説。即以《玉堂嘉話》所記帶有柳公權跋語的所謂《廣韻》而論，該册寫録於天寶八載，柳公權在太和（泰和）九年撰寫題記；又江西吉安當地地方志記載，"唐天寶間，彩鸞曾遊安成福聖寺，手植兩羅漢柏觀

① 黄永年:《古籍版本學》第四章《書册制度》，第60—61頁。

② 見周祖謨編著:《唐五代韻書集存》據民國故宫博物院影印本重印《唐寫本王仁昫刊謬補缺切韻》卷末附明宋濂跋語，第527頁。

③ 李致忠、吴芳思:《古書梵夾裝、旋風裝、蝴蝶裝、包背裝、綫裝的起源與流變》，刊《圖書館學通訊》1987年第2期，第77頁。

音閣前，入小室中七日，寫《法苑珠林》百二十軸。一夕去，不知所往”[①]。而《宣和書譜》載女仙彩鸞太和年間與進士文蕭於鍾陵西山踏歌調情正酣，以天寶八載剛剛年芳二八計之，至文宗太和年間，亦已百年老嫗，豈可得乎？難怪清初人陳弘緒即就此質疑説：“豈神仙隐顯，原非時代之可限與？”[②]且《宣和書譜》明言彩鸞乃管領水府事仙子，遭天謫而妻事文蕭十年之後，兩人竟“各乘一虎仙去”[③]。這樣神乎其神的人物，其寫録韻書並傳留於世的真實性，自然大爲值得懷疑。

《宣和書譜》作者評議其事，已謂彩鸞“不出一日間，能了十數萬字，非人力可爲也”[④]。看故宫博物院藏號稱吴彩鸞謄鈔的這部王仁昫《刊謬補缺切韻》，不過字跡較爲端謹整飭而已，亦並無仙氣可言。針對女仙吴彩鸞書寫韻書的説法，周祖謨清楚指出，其説“完全出於神話附會，宋以來書籍所載唐本韻書幾乎都稱爲吴彩鸞所書，虚妄荒誕，誠無足取”[⑤]。結合敦煌遺書中的各種唐寫本韻書，饒宗頤也早就指出，唐宋以來往往會把小字書寫的韻書奉爲吴彩鸞的作品而加以賞玩，然而敦煌石窟發現的唐寫本韻書，至今没有看到一部帶有明確的題記，標示其出自這位仙女之手。面對這一實際情況，迄今爲止那些有關吴彩鸞寫韻的傳説，其真實性如何，也就不言自明了[⑥]。“女仙”吴彩鸞書寫韻書事既不可信，自易知曉諸多名繫吴氏之《切韻》《唐韻》寫本，應是出自尋常經生或是文士人之手。如前面第三節所引《墨莊漫録》談到的蜀中導江迎祥院藏吴彩鸞書《佛本行經》六十卷，南宋時即有人稱不過“唐經生書耳”[⑦]。

其次，由於唐代進士科考試通常要寫“應試詩”亦即所謂“試帖詩”，同時還要寫賦，這都需要熟練掌握文字的韻部歸屬。在這種情況下，讀書人自然普遍需要經常翻閱韻書，今天我們在敦煌遺書中能夠看到很多唐寫本《切韻》或是《唐韻》及其衍生韻書，就是基於這一社會需求。從前面講述的各項情況中，應該能夠看到，唐五代時期，是中國書籍裝幀形式發生重大轉折變化的時代。在以卷子本爲主體的同時，來自域外的梵夾裝，也强烈影響着中國書籍的裝幀形式。於是，比較普遍地出現了由梵夾裝向卷軸裝靠攏的所謂“類龍鱗裝”，亦即杜偉生所説“書葉一側集齊”的卷子本。另外還有很可能是受此影響而形成的“龍鱗裝”這一特殊形制的卷子本。另一方面，約

---

① （清）陳弘緒：《寒夜録》卷下，南昌：江西教育出版社，2002年，點校重印《豫章叢書》本，第214頁。
② （清）陳弘緒：《寒夜録》卷下，第214頁。
③ 《宣和書譜》卷五《正書・唐》之“女仙吴彩鸞”條，上海：上海書畫出版社，1984年，第39—40頁。
④ 《宣和書譜》卷五《正書・唐》之“女仙吴彩鸞”條，第39—40頁。
⑤ 周祖謨編著：《唐五代韻書集存》下編《考釋》，第906頁。
⑥ 饒宗頤編：《敦煌書法叢刊》第二卷《韻書》篇末附饒氏解説，第54頁。
⑦ （宋）陸游：《老學庵筆記》卷五，北京：中華書局，1979年，第67頁。

略同時，旋風葉這一摺疊式的卷子本改良形式也從卷軸裝中蜕化而生，逐漸行用於世。

在這一背景之下，人們書寫的韻書，也完全可能同時並存有幾種不同的形式。即以被裝扮成吴彩鸞面目而行世的《切韻》或《唐韻》而言，歐陽修即謂世間多有；前面第三節也已經談到，黄庭堅一個人就先後見過六本；《宣和書譜》載宋朝“御府所藏”更藏有一十三種之多[①]。針對這些情況，黄永年早已指出：“吴彩鸞這個‘女仙’書寫的《唐韻》並不止一部，完全可以既裝成旋風葉，也裝成龍鱗式。”[②]昌彼得分析張邦基《墨莊漫録》“今世間所傳《唐韻》，猶有□旋風葉”這句話，也領悟到“其意思並不一定説所有的《唐韻》，都作旋風葉”[③]。敦煌遺書中的很多唐寫本韻書殘本，其裝幀形式都與龍鱗裝不同，就是很好的證明。

① 《宣和書譜》卷五《正書·唐》之“女仙吴彩鸞”條，第39—40頁。

② 黄永年：《古籍版本學》第四章《書册制度》，第60—61頁。

③ 昌彼得：《唐代圖書形制的演變》，據作者文集《蟫菴論著全集》，第512—513頁。

明代前中期詩壇尊杜觀念的變遷及其文學取向

鄭利華[*]

在中國詩歌史上，作爲唐詩發展一位標識性人物的杜甫及其詩歌創作，其影響深遠，歷來受到衆家的推崇。清人仇兆鰲《杜詩凡例》云：“自元微之作序銘，盛稱其所作，謂自詩人以來，未有如子美者。故王介甫選四家詩，獨以杜居第一。秦少游則推爲孔子大成，鄭尚明則推爲周公制作，黄魯直則推爲詩中之史，羅景綸則推爲詩中之經，楊誠齋則推爲詩中之聖，王元美則推爲詩中之神。”[①]與任何一種詩學宗尚傾向一樣，尊杜不僅表現出作爲個體宗尚者各自的審美趣味，同時也折射著一定歷史階段不同的文學取向。探察明代前中期的詩壇可以發現，特别是處在這一時期宗唐的詩學風尚之中，尊杜的現象觸處可見，相較於衆家之間在推崇杜詩上所體現的共同傾向，更值得注意的，乃是他們稱賞、解讀杜詩的特定動機和立場。而這種宗尚觀念形成的具體差異，也正反映了明代前中期詩壇尊杜傾向的變化之勢，以及由此顯現的不同的文學取向。

一、明初宗唐風尚與杜詩地位的凸顯

盡管不能完全涵括體現在不同對象身上宗尚態度的差異性存在，但若從主導性的角度來辨識明初詩壇的發展狀况，那麽可以説，對於唐詩的尊崇成爲這一階段詩學宗

* 作者簡介：鄭利華（1962—），浙江寧波人，復旦大學古籍整理研究所教授。

① （唐）杜甫著，（清）仇兆鰲注：《杜詩詳注》，北京：中華書局，2009年，第1册，第23頁。

尚的一種整體趨勢。

明初瞿佑在《歸田詩話》中提及，其曾仿效傳爲元好問所編的《唐詩鼓吹》之制，“取宋、金、元三朝名人所作，得一千二百首，分爲十二卷，號《鼓吹續音》”。至於選編是書的意圖，他在題詩中表示：“吟窗玩味韋編絶，舉世宗唐恐未公。”且以爲“世人但知宗唐，於宋則棄不取。衆口一辭，至有詩盛於唐壞於宋之説，私獨不謂然”①。應該説，此舉並不代表瞿佑對於唐詩的排斥，事實上他也説過“唐詩前以李、杜，後以韓、柳爲最”②一類肯許有唐諸家的話，其選取宋、金、元名家所作以接續《唐詩鼓吹》，無非是針對世人一味以唐爲宗的詩學風尚而采取的一種調整策略，不過其中從側面也透出了“舉世宗唐”的宗尚信息。另一方面，由明初諸家的詩學所向，我們也不難窺見此際宗唐風尚之一斑。如蘇伯衡曾爲蒙陰主簿林敬伯編選的《古詩選唐》作序，該書所選皆爲有唐五七言古詩，林氏自述編選之意，表示“唐之詩近古，而尤渾噩莫若李太白、杜子美，至於韓退之雖材高，欲自成家，然其吐辭暗與古合者可勝道哉”，蘇序將此書與元楊士弘所編《唐音》作對比，以爲其“勝於《唐音》遠甚”，因於林氏“偉其論之確，識之敻，而選之精也”③。由此可見出序者對於唐詩的傾重態度。又如貝瓊明申“詩盛於唐，尚矣。盛唐之詩稱李太白、杜少陵而止”，認爲李、杜所作，“瀟湘洞庭不足喻其廣，龍門劍閣不足喻其峻，西施南威不足喻其態，千兵萬馬不足喻其氣”④，推崇唐音特別是以李、杜等盛唐之作爲尚的意向同樣明晰。故其論評他人詩篇，亦以唐人尤其是李、杜等人所作爲準則，如評扶風人馬琬詩“婉而不迫，奇而不僻，蓋有唐人之風裁矣”⑤；評天台李廷鉉詩“其五言七言近體必擬杜甫，其歌謡樂府必擬李白，嗚呼，志亦勤矣”⑥！再如素有“閩中十子”之“巨擘”⑦之稱的林鴻，生平詩名卓著，“其後閩人言詩者，皆本鴻”⑧。其詩被劉嵩稱爲“始窺陳拾遺之闖奥，而駸駸乎開元之盛風”⑨，其論詩亦以唐音爲宗，高棅《唐詩品彙・凡例》即載多爲人所熟知的林鴻與棅一段論詩之言：“先輩博陵林鴻嘗與余論詩：上自蘇、李，下迄六代，漢魏骨氣雖雄，而菁華不足。晋祖玄虚，宋尚條暢，齊梁以下但務春華，殊

① （明）瞿佑：《歸田詩話》卷上，丁福保輯：《歷代詩話續編》，北京：中華書局，1983年，下册，第1249頁。
② 《歸田詩話》卷上，丁福保輯：《歷代詩話續編》，第1236頁。
③ 《古詩選唐序》，（明）蘇伯衡：《蘇平仲文集》卷四，《四部叢刊》影印明正統刊本。
④ 《乾坤清氣序》，（明）貝瓊：《清江貝先生文集》卷一，《四部叢刊》影印明正統刊本。
⑤ 《灌園集序》，《清江貝先生文集》卷七。
⑥ 《瓊臺集序》，《清江貝先生文集》卷二八。
⑦ （清）朱彝尊：《静志居詩話》卷三，北京：人民文學出版社，1998年，上册，第78頁。
⑧ （明）袁表：《閩中十子傳》，《閩中十子詩》卷首，清光緒刊本。
⑨ 《鳴盛集序》，（明）林鴻：《鳴盛集》卷首，臺北：臺灣商務印書館，1986年，影印文淵閣《四庫全書》，第1231册。

欠秋實。唯李唐作者可謂大成。然貞觀尚習故陋，神龍漸變常調，開元、天寶間，神秀聲律，粲然大備，故學者當以是楷式。”不僅如此，同爲“閩中十子”之一的高棅，尊尚唐詩的態度可謂更爲分明，《唐詩品彙·凡例》在引述林鴻論詩之言後，即以“確論”相標示，又云“後又采集古今諸賢之説，及觀滄浪嚴先生之辯，益以林之言可徵”[1]，説明他對林鴻視有唐所作爲集大成者且尤重盛唐詩歌的論詩主張深爲贊賞。這一點從他《學古録》涉及唐詩之論中也可得到印證，如曰，“《風》《騷》輟響，五言始興。漢室既亡，文體乃散。魏晋作者雖多，不能兼備諸體。其聲律完純，上追《風》《雅》而所謂集大成者，唯唐有以振之”，“唐詩之盛，陳拾遺公首倡之，逮開元間，群才並出，李、杜文章，冠絶萬世”[2]。就此，不論是他“既愛唐詩，喜編録”而自洪武十七年（1384）至二十六年（1393）裒爲九十卷之巨的《唐詩品彙》，還是其又自洪武二十六年（1393）至三十一年（1398）“再取諸書，深加攟括”“附於《品彙》之後，足爲百卷”[3]所編就的《唐詩拾遺》十卷，皆體現了高棅本人“專主唐音”[4]的詩學實踐，也在某種意義上成爲此際宗唐風尚的一大標誌。

綜觀明初詩壇的進行態勢，在宗唐的詩學風尚中，杜詩的地位得以進一步凸顯。這當中不僅反映在如上諸家並置李、杜詩歌於超衆之位的評判態度，更體現在一些論家或詩家對杜詩的著力標榜。劉基《項伯高詩序》云：“予少時讀杜少陵詩，頗怪其多憂愁怨抑之氣，而説者謂其遭時之亂，而以其怨恨悲愁發爲言辭，烏得而和且樂也，然而聞見異情，猶未能盡喻焉。比五六年來，兵戈迭起，民物凋耗，傷心滿目，每一形言，則不自覺其悽愴憤惋，雖欲止之而不可，然後知少陵之發於性情真不得已，而予所怪者不異夏蟲之疑冰矣。”元明易代之際，時局動盪，兵燹紛起，曾經遭逢其亂的劉基，不啻深懷切身之體驗，也備感形之於詩不禁“悽愴憤惋”，欲止不可，鑒於此，劉基終知杜甫“以其怨恨悲愁發爲言辭”，實乃“發於性情真不得已”。這同時令他悟出了一番詩歌創作之理：“言生於心而發爲聲，詩則其聲之成章者也。故世有治亂而聲有哀樂，相隨以變，皆出乎自然，非有能强之者。”[5]顯然，劉基對待杜詩態度的前後變化，不能不説與他的親身遭際有關，而在一定意義上，這也反映了那些處在元明易代特定歷史時段的文人學士一種特殊的尊杜緣由。

---

① （明）高棅：《唐詩品彙》卷首，影印文淵閣《四庫全書》，第1371册。

② （明）高棅：《高漫士嘯臺集》卷一，明成化刊本。

③ （明）高棅：《唐詩拾遺序》，《唐詩拾遺》卷首，影印文淵閣《四庫全書》，第1371册。

④ （明）高棅：《嘯臺集》《木天清氣集》提要，《四庫全書總目》，北京：中華書局，1965年，下册，第1555頁。

⑤ （明）劉基：《太師誠意伯劉文成公集》卷五，《四部叢刊》影印明刊本。

鑒於杜甫詩歌對後世影響深遠，“自宋以來注杜詩者林立”[①]，注家之説紛如，在具體解讀杜詩上不免參差，甚至有穿鑿遷就者。如何還復杜詩的本旨，以維護它在詩歌史上的獨特地位，也成爲人們所關切的一個重要問題，宋濂序會稽俞浙《杜詩舉隅》即論及之，其云：

《詩》三百篇，上自公卿大夫，下至賤隸小夫、婦人女子，莫不有作，而其托於六義者，深遠玄奥，卒有未易釋者。故序《詩》之人各述其作者之意，復分章析句以盡其精微。……嗚呼，此豈非後世訓詩者之楷式乎？杜子美詩實取法《三百篇》，有類《國風》者，有類《雅》《頌》者，雖長篇短韻，變化不齊，體段之分明，脈絡之聯屬，誠有不可紊者。注者無慮數百家，奈何不爾之思？務穿鑿者，謂一字皆有所出，泛引經史，巧爲傅會，楦釀而叢脞。騁新奇者，稱其一飯不忘君，發爲言辭，無非忠國愛君之意，至於率爾詠懷之作，亦必遷就而爲之説。説者雖多，不出於彼則出於此。子美之詩，不白於世者五百年矣。近代廬陵大儒頗患之，通集所用事實别見篇後，固無繳繞猥雜之病，未免輕加批抹，如醉翁寱語，終不能了了。其視二者相去何遠哉！[②]

清人何焯述及宋濂指擿注杜詩諸如“務穿鑿者”“騁新奇者”之論時表示，“此言蓋切中諸家之病”[③]。又上序中所謂“近代廬陵大儒”云云，即指宋廬陵人劉辰翁對於杜詩的批點，清人錢謙益曾訾病劉評杜之舉，認爲“辰翁之評杜也，不識杜之大家數，所謂鋪陳終始，排比聲韻者，而點綴其尖新儁冷單詞隻字，以爲得杜骨髓，此所謂一知半解也”[④]，四庫館臣亦指出，“辰翁評所見至淺，其標舉尖新字句，殆於竟陵之先聲”[⑤]，“所評杜詩，每舍其大而求其細”[⑥]。何焯以爲，“元人皆崇信辰翁，莫有斥其非者，此實自景濂發之”[⑦]。宋濂以上所言，主要從訓釋的角度指斥注評杜詩者之失，而他推重序《詩》者所謂“各述其作者之意，復分章析句以盡其精微”的解讀方法，當然也僅屬一家之識，要説更值得注意的，他之所以覺得這一方式用於杜甫詩歌的訓

---

① （清）王琦：《李太白詩集注》提要，《四庫全書總目》，下册，第1280頁。
② 《杜詩舉隅序》，（明）宋濂：《宋學士文集》卷三七，《四部叢刊》影印明正德刊本。
③ 《杜工部集》，（清）何焯：《義門讀書記》卷五一，影印文淵閣《四庫全書》，第860册。
④ 《讀杜小箋上》，（清）錢謙益：《牧齋初學集》卷一〇六，上海：上海古籍出版社，1985年，第2153頁。
⑤ 《集千家注杜詩》提要，《四庫全書總目》，下册，第1281頁。
⑥ 吴正子箋注，劉辰翁評點：《箋注評點李長吉歌詩》《外集》提要，《四庫全書總目》，下册，第1293頁。
⑦ 《杜工部集》，（清）何焯：《義門讀書記》卷五一，影印文淵閣《四庫全書》，第860册。

釋最爲恰當，是認爲杜詩多取法《詩經》，以至“體段之分明，脈絡之聯屬，誠有不可紊者”，故如俞浙《杜詩舉隅》能“獨法序《詩》者之意，各析章句，具舉衆義”，在他看來實則“有不假辭説而自明”①。這裏，從宋濂對杜詩解讀得失的指點中，令人不難見出他試圖維護杜詩尊位的一種詩學態度。

尤其自元稹在《唐故工部員外郎杜君墓係銘並序》中極力標舉杜詩以來②，作爲詩歌史上影響極爲廣遠的一家之作，杜甫詩歌不斷被賦予難以比擬的經典意義，其在更多論家或詩家那裏，成爲超俗拔類的重點師法目標而受到推崇。這一情形也突出反映在明初詩壇諸家關乎杜詩的一系列論評中。如宋訥《紀行程詩序》曰：“昔人論杜少陵以詩爲文，韓昌黎以文爲詩者，蓋詩貴有布置也。有布置則有得其正，造其妙矣。故學詩當學杜，則所學法度森嚴，規矩端正，得其師焉。”宋氏於詩本重唐音，他在《唐音緝釋序》一文中即提出：“唐、虞賡歌，《三百篇》之權輿，其來遠矣。漢魏而下，詩載《文選》，《選》之後莫盛於唐。”③視有唐一代爲自漢魏以後詩歌發展的一個鼎盛時段，其主張“學詩當學杜”，以杜詩作爲師法的重點，顯與其推崇唐音的宗尚取向是聯繫在一起。在這方面，值得留意的尚有張以寧的相關説法，張氏論詩於唐尤尊李、杜，如他表示，“後乎《三百篇》，莫高於陶，莫盛於李、杜”④；“詩於唐贏五百家，獨李、杜氏崒然爲之冠”⑤。同時，又從二家詩歌對《詩經》不同層面的繼承這一角度出發，指示它們各自的創作特點，如其《黄子肅詩集序》謂：“大抵二《雅》賦多而比興少，而杜以真情真境精義入神者繼之；《國風》比興多而賦少，而李以真才真趣渾然天成者繼之。”《釣魚軒詩集序》亦追述前論云：“嘗竊論杜繇學而至，精義入神，故賦多於比興，以追二《雅》；李繇才而入，妙悟天出，故比興多於賦，以繼《國風》。”據此，李、杜二家比較起來，在序者眼裏似各有所長，難分伯仲。不過再進一步來看，其推尚的重點還是移向了杜甫一邊，如張以寧在《馬易之金臺集序》中所言：“唐之大家首稱杜陵氏，善學杜者，必本之於二《南》《風》《雅》，幹之於漢魏樂府古詩，而枝

① 《杜詩舉隅序》，（明）宋濂：《宋學士文集》卷三七，《四部叢刊》影印明正德刊本。

② 《唐故工部員外郎杜君墓係銘並序》：“至於子美，蓋所謂上薄《風》《騷》，下該沈、宋，古傍蘇、李，氣奪曹、劉，掩顔、謝之孤高，雜徐、庾之流麗，盡得古今之體勢，而兼人人之所獨專矣。使仲尼考鍛其旨要，尚不知貴其多乎哉，苟以為能所不能，無可不可，則詩人以來，未有如子美者。時山東人李白，亦以奇文取稱，時人謂之李、杜。予觀其壯浪縱恣，擺去拘束，模寫物象，及樂府歌詩，誠亦差肩於子美矣。至若鋪陳終始，排比聲韻，大或千言，次猶數百，詞氣豪邁，而風調清深，屬對律切，而脱棄凡近，則李尚不能歷其藩翰，况堂奥乎？”（唐）元稹：《元氏長慶集》卷五六，《四部叢刊》影印明嘉靖刊本。

③ （明）宋訥：《西隱集》卷六，影印文淵閣《四庫全書》，第1225册。

④ 《黄子肅詩集序》，（明）張以寧：《翠屏集》卷三，影印文淵閣《四庫全書》，第1226册。

⑤ 《釣魚軒詩集序》，（明）張以寧：《翠屏集》卷三，影印文淵閣《四庫全書》，第1226册。

葉之以晋、宋、齊、梁衆作，而後杜可幾也。”這主要是説，杜甫之所以成爲唐詩人大家的首選，以其所作集合了上至《詩經》、下至南朝衆家之長，故謂善學杜者，須博爲習學而方可，前述杜詩所謂“繇學而至”，蓋即爲此意。關於這一點，張以寧在《蒲仲昭詩序》中也指出：

> 詩必問學乎？詩非訓詁文詞也。詩不必問學乎？詩莫善乎讀書萬卷之杜甫氏也。去古逾遠，詩不復列於工歌矣。漓而淳之，浮而沉之，返古之風，完古之氣，以追其眇。然既墜之遺音，捨問學何求矣。然而論議之蔓，援引之繁，堆積於胸，寖不能化，若兵移屯，亂蒿盈地，文且不可爲，况精華而爲詩者乎？故問學者，貴乎融者也。譬如大冶聚金，銷而水之，百爾器備，惟所欲爲。又如投鹽於水，掬而飲之，止見其味，無有鹽跡。此杜甫氏之詩方之衆作，超然驪黄之外，而投之無不如意者也①

這意味著，從詩歌創作善於“問學”的要求來説，不僅重在於“學”，並且貴在於“融”；杜甫之詩體現在這方面的經典意義，也就是做到了由“學”至“融”，或者説，既能“方之衆作”，又能“超然驪黄之外”。凡此，要在强調“詩莫善乎讀書萬卷之杜甫氏”在有唐衆詩人中首屈一指的大家地位。

在明初詩壇，要説對於杜甫詩歌的經典意義真正從全面的角度加以檢討和標舉的，還數高棅那部“專以唐爲編”的《唐詩品彙》中的相關叙録更具代表性。是書分體編次，諸體之中各分“正始”“正宗”“大家”“名家”“羽翼”“接武”“正變”“餘響”“旁流”等九大品目，即如編者在《總叙》中將該書定位爲“校其體裁，分體從類，隨類定其品目”②。這也正如研究者所已注意到的，其中顯示了編者從區分語言形式至辨析形式風格的一種明顯的辨體意識③。可以説，杜詩的地位正是在與有唐衆多詩家之作的體制風格的具體分辯比較中得以顯現。盡管按高棅的看法，在某些詩體上杜甫所作未必高出一等，如五言、七言絶句，與分别被列爲二者之“正宗”的李白、王維、崔國輔、王昌齡等人相比，僅入“羽翼”之品目，即使在七言古詩上杜甫被列爲“大家”，也並非意味著他所有七古詩作均勝人一籌，如高棅對比入七古“正宗”的李白諸詩，就以爲有杜甫不及之處：“今觀其《遠别離》《長相思》《烏棲曲》《鳴皋歌》

① 《翠屏集》卷三，影印文淵閣《四庫全書》，第1226册。

② 《唐詩品彙》卷首，影印文淵閣《四庫全書》，第1371册。

③ 陳國球：《明代復古派唐詩論研究》，北京：北京大學出版社，2007年，第194—196頁。

《梁園吟》《天姥吟》《廬山謡》等作，長篇短韻，驅駕氣勢，殆與南山秋色争高可矣，雖少陵猶有讓焉。”[①]但無論如何，在《唐詩品彙》中獨自一人分别占據了五、七言古詩，五、七言律詩及五言排律等五種詩體“大家”之席的杜甫，較之衆多詩人，其得到全面的彰顯却是不争的事實。在高棅看來，杜甫能獨自躋身於“大家”之列，其不僅有著融會衆家的兼善之長，如五言古詩《叙目》即引元稹序銘論杜詩之言：“蓋所謂上薄《風》《雅》，下該沈、宋，言奪蘇、李，氣吞曹、劉，掩顔、謝之孤高，雜徐、庾之流麗，盡得古人之體勢，而兼昔人之所獨專。”又引嚴羽《滄浪詩話》評語：“少陵詩憲章漢魏，而取材於六朝，至其自得之妙，則先輩所謂集大成者也。”五言排律《叙目》亦曰：“排律之盛，至少陵極矣，諸家皆不及。諸家得其一概，少陵獨得其兼善者。”更重要的是，其同時還獨具别於他家的特異之妙，如七言律詩《叙目》指出：“少陵七言律法獨異諸家，而篇什亦盛。”七言古詩《叙目》則引王安石有關杜詩的論評，以明編者本人褒揚之意：“蓋其緒密而思深，觀者苟不能臻其閫奥，未易識其妙處，夫豈淺近者所能窺哉！此子美所以光掩前人，後來無繼也。”[②]所述種種，應該説主要還是爲了印證或顯明杜甫無愧於“大家”的詩歌創作的特色。

總之，隨著明初詩壇宗唐風尚的流行，杜甫獨特的詩學地位得以進一步顯揚，杜詩的經典意義被反復揭櫫，這一宗尚傾向在承沿詩歌史上尊杜傳統的同時，體現了明初諸詩家或論家各自有所側重的文學取向，其中包括元明易代之際的特殊歷史境遇在他們接受心理上打下的時代烙印，由此可以看到，顯示在共奉杜甫爲宗的尊杜態勢下的，乃是諸家建立在他們不同的閲讀經驗與審美嗜尚基礎上對於杜詩所展開的多元解讀。在另一方面，從接受的共同的向度而言，假若説，如上諸家於杜詩的不同解讀其中尚呈現出某種相似之特徵的話，那麽，無論是如宋訥由“詩貴有布置”而主張學杜，張以寧注重杜詩“繇學而至”的所謂長於“問學”的特點，還是如高棅基於辨體的意識置杜甫於獨立特異的“大家”之席，可謂相對集中從詩歌本體的角度，度量杜甫作品的獨特價值及其包蕴的難以比擬的經典意義，這也構成他們在尊杜問題上所表現出的某種基本而相近的文學立場。

---

① 《唐詩品彙·叙目》,《唐詩品彙》卷首。

② 《唐詩品彙》卷首。（宋）范正敏《遯齋閑覽·雜評》載王安石評杜詩語：“或問王荊公云：‘編四家詩，以杜甫爲第一，李白第四，豈白之才格詞致不逮甫耶？’公曰：‘白之歌詩豪放飄逸，人固莫及，然其格止於此而已，不知變也。至於甫則悲歡窮泰，發斂抑揚，疾徐縱横，無施不可。其詩有平淡簡易者，有綿麗精確者，有嚴重威武若三軍之帥者，有奮迅馳驟若泛駕之馬者，有寂寞閑静如山谷隱士者，有風流蕴藉若貴介公子者。蓋其詩緒密而思深，觀者苟不能臻其閫奥，未易識其妙處，夫豈淺近者所能窺哉！此甫之所以光掩前人而後來無繼也。’”（明）陶宗儀：《説郛》三二，上海：上海古籍出版社，1988年，影印商務印書館排印本。

二、功用意識的强化與杜詩“性情之正”内蘊的表彰

朱明王朝建立以來，爲配合中央集權的政治需要，大力振揚傳統儒家文化精神，以“崇儒重道”作爲治理天下、端正人心的基本策略[①]。如果説，早在洪武年間明太祖朱元璋“大明儒學”，注重以儒學道德規範整肅世風，强調“禮儀風俗不可不正”[②]，那麽，特别自永樂以來，明成祖朱棣不斷强化明初實施的政治策略，在意識形態領域加强調控，這主要表現在進一步提倡“崇儒重道”尤其是尊程朱等宋儒之學。如永樂七年（1409）二月，朱棣以自編“采聖賢之言”“切於修身齊家治國平天下者”一書示翰林學士胡廣等人，欲以此供教導皇太子之用。廣等覽後奏曰：“帝王道德之要備載此書，宜與典謨訓誥並傳萬世，請刊印以賜。”[③]朱棣因名之曰《聖學心法》，命司禮監刊印。這事實上意味著爲其“臣民和後嗣定下了倫常日用的規範”[④]，成爲其全力以儒學正統觀念訓誡子嗣臣民的一個典型事例。又如永樂十三年（1415）九月，胡廣等人奉命編纂的《五經四書大全》《性理大全書》完成，或“有發明經義者取之，悖於經旨者去之”，或“輯先儒成書及其論議格言，輔翼五經四書者”，集儒家經典與宋儒學説於一體，構建起推尊儒學包括宋儒學説的一大思想工程，朱棣親自爲製序，且於十五年（1417）三月頒二書於六部並與兩京國子監及天下郡縣學，要求以此爲“學者之根本”[⑤]，更賦予了該思想工程高度的合法性和權威性。

反映在文學領域，與這種“崇儒重道”政治策略及意識形態調控相應的，則是旨在維護正統、尊尚教化的功用主義的突起。尤其是自永樂以來，臺閣文風强勢泛起，所謂“永樂以還，體崇臺閣”[⑥]，臺閣文士在倡導這股文風中扮演了極爲重要的角色，“諸大老倡之，衆人靡然和之，相習成風”[⑦]。無論是作爲上層文臣的職能擔當，還是接受朝

---

① （明）丘濬：《會試策問》第四首：“我朝崇儒重道，太祖高皇帝大明儒學，教人取士一惟經術是用。太宗文皇帝又取聖經賢傳訂正歸一，使天下學者誦説而持守之，不惑於異端駁雜之説，道德可謂一矣。”《重編瓊臺稿》卷八，影印文淵閣《四庫全書》，第1248册。

② 《明史》卷二《本紀第二》，北京：中華書局，1974年，第1册，第27頁。

③ 《明太宗實録》卷八八，臺北：“中央研究院歷史語言研究所”，1955年，校印本，第7册，第1162頁。

④ 〔美〕牟復禮、〔英〕崔瑞德編：《劍橋中國明代史》，張書生等譯，北京：中國社會科學出版社，1992年，第242頁。

⑤ 《明太宗實録》卷一八六，第8册，第1990頁。

⑥ （清）沈德潛：《明詩别裁集》序，《明詩别裁集》卷首，上海：上海古籍出版社，1983年，第1頁。

⑦ 《明詩别裁集》卷三，第59頁。

廷“禮接優渥”的殊遇，均容易使這些身處權力中心機構的臺閣文士與官方意識形態發生親和作用，乃至於成爲其中的積極傳播者或代言者。不難發現，隨臺閣文風逐漸占據文壇的主導地位，功用主義尤在永樂以還的臺閣文士中間具有更爲廣泛的認同度，特别是關乎負載更多政治功能的文章體制的規範上，强調“言不畔道”“文不悖經”[①]的宗經明道之旨以追求經世實用，成了他們較普遍執持的一種爲文觀念[②]。不僅如此，這種趨於强化的功用意識也明顯滲入他們詩學觀念之中，對杜甫詩歌的尊奉，就是突出一例。

從不少臺閣文士的閱讀經驗和宗尚目標觀之，重以唐人爲法的傾向在他們中間明顯占據上位。如金幼孜《吟室記》云：“夫詩自《三百篇》以降，變而爲漢魏，爲六朝，各自成家，而其體亦隨以變。其後極盛於唐，渢渢乎追古作者。故至於今，言詩者以爲古作不可及，而唐人之音調尚有可以模仿，下此固未足論矣。”[③]“詩法唐”的楊士奇在《題東里詩集序》中也説：“《國風》《雅》《頌》，詩之源也。下此爲楚辭，爲漢、魏、晋，爲盛唐，如李、杜及高、岑、孟、韋諸家，皆詩正派，可以泝流而探源焉。”[④]與宗唐傾向相關，杜詩可以説是進入他們視閾的一個重要對象。胡儼《閲杜詩漫述》謂杜：“丹山翔鳳凰，赤汗騁騏驥。氣排嵩華高，力救風雅墜。”“斯人已云亡，遺編獨傳世。寥寥宇宙間，詩史孰能繼？”[⑤]對於杜詩的標譽不可謂不高，尤其是以“詩史”來顯明之，不僅承前人“詩史”説爲杜詩的叙寫特色定品，而且置其於後無繼者的獨尊之位。梁潛《送許鳴時詩序》述及：“昔之人以謂不讀書萬卷，不行地萬里，不可不求之杜少陵之作。豈以其學問之富，周覽涉歷，窮極夫人情物理變化之由，有以奮發其志意，其言之工，自足以垂不朽。”[⑥]認肯杜詩“學問之富”及“言之工”，其尊崇之意，同樣不可謂不明顯。李賢曾自賡杜律之韻，且序之曰：“吾非詩人也，特憐子美之才不爲世用而坎坷終身，鬱鬱不遂之懷，往往發洩於詩，蓋苦其心志、行拂亂其所爲者。”[⑦]則聯繫杜甫的生平遭際，來透視他的詩歌創作特點。而更值得注意的是楊士奇，如上述，楊於詩力主唐音，乃將盛唐諸家之作視爲詩歌所謂“正派”之一，在諸家當中則對杜甫尤加推崇，如他以爲，“若天下無事，生民乂安，以其和平易直之心發而爲治世之音，則未

---

① （明）倪謙：《艮庵文集序》，《倪文僖集》卷一六，影印文淵閣《四庫全書》，第1245册。

② 參見拙文《李東陽詩學旨義探析——明代成化、弘治之際文學指向轉换的一個側面》，莫礪鋒編：《誰是詩中疏鑿手——中國詩學研討會論文集》，南京：鳳凰出版社，2007年，第430頁。

③ （明）金幼孜：《金文靖集》卷八，影印文淵閣《四庫全書》，第1240册。

④ （明）楊士奇：《東里文集續編》卷一五，明天順刊本。

⑤ （明）胡儼：《頤庵文選》卷下，影印文淵閣《四庫全書》，第1237册。

⑥ （明）梁潛：《泊庵集》卷五，影印文淵閣《四庫全書》，第1237册。

⑦ 《賡詠杜律序》，（明）李賢：《古穰集》卷七，影印文淵閣《四庫全書》，第1244册。

有加於唐貞觀、開元之際也”，“杜少陵渾涵博厚，追蹤《風》《雅》，卓乎不可尚矣”①。

作爲處在盛唐向中唐轉變之際的一位詩人，杜甫將敘寫的注意力更多投向唐帝國轉折時期的政治命運與文化情態，表現詩人的獨特關懷，其詩篇以“善陳時事，律切精深，至千言不少衰”，被賦予“詩史”的稱號②。毫無疑問，尤其是杜詩“善陳時事”的這一敘寫特點，决定了它們與時代政治文化之間構成的緊密關聯，也同時展張了關乎“時政”的解讀空間。可以看到，此際一些臺閣文士在解讀杜詩過程中乃不同程度地突出了它的這一敘寫特點，永樂年間曾任翰林侍講的陳敬宗在《篔籟集序》中即指出：

> 杜子美之作如長江巨浸，渾涵汪洋，不可窺其涯涘，然其言皆時政所關者，有憂國愛民之心，君子學之，無非防範於規矩尺度，而流連光景、淫哇靡麗之言，不得雜吾心胸之中，雖不能造其精微，然亦不失其爲正也。③

據此，杜甫詩歌的獨特之處，不啻是“渾涵汪洋”，還主要體現在所言皆攸關“時政”，這是它區别“流連光景、淫哇靡麗之言”的關鍵所在，也是作爲詩歌習學重要範本的資質所在。這裏引發序者對杜詩關注和傾重的，顯然主要並不是它們表現在技藝層面的特點，而是其中包藴的一種“憂國愛民”的“時政”意識。與此同時，在序者看來，杜詩的這一意識實本於其“性情之正”，正如他在同一篇序文中所言：“夫詩本性情，有邪有正，商周《雅》《頌》之音，薦於郊廟朝廷，得其性情之正。”歸結杜詩的特點，則可謂之“不失其爲正”。

事實上，如上陳敬宗對杜詩關乎“時政”敘寫特點的注重，特别是他在此基礎上對杜詩“性情之正”的表彰，這在當時尊奉杜詩的臺閣文士中間具有一定的代表性。元明時期的杜詩注本系統中，舊有《杜工部七言律詩》二卷，題元虞集注④，又有明單復所

---

① 《玉雪齋詩集序》，（明）楊士奇：《東里文集》卷五，明嘉靖刊本。

② 《新唐書》卷二〇一《文藝上》，北京：中華書局，1975 年，第 18 册，第 5738 頁。

③ （明）陳敬宗：《澹然先生文集》卷五，《四庫全書存目叢書》，濟南：齊魯書社，1997 年，影印清鈔本，集部第 29 册。

④ 或云《杜工部七言律詩》注者爲元進士臨川張性（伯成）。（明）曹安《讕言長語》曰：“杜子美律詩自成一家言，元進士臨川張伯成注《杜詩演義》，曾昴夫作傳有此作，又有刊版告語，惜其少傳。往時見《杜律虞注》，以爲虞伯生，古今人冒前人之作爲己作者居多。”影印文淵閣《四庫全書》，第 867 册。李東陽《懷麓堂詩話》亦曰：“徐竹軒以道嘗謂予曰：‘《杜律》非虞伯生注。楊文貞公序刻於正統某年，宣德初，已有刻本，乃張姓某人注，渠所親見。’”周寅賓點校：《李東陽集》第二卷，長沙：岳麓書社，1985 年，第 544 頁。四庫館臣合二家之説，以爲“此注實出張伯成手，特後人假集之名以行耳”。《杜律注》提要，《四庫全書總目》，下册，第 1532 頁。（清）王士禛《張伯成注杜》：“《懷麓堂詩話》云：‘《杜律》乃張注，非虞注，宣德初有刊本。’按張性字伯成，江西金谿人，元進士。嘗著《尚書補傳》。”《池北偶談》卷一四，北京：中華書局，1982 年，第 326 頁。

撰《讀杜詩愚得》十八卷。對於這兩部杜詩注本，其時臺閣文士如楊士奇、黃淮、王直等人曾分别作文序之，述及他們在杜詩問題上的看法。楊士奇《杜律虞注序》云：

> 律詩始盛於開元、天寶之際，當時如王、孟、岑、韋諸作者，猶皆雍容蕭散，有餘味，可諷詠也。若雄深渾厚，有行雲流水之勢，冠冕佩玉之風，流出胸次，從容自然，而皆由夫性情之正，不局於法律，亦不越乎法律之外，所謂從心所欲不逾矩，爲詩之聖者，其杜少陵乎？厥後作者代出，雕鎪鍛煉，力愈勤而格愈卑，志愈篤而氣愈弱，蓋局於法律之累也，不然則叫呼叱咤以爲豪，皆無復性情之正矣。

律詩尤其是七律爲杜甫所長，在他的詩歌創作中占據突出的位置，歷來受到衆多詩家或論家的關注，題虞集注《杜工部七言律詩》專取杜甫七律而釋之，就是其中一例。據序，其獨標杜甫爲“詩之聖者”，即爲比較有唐諸家律詩而得出的明確結論，杜律之所以超乎衆家爲“聖”，在楊士奇眼裏關鍵是由乎“性情之正”。有關這一點，他在《讀杜愚得序》中也指出：“李、杜正宗，大家也。太白天才絶出，而少陵卓然上繼三百十一篇之後。蓋其所存者，唐、虞、三代大臣君子之心。而愛君憂國、傷時憫物之意，往往出於變風變雅者，所遭之時然也。其學博而識高，才大而思遠，雄深閎偉，渾涵精詣，天機妙用，而一由於性情之正。所以詩人以來，少陵一人而已。”[①]同樣從“性情之正”的角度力推杜詩，置其於獨一無二的地位。假若參照楊士奇以上《杜律虞注序》關於所謂虞注的述評，或許能進一步了解他對杜詩的解讀態度，序中特别提到注者對杜甫七律《題桃樹》一詩所作的解釋：“觀其《題桃樹》一篇，自前輩以謂不可解，而伯生（虞集字）發明其旨，了然仁民愛物，以及夫感歎之意，非深得於杜乎？”[②]原詩曰：“小徑升堂舊不斜，五株桃樹亦從遮。高秋總饋貧人實，來歲還舒滿眼花。簾户每宜通乳燕，兒童莫信打慈鴉。寡妻群盜非今日，天下車書已一家。”舊題虞注曰，“此詩疑是公再歸草堂，感物傷時，因桃樹而發，故題之也”。其解頷、頸二聯云，“因言舊時桃實秋來皆聽貧人取以充饑，來春之花仍是滿眼。又言舊時垂簾當户，每通乳燕，心甚宜之，而兒童之戲，有慈鴉來止，亦莫肯任其打逐也。中四句見公仁民愛物之實”；又其解尾聯云：“末聯感今懷舊，言昔時非如今日，家家有寡妻，

---

① 《東里文集續編》卷一四。

② 《東里文集續編》卷一五。

處處有群盜，回思天寶之盛，天下正屬一家，文軌混同，豈謂兵亂乃至此極乎，其可歎者非止桃樹而已”[①]。不論如此的解釋是否完全符合作者的本意，重要的是，楊士奇對舊題虞注深究杜甫《題桃樹》一詩“仁民愛物”之旨以及盛衰慨歎之意釋法所産生的興趣，聯繫他尤於杜詩“性情之正”的肯定，似乎也就不難理解他在這一具體釋法上所持的傾向性。這裹受褒揚的“性情之正”，追究起來，是被作爲可施之於經世實用的一種詩歌抒情境域來看待的，如楊士奇《題東里詩集序》云：“古之善詩者，粹然一出於正，故用之鄉閭邦國，皆有裨於世道。”[②]其《玉雪齋詩集序》亦云：“詩以理性情而約諸正，而推之可以考見王政之得失，治道之盛衰。”[③]這無異於説，詩歌在抒寫作者的“性情”上只有臻乎“正”的境地，纔具備考見“王政”“治道”的必要基礎，才能發揮“有裨於世道”的實用價值，就杜詩而言，其不失“性情之正”的真正意義即不離乎此。

不僅是楊士奇，如王直、黄淮分别爲《杜工部七言律詩》及《讀杜詩愚得》作序，也極力從“性情之正”的角度昭示杜詩的特點。王直《虞邵庵注杜工部律詩序》即云：“開元、天寶以來，作者日盛，其中有奥博之學、雄傑之才、忠君愛國之誠、閔時恤物之志者，莫如杜公子美，其出處勞佚，憂悲愉樂，感憤激烈，皆於詩見之，粹然出於性情之正，而足以繼《風》《雅》之什。”[④]以爲突出表現在杜詩中諸如“忠君愛國”“閔時恤物”之心志，究其根本，還源自於詩人“性情之正”。黄淮《讀杜愚得後序》表示：“詩以温柔敦厚爲教，其發於言也，本乎性情而被之弦歌，於以格神祇，和上下，淑人心，與天地功用相爲流通。觀《三百篇》可見矣。”又謂杜詩：“其鋪叙時政，發人之所難言，使當時風俗世故瞭然如指諸掌，忠君愛國之意，常拳拳於聲嗟氣歎之中，而所以得乎性情之正者，蓋有合乎《三百篇》之遺意也。”[⑤]則更明顯站在重詩教的立場，視杜詩爲上承《詩》三百功用之旨的典範，標譽其在延續詩教傳統上的特殊地位，且將其關乎“時政”、發抒“忠君愛國”之意的叙寫特點，同樣歸究爲詩人“性情之正”的本質呈露。

這些臺閣文士多將杜詩納入閱讀和宗尚的視閾，特别是他們對杜詩所包蘊的“時政”意識的用心體察以及“性情之正”内蘊的著力表彰，一方面當然與尊杜的傳統及

① 舊題虞集注《杜工部七言律詩》卷下，《四庫全書存目叢書》，影印明刊本，集部第3册。

② 《東里文集續編》卷一五。

③ 《東里文集》卷五。參見拙文《前七子詩論中情理説特徵及其文學指向》，王愛玲主編：《明清文學與思想中之情、理、欲（文學篇）》，臺北：“中央研究院中國文哲研究所”，2009年，第67頁。

④ （明）王直：《抑庵文後集》卷一一，影印文淵閣《四庫全書》，第1241册。

⑤ （明）黄淮：《黄文簡公介庵集》卷一一，《四庫全書存目叢書》，影印民國排印本，集部第27册。

杜甫詩歌本身“善陳時事”的這種時世關懷傾向有關，另一方面，也是更主要的，反映出在功用主義趨於强化的氛圍下，作爲擔當官方意識形態傳播或代言角色的臺閣文士對在他們看來更具有實用價值的詩學話語的一種選擇。正是出自强烈的功用意識，以至於比如楊士奇曾在比較可以“裨益治道”的兩漢詔令後認爲“詩人無益之詞，不足爲也”，且將“記誦詞章”的世儒詩人目爲與“道德之儒”相軒輊的品位劣下的“俗儒”①，排斥“無益”“治道”的詩人之詞。應當説，他們對於杜詩的尊奉，相當程度上還在於勉力標示與國家意識相符合的實用典範，由此，這些臺閣文士傾向杜詩中“時政”之旨的解讀和對其中“性情之正”的標榜，不能不説是一種必然的結果。

三、藝術審美意識的上揚與杜詩技法的推尚

假若説，如上所述，尤從永樂以還，杜甫詩歌在臺閣文士那裏多被賦予某種國家意識，乃至被突出經世實用的價值，那麽，自成化、弘治以來，伴隨文學觀念的某些變化，就詩學領域而言，特别是藝術審美意識的上揚，尊杜觀念也在發生些許變易，顯出有異於前階段的一些新的跡象，這主要表現爲，尤其是杜甫詩歌體現在技法層面的創作特點，更多成爲一些詩家或論家關注和宗尚的重要目標。

在這些詩家或論家中，首先值得一提的是王鏊。鏊於詩力主唐音，王守仁爲他作傳，謂其詩“蕭散清逸，有王、岑風格”②。鏊本人曾云：“世謂詩有别才，是固然矣，然亦須博學，亦須精思。唐人用一生心於五字，故能巧奪天工。今人學力未至，舉筆便欲題詩，如何得到古人佳處？”這是説，爲詩除了要有“别才”，還需包括“博學”和“精思”在内的“學力”，唐人詩歌的成功，實成爲“博學”和“精思”的典型範例。此在説明“學力”之於詩歌創作的重要性的同時，則表達了對唐人用心於詩而能“巧奪天工”的一種經營技藝的傾重。在唐代衆詩家中，杜甫無疑是王鏊重點標榜的對象之一，如他指出：

> 杜詩前人贊之多矣，予特喜其諸體悉備，言其大，則有若“吴楚東南圻，乾坤日夜浮”，“日月籠中鳥，乾坤水上萍”，“地平江動蜀，天遠樹浮秦”，“五更皷角聲悲壯，三峽星河影動摇”之類；言其小，則有若“暗飛螢自照，水宿鳥相

---

① 《聖諭録中》，（明）楊士奇：《東里别集》卷二，影印文淵閣《四庫全書》，第1239册。

② 《太傅王文恪公鏊傳》，（明）焦竑：《國朝獻徵録》卷一四，上海：上海書店，1987年，第66頁。

呼”，“仰蜂黏落絮，倒蟻上枯籬”，“修竹不受暑”，“輕燕受風斜”之類。而尤可喜者，如“水流心不競，雲在意俱遲”，人與物偕，有吾與點也之趣；“片雲天共遠，永夜月同孤”，又若與物俱化。謂此翁不知道，殆未可也。

子美之作有綺麗穠郁者，有平澹醖藉者，有高壯渾涵者，有感慨沈鬱者，有頓挫抑揚者，後世有作，不可及矣。①

前一則主要是説杜詩叙寫的角度和筆法多種多樣，既有關乎宏大景象的描繪，又有涉及細微物態的刻畫，而尤令人賞愛的是，詩中所描畫又富含人物相偕、與物俱化的意趣，故謂之“諸體悉備”，這也成爲王鏊欣賞杜詩的重要方面。後一則意謂杜甫詩歌的表現風格多端，變化不一，爲後世詩人所不可攀及。由此王鏊在杜詩上的取向，有一點是可以肯定的，即主要出於一種藝術審美至上的要求以及相應的鑒别眼光，而這一取向，又和他本人推崇唐人詩歌“巧奪天工”的經營藝能的宗唐態度顯是聯繫在一起的。

就此，尚可注意的是比王鏊稍晚一些的游潛。潛爲詩“詞藻充蔚，出之自然而和平醖藉，有盛唐之風”②。其生平著有《夢蕉詩話》，集中載録了他的論詩主張。盡管在唐宋詩歌比較問題上，游潛不主張完全否定宋詩的地位，他表示：“近又見胡纘宗氏作《重刻杜詩後序》，乃直謂‘唐有詩，宋、元無詩’。‘無’之一字，是何視蘇、黄公之小也！”不過，從他“宋詩不及於唐，固也”，“若劉後村顧謂：‘宋詩豈惟無愧於唐，蓋過之。’斯言不免固爲溢矣”③的斷言中，還是可以看出以唐詩爲尊的基本宗尚傾向。這包括他對李、杜二家詩風的重點推崇，如曰：“世稱李太白爲詩仙，杜子美爲詩聖。陶器之評云：‘太白如劉安雞犬，遺響白雲，覈其歸存，恍無定處；子美如周公制作，盡善盡美，後世莫容擬議。’確論也。”④在其中涉及杜詩的具體問題上，他又談到：

杜子美詩，不特律切精深，而其意度亦極高妙，雖於一字之用，亦不率易，熟玩之便自有覺。予嘗以贊晝從征香爐山，與蔡方伯巨原露坐，軍聲夜色，隱動上下，因誦其《閣夜》詩云：“五更鼓角聲悲壯，三峽星河影動摇。”相與審聽，

① 《文章》，（明）王鏊：《震澤長語》卷下，影印文淵閣《四庫全書》，第867册。

② （明）陳堯：《夢蕉存稿序》，（明）游潛：《夢蕉存稿》卷首，《四庫全書存目叢書》，影印明嘉靖刻清康熙補修本，集部第52册。

③ 《夢蕉詩話》，周維德集校：《全明詩話》，濟南：齊魯書社，2005年，第1册，第829頁。

④ 《夢蕉詩話》，周維德集校：《全明詩話》，第1册，第841頁。

徐視久之。巨原起向予曰："此老言意入神如此！"又嘗十月之暮，泛舟吕梁，因誦其《秋興》詩云："江間波浪兼天湧，塞上風煙接地陰。"眼中一時景象，直如子美今日親見而點染之也。故元稹謂"有詩人以來，未有如子美者"；本傳贊曰："子美詩渾涵汪洋，千彙萬狀，兼古今而有之。"獨不識楊大年奚謂"不甚喜之"？是無怪乎米元章之不識歐陽六一也。①

以上評議杜詩而言及的"意度"，似乎是游潛論詩格外注重的一個問題，如他認爲："語作詩者，謂煉字不如煉句，煉句不如煉意。古人詩意不凡，句内用字，亦須音律清婉，含蓄有餘，不易易也。嘗見杜牧之《赤壁》詩云：'折戟沉沙鐵未消。'人多作'半消'。子瞻《望湖亭》詩云：'黑雲堆墨未遮山。'人亦多作'半遮山'。'半'字雖亦可通，二詩意度玩之，便覺有差。"②在述者看來，詩要體現奇妙不凡的"意度"，"煉意"就顯得非常關鍵，而這一環節同時又和詩中具體的字句煉造構成密切的關係，古人所作之能表現不凡的詩意，重要原因之一就在於注重"句内用字"。以杜詩來説，特别是它們顯示出來的極爲高妙的"意度"，恰恰是離不開杜甫本人"雖於一字之用，亦不率易"的注意鍛煉的用字功夫，其拈出的《閣夜》和《秋興八首》詩，與杜甫《紫宸殿退朝口號》《九日》《登高》等一起，曾被胡應麟稱之爲杜氏七言律中"全篇可法者"，以爲其"氣象雄蓋宇宙，法律細入毫芒"③，潛以二詩詩句作例，蓋主要爲了證闡杜詩所達到的用字精細以至"意度"高妙超凡的一種審美境界。

在成、弘以來的尊杜者當中，李東陽無疑是更值得注意的一位人物。這除了他"蓋操文柄四十餘年，出其門者，號有家法，雖在疏遠，亦竊效其詞，規字體以競風韻之末而鳴一時"④，在當時文壇地位顯赫，影響深遠，所謂"自明興以來，宰臣以文章領袖縉紳者，楊士奇後，東陽而已"⑤，更主要的是體現在他的詩學主張包括尊杜觀念上的一些變化特點。觀李東陽所論，强調詩文異體是其素爲人所熟知和關注的一大明確主張，所謂"詩與文同謂之言，亦各有體，而不相亂"⑥。至於何謂詩歌之"體"，李東陽則指出："《詩》與諸經同名而體異。蓋兼比興，協音律，言志厲俗，乃其所

① 《夢蕉詩話》，周維德集校：《全明詩話》，第1册，第840頁。
② 《夢蕉詩話》，周維德集校：《全明詩話》，第1册，第833頁。
③ （明）胡應麟：《詩藪・内編》卷五，北京：中華書局，1958年，第90頁。
④ （明）靳貴：《懷麓堂文集後序》，《戒庵文集》卷六，《四庫全書存目叢書》，影印明刊本，集部第45册。
⑤ 《明史》卷一八一《李東陽傳》，第16册，第4824—4825頁。
⑥ 《匏翁家藏集序》，周寅賓點校：《李東陽集》第三卷，長沙：岳麓書社，1985年，第58頁。

尚。後之文皆出諸經。而所謂詩者，其名固未改也，但限以聲韻，例以格式，名雖同而體尚亦各異。”[①]如果説，上“言志厲俗”論還多少體現了一種本於傳統詩教的功用意識，顯示李東陽身爲閣臣而未完全超脱臺閣文士注重經世實用的文學視閾，那麽，“兼比興”和“協音律”論，則從另一面表明李東陽對於詩歌作爲一種特定文體的本原特性的持守和皈依[②]，也可以説是他更注意體現詩歌本體藝術的構成要素。這種詩學觀念上的多重性，同時從他尊奉杜詩的傾向中反映出來。在李東陽的心目中，杜甫作爲“集詩家之大成者”的獨特地位是無可置疑的[③]，這也確立起他宗尚杜詩的基本態度，其序丘濬《瓊臺吟稿》云：“昔人謂必行萬里道，讀萬卷書，乃能讀杜詩。蓋杜之爲詩也，悉人情，該物理，以極乎政事風俗之大，無所不備，故能成一代之製作，以傳後世。”[④]以此結合李東陽如下的説法：“詩者，言之成聲，而未播之樂者也。其爲教本人情，該物理，足以考政治，驗風俗。”[⑤]可以看出，這裏對杜詩“成一代之製作”的認肯，還主要是從稽考“政治”“風俗”的詩之爲教的層面考慮的。然即使如此，並不代表李東陽推尊杜詩的全部理由，實際上在另一層面，杜甫詩歌尤其是顯示在“協音律”上的典範特徵，似更爲李東陽所看重，如他認爲：

> 長篇中須有節奏，有操有縱，有正有變，若平鋪穩布，雖多無益。唐詩類有委曲可喜之處，惟杜子美頓挫起伏，變化不測，可駭可愕，蓋其音響與格律正相稱。回視諸作，皆在下風。然學者不先得唐調，未可遽爲杜學也。[⑥]

基於詩文異體的認識，李東陽提出，“言之成章者爲文，文之成聲者則爲詩”[⑦]，因

---

① 《鏡川先生詩集序》，周寅賓點校：《李東陽集》第二卷，第 115 頁。

② 參見拙文《李東陽詩學旨義探析——明代成化、弘治之際文學指向轉换的一個側面》，莫礪鋒編：《誰是詩中疏鑿手——中國詩學研討會論文集》，第 433—440 頁。

③ 李東陽《懷麓堂詩話》：“杜詩清絶如‘胡騎中宵堪北走，武陵一曲想南征’。富貴如‘旌旗日暖龍蛇動，宫殿風微燕雀高’。高古如‘伯仲之間見伊吕，指揮若定失蕭曹’。華麗如‘落花游絲白日静，鳴鳩乳燕青春深’。斬絶如‘返照入江翻石壁，歸雲擁樹失山村’。奇怪如‘石出倒聽楓葉下，櫓摇背指菊花開’。瀏亮如‘楚天不斷四時雨，巫峽長吹萬里風’。委曲如‘更爲後會知何地，忽漫相逢是别筵’。俊逸如‘短短桃花臨水岸，輕輕柳絮點人衣’。温潤如‘春水船如天上坐，老年花似霧中看’。感慨如‘王侯第宅皆新主，文武衣冠異昔時’。激烈如‘五更鼓角聲悲壯，三峽星河影動摇’。蕭散如‘信宿漁人還泛泛，清秋燕子故飛飛’。沉著如‘艱難苦恨繁霜鬢，潦倒新停酌酒杯’。精煉如‘客子入門月皎皎，誰家搗練風淒淒’。慘戚如‘三年笛裏關山月，萬國兵前草木風’。忠厚如‘周宣漢武今王是，孝子忠臣後代看’。神妙如‘織女機絲虚夜月，石鯨鱗甲動秋風’。雄壯如‘扶持自是神明力，正直元因造化功’。老辣如‘安得仙人九節杖，拄到玉女洗頭盆’。執此以論，杜真可謂集詩家之大成者矣！”周寅賓點校：《李東陽集》第二卷，第 560—561 頁。

④ 《瓊臺吟稿序》，周寅賓點校《李東陽集》第二卷，第 102 頁。

⑤ 《孔氏四子字説》，周寅賓點校：《李東陽集》第三卷，第 174 頁。

⑥ 《懷麓堂詩話》，周寅賓點校：《李東陽集》第二卷，第 533 頁。

⑦ 《匏翁家藏集序》，周寅賓點校：《李東陽集》第三卷，第 58 頁。

此，較之爲文的規制，“若歌吟詠歎，流通動盪之用，則存乎聲，而高下長短之節，亦截乎不可亂”[①]，其“聲”其“節”，對於作爲“文之成聲”的詩歌而言就顯得格外重要，即要求“比之以聲韻，和之以節奏”[②]。在此意義上，“協音律”的重點就體現在“音響”與“格律”的相互協調，以形成詩歌“高下長短”的節奏感，而結構體制較爲宏大的長篇之作，保持這一特點自然尤爲必要。正鑒於此，杜甫詩歌特別是其長篇之作呈現出的“頓挫抑揚”而富於變化的節奏布置，被李東陽視爲得益於“音響”與“格律”的相協，遂能成爲衆家“諸作”之中的翹楚，是杜詩值得推尚的一個重點。不唯如此，在李東陽看來，杜甫詩歌這種“協音律”的典範特徵，也間或體現在一些詩篇和詩句平仄的特別運用上，如他説：

> 詩有純用平側字而自相諧協者。如“輕裾隨風還”，五字皆平。“桃花梨花参差開”，七字皆平。“月出斷岸口”一章，五字皆側。惟杜子美好用側字，如“有客有客字子美”，七字皆側；“中夜起坐萬感集”，六字側者尤多。“壁色立積鐵”，“業白出石壁”五字皆入，而不覺其滯。此等雖難學，亦不可不知也。[③]
>
> 五七言古詩仄韻者，上句末字類用平聲，惟杜子美多用仄，如《玉華宫》《哀江頭》諸作，概亦可見。其音調起伏頓挫，獨爲蟜健，似別出一格。[④]

以詩歌而言，有異於聲律常規的特殊之例，往往會成爲人們更加注意的目標。杜詩也不例外，如楊慎即曾經摘録杜甫《乾元中寓居同谷縣作歌七首》詩一首句“有客有客字子美”，以及《大言賦》“吐舌萬里唾四海”，緯書“七變入臼米出甲”，佛經“一月普見一切水，一切水月一月攝”，傅毅《舞賦》“離袿飛髾垂纖羅”，崔魯《春日長安即事》“梨花梅花参差開”等句，列爲“七平七仄詩句”[⑤]。與此同時，杜詩中若干突破平仄常律之作，也或爲人所標譽，王世貞針對楊慎所摘列的“七平七仄詩句”就指出：“楊用修所載七仄，如宋玉‘吐舌萬里唾四海’，緯書‘七變入臼米出甲’，佛偈‘一切水月一切攝’，七平如《文選》‘離袿飛綃垂纖羅’，俱不如老杜‘梨花梅花参差開’、

---

① 《春雨堂稿序》，周寅賓點校：《李東陽集》第三卷，第37頁。
② （明）李東陽：《鏡川先生詩集序》，周寅賓點校：《李東陽集》第二卷，第115頁。
③ 《懷麓堂詩話》，周寅賓點校：《李東陽集》第二卷，第544頁。
④ 《懷麓堂詩話》，周寅賓點校；《李東陽集》第二卷，第547頁。
⑤ （明）楊慎：《升庵詩話》卷一，丁福保輯：《歷代詩話續編》，中册，第638頁。

'有客有客字子美'和美易讀，而楊不之及。"[①]由前述觀之，李東陽顯屬欣賞杜詩平仄之特别運用篇句者之一，值得提及的是，從平仄相間以表現詩歌聲律抑揚諧配的角度來説，無論是純用平仄字還是五七言古詩仄韻而上句末字用仄聲者，其實都面臨違拗抑揚諧配規則的風險，李東陽刻意標示杜甫詩歌的這一特點，無非爲了説明，杜詩在看似違拗聲律節奏的字句的營構中，却能做到"自相諧協"以及音調"起伏頓挫"，在另一面達到"音響"與"格律"之間的相互協調，不易達到的難度在於此，杜詩獨到的功力亦在於此。應當説，李東陽接受杜詩的這種興趣點，在根本上還主要基於他强調詩歌"協音律"的藝術特徵、注重其"聲"其"節"的審美立場。

特别是隨著李夢陽、何景明等前七子詩文復古活動在弘治年間的倡起，杜詩作爲古典詩歌的重要範本，進入了復古派成員的視閾，成爲他們在宗唐總體目標下重點尊崇的對象，"及乎弘治，文教大起，學士輩出，力振古風，盡削凡調，一變而爲杜，時則有李、何爲之倡"[②]，風氣波及文士圈，其時陸深即提到："弘治末，予初登朝，士大夫之賢者皆喜習顔書，學杜詩。"[③]在比較李、何擬學杜詩現象時，胡應麟曾以爲："今人因獻吉祖襲杜詩，輒假仲默舍筏之説，動以牛後雞口爲辭，此未睹何集者。就仲默言，古詩全法漢魏，歌行短篇法杜，長篇王、楊四子，五七言律法杜之宏麗，而兼取王、岑、高、李之神秀，卒於自成一家，冠冕當代。所謂門户堂奥，不過如此。古今影子之説，以獻吉多用杜成語，故有此規，自是藥石，非欲其盡棄根源，别安面目也。"[④]這是説，不僅李夢陽"祖襲杜詩"確爲事實，且連曾指責夢陽仿襲"古人影子"[⑤]、聲稱"自創一堂室，開一户牖"[⑥]的何景明，亦實以古作爲法，不欲"盡棄根源，别安面目"，其中不乏效法杜詩之篇。有研究者在檢視李、何等人尤其是李夢陽詩集時，即指出其中一些詩篇從題目到章法、語詞乃至情境，都可以發現它們沿用和仿製杜詩的跡象[⑦]，足以表明李、何等人力主杜詩的宗尚態度。從李、何諸子所倡導的詩文復古的主要特徵來看，在某種意義上，其猶如劉若愚先生在闡析李夢陽復古理論時所指出的，

---

① 《藝苑卮言二》，（明）王世貞：《弇州山人四部稿》卷一四五，明萬曆刊本。按："梨花梅花參差開"應爲唐詩人崔魯《春日長安即事》中詩句。

② （明）陳束：《蘇門集序》，《陳后岡文集・楚集》，張壽鏞輯：《四明叢書》，第四集，第39頁。

③ 《停驂録》，（明）陸深：《儼山外集》卷一四，影印文淵閣《四庫全書》，第885册。

④ 《詩藪・續編》卷一《國朝上》，第334頁。

⑤ （明）李夢陽：《駁何氏論文書》，《空同先生集》卷六一，臺北：偉文圖書出版有限公司，1976年，影印明嘉靖刊本。

⑥ （明）何景明：《與李空同論詩書》，《大復集》卷三〇，明嘉靖刊本。

⑦ 參見簡錦松：《從李夢陽詩集檢驗其復古思想之真實義》，王瓊玲主編：《明清文學與思想中之主體意識與社會》（文學篇上），臺北："中央研究院中國文哲研究所"，2004年，第123—132頁。

體現了一種"技巧概念"與擬古主義的結合，更注重對具現於古人作品中的文學技藝的規則或方法的模仿[①]。此在相當程度上不能不歸爲他們有關詩文創作的藝術審美意識趨於强化的結果。這一情形也不同角度地反映在李、何等人對待杜詩的具體態度上。

以何景明而言，盡管他在那篇人多熟悉的《明月篇》詩序中指擿杜甫的"七言詩歌"，以爲比較初唐四傑之作，其"詞固沉著，而調失流轉"，多"博涉世故，出於夫婦者常少"，然這並不意味他對杜詩的鄙棄。正德之初，何景明曾和李夢陽、陸深一起校選明初袁凱之詩，刪定其《海叟集》[②]，李夢陽作於正德元年（1506）《海叟集序》稱："叟詩法子美，雖時有出入，而氣格韻致不在楊（指楊維楨）下。"[③]稱許凱對杜詩的效法。何氏所作《海叟集序》也認肯這一點，謂己曾讀明諸名家集，"皆不稱鄙意"，"獨海叟詩爲長"，以爲"叟歌行、近體法杜甫，古作不盡是"，在指出凱詩長於諸名家之作的同時，肯定其歌行、近體取法杜甫的特點。又同序言及自己"學詩"所取："蓋詩雖盛稱於唐，其好古者自陳子昂後，莫若李、杜二家。然二家歌行、近體誠有可法，而古作尚有離去者，猶未盡可法也。故景明學歌行、近體有取於二家，旁及唐初、盛唐諸人，而古作必從漢魏求之。"[④]如此，何景明擬學杜詩特别是其歌行和近體的宗尚意向無疑是明確的。至於《明月篇》詩序指疵杜甫七言歌行，與其説是棄杜詩而不取，倒不如説是以一種更爲嚴苛的目光去挑剔杜詩的不足。體味何景明以爲杜詩"博涉世故""調失流轉"的説法，大體能夠見出他接受杜詩的某種取向，這就是，杜詩"詩史"式的那種"善陳時事"的時世關懷傾向，並非何景明關注與青睞之所在，其更爲在意的，則是所謂"調"在杜詩中具體呈現的特點。他所説的"調"，作爲其中構成的重要元素，蓋在相當意義上指向體現詩歌聲律與節奏構成的"音節"，故何景明稱成爲杜甫七言歌行比較對象的初唐四傑之作"雖工富麗，去古遠甚，至其音節，往往可歌"，而自己作《明月篇》詩，"意調若髣髴四子"，"以俟審聲者裁割焉"[⑤]。無論如何，在對宗尚範本的杜詩的具體審辨上，尤其是更集中涉及詩歌藝術表現體制的諸如聲律與節奏的"音節"問題，顯然是何景明所明確秉持的一個不可缺少的評鑒準則。

---

① 〔美〕劉若愚：《中國文學理論》，杜國清譯，南京：江蘇教育出版社，2006年，第137—139頁。

② （明）陸深《詩話》："袁御史海叟能詩，國朝以來未見其比，有《海叟集》。予爲編修時，嘗與李獻吉夢陽、何仲默景明校選其集。"《儼山集》卷二五，影印文淵閣《四庫全書》，第1268册。李夢陽《海叟集序》："叟名行既晦，集亦罕存。子淵（陸深字）購得刻本於京師士人家，楮墨焦爛蠹涅者殆半，乃刪定爲今集。仍舊名者，著叟志也。……正德元年秋八月八日北地李夢陽序。"（明）袁凱《海叟集》卷首，《四庫全書存目叢書》，影印明正德刊本，集部第25册。

③ 《海叟集》卷首，《四庫全書存目叢書》，影印明正德刊本，集部第25册。

④ 《大復集》卷三二。

⑤ （明）何景明：《明月篇》序，《大復集》卷一四。

在自述以杜詩爲尚這一點上，李夢陽與何景明的立場比較接近，除了《海叟集序》認肯袁凱效法杜詩之舉、間接表達自己尊杜的意向，其《張生詩序》又提出“唐之詩最李、杜”，《詩集自序》也言及自己“爲李、杜歌行”[①]。同時，要説明李夢陽推尊杜詩的具體特點，還不能不聯繫到爲他一再申明的“法”這一關鍵環節。在對待擬古問題上，李夢陽强調“規矩”之“法”，這已是廣爲研究者所熟知的一個事實，即如他在《駁何氏論文書》中所説：“古之工，如倕如班，堂非不殊，户非同也，至其爲方也、圓也，弗能舍規矩。何也？規矩者，法也。僕之尺尺而寸寸之者，固法也。”[②]正因爲“法”猶如“方圓之於規矩”[③]，所以它被李夢陽看作是具有普遍適用性的一般或共同之準則，好比古之工匠倕用之，班也可用之。對此他又作解釋：“《詩》云‘有物有則’，故曹、劉、阮、陸、李、杜能用之而不能異，能異之而不能不同。今人止見其異而不見其同，宜其謂守法者爲影子，而支離失真者以舍筏登岸自寬也。”[④]如果説“異”主要是指表像意義上的作品個體之間的差别，那麽“同”當是指它們在内質意義上所展示的一致性，是其遵循“規矩”之“法”的共同體現。需要指出的是，雖然李夢陽以“方圓之於規矩”來闡釋“法”的一般概念，却無法消除他在説明這一被視爲普遍適用的法度的具體特徵時所顯露的矛盾。如其《答周子書》批評何景明及其隨從者，“今其流傳之辭，如摶沙弄螭，涣無紀律，古之所云開闔照應、倒插頓挫者，一切廢之矣”；《再與何氏書》又提出：“古人之作，其法雖多端，大抵前疏者後必密，半闊者半必細，一實者必一虚，疊景者意必二。此予之所謂法，圓規而方矩者也。”[⑤]顯而易見，他將自己心目之中可以當作一般或共同準則的法度，最終落實在了諸如“開闔照應、倒插頓挫”或者“前疏者後必密”云云這樣多少摻雜個人審美偏嗜性而顯得相對細微和狹仄的若干規則上。值得注意的是，追究李夢陽對於這些“規矩”之“法”的界説，其盡管不能涵蓋全部，但可以説在相當程度上與他尤重杜詩技法的取向不無密切的關係。胡應麟即指出：

> 李夢陽云：疊景者意必二，闊大者半必細。此最律詩三昧。如杜“詔從三殿去，碑到百蠻開。野館濃花發，春帆細雨來”，前半闊大，後半工細也。“浮雲連

①（明）李夢陽：《空同先生集》卷五〇，臺北：偉文圖書出版有限公司，1976年，影印明嘉靖刊本。
②（明）李夢陽：《空同先生集》卷六一。
③（明）李夢陽：《答周子書》，《空同先生集》卷六一。
④（明）李夢陽：《再與何氏書》，《空同先生集》卷六一。
⑤（明）李夢陽：《空同先生集》卷六一。

海岱，平野入青徐。孤嶂秦碑在，荒城魯殿餘”，前景寓目，後景感懷也。唐法律甚嚴惟杜，變化莫測亦惟杜。[①]

他多少注意到了，李夢陽所宣稱的“半闊者半必細”“疊景者意必二”等古作之法，尤其在和杜律篇章之法的對比中而顯現的一種應合關係。再如王維楨，生平尤尊尚李夢陽，所謂“終身服膺效法者，夢陽也”[②]。他曾經表示：“本朝作者，空同老翁聖矣，即大復猶却數舍。蓋空同有神交無方之用，有精純不雜之體，讀一篇詩見一事。首終雖縱橫奇正，弗一其裁，而粹美同也；珩琚璜瑲，弗一其形，而温栗同也。至若倒插頓挫之法，自少陵善用之者，空同一人而已。”[③]此言在力推李夢陽詩藝之“聖”的同時，也提示爲杜甫善用的倒插頓挫之法在夢陽詩作中的切當運用。王維楨之所以對夢陽學杜詩之法格外關注和推重，自與他本人宗尚杜詩的意向有關，人稱其“詩法漢魏，其近體法盛唐，尤宗杜氏少陵”[④]，在《答督學喬三石書》中其論友人喬世寧所示諸詩，認爲“律體總軌於杜，有沖遠深厚之致焉”[⑤]，乃以杜詩相銓衡。也出於此，他對杜詩之法似有更進一層的理解，王世貞《藝苑卮言》有王維楨“釋杜詩法”的一段記載：

王允寧生平所推伏者，獨杜少陵。其所好談説，以爲獨解者，七言律耳。大要貴有照應，有開闔，有關鍵，有頓挫，其意主興主比，其法有正插，有倒插。要之杜詩亦一二有之耳，不必盡然。予謂允寧釋杜詩法，如朱子注《中庸》一經，支離聖賢之言，束縛小乘律，都無禪解。[⑥]

盡管王世貞對維楨“釋杜詩法”多加訾議，然也不得不承認其所言這些詩法“杜詩亦一二有之”，特别是維楨釋及的杜甫七言律“倒插”之法，王世貞在論七言律句法時就指出：“句法有直下者，有倒插者；倒插最難，非老杜不能也。”[⑦]明確表示此法頗難，唯有杜甫纔能成功運用之。要之，李夢陽統屬在“規矩”之“法”名下的，不論是“開闔照應、倒插頓挫”還是“半闊者半必細”“疊景者意必二”等這些細則，歸究起

① 《詩藪·内編》卷四，第62頁。
② 《明史》卷二八六《王維楨傳》，北京：中華書局，1974年，第7349頁。
③ 《後答張太谷書》，（明）王維楨：《王氏存笥稿》卷一四，《四庫全書存目叢書》，影印明嘉靖刊本，集部第103册。
④ （明）孫陞：《王氏存笥稿序》，《王氏存笥稿》卷首。
⑤ 《王氏存笥稿》卷一四。
⑥ 《藝苑卮言七》，《弇州山人四部稿》卷一五〇。
⑦ 《藝苑卮言一》，《弇州山人四部稿》卷一四四。

來，還多本自對杜詩篇句結構規則的辨識和推尚，從而賦予顯示在杜詩中的具體創作技法以某種普泛意義。由此也反映出作爲復古派領袖人物的李夢陽，更注意從一種技藝的範圍去鑒察杜詩的獨特價值，乃至著眼於古典詩歌法度規則的體認和建置的審美訴求。

結　語

明代前中期詩壇對杜詩地位的推尊，既是詩學史上尊杜傳統的某種延續，又與自明初以來成爲主導之流的宗唐詩學風尚相聯結。杜詩的經典意義，在這一時期所呈現的變換相異的詮釋特徵，指示著蘊涵於尊杜觀念之中不同的文學取向。比較而言，明初詩壇諸家在以杜爲宗的基礎上所展開的對於杜詩的各自解讀，總體上尚顯示出一種多元化的樣貌，而尤自永樂以來，與其時"崇儒重道"政策的實施及意識形態的調控趨於强化的情勢相適應的是，以維護正統、尊尚教化爲基本宗旨的功用主義在文學領域的突起，這一現象，也從在當時流行臺閣文風中擔當重要角色的臺閣文士的尊杜觀念中反映出來，特别是他們偏向於杜詩"時政"意識的釋解及其"性情之正"内藴的表彰，著重體現了對更具實用價值的詩學話語的某種選擇，本質上與其提升的國家意識相糾結。成化、弘治以還詩壇，基於文學觀念的變化，其將關注的目光更多移向詩歌的本體藝術，與此相關，側重從技法的層面探討杜詩藝術，也成爲諸家表現在尊杜觀念上的一個明顯特徵。假若説，如李東陽由詩文異體的角度所展開的對杜詩"協音律"特點的品鑒，已多少顯露類似的態度，那麽，繼後而起的李夢陽、何景明等人站在復古的立場對杜詩之"調"及篇句之"法"所作出的相關辨析，更集中表達了一種本於"技巧概念"的詩歌藝術審美訴求。明代前中期詩壇尊杜觀念的變遷，在展示杜詩宗尚視角移易的同時，也透射出這一時期文學氛圍和觀念形態的一種發展演變態勢。

關中·西安歷史與考古

關中地區20世紀50年代考古發掘資料價值研究與保護

姜寶蓮　趙　强　郭明卿*

一、概況

陝西省在20世紀50年代新中國建立初期，隨著城市建設的大規模展開，集中在西安、咸陽、寶鷄等地區對當時與基本工程建設有關係的墓葬、遺址進行了隨工考古發掘工作。20世紀50年代是我國經濟建設的重要時期，爲了保護這些古代文化遺産，陝西省特别成立了“西北工程地區文物清理委員會文物勘察清理隊”，簡稱爲“西北工程地區文物清理工作隊”，對各建設工地發現的遺址和墓葬進行搶救性的考古發掘清理，通過對現存這一時期資料的整理統計，有考古發掘清理記録資料的墓葬和遺址共計3055處。

西安、咸陽、寶鷄、渭南等地區，均位於我國古代重要的關中平原（圖 1）。關中平原以其獨特的自然地理環境，在中國古代歷史上占據了重要的地位。西安、咸陽是周、秦、漢、唐古代都城的重要分布地區。其中西安是中國歷史上建都朝代最多、歷時最爲悠久的都城，有著輝煌的歷史，特别在漢唐時期，是當時政治、文化、經濟的中心地區。在公元前138年，漢武帝就派遣張騫出使西域，正式開闢了以長安爲起點，連接歐亞大陸通道的“絲綢之路”。公元582年，隋文帝又頒令在漢長安城東南

* 作者簡介：姜寶蓮，陝西省文物保護研究院研究員；趙强，陝西省文物保護研究院副研究員；郭明卿，陝西省文物保護研究院副研究員。

（今西安城址）營建新都大興城，之後，唐王朝建立後繼承其地，更名爲長安。長安城結構布局規整，是當時國際化大都市，不僅人口衆多，經濟强盛，而且，對外交流也極其繁榮。與此同時，都城之外的城郊又成爲人們死後的安葬之地，據整理的墓葬資料來看，漢唐時期墓葬的分布區域大多集中在以西安、咸陽爲中心的原地之上，例如京城與滻河之間的長樂原，滻河和灞河之間的白鹿原，灞河與驪山之間的洪慶原，咸陽西北部的洪瀆原，縱貫京城北部的龍首原以及京城南部的鳳栖原、少陵原、神禾原等。

圖 1　以西安爲中心的關中地形圖

1949 年中華人民共和國成立之後，西安周邊的這些地方，隨著我國社會主義經濟建設的開展，當時都進行了規模較大的基本建設，現在的國棉三廠、國棉四廠、國棉五廠、803（華山）廠、897 廠、東方廠、黄河廠、西光廠、秦川廠、第三印染廠、第二發電廠等都位於西安城郊。這些工廠的建設占地面積都非常之大，而且，都需要集中在這一時期建成投産，因此，隨著較大規模的工廠建設，對這一區域地下埋藏的古代墓葬和遺址造成了很大的影響。

當時陝西省面對大量的基本建設工地，需要大量的人員投入這項工作。爲此特別成立的機構——陝西省文物管理委員會和西北工程地區文物清理委員文物勘察清理隊，負責對在基本建設中發現的墓葬和遺址進行搶救性考古發掘清理工作。這一階段進行的考古發掘工作有著極其重要的歷史背景，就當時來講，這一措施對整個陝西省的文物保護工作有著極爲重要的意義。

陝西是文物大省，在新中國成立初期，就開始了一系列文物保護的工作。根據歷史資料記録，1949 年 5 月 20 日，西北軍政委員會接管西安，陝西等西北五省的文物工作由西北軍政委員會文教委員會領導。

1950年1月10日，陝西省人民政府成立後，文物工作由陝西省文教廳管理。陝西歷史博物館仍然直屬西北軍政委員會領導。7月，陝西省人民政府轉發貫徹執行政務院頒發的《古文化遺址及古墓葬之調查發掘暫行法令》。

1951年3月，陝西省人民政府向各地、市主管工程部門轉發西北軍政委員會《配合建設工程進行保存古跡文物計畫草案》。6月，陝西省人民政府轉發貫徹執行中央人民政府内務部、文化部《關於管理名勝古跡職權分工的規定及關於地方文物名勝古跡的保護管理辦法》。

1952年10月，陝西省人民委員會第三次會議通過設立陝西省文物管理委員會（以下簡稱陝西省文管會）。12月，陝西省人民委員會轉達西北行政委員會指示：各級交通、水利和基本建設部門在確定施工路綫或進行設計時，必須事先與文物部門取得聯繫，商定保護歷史文物的具體辦法，否則不准施工。

1953年3月，西北文化局組織有關部門成立了“西北工程地區文物清理委員文物勘察清理隊”，簡稱爲“西北工程地區文物清理工作隊”，負責西北地方的文物清理發掘工作。西北工程地區文物清理隊成立後的第一次考古發掘是在咸陽的底張灣，這一次共清理發掘隋、唐墓15座，出土文物數千件。與此同時，西北工程地區文物清理隊在西安東郊滻河邊上發現了新石器時代的半坡遺址，並進行了考古發掘工作。1953年11月到1956年年底，西北工程地區文物清理隊在西安東郊韓森寨清理一批古代墓葬，在灞橋郭家灘的國棉三廠、國棉四廠、國棉五廠等紡織廠工地進行了多次考古工作。

1954年1月，西北文化局下發《西北工程地區文物清理委員會組織章程》。4月，西北工程地區文物清理隊在寶鷄姜城堡、南康村、李家崖等地發掘古墓葬。7月，陝西省文管會和西北工程地區文物清理隊在鳳縣寶成鐵路工地清理多處古遺址。12月，陝西省文管會和西北工程地區文物清理隊在西安清理一批隋唐墓葬。

1955年1月，陝西省文管會在西安西郊一部鐵路專用綫清理古墓葬295座。同年，西北工程地區文物清理隊併入陝西省文管會。之後，陝西省文管會負責了隨工發掘墓葬檔案資料的保管，發掘資料的文字記録部分一直存放於此處。

二、考古發掘分布區域

這批考古發掘資料大體包括1953—1959年，西安、咸陽、寶鷄三地區200多個考古清理工地，地點包括西安東、西、南、北周圍地區、長安縣、臨潼縣以及寶鷄、咸陽等市縣（圖2、圖3）。

目前從發掘資料的文字記録來看，經過發掘的墓葬有西周、秦、漢、北朝、隋、唐、五代、宋、元、明、清等多個時代，其中以唐代墓葬數量最多。各個時代墓葬都出土了具有時代特徵的各類隨葬品，特别是唐代高等級的墓葬中發掘出土有壁畫、墓誌、銅鏡、瓷器、三彩器、陶器、陶俑、錢幣等。另外，現存資料中還包括有墓葬、遺址的結構、形制、尺寸及出土文物的統計記録，包括有文字記録、測量繪圖、照片拓片等資料。

當時隨工清理考古發掘工作繁重，人員較少，加之時間緊迫，之後的文字檔案資料與出土文物資料一直没能進行系統的資料整理和發表，更没有進行更進一步的資料研究工作，因此這批資料大多以原始記録爲主，存於當時的陝西省文物管理委員會。之後由於機構改革變化，現存於陝西省文物保護研究院檔案資料室。

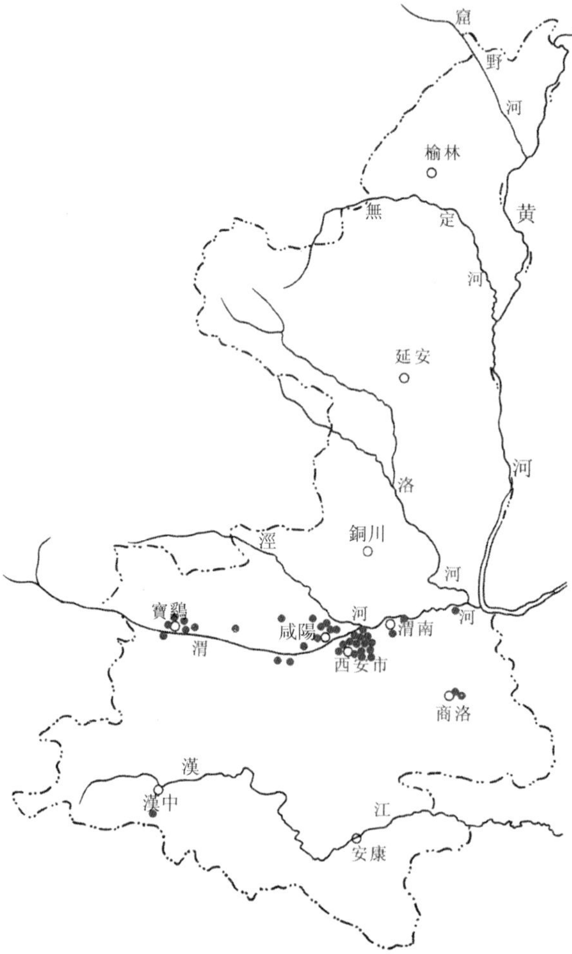

圖2　20世紀50年代考古發掘工地分布示意圖

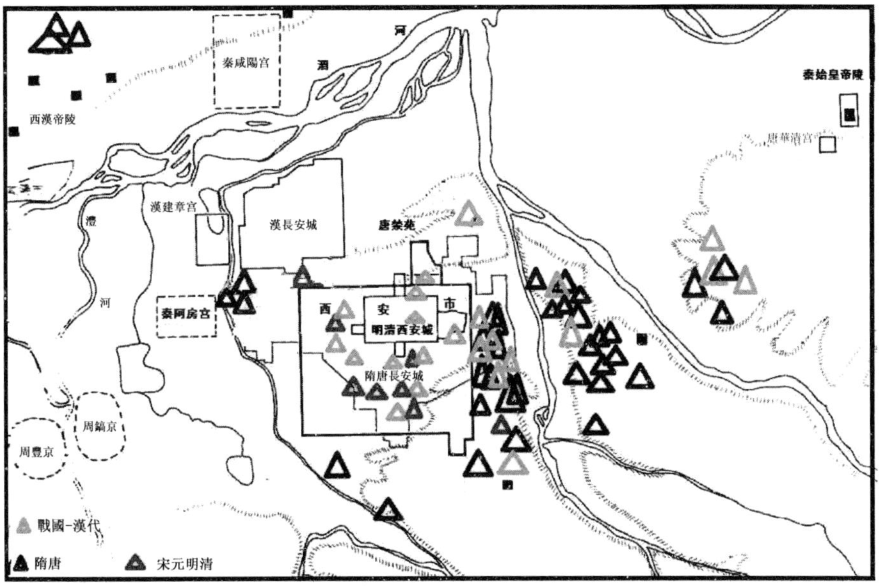

圖 3　秦、漢、隋唐古代都城與 20 世紀 50 年代考古發掘墓葬分布關係圖

三、考古發掘資料内涵及其價值

這批考古發掘資料，主要分爲墓葬和遺址兩大類，考古資料包括 2952 處墓葬、103 處遺址。其中古墓葬占總數的 97%，遺址類占 3%（圖 4）。在考古發掘清理記録的古墓葬中，其時代的占比爲：西周—戰國時期的墓葬占 5%，漢墓約爲 25%，唐代墓葬占 60%，宋、元、明、清以及近現代墓葬占約 10%，從統計中可見，唐代墓葬占了總發掘墓葬的一半多（圖 5）。

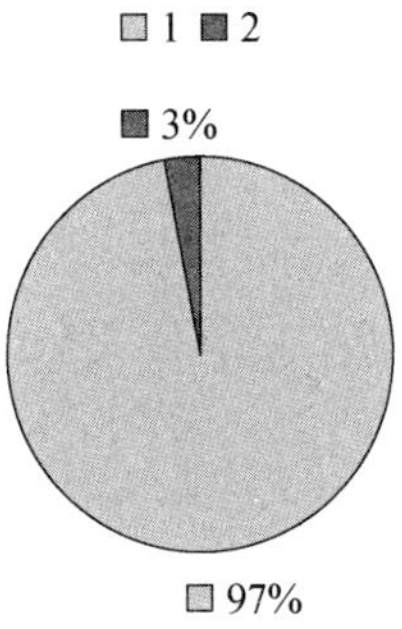

圖 4　發掘清理墓葬和遺址比例圖

1. 墓葬；2. 遺址

現存的考古發掘清理資料，據整理統計包括有文字記録、測量繪圖、重要出土物的黑白照片，另外還有墓誌拓片、銅鏡拓片、錢幣拓片等（圖 6—圖 17）。其中，考古

清理墓葬較多的是編號爲 55・013 號工地，工地分布於西安市東郊的郭家灘，也就是現在的國棉三廠、國棉四廠、國棉五廠的所在地，這一地區進行過多次發掘，集中發掘工作有 2 次，共計 789 座，這是發掘墓葬最多的地區。對於這些較爲集中的墓葬分布區域，采取了統一編號、統一排序的方式進行整理。經過統計數量的匯總和分布區域的分析，西安東郊的滻河東西兩岸是唐代墓葬的集中分布區。

這些多種類的出土遺物，部分有原始文字記録、照相記録和圖形描繪。另外，在部分較大規模的唐墓中還發現有壁畫殘跡，墓葬墓道内殘存一些壁畫，壁畫内容一般爲人物、建築、裝飾圖案等，但是這一部分内容，由於記録考古資料資訊非常簡略，給重新描繪和進行整理帶來了極大的困難。

該批資料根據載體的不同分爲文字與表格記録、圖紙、拓片、照片以及臨摹壁畫草圖等。内容較爲豐富，可從不同角度反映當時隨工清理發掘情況，以及墓葬結構、遺址分布，出土遺物的種類、數量等情況。

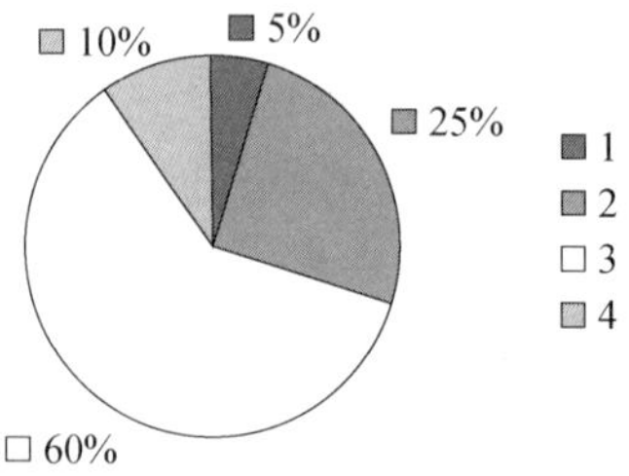

圖 5　20 世紀發掘墓葬時代比例圖

1. 西周—戰國時期；2. 漢代；3. 唐代；
4. 宋、元、明、清以及近現代

圖 6　考古發掘記録本封面

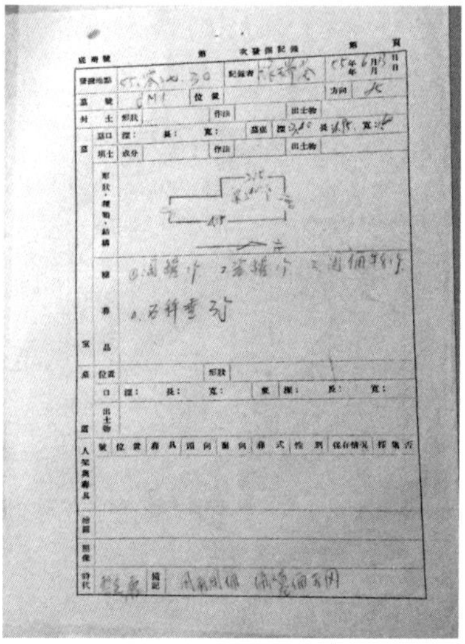

圖 7　考古發掘登記表格

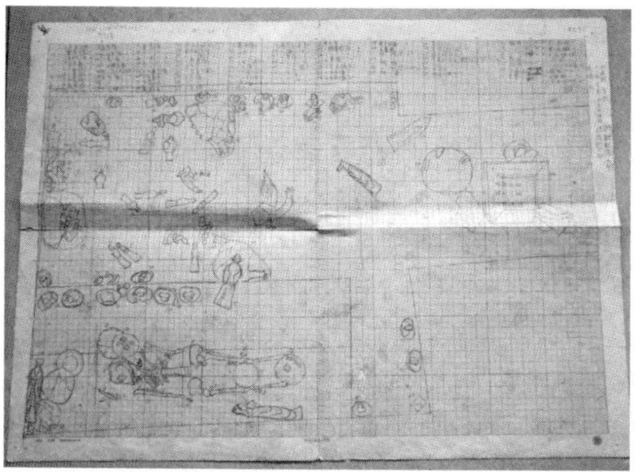

圖8　墓葬形制平面圖

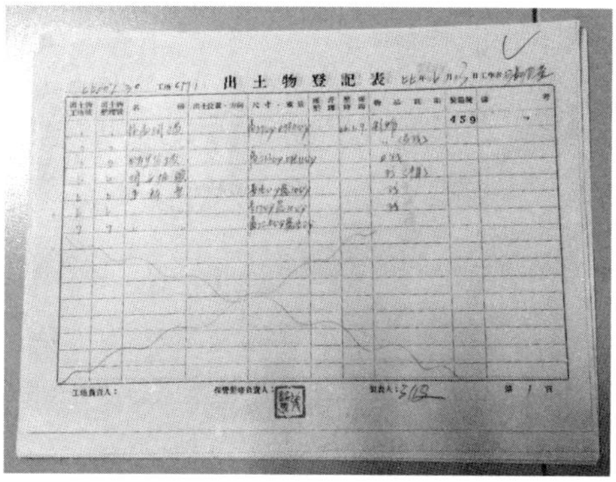

圖9　考古資料出土物登記表

圖10　出土漢代銅鏡拓片

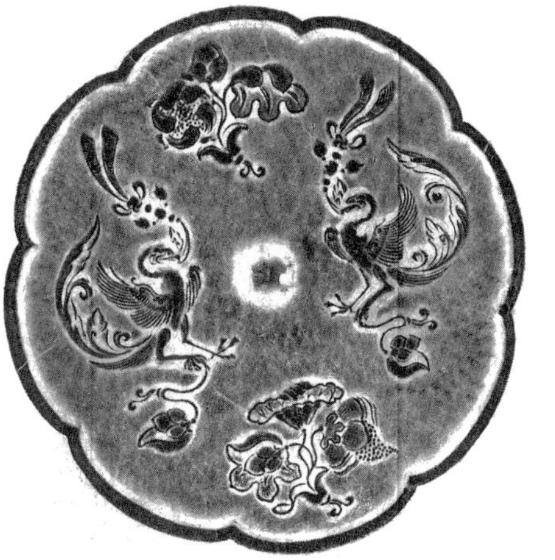

圖11　出土唐代銅鏡拓片

圖12　出土銅鏡照片

圖13　出土耳杯

圖 14　出土陶罐

圖 15　出土陶罐

圖 16　出土墓誌蓋

圖 17　出土唐代墓誌

唐代墓葬結構大部分爲斜坡墓道洞室墓，有些等級較高的墓葬爲斜坡帶有天井，墓葬平面形制有甲字形、刀把形等。根據原始文字記録和圖形描繪形成墓葬形制的平面圖和剖面圖，這次資料整理將有關資料草圖和綫圖進行了重新描圖和掃描。

出土隨葬品種類多、數量大，主要爲以下幾類：①陶瓷類：如陶瓷罐、陶倉，陶生肖俑等。其中唐代的三彩器是極具時代特徵的器物，如三彩馬、三彩俑、三彩駱駝等。②銅器類：有銅劍、銅弩機、銅鏡、銅釜以及漢至清代多種類的銅質錢幣等。③石質類：包括石器、石墓誌、石棺等。這些多種類的出土遺物，現大部分存於陝西歷史博物館和西安碑林博物館。這次整理工作僅能夠根據原始記録文字資料，對每一墓葬出土遺物進行表格登記，資料包括名稱、質地、尺寸、出土完整程度等。在此情況下，還根據陝西歷史博物館編纂的《千秋金鑒》一書，將可以確定的現存於該博物館的銅鏡資料照片歸入出土墓葬之中，使得單件文物回歸到整體墓葬單元資料中，以此完善發掘資料的考古信息。

墓葬中分布的壁畫屬於墓葬結構的一部分，壁畫的有無是墓葬等級的一種體現。但從目前資料來看，發現的墓葬内壁畫大多已經殘損，殘存的壁畫内容，可見有人物、建築、戟架、花鳥圖案等，這一部分資料也盡可能根據現存記録和零碎發表的一些資料圖片來歸入原發掘墓葬單元中。

墓葬中的墓誌是出土遺物中重要的資料，在原始記録的墓葬資料中，其中有 171 座墓葬有墓誌拓片，這是一批重要的資料。墓誌的發現，不僅有明確的墓主人的歷史信息，而且對於墓葬的埋葬地點、埋葬時間、埋葬等級以及家族埋葬等信息有充分的記録，對確定墓葬的性質有重要的研究價值，因此，對出土墓誌的墓葬進行重點整理，對墓誌形制、墓誌尺寸、墓誌内容、誌蓋形制、裝飾圖案、誌文研究等進行整理。對於有家族關係的墓葬，在墓葬整理過程中，盡可能放在一處合併資料進行整理，比如段伯陽家族墓，王大方、王大禮家族墓，騫氏家族的騫思玄、騫思哲、騫思泰墓，高元珪家族墓葬等，以此，可以反映和還原更多的歷史信息。

墓誌是埋入墓中記載死者姓名家世和生平事跡的隨葬品。隋唐時期，墓葬中隨葬墓誌，是一種極爲盛行的埋葬方式。特别是有一定社會地位的墓主人，墓誌的有無是身份地位的一種顯示。墓誌作爲墓主蓋棺定論的文字記載，把墓主的姓氏、世系、職官、生平事跡、卒葬年月和頌揚溢美之詞均勒之於石上，埋於地下，以期永世銘志不忘。在隋唐時期，墓誌的雕飾、書法和文體都達到了極高的藝術高峰，其上鐫刻的文字，包括誌文和銘文，均是當時社會一種特殊的文體，文人士子也多有撰寫誌文，很多墓誌出於一代名流之手，比如南北朝的庾信，其所撰寫的墓誌銘代表了當時的最高水準，唐代的韓愈、明代的王九思，這些著名的文人都撰寫了不少的墓誌，因此，這些出土的墓誌在文學和書法史上均占有重要的地位。

銅鏡是墓葬中隨葬較多的器物。在多座原始記録的墓葬中，有 128 座墓葬有銅鏡拓片資料，銅鏡拓片時代包括周、漢、唐、宋各個時代。銅鏡是當時人們日常生活中使用的日用品，銅鏡也以其精美的工藝技術和獨特的藝術内涵，成爲人們的珍愛之物。墓主死後又作爲重要隨葬品隨葬於墓葬之中。墓葬中銅鏡的隨葬位置一般在墓主人的頭部或胸前，事死如事生，這是古代人對於生與死的理解，因而，隨葬銅鏡的位置和代表的含義，對於認識古代墓葬有十分重要的意義。該項整理工作以銅鏡拓片爲其主要内容，銅鏡主要包括銅鏡形制、銅鏡尺寸、銅鏡裝飾圖案等。資料中發現的銅鏡形制有圓形、長方形、正方形、菱形、葵花形，帶柄鏡等。銅鏡鏡面根據鏡背配置紋飾部分，一般可以分内區、中區、外區。銅鏡的紋飾則各具時代特徵，例如，漢代最流行的紋飾有博局紋、草葉紋、星雲紋、連弧銘文紋、蝙蝠形柿蒂連弧紋等，隋唐時期多見寶相花紋鏡、瑞獸紋、花鳥紋、四神紋、十二生肖鏡等。銅鏡的製作大多工藝精湛，形態多樣美觀，紋飾規整華麗，是古代工藝高度發展的代表，是我國古代文化遺産中的瑰寶。

整理資料的過程，是一次對歷史的回顧。20 世紀 50 年代的考古資料已經過了 60 多年的歲月，現在從資料記録中可以看到，先後參加考古發掘工作和研究工作的人員共 68 位，他們都付出了許多艱辛的勞動，記載如下，以示紀念，排列不分先後。根據資料記録有：馬建熙、馬志超、馬庭柱、衛大信、王世昌、王玉清、王屏章、王忠紀、王去非、王玉堂、王之槐、王文地、王維、尹紹祖、石興邦、田醒農、閆磊、冉憲複、伍新華、劉士莪、劉學信、何漢南、李滁陳、李景瑞、李潤琴、何世武、余鑄、宋進財、何質夫、張良峰、鄒景壁、張瑞荃、張耀祖、張浩如、張培民、張銘惠、張耕海、張正苓、張漢英、張全銘、杭德洲、楊建芳、楊正興、屈鴻鈞、陳有旺、陳賢芳、鄭郁文、茹世安、賀梓城、胡謙盈、俞偉超、俞震、郝樹屏、唐金裕、俱懷璽、賈瑞原、郭世元、郭希才、柴忠言、蔣萬錫、程錫發、程守申、雷文漢、雷玉林、雒忠如。

對 20 世紀 50 年代的考古發掘資料進行整理和研究，可以對這批寶貴的考古資料進行合理而有效的保護、利用，更好地使考古文物資料發揮其特定功能，認識其歷史價值，具有重要的意義。同時，隨著這項工作不斷持續地開展，也對陝西省整體的文物分布研究和保護規劃有著重要的意義。另外，在西安城市規模逐漸擴大，許多古代遺跡已經無法重見天日的今天，對於這些墓葬資料的整理，就有著更加重要的意義。

總之，20 世紀 50 年代考古發掘資料的整理是一項有重要意義的工作，這些墓葬資料所反映的多方面的信息，對歷史考古的研究，無疑具有重要的價值。

四、考古發掘資料的有效保護利用

除此之外，爲了更好地保護和利用 20 世紀 50 年代的考古發掘資料，還進行了數字化保護管理的資料庫建設，實現有效保護與高效利用，充分發揮其價值。

這批考古發掘資料從其産生形成至今已經過了 60 年的歲月，對於文物資料的保護和保存來講，不管是化學或者物理的手段進行保護，那也僅僅是延長其壽命，而不能做到完整保護。但隨著科技的發展，利用電腦技術對現存資料進行數字化保存則是較爲積極的保護方法。爲解決考古發掘資料保護與其廣泛利用之間的矛盾，在對這批資料進行研究性整理的同時又進行數字化保護和管理。

實現檔案資料的科學化與信息化管理，是解決矛盾的必要途徑和唯一手段。以此，可以在不損壞檔案載體壽命的前提下，實現有效保護與高效利用，達到有效保護與充分發揮其價值的目的。

此次工作，在整理基礎上對該批考古發掘資料進行全面分析研究，首先原則上維護檔案資料本身原貌以及有機聯繫，突出重點部分作研究性整理，其目的也是爲了充分發揮其價值，同時爲了方便數字化管理，對其進行整理與數位化管理。根據保護工作的需要，經過調研與論證，采用具有强大功能的專業管理軟體對考古發掘資料進行數字化管理，通過檔案資料録入、掃描、攝像等多種技術手段獲取檔案資料内容、形體、材質等信息資料，並進行相應編輯處理，將其存入電腦永久保存。既可借助先進的多媒體和虛擬實境技術永久地保存文物信息，又可通過存儲信息對古代文化遺産進行研究而減少人爲因素對檔案資料的損壞；還可以借助於互聯網快速實現資源分享。

數字化管理以世紀科怡檔案管理系統V5.0系統爲平臺，結合資料情況分級分塊逐步實現對該批檔案數字化管理。首先，將内容分類搭好基礎框架。其次，利用其成熟穩定的運行環境、强大的存儲技術和靈活的檢索手段，先從重點墓葬掃描録入進行資料庫建設，再到全部録入，逐步完成"20世紀50年代考古發掘資料管理資料庫"建立，實現該批珍貴資料數字化、信息化管理與利用。

《西安通史》總叙及各卷導言

西安通史編寫組

總　叙

黄留珠

（一）

西安，周曰豐鎬，秦曰咸陽，漢、唐曰長安，位於陝西省渭水盆地的中部偏南，具體經緯度爲東經 107 度 40 分至 109 度 49 分和北緯 33 度 39 分至 34 度 45 分。從大地構造來説，渭水盆地屬於鄂爾多斯臺地南沿下沉地帶，稱作地塹。其海拔 400 米左右，大體東南高、西南與西北低，呈簸箕形狀。

渭水盆地南爲高聳的秦嶺，北爲莽莽的永壽梁，唯渭河流域低而平坦。渭河爲黄河最大的支流，河床寬、河道多，經長期泛濫與衝擊，堆積成爲衝擊平原，即有名的關中平原，或稱八百里秦川。這裏土壤肥沃，在我國最古的地理學著作《禹貢》裏被列爲最高等級，所謂“上上”“黄壤”。以往研究者只籠統地認爲，似乎這種土地富含腐殖質，故而肥美；現經中外學者特别是中國學者的深入探討，已經基本從源頭上找到了黄土形成的原因，進而爲我們揭示了其自肥的奥秘[①]。在早期鋤耕

① 孫達人:《中國農民變遷論——試探我國歷史發展週期》第二章《發生論：黄土地之子》，北京：中央編譯出版社，1996 年，第 30—94 頁。

農業時代，這樣的土地是最理想的。所以西安及周邊的關中地區，很早就被稱爲“天府”“陸海”[①]。

西安氣候屬暖温帶半濕潤大陸性季風氣候，四季分明。年平均氣温 13.6℃。年極端最高氣温 35—41.8℃；極端最低氣温-16— -20℃。全年以 7 月最熱，月平均氣温 26.1—26.3℃，月平均最高氣温 32℃左右；1 月最冷，月平均氣温-0.3— -1.3℃，月平均最低氣温-4℃左右。年降水量平均 507.7—719.8 毫米，年降水日數 96.6 天。降水年際變化很大，多雨年和少雨年雨量最大差值可達 590 毫米。降水的季節分配也極不均勻，有 78%的雨量集中在 5—10 月，其中 7—9 月的雨量即占全年雨量的 47%，且時有暴雨出現。年平均相對濕度 70%左右。年平均風速 1.8 米每秒，全年盛行風向爲東北風。無霜期平均爲 219—233 天。每年降雪日 13.8 天[②]。

西安境内的山脉，主要是南部横貫東西的秦嶺。其山勢巍峨壯麗，自武功以東至藍田以西一段總稱終南山（又名中南山、太乙山、地肺山、南山、秦山等）。西安適居它的懷抱之中，造成一種負山面水的形勢。

秦嶺在西安境内的主峰名南五臺，位於西安南 30 多千米處。《關中勝跡圖志》稱“南山神秀之區，惟南五臺爲最”。山之清凉、文殊、舍身、靈應、觀音（或名大臺、大頂）五峰，因位在耀縣五臺山以南，故而取名南五臺。

南五臺東南有翠華山，距西安約 23 千米。山口有漢武帝元封二年（前 109）修建的太乙宫，故亦名太乙山。相傳太乙真人曾在此修煉。峰頂之太乙池，據説是唐天寶年間，山峰崩裂堵塞山水而成，又有龍移湫、澄源湫、太乙湫等别名。池附近有冰洞、風洞諸奇觀，還有金華洞、玉案峰等名勝。

位於西安西南 40 餘千米處秦嶺北麓的圭峰山，因山峰挺拔突出如圭而得名，亦名尖山。其紫閣、大頂、凌雲、羅漢等峰，皆突兀俏麗，形勢險峻。北坡有落差 20 多米的高冠瀑布，亦一大景觀。

驪山爲秦嶺由藍田向西北伸出的一個支脉，位於西安東 20 餘千米處，主峰在臨潼南門外，故又名臨潼山。其東西綿亘 200 餘千米，最高峰海拔 1256 米，不僅是一處有

---

① “天府”作爲地理名詞，見於《戰國策·秦策》。其中記縱横家蘇秦説秦惠王一段話云：“大王之國，田肥美，民殷富，戰車萬乘，奮擊百萬，沃野千里，蓄積饒多，地勢形變，此所謂天府，天下之雄國也。”這裏，天府所指是秦地。《史記·留侯世家》記張良論證定都關中緣由亦云：“關中左崤函，右隴蜀，沃野千里···此所謂金城千里，天府之國也。”這裏，天府同樣也是指秦地。可見“天府”最早指的就是關中平原。“陸海”，指物産富饒之地。《漢書·地理志》云：“(秦地）有鄠杜竹林，南山檀柘，號稱陸海，爲九州膏腴。”顔師古注：“言其地高陸而饒物産，如海之無所不出，故云陸海。”這表明“陸海”一詞，最早也是專指以西安爲中心的關中地區的。

② 近若干年，西安降雪日明顯有減少之勢。

著“驪山晚照”讚譽的秀麗景區，而且因其豐厚的人文歷史資源爲人們所嚮往；特别是山北麓以秦始皇陵及兵馬俑爲主體的秦文化遺存和以華清池温泉爲代表的唐文化遺存，以及以五間廳、兵諫亭爲代表的近現代歷史文化遺存，則更使之聞名遐邇，被推向了世界。

秦嶺又多山谷。這是兩山間的夾道或流水道，亦即山脊間的低窪部分。秦嶺北坡的山谷，凡谷口在山麓（山坡與周圍平地相接部分）者稱“峪”。其一般呈南北走向，南高北低。相傳關中地區有“秦嶺七十二峪”之説①，而在西安境内者，則有四十九峪：自東向西依次爲藍田縣 9 峪——清峪，道溝峪，流峪，賽峪，輞峪，岱峪，小洋峪，大洋峪，東湯峪；長安區 17 峪——庫峪，扯袍峪，大峪，白道峪，小峪，土門峪，蛟峪，太乙峪，康峪，石砭峪，天子峪，抱龍峪，子午峪，黄峪，灃峪，祥峪，高冠峪；户縣 13 峪——紫閣峪，神水峪，太平峪，烏桑峪，黄柏峪，化羊峪，曲峪，潭峪，竹峪，皂峪，栗峪，澇峪，甘峪；周至縣 10 峪——耿峪，赤峪，田峪，就峪，團標峪，黄池峪，黑峪，西駱峪，車峪，泥峪。

西安四周穿流有渭、涇、灃、澇、潏、滈、滻、灞等八條河，號稱“長安八水”（八川），均屬黄河水系。西漢文豪司馬相如曾描述此八水流經上林苑情狀云：“終始灞、滻，出入涇、渭，酆（灃）、鎬（滈）、潦（澇）、潏，紆餘委蛇，經營乎其内，蕩蕩乎八川，分流向背而異態。”②由此似不難想見一幀八水繞長安的壯觀畫面。前文已經指出，渭河是黄河最大的支流。其發源於甘肅省渭源縣的鳥鼠山，東南流入陝西境，横貫關中，至潼關入黄河。其他七水原本各自直接匯入渭河，後隨時代變遷，滻水成爲灞河的支流，滈水成爲潏河的支流，潏河又成爲灃水的支流。尤其是這些河流的水量，亦因氣候的變化，古今差異很大。當前西安市啓動“八水潤西安”工程，旨在恢復當年“八水繞長安”勝景。

與河流相關的還有陂池。所謂“陂”，指自然匯集成的水塘；所謂“池”，指人工開鑿的水塘。古代西安地區陂池很多，著名的如渼陂、皇子陂、周氏陂、昆明池、曲江池、龍池、龍首池、魚藻池、海池等。今“八水潤西安”工程建設的濕地，不少就

---

① 秦嶺陝西境内北坡的峪口，遠遠不止“七十二”個。清人毛鳳枝《南山谷口考》書中即有東起潼關，西至寶鷄，“考南山谷口北向者，凡得一百五十所”之説。所謂“七十二峪”云云，當指相對著名者而言。且究竟是哪七十二峪，還有不同的版本。

② 《漢書》卷五七《司馬相如傳》，北京：中華書局，1962 年，第 2547—2548 頁。關於“八水”，有人認爲没有澇河，而有浐河，這種説法是错誤的；還有人認爲八水中没有潏河，而有浐河，這種説法有一定道理，但也不正確。因爲古時潏河與浐河其實爲同一河流，都向北匯入渭河，但後來經人工改造，潏河向西匯入灃河，又稱泬河（河北也有同名河流），而潏河的分支浐河向北匯入渭河。目前，浐河起自長安區水寨村，流經長安區申店、韋曲、杜城進入西安市區，再經丈八溝、北石橋、三橋、六村堡至草灘入渭河。全長 32 千米，西安市區段長 27.4 千米。

是以古代陂池遺址爲基礎而修造。

北方習慣把高而平的地方叫作“原”。西安地區多這種地貌，尤以東、南兩面爲甚。這亦爲西安自然環境的一個顯著特點。隨著西安建設的發展，市區的“原”差不多已被夷平，但周邊遠郊者仍保持著莽莽雄渾勢態。茲按由内而外的順序述其主要者如次。

龍首原 位於今西安市龍首村未央區、新城區和蓮湖區三區交界處。唐大明宫含元殿即建其上。

樂游原 位於今西安市大雁塔東北部、曲江池北面。其得名於西漢，唐時爲著名風景區。歷代文人吟詠作品極多，尤以李商隱“向晚意不適，驅車登古原；夕陽無限好，只是近黄昏”詩句更爲家喻户曉。

少陵原 位於滻河、潏河之間，在今西安市長安區杜陵、杜曲、大兆之間，漢代稱鴻固原。

白鹿原 位於灞、滻兩水之間，長 20 余千米，南連秦嶺。原面上以鯨魚溝爲界切割爲南原（也叫炮里原）、北原（也叫狄寨原）。當代作家陳忠實的小説《白鹿原》即寫此地的人和事。

銅人原 位於西安市灞橋區洪慶以東，臨潼區斜口以南，今名洪慶原。相傳曹魏明帝欲將秦時所鑄兩銅人運往洛陽，至此重不可至，只得棄留原下，故得名。係驪山山前高於灞河、渭河四級階地的臺原。

神禾原 位於西安南 15 千米處，爲樊川、禦宿川間的高地。南起長安區王曲北江兆村，北至何家營、賈里村等地。相傳原上曾産過六斤重的穀穗，故以“神禾”名之。

細柳原 其得名可能與漢代將軍周亞夫的細柳營有關。史載漢文帝時在灞上、棘門、細柳置軍防備匈奴，文帝勞軍至前兩處時皆“直馳入”，並受到“迎送”，但至細柳軍却被阻“不得入”，後按嚴格的程式，成禮而去；文帝爲此大發感慨，稱讚細柳軍的統帥周亞夫是“真將軍”。細柳原位置以今西安市長安區細柳爲中心，在鎬京以南，灃惠和興隆以北，郭杜以西，灃河以東。

畢原 位於西安西南約 15 千米處，又名畢陌。其境域很廣，周文王、周武王、周公皆葬此原上。

鳳栖原 爲西安市長安區韋曲附近的高地。東接少陵原，西至勳陰坡，又名栖鳳原。今西安地鐵 2 號綫設有鳳栖原站。

洪瀆原 位於渭河北岸，是渭河、涇河的分水嶺，亦名咸陽原，“洪瀆”之名，始於唐代。這裏是由漢至唐的重要墓葬區。西漢皇帝，絶大多數都埋葬於此。2013 年，在原上西安咸陽機場附近的鄧村還發現了唐代才女上官婉兒的墓，引起了不小的轟動。

（二）

西安這個地方，除了具有上述比較良好的自然條件外，區位優勢也相當明顯，而且隨著時代、形勢的變易，具化爲不同的内容。

首先，這裏在古代是建都的最佳地。

唐代詩聖杜甫《秋興八首》之六有句云“秦中自古帝王州”，意謂關中（確指當爲西安地區）自古以來就是帝王都城的所在地。無疑，這句話並非憑空想像之辭，而是有其確切的事實依據的。衆所周知，中國歷史上最負盛名的周、秦、漢、唐幾代，皆在西安建都，之外，禪漢的新莽、統一的隋朝，以及分裂時期的前趙、前秦、後秦、西魏、北周也均建都於此，另，東漢末一度遷都於此，西晋亡前曾暫都於此。總計起來，截至杜甫生活的時代，先後有 13 個王朝或建都、或遷都、或暫都於西安，時間長達千餘年。正是基於這樣的事實，杜氏纔發出了“自古帝王州”的感歎。

歷史上那麼多的王朝，爲什麼如此近乎紮堆式地以西安爲都？唯一合理的解釋，那就是西安在古代具有建都的太多優勢，各個王朝權衡利弊，不能不把都城建在這裏。此中，西漢王朝定都關中的經過，無疑是最典型的實例。

西漢王朝建立之初，將國都選定在雒陽（今河南洛陽東北）。之所以如此選擇，一是地理上的原因。原來漢開國皇帝劉邦是豐沛人（今江蘇徐州北），而追隨他打天下的左右大臣亦主要爲山東人[①]，建都雒陽，相對靠近他們的家鄉。二是心理上的原因。時人認爲雒陽居天下之中，周王室自平王遷都於此之後，綿延五百餘年，而秦處關中，歷二世十多載即亡，因此漢君臣普遍存在一種心理：“與周室比隆”，“不如都周”[②]。然而就在此時，有一位名叫婁敬的車夫，竟大膽批評劉邦建都雒陽的錯誤，並獻西都關中之策。婁氏本是齊人，在他赴隴西戍邊路經雒陽時，通過老鄉虞將軍求見劉邦。應該説，婁的運氣不錯，貴爲皇帝的劉邦還真的接見了他。

婁敬首先針對漢君臣要“與周室比隆”的心理，闡述了周、漢兩代立國的不同，指出不能簡單“比隆”的道理。接著便向劉邦分析了關中的地理、資源優勢，以及在此建都的好處。他説：“秦地被山帶河，四塞以爲固，卒然有急，百萬之衆可具。因秦

---

① 此係戰國秦漢時期的地理概念。當時稱崤山、函谷關以西爲“山西”或“關西”，以東爲“山東”或“關東”。

② 《漢書》卷四三《劉敬傳》，北京：中華書局，1962 年，第 2119、2121 頁。

之故，資甚美膏腴之地，此所謂天府。陛下入關而都之，山東雖亂，秦故地可全而有也。”[①]最後，他又打比方説：“夫與人鬥，不搤其亢，拊其背，未能全勝；今陛下入關而都，按秦之故，此亦搤天下之亢而拊其背也。”[②]“搤”就是“扼”的意思；“亢”即是喉嚨。這就是説，在關中建都，立足於秦之故地，就好比扼住了天下的喉嚨。

婁敬的這番建言，既有道理也很實際。劉邦頗爲所動，但却一時拿不定主意，於是徵詢大臣們的意見。在群臣幾乎清一色的反對聲中，唯有張良支持婁敬的看法。他指出：“(雒陽)其中小，不過數百里，田地薄，四面受敵，此非用武之國。夫關中左崤函、右隴蜀，沃野千里，南有巴蜀之饒，北有胡苑之利，阻三面而固守，獨以一面東諸侯。諸侯安定，河、渭漕挽天下，西給京師；諸侯有變，順流而下，足以委輸。此所謂金城千里，天府之國。”[③]大家知道，張良是西漢開國的第一謀臣，運籌帷幄之中決勝千里之外是其所長。他的分析，終使劉邦下定決心，“即日駕西都關中”[④]，並拜婁敬爲奉春君，賜姓劉氏。時值高帝五年(前202)夏五月。

次年，有位叫田肯的人再次向劉邦闡述了建都關中的價值和意義。田指出“秦，形勝之國也”，其河山之險，使與諸侯懸隔千里，只需兩萬人馬，即可敵得諸侯百萬之衆；一旦要對諸侯用兵，“譬猶居高屋之上建瓴水也”。劉邦聽罷連連稱“善”，並“賜金五百斤”作爲獎賞[⑤]。

以上所羅列的婁敬、張良、田肯三人關於西安地區適於建都的論述，可謂經典之論。它最清楚不過地向人們闡明了西安在古代何以是建都最佳地的原因。

第二，五代以來這裏一直是西部重鎮。

唐王朝把我國古代社會推向了空前鼎盛，却也結束了西安建都的歷史。自五代開始，因經濟重心的南移和政治中心的東移、北遷，西安輝煌不再，但仍不失爲中央政權掌控西北、西南地區的重鎮。而且由於其千年京師的光榮經歷，使之具有甚爲特殊的區位優勢。對此，清代著名地理學家顧祖禹在所撰《讀史方輿紀要》卷五十二《陝西方輿紀要・序》中曾發感慨曰：“陝西居天下之上游，制天下之命者也。是故以陝西而發難，雖微必大，雖弱必强，雖不能爲天下雄，亦必浸淫横決，釀成天下之大禍。……陝西之爲陝西，固天下安危所繫也，可不畏哉!”過去有人認爲這是唯地理形

① 《漢書》卷四三《劉敬傳》，北京：中華書局，1962年，第2120頁。
② 《漢書》卷四三《劉敬傳》，北京：中華書局，1962年，第2120頁。
③ 《漢書》卷四〇《張良傳》，北京：中華書局，1962年，第2032—2033頁。
④ 《漢書》卷四三《劉敬傳》，北京：中華書局，1962年，第2121頁。
⑤ 上述田肯事見《漢書》卷一《高帝紀》，北京：中華書局，1962年，第59頁。

勢論，實際上顧氏所言，是對陝西這樣一個四塞爲固的特定地區歷史經驗的概括與總結。其既充滿感情，也不失理性，在冷兵器時代，確有相當的正確性。要之，就是説以西安爲中心的陝西關中，不論作爲都城，抑或作爲地區重鎮，均占據明顯的地利。

正因爲上述的原因，所以在西安的非都城時代就出現了一種很特殊的現象，即最高當局對西安地區另眼相看，給予格外的重視。其具體做法，唐以前大抵是將西安地區（習稱三輔）予以政治升格，劃歸京畿範圍，以示尊崇。如東漢便把關中與京師所在的河南尹共同算作京畿，同轄於司隸校尉部，即典型的例子。唐以後基本是慎選至親鎮守西安，以示地位特殊。例如晋武帝司馬炎石函規定，非親親不得都督關中；元、明兩代開國皇帝，均將僅次於皇太子的兒子封王關中，等等。尤其明代，甚至連"秦王"這一封號也不輕易許人。這裏有一個相當突出的實例，説的是明末原屬張獻忠義軍的孫可望部，欲歸附南明桂王朱由榔共同抗清，要求給以"秦王"的名義，不料桂王左右認爲别的任何王號皆可，唯"秦王"不行。由此可見在時人心目中，"秦王"名號的重要與特殊。

當然，還有更值得我們注意的是，那些建都在非西安地區的王朝，不少都曾顯露出打算遷都西安的强烈願望。如果説建武十八年（42）劉秀巡行關中滯留長達兩個月，令關東"翕然狐疑，意聖朝之西都，懼關門之反拒"①，只是一場政治虚驚的話，那麽宋太祖趙匡胤誓言"久當遷長安"②，則是實實在在的帝王親口明確表態了。及南宋建立之際，遷都之議再起。當時宰相李綱建言宋高宗遷都長安，雖説没有實現，却也激起不小的政治浪花。延至明初，朱元璋又曾一度打算遷都長安。應該説，這都反映了最高當政者對古都長安的無限崇拜和嚮往，也是以西安爲中心的關中地區無窮都城魅力的真切表現。

如此一種特殊情結，竟還直接延續到現代。大家知道，淞滬抗戰爆發後，南京國民政府直接受到日本侵略者的武力威脅，1932 年 3 月初，中華民國第四届中央執行委員會第二次全體會議決定，以西安爲戰時陪都，定名西京，啓動籌備工作。及抗日戰争全面爆發後，國民政府雖然遷都重慶，但西京籌備工程並未停止，直到抗戰結束方告一段落。這一史實表明，在民族危亡的關鍵時刻，西安的都城功能又曾發揮積極的作用。雖然這只是一個非常特殊的例子，但也足以反映人們一種根深蒂固的觀念，即西安是理想的建都之地。一旦遇到機會，它就會登臺亮相，演繹爲波瀾壯闊的歷史

① 《後漢書》卷八十《文苑傳》，北京：中華書局，1965 年，第 2598 頁。

② （清）畢沅：《續資治通鑑》卷八《宋紀八》，北京：中華書局，1999 年，第一册，第 203 頁。

大劇。

上述種種，如果换個角度看，豈不正好説明了自五代以來西安作爲中央政權掌控西北、西南重鎮地位的特殊麼？而這種特殊性，也正是區位優勢之所在。

第三，在當代“一帶一路”建設中這裏是“内陸型改革開放新高地”。

新中國建立後，西安作爲西北大區最發達的城市，成爲大西北發展的龍頭。隨著國家的發展，西安先後編制了四次城市總體規畫並作了城市定位。

1953—1972 年的首輪總體規劃，規定以工業建設爲中心，城市定位爲以輕型精密機械製造和紡織爲主的工業城市。1980—2000 年的第二輪總體規劃，以經濟恢復爲重點，城市定位爲以輕紡、機械工業爲主，科學、文教、旅遊事業發達的社會主義現代化城市。1995—2010 年經濟轉型時期的第三輪總體規劃，城市定位爲將西安建設成世界聞名的歷史名城，我國重要的科研、高等教育及高新技術産業基地。在西部大開發戰略逐步深入、經濟快速發展時期的 2008—2020 年第四輪總體規劃中，城市定位由“我國重要的科研、高等教育及高新技術産業基地”改爲“國家重要的科研、教育和工業基地”，同時提出“並將逐步建設成爲具有歷史文化特色的現代城市”的目標。2009 年，爲進一步推進西部大開發戰略，國務院批復通過了《關中——天水經濟區發展規劃》，將西安定位爲國際化大都市。2012 年 8 月，西安市委、市政府啓動建設西安渭北工業區。2014 年 1 月，國務院正式批復在陝西設立我國第七個國家級新區——西咸新區。爲此，2013 年國務院批准西安市對第四輪總規劃進行修改。

回顧西安歷次總體規劃的城市定位，不難看出它明顯是與時俱進的，而且其中歷史文化的分量不斷加碼。正如大家所熟知的那様，改革開放以來，昔日絲路起點的西安，作爲整個歐亞大陸橋的東方橋頭堡，在西部大開發中發揮著越來越重要的作用。正是基於這様的一種區位優勢，在當前的“一帶一路”的大戰略中，西安被定位爲“内陸型改革開放新高地”。如此，就把西安放到與上海、深圳同様的戰略高度。這對西安而言，自然意味著巨大的機遇。

不難預料，素有濃厚長安情結和復興漢唐盛世夢想的西安人，一定會很好把握“一帶一路”戰略發展機遇，將西安的區位優勢充分予以發揮——其集中到一點，也就是所説的西安“一高地六中心”建設，即把西安建成絲綢之路經濟帶開發開放高地，建成絲綢之路經濟帶物流貿易中心、製造業中心、文化旅遊中心、科技研發中心、金融中心、能源儲運交易中心。或者用更簡潔的一句話概括，那就是“將西安打造成中國向西開放的試驗田”。

（三）

西安的歷史發展，今天來看起碼可以追溯到 100 萬年前的藍田猿人時期。考古陸續發現的半坡、魚化寨、姜寨、楊官寨等原始文化遺址，向人們揭示了西安地區新石器時代的面貌。而臨潼驪山一帶關於女媧的傳説、藍田華胥鎮關於華胥古國的傳説等，也都反映了西安遠古歷史的某些有價值的片斷。

從文獻關於夏啓與有扈戰於甘之野作《甘誓》的記載來看，夏的勢力已經到達西安地區。考古工作者在西安灞橋區燎原村北發現的老牛坡遺址，表明西安地區亦存在相當可觀的殷商勢力。周人起家陝西，東進滅商，以豐鎬爲政治、軍事、經濟、文化中心，擁有天下，從而將西安歷史的發展推向第一個高峰。

秦人源於東而興於西[①]。自秦襄公始國之後，秦人即在岐、豐之地發展，歷經穆公争霸，獻、孝兩代求强，商鞅變法，直到始皇平滅六國建立大一統的秦帝國，將西安歷史的發展推向第二個高峰。

西漢帝國創立了一個以“匹夫而有天下”和“布衣卿相之局”爲特色的“大變局”新時代[②]。其毅然“西都關中”，定名長安，開闢溝通東西兩大文明的絲綢之路，歷十二帝二百餘年，將西安歷史的發展推向第三個高峰。

東漢魏晋南北朝時期，先後有前趙、前秦、後秦、西魏、北周等五個分裂時期的王朝以長安爲都，累計時間達百餘年，西安歷史在民族融合的大潮中繼續前進。

隋唐時期，西安歷史發展迎來了第四個發展高峰。特別是唐代，則達到了頂峰。雄偉壯麗、繁榮發達的京師長安，萬邦來朝、萬民敬仰，盡顯民族大融合結出的豐碩成果，滿載經濟文化交流國際大都會的歷史責任，代表了東方文明的最高成就。博大包容、開放進取的唐長安氣象，譜寫了西安歷史上最值得驕傲的一頁，同時也譜寫了中國歷史上最值得驕傲的一頁。

五代以降，西安不再具有京師的地位，但却以地理區位優勢，成爲中央政府控馭整個西部特別是西北的中心。自五代至清亡的千年中，西安不僅在波瀾壯闊的歷史畫卷上留下了濃重的色彩，而且對於近現代關中文化的形成起了决定性的作用。今天我們所見到的那些關中民風、民俗，以及精神風貌等，應該説大抵都是這千餘年逐步形成的。

西安以最先響應辛亥革命、實現光復的形象而邁入民國時期。1936 年 12 月 12 日發生的震驚中外的“西安事變”，有力地促成了抗日民族統一戰綫的建立。當抗戰全面爆發

---

① 黄留珠：《秦文化二源説》，《西北大學學報》（哲學社會科學版）1995 年第 3 期。

② 此用清人趙翼説。詳《廿二史劄記》卷二《漢初布衣將相之局》。

之後，西安又成爲阻遏日寇西進的中心。不可一世的日本侵略者始終未能突破潼關天險進入西安，實現消滅共産黨、逼降國民黨的戰略企圖，這不能不説是創造了一個奇跡。

新中國的成立，使西安獲得新生，由此西安歷史展開了嶄新的一頁。今天，勤勞智慧的西安人民鋭意創新、改革進取，正在努力爲把西安建設成一個國際化大都市而拼搏奮鬥。一個現代、緑色、開放、和諧、人文昌盛、環境優美、蘊含巨大發展潛力、充滿活力和機遇的大西安，已經展現在世人面前。

以上是粗綫條勾畫的一個西安歷史演進發展歷程。在此基礎上，如果進一步總結西安歷史特點的話，那麼，以下的幾點是需要我們格外關注的。

第一是“悠久”。前文曾指出，西安的歷史起碼可追溯到藍田猿人時期。據科學探測我們知道，藍田猿人距今約 115 萬年。開端百萬年前的西安歷史，説“悠久”是其特點，應該没有過分之處。即便是西安的文明史，其肇始最遲也當在四千多年前的夏代，同樣堪稱悠久。中國城市史，能夠像西安這樣淵源久遠者，並不多見。

第二是“輝煌”。西安歷史“輝煌”的特點，是與其建都史緊密相連的。大家知道，周、秦、漢、唐是中國歷史上被世人公認爲輝煌的朝代，它們演繹了中國歷史上極其輝煌的篇章。而這幾個輝煌的王朝，均建都於西安，以西安爲統治中心。所以這些王朝的輝煌，也勢必與西安難解難分，成爲西安的輝煌。不論是周的禮樂文明，秦漢的制度文化，抑或是唐帝國博大開放的氣勢、詩園藝苑的風韻，無一不是出自西安而傳之全國，從而造就了令國人引以爲驕傲的盛世輝煌。

第三是“融匯”。這個問題較前述兩點複雜，需要稍作展開論述。

所謂“融匯”，就是融合的意思。其具體包含兩方面的含義：一是民族融合。中國歷史上，各民族的融合一直都是主流，也是顯著特點。以豐鎬爲都的周人滅商，其間就意味著商、周兩族的融合。秦人自西向東的發展，實際就是不斷同當地諸多戎狄部族融合的過程，至始皇統一，則以咸陽爲中心建立了多民族大一統的帝國。魏晋南北朝時期的民族大融合，規模空前，而西安正是這場大融合的中心舞臺。此後出現的隋大興城、唐長安城，應該説就是其前民族大融合結出的豐碩之果。特别是唐代，延祚近三百年之久，影響極其深遠。陳寅恪分析唐帝國興起原因時曾有一段精闢論述云：“李唐家一族之所以崛興，蓋取塞外野蠻精悍之血，注入中原文化之軀，舊染既除，新機重啓，擴大恢張，遂能别創空前之世局。故欲通解李唐一代三百年的全史，其氏族問題實爲最要之關鍵。”[①]這裏所謂“氏族”云云，説的便是民族融合。唐以後的遼、

① 陳寅恪：《李唐氏族之推測後記》，《金明館叢稿三編》，上海：上海古籍出版社，1980 年，第 303 頁。

夏、金、元、清，似也應作如是觀。

二是文化融合。這包括國內、國外兩方面的文化融合。就國內而言，主要指地區間的文化匯融。例如秦漢時期，帝國大量遷徙關東豪富充實關中，造成關東、關中地區的文化匯融便很有典型性。史稱“秦故地”，“五方雜錯，風俗不純”①，實際正是這種文化融合的結果。而所謂的秦故地，固然不專指西安，但西安地區無疑是其中心所在。

與國外的文化匯融，從外來的佛教中國化可以看得最清楚。佛教自傳入中國後，即被一步步加以中國化的改造，實際就是與中國文化相融合。最初，佛教被稱作“黄老、浮屠之祠”②，誠如史家所言：“佛教流傳，依附黄老。”③如此一種“依附”，就是被中國化的表現。繼而，佛教在源頭上又被中國化：或曰“老子入夷狄爲浮屠”④，或曰“老子西出關，過西域，之天竺教胡”⑤，等等。這樣一來，原本是外來的佛教，乍看之下反倒成了道地的中國宗教了；佛教的創立者不是“夷狄”釋迦牟尼，反倒是“中土”的老子了。及至唐代，佛教中國化的程度進一步提升到更高階段。其標誌就是佛教宗派的創立——這類佛教宗派實質上也就是中國化佛教的派别。當時創建的佛教宗派極多，但影響最大的八派之中，十之八九創立於長安，如法相宗、净土宗、華嚴宗、密宗、三論宗、律宗等。可見唐長安乃佛教中國化的一大中心。應該看到，唐時京畿不唯存在佛教，而且還傳入有摩尼教（明教）、祆教（拜火教）、伊斯蘭教、景教（基督教支派）等外來宗教。它們在不同程度上也與中國本土文化發生交匯交融。所以，長安實際上成了中外文化匯融的聖地。當然，國際間的文化融合不只限於宗教一項，其他如國外派來的遣唐使、留學生等，也具有這樣的功能。現藏於西北大學博物館的日本留學生井真成墓誌銘，便是中日文化交流交匯有力的證據⑥。

總之，西安歷史上的民族融合、文化融合，是常態的客觀存在。唯其如此，纔造就了周、秦、漢、唐四大高峰期長達千餘年西安歷史那種博大包容、恢弘深邃的氣勢

---

① 《漢書》卷二八《地理志》，北京：中華書局，1962 年，第 1642 頁。

② 《後漢書》卷三〇《襄楷傳》，北京：中華書局，1962 年，第 1082 頁。

③ 吕思勉：《秦漢史》下册，上海：上海古籍出版社，1983 年，第 834 頁。

④ 《後漢書》卷三〇《襄楷傳》，北京：中華書局，1965 年，第 1082 頁。

⑤ 《三國志・魏書》卷三〇《烏丸鮮卑東夷傳》注引《魏略・西戎傳》，北京：中華書局，1959 年，第 859—860 頁。

⑥ 該墓誌是 2004 年春由西北大學博物館徵集得到。墓誌漢白玉質，呈正方形，邊長 39.5 釐米，厚 10 釐米；蓋爲覆鬥形，青石質，邊長 37 釐米，厚 7 釐米；蓋頂篆書“贈尚衣奉禦井府君墓誌之銘”，誌蓋四側均無紋飾；誌面有綫刻界格，誌文陰刻共 12 行，行 15 字，全文共 171 字如下：贈尚衣奉禦井公墓誌文並序。公姓井，字真誠，國號日本。才稱天縱，故能[銜]命遠邦，馳騁上國。蹈禮樂，襲衣冠，束帶[立]朝，難與儔矣。豈圖强學不倦，聞道未終，□遇移舟，隙逢奔駟。以開元廿二年正月□日，乃終於官弟，春秋卌六。皇上□傷，追崇有典。詔贈尚衣奉禦，葬令官[給]。即以其年二月四日窆於萬年縣滻水[東]原，禮也。嗚呼！素車曉引，丹旐行哀，嗟遠□兮頹暮日，指窮郊兮悲夜臺。其辭曰：[人]乃天長，哀茲遠方。形既埋於異土，魂庶歸於故鄉。

和積極向上開放進取的風貌。這是西安歷史的亮點，也是其顯著特點。

第四是“落差顯著”。這裏所説的“落差”，具體指西安歷史前期和後期的落差。從前述西安歷史的發展基本綫索可知，西安歷史發展明顯以五代爲界分作前、後兩期。前期歷史可謂發展高峰迭起，並對整個中國歷史發展起一種引領作用，從某種意義上講，處在高峰期的西安歷史，與整個中國歷史是不分的，西安史即可代表中國史；换言之，就是説那時的西安歷史也便是凝練的或曰精粹的中國歷史。唯其如此，所以前期的西安歷史必須要站在整個中國的高度上來書寫，而不允許僅僅從地域的角度出發來考慮問題。後期的西安歷史則大大改觀，只是單純西部一個重鎮的地域發展史罷了，其引領地位不復存在。如此巨大的落差，自然成爲前述三特點之外的另一特點。

（四）

在中國的城市史上，西安戴有一頂最耀眼的桂冠，那就是“著名古都之首”。

衆所周知，在中國這樣一個泱泱文明古國可以算作古都的城市很多，但真正夠得上“著名”者却相對有限。大體來説，最早被冠以“著名古都”的有西安、洛陽、北京、南京四個城市，是謂四大古都。後來隨著情勢的發展，增加開封變成五大古都。再後來，又增加杭州變成六大古都，又增加安陽變成七大古都，又增加鄭州變成八大古都，又增加大同變成九大古都。直到若干年前又出現了所謂十大古都的説法，即由原九大古都新增咸陽、沈陽、江陵、成都、銀川、朝陽等城市中的一個城市而組成——這就是説十大古都存在不同的版本[①]。當然，這種著名古都膨脹的趨勢，還有繼續發展的可能。但不論怎麽變化，西安位居著名古都之首，却始終不會改變。這是由西安具有的以下兩項硬指標所決定的。

第一，西安建都的時間最長。按照網上所公布的中國古都學會計算的八大古都的建都時間，分别爲：西安 1107 年，北京 907 年，洛陽 885 年，開封 592 年，南京 445 年，安陽 414 年，鄭州 381 年，杭州 209 年。很顯然，建都千年以上的城市，西安是唯一的，没有任何城市可與之爭鋒。

第二，在西安建都的正統王朝、大一統王朝最多。還是按照網上公布的中國古都學會統計的各古都正統朝代建都多少的排名，依次爲：西安七朝（周、秦、漢、西魏、北周、隋、唐），北京五朝（遼、金、元、明、清），洛陽四朝（周、漢、晋、北魏），南

---

① 十大古都版本的衆多，反映此提法本身就存在問題，難以達成共識。這實際是各地爭奪歷史文化地位的非理性行爲所造成的。

京四朝（晋、南朝、宋、明），開封二朝（宋、金）、安陽二朝（夏、商），鄭州二朝（夏、商），杭州一朝（宋）。大一統王朝建都多少的排名爲：西安五朝（西周、秦、西漢、隋、唐），北京三朝（元、明、清），洛陽二朝（東漢、西晋），南京一朝（明）。

無可否認，中國古都學會只是一個社會學術團體，它所公布的排名結果雖然具有某種權威性，但畢竟還屬於參考之類，而非絶對的定讞。何況，其一些定性的提法及對各朝代的具體定位等，也都存在可推敲之處。然而不管怎樣，有了這樣一個參考值對我們分析問題還是大有好處的。其實，在中國城市史上，西安坐中國古都的第一把交椅，無論怎麽説都是名副其實的。

如果進一步放眼世界，可知西安在世界城市史——尤其世界古都史上也同樣享有崇高的地位。人們共識，世界有四大古都。但究竟是哪四個城市，却存在兩種版本。一説爲中國西安、埃及開羅、希臘雅典、意大利羅馬；一説爲意大利羅馬、土耳其伊斯坦布爾、希臘雅典、中國西安。很明顯，不論是哪個版本，西安均在四大古都之列。西安作爲世界著名古都，當是大家公認的。

其實，在世界古都問題上需要我們换位思考。這裏，似乎不必過分拘泥於數字“四”，非要所謂的“四大”不可。既然開羅和伊斯坦布爾都被列入了一種版本的四大古都，何不索性讓這兩個城市均言正名順、堂而皇之地並列作爲世界古都，甚至不妨變“四”爲“五”，稱作世界五大古都。如果這一想法尚能爲大家所接受，那麽在此基礎之上，似可以再對比一下五座古都的建城時間，來進一步解析西安在世界古都史上的地位問題。

關於五古都的建城時間，各種著作記載不一，特别是網上，説法很多，可謂魚龍混雜，千奇百怪。因此如何進行對比，實際成爲一個頗有難度的事。這裏，我們擬化繁爲簡，采用權威工具書《辭海》的記述爲准，來作這種對比，也許會更具説服力。據此，查到的西安之外的各古都建城時間如次：羅馬，傳説公元前 753 年建；雅典，約公元前 8 世紀建；伊斯坦布爾，始建於公元前 658 年；開羅，始建於公元 642 年①。

關於西安，問題稍複雜一些。《辭海》所作解釋共有四條義項，其第一、三項釋義的今浙江境内的“古縣名”和今吉林境内的“舊市、縣名”，實際與我們所説的西安無涉，倒是第二、四項釋義“府名”“市名”同要説的西安相關②。所謂府名，指的是明洪武二年（1369）在西安地區置“西安府”之事（“西安”名稱，即始於此）；所謂市

① 此以《辭海》2010 年版爲准（縮印本，上海辭書出版社 2014 年第八次印刷）。分見第 1230、2177、2240、1009 頁。舊版與此略有不同。

② 此亦以 2010 年版《辭海》爲准，見第 2024 頁。舊版亦列 4 條義項，但順序、内容均有變化。

名，則指的是 20 世紀 20 年代設“西安市”之事。不論是置府還是設市，在西安城市發展史上顯然都是相當晚、後的行爲，而此前至少尚有近兩千年的城市史。這也就是本文一開始便鄭重申明的“西安，周曰豐鎬，秦曰咸陽，漢、唐曰長安”那段話所表達的歷史信息。對《辭海》“西安”條來説，未清晰地闡明這段歷史，確爲一大闕失。唯此，真正的西安建城時間，起碼應該自周人選定豐鎬爲都城算起，迄今已經 3100 多年。這在五所古都之中，顯然是歷史最久遠的。由此不難看出，西安在世界城市史及世界古都史上無與倫比的崇高地位。

當然，我們也注意到網上提出的西安建城已有 7000 年歷史的説法。這些論者把西安的建城時間同半坡先民的聚落遺址及户縣韓村發現的崇部落遺址相聯繫，認爲西安建城應該在已有的 3100 年基礎上再提前 4000 年左右。我們相信，持此看法的網友用心是美好而可敬的，其見解也不能説没有道理。不過，一座古城的建城史一下子提前 4000 年，畢竟是件大事，是需要充分論證並得到學界普遍認可的。目前來看，關於半坡遺址和户縣韓村崇部落遺址是否已經具有建城的性質，似遠未成爲共識。在這種情況下，需要的是深入研究，需要更多的學術積累，需要更長的等待。也許真有那麼一天，人們會用堅壁不可撼的證據來把西安的建城史向前推進幾千年。但在這一天到來之前，我覺得現確認的 3100 年建城時間，已經足以顯見西安的世界古都身份和地位了。

（五）

像西安這樣的著名古都，自然少不了記述其歷史的文獻資料。

大家知道，在《詩經》裏，即有記述周文、武兩王作豐建鎬的詩篇，或可以看作西安歷史的早期相關文獻。如果説到正史，那麼《史記・貨值列傳》有關城市歷史的介紹中，“關中自汧、雍以東至河、華”一段所涉及的“豐”“鎬”“咸陽”“長安”相關内容，記載的便是西安歷史[①]。《漢書》則設有專門的《地理志》，收集了大量的城市史資料，其中多處論述到西安的歷史，特别是關於漢“京兆尹”和“故秦地”的記

① 《史記・貨殖列傳》相關段落原文如：關中自汧、雍以東至河、華，膏壤沃野千里，自虞夏之貢以爲上田，而公劉適邠，大王、王季在岐，文王作豐，武王治鎬，故其民猶有先王之遺風，好稼穡，殖五穀，地重，重爲邪。及秦文、德、繆居雍，隙隴蜀之貨物而多賈。獻公徙櫟邑，櫟邑北却戎翟，東通三晋，亦多大賈。孝、昭治咸陽，因以漢都，長安諸陵，四方輻輳並至而會，地小人衆，故其民益玩巧而事末也。南則巴蜀。巴蜀亦沃野，地饒巵、薑、丹砂、石、銅、鐵、竹、木之器。南禦滇僰、僰僮。西近邛笮，笮馬、旄牛。然四塞，棧道千里，無所不通，唯褒斜綰轂其口，以所多易所鮮。天水、隴西、北地、上郡與關中同俗，然西有羌中之利，北有戎翟之畜畜牧爲天下饒。然地亦窮險，唯京師要其道。故關中之地，於天下三分之一，而人衆不過什三；然量其富，什居其六。

載，那應是最寶貴的較系統的西安歷史資料①。再後來出現的各種都邑志，更是以“志”書形式撰寫的專門城市志。如《三秦記》《雍州記》《三輔黃圖》《關中記》《西京雜記》《長安志》《雍録》《唐兩京城坊考》《類編長安志》《關中勝跡圖志》，等等，皆是專記古都西安或與西安密切相關的“志”類重要歷史文獻。

近現代以來，我們與時俱進，先後出版了一批不同於傳統“志”書的新式地方史、城市史的著作，但其中有關西安的，除去若干記述古跡名勝與遊記類的著作外，單獨的西安史却不甚見②。直到 1959 年，由陝西人民出版社出版了《西安歷史述略》（以下簡稱《述略》），纔彌補了這方面的不足。

《述略》作者武伯綸，著名的歷史學家。該書初版時署名“陝西省歷史博物館編”，蓋當時時代使然，是時代的產物。及 1979 年修訂再版，已經作者自我署名了。其後該書又出增訂本，並多次重印。關於這部書的意義和價值，許多學者都做過評述，其中陳元方在“增訂本《西安歷史述略》序”中有一段論述似更具代表性。他指出：“《西安歷史述略》，是解放後研究都城史的第一部專著，也是用新的觀點和新的方法研究西安歷史的創舉。這本書的特點是：搜集的資料比較宏富，除正史外，兼收了歷代文人的筆記、論文、詩詞中關於古長安的材料，同時運用了許多考古發掘的新資料；對這些材料，經過條貫縷析，給人以清晰、完整和系統的歷史知識；作者還力圖用馬克思主義史學觀點觀察和研究史料，觀點比較正確；叙述文筆流暢生動，條理清晰，知識系統。這是一部具有西安歷史特色和作者自己的獨到見解和獨特風格的著作，是對過去西安歷史研究的初步總結。它對我們瞭解西安的過去和現在，對提高人民的歷史唯物主義和愛國主義、國際主義覺悟，都是用好處的。它爲我們今天的社會主義物質文明與精神文明建設，提供了豐富的有價值的參考材料。”③應該説，這樣的評價是符合真實情況的。

---

① 《漢書・地理志》相關段落原文，其一：京兆尹（自注：故秦内史，高帝元年屬塞國，二年更爲渭南郡，九年罷，復爲内史。武帝建元六年分爲右内史，太初元年更爲京兆尹。）……縣十二：長安（自注：高帝五年置。惠帝元年初城，六年成。户八萬八百，口二十四萬六千二百。王莽曰常安。）……其二：故秦地於《禹貢》時跨雍、梁二州，《詩・風》兼秦、豳兩國。昔后稷封斄，公劉處豳，大王徙，文王作酆，武王治鎬，其民有先王遺風，好稼穡，務本業，故《豳詩》言農桑衣食之本甚備。有鄠、杜竹林，南山檀柘，號稱陸海，爲九州膏腴。始皇之初，鄭國穿渠，引涇水溉田，沃野千里，民以富饒。漢興，立都長安。徙齊諸田，楚昭、屈、景及諸功臣家於長陵。後世世徙吏二千石、高訾富人及豪傑並兼之家於諸陵。蓋亦以彊幹弱支，非獨爲奉山園也。是故五方雜厝，風俗不純。其世家則好禮文，富人則商賈爲利，豪傑則遊俠通姦。瀕南山，近夏陽，多阻險輕薄，易爲盜賊，常爲天下劇。又郡國輻湊，浮食者多，民去本就末，列侯貴人車服僭上，衆庶放效，羞不相及，嫁娶尤崇侈靡，送死過度。

② 古跡名勝類著作的代表，如 1943 年由西安新中國出版社推出的閻文儒《西京勝跡考》。其前 1935 年商務印書館出版的日本人足立喜六的《長安史跡考》，其後 1957 年陝西人民出版社出版的西安市文史研究館編寫的《西安勝跡志略》，亦當屬於此類。關於遊記類著作，如民國時期傅增湘的《游秦日録》。但這些顯然不是叙述西安歷史的作品。

③ 《長安學叢書・武伯綸卷》，西安：三秦出版社、陝西師範大學出版社，2010 年，第 3—4 頁。

《述略》雖然篇幅不大，但在相當長的時間裏却基本滿足了人們認識、瞭解西安歷史的願望和要求，受到大家的歡迎。再者，當《述略》出版後，又陸續有不少從各個角度介紹西安歷史的讀物面世[①]，特別是作爲“古都西安”叢書之一的由衆多學者集體編寫的《西安的歷史變遷與發展》一書，體現了西安歷史研究的新成果；其與《述略》相互交織配合，對於宣傳西安、瞭解西安發揮了積極的作用。另外還需要看到，陝西學界、出版界相對比較重視關中地方史志的整理研究，出版有多種傳統的關於長安的歷史文獻，供人們研究、學習之用。例如由著名歷史地理學家史念海主編的“古長安叢書”；再如三秦出版社在前者基礎上新推出的“長安史蹟叢刊”，計《三輔黄圖校注》《西京雜記》《三秦記輯注・關中記輯注》《三輔决録・三輔故事・三輔舊事》《關中佚志輯注》《兩京新記輯校・大業雜記輯校》《游城南記校注》《類編長安志》《南山谷口考校注》《隋唐兩京叢考》10 種，等等。這些則從資料的層面相當程度上滿足了大家學習西安歷史的需要。

不過隨著形勢的發展，隨著實現温飽、奔赴小康的民衆對歷史文化需求的日益增高，特別是隨著西安建設國際化大都會、打造一帶一路“内陸型改革開放新高地”戰略目標的推進，前述的一切就顯得遠遠不夠了。現實向我們提出了更高的要求，那就是編寫一部大型《西安通史》，以進一步彰顯古城西安悠久的歷史文化魅力，以激勵廣大西安市民的歷史責任感和歷史自豪感，以及文化自覺與文化自信。

當然，除了時代、時勢的需求之外，這裏似還可以將目光再放寬些，從另外的層面來分析編寫大型《西安通史》的重要意義。1935 年，地理學家胡焕庸在研究中國人口密度時曾劃出一個從愛輝到騰冲傾角約爲 45 度的綫——即所謂的胡焕庸綫。綫東南 43.71%的國土養育著 94.39%的人口；綫西北 52.29%的國土僅居住著 5.61%的人口。如此一種東南地狹人稠、西北地廣人稀的狀况，自宋元迄今可以説基本没有改變。以至李克强總理在 2014 年參觀一個人居科學研究展時，無限感慨地發出了“胡焕庸綫怎麼破”之問[②]。正如大家所知道的那樣，胡焕庸綫實際上並不僅僅只是一條人口分割綫，而與氣象上的降雨綫、地貌區域的分割綫、文化轉换的分割綫以及民族的界綫等均存在某種程度的重合。這裏既牽扯到自然科學自然地理等方面的問題，也關係到社

① 主要者如馬正林《豐鎬——長安——西安》（陝西人民出版社，1978 年）、《古今西安》（陝西師大出版社，1986 年），王崇人《古都西安》（陝西人民美術出版社，1981 年），武伯綸、武復興《西安史話》（陝西人民出版社，1981 年），邵友程《古都西安》（地質出版社，1983 年），鄒宗緒《千年古都西安》（陝西人民美術出版社、商務印書館香港分館，1987 年），劉慶柱《長安春秋》（人民出版社，1988 年），宴振東、姚華堤、趙海《巍巍長安》（中國人民大學出版社，1992 年），等等。

② 《李克强之問：“胡焕庸綫”怎麼破？》人民網，2014 年 11 月 28 日。

會、民族及諸多的人文因素如語言、宗教、生活習俗，等等。如果聯繫到數千年的中國歷史，似乎不難發現，這條綫也是中原王朝直接影響力和中央控制疆域的邊界綫，是漢民族和其他民族之間戰争與和平的生命綫。唯此，破解胡焕庸綫是一項極其複雜也極爲龐大的系統工程，任何單打獨鬥都無法奏效，而必須多學科交叉結合，全面綜合解決。這當中，關於歷史文化的研究自然不可或缺。如果在胡焕庸綫沿綫選取若干典型性"點"的歷史作貫通的深入的解剖研究，顯然是有特殊意義的。西安作爲沿綫附近一個著名歷史文化名城，無疑是一個理想的選點之地。而爲這樣的名城編寫一部通史，總結其前期輝煌、後期落後的歷史轉變過程與經驗，對於破解胡焕庸綫來説應該屬於基礎性研究，既有必要，更有價值。

如今呈奉在讀者面前的這部四卷本《西安通史》，正是適應上述時代要求和研究的需要而貢獻給大家的一道歷史文化盛宴。她是在西安市地方志辦公室精心組織和領導下，由以西北大學歷史學院爲主並聯合西大校友組成的老、中、青三結合寫作團隊集體完成的。這個團隊近年來相繼承擔了多項省級和國家級的重大文化建設項目，如陝西省重大文化建設項目、陝西省金版圖書工程《話説陝西》（六卷本），國家重大文化建設項目即由中央文史研究館牽頭主編的《中國地域文化通覽》之《陝西卷》等，有很好的前期學術積累，並享有很高的學術信譽。《西安通史》全書四卷計七編正文，記述自原始社會至1949年新中國建立的西安歷史；所記地域範圍，以今西安市行政管轄區域爲准，個别特殊問題可適當超出。全書主編黄留珠，負責擬定寫作大綱；撰寫總叙（綜論西安自然環境、區位優勢、歷史發展及特點、在中國和世界城市史上的地位，以及本書撰寫緣由等問題）；統稿定稿。各卷内容及分卷主編如下。

第一卷，含第一編"原始社會至西周時期的西安"、第二編"秦國、秦朝時期的西安"，分卷主編田旭東；

第二卷，含第三編"西漢時期的西安"、第四編"東漢魏晋南北朝時期的西安"，分卷主編盧鷹；

第三卷，含第五編"隋唐五代時期的西安"，分卷主編賈志剛；

第四卷，含第六編"宋元明清時期的西安"、第七編"民國時期的西安"，分卷主編張明、路中康。

參加本書撰寫的還有一些青年朋友，我們將在各卷"導言"中具體説明，這裏恕不一一列舉了。

本書從籌劃到完成，歷時六載有餘。初稿寫出後，特聘請趙世超、王子今、杜文玉、李建超等權威專家分卷予以審讀[①]，其後又經反復修改，方定稿付梓。在此，謹向給予我們全面關懷和大力支持的市方志辦領導及相關部門表示崇高的敬意和衷心的感謝！向審定文稿付出了辛勤勞動的專家學者表示我們最誠摯的謝忱！同時也向負責出版本書的陝西人民出版社表示由衷的感謝！雖然我們已經盡了最大的努力，但限於水準，書中不妥乃至失誤之處，肯定還有不少，歡迎大家不吝賜正！

最後，需要説明的是，本書書名的題字，係我們精心輯選的著名歷史學家與考古學家、西北大學教授陳直先生（1901—1980）的墨寶。陳先生籍貫雖非西安，但他在西安居住、工作數十年，鞠躬盡瘁，爲西安的學術研究事業、高等教育及文化建設作出了巨大貢獻。西安實際上已經成爲他的第二故鄉，而他也成爲西安值得驕傲的學術代表人物。《西安通史》由這樣一位大師級西安著名學者題簽，意義特殊而深遠。這裏，既含有對陳先生深切的緬懷，更是與西安這所古都深厚的歷史文化底蘊相契合。

2015年6月初稿；2016年1月修訂，4月再修訂

第一卷導言

田旭東

人類從誕生到步入文明的殿堂經歷了艱難而又漫長的歲月，中華民族用自己的勤勞和智慧創造了綿延不斷的歷史和燦爛的文明，而西安正是中華民族的發祥地和古代文明的搖籃之一。《西安通史》第一卷講述的就是從遠古到秦代發生在西安這塊土地上的歷史演變故事。

爲了反映這段漫長的歷史及文明成就，我們將文獻記載結合在西安的重要考古發現，向廣大讀者展現出一幅燦爛輝煌的西安古代文明的歷史畫卷。由於今天的西安曾經是我國古代的重要舞臺之一，在中國歷史上具有特殊地位，第一卷中所涉及的西周王朝是中國古代早期國家發展的最高峰，而秦王朝則是我國第一個統一的多民族中央

① 趙世超，中國先秦史研究會副會長，陝西省社科聯主席，陝西師範大學教授、博士生導師，審讀第一卷；王子今，中國秦漢史研究會顧問、原會長，中國人民大學教授、博士生導師，審讀第二卷；杜文玉，中國唐史研究會副會長兼秘書長，陝西師範大學教授、博士生導師，審讀第三卷；李建超，西北大學資深教授，著名西安歷史地理專家，審讀第四卷。

集權制帝國，這兩個重要朝代均在這裏建都，成爲當時政治、經濟、文化、軍事的中心，故而在這一卷裏所叙述的周、秦兩個朝代的歷史文化，從某種程度上可以説也是一部中國古代早期歷史文化的縮影。

地處黄河最大支流渭河流域的西安地區，是人類的誕生地之一。早在 100 萬年以前，在這片廣袤的土地上就有了遠古人類活動生息的蹤跡。考古發現的早期猿人化石——藍田猿人以及與這些化石共同出土的打制石器，向我們展示出西安境内北方直立猿人到早期智人發展的脉絡。1963 年發現的藍田猿人頭蓋骨化石，是全國發現的時間最早、最爲完整的猿人頭蓋骨化石。它向我們訴説著在這塊土地上，我們的祖先已經開始製造和使用一些原始的工具來采集果實、狩獵鳥獸，頑强地與大自然抗争，極其艱難地生存繁衍了下來。西安半坡、臨潼姜寨、西安魚化寨、高陵楊官寨等新石器時代遺址，生動地揭示了中國黄河流域原始社會的自然環境。那些聚落遺址中的房屋建築、生産工具、生活用具及墓葬中的陪葬器具，向我們展現了當時人類的生存方式、社會風貌和文化生活，在中國多元的遠古文化中具有典型的意義。在今天西安以北黄土原上的楊官寨遺址，是一座距今 5000 多年的規模超巨大的史前聚落，遺址位於高陵區姬家鄉楊官寨村，地處涇河左岸階地上，現存面積 80 余萬平方米。2004 年以來，考古工作者對該遺址進行了大規模發掘，發掘面積超過 17000 平方米，發現房址 49 座、灰坑 896 個、壕溝 9 條、陶窑 19 個、甕棺葬 33 個、墓葬 45 座、水井 5 口，出土各類文物 7000 多件。在這裏，我們依稀看到了中國最早的城邑模樣，看到了中國文明正在以此爲起點逐漸形成。

這些發現爲西安歷史地理、歷史文化的研究找到了堅實可靠的基礎，填補了人類進化過程中的重要環節，爲研究人類進化和社會的演進提供了實物證據，具有極高的科學價值。

在中國早期國家的夏商周時期，西安境内有屬於商代的老牛坡遺址，它位於西安市灞橋區燎原村北。遺址出土了大量珍貴文物，有陶器、青銅器、玉器、骨角器、石器和卜骨等，還有大型夯土臺基、房屋基址、冶銅堆積、燒陶窑址、墓葬和車馬坑，以及衆多的窖穴、灰坑。墓地位於遺址南側，發現有墓葬 50 多座，中型墓槨室有邊箱，這是已發現的中國最早的墓葬邊箱實例，還發現有車馬坑、馬坑。大型建築基址、青銅冶鑄和較高等級墓葬的發現，説明這裏是商王朝在渭水流域的一處中心聚落遺址。

老牛坡遺址的文化發展，從商代早期一直延續到晚期，前後相繼不曾間斷。這表明在距今 3000 年前，今日灞河沿岸的老牛坡村一帶，活動著一支强大的商人勢力。從他們的生產活動、生活習俗、文化面貌來看，它與中原地區的鄭州、安陽商文化既具有濃郁的一致性，又表現出一定的地方特色。這正體現了這支商代文化與商王朝的密切關係，可以清楚地看到商王朝勢力在西部地區的發展和消亡軌跡。大型夯土建築基址的發現，鑄造青銅器作坊的存在以及墓葬形制、棺槨和衆多殉人之特殊現象，揭示出這裏決非一般的商代村落遺址，生活在這裏的人們，其社會地位已有貴賤之別。因此，這裏可能是商勢力西延的一個政治、軍事據點，或爲商王朝的某一與國所在地。把老牛坡商代遺址作爲文獻中所記載的崇國文化遺存來考慮，應當是合理的。

周是陝西關中的一個古老部族。在夏朝時，周族首領棄爲農官“后稷”，負責管理農事，因而周族擅長農耕，發展很快。經過數代人的努力，周人以今陝西岐山、扶風一帶的周原爲活動中心，逐漸發展壯大起來，成爲臣屬於商王朝的諸侯國。之後，周族逐漸向東發展，至周文王時，已發展成爲一個可與殷商抗衡的大諸侯國。文王是周人歷史上卓有政績的統治者之一，他在位期間，在軍師姜尚的輔佐下，積極地開始了“翦商”的準備，先後伐犬戎、密須，滅耆、邘、崇等國，遷都於豐（今西安市西南灃河西岸），奠定了東向發展的基礎。在遷都後的第二年，文王卒，其子發繼承王位，也就是赫赫有名的周武王。武王繼續周人的滅商大計，將都城進一步東遷至鎬（今西安市西南灃河東岸），並於孟津大會諸侯，與諸侯結下同盟，共同討伐商紂。此後兩年，武王敗商軍於牧野，攻占商都朝歌，結束了商朝的統治。

豐鎬兩京是中國歷史上第一個有嚴格規劃的都城，是中國真正意義上的第一座城市，對其的考古調查始於 1933 年，1951 年起由中國科學院考古研究所正式開始發掘，直到今天，對這裏的考古調查和發掘還未中斷。經過幾十年的考古工作，可看出其城市布局已初步具備了一定的規劃思想。在豐鎬遺址還發現了 400 多座墓葬及陪葬的車馬坑、馬坑和牛坑。遺址中還發現有多處埋藏青銅禮器的窖藏，出土青銅器近百件。這些青銅器造型精美，其上的銘文記載了西周王朝及方國的一些重要史實，具有極高價值。

西周是我國繼夏商之後的第三個王朝，是中國早期國家發展的鼎盛時期。從西周起，西安進入了一個新的歷史發展階段。周公在此制禮作樂，爲周朝建立了一套完整的禮儀制度，覆蓋了當時社會生活的各個方面。西周華夏民族的壯大和禮樂文明的構建，各項制度的建立和健全，對中國古代政治影響深遠，以至於到了春秋末期，孔子還在崇尚周禮，夢想回到西周盛世。

秦人是華夏族源於東而興於西的一支，其最初的領地在今天甘肅禮縣一帶（周朝時稱爲西陲），禮縣大堡子山古墓葬區經考古證明係古代諸秦公陵墓。公元前 770 年，秦襄公護送周平王東遷有功，被封爲諸侯，賜封岐山一帶給秦人，秦始建國。之後秦穆公“益國十二，開地千里，遂霸西戎”，以西部爲大後方，奠定了秦國作爲春秋五霸之一的基礎。孝公時任用商鞅變法，使秦國逐漸走向富强。公元前 325 年秦惠文王稱王，公元前 316 年秦滅蜀，從此秦正式成爲一個大國。公元前 237 年嬴政登基，他從公元前 230 年滅韓國起，到公元前 221 年滅齊國，統一中國。

秦人入陝後曾先後於雍城、櫟陽、咸陽等地建都。秦雍城是秦國歷史上極其重要的一座都城。秦自秦德公元年（前 677）至秦獻公二年（前 383）以此爲國都，歷時 294 年，經過 19 位秦君的苦心經營，秦國逐漸由弱小到强大，爲之後秦始皇統一全國奠定了堅實的基礎。雍城是秦都城中延續時間最長、執政國君最多的一座都城，在秦國發展史上發揮了重要作用。

秦獻公二年（前 383），秦國遷都櫟陽，歷二世 35 年。正是在這裏，秦國開始在商鞅的主持下營建咸陽城，於秦孝公十三年遷都咸陽。櫟陽城遺址位於今西安市閻良區武屯鎮官莊村與古城屯村之間。中國社會科學院考古研究所對其進行兩次發掘，先後發掘出 9 個城門、16 條街道、冶鐵作坊遺址以及大量珍貴文物，可見櫟陽全城規模，亦可見此地曾是秦國冶鐵和兵器製作的重要基地。發現戰國晚期銅釜中的金餅以及其上用篆書寫著“四兩半”的字樣，當是顯貴或富商大賈所遺留。司馬遷曾説櫟陽“亦多大賈”，説明這裏的商業也十分發達。

公元前 350 年秦孝公將國都遷到咸陽，秦國在此完成了統一大業，建立了中國歷史上第一個中央集權制的多民族帝國——秦王朝。短祚的秦王朝雖然僅有 15 年的歷史，但秦始皇在這裏制定了一系列政治制度和鞏固統一的措施，以至於影響了中國歷史兩千多年，正可謂“百代皆行秦政事”。今天，我們可以從《史記》《漢書》《三輔黃圖》《三輔舊事》等文獻以及衆多古代詩人的作品裏、從多年來考古工作者所從事的大量辛勤工作中看到秦咸陽都城的輝煌規模和宏偉壯觀的建築。

盛極一時的古代西安的農業、手工業、科學技術以及衆多的發明，也對中國古代經濟的發展起到了重要作用。源遠流長的西安古代文化，既具有獨特的文化素質，又積聚了中華民族精粹主體文化的意識，成爲中華優秀傳統文化的重要組成部分。從混沌初開到早期國家的禮樂文明，再到統一的中央集權制帝國，西安走過了近百萬年的風雨歷程，爲偉大的中華民族古代文明作出了巨大貢獻。這是一段人類由嬰兒到成人的成長過程，是人類早期生存和抗争的真實見證，也是人類社會從荒蠻走向文明的歷史縮影。

第二卷導言

盧　鷹

公元前 202 年，在楚漢争奪天下的戰争中最後取得勝利的劉邦，接受了婁敬和張良的建議，决定西遷關中，建都長安。從此長安成爲歷史上繼周都豐鎬、秦都咸陽之後，第三個在西安地區出現的全國性政權的首都，在中華民族文明發展史上譜寫了燦爛輝煌的篇章。

在西漢王朝統治的 200 多年裏，都城長安作爲全國的政治、經濟、軍事和文化中心，其規模之宏大，經濟之繁榮、人口之衆多，文化之昌盛，都是前代都城所無法比擬的，被人們譽爲古代東方文明的一顆璀璨奪目的明珠。當時的長安城總面積 36 平方千米，號稱有“六宫一庫十二城門，八街九陌東西九市十六橋一百六十餘閭里”[①]，在世界上也只有同時代的歐洲羅馬城可與之媲美。西漢中央政府的政令從這裏發出，中國古代專制主義中央集權制度在這裏得到鞏固和發展。在經濟方面，西漢是中國歷史上農業生産發展的一個新高峰，關中成爲全國經濟最發達的地區，長安城的市場繁榮與財富積累屢屢爲史家所稱道，如班固在《西都賦》中如此描寫長安市場的繁華與熱鬧，“人不得顧，馬不得旋”；司馬遷在《史記》中描寫漢武即位時期長安的富庶道：“京師之錢累巨萬，貫朽而不可校；太倉之粟陳陳相因，充溢露積於外，至腐敗不可食。”[②]

在文化方面，西漢王朝用重金求遺書於天下，建立起皇家藏書制度。到了西漢末年的哀帝、平帝時期，長安天禄閣、石渠閣、麒麟閣、蘭臺等皇家圖書館藏書總數已達 13200 多卷，成爲當時世界上規模最大、藏書數量最多、圖書種類最爲豐富的國家圖書館。藏書的豐富、太學的創立和學術會議的召開，使長安雲集了一大批著名的文學家、史學家、經學家和科學家，成爲名副其實的全國文化發展中心。在對外關係方面，西漢開闢了中外經濟文化交流的新時代。漢武帝時期，漢中城固人張騫率領的官方代表使團，從長安出發出使西域，經大宛（今中亞費爾幹納）、康居（今中亞撒馬爾罕），至大月氏（今阿姆河北）、大夏（今阿姆河南），歷時 13 年返回長安。後來張騫

① 陳直：《三輔黄圖校證》卷一引《漢舊儀》，西安：陝西人民出版社，1982 年，第 19 頁。
② 《史記》卷三〇《平準書》，北京：中華書局，1959 年，第 1420 頁。

奉漢武帝之命再次出使西域，其副使曾到達安息（波斯）、身毒（印度）、奄蔡（在咸海與里海間）、條支（安息屬國）、犂軒（附屬大秦的埃及亞歷山大城）。張騫兩次出使西域被稱爲古代中西交往史上的“鑿空”之舉，從此開闢了著名的“絲綢之路”。

通過“絲綢之路”，中國的絲綢産品和冶鐵、鑿井等生産技術以及科學文化傳往西域及中亞各國直至歐洲，西域及中亞地區所産的良馬、苜蓿、核桃、葡萄等物産也傳入中原，歐洲和非洲的一些珍禽異獸、手工業産品隨著外國使者、商人駝隊傳入中國，使長安城成爲世界著名奇物異寶的匯聚之地，“殊方異類，至於三萬里”[①]。“絲綢之路”作爲東西方經濟文化交流、友好往來的橋樑和大動脉，在最繁盛的時期史書記載漢朝和西域各國的使者、商人往來“相望於道”。作爲“絲綢之路”的起點，漢都長安成爲當時東方世界的中心。

西漢末年爆發的緑林軍、赤眉軍大起義使代漢自立、改長安爲“常安”的新莽王朝僅僅存在了15年時間就歸於覆滅。打著“復高祖之業”旗號的西漢皇室宗親劉秀消滅了各路武裝力量和地方割據勢力，重新統一了天下，建立了東漢王朝，史稱“光武中興”。東漢王朝雖然以洛陽爲首都，但長安作爲西漢舊都，仍具有特殊的政治地位，與洛陽並稱“兩都”。當時人將長安稱作“西京”“西都”，將洛陽稱爲“東京”“東都”，並繼續保持關中京兆尹、左馮翊、右扶風三大特别行政區的稱號，仍稱“三輔”，與洛陽一樣直屬中央政府。由於西京長安是西漢十一帝陵所在地，東漢王朝仍奉其爲宗廟、祖陵。所以從漢光武帝劉秀開始，幾乎每位皇帝即位以後，都有一個隆重莊嚴的重大政務活動，就是到長安祭祀宗廟和十一陵。這種特殊的政治地位使東漢時期的長安經濟持續發展，文化更加昌盛，“英俊之域，紱冕所興，冠蓋如雲”[②]，成爲學者名流雲集、經學研究空前繁榮、學術文化最爲發達的地區之一。東漢末年董卓脅迫漢獻帝遷都長安，非但没有給長安及關中地區帶來任何好處，反而使長安城遭受到嚴重破壞，甚至出現了“出門無所見，白骨蔽平原”的慘象[③]。

魏晋南北朝時期是中國歷史上一次大分裂、大混戰的時代，也是民族大融合、文化大交流的時代。西北方各少數民族紛紛入主中原，西晋最後一個皇帝晋愍帝曾遷都長安，希圖憑藉長安優越險要的地理環境以自保，但僅僅四年之後就被匈奴族建立的前趙政權所滅。在東晋十六國時期空前的社會動亂和激烈的割據戰爭中，長安城歷經兵燹，但前趙、前秦、後秦幾個政權仍以長安爲都城，使長安成爲當時北中國地區的

① （漢）班固：《西都賦》，載（梁）蕭統編：《文選》（上），北京：中華書局，1977年，第23頁。
② （漢）班固：《西都賦》，載（梁）蕭統編：《文選》（上），北京：中華書局，1977年，第23頁。
③ （漢）王粲：《七哀詩》，載（梁）蕭統編：《文選》（中），北京：中華書局，1977年，第329頁。

政治、文化中心。前秦天王苻堅以長安爲都城、以關中爲根據地統一了北方。前秦政權重視農業生産，大力興辦教育，嚴厲整頓吏治，使飽受戰亂的長安和關中地區出現了“兵强國富，垂及升平”的少有景象。其版圖“東極滄海，西並龜兹，南包襄陽，北盡沙漠”[①]，赫赫聲威遠震異域。東北的肅慎、新羅，西北的大宛、康居甚至天竺等62個國家，都遣使到長安與前秦通好，時稱“四夷賓服，湊集關中，四方種人，皆奇貌異色”[②]。從漢代傳入中原的佛教在前秦和後秦統治時期獲得了空前規模的發展，長安成爲全國佛教的中心，佛寺林立，梵音四傳，香火旺盛。

南北朝時期鮮卑族建立的北魏分裂爲東魏和西魏兩個政權，西魏以長安爲都城，在對東魏的戰争中逐漸取得了優勢地位。北周取代西魏之後，以長安爲中心，順應北方民族大融合的潮流，發展融各族政治、軍事、文化爲一體的府兵制，實現了軍事力量的崛起，在北周武帝統治時代消滅了取代東魏建立的北齊政權，再次統一了北方。在西魏和北周時期形成的關隴政治軍事集團，以嶄新的面貌登上了歷史舞臺，顯示出蓬勃進取的朝氣和旺盛强大的生命力，縱横天下，所向披靡。他們以長安爲都城、關中爲基地，首先統一了中國北部，很快又劍指南方，躍馬長江，統一了整個中國，以非凡的氣度雄風成爲中國古代社會發展的頂峰——隋唐盛世文明的主導力量。

第三卷導言

賈志剛

坐落於關中平原的長安城，既有八水繞流、四塞爲固的天然優勢，還有陸海浩穰、被山帶河之地利條件，更有俗具五方、華戎雜錯的人文便利，占據天時、地利、人和的先機。立都於此的隋唐王朝，不僅實現了幅員萬里的宏偉藍圖，也完成了國富兵强、政通人和的政治理想，還主導了横貫歐亞大陸的絲綢之路，更發揮出東方文明中心的無窮魅力，其功至偉且巨。

當今西安市城區的位置正與隋唐長安城高度重合或有所擴展，而隋唐京兆郡之轄境也與當前西安及周邊縣區、咸陽市大部略有錯出交合。隋代京兆郡包括大興、長安

① （梁）釋慧皎撰，湯用彤校注：《高僧傳》卷第五《晋長安五级寺釋道安》，北京：中華書局，1992年。
② 《太平御覽》卷三六三注引車頻《秦書》，北京：中華書局，1963年。

等22縣，唐初稱雍州，後改爲京兆府，領縣有萬年、長安等20多縣，分成赤縣、畿縣，京兆與馮翊、扶風形成三輔。因爲隋唐兩朝立都於此，而隋唐時期不僅政治經濟達到古代鼎盛狀態，也是中外交往十分頻繁的時期，不僅建成與全國各地交通的國内道路網，也有與周邊區域聯通的國際通道，諸如緑洲沙漠絲綢之路、草原絲綢之路、海上絲綢之路、西南絲綢之路等國際性通道，均有與長安對接互往的成分。舉世聞名的絲綢之路在隋唐人的苦心經營下大放異彩，來自周邊政權和兄弟民族的使節、商人、僧侶等人員，沿著絲綢之路絡繹不絶地進出長安城，長安成爲東西方物資、文化交流的國際性大都會，也成爲絲綢之路東段的起終點。

隋唐長安歷史與當時其他城市比較，既有特殊性，也有普遍性。説其特殊性主要是因爲隋唐長安是都城，政治因素主宰城市，城市史也是王朝史；説其普遍性，長安與其他同時期的城市一樣，是自然資源和社會環境的複合體，有興盛也有衰落。有鑒於此，我們將從隋唐長安的營建開始，記録那些爲營建改建城市、爲管理和保衛城市恪勤匪懈的功臣以及無數無名英雄的豐功偉績，勾勒這座都城榮辱興衰的軌跡，努力再現隋唐長安城作爲文化之都、宗教之都、世界之都、宇宙之都和歷史之都的昔日風采。作爲文化之都的隋唐長安，無論在經學領域、史學領域、文學領域，還是藝術、技術、科學方面，都是當時最活躍、最前沿和最富創新的地區，一大批專業精英、學術巨匠聚集於此，切磋交流、角逐争勝。文化上的盛唐氣象集中顯現於長安，各個領域都取得卓越成就，對當時國内、周邊地區以及世界都産生巨大影響。隋唐人勇於創新、敢於進取和明於通變的優秀品質在長安文化各領域中都得以展現。史學上以史館編撰當朝史和前朝史，其中唐修八史開創了官修正史和後朝修前朝史的慣例，爲保存歷史作出了貢獻。文學上唐詩的成就令人仰視，古文運動家改革文風之努力改變了中國文學進程，令人敬佩有加。在藝術方面，書法、繪畫、樂舞等名家輩出。在教育和人才培養方面，有教無類、不拘一格的人才觀，給學有專長的各類人才提供了多種脱穎而出的機會。而長安文化繁榮又爲京城政治、經濟注入無限生機，成功塑造了歷史上長安文化之都的形象，爲西安歷史平添了無窮魅力。

作爲宗教之都的隋唐長安，來自於世界各地的僧侶雲集海聚，多元文化的氛圍給各種宗教的發展提供了良好的機遇。佛教經漢魏南北朝的發展，到隋唐時期達到鼎盛，宗派争鋒，教理日新，使得各派都争相得到長安政權和文化界的支持。唐朝道教更取得與李唐同姓的機緣，爲自己在京城發展積極活動，不僅建觀立壇、傳道布教，更在三教争論中當仁不讓。此外以祆教、摩尼教、景教爲主的三夷教在長安也占有一席之地。伊斯蘭教亦傳入長安，據説化覺寺就是今清真大寺的雛形。各種宗教在長安自有其祠觀寺廟和活動範圍，爲長安文化的多元性注入宗教因子，尤其是佛教，大型寺院雄偉不亞於宮殿，某些時期的佛經甚至多於六經，宗教在長安迎來了自己的春天。

作爲世界之都的隋唐長安，以長安爲中心，形成了四通八達的國内交通網和國際交通網，極大地推動了絲綢之路的繁榮。來自世界各地的人員源源不斷地進入長安，既有政治地位崇高的質子、使節，也有無利不逐的胡商，還有信念堅定的僧侶，更有身懷絶技的各色貢人。隨著人員頻繁往來，外來物品、外來技術、外來風俗、外來觀念等異域風情也紛至沓來，長安變成舉世矚目、萬國朝聘的世界性大都會。其名稱在世界各地的古文獻中得以保留，如古希臘語稱長安爲庫博丹（Khoubdan），叙利亞語稱長安爲克姆丹（Kumdan），伊朗或阿拉伯語稱長安爲胡姆丹（Khumdan 或 Khundān）等，長安之主成爲亞洲四主（象主、馬主、寶主和人主）之“人主”的觀念已得到各地公認。

作爲宇宙之都的隋唐長安城，自營建之初就貫徹“象天則地”的思想，在地形上背靠龍首原，盤踞六條乾卦式高岡，宮城居北以象天中北極，皇城次南類比環繞北辰之紫微垣，外郭城則類似群星環拱，儼然一座天上之城。坊市井然有序，宮殿城門街道坊市之名避凶趨吉求高雅，體現出古代皇權居中而理、皇帝面南而治、都城居天地之中的觀念，也是傳統思想中“建邦立都，必稽玄象”的表現，或者正如唐詩“開國維東井，城池起北辰”所言，都城的選擇必附會國人心目中的宇宙觀，故在建都規劃上求真務實，立足於天府奥壤、四塞爲固、金城千里等客觀優勢，而在建都理念上牽强附會，仍未放棄象天則地、天命神授、祥瑞讖緯等神秘理論。

作爲歷史之都的隋唐長安城，既繼承歷史，又創造歷史，更承載悠久歷史，是一部刻寫在關中大地上的歷史史册。曾經數個世紀的風雲變幻，在隋唐長安城的各個區域都留下印跡，經過千餘年歷史的塵封，大多已經沉澱爲遺址、遺跡和遺物，地上之都摇身變成地下之都、歷史之都。自 20 世紀以來，經過大批考古學者的發掘和研究，已發現和未發現的長安城就又變成歷史研究的一筆豐厚的文化遺産，曾經是長安繁榮的歷史見證物，又將見證長安歷史的繁榮。

由於時間倉促和其他原因，不足之處和認識錯誤的地方在所難免，懇請讀者朋友不吝賜教。以下分成若干方面展開具體分析，對隋唐時期西安的風采進行個性化的揭示，通過我們的梳理和總結，希望爲歷史愛好者了解西安有所助力，爲建設美麗西安、人文西安、繁榮西安鋪路搭橋，爲有志於研究西安歷史的同仁投石問道。如果您能把案頭再擠一點地方留給本書，我們當欣喜至極。

第四卷導言

張　明　路中康

自唐以降，中國經濟重心和政治中心逐漸向南方和東方遷移。宋元明清時代，西安雖然失去了全國政治中心的地位，經濟發展水平較東南地區城市也明顯落後，但是並没有就此停滯不前，而是在新的歷史條件下，記録著、推動著朝代更替、民族盛衰的變化歷程。從宋金時期的京兆府到元代的奉元城，再到明清時期的西安府，西安一直是中央政權控馭西北、西南的軍事重鎮，是西北地方的政治、軍事、經濟與文化中心。這一時期，西安涌現出一大批站在時代前列、各領風騷的著名人物，他們在思想學術、宗教、教育、文學、史學、藝術、科技等領域都有著突出而獨特的表現，爲中華民族的發展做出了不可磨滅的歷史貢獻。

宋元時期的西安，是王朝區域核心城市之一。雖然其時西安的政治形勢、軍事狀況並不穩定，但城市發展却有新的特點。西安城市建設日益完備，商業貿易漸趨繁榮，西北地方的首府地位十分穩固。在思想領域，關學在這一時期的思想界發揮了重要影響；在宗教領域，王喆融合儒、釋、道三教之理，創立道教全真派，培育了馬鈺、丘處機等一批高徒，積極發揚道教文化，從而使全真道成爲自宋以後中國傳統社會道教南北兩大宗派之一；在史學領域，宋元時期，西安方志成就可觀，出現了宋敏求《長安志》、程大昌《雍録》、李好文《長安志圖》、駱天驤《類編長安志》等地方名志；在藝術領域，世居長安的李成等畫家在山水畫潮流中成績突出；在科技領域高陵楊恭懿是西安科學發展史上最爲突出的才俊；北宋中晚期，藍田吕大忠、吕大防、吕大鈞、吕大臨四位先賢在學術與政治舞臺上積極活躍，名通朝野，吕氏成爲宋元時期西安地區最爲著名的家族。

明清時期西安秉承宋元時期繁榮成果，並且逐漸建立起自己的歷史特色。這一時期西安在城市建設、地方經濟、歷史人物、文物遺跡、文化藝術等方面取得重要成果。隨著西安在西北地方軍事地位的逐步加强，明清時期的西安逐漸成爲統治者統禦西北的前緣陣地。爲了强化西安軍事地位，明清兩朝統治者對西安城市建設作出卓越貢獻，無論是明朝時期所修築的城牆、親王府，還是清朝新築滿城，無不向我們昭示這一時期所取得的成果。城市建設的輝煌成就必須是以經濟的發展爲基礎，這一時期經濟發展也邁上新的臺階，先進的生産方式，龍首渠、通濟渠一方面確保城區人民飲水安全，同時，又爲西安經濟快速發展提供了有力幫助。歷史人物方面，卓越的教育家馮從吾不僅創立關中書院，在宋儒“以學明道”的基礎上，爲士人指出了一條獨立於政治、獨立於科舉，以講學“獨行其道”的經世途徑，其學術思想使得關學在明代晚期呈現全新面貌，並且開明末西部學術向實學轉向之先。“關中三李”之稱的盩厔人李顒以昌明關學爲己任，但又各有異趣，開清初關中學術新風；華陰王弘撰，針對明末清初影響很大的“心學”，堅持格致即窮理，主張理氣合一，治學態度務實。這些學者或辦書院或出書立説，豐富這一時期思想寶庫。文物遺跡方面，除了享譽中外的西安鐘樓、鼓樓、碑林之外，擁有民族色彩的清真寺與回民街坊成爲這一時期一大特色。文化藝術方面，史志著述以明代編修的“關中八志”堪稱這一時期上乘之作，金石學上清代畢沅所著《關中金石記》成爲研究西安乃至整個關中地區金石學不可或缺的重要史料之一。明代西安文化藝術最值得稱道的是這一時期地方戲曲發展，不但出現一批傑出的戲曲演唱者，繁榮的文化底蘊也造就了一批卓越的戲劇創作者，著名的有康海、王九思等人。這些人秉承傳統秦腔唱腔優點，又結合傳統民間曲藝，創造了著名的“康王腔”，將西安地區傳統戲劇文化推向一個新的高度。

在盛唐以後近千年的漫長歲月裏，地處西北一隅的西安同樣造就了深邃厚重、雄渾博大的物質文明與精神文明，爲多民族國家的繁榮和進步貢獻了自己獨特的力量，並爲近現代陝西地域文化的發展奠定了基礎。

西安雖然現代化進程開始較晚，却没有影響革命形勢的發展。1911 年 10 月 22 日，西安爆發了由同盟會領導的，新軍、會黨、刀客、回漢民衆踴躍參加的革命運動，起義迅速波及省内 40 餘縣，拉開了北方各省起義的序幕。起義後建立的陝西軍政府在武器糧餉極端困難的條件下，與清軍在潼關、華陰和長武、邠縣、乾縣等地區進行了激烈戰鬥。與此同時，陝西軍政府還派軍東渡黄河，攻下山西運城，有力地支援了山西辛亥革命。陝西辛亥革命起義的勝利，從軍事上、政治上給清王朝以沉重打擊，吸引和調動了清軍主力，大大緩解了南方革命政權的壓力，爲民主革命的勝利作出了重大貢獻，在辛亥革命史上占有重要的地位。

“五四運動”的消息於 1919 年 5 月中旬傳到陝西後，西安青年學生首先熱烈響應，開展了轟轟烈烈的學生運動，組建西安學生代表會，並在此基礎上成立了領導全省學生運動的陝西學生聯合會，進行請願、罷課、遊行、宣傳並聯合商界抵制日貨，通電支援北京學生的反帝鬥争。“五四運動”後，在全國形勢的影響和來陝先進知識分子的熱情倡導下，新文化新思想在陝西迅速地傳播開來，受到了西安青年學生和教育界的極大歡迎，促進了陝西革命鬥争形勢的發展。當時陝西新舊思想文化的鬥争集中表現爲以教育廳長郭希仁爲代表的教育界頑固派和以王授金爲首的先進知識分子之間的激烈鬥争。當時督陝的軍閥陳樹藩和劉鎮華殘酷剥削壓榨陝西人民，陝西人民爲驅逐陳劉進行了艱苦的鬥争，最終成功地將陳樹藩和劉鎮華逐出陝西。此舉顯示了西安人民反抗壓迫的决心。

“五四運動”後，馬克思主義在陝西的廣泛傳播及其與陝西革命鬥争實際的結合，逐漸引起陝西人民思想領域的變化，爲後來中國共産黨和中國社會主義青年團（中國共産主義青年團）組織在陝西的建立，爲國民革命和北伐戰争在陝西的順利進行，從思想上、組織上和幹部方面奠定了基礎。而陝西省内各地共産主義青年團組織的建立和發展從思想上、幹部上爲黨組織的建立做了準備。1925 年，特别是五卅運動和陝西驅吴運動之後，陝西地區反對帝國主義和封建軍閥的群衆運動迅速高漲，形勢的發展迫切要求建立中共組織，以便加强對群衆運動的領導。中共陝西地區組織應運而生。最早的黨組織是在團組織建立較早的關中地區首先建立的，是根據中共中央的指示、在中共北方區委和中共豫陝區委的具體領導下建立起來的。陝西地區党團組織建立以後，根據上級黨團組織的指示精神，結合陝西的實際情況，進行了一系列的革命活動。

1936 年 12 月 12 日，張學良和楊虎城在西安華清池發動兵變，扣留了蔣介石，勸諫其改變“攘外必先安内”的既定國策，停止内戰，一致抗日，史稱“西安事變”。在中共中央和周恩來的積極努力下，最終以蔣介石接受“停止内戰，一致抗日”的主張而和平解决，促成了第二次國共合作，初步形成了全面抗戰的局面，爲中華民族的抗日戰争勝利奠定了堅實的基礎。西安事變使西安在中國近現代歷史畫卷上留下了濃墨重彩的一筆。

陝西從 1927 年夏開始爆發旱災，到 1928 年出現的以旱災爲主的大範圍災害，一直持續到 1932 年夏爲止。這次旱災是陝西歷史上影響最大、破壞力最强的一次毁滅性災害，其持續時間長、波及範圍廣、受災人口多，對整個陝西社會經濟乃至中國社會發展産生了深遠的影響。此次旱災主要由天災引發人禍，人禍加劇天災，兩者相互影響使得災情愈益嚴重，旱災導致人口大量死亡、農業生産力大幅衰減以及人口買賣、食人慘劇等現象的出現。

在清代西安城内修建的滿城雖然使西安的軍事功能得到强化，但嚴重地束縛了西安城市的發展，這一時期西安的工商業、文化、城市建設等都遠遠落後於國内其他大城市。辛亥革命後滿城的拆除爲西安新城區的開發提供了必要空間，而隨後的軍閥混戰却破壞了西安的社會經濟、城市建設進程。1930年代前的西安城市發展以傳統手工業爲主，幾乎没有現代工業可言。1932年，西安被定爲“陪都”，並專門設立了“西京籌備委員會”，爲西安近代的城市建設做了不少具體工作，這一時期是西安近代城市發展的起步階段。從整體上看，西安城市的近代化發展雖然追隨著全國的步伐，但在政治、軍事、經濟、文化等方面也有自己獨特的步調。

從近代教育來看，西安作爲内陸腹地所受衝擊雖然不如沿海地區那麽顯著，但在當時全國潮流的影響之下，西安的近代教育開始逐漸産生變化。西安近代教育醖釀於洋務運動時期，萌芽於戊戌維新時期，創建於清末新政時期，發展於辛亥革命之後。晚清、民國時期的西安教育，是中國近現代教育形成、發展和成熟時期的産物，爲西安教育的現代化奠定了基礎，也對近代西安的社會、政治、經濟、文化各個方面産生了巨大而深遠的影響。

以西安爲中心的陝西曾經是中華文明的中心，但隋唐之後，隨著政治經濟中心的東移南遷，昔日繁華的京畿要衝，逐漸衰變爲與外界缺乏溝通與聯繫的西北偏遠之地。時至近代，歐風美雨的洗禮，革命運動的影響，戊戌維新、新文化運動的薰陶，移風易俗成爲西安近代轉型時期的大潮流。

晚清同治年間，政局動蕩，西安的園林名勝多爲兵火所累，屢屢被毀，西安園林陷入了慘痛的衰敗期。到光緒年間，儘管國家命運多舛，但陝西時局却相對穩定，西安園林進入難得的恢復期。辛亥革命後，城市公共園林從無到有，蒸蒸日上，西安園林進入了較快的發展期。抗日戰争勝利後，西安成爲國民政府在西北發動内戰的重要基地，園林事業日漸凋敝，西安園林發展進入了短暫的停頓期。

1949年5月20日，中國人民解放軍西北野戰軍遵照中央軍委和毛澤東的指示，迅速解放了古都西安。西安的解放有著重要的歷史意義，它摧毀了蔣介石的西北防綫，宣告了胡宗南軍事集團的失敗，爲解放大西北創造了有利條件。同時，西安的和平解放，粉碎了胡宗南企圖破壞西安的陰謀，使古城西安得以完整地保存下來，堪稱解放戰争史上光輝的一頁。從此，西安的歷史揭開了新的一頁，進入了社會主義革命和建設的新時期。

《長安學研究》徵稿啓事

1. 本刊歡迎下列稿件：長安學理論及學術史研究，長安文化、長安文明研究，周秦漢唐歷史文化研究，長安城市史、社會生活史研究，關中歷史地理、區域文化、歷史文獻研究，長安地區前期發達後期落後的演變過程及原因研究，長安與世界其他古都的比較研究。

2. 來稿一經刊出，即付稿酬及樣刊。來稿寄達後三個月內未接到本刊采用通知，作者可自行處理。

3. 來稿請遵從本刊格式規範，並請注明真實姓名、所在單位、職稱、詳細通訊位址、電子郵箱、電話或傳真，以便聯繫。

4. 來稿請使用繁體字，異體字、俗字請改用繁體正字。正文前請附約 300 字的摘要和 3—5 個關鍵詞。

5. 注釋采用頁下注，每頁重新編號，注釋碼用阿拉伯數字①②③④……表示，其位置在標點符號前（引號除外）文字的右上角。標注順序：①作者或編者；②書名；③卷册；④出版地和出版者；⑤出版時間；⑥頁碼。

6. 來稿請使用小四號字打印，同時提供打印稿和電子文本（WORD 文檔），因本刊人手有限，來稿恕不退還，煩請作者自留底稿。來稿請注明“稿件”2 字。

來稿請寄：中國 陝西省 西安市長安區西長安街 620 號 陝西師範大學國際長安學研究院《長安學研究》編輯部

郵編：710119

聯絡人：李燉

垂詢電話：029-81530848

電子郵箱：caxbjb@163.com

敬祈惠賜大作以爲本刊增色，不勝感激。

《長安學研究》編輯部

二〇一六年十二月